질적연구방법론 V
Data Analysis

김영천·정상원 지음

아카데미프레스

서문

　필자가 질적 연구를 시작한 지 벌써 30여 년이 지났다. 1987년 석사학위 논문을 위해 학교 현장에 들어가 질적 연구의 다양한 방법들을 처음 경험했던 그 해를 시점으로 생각한다면 2017년으로 바로 39년을 채운 셈이다. 이에 그 39년을 기념하여 이 책을 출간하게 된 것은 필자에게 매우 의미 있는 일이면서 한 삶을 헌신해 질적 연구를 위해 최선을 다한 한 한국의 질적 연구자의 학술적 여정을 정리한다는 점에서 아울러 뜻이 깊다.

　우리 모두가 알고 있고 느끼고 있는 것처럼 '질적 자료 분석'은 질적 연구의 가장 중요한 영역이면서 아울러 가장 어렵다고 생각하는 부분이다. 그러한 점에서 질적 연구를 공부하는 연구자들이 가장 먼저 알고 싶어하고 그 답을 찾으려고 애쓰는 부분이다. 그러면서도 그 해답을 찾기가 쉽지 않아서 질적 연구를 어떻게 해야 하는가에 대해 난감해하면서 양적 연구와 대비하여 어려움을 표하는 영역이기도 하다. 양적 연구처럼 이성적, 논리적으로 그 과정을 거치면서도 연구자의 다양한 이해력과 상상력, 창의력을 발휘해야 한다는 점에서 더 고차원적인 사유기술과 언어능력, 표현능력을 요하기 때문에 때로는 우리를 절망에 빠뜨리기도 하고, 더 많은 연습과 고민 그리고 사고의 습관을 요구한다. 양적 연구가 정해진 순서에 따라 그 해답을 찾아가는 과정이라고 한다면, 질적 연구의 분석의 과정은 주어진 과정을 찾아가면서 더 많은 미로와 예측하기 힘든 해답과 생각들을 찾도록 요구하는 듯하다.

　그러한 이유 때문인지 서구에서도 질적 자료 분석에 관련된 서적이나 연구들은 질적 연구가 일반화되기 시작한 2000년 이후에나 출간이 이루어졌다. 즉, 서구의 학자들과 학계들 역시 질적 자료 분석에 대해 수많은 세월이 흘러서야 그 방법적/이론적/패러다임적 연구 지식이 축적되었고, 이제야 이것이 또는 이렇게 하는 것이 질적 자료 분석이라고 말할 수준의 공유된 지식들이 정착되기에 이르렀다. 그러한 연구자들의 고민과 이론화 덕분에 2000년이 지나서야 서구의 질적 연구자들은 질적 자료 분석과 관련하여 매우 구체적이고 체계적이며 아울러 고객중심의 자료 분석의 지식과 기법 그리고 안내서를 읽을 수 있는 연구 문화를 가지게 되었다.

이러한 이유 때문에 필자 역시 필자의 질적 연구방법론 연구 시리즈인「질적 연구방법론 오디세이」에서 질적 자료 분석의 책은 그 순서와 관계없이 제5권으로 출간하기에 이르렀다. 순서상으로는 제3권이 되어야 하지만 질적 자료 분석과 관련하여 더 많은 공부와 경험들, 문헌들의 분석들이 요구되었다. 아울러 다른 한편으로는 수많은 현장경험과 강연, 교재 집필을 하면서도 과연 질적 자료 분석을 잘 설명할 수 있는 교재로 쓸 수 있을 것인가에 대한 우려가 있었다. 이에 차일피일 미루면서 이제서야 2017년에 이 책을 출간할 수 있게 되었다.

이에 이 책이 질적 자료 분석을 갈망하는 많은 한국 질적 연구자들의 요구에 부응하기를 기대하며 우리나라에서도 질적 자료 분석에 대한 더 많은 학술적 논의와 이론화가 이루어지기를 기대한다. 이러한 점에서 이 책이 우리나라 질적 연구의 이론화 작업의 중요한 역사적 기점이 될 것으로 생각하면서 미래 누군가에 의해 이 책의 출간이 기록되고 강조될 수 있기를 기대해 본다. 탈실증주의 패러다임 속에서 발아한 질적 연구의 다양한 지적 전통들이 더욱 활발하게 질적 연구의 방법적 특징들을 강화하고 확산시키고 있다는 점에서 우리나라에서도 질적 자료 분석에 대한 논의와 상상력이 더 많은 탈실증주의 철학들과 이론들에 기초하여 자료 분석에 대한 우리의 생각과 창의력을 더 강조하고 자극시키기를 요구해 본다. 구미의 경우, 이미 포스트모더니즘의 새로운 철학적 연구들이 어떻게 질적 자료들을 분석하는 데 기여할 수 있을 것인가에 대한 우리의 기존의 생각과 접근에 아주 새로운 관점을 제공해 주고 있다.

그러한 점에서 아직 우리에게 가깝게 다가오지 못하고 공부되지 못한 사회과학/인문과학의 다양한 연구 이론들과 인식체계, 방법적 지식의 이해와 차용은 질적 자료를 분석하고 표현하는 데 있어 과거와는 다른 새로운 방법과 고민, 기법을 개발하고 창의적으로 구체화하는 데 기여할 것으로 생각한다. 그리하여 가까운 미래에는 우리나라의 연구에서도 그리고 연구자들이 서구의 학자들이 제공하지 못하고 이론화하지 못한 새로운 방식의 자료 분석의 지식을 창안하고 학문화하여 전 세계의 질적 연구자들에게 그 결과들을 전달하고 전파할 수 있기를 바란다. 그리고 그러한 가능성은 질적 연구의 탐구영역이 계속 확장되고 있고 더 많은 새로운 이론들과 지식들이 여전히 전 세계의 창의적인 인문/사회/예술 분야의 학자들에 의해 개념화되고 있다는 점에서 찾을 수 있다.

그러한 점에서 필자의 질적 연구방법론의 학술적 여정을 완성하는 이 책의 공저자로서 필자의 제자인 정상원 선생을 초청한 것은 매우 의미 깊은 결정이라고 생각한다. 필자의 오랜 질적 연구의 지도 속에서 성장한 정상원 선생은 필자의 질적 연구의 학문적 특징을 잘 학습하고서 이에 기초하여 미래 한국의 새로운 질적 연구의 연구 문화를 새롭게 구축해 나갈 수 있는 신진 학자이다. 그러한 점에서 정상원 선생은 이 책의 시작부터 마지막까지 많은 내용들을 필자의 지도와 방향 아래서 작업을 맡아 했다. 그 과정에서 정상원 선생은 기존에 불명료했던 지식, 더 알고 싶어했던 지식, 그리고 가장 중요하게 이 주제와 관련하여 서구의 학자들이 무어라고 글을 썼는지에 대해 차분하고 정확하게 정리했다. 그리고 그러한 나의 요청은 정상원 선생을 포함한 새로운 신진 연구자들이 맡아야 할 새로운 시대적 과제와 책임을 준비하기 위한 중요한 연습이 되었을 것이라고 생각한다. 그러한 점에서 모든 세상의 이치가 그렇듯 한 시대가 끝나면 새로운 시대가 오듯이 정상원 선생의 이 글에 대한 참여는 다음 시대를 준비하고 과거보다 더 풍요롭고 다채로우며 더 활발한 질적 연구의 문화를 만들어 내야 할 신진 학자들의 역사적 책임을 뜻하기도 한다.

이에 이 책에 공저자로 참여하여 필자의 질적 연구방법론 오디세이 시리즈를 끝낼 수 있도록 주도적 역할을 해 준 정상원 선생 그리고 책의 특정 부분의 정리와 관련하여 구체적인 지식과 작업을 해 주신 연구자들(이동성 교수, 이현철 교수, 오영범 박사, 김필성 박사, 박창민 선생, 민성은 선생, 조재성 선생, 최성호 선생)에게 진심으로 감사드린다.

2016년 10월 3일
김 영천 씀

차 례

제1부 질적 분석의 개념

제 2 부 분석의 핵심과정으로서 코딩작업

1

자료 분석을 위한
사전 필수지식

최근 들어 질적 연구는 많은 분야에서 활용되고 있으며, 기존의 양적 연구가 지닌 한계를 극복하기 위해 다양한 지적 전통과 색다른 연구 방식을 도입하면서 발전하고 있다. 많은 연구자들은 다양한 자료 수집 방법을 통해 풍성하고 질적으로도 뛰어난 자료들을 찾고 있다. 자연스럽게 질적 연구에서 수집된 자료를 어떻게 분석할 것인가에 대한 연구 관심과 문제제기가 늘어나면서 관련된 학문적 연구가 활발해지고 있다. 특히 질적 자료 분석이라는 개념을 이론화하고, 자료 분석의 다양한 방법을 탐색하는 실제적인 작업들이 관심을 받고 있다. 이와 더불어 질적 자료를 분석하는 독창적인 방법이 개발되고 정리되기 시작하고 있다. 추가적으로 다양한 분석 방법이 선구적인 연구자들에 의하여 소개되고 연구에 적용되고 있기도 하다.

이에 이 장에서는 최근의 연구 동향을 소개함과 동시에, 질적 자료 분석을 위하여 연구자들이 준비해야 할 필수적인 지식과 기법을 설명하고자 한다. 연구 결과를 증명할 수 있는 여러 체계적 방법과 이론적 근거로 무장해야만 질적 연구의 정당성을 보장받을 수 있다. 그것이 질적 자료 분석의 본질이다. 이에 여기서는 질적 자료 분석을 준비하는 마음가짐과 지적인 준비사항에 대해 알아본다.

[그림 1] 자료 분석을 위한 사전 필수지식

1. 수집한 자료 확인하기

자료 수집을 시작하기 전에 가장 먼저 해야 할 일은 자신이 수집한 자료를 확인하는 것이라고 할 수 있다. 일반적으로 질적 연구자들은 짧게는 1~2개월에서 많게는 6개월 정도 자료 수집을 끝내고 분석을 시작한다. 따라서 질적 자료 수집의 결과로 상당히 많은 자료들을 얻게 된다. 자료들을 확보한 연구자들은 분석을 시작하기 전에 상당히 자신감에 차 있지만, 곧 자료를 확인하면서 다른 종류의 어려움에 봉착한다. 왜냐하면 엄청난 양의 자료들을 수집했으나 그 중에서 연구에 활용할 자료가 별로 없는 경우가 많기 때문이다. 질적 자료의 특성상 수많은 내용 중에서 연구에 영향을 끼치는 핵심 내용이 얼마 안되는 경우가 있다. 충분한 자료가 없다면 분석을 시작할 수 없다는 사실은 모든 연구에서 공통적으로 적용되는 것이다. 중요한 것은 연구에 얼마나 자료를 활용할 수 있는가 하는 여부이다. 어느 정도의 자료를 수집했다고 할지라도 점검하는 과정을 거쳐 어떠한 부분의 자료가 부족한지를 알아야 할 것이다. 따라서 연구자들은 반드시 자료를 확인해 보고 자료가 양적으로 부족하다는 사실을 깨닫게 된다면, 부족한 자료 부분을 확인하고 즉시 연구 현장으로 들어가야 할 것이다.

또 다른 종류의 오류는 바로 처음부터 잘못된 자료를 수집한 경우이다. 연구 질문과 면담 질문이 다를 경우, 엉뚱한 자료를 수집하는 일이 발생하게 된다. 즉, 잘못된 인터뷰 가이드의 개발과 적용으로 인하여 잘못된 자료들을 수집한 경우라고 할 수 있다. 이때도 그 문제를 인지한 즉시 자료 수집 과정을 다시 실시해야 한다. 간혹 부족한 자료에도 불구하고 분석 과정을 진행하는 경우가 있는데, 연구자가 자료가 없는 부분을 왜곡하거나 의도적으로 배제하는 등의 잘못을 저지를 수 있다. 따라서 자료가 부족한 부분을 즉시 채우려고 노력해야 한다. 특히 자료 수집의 과정에서부터 체크리스트와 같은 체계적인 방법을 활용하는 것이 중요하다.

한편, 수집한 자료를 확인할 때에는 자료의 종류도 확인해 보아야 한다. 이 말은 분석에 활용될 수 있는 다양한 질적 자료들이 있음을 숙지해야 한다는 사실을 의미한다. 아직도 많은 질적 연구자들은 자료를 수집한다고 했을 때, 면담자료와 참여 관찰 자료만을 떠올린다. 그러나 분석의 대상이 되는 자료에는 그외의 것들이 있다. 도식으로 나타낸 다음의 예시를 확인해 보자(그림 2).

이와 같은 자료들은 모두 질적 연구에서 적절히 활용되어야 한다. 물론 가장 기본적인 자료는 참여 관찰과 심층 면담을 통한 텍스트이겠지만, 다른 형태의 자료들도 얼마든지 분석되고, 또 연구 결과로 표현될 수 있다. 연구의 과정 속에서 계속적으로 다른 형태의 자료들을 수집할 수 있는 가능성을 탐색하고 점검하는 적극적인 자료 수집 노력이 요구된다.

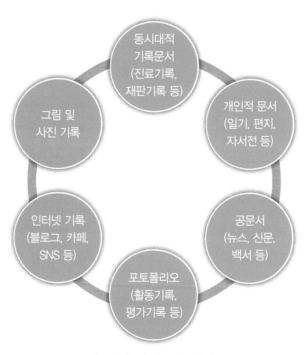

[그림 2] 다양한 자료 형태

2. 분석의 개념과 기술 숙지하기

자료 분석에서 제시할 두 번째 준비 사항은 연구자 스스로 분석이 무엇인지 정확하게 알고, 분석의 다양한 기술에 대해 이해하고 있는지를 점검하는 것이다. 이는 연구자가 가지고 있는 배경지식과 선개념을 확인하는 일이라고 할 수 있다. 자료 분석은 단순히 글에서 주제를 찾아내는 것이 아니다. 그렇다고 글에 담긴 생각을 연구자가 임의대로 판단하는 것도 아니다. 이를 위해 분석에 대한 다음의 개념을 확인하는 것이 좋다.

분석에 관해 가장 고전적이면서도 명확하게 진술하고 있는 것은 다름 아닌 Bloom과 Marzano의 교육목표 분류학이다. 물론 그들이 이야기하는 분석은 여러 사고 기술 중 하나이다. 하지만 분석은 그 중에서도 고차원적인 능력이며, 분석에도 여러 개념들이 포함되어 있다. 우선 Bloom(1956)은 분석을 자료의 의미나 의도를 파악하는 데 강조점을 두고 주어진 자료를 구성요소나 부분으로 분해하고 부분 간의 관계와 그것이 조직되어 있는 방법을 발견하는 능력으로 정의하고 있다. 즉, 자료가 무엇인지 말하고자 하는 바를 이해하는 데 중심을 둔 능력이라고 할 수 있다. 한편 Marzano는 분석이라는 사고 기술을 지식을 합리적으로 확장하는 것이라고 설명하고 있다. 즉, 기존의 지식을 좀 더 정교하게 만드는 것으로서, 이를 통해 지식이 순환될 수 있도록 기여하는 것이 분석이다. 이들의 분석 개념을 종합해 보면 어쨌든 원 지식을 다양한 형태로 가공하여 의미를 창출하는 고차원적인 작업임을 알 수 있다.

Bloom과 Marzano 외에도 여러 학자들이 분석의 개념을 다양하게 진술하고 있다. 대표적인 예로, Wolcott(1994)의 주장을 들 수 있다. 그는 분석을 기술, 분석, 해석의 세 영역으로 나누어지는 것으로 바라보았다. 즉, 질적 자료를 기준으로 놓고서 그 자료를 기술하는 차원, 분석하는 차원, 해석하는 차원의 세 가지로 구분했다. 그리고 그는 '변형(transforming)'이라는 용어를 사용하여 자료 분석을 설명했다. 분석은 자료를 다른 형태로 바꾸는 것이라고 정의한 것이다. Marshall과 Rossman(1989)은 질적 분석은 수집된 자료에 일련의 질서, 체계, 의미를 부여하는 과정이라고 했고, 이 분야의 선진 연구자인 Patton(1990)은 자료 분석을 질적 연구자가 축적한 수북하게 쌓인 자료를 순서 있게 정리하는 것, 거대한 자료를 요약된 좀 더 압축적인 자료로 바꾸는 것, 질적 연구자가 자료 속에서 유형과 주제를 발견하는 작업의 세 가지로 구분하여 설명했다. 이와 비슷하게 Miles와 Huberman(1989)도 자료 분석 과정을 자료 감소, 자료 배열, 결론 도출의 세 단계로 제시했다. 한편, Lather(1996)는 자료 분석에 대해 가장 급진적인 의미를 제시한 학자이다. 그녀는 자료 분석의 의미를 보다 확대해 질적 자료의 글쓰기와 표현의 수준까지

끌어올렸다. 그녀에 따르면 질적 자료 분석은 수집된 자료를 가지고 이야기를 만드는 과정이어야 하며, 따라서 연구자가 중요하다고 생각하는 연구 결과를 효과적으로 이야기로 만드는 작업이 분석의 핵심 과업이라고 설명했다. 연구자가 자료를 읽고 판단하여 연구 문제에 적합한 자료를 엄선하고 체계화해서 이야기를 만드는 것도 분석 작업인 것이다. 이러한 이유 때문에 최근 질적 연구의 주요 탐구 주제는 단순한 코딩과 주제생성에서부터 어떻게 질적 자료를 하나의 이야기로 만들거나 써 나갈 것인가에 대한 글쓰기와 표현의 문제에까지 이어지고 있다(LeCompte & Schensul, 1999).

이처럼 자료 분석의 이론적 개념과 학자들의 의견 대부분을 보면 분석을 상당히 고차원적 사고 기술의 한 종류로 인정하고 있다는 사실을 알 수 있다. 특히 질적 연구에서의 분석은 에세이나 소설 쓰기가 아니다. 어떠한 글을 분석하고 판단하기 위해서는 충분한 외부적 근거와 연구자의 배경지식을 바탕으로 하여 종합적인 기술이 요구된다. 이것이 보장되지 못하면 질적 연구의 신뢰성과 타당성을 인정받을 수 없다. 따라서 자료 분석을 실시하기 전에 연구자가 직접 분석의 개념을 조작적으로 정의해 보는 과정이 요구된다. 또한 연구자들은 분석에 대한 철학을 확립함과 동시에 분석에 대한 실제적인 기술들도 알고 있어야 한다. 연구자로서 분석에 관한 비교, 원인, 분류, 영역 등 실제적인 기술들에 대해 정확히 알고 연구 상황마다 각 분석 기술들을 적용하는 것이 필요하다. 분석에 대해 충분한 능력을 갖추고 있는 연구자라면, 분석 과정에서 어떠한 능력을 활용해야 할지도 잘 알 수 있을 것이다.

3. 질적 자료 분석의 특징적인 개념 확인하기

분석 기술과는 별도로, 질적 자료 분석만의 고유한 특징을 이해하는 것도 중요하다. 이와 관련된 내용은 다음 장부터 자세히 설명할 것이지만, 그 대략적인 특징을 다시 한 번 상기시키기 위해 다음 내용을 확인해 보도록 하자. 양화된 자료가 아닌 언어적 자료 또는 문서화된 자료를 분석하고 연구의 목적이 기술과 이해라는 측면에서 질적 연구에서의 분석은 양적 연구에서와는 다른 고유한 특징을 갖는다. 그 특징은 다음과 같다.

첫째, 자료의 수집과 분석이 분리되지 않고 상호보완적으로 이루어진다. 양적 연구의 경우 연구를 계획하고 난 뒤, 자료 수집이 끝나고 나면 분석이 시작된다. 연구는 직선적이며 다시 돌아가는 경우가 거의 없다. 그러나 질적 연구의 경우 그 경계가 모호하다. 더 정확하게 말하면 동시에 이루어진다. 자료 수집을 한 뒤 곧바로 분석이 실시되고, 분석된

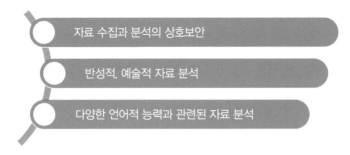

[그림 3] 질적 자료 분석의 고유한 특징

자료에서 발견된 질문들을 가지고 다시 자료 수집을 한다. 심지어는 연구의 막바지에 분석이 끝난 후에도 추가 자료의 분석이 필요한 것으로 판단되면 자료를 수집하기 위해 다시 현장작업에 뛰어들기도 한다. 이 때문에 질적 연구에서 자료 분석은, 심지어는 연구 초기부터 시작되기도 하며, 자료의 수집(면담, 현장일지, 문서, 성찰일지 등)과 분석(수집한 자료로부터 의미를 생성하는 작업)이 계속해서 교차하며 반복적으로 일어난다. 연구자들은 자료의 수집과 분석, 분석 중에 생겨난 또 다른 개념을 분석하기 위한 자료의 수집과 분석을 변증법적으로 반복한다. 그러한 특징을 반영하듯이 이 과정을 '과정 분석'이라고 부르기도 한다. 질적 연구에서 자료 분석의 과정이 정확히 언제 이루어진다고 말할 수 없는 이유가 여기에 있다. 즉, 자료 분석은 계속적으로 주제를 찾기 위해 현장작업이 시작되는 순간부터 이루어지며, 자료 수집이 진행되면서 발달적으로 진화한다(Glaser & Strauss, 1967; Miles & Huberman, 1989). 많은 연구자들이 부적절하고 충분하지 않은 자료들을 가지고 분석을 시작하려고 하는데, 이것은 질적 자료 분석의 첫 번째 특징에 비추어 본다면 잘못된 것이다. 자료의 양과 질을 항상 점검하고 부족하면 다시 현장으로 가서 추가 자료들을 수집해야 한다.

둘째, 질적 자료 분석은 반성적이고 예술적인 특징을 갖는다(Guba & Lincoln, 1981). 질적 자료 분석은 연구자의 역량에 따라 얼마든지 다양한 연구의 과정을 통합적으로 보여 줄 수 있다. 그리고 질적 분석의 과정은 재미있으며(Goetz & LeCompte, 1984), 과학적 엄격함과 비과학적 통찰 사이의 절충과 보완의 과정으로 구성되기 때문에 독자들이 지루하지 않고 쉽게 연구 결과를 이해할 수 있다. 이것은 양적 분석에서 시도하는 기계적이고 객관적인 분석 절차와는 구별되는 질적 연구의 특징이다. 반성적이고 예술적인 분석을 위해, 연구자는 수집된 자료의 이야기 속에 숨겨져 있는 의미와 메시지를 찾아내기 위해 계속적인 사유와 반성을 적용하고 공감과 추론 작업을 해 나간다. 이 과정에서 인간의 내면적 삶이나 생활세계를 찾아내기 위해 연구자는 무엇보다 자연, 세계, 인간에 대한 심도 있는 민감성과 감수성을 부여하는 태도를 갖는 것이 필요하다. 즉, 질적 자료 분석에서는 감정이입 능력, 끊임없는 상상력 등이 필요한 것이다.

셋째, 양적 자료 분석에서 요구되는 탐구 기술과는 다른 탐구 기술이 요구된다. 그것은 주로 연구자의 언어적 능력과 관련되어 있다. 수많은 자료 중에서 의미와 주제를 찾아서 그 주제를 부각시키는 언어와 은유의 생성 능력, 관련되지 않은 자료끼리 연관시키는 연합 능력, 그러한 주제의 생성과 발견을 독자에게 설득적으로 제시할 수 있는 글쓰기와 표현 능력 등이 여기에 포함된다. 또한 여러 가지 자료를 순서적으로 잘 배치하고 독자가 이해하기 쉽게, 독자를 설득할 수 있는 방식으로 자료를 제시하는 글쓰기 능력도 필요하다. 특히 질적 자료의 결과가 은유를 통해 표현되므로 은유를 생성할 수 있는 능력은 질적 연구자의 역량과 직결된다는 점에서 매우 중요하다고 할 수 있다(Ely et al., 1997).

4. 코딩 이해도 점검하기

앞서 제시한 내용이 분석과 질적 자료 분석의 일반적인 배경지식에 관한 내용이라면, 코딩 이해도를 점검하는 것은 질적 연구에 관한 연구자의 구체적인 역량을 기르는 문제와 관련이 있다. 질적 연구와 코딩은 거의 동의어라고 해도 과언이 아니다. 양적 연구가 분석 과정에서 숫자로 표현되는 수학에 대한 기본적인 지식 없이는 불가능하다고 말한다면, 질적 연구는 코드, 범주, 주제, 근거이론과 같은 개념에 대한 이해 없이는 불가능하다고 말할 수 있다.

코딩(coding)은 질적 자료 분석의 가장 대표적이면서 일반적인 방법으로서 수집되고 전사된 자료를 계속 읽으면서 자료 속에 내재된 주제를 찾아내는 과정이다. 즉, 텍스트가 담고 있는 메시지와 의도, 의미가 무엇인가를 연구자가 스스로 개념화하는 작업이다. 더 쉽게 이야기하면, 연구자가 전사된 자료를 여러 번 읽으면서 텍스트의 특정한 부분이 어떠한 주제나 의미를 뜻한다고 생각될 때 그 내용을 가장 잘 설명해 주는 이름으로 명칭을 부여하는 작업인 것이다. 질적 자료 분석에서 대부분의 과정은 텍스트에 담겨 있는 주요한 주제나 패턴 등을 찾는 작업으로 이루어져 있다(Coffey & Atkinson, 1996). 또한 Miles와 Huberman(1989)은 코드를 연구하면서 모은 기술적이고 추론적인 정보를 의미 있는 단위로 만들어 주는 것을 '태그(tags)'나 '라벨(labels)'이라고 설명했다.

이에 따라 코딩은 질적 자료 분석의 주요 방법으로서 다음과 같은 세 가지 역할을 한다. 첫째, 텍스트를 특정 주제나 이름으로 범주화시켜 하나의 분석 단위를 생성함으로써 무수히 많은 자료 중에서 분석 대상이 될 자료와 그렇지 않을 자료를 구분하는 역할을 한다. 이 과정에서 자료를 단순화하고 줄이는 역할을 한다. 필요 없는 자료는 추가 분석 자료 대상에 포함되지 않고 버려진다. 이는 질적 연구에서 가장 어렵지만 꼭 필요한 과정 이기도 하다. 수많은 자료들을 관리하면서 이 모든 내용들을 연구 결과에 포함시키는 것은 불가능하다. 따라서 코딩 과정에서 자료를 정렬하고 연구에 활용할 수 있는 상태로 개념화하게 된다. 둘째, 코딩은 자료 내용이나 의미를 개념화함으로써 텍스트를 특정한 탐구 대상으로 승화시켜 준다. 코딩 과정을 통해 의미가 없었거나 없어 보이는 자료가 새로운 가치를 부여받게 된다. 연구자가 무심코 지나쳤던 내용들도 코딩 과정을 통해 재조명받는 것이다. 질적 연구자들은 텍스트에 기술되어 있는 내용들을 특정한 탐구 대상에 집중시키거나 관련 없어 보이는 자료를 공통된 주제나 범주로 엮을 수도 있다. 이러한 과정이 의미 있는 이유는 원 자료를 의미 있는 방식으로 체계화, 배열, 조직시켜 주기 때문이다(Coffey & Atkinson, 1996). 코딩의 두 번째 역할에 따르면 자료의 의미는 연구를 통해 변화될 수 있다. 이것은 질적 연구에서 분석의 가능성을 더 많이 열어 준다고 할 수 있다. 코딩은 단순히 자료를 나열하거나 기계적으로 분류하는 작업이 아니다. 자료에 대해 창의적으로 생각하며, 자료에 대한 질문을 제기하고, 이론과 체계를 생성하는 목적을 갖는다(Coffey & Atkinson, 1996). 셋째, 코딩은 연구자에게 연구의 결과와 결론을 도출할 수 있는 기초적인 정보를 제공해 준다. 코딩의 과정과 결과는 질적 연구의 타당도와 신뢰도를 설명할 수 있는 거의 유일한 근거인 것이다. 현장작업을 통해 수집된 자료가 어떻게 분류되는지, 연구자의 생각에 따라 어떻게 연구 결과를 특정하고 개념화하는지를 밝힐 수 있는 것이 바로 코딩이다. 코딩은 연구의 질문이나 목적에 부합하는 연구 결과(가설의 생성, 개념화, 잠정적 결론의 형성)를 만들어 내는 데 필요한 아이디어와 자료가 될 수도 있다. 즉, 코딩은 원 자료와 연구자가 개념화하고자 하는 새로운 발견이나 이해를 연결하는 고리 역할을 한다(Seidel & Kelle, 1995). 코딩을 통해 연구자가 답하려고 하는 연구 문제에 다가가고, 답을 찾을 수 있다.

그러나 코드를 생성할 때 철저한 계획 없이 연구자 마음대로 무작정 이름을 붙여서는 곤란하다. 이에 대해 우리에게 도움이 되는 학자들의 연구 결과가 있다. 즉, 많은 연구자들이 연구의 기준이 되는 코드 목록을 제작하고 제시했다. 우리는 이러한 코딩의 종류에 대해 알고 각 종류를 연구의 목적에 맞게 골고루 활용하는 지혜가 필요하다. 다음 그림에 제시된 가장 대표적인 코딩의 종류를 확인해 보도록 하자(그림 4).

이 외에도 많은 학자들이 질적 연구에서 공식적으로 활용할 수 있는 코드를 제시했다. 이러한 코딩 과정을 거치고 나면 다양한 코드들이 생성될 것이다. 우리는 이 많은 코드들

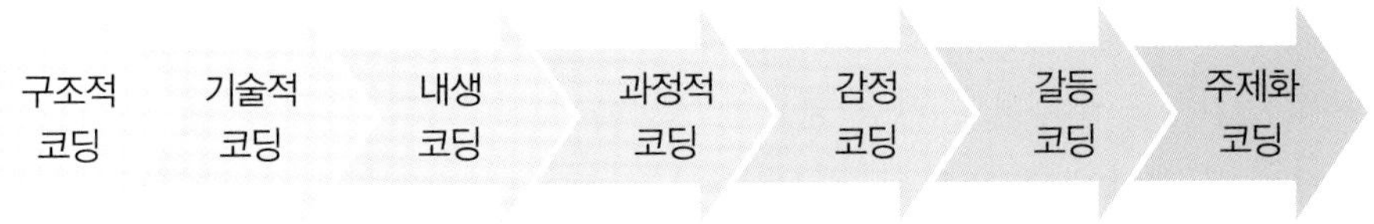

| 구조적 코딩 | 기술적 코딩 | 내생 코딩 | 과정적 코딩 | 감정 코딩 | 갈등 코딩 | 주제화 코딩 |

[그림 4] 대표적인 코딩의 종류

을 모두 외울 필요는 없지만, 적어도 어떠한 코드들이 있는지, 그리고 자신의 질적 연구에 어떠한 코드 목록을 활용할 것인지 정도는 정하고 연구를 시작할 필요가 있다. 이를 위해 평소에 질적 연구방법론 분석 수업을 수강한다든지, 관련된 서적과 논문들을 꾸준히 읽으면서 코딩에 대한 이해도를 점진적으로 높이는 한편, 다양한 예시들을 직접 분석해 보는 과정이 반드시 요구된다. 직접 자신의 연구에 적용하는 것도 추천할 만한 방법이다. 아는 것과 실행하는 것은 엄연히 다른 문제이다. 코딩과 코딩으로 인해 나타나는 주제, 그리고 개념들을 직접 발견할 수 있게 되면 질적 연구를 실제적으로 경험할 수 있게 된다. 그리고 코딩을 통해 과거의 현상을 다르게 바라볼 수 있을 것이다.

5. 이론적 민감성 높이기

질적 연구 분석에서 특히 중요한 개념이 바로 이론적 민감성이다. 연구의 타당성과 신뢰성 유지가 절대적으로 필요한 질적 연구에서 이론적으로 적합한 표본추출을 지속하기 위해서는 연구자의 이론적 민감성이 필요한 것이다. 이론적 민감성은 근거이론 방법에서 탄생했으며 Glaser와 Strauss가 제시한 개념으로, 일반적으로 개념의 발견과 코딩에 대해 연구자가 갖고 있는 능력 혹은 통찰을 의미한다. 이론적 민감성 이론에서 주장하는 점은 연구자의 능력이 고정되어 있는 것이 아니고 연구의 과정에 따라 발전한다는 점이다. 이론적 민감성은 분석자의 개인적, 기질적 취향을 성찰하고, 이론적 편향성을 경계하여 연구 주제에 대한 이론적 통찰을 얻는 데 있다(Glaser & Strauss, 1967). 즉, 이론적 민감성은 자료에서 의미 있는 내용을 찾아내는 능력을 일컫는다고 요약할 수 있다. 이처럼 이론적 민감성이 뛰어나다면 특정한 현상에 숨겨져 있는 의미들을 찾아 그것을 드러내고, 자신의 지식과 능력을 향상시키는 데 좀 더 적절히 활용할 수 있을 것이다. 이론적 민감성은 근거이론과 관련이 있으며, 연구자의 개인적인 역량의 일종이다. 이론적 민감성이라는 능력은 간혹 통찰이라는 용어와 함께 사용되기도 한다. 즉, 연구에 드러나지 않은 특정 요소들을 감지하는 능력으로 이해하면 좋을 것이다. 따라서 구체적인 용어보다는 개념적으로 접근하는 것이 일반적이다. 이론적 민감성은 다양한 기반을 가지고 있다.

이론적 민감성을 구성하는 가장 중요한 원천은 독해력이다. 이론을 직접적으로 이해하고, 다양한 문서(일기, 공적 문서, 소설, 수필 등)들을 접함으로써 이 능력을 규명할 수 있다. 이러한 유형의 문서들에 친숙해지면 풍부한 배경지식과 정보에 민감해지게 될 것이다. 두 번째 요소는 전문적인 경험이다. 경험은 '연구 영역에 대한 사전지식'이라고도 할 수 있다. 연구자는 이와 관련하여 해박한 배경지식을 갖고 있어야 한다. 가령 페미니즘이라면, 페미니즘에서 제시되는 다양한 용어들에 대해 숙지하고 있어야 한다. 다음과 같은 용어들에 대해 잘 알고 있다면, 연구 현장에서 일어나는 많은 사건들 중에서 페미니즘에 관련된 사실들을 좀 더 많이 포착하고, 해석하고, 결론 내릴 수 있을 것이다(그림 5).

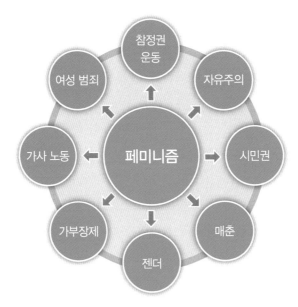

[그림 5] 페미니즘에 관련된 배경지식

이처럼 '배경지식으로서의 경험'은 이론적 민감성의 또 다른 이름이라고 할 수 있다. 몇 년 동안 현장에서 직접적으로 연구하게 되면, 현장이 어떻게 돌아가는지 몸으로 체득하게 되고, 특정한 상황에서 어떠한 일이 발생하고 결과가 어떻게 될 것인지 어느 정도 예측할 수 있게 된다. 이러한 지식은 연구하고자 하는 상황을 빠르게 포착하고 다음 연구 과정으로 진행될 수 있도록 돕는다. 또한 반드시 그 현장에서 근무하지 않더라도, 현장을 이해하기 위해 수많은 현상들을 관찰하고 익숙해지게 됨으로써 이론적 민감성을 높일 수 있을 것이다. 마지막 요소는 개인적인 경험이다. 만일 이혼에 대해 연구하려고 하는 경우, 이혼하지 않은 사람보다 이혼한 사람이 좀 더 연구에 몰입하고 이혼을 할 때 벌어지는 여러 사건들이나 감정들에 더 민감하게 반응할 수 있을 것이다. 다만 개인적인 경험을 연구에 활용할 때에는 다른 사람들의 경험을 자신의 경험에 비추어 짐작해 버리는 오류를 저질러서는 안 된다. 또한 다른 사람들과의 경험의 차이를 발견할 경우에는 이러한 차이들을 연구자의 분석에 활용해야 함을 명심해야 한다.

이처럼 이론적 민감성은 다양한 참고문헌을 많이 읽고, 연구 분야에 대한 경험이 풍부할수록 높아진다. 이론적 민감성에서는 특히 분석의 결과에 자신의 경험이나 관심분야를 결합하는 능력이 중요하다. 이론적 민감성을 고려할 때, 우리는 연구 주제와 관련하여 기존 학자들이 어떠한 주장을 펼쳤는지, 그것이 자신의 경험과는 어떠한 관련이 있는지, 그리고 연구자로서 자신이 이 자료를 분석하는 것은 어떤 의미를 가질 수 있는지를 생각해 보아야 한다. 이처럼 이론적 민감성에서 가장 중요한 것은 연구 주제와 관련된 배경지식과 이론들에 대해 잘 알고, 연구 결과를 이론과 제대로 연결시킬 수 있는 능력이라 한다.

6. 적절한 분석 기법 고민하기

질적 연구에서 가장 핵심적이고도 중요한 부분이 바로 분석 기법에 관한 문제이다. 연구자들은 적절한 분석 기법에 대해서도 신중히 접근해야 한다. 자료를 분석하는 수많은 방법이 있다. 각 분석 방법은 특정한 자료 및 상황에 적용하기 위해 만들어졌으므로 연구자의 상황에 따라 다른 분석법을 사용해야 한다. 분석 기법은 다양한 전통을 가졌다. 교육

〈표 1〉 다양한 질적 자료 분석 기법

분석 기법	특징
분류학적 분석	개념 간의 공통점, 차이점에 초점을 맞춘 분석 방법
매트릭스 분석	분석할 대상을 특정한 표나 그래프 속에 위치시킴으로써 각 요소의 위치에 따라 특성을 분석하는 방법
분석적 귀납	현상에 관한 관심을 바탕으로 현상의 원인과 결과를 자세하게 분석하는 방법
현상학적 분석	인간의 마음속에 일어나는 현상의 본질에 관심을 갖고 행위의 의식이나 내면의 가치를 분석하는 방법
생애사 분석	시간성에 초점을 맞추어 한 개인의 총체적인 삶을 분석하고 재구성하는 방법
근거이론	연구자의 연구 결과를 오로지 자료를 통해서 도출하는 방법
내러티브 분석	일어난 사건에 대해 여러 내러티브를 수집하여 그것을 하나의 이야기로 구성하는 분석 방법

학뿐만 아니라 경제학, 사회학, 인류학 등 자료를 통해 의미를 도출하는 학문이라면 모두 고유한 분석 기법을 갖고 있고, 서로 영향을 끼치고 있다는 점을 명심해야 한다. 여기서는 대표적인 분석 방법 몇 가지만을 제시하고자 한다.

이 외에도 수많은 분석 방법이 있으며, 연구자들은 미리 연구 주제에 맞는 분석법에 대해 이론적 배경을 확립해야 한다. 질적 연구에서 분석 방법이란 연구 전통과도 비슷한 맥락이며, 이는 「질적 연구방법론Ⅰ, Ⅱ」에 자세한 설명이 있으니 참고하기 바란다. 이처럼 적절한 분석 방법을 고안한다는 것은 자료를 통해 연구 결과를 형성하고 그 결과를 자료를 통해 확인하며, 지속적으로 변화, 수정하여 설득력 높은 이론으로 발전시키는 질적 연구의 핵심적 과정을 따르는 것과 같다. 따라서 질적 연구자는 올바른 자료 분석 기법을 통해 자료와 연구자의 통찰을 연구에 가미시켜야 한다. 그리고 지속적으로 연구의 타당성을 확보함과 동시에 독자들에게 연구 결과를 제대로 설명해야 할 것이다.

7. 주제와 관련된 배경 자료 확보하기

코딩과 적절한 주제 분석 과정을 통해 좋은 주제가 도출되었다는 사실은 일단 질적 연구에서 중요하고도 어려운 과정을 통과했다는 것으로서 바람직하면서도 고무적인 일임에 분명하다. 그러나 그것만으로는 논문을 작성할 수 없다는 점을 염두에 두어야 한다. 많은 연구자들이 분석이 잘 되면 그것을 나열하기만 해도 좋은 연구가 될 수 있을 것이라고 생각한다. 그러나 결론적으로 말하면 그것은 옳지 않은 생각이다. 오히려 가장 잘못된 자료 분석은 분석의 결과로 나타난 코딩의 주제들이나 종류들을 그대로 연구 결과에 제시하는 것이다. 이 간단한 원칙 때문에 매년 수많은 질적 연구 논문들이 게재불가 판정을 받는다.

질적 연구는 하나의 이야기이다. 이야기는 단순히 주제만 가지고 성립될 수 없다. 즉, 질적 연구 자료 분석은 단순히 코딩이 아니라 코딩에 기초하여 새로운 이야기를 만드는 과정이라고 할 수 있다. 연구 결과를 도출하는 것 못지않게 중요한 것이 그 결과를 표현하는 것이다. 질적 연구에서 자료를 표현한다는 것은 재미있는 이야기를 구성한다는 말과 같다고 할 수 있다. 앞서 언급했듯이 우리가 이야기를 만든다고 할 때 생각나는 몇 가지 요소가 있을 것이다. 참신한 주제만으로는 절대 이야기가 구성되지 않는다. 대부분의 흥미로운 이야기들은 인물, 배경, 스토리 등의 다양한 배경적 요소와 글쓰기 기술이 결합되어 탄생한다. 질적 연구도 이와 마찬가지이다. 자료를 분석한 결과를 제시할 때 단순히 연구 주제를 서술한다거나 코딩한 내용을 나열하는 것만으로는 내용을 전개할 수 없다. 설령 그렇게 한다고 하더라도 매력적인 연구로 인정받을 수 없을 것이다. 배경 자료의 확보와 관련하여 다음의 예시들을 확인하는 것이 의미 있을 것이다.

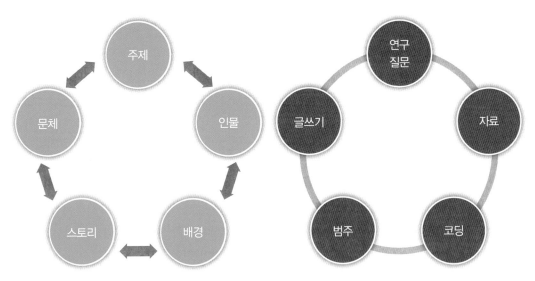

[그림 6] 좋은 이야기와 좋은 질적 연구의 구성요소

⊙ 예시: 카포티의 「냉혈한」에서의 배경 자료 수집 과정[계속]

1959년 11월 미국 캔자스주의 외딴 마을 홀컴에서 일가족 4명이 몰살당하는 사건이 벌어진다. 신문을 통해 이 사건을 접한 소설가 카포티는 이 사건에 작가로서의 호기심이 생긴다. 카포티는 사건 취재를 위해 어린 시절부터 함께 해 온 동료 작가 넬 하퍼 리와 함께 캔자스행 열차에 오른다. 그는 특유의 친화력과 말재주로 사건 담당 경찰의 가족들과 친분을 쌓기 시작해 수사의 핵심 정보들을 하나씩 알아간다. 그 사이 용의자 페리 스미스와 딕 히콕이 체포된다. 어느 날 카포티는 보안관 사택의 여죄수 감방에 수감 중인 페리 스미스와 맞닥뜨리고 묘한 감정을 느낀다. 그는 페리 스미스가 예민한 감수성을 지닌 인물임을 직감하고 그와의 단독 인터뷰를 진행해 간다. 처음에 페리는 카포티에게 경계심을 보이지만 "당신의 친구 카포티"라며 친근하게 다가오는 카포티에게 점점 마음을 연다. 그런 페리에게 카포티는 "내가 당신을 이해하지 못하면 세상은 언제나 당신을 극악무도한 사람으로만 알 것이다. 그렇게 놔두고 싶지 않다"며 페리의 속마음을 들려 달라고 말한다.

그렇게 페리의 이야기를 하나씩 듣고 돌아온 카포티는 사건 현장을 재구성해 논픽션 소설 쓰기를 시작한다. 하지만 아이러니하게도 책의 제목은 '냉혈한'이다. 이때의 냉혈한

이 페리 스미스를 의미하는 건지, 페리 스미스의 아픈 부분을 건드려 가며 이야기를 끄집어 내는 카포티 자신을 말하는 것인지는 명확하지 않다. 카포티는「냉혈한」을 완성하기 위해 사형이 언도된 페리에게 직접 변호사를 선임해 주고 수감 중에 음식을 거부하는 페리에게 가서 직접 음식까지 떠먹여 주는 정성을 보인다. 거의 몇 년간을 이 사건과 이 소설을 쓰기 위한 이야기를 수집하는 데 집중한다.

◉ 예시: 톨스토이의「부활」에서의 인물 설명[계속]

여죄수 카추샤 마슬로바의 과거는 지극히 평범했다. 그녀의 어머니는, 아예 결혼도 하지 않은 채 시골에서 살고 있는 두 자매 지주의 소유인 영지에서 일하고 있는 농노의 딸이었다. 결혼도 못한 이 여자는 남편도 없는 처지이면서도 해마다 아기를 낳았다. 그런데 보통 시골에서 그러하듯이 영세만은 받게 했다. 그러나 바라지도 않았는데 생긴 필요 없는 자식이라 해서, 또 일에 방해나 되는 자식이라 해서 젖을 통 먹이지 않았기 때문에 이내 굶어 죽곤 했다. 다섯 명의 어린애가 이렇게 해서 죽었다. 모두 영세는 받았으나 젖을 먹이지 않았기 때문에 굶어 죽고 말았다. 그러던 중에 정처 없이 떠돌아 다니는 어떤 집시 남자와의 사이에서 태어난 여섯 번째 아기는 계집아이였다. 이 아이도 똑같은 운명에 빠질 뻔했으나, 때마침 지주인 두 자매 중 한 여자가 농장에 들렀기 때문에 용케 살아났다. 우유에서 비린내가 난다고 젖소를 돌보는 일꾼들을 야단치러 온 것이었다. 뜻밖에도 외양간에 귀엽고 튼튼해 보이는 갓난아이를 안은 산모가 누워 있었던 것이다. 여지주는 우유에서 비린내가 나는 것과 외양간에 산모를 들여놓은 것에 대해서 한바탕 잔소리를 늘어놓은 다음, 그대로 돌아가려다가 갓난아기의 얼굴이 눈에 띄자, 동정심이 우러나 자기가 그 갓난아기의 대모가 되겠노라고 제의했다. 그녀는 이 갓난아기에게 영세를 받게 한 후, 대녀가 된 그 아기를 차츰 불쌍하게 여겨 산모에게 우유를 사 주기도 하고 돈을 주기도 했으므로, 그 계집아이는 겨우 목숨을 건질 수 있었다. 지주인 두 자매는 그 계집아이를 '스빠손나야'(구원받은 아기라는 뜻)라고 불러 주었다.

이 어린아이가 세 살 때, 그 어머니는 병을 앓다 죽고 말았다. 젖소를 돌보는 이 아이의 할머니에게는 손녀딸이 큰 부담이 되었기 때문에 두 여인이 아이를 맡아 기르게 되었다. 까만 눈의 이 아이는 점차 성장해 감에 따라 발랄하고 귀염성 있게 자라, 그 늙은 여자 지주들의 마음에도 큰 위안이 되었다. 두 여지주 중 소피야 이바노브나인 동생은 마음씨가 고운 여자로 대모도 동생이 되어 주었다. 그러나 마리야 이바노브나인 언니는 성격이 좀 엄격한 편이었다. 소피야 이바노브나는 이 귀여운 계집애에게 고운 옷을 갖춰 입히고 교육도 시켜서 나중에는 예의 바른 숙녀로 기르려고 마음먹고 있었다. 그러나 마리아 이바노브나는 이 아이를 부지런하고 튼튼한 하녀로 길러내겠다고 하여 몹시 엄하게 다루었고 기분이 나쁠 때는 곧잘 벌을 주고 매질까지 하곤 했다. 이같이 서로 상이한 양육 방식 속에서 이 소녀는 반은 하녀로서 반은 아가씨로서 자라난 형편이었다. 그래서 이름마저도 애칭인 첸카로도, 비칭인 카치카로도 불리지 않고 그 중간인 카추샤로 불렸다. 그리하여 카추샤는 바느질이나 방 청소를 하고, 성상도 닦고, 커피를 볶아서 가루를 만들어 끓이기도 하고, 자질구레한 빨래도 하고, 때로는 여주인과 함께 앉아 그들에게 책을 읽어 주기도 했다.

8. 다양한 글쓰기 형식 고려하기

일반적으로 우리는 형식보다 내용이 중요하다고 주장한다. 그러나 그것은 기존의 획일화되고 단조로운 논문 글쓰기에 한정되는 말이다. 질적 연구에서의 형식은 조금 다른 의미를 가진다. 더 쉽게 설명하면 질적 연구에서 이야기하는 '형식'은 연구자가 발견한 흥미로운 사실들을 가장 효과적으로 전달하기 위해 내용을 구조화시키는 전략이다. 즉, 논문을 어떻게 쓸 것인지 결정하는 것이다. 이것이 질적 연구에서 글쓰기가 중요한 까닭이다. 따라서 어떤 방식으로, 어떤 시점으로 글을 쓸 것인가를 연구자가 스스로 판단하는 과정이 중요하다. 이에 근거하여 주제와 분석을 어떻게 표현할 것인지 결정할 수 있다. 질적 연구 분석에서는 형식이 내용만큼 중요하다.

이제 우리는 글쓰기에 관심을 가져야 한다. 즉, 글쓰기는 질적 연구 결과를 표현하는 중요한 역할을 한다. 이미 많은 질적 연구자들이 질적 연구에 맞는 글쓰기는 무엇인가에 대해 연구하고 있다. 그들은 탐구의 영역으로서 글쓰기를 제시하고 있으며, 이러한 주제에 대해 수많은 논문과 책이 출판되고 있는 실정이다. 물론 질적 글쓰기에 대한 정의가 무엇인가에 대해서는 학자들마다 의견이 다르지만, 그들의 의견을 종합해 다음 표와 같이 요약할 수 있다(표 2).

연구자들은 연구를 시작하기 전에 이러한 참신한 글쓰기 방법들에 대해 탐색하는 시간을 가져야 한다. 질적 연구에 입문하는 미래의 연구자들을 위해 글쓰기 훈련 강좌, 워크숍, 학술대회에서의 토론 및 세미나 활동이 활발히 이루어지고 있다. 적극적으로 이러한 강좌에 참여하여 많은 도움을 받는 한편, 「질적 연구방법론Ⅲ」에 제시된 글쓰기 방법을 참고하여 자신의 연구에 적용해 보는 과정도 요구된다. 자신의 연구 결과와 연구 내용을 가장 효과적으로 드러낼 수 있는 표현 방법을 고려하는 것이 필요하다. 이 모든 것이 잘 갖추어진다면, 질적 연구에서 놀랄 만한 결과들을 추출해 내는 것도 어렵지 않을 것이다.

〈표 2〉 질적 글쓰기의 종류

학자	질적 글쓰기 방법
Geertz	심층적 기술
Eisner	예술적 글쓰기
Glesne	경쾌하게 쓰기
van Maanen	인상적으로 쓰기
Ely	1인칭 시점의 글쓰기
Bullough, Clandinin, Goodson	내러티브적 글쓰기
Behar, van Maanen, Rabinow	현장작업이 드러나는 글쓰기
Sara Lightfoot	초상화적 글쓰기
Caulley	극적 방법과 요약적 방법
Austin, Leggo, Richardson, Sullivan	시적 글쓰기
Dunlop, Graham, Wilson	소설적 글쓰기
Brown, Harber, Richardson	연극적 글쓰기
Ellis & Bochner, Loevinger, Millon	자전적 글쓰기
Lopez & Scheurich	공연적 글쓰기

참고문헌

Coffey, A., & Atkinson, P. (1996). In Making sense of qualitative data: Complementary research strategies. Thousand Oaks, CA: SAGE Publications.

Ely, M., Vinz, R., Downing, M., & Anzul, M. (1997). On writing qualitative research: Living by words. London: Routledge/Falmer.

Glaser, B., & Strauss, A. L. (1967). The discovery of grounded theory: Strategies for qualitative research. Chicago: Aldine.

Goetz, J. P., & LeCompte, M. D. (1984). Ethnography and qualitative design in educational research, New York: Academic Press.

Guba, E. G., & Lincoln, Y. S. (1981). Effective Evaluation. Jossey-Bass Publishers.

Lather, P. (1996). Telling Data: We're Supposed to be a Support Group. Qualitative Studies in Education, 9(3), 1-3.

LeCompte, M. D., & Schensul, J. J. (1999). Analyzing and interpreting ethnographic data. Book Five of Ethnographer's Toolkit, Schensul, J, J & LeCompte, M, D. (Eds.). Walnut Creek, CA: Altamira Press, a division of SAGE Publications.

Miles, M. B., & Huberman, A. M. (1994). Qualitative Data Analysis. SAGE Publications.

Marshall, C., & Rossman, G. B. (1989). Designing Qualitative Research. SAGE Publications.

Patton, M. Q. (1990). Qualitative Evaluation and Research Methods. SAGE Publications.

Seidel, J., & Kelle, K. U. (1995). Different Functions of Coding in the Analysis of Data. in Kelle. K. U. (Eds.). Computer Aided Qualitative Data Analysis: Theory, Methods, and Practice. Thousand Oaks, CA: Sage Publications.

Wolcott, H. F. (1994). Transforming qualitative data: description, analysis, and interpretation. SAGE Publications.

제 **1** 부
질적 분석의 개념

2

분석의
개념

질적 자료 분석은 질적 연구의 핵심적인 부분이며 연구자들이 가장 힘들어하는 부분이기도

하다. 이러한 어려움 때문에 연구자들은 종종 분석을 공부함에 있어서 가장 기본적인 부분을 간과해 버리고 특정 연구 전통의 분석에 매몰되어 버리는 경우가 많은데, 이러한 접근은 분석의 기초적인 개념에 대한 이해를 빈약하게 만든다는 측면에서 결코 바람직한 자세라 할 수 없다.

따라서 여기서는 Bloom과 Marzano의 논의를 중심으로 하여 기본적인 분석의 유형을 알아보고 그 외 일반적으로 사용되는 분석의 실제적 기술을 좀 더 살펴보도록 한다.

[그림 1] 분석의 개념

1. 연구에서 분석이 중요한 이유

질적 연구자들이 연구에서 가장 많이 좌절하고 또 실패하는 부분은 어디일까? 물론 질적 연구에서 어느 하나 쉬운 부분은 없다. 그러나 가장 어려운 부분이 무엇인지를 하나만 꼽는다면 그것은 자료의 분석 과정이 될 것이다. 질적 연구자들은 연구 초기에 의욕적으로 연구 참여자와 현장에서 자료를 수집하려고 애쓴다. 그 모습은 마치 겨울을 준비하는 동물들과 같다. 자신이 수집하는 자료가 나중에 분석 과정에서 소중한 연구의 부분이 될 것으로 기대하고 자료를 긁어모은다. 특히 질적 연구에서 자료를 수집하는 과정은 양적 연구에 비해 육체적, 정신적으로 상당히 고달프기 때문에 모두들 이 과정이 끝나면 수월하게 연구를 진행할 수 있을 것이라고 기대한다.

  그러나 연구에서 가장 어려운 과정이 이때부터 시작된다. 대부분의 연구자들은 자료 수집 과정을 거쳐 엄청난 양의 자료들을 축적하게 된다. 그러나 이 자료들이 곧바로 연구 결과가 될 수 없기 때문에, 연구자들은 이 자료를 일일이 읽어 보고 자신의 판단에 따라 원 자료에서 의미 있는 내용 과정들을 추출하게 된다. 결코 쉬운 일이 아니다. 몇 시간의 면담 후 그것을 다시 듣고 A4 용지에 전사하는 작업, 그리고 손으로 쓴 현장일지를 다시 컴퓨터에 옮겨 적는 작업, 그것만으로도 굉장히 피곤한 일이다. 그런데 더 중요한 것은 그것을 전부 다 읽어 보고 거기서 연구의 핵심이 되는 주제들을 걸러 내야 한다는 것이다. 물론 이 과정에서 원석과 같은 많은 자료들이 새로운 의미를 부여받고 참신한 주제와 시사점으로 드러난다. 한편으로는 자신이 많은 시간과 노력을 투자한 자료들이 쓸모없어 지기도 하고, 연구에 논리의 비약이 생기기도 하며, 가장 심각한 경우 연구자의 자의적 판단에 의해 자료가 왜곡되거나 엉뚱한 방향으로 활용되기도 한다.

바로 이것이 연구에서 분석 과정이 중요한 이유이다. 만일 분석철학과 방법론을 제대로 알고 있는 연구자라면, 자신의 연구 결과가 어떠한 논리에 의해 탄생되었고, 그 과정이 어떠했는가를 자세히 설명할 수 있을 것이다. 즉, 그것이 자의적인 판단이나 주관적인 해석이 아니라, 하나의 공신력 있는 이론과 철학에 의해 걸러져 나온 것임을 당당히 증명할 수 있게 되는 것이다. 그러나 이러한 분석 과정이 부실할 경우 연구의 결과나 시사점에서 제시하는 내용의 신뢰성이 떨어지게 된다.

즉, 분석은 하나의 '틀'이며, 연구를 바라보는 '렌즈'에 비유할 수 있다. 같은 현상이라도 분석 방법에 따라 전혀 다른 결과가 나타날 수 있다. 따라서 자신이 연구를 계획할 때 분석이 무엇인지에 대해 다시 한 번 이해하고, 여러 분석 틀 중에서 자신의 연구 성격에 가장 잘 맞는 연구 분석 틀을 가지는 것이 중요하다. 깨끗하고 선명한 렌즈를 사용해야만 자신이 보고자 하는 현상을 구석구석 바라볼 수 있다. 왜곡되고, 먼지가 낀 렌즈는 사용하면 사용할수록 눈이 불편해질 것이다. 이러한 마음가짐을 갖고 분석에 임한다면, 연구에서 분석을 파악하는 데 용이할 것이다.

2. 탐구 기술로서의 분석의 특징: Bloom과 Marzano를 중심으로

여기에서는 앞에서 이야기한 분석이 어떻게 연구에 기여하는지를 이론적으로 제시하고자 한다. 분석은 자료를 이해하고, 연구자가 가지고 있는 생각을 투영하는 과정이다. 같은 자료도 분석의 결과에 따라 다르게 받아들여질 수 있다. 따라서 연구자는 분석의 특징을 정확하게 이해하고, 적절한 곳에 활용해야만 한다. 분석은 어느 연구에서나 실시되지만 제대로 이해하는 것이 중요하다. 여기에 분석을 이론의 수준까지 끌어올린 두 학자를 소개한다. 그들의 이론에서 나타나는 분석의 특징을 잘 확인하기 바란다.

Bloom의 교육목표 분류학에서 말하는 분석

Bloom은 분석보다는 '분류'라는 용어로 더 잘 알려져 있는 학자이다. 그러나 엄격한 의미에서 그는 교육과정 개발 모형에서 가장 우선시되는 교육목표의 선정 영역을 처음으로

'분석'했다. 그가 교육목표를 이론화하기 전까지는 교육목표에 기준이 존재하지 않았다. 학교나 교육 실천가들이 당장 필요하다고 생각하는 내용을 교육목표로 삼았고, 이를 바탕으로 모든 교육활동이 계획되었다. 그러한 과정에 철학적인 고려나 분석 과정은 없었다.

그는 이러한 현상에 의문을 제기했다. 그 계기는 바로 생물학에서 시작되었다. 생물을 분류할 때에는 일정한 규칙에 따라 위계로 분류된다. 즉, 신체적 특징에 따라 좀 더 원시적인 형태의 생물로부터 최근에 진화한 생물까지 나뭇가지 형태로 나뉘게 되는 것이다. Bloom은 이 점에 착안하여 교육목표에 위계를 설정했다. 즉, 그의 분석 특징은 모든 인지 기능에 위계가 존재하는 것이라고 이해하면 정확할 것이다. 그는 초기의 인지 기능을 습득하면, 좀 더 상위 수준으로 발전할 수 있는 가능성을 열게 된다고 생각했다. 이것은 '계단식 목표'라는 용어로 설명할 수 있다.

Bloom의 이론이 있기 전까지 대부분의 학교교육의 목표는 교과목별, 학교별 순서 없이 나열되어 있었다. 하지만 그는 여기에 새로운 이론을 제시했다. 즉, 학교에서 가르쳐야 할 교육목표의 성격과 내용들이 명료하게 규명되고 그 가치들이 차등화되어야 한다고 주장했다. 그는 연구의 이론화를 통해 교육과정의 목표에 흐름을 도입했다. 교육과정 개발의 단계들이 보다 명료하게 진행되어야 한다고 생각했기 때문에, 학교교육 목표의 구조와 내용을 앞에서 설명한 생물학에서 사용되는 분류학의 개념을 차용하여 처음으로 '교육목표 분류학'으로 이론화했다.

Bloom의 교육목표 분류학에는 크게 인지적, 정의적, 심동적 영역이 있다. 다만 Bloom은 인지적 영역을 중점적으로 연구했다. 왜냐하면 교육목표 분류학이 정립될 당시의 교육과정 개발 연구 범위 자체가 인지적 영역 위주였기 때문이다. 이러한 인지적 영역은 학생 행동이 관찰되고 기술되며 분류에 가장 근접한 정의가 가시적으로 드러나는 영역이었다. 따라서 Bloom은 학생들의 사고를 자극하고 보다 높은 수준으로 끌어올리기 위해 지난 40여 년간 사용되었던 인식의 복잡성을 6단계로 나누었고, 이러한 그의 인지적 목표 분류는 실제 교육 현장에서 광범위하게 적용되고 연구되어 왔다. 아래 그림을 확인해 보자.

[그림 2] 인지적 영역의 여섯 가지 범주

이 그림과 같이 Bloom은 인지적 영역을 지식과 지식 기능인 이해, 적용, 분석, 종합, 평가의 여섯 가지의 범주로 나누고 이에 '복잡성의 원칙'에 따라 위계적 순서를 두었다. Bloom은 이 분류에서 지식과 이해는 기초 정신과정에, 적용, 분석, 종합, 평가는 고등 정신과정에 속한다고 보았다.

Bloom의 여섯 가지의 인지 영역이 서로 중복되는 면이 있기는 하다. 그러나 여기서 주목할 점은 각 인지 기능들이 서로 연관되어 있고, 특히 서열이 지정되어 있다는 점이다. 각 하위 수준의 인지 영역은 상위 수준의 인지 능력을 성취하기 위한 선행 조건이라는 점을 이해한다면, 받아들이기 쉬울 것이다. 학자들마다 여섯 가지 인지 영역이 적절한지, 각 단계의 위계가 논리적인지에 대한 의견이 다르다. 따라서 이것을 완전히 신뢰하기보다는 분석의 결과로 이와 같은 결과물이 제시될 수 있다는 것 정도로 이해하면 좋을 것이다.

교육목표 분류학은 만들어지고 난 이후 최근까지도 학교행정가와 교사들, 학습평가자들에게 무엇을 가르칠 것인가 그리고 무엇을 평가할 것인가를 분석하고 판단하는 기준으로서 널리 이용되고 있다. 따라서 각 단계에 대한 구체적인 예시와 활용 방안을 알아 두면 좋을 것이다. 다만 여기서는 Bloom이 생각하는 분석이 무엇인지 알아보는 것이 주된 목적이므로, 6단계 중에서 분석에 관련된 특징만 자세하게 제시하고자 한다. 먼저 Bloom이 이야기한 분석이 무엇인지 살펴보자.

> 분석이란, 자료의 의미나 의도를 파악하는 데 강조점을 두고, 주어진 자료를 구성요소나 부분으로 분해하고 부분 간의 관계와 그것이 조직되어 있는 방법을 발견하는 능력이다.
>
> (Bloom et al., 1956, p.144)

그의 말을 보면 분석이 무엇인지 감이 올 것이다. 그가 말한 분석은 자료가 말하고자 하는 바를 올바로 이해하는 데 초점이 맞추어진 인지 능력이다. 분석은 주어진 자료의 조직적인 구조를 이해할 수 있도록 내용을 세분화하는 능력으로서, 자료를 전체의 구성부분으로 분해하고 조직하는 방법과 더불어, 그 현상의 원인이 되는 요소와 결과가 되는 요소 간의 관계 및 배경 원리 등을 파악하는 것을 주요한 내용으로 한다. Bloom이 제시하는 분석은 세 수준으로 나눌 수 있는데, 첫째, 요소의 분석이며, 둘째, 관계의 분석이며, 셋째, 조직의 분석이다(그림 3). 여기서 유의할 점은 Bloom의 분석은 이해나 평가와 어느 정도 중첩된다는 점이다.

[그림 3] 분석의 세 가지 수준

요소의 분석

가정, 가치, 관점을 분석해 정보의 성질이나 기능을 결정하는 것이다.

- 진술되지 않은 가정을 인지하기
- 사실과 가설을 구별하기
- 사실적 진술과 규범적 진술을 구별하기
- 행동이 일어나게 된 동기를 발견하기
- 개인과 집단에 관련된 행동을 식별하기
- 결론과 그 결론을 지지하는 설명(근거)을 구별하기

◉ 요소의 분석 예시

아진이는 학교 숙제를 거의 하지 않았다.(사실적 진술) 물론 버릇이 되어 그런 것도 있었으나 그 중에는 하고 싶어도 못하는 숙제가 있었는데 그것이 조사학습이었다. 학생이 이렇게 된 이유에는 우선 우리나라의 숙제 문화에 익숙하지 않은 탓도 있을 것이다.(가설) 조사학습은 사실 그리 어려운 과제는 아니다. 선생님이 주제를 주면 그 주제에 대해 조사해서 홈페이지에 내용을 올리는 과제인데, 반 학생 중 유일하게 아진이는 홈페이지 가입이 되어 있지 않았다.(현상에 대한 동기 규명) 그래서 홈페이지 가입을 도와주는데 입력할 것이 많이 있었다. 먼저 필요한 것이 보호자 동의를 위한 주민등록번호였다.(어려움) 어린이는 홈페이지 가입하는 데 제약이 많았다. 보호자의 부재가 느껴지는 순간이었다. '어머니가 의사소통이 되는 한국인이라면 어땠을까?' 하는 생각이 들었다.(규범적 진술) 드디어 홈페이지 가입이 되었다. 아진이가 반 홈페이지에 접속하지 못해서 숙제를 못 할 일은 이제 없을 것이다.(결론의 근거) 이제 아진이도 다른 한국 아이들의 상황에 조금 더 가까이 다가갔다는 생각이 들었다.(결론)

관계의 분석

요소와 요소 사이의 관계, 부분과 부분 사이의 관계를 찾아내는 능력이다.

- 문장에 있는 개념 간의 상호관계를 이해하기
- 판단을 정당화하는 데 어떤 특수 사상이 관련되는가를 인식하기
- 가설이 주어진 정보나 가정과 일치하는가를 점검하기
- 인과관계와 다른 연결 관계를 구별하기
- 역사적 기사에서 인과관계 및 중요한 세부와 중요하지 않은 세부를 인식하기

⊙ **관계의 분석 예시**

연극 '햄릿'의 줄거리

(1) 햄릿은 피살된 아버지의 영혼으로부터 살인자 클라디우스에게 복수하라는 명령을 받았다. (2) 그는 클라디우스가 자기 아버지를 죽였다는 충분한 증거를 갖고 있지 않았기 때문에 즉각적으로 복수할 수 없었다. (3) 햄릿이 사건에 대한 증거를 찾는 도중에 클라디우스 역시 햄릿에 대해 의심을 하기 시작한다. (4) 연극이 계속 진행되지만, 햄릿은 복수하기 좋은 기회가 없어 복수를 할 수 없게 된다. (5) 끝 부분에 가서 햄릿은 클라디우스가 계획한 사건에 휘말려 결투를 하게 되는 데 그 결과 중요한 조연뿐만 아니라 주인공과 그의 협조자들, 그리고 클라디우스까지 죽게 된다.

문장 (1)에서 (5)까지의 내용을 분석하면 다음과 같다. 우선 각 문장 간의 순서와 인과관계는 적절하다. 시간 순서 및 원인과 결과가 잘 배치되었다. 그러나 햄릿이 왜 클라디우스에게 복수하게 되었는지에 대한 명확한 증거가 제시되지 못했다. 햄릿의 성격은 좋게 말하면 차분하고, 나쁘게 말하면 우유부단해 보인다. 그 증거는 글 곳곳에서 찾을 수 있다. 우선 (2)에서 그는 복수를 하기로 했지만 증거를 찾지 못해 복수를 미룬다. 그리고 (4)에서 복수하기 좋은 기회가 없어 복수를 할 수 없다고 되어 있다. 이것은 햄릿이 굉장히 완벽함을 추구하고 쉽게 결단을 내리지 못하는 성격임을 암시하고 있다.

  한편 여기서 가장 핵심적이며 비극성과 아이러니함이 잘 드러나는 부분은 (5)이다. 그는 결국 클라디우스에게 이용당해 비극적인 최후를 맞는다. 평소 햄릿을 따르던 사람들도 희생된다. 그러나 그를 성공적으로 계략에 빠뜨렸던 클라디우스마저 죽게 되는 결과를 낳는다.

조직 원리의 분석

조직 원리, 체계적 배열, 구조를 분석하는 능력이다.

- 특정한 예술작품에서 제작자료 및 방법의 요소와 조직에 대한 관계를 분석하기
- 문학 및 미술작품의 뜻을 이해하는 수단으로서 그 형식과 유형을 인식하기
- 작품에 나타난 작가의 목적, 견해, 사상, 감정을 추리하기
- 실제 활동에 나타난 저자의 과학, 철학, 역사 또는 예술에 대한 생각을 미루어 알기
- 광고, 선전 등과 같은 설득적 자료에 사용된 기술을 알기
- 역사적 기사에서 필자의 견해나 편견을 인식하기

⊙ 조직 원리의 분석 예시

반 고흐의 '별이 빛나는 밤'

이 그림은 고흐가 자신의 귀를 자른 이후 생레미의 요양원에 있을 때 그린 것이다. 물론 고흐가 이전에는 밤하늘을 그리지 않은 것은 아니다. '밤의 카페테라스'나 '론 강 위로 별이 빛나는 밤'에서도 다룬 바 있다. 그림에는 밤하늘의 구름과 달, 별이 어우러져 장관을 연출한다. 이 그림의 붓 터치는 굉장히 두껍다. 그리고 기존의 그림과 달리 하늘이 그림의 대부분을 차지하고 있다. 시끌벅적할 마을의 모습이 그림만 보면 오히려 고요해 보인다. 이는 아마 화가의 하늘에 대한 자신의 생각을 투영한 것이라고 할 수 있을 것이다. 그림은 멈추어 있지만 우리가 볼 때는 이 모든 것이 꿈틀거리는 것 같다. 밤하늘답지 않은 영롱하고 강렬한 색채감은 우리가 지금까지 상상해 오던 밤의 이미지를 단번에 무너뜨린다.

Marzano의 신교육목표 분류학에서 말하는 분석

지금부터는 Marzano가 제안한 신교육목표 분류학에 대해 살펴볼 것이다. Robert Marzano는 Bloom의 교육목표 분류학의 몇 가지 문제점을 지적하고 새로운 교육목표 분류학이 필요함을 주장했다. 이것은 50년간 활용되어 오던 Bloom의 교육목표 분류학을

넘어 21세기가 요구하는 교육목표를 제시하고 분류했다는 점에서 커다란 의의를 가지고 있다. 이것은 분석의 개념에서 뒤집어 생각한다면, 교육목표의 분류라는 주제를 가지고 분석한 결과가 다르게 나타난 사례로서 이해할 수 있을 것이다.

이에 이 절에서는 Marzano의 신교육목표 분류학을 보다 자세하게 소개하고 논의하고자 한다. 먼저 Bloom의 교육목표 분류와 비교 분석의 결과로서 나타난 새로운 교육목표 분류학이 무엇이며 신교육목표 분류학이 어떻게 등장하게 되었는지를 소개할 것이다. 그리고 신교육목표 분류학에서 제시된 세 가지 체제와 지식이 무엇이며, 이 개념들이 어떤 구조와 단계를 가지는지도 간략히 알아볼 것이다. 마지막으로, Marzano가 제시한 분석이란 무엇인지도 다룰 것이다.

이미 언급한 Bloom의 분류학은 특히 평가에 커다란 영향을 끼치며 목표중심 평가에 중요한 역할을 수행했다. 하지만 1980년대에 들어 교육에서 사고력을 가르치는 데 강조를 두게 되면서 Bloom 분류학의 타당도는 비판을 받기 시작했다. 즉, 분석 결과가 지금까지는 인정받아 왔으나, 점점 현실과 맞지 않게 되었다는 인식이 강해진 것이다. 이와 관련한 가장 흔한 비판 중 하나는 Bloom의 교육목표에 대한 분석 결과가 사고의 본질과 그 본질이 가지는 학습과의 관련성을 너무 단순화했다는 것이다. 그의 분류학은 한 수준과 다른 수준을 분리하는 특징을 가지고 보다 단순한 난이도 구인을 가정하고 있다. 즉, 상위 수준은 하위 수준보다 어려운 인지과정이라는 것이다. 그러나 실제 학습에서는 그가 제시한 것과 다른 현상이 발생했다. 예를 들어 평가의 경우 다른 유목을 어느 정도 요구하기 때문에 인지적 영역에서 가장 마지막에 위치하는 것은 맞지만, 사고나 문제해결에서 항상 마지막 단계가 되는 것은 아니었다. 즉, Bloom 분류학의 위계적 구조는 그다지 논리적이지 못했다.

이러한 비판과 함께 '신교육목표 분류학'이 제시되었다. 표면상으로만 바라보면 Bloom의 분류학과 유사한 면이 있다. 그러나 여기에는 근본적인 차이점이 있다. 첫째, 신교육목표 분류학에서는 새로 두 가지의 단계(메타인지, 자기체제 사고)를 신설했다. 이를 통해 기존의 교육목표 분류학을 확장했다. 둘째, 새로운 분류학은 세 개의 지식 영역(정보 영역, 정신적 절차 영역, 심동적 절차 영역)을 별도로 신설했다. 이것은 모든 단계에 포함되는 가장 기본적이고 핵심적인 역량이다. 이는 Bloom의 분류학과 뚜렷한 차이를 보이는 것이다. 자세한 내용은 아래를 참조하자(그림 4).

[그림 4] Bloom의 교육목표 분류학과 Marzano의 신교육목표 분류학의 비교

　　Marzano의 이론을 간단히 살펴보면 새로 포함된 두 가지의 수준이 눈에 띤다. 먼저 자기체제라는 용어는 자신이 어느 정도의 학습력을 갖고 있는지 자각하는 것을 의미한다. 그 다음으로 새로이 등장한 것이 메타인지이다. 메타인지란 지식과 관련이 있는 학습목표를 확실히 정하고 가능한 한 명확한 방식으로 이 목표를 계획, 실행할 수 있는 능력을 뜻한다. 메타인지의 명령에 따라 각 인지 체제의 구성요소가 실행된다. 이처럼 신교육목표 분류학도 일단은 Bloom의 교육목표 분류학과 마찬가지로 각 수준이 제시되어 있고, 학습을 조절하기 위해 필요한 의식의 단계와 관련하여 계층적인 구조로 되어 있다. 여기서 중요한 특징은 낮은 수준에서 높은 수준으로 올라갈수록, 즉 지식인출 과정에서 자기체제 과정으로 나아갈수록 점차 의식적인 인지과정을 요구하게 된다는 것이다.

　　하지만 이 여섯 가지 수준이 복잡성의 수준을 의미하는 것은 아니다. 이것이 Bloom의 이론과 가장 큰 차이점이다. 예를 들어 자기체제 내 과정은 메타인지 내 과정보다 더 복잡하지 않다고 할 수 있다. 자기인식 및 메타인지 체제 내 구성요소 자체가 본질적으로 위계적이라고 말할 수 없다. 따라서 의식 수준에 따라 중요성 검사, 효능감 검사 및 정서적 반응 검사 처리과정에 순서를 매기는 것은 의미가 없다.

　　한편, 신교육목표 분류학에서 분석은 세 번째에 위치하는 인지 능력으로서, 분석이란 지식의 합리적인 확장을 뜻한다. 개인이 이해한 대로 지식을 정교하게 만드는 것은 분석의 과정을 적용하게 된다. 이러한 분석 과정에는 비교, 분류, 오류 분석, 일반화, 명세화의 다섯 가지 형태가 있다(그림 5). 이러한 인지적 작동은 의식적 사고 없이 자연스럽게 서로 연관되어 일어날 수 있다. 그리고 학습자로 하여금 지식을 변환하고 정련하게 만든다. 이러한 분석 과정을 통해 지식은 여러 번 순환되는 것이다. 이는 Piaget가 이야기한 조절과 비슷한 개념이다.

[그림 5] 신교육목표학에서 분석의 과정

비교

분석 중에서 비교는 지식 구성요소 간 유사성과 차별성을 찾는 것으로 요약할 수 있다. 비교는 대부분의 분석 과정에서 기초가 된다. Stahl(1985)과 Beyer(1988)가 이러한 논의를 발전시켜 고차원적인 분석적 사고를 위한 비교 전략을 개발했는데 그 전략의 기초적 단계는 다음과 같다.

- 분석될 대상에 대해 자세히 이야기하기
- 분석될 속성과 특성을 구체화하기
- 어느 정도로 유사하고 다른지 결정하기
- 가능한 한 정확하게 유사점과 차이점을 기술하기

〈표 1〉 비교의 예시

구분	1차 세계대전	2차 세계대전
참전국	36개국(군인 6,500만 명)	57개국(군인 11,000만 명)
사용된 전술	참호전, 전투기 활용 폭격, 독가스, 탱크, 잠수함	전격전, 로테, 핑거 포, 원자 폭탄, 미사일
전쟁의 결과	베르사유 조약, 국제 연맹, 민족자결주의	카이로회담, 얄타회담, 포츠담선언

분류

분류는 지식을 의미 있는 유목으로 조직화하는 것이다. 인간은 자신이 생각하기에 유사한 것들을 한데 모아 익숙하지 않은 것을 익숙한 것으로 만든다. 분류는 다음과 같은 구성요소를 포함한다.

- 분류될 대상을 규명하기
- 대상의 특성을 규정하는 특징을 밝히기
- 대상이 포함되는 상위 영역을 규명하고 왜 이 영역에 속하게 되었는지 설명하기
- 대상에 대한 하위 영역을 규명하고 이것이 어떤 연관성이 있는지 설명하기

위 단계에 따라 정의된 분류 과정을 실행하기 위해서는 하위에 있는 지식과 상위에 있는 지식을 규명할 수 있는 능력이 있어야 한다. 즉, 분류는 학습자가 지식을 계층별 구조로 조직화하는 것이다.

⊙ 분류의 예시

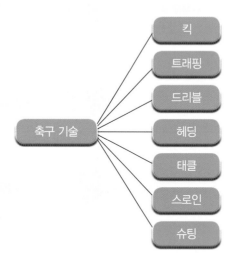

오류 분석

분석에서 오류 분석 과정은 지식의 논리 및 합당성(reasonableness)을 검증하는 것을 의미한다. 즉, 이것은 정보가 개인이 타당하다고 받아들일 만한 것으로 합리적이어야 한다는 점을 강조한다. 만약 새로운 지식이 우리 머릿속에 들어왔는데 그것이 이미 알고 있는 지

식에 기초해 비논리적이거나 합리적이지 못하면 영구기억으로 저장되지 않고 거부될 것이다. 신교육목표 분류학에서 오류 분석은 명백한 기준에 대해 지식의 타당성을 의식적으로 판단하고 제시된 논리 내에서 오류를 규명하는 과정이라고 할 수 있다.

⊙ 오류 분석의 예시

평소 새로운 자료를 활용해 수업하기를 좋아하는 김교사는 항상 자신이 접하지 못했던 매체들에 관심이 많다. 어느 날, 그는 인터넷에서 영어 단어를 자동으로 반복시켜 주는 프로그램을 찾아내었다. 학생들의 영어 점수가 낮아서 고민이었던 김교사는 즉각 그 프로그램을 구입하여 정말로 이 프로그램이 학생들의 영어 성적을 높여 줄 수 있을지 검증해 보고자 했다. 김교사는 매일 2교시 후 쉬는 시간에 이 영어 학습 프로그램을 학생들에게 재생시켜 주고, 학생들로 하여금 학습하게 했다. 그리고 혹시나 프로그램을 이해하지 못하는 학생들이 있을까 봐 이 프로그램의 의도를 충분히 설명해 주고, 프로그램을 사용하다가 모르는 것이 나오면 언제든지 물어볼 수 있도록 조치했다. 그리고 프로그램을 충분히 활용할 수 있도록 프로그램의 일부분을 수업 시간에 활용하는 등 다방면으로 수업 연구에 노력했다.

그 결과, 많은 변화가 생겼다. 우선, 학생들의 영어 과목에 대한 흥미가 높아졌다. 그리고 영어 프로그램을 전혀 접하지 못한 옆 반과 비교하여 영어 시험 점수가 비교적 높아졌다. 그리고 학생들이 평소 대화를 하는 주제가 영어 프로그램 중심으로 돌아가게 되었다. 김교사는 짧은 시간 동안 많은 변화가 생겨나 매우 기뻐했다. 이에 따라 자신의 수업 경험을 바탕으로 영어 프로그램의 효과를 증명하는 논문을 작성하고자 계획했다.

여기서 김교사의 프로그램 적용 행위에 대해 우리가 지적할 수 있는 오류에는 무엇이 있을까? 세 가지 정도를 제시해 보자.

_____

_____

_____

일반화

일반화는 이미 알려진 정보로부터 새로운 원리를 구성하는 과정이다. 이 과정에는 추론이 포함된다. 이러한 추론은 보통 귀납적인 것이다. Marzano 등(2006)은 일반화 과정에서 따르게 되는 일련의 단계를 규명했다.

- 정보 및 관찰했던 것 중심으로 증거를 찾기(억측하지 않기)
- 규명했던 정보의 양상과 연결성을 살피기
- 정보의 양상과 연결성을 설명하는 일반적인 문장을 만들기
- 일반화를 위해 더 많은 관찰을 하기

⊙ 일반화의 예시

W. Pinar는 저서인 「교육과정 이론화(Curriculum Theorizing)」(1975)에서 '재개념주의' 용어를 최초로 사용하여 선구자가 되었다. 이는 기존에 존재하던 교육과정의 이론을 재해석하여 새로운 차원의 이론을 만들어 낸 것이다. 또한 전통적 접근을 취하는 사람들을 '전통주의자'로, 재개념화(reconceptualization)를 시도하는 사람들을 '재개념주의자'로 명명했다. 현상학, 해석학, 실존주의 철학의 영향을 받은 실존적 재개념주의자이다. 과학적이고 객관적인 양적 연구를 비판하면서 질적 연구로 접근하여 인간 이해에 초점을 맞추었다.

교육과정 현상은 처방의 대상이기만 한 것이 아니라 이해의 대상이기도 하며, 이해된 것보다는 이해되어야 하는 것이 훨씬 더 많은 미지의 세계, 독해되지 않은 텍스트이다. '독해되지 않은 텍스트'로서의 교육과정 현상은 역사적, 정치적, 인종적, 심미적, 현상학적, 신학적, 제도적 맥락 등 여러 가지 맥락에서 해석될 수 있다는 것을 보여 주고자 했다(「교육과정의 이해」 1995).

명세화

명세화는 이미 알려진 일반화와 원칙을 새로운 원리에 적용하는 과정이다. 일반화하기의 분석 과정이 좀 더 귀납적인 것이라면, 명세화에서 분석 과정은 더욱 연역적인 경향이 있다. Marzano 등(2006)은 명세화하기 과정이 진행되는 동안 일어나는 일들을 제시했다.

- 검토되거나 연구되는 구체적인 상황을 규명하기
- 특수한 상황에 적용되는 일반화 및 원리를 규명하기
- 일반적인 원리에 적용되는 조건을 특수한 환경에도 적용하기
- 특수한 환경에 원리를 적용했을 때 결론이 어떠한지 알아보기

◉ 명세화의 예시

여러분은 지금까지 다양한 상황에서 활용할 수 있는 테니스 경기 전술을 습득했다. 이제 실전 경기를 치러 자신의 실력을 점검해 보고자 한다. 참고로 나는 오른손잡이이며 키는 170cm이다. 경기장에 가서 상대를 확인해 보니, 상대방은 왼손잡이이고, 키는 160cm 징도 되어 보였다. 연습하는 장면을 보았을 때, 겉으로 보이는 신체적 조건은 내가 유리해 보였지만, 상대방은 더 유연한 듯했다. 그리고 스트로크의 힘은 내가 더 낫지만 정확도는 상대방이 더 좋아 보였다.

여기서 테니스 경기를 유리하게 이끌기 위해 내가 주로 사용해야 할 기술은 무엇일까? 그리고 내가 주의해야 할 점에는 무엇이 있을까?

3. 분석적 사고를 기르는 데 유용한 또 다른 분석 기술

여기서는 Bloom과 Marzano의 분석 이론에서 좀 더 확장된 다른 다양한 분석기술들을 소개하고자 한다. 그들의 분석에 대한 개념은 논리적인 근거가 뚜렷하고 깊이가 깊으나 실제 연구에서 활용하기에는 어려운 점이 있다. 그렇기 때문에 다음에서 제시할 여러 분석법들을 활용하여 연구를 더욱 풍부하게 할 수 있다. 하나의 현상을 여러 시각으로 바라본다면 단순하지 않고 특별한 시사점이 도출될 것이다. 분석기술은 어려운 것이 아니다. 우리가 이미 생활하거나 연구를 진행하면서 실제로 하고 있는 행위이다. 그러나 이것을 드러내어 제시하는 것은 또 다른 의미를 지닐 것이다. 여러분들의 분석 결과는 더욱 신뢰성을 가지게 되고, 연구 과정의 설득력도 높아질 것이다. 크게 다음의 네 가지 요소들을 제시하고자 한다.

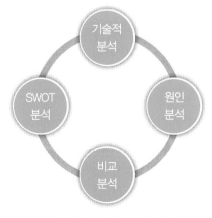

[그림 6] 분석의 실제적 기술들

기술적 분석

기술적 분석(descriptive analysis)은 양적 연구, 질적 연구 모두에서 일반적으로 사용되는 분석 방법이다. 이 방법은 주식시장에서 사용되는 기술적 분석(technical analysis)과 표기가 동일하므로 오해하지 않도록 주의해야 한다. 기술적 분석은 용어에서도 잘 드러나듯이 분석 결과를 자세히 '기술'하는 것이 주 목적이다. 이 방법은 사회과학 전반에 걸쳐 널리 알려져 있는 익숙한 분석법이다. 질적 연구에서 기술적 분석이 왜 필요한지는 설명하지 않아도 짐작할 수 있으리라고 본다. 연구자의 해석과 성찰이 반드시 필요한 질적 연구의 특성을 생각할 때, 인터뷰 결과, 참여 관찰, 연구일지를 그저 나열한다면 그것은 연구로서의 가치가 없을 것이기 때문이다. 다만 양적 연구에서 기술적 분석 방법이 필요한가에 대한 물음이 있을 수도 있다. 그러나 양적 연구라고 하더라도, 기술적 분석법은 꼭 필요하다. 수량적인 자료를 단순히 제시하는 것만으로는 자신이 의도하는 바를 설명하기 어려울 때가 있다. 따라서 도표와 그래프를 표시한 뒤에 그 아래에 연구자의 말로 그 내용이 무엇을 의미하고 왜 중요한지를 설명하는 과정이 포함되는데, 이것이 기술적 분석이다.

이 분석 방법은 대부분의 연구자들이 한 번씩 사용해 보았을 테니 특별한 설명이 필요하지는 않을 것이다. 일반적인 방법은 자료를 제시한 뒤에, 그 설명을 덧붙이는 것이다. 이 방법은 연구자가 창의적인 방법으로 재구성할 수도 있고, 글의 배열이나 서술 방식을 참신하게 해도 좋다. 여기서는 단순히 자료를 다시 읽는 수준에 그쳐서는 안 된다. 반드시 연구자가 중요하다고 생각하는 포인트를 짚어 주어야만 한다. 초보 연구자들을 위해 기술적 분석의 예를 제시하고자 한다.

◉ 질적 연구에서 기술적 분석 예시: 학원연구[계속]

텍스트

> 저는 학원에서 사회탐구를 공부해요. 왜냐하면 저는 지리를 굉장히 좋아하거든요. 지리를 통해서 그 장소가 어떻게 그러한 문화적 특징을 갖게 되었는지 배우는 것도 흥미롭고, 공부를 하다 보면 세계여행을 가는 것 같아서 좋아요. 다음에 어떤 나라를 가 보아야겠다 상상도 많이 하게 되고요. 그래서 수능시험 때 한국지리와 세계지리 두 과목에 응시하고 싶어요. 그런데 학교에서는 지리를 가르쳐 주지 않겠대요. 물론 교과서에 있는 건 수업하는 데, 별도로 수능시험 준비는 윤리랑 사회문화 두 과목만 해 주겠대요. 그래서 선생님께 가서 제 생각을 말씀드렸더니, 글쎄 그건 너 알아서 하라고 하시지 뭐예요. 그래서 과목이 개설되어 있는 학원엘 갔어요. (2015. 7. 고등학생과의 면담에서 발췌)

〈표 2〉 도표를 활용한 기술적 분석: 학생시험 성적의 지역별 분포도

영역	지역 규모	표준점수		등급(%)								
		평균	표준편차	1	2	3	4	5	6	7	8	9
언어	대도시	101.0	19.0	4.8	6.8	12.3	16.7	22.6	16.8	11.7	5.3	2.9
	중소도시	101.5	18.7	4.7	6.9	12.7	17.4	23.1	16.5	11.0	4.8	2.9
	읍면지역	93.3	21.4	3.3	4.4	8.3	12.4	19.2	17.9	16.6	10.3	7.6
	전체	100.5	19.2	4.6	6.6	12.1	16.6	22.5	16.8	11.8	5.5	3.3
수리 가	대도시	101.6	18.6	4.1	7.3	13.1	18.3	21.3	18.5	10.3	5.1	2.1
	중소도시	100.6	19.1	3.6	7.4	13.1	17.6	20.3	18.1	11.2	6.1	2.6
	읍면지역	89.0	20.7	2.2	3.7	7.5	10.1	13.8	16.7	19.3	17.5	9.1
	전체	100.1	19.3	3.7	7.0	12.6	17.3	20.3	18.2	11.4	6.5	2.9
수리 나	대도시	100.3	19.4	3.7	7.6	12.1	17.9	21.6	16.6	11.6	6.6	2.3
	중소도시	100.2	19.2	3.4	7.4	12.1	18.1	21.8	16.7	11.3	6.9	2.4
	읍면지역	94.3	18.1	2.7	4.4	7.4	12.7	20.6	21.6	16.3	10.2	4.0
	전체	99.7	19.2	3.5	7.2	11.7	17.6	21.6	17.1	11.9	7.0	2.5
외국어	대도시	101.0	19.2	4.4	6.8	13.5	17.6	21.2	17.6	10.9	5.3	2.7
	중소도시	100.8	18.9	3.5	6.6	13.7	18.0	21.8	17.6	10.7	5.3	2.7
	읍면지역	92.2	20.0	2.8	3.8	8.1	11.7	17.7	19.9	17.8	11.6	6.7
	전체	100.2	19.3	3.9	6.5	13.2	17.3	21.2	17.8	11.4	5.8	3.1
분석 결과		위 표에서 가장 뚜렷하게 나타나는 부분이 바로 대도시, 중소도시, 읍면지역이다. 대도시와 중소도시를 나누는 기준은 광역시 및 인구 50만 명이 넘는가 여부이다. 크게 도시와 시골로 나누어 볼 때, 모든 과목에서 점수 차이가 크게 나고 있는 것을 알 수 있다. 읍면지역은 차이가 가장 적은 수리 나 과목에서도 도시에 비해 6점이나 낮다. 1~2점으로 성패가 결정 나는 대학입학에서 엄청난 차이가 난다는 사실을 알 수 있다. 1등급의 비율도 1~2%까지 낮은 것을 알 수 있다. 이러한 차이는 교육여건과 정보의 차이 등으로 도시의 학생들이 더 유리한 상태에서 공부를 한다는 데 일차적인 원인이 있다. 반대로 생각해서, 도시의 학생들이 좀 더 경쟁적인 교실 환경에 노출되어 있고, 따라서 좀 더 시험공부 위주의 단순한 학습 방식을 추구하고 있을 것이라는 점도 예상해 볼 수 있다.										

분석 내용

위 담화에서 분석할 수 있는 내용은 다음과 같다. 우선 학교는 여러 가지 과목을 한꺼번에 공부해야 하는 학생들의 마음을 더 낙담하게 만들고 있다. 학생은 학교의 방침에 반발하지만 그 저항이 통하지 않을 것을 알고 학원으로 발걸음을 돌린다. 짧은 대화이지만 여기서 학교교육과정을 결정하는 것이 얼마나 폐쇄적인지를 알 수 있다. 한편으로는 많은 학생들이 이 상황이 잘못된 것인지를 잘 모르고 있을 수도 있다. 그리고 은연중에 상황을 받아들이고 있다. 선생님의 '너 알아서 하라'는 말이 그것을 잘 반영해 준다.

　이 담화를 분석하여 연구의 결과 부분에서는 학원이 학교에 비해 상대적으로 어떤 점에 치중해서 교육과정을 운영하고 있는지, 학교에서 채워 주지 못하는 부분은 무엇인지, 그리고 학생들이 학교와 학원에 대해 어떻게 받아들이고 있는지를 제시할 수 있을 것이다.

원인 분석

원인 분석은 기술적 분석과 더불어 많이 사용되는 분석 기법 중 하나이다. 원인 분석은 본래 과학과 의학 분야에서 특히 많이 활용되었다. 즉, 이러한 현상(혹은 의학적 증상)이 왜 생겨났는지를 분석함으로써, 원인을 제거하여 병을 낫게 하거나 과학적 현상을 규명하는 것이 원인 분석이었던 것이다. 원인 분석은 문제를 해결하는 과정에서 이론으로 확립되어 사회학 및 사회과학, 교육학으로 전해져 오게 되었다. 가령 교육자들은 특정한 교육현상(학교폭력이나 학업성적의 저하)이 발생했을 때 그것을 일반적인 교육학 이론으로는 설명하기 힘든 경우가 있을 수 있다. 그때 원인 분석 기법을 활용하면, 그 사건의 배후에 숨어 있는 다양한 요인들을 나열하고, 이들이 각각 사건에 어떠한 영향을 끼쳤는지를 자세히 분석할 수 있게 된다.

◉ 아동학대 사건의 원인들

개인: 소외, 잘못된 애정 표현 수단
가정: 폭력 대물림, 자녀에 대한 인식 오류, 폭력 정당화
학교: 지속적 연락 부족, 폭력 교육 미흡, 아동 보호의무 소홀
사회: 사회 안전망 구축 실패

⊙ 사회현상의 원인 분석하기

최근 등장한 '스낵 컬처(snack culture)'라는 용어는 출퇴근이나 휴식 시간 등을 이용하여 웹 드라마, 웹툰 등을 즐기는 것을 가리킨다. 스낵 컬처는 휴대용 스마트 기기의 대량 보급과 함께 간편하게 즐길 거리를 찾는 소비자들이 증가하면서 나타난 현상이다. 그러나 상업주 의와 결합하여 즉흥적이고 자극적인 소비를 조장할 수 있다는 비판을 받기도 한다.

스낵 컬처가 유행하게 된 원인: 급격한 도시화로 인한 공동화현상, 출퇴근시간 증가, 급속한 개인 스마트 기기 보급, 개인주의 증대, 사교시간 감소 등

비교 분석

비교 분석의 원형은 비교 사회학, 비교 정치학에서 찾을 수 있다. 즉, 특정한 역사적 사실 이나 이미 일어난 현상을 나열하거나 각 국가별로 특정한 영역을 비교하는 것과 같은 연 구에서부터 비교 분석이 시작되었다고 볼 수 있다. 물론 특정한 사례를 들고 와서 각 항 목별로 특징을 비교하는 전통은 상당히 오래된 것이다. 특히 이러한 비교 분석은 국가의 정책을 연구하는 데 많이 활용되었는데, 국가의 현재 상황을 직시하고, 앞으로 나아갈 방 향을 제시하는 데 상당히 유용했기 때문이다. 비교 분석을 연구하는 학자들은 이론과 실 제의 차이점을 찾는 일에는 관심이 별로 없다. 또한 그들은 드러난 것을 높은 수준의 개 념으로 추상화하는 과정에도 별 흥미를 느끼지 못한다. 그만큼 비교 분석은 간단하면서 도 명확한 주제를 분석할 때 주로 사용된다. 두 세계를 한눈에 보고, 관계를 찾으려고 하 는 것이다. 이 방법은 사회과학에서 유용하고 교육학에서도 뚜렷한 연구 결과를 보여 주 기 때문에 자주 활용된다. 즉, 분석에서 일반적으로 활용될 수 있는 방법이다.

한편, 비교 분석은 질적 연구와 양적 연구를 이어 주는 방법이 되기도 한다. 우선 비교 분석 방법은 각 현상을 깊게 이해하는 것을 요구하며, 동시에 현상의 패턴을 파악하는 것 을 가능케 한다. 비교 분석법은 다양하고 이질적인 사례 속에서 공통되는 점을 구별하고, 적절한 상황과 맥락을 고려한 해결책을 제시해 준다. 잘 활용한다면 비교 분석은 복잡한 상황을 분석하는 데 강력한 도구가 될 것이다. 즉, 같은 결과를 만들었지만 그 이유가 다 르고 복잡할 경우, 비교 분석은 좋은 해결책이 된다.

비교 분석이라는 용어에서 알 수 있듯이 이 방법은 어쨌든 비교할 대상이 두 개 이상 존 재해야 하며, 그렇다고 해서 너무 많으면 연구가 힘들어진다. 일반적으로 적정한 수는 5개에서 50개 정도이다. 이 범위 내에서 연구자들은 자신이 다룰 수 있는 적정한 정도의

경우를 가지고 비교 분석을 실시해야만 올바른 정보를 얻을 수 있다. 사회연구에서 비교 분석 방법이 등장함으로써 우리는 이 방법에 주목하게 되었다. 그 전까지는 사회현상을 모두가 인정할 만한 객관적인 방법으로 보여 주는 것 자체가 힘들었다. 그러나 비교 분석의 등장으로 인해 수많은 사회현상과 언어 양식들을 자연스럽게 이론적 체계 내에서 제시할 수 있게 되었다. 물론 비교 분석법은 질적 연구보다는 양적 연구에 좀 더 어울린다. 그리고 일반적인 관계, 필요, 조건을 보여 주는 데 더 유용하다.

〈표 3〉 비교 분석: 한국과 영국의 학제 비교

한국		나이(만)	영국	
과정	학년		학년	과정
학사	4학년	21		학사
	3학년	20	3학년	
	2학년	19	2학년	
	1학년	18	1학년	
고등학교	3학년	17	13학년	대학입학 준비
	2학년	16	12학년	
	1학년	15	11학년	
중학교	3학년	14	10학년	중등학교
	2학년	13	9학년	
	1학년	12	8학년	
초등학교	6학년	11	7학년	초등학교
	5학년	10	6학년	
	4학년	9	5학년	
	3학년	8	4학년	
	2학년	7	3학년	
	1학년	6	2학년	
		5	1학년	

한국과 영국의 학제에서 가장 주목할 점은 바로 입학연령의 차이이다. 한국의 경우에는 원칙적으로는 5세까지는 어린이집과 유치원에서 자율적으로 교육을 받을 수 있다. 영국에서는 1년 빨리 학생들을 의무교육에 참여시킨다. 그리고 초등교육, 중등교육 이후에 대학입학을 원하는 학생들에게 입학준비과정이라는 것을 제공하고 있다. 이 과정은 필수가 아니기 때문에 11학년을 마치고 직업을 갖기 원하는 학생들은 바로 학교를 마치고 기술교육을 받을 수 있다. 한국에서는 중학교와 고등학교를 거치면서 집중적으로 고등교육을 받는다.

SWOT 분석

SWOT 분석은 Humphrey(2005)에 의해 제안된 내용으로서, 1960년대부터 수행된 연구들에 기반을 두고 있다. SWOT 분석법은 경영학에서 처음 창안되었으며 500여 개의 기업에서 계획 단계의 문제점을 발견하고 새로운 시스템을 창안하는 과제를 수행하다가 발전되었다. 학자들은 처음에 기업 경영 방법을 결정하는 과정이 불투명하고, 그것이 한 번 정해지고 나면 바꾸기 어렵다는 사실을 발견했다. 이 사실은 가장 빠르고 유연해야 할 회사 경영의 계획과 방법을 혁신하는 데 큰 장애물이었다. 그렇다면 어떻게 회사의 현재를 분석하고, 미래에 나아갈 방향을 제시할 것인지가 중요했다. 그러나 그 당시 회사의 경영 분위기는 혁신적이지 못했다.

이러한 경직된 회사 경영 방법을 바꾸기 위해 등장한 것이 SWOT 분석이다. 초기에는 SWOT이 아닌, SOFT 분석이라는 용어가 쓰였다. 즉, 기업의 장기 계획이 왜 실패했는지를 연구하는 프로젝트를 수행하던 도중 기업 활동 등 장단점을 명시하는 방식으로, 현재의 좋다는 평가를 만족(S = satisfactory), 향후 좋다는 평가를 기회(O = opportunity), 현재의 나쁜 평가를 실패(F = fault), 향후 나쁘다는 등급을 위협(T = threat)으로 분류하는 것이었다. 이 방법이 점차 널리 활용되다가, 1964년에 F가 W로 변경되고 SWOT 분석이라는 단어가 탄생했다. 경영학에서 탄생한 만큼 초기에는 회사, 마케팅 전략 등에 집중적으로 활용되었다. 그러나 SWOT 분석은 많은 사람들이 이해하기 쉬우면서도 효과적인 분석 도구여서 점차 사회 전반에서 초기 분석 도구로서 활용되게 되었다. 현재는 교육 현장에서도 일반적인 분석 도구로 자리 잡았다.

⊙ SWOT 분석의 예시: 사과초등학교 SWOT 분석 결과[계속]

SWOT 분석을 통한 교육계획 수립

강점 S	약점 W
• 교사와 학부모, 학생들의 학교를 살리고자 하는 열의가 매우 강함. • 현장 체험 중심의 교육활동에 대한 요구와 열의가 강함. • 생태 체험 학습이 가능한 자연친화적 지역 환경이 잘 조성됨.	• 시내에서 떨어진 외곽에 학교가 위치해 교통이 불편하고 교육 및 문화시설이 전무함. • 특별실 부족으로 다양한 활동이 제약됨. • 원거리 통학생 수의 증가로 스쿨버스 수송 능력이 한계에 이름.
기회요인 O	**위협요인 T**
• 젊은 교사 구성으로 다양한 교육활동에 대한 의욕이 높음 • 학교 주변 자연환경과 창원지역 CRM 활용을 통한 다양한 체험 활동 기회 제공이 가능함. • 본교로 전입을 희망하는 학생들의 문의가 꾸준함.	• 부적응 학생들의 전입으로 생활지도 및 학습지도 문제가 상존함. • 학습의욕 상실에 따른 학습능력 저하가 우려됨. • 과도한 전입생 발생에 따라 교육 기자재가 부족함.

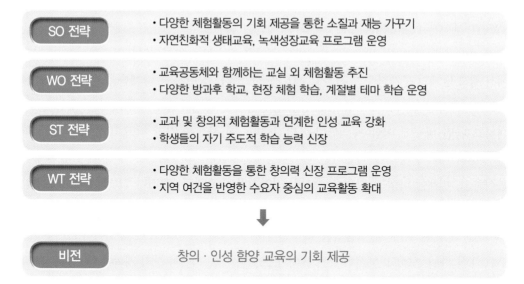

4. 다양한 분석적 사고를 평가하는 문제

⊙ 텍스트를 읽고 인물 분석하기[계속]

나는 숨을 죽이고 지그시 아픔을 견디며, 또 하나의 아픈 날을 회상한다. 꼭 이만큼이나 아팠던 날을. 그것은 아마 나의 고가(古家)가 헐리던 날이었을 게다. 남편은 결혼식을 치르자 제일 먼저 고가 의 철거를 주장했다. 터무니없이 넓은 대지에 불합리한 구조로 서 있는 음침한 고가 는 불필요한 방들만 많고 손댈 수 없이 퇴락했으니, 깨끗이 헐어 내고 대지의 반쯤을 처분해서 쓸모 있는 견고한 양옥을 짓자는 것이었다.

너무도 당연한 소리였다. 반대할 이유라곤 없었다. 고가 의 철거는 신속히 이루어졌다. 나는 그 해체를 견딜 수 없는 아픔으로 지켰다. 우아한 추녀와 드높은 용마루는 헌기왓장으로 해체되고, 웅장한 대들보와 길들은 기둥목, 아른거리던 바둑 마루는 허술한 장작더미처럼 나자빠졌다. 숱한 애환을 가려 주던 〈亞〉자 창들이 문짝 장사의 손구루마에 난폭하게 실렸다.

㉠ 남편은 이런 장사꾼들과 몇 푼의 돈 때문에 큰소리로 삿대질까지 해 가며 영악하게 흥정을 했다. 남편 하나는 참 잘 만났느니라고 사돈댁─지금의 동서─은 연신 빠드러진 이를 드러내고 내 등을 쳤다. 이렇게 해서 나의 고가 는 완전히 해체되어 몇 푼의 돈으로 바뀌었나 보다. 아버지와 오빠들이 그렇게도 사랑하던 집, 어머니가 임종의 날까지 그렇게도 집착하던 고가 . 그것을 그들이, 생면부지의 낯선 사나이가 산산이 해체해 놓고

만 것이다.

그러나 생각해 보면 고가 의 해체는 행랑채에 구멍이 뚫린 날부터 이미 비롯된 것이었고 한 번 시작된 해체는 누구에 의해서고 끝막음을 보아야 할 것 아닌가. 다시는, 다시는 아침 햇살 속에 기왓골에 서리를 이고 서 있는 숙연한 고가를 볼 수 없다니.

그러나 나는 나 자신의 육신이 해체되는 듯한 아픔을 의연히 견디었다. 실상 나는 고가 의 해체에 곁들여 나 자신의 해체를 시도하고 있었는지도 모를 일이었다. 남편이 쓸모없이 불편한 고가 를 해체시켜 우리의 새 생활을 담을 새 집을 설계하듯이, ㉡ 나는 아직도 그의 아내로서 편치 못한 나를 해체시켜, 그의 아내로서 편한 나로 뜯어 맞추고 싶었다.

쓸모 있고 견고한, 그러나 속되고 네모난 집이 남편의 설계대로 이루어졌다. 현대식 시설을 갖춘 부엌과, 잔디와 조그만 분수까지 있는 정원이 있는 아담하고 밝은 집. 모두가 남편의 뜻대로 되었다. ㉢ 다만 나는 후원의 은행나무들만은 그대로 두기를 완강히 고집했다. 넓지 않은 정원에 안 어울리는 거목들이 때로는 서늘한 그늘을 주었지만 때로는 새 집을 너무도 침침하게 뒤덮었다. 그러나 나는 아직도 그것들의 빛, 그것들의 속삭임, 그것들의 아우성을 가끔가끔 필요로 했다.

㉠∼㉢에 대한 다음의 논의에 대해 생각해 보고, 자신의 의견을 적어 보시오.

㉠ '남편'의 행동 묘사를 통해 드러나는 '남편'의 성격은 어떤가?

㉡ '나'는 '남편'에 대한 태도를 변화시키고자 하는 심리가 드러나 있다. 주인공은 결국 마음을 변화시킬 수 있을까?

㉢ '은행나무들'에 대한 '나'의 집착은 사실 무엇에 대한 집착인가?

◉ 과학실험 과정 분석[계속]

(가) 유전적으로 동일하고 X에 노출된 적이 없는 생쥐 Ⅰ, Ⅱ, Ⅲ을 준비한다.

(나) Ⅰ과 Ⅲ에 생리 식염수를, Ⅱ에 죽은 X를 주사한다.

(다) 1주 후, (나)의 Ⅰ과 Ⅱ에서 혈액을 채취하여 혈청을 분리한 뒤 X에 대한 항체 생성 여부를 조사한다.

(라) (다)의 Ⅱ에서 얻은 혈청을 Ⅲ에 주사한다.

(마) 1일 후 Ⅰ∼Ⅲ을 살아있는 X로 감염시킨 뒤, 생존 여부를 확인한다.

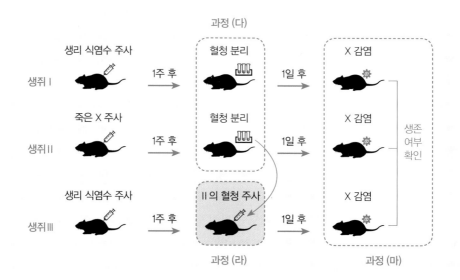

실험 결과

생쥐	(다)에서 항체 생성 여부
I	생성 안 됨
II	생성됨

생쥐	(마)에서 생존 여부
I	죽는다
II	산다
III	산다

위 실험의 결과가 나오게 된 과정을 설명해 보시오.

⊙ 수능 사회탐구 영역 문제[계속]

오늘날 사람들은 TV, 신문, 인터넷 등을 통해 새로운 정보들을 습득하게 된다. 이러한 과정에서 사람들은 자신이 선호하는 매체를 선택한 후, 적극적으로 정보를 취사선택하여 합리적으로 판단한다고 생각할 수 있다. 그러나 대중 매체를 통해 접하게 되는 정보는 해당 매체가 취사선택하고 해석한 것에 불과할 수 있다. 매체에서 중요하다고 판단하여 보도한 사건은 사회적 논의 대상이 되지만 보도하지 않은 사건은 그렇게 되지 않을 수 있다. 오히려 사회적으로 중요한 사건이 대중 매체에 보도되지 않거나 아주 작게 보도될 수 있다.

다음 글의 필자 입장에 부합하는 진술로 가장 적절한 것은?

① 시민들은 선호 매체의 선택을 통해 대중 매체의 보도 방향을 결정한다.

② 대중 매체의 선택적 보도는 시민이 정보의 중요성을 판단하는 데 영향을 미친다.

③ 대중 매체는 정보 제공에 있어서 객관성이 아니라 사회적 책임성을 중시한다.

④ 다양한 대중 매체들이 제공하는 정보는 시민들의 능동적 정보 해석에 도움이 된다.

⑤ 대중 매체는 사회적으로 중요한 사건일수록 보도 비중을 높여 여론에 영향을 미친다.

⊙ 대화에서 의미 분석하기

연: 학원에서 과목은 뭐 듣나요?

학: 수학하고요, 영어는 그때그때 다르고, 그리고 지리 두 개 다 해요.

연: 오, 학생들 지리는 많이 해도 하나만 듣던데.

학: 저는 지리를 굉장히 좋아해요.

연: 그래도 탐구과목은 학교 수업 잘 들으면 학원까지는 안 와도 되지 않나요?

학: 학교에서 수업을 안 해요.

연: 네???

학: 물론 교과서에 있는 건 수업하는 데, 별도로 수능 시험 준비는 윤리랑 사회문화 두 과
목만 해 줘요. 그래서 선생님께 가서 제 생각을 말씀드렸더니 글쎄 그건 너 알아서 하
라고 하시지 뭐예요.

연: 아, 그랬구나.

위 대화에서 드러나는 학교교육과 학원교육의 관계에 대해서 자신의 경험을 덧붙여 논해 보
시오.

참고문헌

김영천(2001). 교육과정 Ⅰ: Cumiculun Development. 아카데미프레스.

강현석·강이철·권대훈·이원희·주동범·최호성 역(2005). 교육과정, 수업, 평가를 위한 새로운 분류학: Bloom 교육목표 분류학의 개정, 아카데미프레스.

곽진숙(2002). 타일러와 아이스너의 교육평가론 비교 연구. 서울대학교 대학원 석사학위 논문.

서미혜(1986). 타일러 교육과정이론의 비판에 관한 고찰: 브루너 이론을 근거로 한 비판을 중심으로. 성균관대학교 대학원 박사학위 논문.

이원희 외(2005). 신교육목표 분류학의 설계. 아카데미프레스.

이종승(1987). 타일러의 학문적 생애와 교육평가관. 교육평가연구 2(1). 교육평가 연구회.

진영은 역(1999). Tyler의 교육과정과 수업지도의 기본원리. Tyler, R. W.(1949)의 Basic Pringiples of Curriculum and Instruction, 양서원.

Anderson, L., Krathwohl, D., Airasian, P., Cruikshank, K., Mayer, E. R., Pintrich, R., Raths, J., & Wittrock, C. M. (2000). A Taxonomy for Learning, Teaching, and Assessing: A Revision of Bloom's Taxonomy of Educational Objectives. Allyn & Bacon.

Benjamin S. Bloom(1956). Taxonomy of Educational objectives handbook Ⅰ: Cognitive domain. New York: David Mckay Company, Inc.

Benjamin S. Bloom. 教育目標分類學 - 教育目標의 分流 및 評價의 實際 (1) 知的領域.

Humphrey, Albert(2005). SWOT Analysis for Management Consulting.

Krathwohl, D. R. Bloom, B. S. & Masia, B.B. (1964). Taxonomy of educational objectives, Handbook 2. Affective Domain. New York: David Mckay Company, Inc.

Marshall, G. (1998). Qualitative comparative analysis. In A Dictionary of Sociology Retrieved

Marzano, R. (2000). Designing a New Taxonomy of Educational Objectives. Thousand Oaks, CA: Corwin Press.

Marzano, R. (2006). The New Taxonomy of Educational Objectives. Thousand Oaks, CA: Corwin Press.

Ragin, Charles C. (1987). The Comparative Method. Moving Beyond Qualitative and Quantitative Strategies. Berkeley, Los Angeles and London: University of California Press.

Ragin, Charles C. (2000). Fuzzy-Set Social Science. Chicago: University of Chicago Press.

Ragin, Charles C. (2008). Redesigning Social Inquiry: Fuzzy Sets and Beyond. Chicago: University of Chicago Press.

Rihoux, Benoit & Ragin, Charles C. (2008). Configurational Comparative Methods: Qualitative Comparative Analysis (QCA) and Related Techniques. London and Thousand Oaks, CA: Sage.

Smithson, Michael, & Verkuilen, Jay. (2006). Fuzzy Set Theory. Applications in the Social Sciences. London: Sage Publications.

3

질적 자료의
종류

질적 연구의

질을 결정짓는 중요한 요소는 질 좋은 자료와 치밀한 분석이다. 따라서 질적 연구자는 연구의 질을 높이기 위해 질과 양 모든 측면에서 좋은 자료를 수집하기 위해 노력한다. 이러한 자료에 대한 관심은 다양한 질적 연구 개론서에도 잘 드러나는데, 많은 질적 연구 개론서들이 질적 자료를 수집하기 위한 일련의 방법이나 절차들에 대해 소개하고 있는 것이 그것이다. 그럼에도 불구하고 이러한 질적 자료에 대한 논의는 대부분 자료를 수집하는 기법에 집중되어 있기에 질적 자료가 무엇인지, 질적 자료의 형태에는 어떠한 것들이 있는지에 대한 논의는 간과해 버리는 경우가 많다. 그리고 이러한 질적 자료에 대한 논의 부족은 질적 연구자들, 특히 초보 질적 연구자들에게 질적 자료에 대한 오해를 불러일으키기도 하는데, 그것은 질적 자료는 텍스트 형식으로 이루어져야 한다거나, 통계자료와 같은 양화된 자료들은 질적 연구의 자료가 될 수 없다거나 하는 것이다.

따라서 여기서는 질적 연구에서 사용될 수 있는 질적 자료의 성격에 대해 살펴보고 질적 연구에서 주요하게 사용되는 질적 자료의 유형과 그 구체적 사용의 예를 살펴봄으로써 질적 자료에 대한 이해를 넓히고자 한다.

[그림 1] 질적 자료의 종류

1. 질적 자료의 개념

인간의 경험을 담고 있는 일체의 자료는 질적 연구의 자료가 될 수 있다. 학자들이 논의하고 있는 질적 자료에 대해 살펴보면, Yin(2011)은 자료를 '가장 작거나 낮은 수준의 실제 혹은 기록'으로 설명하며 이러한 자료의 유형으로 면담자료, 관찰자료, 문서, 문서나 유물 등의 수집자료, 연구자가 연구 과정에서 경험하는 느낌 등에 대해 논의하고 있다. Flick(2014)는 질적 자료의 유형으로 크게 구술자료(verbal data)와 구술 외 자료(data beyond talk)를 제시하고 있는데, 구술자료에는 면담자료, 포커스 집단 면담자료, 내러티브 자료, 구술 외 자료로는 관찰자료(abservation), 시각자료(visual data), 문서자료(documents)에 대해 논의하고 있다. 김영천(2012)은 질적 연구에서 수집될 수 있는 자료로서 참여 관찰 자료, 심층 면담 자료, 현장일지 자료 등에 대해 논의하고 있고, 김영천·정상원(2015)은 질적 자료로서 문서(document)에 대해 심도 깊은 논의를 수행한 바 있다. 특히 Bogdan과 Biklen(2007)은 질적 자료의 종류와 그 유형에 대해 폭넓게 논의한 바 있는데, 현장조사록(fieldnote), 인터뷰 녹취록(transcripts), 문서자료, 사진을 비롯하여 통계자료와 양적 자료까지 질적 자료의 범주 안에 포함시키고 있다. 이와 더불어, Emmison과 Smith(2000)는 사회학 연구에 사용될 수 있는 시각자료에 대해 심도 깊은 논의를 수행한 바 있는데, 이들은 평면적 시각자료(two-dimensional visual data)와 입체적 시각자료(three-dimensional visual data)를 넘어 장소나 배치와 같은 우리의 삶이 이루어지는 시각자료(lived visual data), 인간의 행위와 같은 살아있는 형태의 시각자료(living forms of visual data)에까지 그 논의를 확대한 바 있다.

　이러한 학자들의 논의는 그 형태와 수집 방법에 따라 다양한 질적 자료가 존재할 수 있으며, 또한 질적 자료라 부를 수 있는 것들이 그 형태상의 특징으로 인해 결정되지 않음을 말해 주고 있다. 실제, Maxwell(2005)은 질적 연구에서의 자료의 성격에 대해 '연구자가 보고 들은 무엇, 또는 연구를 수행하며 전달받은 무엇'이든 자료가 될 수 있다고 논의하며 연구에 필요한 일체의 것이 자료가 될 수 있음을 강조하고 있다. 그럼에도 불구하고 우리는 질적 접근과 양적 접근을 구분하는 것처럼 질적 자료와 양적 자료를 대략적으로 구분하고 있다. 그렇다면 우리는 어떠한 기준을 통해 질적 자료와 양적 자료를 구분할 수 있는가. 이와 관련하여 Porta(2008)의 논의는 이 둘을 구분하는 데 시사점을 제공해 준다. 그의 논의에 따르면 질적 자료는 '범주적 척도에 따른 측정으로 특징화되는' 자료로서 이러한 척도는 '분할적', '명명적' 척도 등이 될 수 있으며, 양적 자료는 '연속되거나 셀 수 있는' 수로 나타나는 자료이다. 이러한 그의 논의는 질적 자료와 양적 자료를 구분하는 기준이 형태가 아님을 보여 준다. 즉, 그의 논의는 질적인지 양적인지를 구분하는 기준은 자료 자체가 가진 형태나 특성이 아니라 그것에 다가가는 관점에 의해서 결정됨을 시사해 준다고 할 수 있다. 다시 말해, 질적 자료란 해석적, 기술적 접근을 통해 그것이 내포하고 있는 개념이나 범주를 도출하는 자료를 말하며, 양적 자료는 그 안의 정보를 양화하여 접근하는 자료를 말하는 것이다. 결국 질적 자료라 함은 해석적, 기술적 접근, 즉 질적 접근을 통해 분석되는 일체의 자료라 할 수 있다.

　이는 동일한 자료라도 그것에 어떻게 접근하는가에 따라 그 자료는 질적 자료가 될 수도, 양적 자료가 될 수도 있다는 것을 의미한다. 예를 들어 텍스트 형태로 구성되어 있는 자료라도 그것에 담긴 의미를 양화하여 통계적 분석을 통해 접근한다면 그것은 양적 자료가 될 것이고, 통계자료라 하더라도 그것이 가진 정보를 해석적, 기술적으로 접근하여 중요한 개념이나 범주를 도출한다면 질적 자료가 될 수 있는 것이다. 실제로, 대중 매체가 담고 있는 의미를 분석하는 주요한 분석 방법인 내용 분석(content analysis)에서도 양적 접근과 질적 접근이 함께 논의되고 있으며(최성호, 정정훈, 정상원, 2016), Bogdan과 Biklen(2007)은 전형적인 양적 자료로 알려져 있는 통계자료 또한 질적 자료에 포함될 수 있음을 논의한 바 있고, Derkheim(1897)은 통계자료를 바탕으로 이에 대한 해석적 접근을 통해 사회학적 연구를 진행한바 있다.

　이러한 질적 자료를 모으는 과정으로 '자료 수집'이라는 용어가 일반적으로 통용되고 있는데, 이러한 용어는 질적 자료가 단순히 수집되는 것이라는 오해를 불러일으킬 수 있다. 수집이라는 말에는 이미 현장에 존재하고 있는 일련의 자료들을 연구자가 단순히 취합하는 것이라는 의미가 상당히 짙게 내포되어 있지만, 실제 질적 자료는 수집되는 측면과 생성되는 측면을 함께 가진다. Mason(2002)은 질적 연구에 있어서 질적 자료에 대한 논의에서 자료 원천(data sources)과 자료 원천으로부터의 자료 생성(generating data)을 분리하여 논의하고 있는데, 자료 원천으로 사람, 조직, 기구, 존재물, 텍스트, 사물, 인공물, 매체물, 사건과 해프닝 등을 언급하며 이러한 자료 원천과 연구자와의 상호작용을 통해 생산되는 질적 자료에 대해 논의하고 있다. 이는 질적 자료란 단순히 현장에서 연구자의 중립적 수집 활동을 통해 획득되는 것이 아니라 연구자의 의도적 상호작용을 통해 생산되는 것임을 강조한 논의라 할 수 있는데, 질적 연구자는 이처럼 연구자와 현장의 상호작용을 통해 생성되는 것으로의 질적 자료의 성격 또한 유념해야 할 필요가 있다.

2. 질적 자료의 형태와 특징

앞서 살펴본 것처럼 질적 자료란 그 형태적 특징으로 구분되는 것이 아닌 그 자료에 접근하는 방식, 즉 그것을 어떻게 분석하려 하는가에 따라 구분될 수 있는 것이다. 따라서 질적 자료는 다양한 형태들을 지니는데, 그것들은 텍스트 형태를 지닌 것부터 시각적 이미지로 구성된 것, 연구자와 현장의 상호작용을 통해 생성된 것에서부터 단순히 수집된 것과 같이 다양하다. 따라서 몇몇의 학자들은 이러한 자료를 여러 가지 기준으로 분류하여 제시한 바 있다. 한 예로서, Yin(2011)은 질적 자료 수집 방법을 크게 면담하기 및 대화나누기, 관찰하기, 수집하기, 느끼기 등으로 제시하며, 면담하기를 통해 수집될 수 있는 자료의 유형으로 언어적 자료, 관찰하기를 통해 수집되는 자료로서 제스처, 사회적 상호작용, 행위, 장면 및 물리적 환경 자료를 제시했으며, 이와 더불어 수집하기를 통해 수집되는 자료로서 문서, 기록물 및 유물, 그리고 연구자의 감각, 즉 연구자의 '느끼기'를 통해 획득되는 자료로서 연구자의 느낌, 기분, 감각까지 질적 자료에 포함시키고 있다.

그렇다면 이러한 질적 자료를 빈번하게 사용되는 자료를 중심으로 분류해 보도록 하자. 질적 자료는 그 자체가 다양한 성격을 내포하기 때문에 하나의 기준에 맞추어 그것들을 분류하는 것은 다소 무리가 따른다. 예를 들어 사진자료는 연구자에 의해 촬영된 사진도 있지만, 현장에 이미 존재하는 사진도 있을 수 있으며, 참여 관찰 기록에는 참여자와의 대화, 연구자의 느낌, 현장의 배치 등과 같은 다양한 자료들이 포함될 수 있다. 따라서 질적 자료들을 특정한 기준으로 분류하고 구분한다는 것이 다소 오해를 불러일으킬 수 있지만 독자들의 이해를 돕기 위해 여기서는 질적 연구에 보편적으로 사용되는 다양한 자료들을 다음 표와 같이 분류하여 소개해 보고자 한다(표 1).

〈표 1〉 질적 자료의 분류와 종류

구술자료	인터뷰 자료	연구 참여자와 인터뷰를 통해 수집된 자료
	그룹 인터뷰 자료	다수의 참여자들과의 공동 인터뷰를 통해 수집된 자료
	구술사 자료	개인에 의해 구술된 역사적 경험 자료
텍스트 자료	현장일지	연구 과정에서의 연구자의 기록
	참여관찰 자료	참여관찰을 통해 연구자에 의해 기록된 자료
	문서자료	연구 중 수집 혹은 생성된 문서자료
시각자료	평면적 시각자료	2차원적 시각자료
	입체적 시각자료	3차원적 시각자료

물론 표에 언급되지 않은 다양한 유형의 질적 자료들이 질적 연구에 사용될 수 있다. 지면상 그러한 자료를 모두 다룰 수 없으니, 여기서는 질적 연구에서 보편적으로 자주 언급되는 자료에 대해서만 살펴보도록 한다.

3. 구술자료

구술의 한 형태인 인터뷰 방법으로 수집되는 자료는 질적 연구에서 가장 빈번하게 사용되는 질적 자료 중의 하나이다(McCracken, 1988; Holstein & Gubrium, 1995; Rubin & Rubin, 1995). 이러한 인터뷰를 통한 구술자료는 연구 참여자와의 심층 면담을 통해 수집되는데, 면담 집단에 따라 개인 혹은 집단 면담, 면담 형식에 따라 구조화된 면담에서 대화로서의 면담까지 다양하게 구분될 수 있다(Morgan, 1997; 김영천, 2011). Seidman(2006)은 심층 면담을 통한 자료에 대해 '개인들의 삶의 경험'을 이해하고, '현안에 대한 통찰'을 제공하는 효과적 수단이라 논의한 바 있으며, Rubin과 Rubin(1995)은 인터뷰를 통해 타인들이 가지는 세계에 대한 느낌과 생각을 발견할 수 있다고 논의한 바 있다. 또한 Fontana와 Frey(1994)는 인터뷰를 인간을 이해하기 위한 가장 일반적이고 강력한 방법이라 하며 인터뷰 자료의 가치를 논의했다. 이러한 인터뷰 자료는 일반적으로 대화 녹음과 전사 과정을 거쳐서 텍스트 형태로 분석되는데(김영천, 2012), 다음과 같은 형태의 텍스트가 구성되는 경우가 많다.

다음은 김영천·김필성(2014)의 학원에 대한 연구 중 수집된 학원 학생과의 인터뷰 일부이다.

> 연구자: 학교에서도 학원에서처럼 자원해서 발표를 하나요?
>
> 연구 참여자: 아니요. 학교보다는 여기 반이 꿈과 목표가 더 뚜렷하니까 그걸 위해서 좀 더 공부하려는 마음이 있는데 학교 애들은 아직까지 그만큼 꿈과 목표가 흐릿하니까 그만큼 아직 공부를 한다는 마음이 없으니까 그런 마음이 잘 안 생기는 것 같아요. 거기서는 내가 그만큼 지원해서 무언가를 발표해야겠다는 필요를 못 느껴요.
>
> 연구자: 학원 수업 중에 친구들의 발표 중 오류를 찾으면 어떤 기분이 드나요?
>
> 연구 참여자: 재미있어요. 친구의 결점을 찾아내고 나서 자신의 실력이 더 뛰어남을 확인하는 게 기쁘고 결점을 찾았다는 데 성취감을 느껴요. 결점을 찾아내기 위해서 더 눈에 불을 켜고 살펴요. 그래서 하나 발견하면 기쁘고. 발견당하면 기분 나쁘고.

이 인터뷰는 학원을 다니는 학생들의 수업 태도가 학교에서와 학원에서 왜 그렇게 다른지, 그리고 학원에서의 발표와 토론이 학생들에게 어떤 의미를 가지는지를 보여 주고 있다.

그렇다면, 이러한 인터뷰 자료들이 실제 질적 연구들에 어떠한 기여하고 있는지 구체적인 사례를 통해 살펴보도록 하자.

인터뷰 자료

인터뷰가 질적 연구에 보편적으로 사용되고 있는 만큼 많은 연구들이 인터뷰 자료를 그 연구의 핵심 자료로 사용하고 있다. 그 중 보편적으로 사용되고 있는 인터뷰 자료는 연구 참여자와의 개별면담을 통해 수집되는 인터뷰 자료들인데, 여기서는 그 중 몇 가지를 살펴보도록 하자.

Young 등(Young, Brown, Reibling, Ghassemzadeh, Gordon, Phan, Thomas, Brown, 2016)은 응급 의료 종사자들의 삶에 그들의 학자금 융자(educational debt)가 어떠한 영향을 미치는지에 대한 연구를 48명의 연구 참여자와의 인터뷰를 중심으로 수행한 바 있다. 다음은 그러한 인터뷰를 통해 수집된 인터뷰 자료의 일부이다.

"만약 내게 융자가 없었다면 나는 바로 아이를 가졌을 거예요."

"빚이 내 미래의 인생 계획에 영향을 미쳤는지는 모르겠어요. 하지만 내 학자금 융자를 다 갚고 난 후에도 얼마간은 레지던트 일을 하며 살아가야 할 거예요."

"아마도 앞으로 내 아이들을 위해 내가 저축을 하고 재정적인 계획을 세우는 데 영향을 미치겠지요."

"만약 돈을 위한 것이 아니었다면 나는 아마도 영영 훈련만 받았을 거예요. 그리고 교육을 계속 받으면서 발전했겠지요. 하지만 금전적인 측면을 생각한다면, 당신은 학자금 상황을 시작해야 해요. 그렇지 않으면 그건 갑자기 불어날 거예요."

"나는 학자금 융자에도 불구하고 공동 연구원을 결정했어요."

"학자금 융자를 다 갚고 나면 연구원 과정을 시작할 거예요."

"학자금 융자가 내과를 지원한 나의 결정에 영향을 미쳤다고 생각하지는 않아요. 문제는 그거예요. 제 부모님은 … 그러니까 … 경제적으로 파산하고 대학도 졸업하지 않은 고졸의 그런 분들이 아니거든요. 아버지는 학기제를 하셨어요. 그래서 그분들은 돈이나 재정적인 것들을 이해하지 못하지요. … 나는 빚이 뭔지도 몰랐어요. 나는 그걸 이해조차 하지 못했지요. 나는 이러한 결정들을 나 스스로 했어요."

　이와 같은 인터뷰 자료들에 대한 분석을 통해 연구자들은 학자금 융자가 응급 의료인의 삶에 미치는 영향에 대해, 학자금 융자가 그들의 삶의 우선순위를 바꾸어 놓았으며 그러한 우선순위가 그들의 삶에 대한 결정에 영향을 미치고 있다는 점, 학자금 융자가 그들에게 끊임없는 압박이 된다는 점, 의료인들은 하루하루의 작업에 전념하기 위해 그들의 융자를 다루는 기술을 사용한다는 점 등의 여섯 가지 주제를 도출했다(Young et al., 2016).

　인터뷰 자료를 중심으로 한 또 다른 연구를 살펴보자. Greenfield 등(Greenfield, Ignatowicz, Belsi, Pappas, Car, Majeed, Harris, 2014)은 22명의 환자들을 대상으로 하여 인간 중심 간호(person-centered care)가 환자들에게 어떻게 경험되는지에 대한 연구를 수행했다. 이 연구에서는 환자 각각에 대한 반구조화된 인터뷰를 통해 자료가 수집되었다. 그 일부는 다음과 같다.

"내 말은 그러니까, 그들은 나를 알지요. … 그들은 내가 어떤 사람이었는지를 알아요. 나를 단지 나의 질병으로 바라보지 않아요. 대신 그들은 나의 가족적 삶에 대해 알고 있고 나도 의사들의 아이들에 대해 알고 있어요. 그리고 그러니까, 내 말은, 그것은 마치 … 그런 거 있잖아요. 나는 진정으로 … 그들을 친구들이라고 불러요. 솔직히 말해, 여기 오는 것이 항상 즐겁답니다."

"… 그것은 나를 완전한 인격체로 만들어 줘요. … 거기에는 많은 판단들이 있지요. 그리고 그런 것들은 마치 내가 벌을 받고 있는 것처럼 느끼게 만들어요. 왜냐하면 그들이 나를 전혀 존중해 주고 있지 않기 때문이지요. 그리고 단순히 당신의 HPA가 너무 높다는 말만 하지요. 그들은 나의 상태에 대해서만 말할 필요가 있다고 생각해요. 하지만, 그들이 해야 할 일은 나를 인간으로 대접해 주는 거예요. 그들은 나와 나의 상태를 분리해서 대해 줄 필요가 있어요."

연구자들은 이러한 인터뷰 자료들에 대한 분석을 통해 '통일체(holism)', '이름짓기(naming)', '주의(heed)', '동정(compassion)', '간호의 지속(continuity of care)', '요소와 권한부여(agency and empowerment)'의 여섯 가지 핵심 주제를 도출했다.

포커스 그룹 인터뷰

앞에서 살펴본 것처럼 연구 참여자 개인과의 면담에서 수집된 자료를 중심으로 하여 이루어지는 연구들도 있지만, 집단과의 면담을 통해 자료를 수집할 수도 있다. Flick(2014)는 이러한 그룹 인터뷰에 대해 특정한 주제에 대한 소집단의 토론을 중심으로 한 인터뷰 방법이라 논의한 바 있는데, 이는 앞에서 살펴본 인터뷰 자료에 비해 그 자료가 주제에 대한 연구 참여자들 간의 토론을 중심으로 이루어진다는 특성을 가진다고 할 수 있다. 그렇다면 이러한 포커스 그룹 인터뷰 자료를 중심으로 이루어진다는 연구들을 살펴보도록 하자.

Berland와 Bentsen(2015)은 만성폐질환 환자의 간호에 있어서 효과적인 간호 방법을 탐구하기 위해 11명의 간호사들을 중심으로 한 포커스 그룹 인터뷰를 수행하고 이러한 자료에 대한 분석을 통해 연구를 진행했다. 그 자료 중 일부는 다음과 같다.

"우리의 업무 그리고 우리가 가진 지식에 있어서 더 안전성을 고려해야 해요. 그래야만 그러한 상황들 속에서 우리의 안전을 고민할 수 있지요."(참여자 4, 포커스 그룹 1)

"훈련이었지만 … 전체적인 훈련 프로그램이 저를 좀 더 안전하게 만들었어요. 내가 밖에서 만성폐질환으로 인한 심각한 발작을 보이는 환자들을 맞닥뜨릴 때, 나는 허둥지둥 하지 않았어요. 1년 전이라면 그런 심각한 상황에 빠진 환자들의 경고음 소리를 들으며 허둥거렸겠지요. 이제는 그들에게 무엇이 필요하고 어떤 치료가 필요한지 전보다 더 많이 알고 있어요. 그들이 우리에게 신뢰를 표현한다면 우리는 더 자신감을 가질 수 있을 거예요."(참여자 1, 포커스 그룹 1)

　연구자들은 이러한 연구 참여자 간의 토론을 중심으로 하는 포커스 그룹 인터뷰 자료에 대한 분석을 통해 '자신의 지식 속에서 안전의 경험', '본보기를 통한 안전의 경험', '실천적 기능을 통한 안전의 경험'이라는 세 가지 주제를 도출했다.
　양상희(2016)는 임상간호사의 의도적 간호순회에 대한 실행연구에서 의도적 간호순회의 방법과 효과에 대한 자료를 수집하기 위해 포커스 그룹 인터뷰를 수집했는데, 그 일부는 다음과 같다.

연구자: 　1차 순환 과정의 실행에서 의도적 간호순회와 2차 순환 과정의 실행에서의 간호순회가 가진 가장 큰 차이점은 무엇이라고 생각하나요?

간호사 1: 　무엇보다 라포형성의 차이인 것 같아요. 문제해결만을 위한 의사소통에서 환자에게 공감하고 또한 애정 어린 감정을 가지고 다가가려고 노력했고 이러한 자세가 라포형성에 용이했던 것 같아요. 심화된 심리적 간호를 제공할 수 있다는 것이죠. 이를 통해 더욱 많은 정보를 얻을 수 있고 저 역시 환자에 대한 공부를 자연스레 많이 하기 때문에 각종 예측 가능한 위험에 대비할 수 있다는 거예요.

간호사 2: 　맞아요. 그리고 팀별로 순회를 하니 업무부담도 덜해지고 더불어 환자에 대한 정보 역시 함께 공유할 수 있어서 좋았어요. 1차 순화 과정 실행에서는 사실 익숙하지도 않고 해서 의도적 간호순회를 해도 지난 인계 때 들었던 통증이나 컴플레인이 발생할 만한 내용 위주로 둘러볼 수밖에 없었어요. 그런데 2차 순환 과정 실행에서는 전문적인 간호역량에 대해서도 생각해 보게 되고 내가 먼저 추가적 요구가 있는지 물어보고 이러다 보니까 이전 간호순회에서는 미처 다 파악할 수 없었던 개인 성향이나 습관, 주로 요구하시는 내용 등을 포괄적으로 알 수 있게 되고 또 집중적으로 볼 수 있게 되었고 구체적으로 볼 수 있게 되었던 것 같아요.

구술사 자료

구술사(oral history)는 구술의 형태로 전달되는 과거에 대한 이야기라 할 수 있다. Shopes(2011)는 구술사를 '녹음된 연설', 보통 사람들의 '가벼운 회상', 공식적인 형태의 '의례적인 설명' 등 여러 가지 방식으로 과거에 대해 이야기하는 것이라 논의한 바 있다. 결국 구술사란 개인의 기억으로서 자전적 역사가 구술화된 것이라 할 수 있다.

구술사는 그 역사의 초점이 어디에 있느냐에 따라 개인의 생애사가 될 수도, 특정한 사건에 대한 역사가 될 수도 있으며 다음과 같은 특징을 가진다. 첫째, 구술사는 면담을 통한 언어적 교환이다. 둘째, 구술사는 녹음의 형태로 보관되고, 이후에는 여러 가지 용도로 사용될 수 있다. 셋째, 구술사 면담은 역사적이다. 넷째, 구술사는 객관적이라기보다는 과거에 대한 주관적인 설명이다. 다섯째, 구술사 면담 자체가 하나의 심도 깊은 탐구의 과정이 된다(Shopes, 2011). 그렇다면 연구에 사용된 구체적인 구술사 자료를 살펴보도록 하자.

양야기(2014)는 5·18민주화 운동 당시 광주지역에서 일어난 간호사들의 간호 경험에 대한 연구를 수행한 바 있다. 연구에서 당시 활동했던 11명의 간호사들의 구술사를 인터뷰를 통해 수집하여 분석을 수행했는데, 이를 통해 '처음 경험하는 사건에 대한 불안', '5·18 진행 및 계엄군, 시민군과의 관계', '간호환경의 변화', '5·18에 대한 회고와 바람' 등의 네 가지 주제를 도출했다. 연구에서 사용된 구술자 자료의 일부는 다음과 같다.

오히려 병원이 안전했지요, 그래서 퇴원을 미루기도 하고. 그 당시에는 시내에서도 어디론가 숨어야 되는 형편이었잖아요. (참여자 1)

의사들이 평소에는 응급실에 2명 있는데 그때는 항상 10명 정도가 상주하고 있었어요. 소수술실에서는 항시 수술이 이루어지고 있었어요. (참여자 5)

환자가 오면 얼른 전화번호 물어봐서 가슴에다 매직으로 적어요. 왜냐하면 의식이 없어지니까. 그 전에 물어서 적어 놓고, 그래서 수술도 하고 나중에 가족에게 연락도 하고 그랬어요. 전쟁상황이나 다름이 없었죠. 전쟁이 나면 간호사는 이렇게 간호를 해야되나 그런 생각이 들었어요. (참여자 3)

총상 환자가 들어오면 지금은 수술 전 매뉴얼이 있고 그러는데 그때는 인적 사항 확인만 되면 수술을 하는 거야. 나중에는 기구 소독할 틈도 없이, 무조건 수술실로 올리고. (참여자 8)

생전 처음 보는 총상 등에 처음에는 당황스러웠지요. 나중에는 이 위기 상황에서 별스런 아이디어가 다 번뜩이는 거예요. 어떻게 대처를 해야 하나? 요령도 생기고, 사람은 상황에 따라 초능력이 나온다니까. 당시 상처들을 생각하면 지금도 트라우마 같은 것이 있네요. 난사된 상처들, 과다출혈, 나는 그 후로도 그런 상처는 지금껏 본 적이 없어요. 생각만 해도 끔찍하네요. (참여자 3)

환자가 너무 많아서 대량 처치법을 했어요. 환자가 오면 구분해서 수술할 사람, 죽을 사람 구분하고, 뇌가 나와 있는 사람도 있었어요. 군대에서나 그렇게 한다면서요.(참여자 8)

수납도 차트도 없어요. 피 검사해 가지고, 출혈 심하면 아이브이 꽂아 갖고 수혈하고 그랬지. 보호자 나타나면 돈을 받기도. 그때는 환자들한테 돈도 안 받았던 거 같아요. (참여자 4)

이동성(2014)은 초등학교 교사의 전문성 발달과 한국의 사회 문화적 맥락의 관련성을 탐구한 바 있다. 이 연구에서는 한 교사의 생애사에 대한 구술사 자료가 인터뷰를 통해 수집되어 분석되었는데, 이를 통해 연구 참여 교사의 주제가 도출되었다.

◉ 한 초등학교 교사의 전문성 발달에 대한 생애사적 주제들(이동성, 2014)

1. 초등학교 전문교사로서 대안적 전문성 모색: "초등 영화교육 전문교사 되기"
2. 6학년 전문교사 되기: "아이들과 수업을 삶의 중심에 두기"

그렇다면 이 연구의 구술사 자료들을 살펴보도록 하자.

초임교사 시절에는 아이들에게 모범이 되려고 노력을 했었지. 근데 아이들하고 가까워지지가 않더라고. 그래서 역발상을 했지. 학기 초에 허당인 나인 모습을 적나라하게 말해 버리는 거야. 예를 들어, "나는 한 학기가 지나도 너희들 이름을 외우지 못한다.", "선생님이지만 글씨가 엉망이고, 수학시간에 간혹 덧셈과 뺄셈을 실수하기도 한다.", "그림 그리기와 오려 붙이기를 못하며, 피아노도 못치고, 수업 중에 딴소리를 자주 하는 치명적인 문제점이 있다." 등등. 이렇게 이야기를 하면 모두들 배꼽을 잡고 웃어. 하지만 아이들은 이내 나를 무시하기보다는, 오히려 도와주려고 해. 학기 초에 교실환경도 지들이 알아서 하고, 교사로서 실수를 하더라도 웃고 넘기는 거지. 누구의 말처럼, "가르칠 수 있는 용기"는 아마도 이런 걸 거야.

4. 텍스트 자료

질적 자료 중 텍스트 형태로 구성된 자료들도 있다. 텍스트로 구성된 자료들 중 대표적인 것으로는 연구자에 의해 기록되는 현장일지, 참여 관찰록, 그리고 연구 현장에서 수집되거나 연구 참여자들에 의해 작성되는 다양한 문서들이 있다. 이러한 텍스트 기반의 자료들은 연구 전반에 걸쳐 생성되거나 수집되며, 지속적으로 분석된다.

현장일지

현장일지는 연구자가 현장에서 경험하는 모든 사건에 대한 기록이다(김영천, 2012). 김영천(2012)은 이러한 현장일지에 기록되는 정보의 유형으로 '사건에 대한' 기록, 연구자의 감정, 연구 방법에 대한 반성, 연구에서 이루어지는 연구자의 이론 등을 들고 있다. 결국 현장일지는 연구 과정에서 연구자의 필요에 의해 기록이 이루어지는 자료로서, 연구와 관련된 모든 내용이 자유로운 형식에 따라 기록되게 된다. 그리고 이러한 현장일지는 연구의 중요한 질적 자료로서 활용될 수 있는데, 예를 통해 그것을 확인해 보도록 하자.

　김영천·황철형·박현우·박창민(2014)은 다문화 아동의 학력 신장을 위한 실행연구를 수행한 바 있는데, 실행연구의 특성상 연구 동안 지속적으로 현장일지를 작성했으며 이것이 연구의 주요한 자료로 활용되었다. 자료의 일부는 다음과 같다.

> **12.17** 수학 1-2학기 테스트 결과 및 피드백(2)
>
> 오늘 수업은 이전 시간에 풀었던 1학년 2학기 기말고사 문항을 대상으로 함께 틀린 문제를 검토해 보고 다시 풀어 보는 시간을 가졌다. 제일 처음에 접했던 문제는 숫자 16이 구름 속에 넣어진 그림과 -8이라고 적힌 해 그림이 이어지고 다시 화살표로 속이 빈 구름으로 이어져 빈칸의 답을 해결하고자 하는 문제였다. ○○는 빈 구름 안에 9를 적어 두었다. 하지만 ○○가 문제를 다시 보면서 간단히 8을 적어 가는 모습을 보면서, 단순히 16-8의 개념을 묻고자 하는 외에 사실 구름이라든지 해가 주는 이미지는 이 문제에서 어떤 의도를 가지고 있는지, 그리고 실제로 이러한 장치가 필요한지에 대한 의문이 들었다. ○○는 아마 단순히 16-8을 묻는 문제였다면 '8'을 '9'로 적지 않을 수도 있었겠다는 생각이 들었다. 이런 측면에서 생각해 보면, 다문화 아동에게 문제를 풀게 할 때에는 문제 선택도 신중히 잘 해야겠다는 생각이 들었다. 묻고자 하는 바가 정확한 문제야말로, 문제를 푸는 학생이 이러한 개념을 잘 이해하고 있는지 여부를 알고자 하

는 의도에 부합하기 때문이다. ○○가 틀린 또 다른 문제 역시 이러한 연구자의 생각을 강화시켜 주었다. 규칙을 따라서 늘어놓은 모형을 보고 규칙성을 찾은 후 이어진 □ 칸 안에 알맞은 도형을 그려 보게 하는 문제였다. 관련한 첫 번째 문항에서 ○○는 '되풀이되는'이란 말의 뜻을 알지 못해서 반복적으로 드러나는 규칙, 즉 동그라미 두 개와 세모 모양 하나로 이루어진 조합을 묶어 보는 과정을 해결하지 못했다. 자연스럽게 관련된 다음 문항 역시 해결하지 못했는데, 되풀이된다는 말의 의미를 설명하는 연구자의 말을 듣고 ○○는 되풀이되는 규칙을 잘 찾는 모습을 보였다. 하지만 두 번째 문항에서 난관에 부딪혔다. 주어진 문제에서 동그라미 2개와 세모 1개의 묶음 조합이 세 번 반복, 즉 9개의 도형이 나열된 다음에 동그라미 하나와 빈칸이 주어지고, 이에 알맞은 도형을 그려 보도록 했다. 쉽게 풀 것이라 생각했던 연구자의 기대와 달리 ○○는 답을 쓰는 데 상당히 오랜 시간을 머뭇거렸다. 결국 쓴 답은 세모!! 자신없는 듯하지만 정답에 대한 작은 희망을 가지고 확인을 바라는 눈빛을 보내는 ○○의 심정과는 달리 연구자는 약간의 어이없음을 느꼈다. 앞선 문제에서 규칙성을 잘 찾아 놓곤 왜 이 문제를 풀지 못하지 하면서 문제를 다시 한 번 살펴보는데, ○○가 어려움을 느끼는 이유에 대해 짐작해 볼 수 있었다. 즉, ○○가 앞선 문제에서는 3개의 도형이 계속 되풀이된다고 했는데, 주어진 빈칸은 3개의 모형이 묶여 있는 온전한 조합이 아닌 2개의 도형만 있어서 ○○의 입장에서는 어떻게 보면 어정쩡한 조합이었던 것이다. 결과적으로 ○○는 앞서 찾았던 규칙성과 동그라미 도형 하나랑 빈칸의 조합에서 규칙성이 일치하지 않았던 것이다. 그래서 ○○는 빈칸도 동그라미로 생각하고 부족한 나머지 한 칸에 세모를 그려 넣었던 것이다. 연구자가 보이지 않는 좌우에도 반복해서 도형들이 나열될 수 있고, 문제에서는 칸이 부족해서 이러한 도형들을 일단 지우고 제시한 문제라고 하니 그제서야 정답인 ○를 적어 내는 것이었다. 이상에서처럼 ○○의 경우에는 묻고자 하는 개념을 정확히 측정할 수 있는 문제를 제시하는 것이 좋겠다는 생각이 든다. 연구자가 같은 문제를 다시 제시하고자 한다면, 주관식이 아닌 객관식의 형태로 다음에 위치할 수 있는 규칙적인 조합의 묶음을 찾도록 하는 것도 효과적이라는 생각이 든다.

　　Warren(2000)은 대학원생들의 현장일지에 대한 분석을 통해 그들의 폭로와 은폐, 공적인 것과 사적인 것, 알려져 있는 것과 드러나지 않은 것에 대한 논의를 한 바 있는데, 그 연구에서 분석된 현장일지의 일부는 다음과 같다.

　　Joane은 다음처럼 말했다. "Lourdes, 이야기 좀 나눌까요?" 내가 "나는 외부인인데 괜찮겠어요?"라고 말하니, Joane은 괜찮다고 말했다. 나는 울기 시작했고 … 14살부터 다이어트를 해 왔다는 둥, Jocelyn처럼 나도 외롭다는 둥, 나는 살이 잘 찐다는 둥의 이야기를 했다.

참여 관찰록

참여 관찰록은 연구자가 참여자의 세계에 머물면서 관찰한 내용을 기록한 자료이다. 참여 관찰록은 그 관찰 형태에 따라 체계적 참여 관찰에서 개방적, 미시적 참여 관찰 등으로 구분될 수 있다(김영천, 2012). 그렇다면 이러한 참여 관찰록이 연구에 사용된 사례를 살펴보도록 하자.

김영천·김필성(2014)은 학원의 교육과정과 학습문화에 대한 연구에서 학원에서 이루어지는 수업에 대한 참여 관찰을 통해 다음과 같은 참여 관찰 자료를 수집했다.

"자, 선생님이 이번 시간에는 근의 공식에 대해 수업을 한다고 이야기했었지요? 그럼 근의 공식과 반근의 공식. 누가 나와서 설명을 해 볼까?"

몇몇 학생들이 경쟁하듯 손을 든다.

"그럼 ○○가 나와서 근의 공식 설명해 보고, □□가 나와서 반근의 공식을 설명해 보자."

호명된 아이들은 일어서서 앞으로 나가고 호명되지 못한 학생들은 아쉬움의 작은 탄식을 내뱉는다. 앞으로 나간 학생들은 칠판에 공식이 나오는 과정을 쓰기 시작하고 앉아 있는 아이들은 칠판에 눈을 고정한 채 칠판의 판서 내용을 통해 앞에 나온 학생들의 생각을 확인한다. 순간 판서를 하던 학생이 주춤하며 쓰기를 멈춘다. 무언가 막히는 모양이다.

"거기서 b가 아니고 2b를 해야지."

앉아 있던 학생 중 한 명이 무엇이 잘못되었는지에 대한 의견을 내놓는다.

"아, 맞다."

주춤했던 학생은 다시 쓰기를 시작한다. 그동안 앉아 있는 학생들 사이에서 대화가 오간다. 각자 준비해 온 자료를 돌려보며 자기 아이디어와 공통점이나 차이점을 찾는다.

"자, 이제 설명해 볼까?"

학생이 설명을 시작하고 아이들은 또다시 설명에 몰입한다. 이 순간 교실에는 학생의 설명 이외에 어떠한 말소리도 들리지 않는다. 설명이 끝나고 강사가 이이들을 향해 물어본다.

"○○가 잘하기는 했는데 실수가 하나 있었어. 무엇이 있었을까?"

"부호를 다른 걸 썼어요."

"아까 설명할 때 제곱이라는 말을 빠뜨렸어요."

아이들이 일제히 자신이 발견한 오류를 말하기 시작한다. 앞에서 문제를 푼 학생은 이런 아이들의 말을 들어 가면서 아이들의 지적에 대한 자신의 의견을 말하기 시작한다.

"아, 이건 제가 좀 착각한 것 같아요. ◇◇이 말이 맞아요."

자신의 오류를 발견한 학생은 오류를 고쳐서 다시 설명하기 시작했다.

이러한 참여 관찰 자료들에 대한 분석은 학원의 교육과정과 수업에 대한 전반적인 주제를 드러내는 자료가 되었다.

이성은·권리라·윤연희(2004)는 초등교사의 전문성 요소에 대한 질적 연구를 참여 관찰과 설문을 중심으로 연구한 바 있다. 이 연구에서는 특히 참여 관찰 자료에 대한 분석을 통해 초등교사의 전문성 영역으로 통합화, 촉진화, 조력, 격려, 애정의 네 가지 영역을 도출했다. 이 연구에 사용된 참여 관찰 자료의 예는 다음과 같다.

교사: 아동들의 활동 중에 잠시 이리저리 아동들 사이를 돌아다니더니 문득 '장애인 입학생을 준비하는 과학고 이야기'를 한다. 그 내용은 박종원이라는 장애인 학생이 입학하게 된 과학고에서 장애인 학생을 위해 화장실과 계단 등 장애인을 위한 시설을 확충했다는 것이다. 이와 같이 한 학생을 위해 경제적 투자를 아낌없이 하게 된 학교의 결단의 중요성을 거듭 강조한다.

교사: 오늘 수학을 할 텐데.

(칠판에 수학 72---126을 붙이고 수업 시작)

자, 72에서 126까지 자, 시작.

(박수를 치면서 6씩 크고 작게 뛰어 세기를 함.)

다른 데는 잘 되는 데 84에서 내려오는 것이 잘 안되네.

자, 다시 84부터 시작.

학생: (다시 수세기 시작)

교사: 아주 잘 찾아냈는데 이 도형판에서 제일 큰 다각형의 이름이 무엇일까요?

아주 예쁘게 앉아 있는 어린이 보세요.

......

교사: 선생님이 보고 자세가 예쁜 어린이 시켜 볼까? 누굴까? 은비.

......

손들지 말자. 선생님이 예쁘게 앉아 있는 사람 시켜 줄게.

학생: 수직은요. 두 개의 직선이 서로 만나서 그 때 수직을 이루는 변을 수선이라고 불러요.

교사: 똑똑이 박수

학생: 짝짝

교사: 임현우(주위가 산만한 학생)는 나와서 듣지.

학생: (각자 활동)

교사: 1분단 한 어린이 목소리가 들리고 있습니다.

교사: 이렇게 소란스러워서는 안 돼.

교사: (종을 치시면서) 제일 예쁜 분단 4분단 랄랄랄라(가락을 넣으셔서)

(4분단에게 별을 준다.)

자, 이렇게 집중

교사: 자, 여기는 평행사변형을 만들고, 어, 너희는 지금 잘 안 맞았어. 잘했어.

친구 좀 도와주세요. 좀 어렵지?

(선생님이 도화지를 나누어 주심)

하나, 둘, 셋 종///

학생: (선생님께 집중하며 바로앉는다.)

교사: 자, 떠드는 학생 어깨를 칠 거예요. 그럼 뒤로 나와서 시계를 보고 1분을 세세요.

문서자료

'문서(document)'는 사전적으로 '정보를 제공하는 기록물(written)'이라는 광의적 의미를 가지며, 세부적으로 상징적 표시를 통해 개인 사고의 표현을 제공하는 일체의 것이라는 의미를 함께 가진다(Longman Dictionaries, 1995; Penguin Random House, 2015). 이러한 사전적 의미와 더불어 많은 학자들이 학술적 측면에서 '문서'를 논의하고 있다. 우선 Riles(2006)는 문서에 대해 '특별한 장르나 형식을 가진 인공물(aritict)'이라 논의했는데, 그는 이러한 문서가 근대의 지적 관습을 보여 주는 전형적인 것이며, 이러한 문서들이 가지고 있는 미적 언명(commitment)에 주목한 바 있다. Gottschalk(1945)는 문서를 '문서 (document)'와 '개인적 문서(human and personal document)'로 구분하며, '문서'를 기록 된 역사적 정보의 출처로, '개인적 문서'를 '주체적 개인으로서, 사회 구성원으로서의 개별 적인 행위에 적용되는 경험'에 대한 것이라 논의했다. Gaillet(2010)은 정보의 원천으로서 '아카이브(archive)'에 대해 논의하며 아카이브를 인공물과 문서를 포함하는 개념으로 보 았는데, 이러한 아카이브에 속하는 정보 원천에 편지, 일기, 저널, 학생 노트, 메모, 온라 인 자료, 오디오와 비디오테이프, 나아가 고고학적 유물이나 발견까지도 포함시켰다. 이 러한 학자들의 논의를 살펴보면 질적 자료로서의 '문서'는 넓은 범위에서는 인간의 경험을 담고 있는 일체의 인공물 전체를 의미하며 좁은 의미로는 정보를 담고 있는 기록이라 정의 할 수 있겠다.

이러한 문서는 우리 주변에 산재해 있다. Plummer(2010)는 세상은 '인간들과 개인적 인 문서들'로 가득 차 있다고 했는데, 이는 인간의 주요한 활동으로서의 기록을 강조하는 논의라 할 수 있다. 실제로 인간은 일기, 편지, 사진, 메모, 자서전, 인터넷, 낙서, 회고록, 유서, 유언, 영상물 등을 통해 개인적인 기록을 남기기 위해 애쓴다. Foucault(1975)의 논 의처럼, 개인에 대한 기록은 '후세 사람들의 기억을 위한 기념물'일 뿐만 아니라, '활용을 위한 기록의 문서'가 되었다. 출생 신고증, 시험성적, 운전 면허증, 은행 거래 확인서, 신문 기사, 회의록, 부고, 유언 등 개인에 대한 기록은 공적인 차원에서도 개인의 정체성을 규명 한다(Mcculloch, 2004). 또한 이러한 문서들은 그 작성의 주체나 목적에 따라 다양한 명 칭과 형식을 가진다.

우리 주변에 산재한 이러한 문서들은 일반적으로 역사적인 사건을 밀접하게 구술하는 문서일수록 그것의 역사적인 목적에 더 부합한 자료를 얻을 수 있고, 작가의 의도가 적게 들어간 기록일수록 그 문서의 신뢰도는 더욱 높아진다. 또한 문서를 주시하는 눈이 적을 수록 그 문서는 원자료에 가까운 의미를 지니며 훈련받고 경험이 많은 관찰자 또는 기록 자의 진술이 문서의 신뢰도를 높일 수 있다.

문서 분석에 대한 학자들의 다양한 방법론적 논의들은 질적 연구에 사용될 수 있는 문 서의 다양한 유형을 제시하고 있다. Plummer(2011)는 질적 연구에 기반이 될 수 있는 문 서의 종류로 일기, 편지, 여론 및 게릴라 저널리즘, 사실을 기록한 논픽션 소설(faction)과 뉴저널리즘(new journalism), 소장품이나 역사가 담긴 물건(biographical objects), 생애 사, 사진, 영화와 다큐멘터리, 비디오 등을 논의한 바 있고, Scott(2006)은 자서전, 편지, 사진, 출판물, 대중매체, 사이버 문서, 공공 기록, 보고서, 통계자료 등이 연구를 위한 자 료로서 사용될 수 있음을 논의한 바 있다.

이러한 문서들은 문서 작성의 주체와 문서의 목적에 따라 분류될 수 있는데, 여기서는 Gottschalk(1981)의 논의를 따라 문서를 구분하여 살펴보도록 하자. 그는 문서들을 대체적으로 동시대적 기록문서, 개인적 기록문서, 공식적 기록문서로 구분하고 있는데, 여기서는 그것들의 개념과 유형, 그리고 실제 연구에서 그것들이 어떻게 활용되고 있는지 살펴보도록 한다.

동시대적 기록문서

동시대적 문서(contemporary document)는 기록하고자 하는 사건이 발생한 시점에서 멀지 않은 때 즉각적으로 기록된 문서들을 의미한다(Gottschalk, 1981). 동시대적 문서는 활동에 관계했던 사람들의 기억을 돕거나 지시들을 담기 위해 기록되는 의도된 문서라고 할 수 있다. 즉, 사건이 발생한 시점에서 가장 가깝기 때문에 연구를 할 때 연구자들이 잘 기억할 수 있다는 점과 속임수나 실수가 거의 없기 때문에 자료의 신뢰성이 가장 높다고 볼 수 있다. 왜냐하면 기록인 경우 기록된 시점과 상호작용이 일어난 시점 사이의 시간 격차가 중요하며 기억을 돕기 위한 기록의 경우 사건과 사건의 회상 사이의 시간 격차가 문서의 신뢰도에 매우 중요한 영향을 미치는 요소가 되기 때문이다(Gottschalk, 1981). 이러한 동시대적 문서에는 대표적으로 의료기록, 재판기록 등이 포함될 수 있다.

이상 동시대적 기록문서의 정의와 종류를 종합하여 정리하면 다음과 같다.

〈표 2〉 동시대적 기록문서의 정의와 종류

구분	동시대적 기록문서
문서의 정의	사람들의 기억을 돕거나 지시들을 담기 위해 사건이 발생한 즉시 기록되어진 문서들
문서의 종류	진료 기록, 재판기록, 명령 문서, 속기 문서, 속음 기록

그렇다면 이러한 기록들이 연구에 어떻게 활용되었는지 살펴보도록 하자.

의료기록

Merlin 등(Merlin, Turan, Herbey, Westfall, Starrels, Kertesz, Saag, Ritchie, 2014)은 에이즈나 만성질환을 앓고 있는 환자들의 약물에 의한 이상행동(aberrant drug-related behaviers, ADRBs)에 대한 탐구를 위해 환자들의 의료기록에 대한 내용 분석을 실시했다. 그들은 이러한 분석을 통해 '약물을 요구하는 환자들', '규정 외 약물의 사용', '중독에 대해 감정적이 되기'의 범주를 도출했다. 이 연구에서 사용된 의료기록의 일부는 다음과 같다.

> Dr. X의 메테돈에 대해서는 음성반응과 코카인에 대해 양성반응을 언급하는 메모는 그가 규정된 치료를 지킨다는 것에 대해 고무적이지 않다.
>
> 현재 검사 결과를 보면 그녀의 처방에 마약성 약물이 없다고 규정하기 어려워 보인다. 그리고 그녀의 결과에서 처방되지 않은 벤조다이아핀이나 카나보이드 약물의 검출도 그렇다.
>
> 그녀가 이전에 마약을 판매했을지도 모른다는 의심이 든다. 따라서, 그녀가 다시 치료 받기를 결정한다면 우리는 좀 더 조심할 필요가 있다.

재판기록

의료기록 이외에 동시대적 문서의 예가 될 수 있는 것은 재판기록이다. 재판기록은 재판의 상황에서 속기의 형식으로 기록되기 때문에 동시대적 문서의 대표적인 유형이라 할 수 있다. 그렇다면 이를 활용한 몇몇의 연구를 살펴보도록 하자. Fabian(2010)은 캐나다 괴롭힘 범죄에 대한 사법적 결정에 대한 사회-법률적 분석을 위해 재판기록을 분석한 바 있다. 이 연구에서 연구자는 온라인을 통해 수집한 526개의 괴롭힘 범죄에 대한 재판기록을 분석했다. 다음은 이 연구에 사용된 재판기록의 일부이다.

> 내 생각에는 몇몇 사건들에 대한 지극히 자기중심적인 묘사가 Mr. Carter, 어떤 면에서는 Ms. Cutler에 의해 이루어지고 있는 것 같습니다. 그리고 몇몇 경우에 대한 과장도 마찬가지고요. 예를 들어, Ms. Cutler는 그가 45분 동안 문을 크게 두드렸다고 말했는데, 그것은 분명히 과장된 것이라 생각합니다. Mr. Gadsby와 피고의 증거들은 그것이 일어난 전체적인 시간이 10분이나 15분 정도라는 것을 말해 줍니다. 그리고 나는 그것이 진실이라고 생각하며 더 정확한 묘사라고 여깁니다.
>
> 반면에, Mr. Carter가 분노가 아닌 낙담을 해서 물병을 집어 던졌다고 했는데 그것은 그 사건에 대해 꾸미려 한 것이라고 생각합니다. 나는 그것과 관련해서 높은 수준의 분노가 포함되어 있다고 확신합니다. 어쩌면 둘 다일 수도 있습니다.

연설문

또 다른 형식의 동시대적 문서로 연설문을 들 수 있다. 특히 유명 인사들의 연설문은 사회, 정치학 분야의 주요한 자료로 사용될 수 있다. 그렇다면 그 예들을 살펴보자. Sharififar와 Rahimi(2015)는 미국 대통령 Obama와 이란 대통령 Rouhani의 유엔 연설에 대한 분석을 한 바 있다. 그들은 그것을 통해 그 두 대통령이 가진 힘과 능력, 그리고 정책들이 그들의 연설을 통해 드러나고 있었으며, Obama 대통령의 연설은 Rouhani 대통령의 연설에 비해 쉽고 일반인들이 접근하기 쉬운 형식의 표현들로 이루어져 있음을 발견했다. 특히 이 연구에서는 그들의 연설문에 대해 이행성(tranitivity) 분석과 양태(modality) 분석을 행했는데, 이행성 분석에서는 제재(material), 관계(relational), 정신(mental)의 측면, 양태 분석에서는 동사(verbs), 시제(tense), 글의 조직(textual)의 측면에서 분석했다.

그 중 일부를 살펴보자. 다음의 예는 이행성 분석 중 제재 분석의 일부분으로, 그들은 이 분석에서 글에 들어 있는 요소들을 크게 세 가지 관점, 즉 행위자(actor), 목적(goal), 제재(material)의 측면에서 분석했다.

Obama 연설

우리(행위자)는 테러리스트의 연결(목적)을 무너뜨릴 것입니다(제재). 그것들은 우리 사람들(목적)을 위협하고 있습니다(제재). 우리(행위자)가 우리의 동지들의 능력(목적)을 키울 때마다(제재), 국가들의 자율권(목적)을 존중할 것이고(제재), 테러의 원인(목적)을 설명하는 작업(제재)을 존중할 것입니다. 하지만 테러리스트들의 공격에 맞서 미합중국(목적)을 방어해야 할 때(제재)가 온다면, 우리(행위자)는 직접적인 행동을 취할 것이며(제재), 마침내 우리는 그러한 진행(목적)이나 대량살상무기의 사용을 용인하지 않을(제재) 것입니다. 따라서 우리(행위자)는 핵무기의 확산(목적)을 거부합니다(제재).

Rouhani 연설

최근 선거에서 판단력 있고 분별 있는 선택을 했던 이란 사람들(행위자)은 희망의 담론(목적)과 비전 있고 장래(목적)를 생각하는 현재에 표(제재)를 던졌습니다. 외교 정책에서 이러한 요소들의 결합은 이란 이슬람 공화국(행위자)이 종교적 국제 사회적 평화(목적)를 고려한 책임감 있는 행동(제재)을 해야 한다는 것을 의미합니다.

주된 자료가 되는 연설문은 주요한 정치 지도자의 연설문일 경우가 많은데, 여기서 Obama의 연설문 분석과 관련된 또 다른 예를 살펴보도록 하자.

McDougal(2013)은 Obama 대통령의 연설문 분석을 통해 그가 흑인문제에 대해 어떻게 규정하고 있는지에 대한 연구를 수행했다. 이를 위해 그는 Obama가 공식 석상에서 한 몇몇의 연설에 대한 담화 분석을 통해 연구를 수행했는데, 이를 통해 Obama가 흑인과 여성 그리고 다른 유색인 공동체가 직면한 문제와 도전들을 어떻게 규정하는지에 대해 분석하고, 이를 기반으로 그가 흑인 공동체와 관련된 문제와 도전에 대해서 어떻게 규정하고 있는지에 대해 분석을 수행했다. 특히 연구자는 그가 이 문제를 사회 구조적 문제로서 어떻게 보고 있는지, 또 개인적 문제로서 어떻게 보고 있는지에 대해 중점적으로 분석했는데, 연구 결과로서 Obama 대통령이 그 문제에 대해 양쪽 모두의 문제로 바라보고 있었으며 다른 집단, 예를 들어 여성이나, 남미계열 이주민, 미국 원주민, 아시아계 미국인, 성소수자 등의 집단에 대한 문제를 다룰 때보다 더욱 도덕적인 관점에서 이 문제를 규정하고 있는 것을 밝혀내었다.

이 연구에서는 Obama가 2007년 대통령 후보로 나선 시기부터 2012년 5월까지의 33개의 연설문이 자료로 수집되고 분석되었는데 그 중 일부를 살펴보도록 하자.

> 정부는 플레이스테이션 게임기를 없앨 수 없습니다. 정부는 적당한 시간에 애들을 잠들게 할 수 없습니다. 정부는 학부모 교사 모임에 참여할 수 없습니다. 정부는 잠자리에 들기 전 당신의 아이들을 위해 책을 읽어 줄 수 없습니다. 정부는 그들의 숙제를 도울 수 없습니다. 정부는 당신의 아이들이 제 시간에 학교를 떠나게 할 수 없습니다. 이러한 것들은 오직 어머니만이 할 수 있고 아버지만이 할 수 있습니다.

> 차별이라는 국가적인 유산인 사회구조적 불평등을 포함한 힘든 장애물들이 여전히 남았습니다. 불평등이라는 병균이 너무 많은 공동체를 감염시키고 있고 너무 많은 국가적인 무관심을 일으키고 있습니다. 이러한 장애들은 우리가 점차적으로 무너뜨리기 시작해야 할 것들입니다. 힘든 일에 대해 가치를 부여하고 세금 정의를 확대하고 더 많은 집을 짓고, 범죄자들에게 두 번째 기회를 제공하면서 말입니다.

개인적 기록문서

개인적 기록문서(confidential document)는 개인의 자발적이고 사적인 목적에 의해 주로 사건 이후에 기록된다. 기억을 돕기보다 특정한 인상을 의도적으로 창조하는 경우가 많다는 점이 특징이다. 개인적 기록문서를 사용할 때는 이것이 대중에게 보여 줄 목적으로 작성되는 것이 아니라는 점을 주의해야 한다. 저널이나 사설 또는 일기도 자발적이고 사적인 목적에서 쓰였다면 개인적 기록문서의 한 종류라고 할 수 있으며, 이러한 조건에 잘 부합될수록 높은 수준의 역사적(historical) 문서라고 평가할 수 있다. 특히, 개인적 기록 중에 사건이 일어난 후 전문가들에 의해 쓰인 군사 편지나 외교 문서들은 가장 신뢰할 수 있는 문서라 할 수 있다. 하지만 이러한 종류의 문서들도 사건이 발생한 직후 기록되지 않고 한참 뒤에 쓰였다거나 꾸며진(designated) 기억일 수 있다는 점을 유의해야 한다(Gottschalk, 1981).

개인적 기록문서 중 중요한 가치를 지니는 것으로 일기, 편지, 자서전, 회고록 등을 들 수 있는데, 이러한 개인적 기록문서는 허구이든 사실이든, 의도적이든 비의도적이든 이러한 문서들이 작성된 시대상과 문화적 영향이 반영되어 역사가들에게 지역적인 색채와 환경에 대한 이해를 제공함으로써 저자의 시야를 형성하는 데 큰 도움을 준다.

이상 개인적 기록문서의 정의와 종류를 종합하여 정리하면 다음과 같다.

〈표 3〉 개인적 기록문서의 정의와 종류

구분	개인적 기록문서
문서의 정의	개인의 자발적이고 사적인 목적에 의해 주로 사건 이후에 기록된 문서들이며, 기억을 돕기보다 특정한 인상을 의도적으로 창조하는 경우가 많음
문서의 종류	일기, 편지, 자서전, 회고록

일기

일기는 정기적인, 개인적인, 그리고 동시대적인 기록을 지속하는 개인에 의해 창조되는 문서라고 할 수 있다(Alaszewski, 2006). Allport(1947)는 이러한 일기가 개인 감정의 변화를 포착하는 데 특히 효과적이라고 언급하며 그것의 장점을 논의한 바 있다. McCulloch(2004)는 일기의 네 가지 특징에 대해 언급하고 있는데, 그것은 첫째로 일기는 인간 본성이며, 둘째로 삶의 귀중한 자료이며, 셋째로 위조 판정에 대한 기준을 필요로 하며, 마지막으로 일기 자체가 연구자의 가치에 영향을 미칠 수 있다는 점이다. 결국 이러한 논의들은 개인적 문서로서 일기의 가치를 인정하며 그것이 인간에 대한 연구에 도입되어야 함에 대한 정당성의 주장이라 할 수 있다.

이러한 일기는 다양한 형태를 가지는데, 그 내용면에서 개인적 일기, 정치적 일기, 사무적 일기로 나누어질 수 있고, 특히 질적 연구와 관련하여 두 가지 유형으로 분류될 수 있다. 첫째는 이미 존재하는 일기로서, 기존의 일기에 대한 연구와 관련된 개념이다. 둘째는 연구를 위해 연구자의 요청에 의해 쓰이는 일기로 연구자가 참여자에게 연구와 관련된 주제에 대해 일기를 작성해 줄 것을 요청하는 경우의 일기이다. 이들의 예는 하루일과에 대한 일기나, 인터뷰 형식의 일기, 특정한 형식의 일기가 될 수 있다(Plummer, 2001). 그렇다면 이러한 일기가 연구에 어떻게 사용될 수 있는지 살펴보자. 먼저 기존의 일기에 대한 분석과 관련된 연구의 예를 살펴보자. Geertz(1988)는 저명한 인류학자들의 사상에 대한 개괄적 분석을 통해 연구를 수행한 바 있는데, 그 중 인류학자인 Malinowski의 일기인 'A Diary in the Strict Sense of the Term'에 대한 분석을 수행한 바 있다. 그는 여기에서 인류학자가 가지게 되는 갈등 중의 하나인 주관성과 객관성의 갈등에 대해 논의했는데, 이를 보여 주는 대표적인 사례로 Malinowski의 일기를 제시했다. 다음의 예를 살펴보자.

> 그 어떤 것도 민족지 연구로 나를 끌어당기지 않는다. 나는 마을로 가서 새로운 문화권이 주는 인상에 예술적으로 굴복했다. 전반적으로 마을은 그다지 우호적인 느낌을 주지 않았다. 확실히 무질서했고, 분위기는 산만했다. 웃고 노려보고 거짓말하는 사람들의 난폭함과 고집 때문에 어쩐지 용기가 사라졌다. 이 모든 것에서 길을 찾아내야 하다니……
>
> (중략)
>
> 바라 춤 사진을 몇 장 찍을 수 있을까 해서 마을로 갔다. 반 토막짜리 담배를 나눠 주고 춤추는 광경을 몇 장면 본 뒤 사진을 찍었지만 결과는 정말 엉망이었다. 빛이 충분하지 않았고 춤꾼들은 카메라의 장시간 노출에 맞추어 오랫동안 포즈를 취해 주지 않았던 것이다. 가끔 그들에게 무척 화가 났다. 자기들 몫의 담배를 받고 나서 그냥 가버렸기 때문에 특히 더 그랬다. 토착민에 대한 전반적인 감정은 '저 야수들을 몰살하라' 쪽으로 기울고 있었다. 많은 경우 나는 공정하지 못했고 바보같이 행동했다. 도마라로 떠난 여행에서도 그랬다. 내가 보수를 두 배로 주었더라면 그들이 그 일을 했을 텐데. 결국 나는 최고의 기회를 놓쳤던 것이 분명하다.……

Sontag과 Rieff(2008)는 소설가인 Susan Sontag의 일기에 대해 연구를 수행한 바 있다. 특히 이 연구는 Sontag의 사후 그녀의 아들인 Rieff가 어머니의 읽기를 편집하는 과정을 통해 이루어졌다. 그는 그 일기에 대한 특별한 분석을 기술하기보다는 일기의 주요 부분을 배열함으로써 일기의 내용 그 자체만으로 그녀의 삶에 대해 기술했다. 예를 살펴보자.

1956년

8월 12일

"영혼"은 힘이 있는가? 이는 고 막스 셸러 철학의 주요 주제 중 하나였다. 셸러가 찾을 수 있었던 유일한 대답은 "그렇다"였지만, 오직 일련의 잔인한 행동들을 연기시키고 사건의 진행을 거부하는 비-사교를 통해서였다.

결혼 생활에서 모든 욕망은 하나의 결정이 된다.

9월 3일

모든 미학적 판단은 실은 문화적 평가다.

1. 쾨슬러의 예-진주/우유 방울
2. "가짜들"

9월 4일

아이들은 사랑스런 이기주의……

대학 교육은 대중문화의 상표다. 대학은 엉망진창으로 운영되는 매스미디어다.

결혼을 발명한 사람이 누구든지 간에 그 사람은 천재적인 고문 기술자였다. 결혼은 감정을 무디게 만들려고 작정한 관습이다. 결혼의 핵심은 반복이다. 그 최상의 목적은 강한 상호 의존성을 만들어 내는 것이다.

말다툼은 항상 그걸 행동으로 옮기려는 준비가 되어 있지 않다면 결국 소용없어진다. 그러니까, 결혼 생활을 끝낼 준비 말이다. 그러므로 한 해가 지나고 나면 말다툼 후 "화해하는 것"을 그만두게 된다. 그저 분노에 찬 침묵 속으로 빠져들게 되고 이는 다시 보통의 침묵으로 이어지며, 그러고 나서는 또다시 싸움이 시작되는 것이다.

두 번째 유형인 연구를 위해 특별히 작성된 일기를 살펴보도록 하자. Emilsson 등 (Emilsson, Svensk, Olsson, Lindh, ÖSter, 2011)은 항암 치료 환자 지원 공동체에 참여하는 유방암 환자들의 경험에 대해 탐구하는 연구를 수행한 바 있다. 이 연구를 위해 그들은 참여자들에게 방사선 치료를 받으며 지원 공동체에 참여하는 2주 동안 그 경험과 관련된 일기를 써 줄 것을 요청했고 후에 그 일기에 대한 분석을 통해 연구를 수행했다. 특히 그들이 요구한 일기에는 특정한 형식이 있었는데, 그것은 지원 공동체에 대해 어떻게 생각하는지에 대한 6개의 개방형 질문이 포함되어 있는 형식이었다. 참여자들 중 몇몇은 주어진 질문에만 답을 하는 짧은 일기를 썼지만 나머지 참여자들은 그 이상의 내용이 포함된 긴 일기를 작성했다.

이러한 일기에 대한 분석 결과, 그들의 경험 안에 내재하는 다음의 세 가지 범주의 주제를 발견했다. 그것들은 '긍정적인 공동체의 발전', '공동체 발전의 장애', '질병과 함께하는 개개인의 삶'이었다. 그렇다면 그들이 이러한 일기에 대해 어떠한 분석을 했는지 살펴보도록 하자.

> 공동체 안에서 경험을 나누는 것은 긍정적이었다. 어떤 경험들은 비슷했고 어떤 것들은 달랐다. 하지만 우리는 마치 한 보트에 타고 있는 것처럼 느껴졌다.

> 공동체 모임을 하면서 가장 좋았던 것은 나 이외의 비슷한 상황에 있는 다른 사람들을 만날 기회를 얻을 수 있는 것이었다. 그리고 우리는 여기서의 시간동안 너무 즐거웠고 우리가 지금의 힘든 시기에 겪은 모든 것들에 대해 서로 이야기를 나누었다.

Holtslander와 Duggleby(2008)는 가족을 잃은 여성들의 일기 분석을 통해 그들이 보여 주는 희망에 대한 통찰을 분석한 바 있다. 그들은 참여자들과 인터뷰를 했고 특히 그들에게 2주 동안의 희망 일기(hope diary) 작성을 부탁했다. 그 일기들에 대해 근거이론에 따른 내용 분석을 수행했는데 이를 통해 다음의 주제들을 발견했다. 첫째, 희망은 긍정적인 전망을 가지고 매일을 직면하고 미래를 바라볼 수 있게 하는 평화, 용기, 강함 그리고 자기 만족과 같은 감정을 느끼는 것이었다. 둘째, 이러한 희망을 방해하는 것은 다양한 상실, 외로움, 신체적 건강에 대한 걱정들이었고 이러한 것들은 희망에 대한 내적 투쟁을 일으키는 것이었다. 마지막으로, 긍정적인 생각, 연대감, 보살핌 등은 희망을 강화시키는 요소였다.

그 구체적인 분석을 살펴보자. 아래의 예에서 연구자들은 연구 참여자들이 희망을 어떻게 표현하고 있는지에 대한 분석을 하고 있다.

> 내 희망은 우리가 할 수 있는 최선을 다하는 하루를 맞을 수 있다는 것이었고 그 없이도 견딜 수 있다는 것이었다.

> 희망이 내게 의미하는 것: 그것은 언젠가 내가 비탄에서 벗어나 자신감을 가지고 행복할 수 있다는 것이며 그리고 나의 만족감을 다시 찾을 수 있다는 것이다. 다른 이들이 나에게 주고 있는 것, 내가 다른 이들에게 주어야 할 것들을 획득하는 것이다.

> 내 생각에 나 자신을 위한 너무 많은 희망을 느끼는 것은 너무 이른 것 같다. 내가 가족들을 위해 가져야 할 희망은 늘 그랬던 것과 같은 것이다. 그들의 건강, 안전 그리고 행복에 대한 희망이다.

편지

편지는 일기와는 다른 특성을 가지는데, 편지는 일기에 비해 그것을 보내는 기록자와 받는 수신자 사이의 필수적인 상호작용이 존재한다는 점이다(McCulloch, 2004: 115). McCulloch(2004)는 이러한 편지를 두 종류로 구분하고 있는데, 그것은 개인적인 목적으로 이루어지는 '개인적' 편지와 사업이나 공공의 목적으로 이루어지는 '공공적 또는 공식적' 서신 교환이다. 또한 Thomas와 Znaniecki(1958)는 편지의 종류를 크게 다섯 가지로 분류하고 있는데, 그것은 결혼, 세례와 같은 특별한 기념을 위한 편지, 부재한 가족에 대한 정보를 제공하기 위한 편지, 감정을 전달하기 위한 편지, 문학적 편지, 업무적 편지이다.

그렇다면 이러한 편지들이 사용된 연구에 대해 살펴보도록 하자. 김세곤(2012)은 조선시대의 대학자들인 퇴계 이황과 고봉 기대승 사이에 오간 서신들에 대한 분석을 수행한 바 있다. 이를 통해 그들 사이에 오간 편지들에 담겨 있는 유교적 철학과 그들에게 일어난 개인사에 대한 주제를 도출했는데, 그 중 일부를 살펴보도록 하자.

> 자사가 말하기를 "희·노·애·락이 아직 발현되지 않은 것을 중이라 하고, 발하여 절도에 맞는 것을 화라 한다." 했고, 맹자가 "측은한 마음은 인의 단서이고, 수오의 마음은 의의 단서이고, 사양의 마음은 예의 단서이고, 시비의 마음은 지의 단서이다."라고 했습니다. 이것은 바로 성정에 관한 이론으로서 옛 유학자의 틀이 다 밝힌 것입니다. 그런데 제가 연구해 보건대, 자사의 말은 그 전체를 말한 것이고, 맹자의 논은 그 일부분을 떼어 낸 것이었습니다.

Thomas와 Znaniecki(1926)는 20세기 초 미국의 폴란드계 이민자 농부들의 삶을 연구한 바 있다. 그들은 이 연구를 통해 폴란드계 이민자들이 미국인도 폴란드인도 아닌 제3의 인류학적 공동체를 형성하여 발전시키고 있었음을 발견했다. 이 연구에서는 특히 연구 참여자들의 편지들이 주요한 자료로 사용되었는데, 그 중 일부는 다음과 같다.

폴란드의 Walery와 Jozef가 미국의 형제들에게 보내는 편지

(1906년 1월 2일, Lapydptj)

사랑하는 형제들: (평범한 인사와 안부) 10월 29일날 네가 보낸 편지를 11월 30일에 받았다. 편지가 오는 데 2달이나 걸렸구나. 어쩌면 우체국에 묵혀 있었을지도 모르지. 우체국이 파업했으니까. 모든 기차가 1주일 이상 멈춰 있었어. 그리고 그 후로 우체

국과 방송국에서 3주간의 파업이 있었지. "파업"은 우리말로 "bezrobocoe"고 러시아말로 "zabastowka"(일을 멈추기)다. 지금 여기에는 그런 일이 자주 일어나. 특히 공장들에서 말이야. 노동자들은 그들의 요구를 앞세우지. 그들은 높은 임금과 짧은 근무일을 원하지. 그들은 하루에 8시간 이상 일하는 것을 거부했어. 이제는 모든 것이 끔찍해지는구나. 특히나 구두장이와 양복장이들에게 (중략) 이제서야 내가 그렇게 참을성을 가지고 기다려 왔던 너의 편지를 받았구나. 그렇게 오랫동안 편지를 쓰지 않는 것은 옳지 않아. 근 반년동안 너로부터 소식을 듣지 못했어. 우리는 네가 돈을 보내는 걸 원치 않아. 왜냐하면 우리는 아직 우리 스스로 살 수 있으니까. 하지만 네가 조금 더 자주 편지를 보내 주었으면 좋겠구나. 다른 사람들은 편지를 매달 혹은 그것보다 더 자주 보내. 그들은 편지 쓰는 방법도 모르면서 새로운 소식을 전해 주고 집에 무슨 일이 있는지 묻곤 한다. 나는 네가 알고 싶어할 것이라 믿어. 특히 지금 … Jozef는 네 편지로 조금 기분이 나빠졌어. 그건 피할 수 없는 것 같구나. 나는 그 애에게 읽으라고 편지를 줄 거야. 만일 내가 그렇게 하지 않으면 우리 사이에 비밀이 있다고 말할 것 같구나. 그런 일이 우리 사이에 있어서는 안돼. (중략) Edward는 올해 Lapy에 있는 학교에 갈 거야. 나는 그의 학비로 매달 50copeck를 지불해야 해. 하지만 내가 일을 그만두면 아마도 그들은 더 많이 요구할 거야. 말 두 마리가 숨을 잘 못 쉬고 좋지 않아 보여. 크리스마스가 다가오고 있구나. 새해가 오기까지 날씨가 더 추워질 거야. 벌써 썰매를 끌 수 있겠는 걸. … Lapy에 새로운 교회가 지어지고 있는 걸 이야기해 줬는지 기억이 나지 않는구나. 그들은 첫 예배당을 지으려고 하고 있어. 우리 방앗간에서는 옥수수를 갈고 있어. 아버지는 아버지대로, 나는 나대로, 각자 시간이 될 때. 너에게 우리의 감사를 보낼게. 그리고 아이들도. 항상 행복해. 신이 축복하기를.

W. Wroblewski.

자서전과 회고록

또 다른 개인적 문서로서는 자서전(autobiography)과 회고록(memoir)이 있다. 자서전은 개인이 작성한 자신의 삶에 대한 글쓰기의 형태로서 상황, 자아, 가치에 대한 변화를 담고 있는 개인적 글쓰기의 형태이고, 회고록은 특정한 인물 혹은 사건에 대해 그것을 잘 알고 있는 사람이 그것에 대해 알려 주기 위해 쓴 글이다(Wood, 1988). 자서전과 회고록은 일기와 마찬가지로 개인이 남긴 자기 자신에 대한 기록물이라 할 수 있지만 일기와는 다른 특징을 가지는데, Wood(1988)는 일기와 자서전의 차이에 대해 후자가 전자에 비해 시간과 비용 면에서 더 큰 노력이 요구되며, 특히 자서전의 경우 출판을 염두에 두고 집필되는 경우가 많기 때문에 일기에 비해 상대적으로 많은 제한을 가진다고 논의했다. 이러한 논의는 자서전이 일기에 비하여 상대적으로 자신의 사상을 그대로 드러내는 것에 한계를 가진다는 것을 시사한다고 할 수 있다. 따라서 자서전을 활용한 연구에서는 이러한 사항을 염두에 두어야 할 필요가 있다.

그렇다면 이러한 자서전을 기반으로 한 연구를 살펴보도록 하자. Page와 Keady(2010)는 치매 노인들의 삶에서 드러나는 주제들을 찾기 위해 치매 노인의 자서전에 대해 분석을 수행한 바 있다. 그들은 1989년에서 2007년 사이에 출간된 12개의 자서전을 분석했는데, 이를 통해 그들의 삶에서 드러나는 다섯 가지의 주제를 도출했다. 그것은 '변화에 대한 인지', '상실의 경험', '견디며 간증(bearing witness)하기', '삶을 계속하기', '자유와 죽음'이었다. 그 중 일부를 살펴보도록 하자.

> 하나님은 도대체 왜 이러한 능력의 창(window)을 나에게 남겨 놓은 것인가? 내가 이것에 대해 깊게 고민한 결과, 나는 어쩌면 내가 치매를 앓고 있는 말할 수 없는 사람들의 목소리가 되어 줄 수 있기 때문에 이러한 일이 벌어졌을지도 모른다는 생각을 했다.

> 나는 이제 질명의 한가운데 머물러 있다. 그리고 나는 신이 나에게 준 기회에 감사하고 있다. 그 기회는 커튼이 올라가는 것을 보는 기회이고 그 미래가 다른 이들에게도 더 쉬울 수 있다는 것을 보는 기회이다. 나는 우리의 이야기가 다른 가족들에게 새로운 희망을 줄 수 있기를 바라고 또 그 가족들이 우리의 목소리가 시작되는 그것에 대해 통찰과 용기를 가질 수 있기를 바란다.

Burke와 Sparkes(2009)는 고산등반가들이 경험한 인지 부조화 경험과 관련된 자아구조(construction of self)에 대해 탐구하기 위해 6편의 자서전에 대한 분석을 수행한 바 있다. 이를 통해 그들은 세 가지의 주제를 도출했는데 그것은 다음과 같다. 첫째, 심리적인 불쾌감은 어쩔 수 없이 자아와 연결된 것이다. 둘째, 충분한 정도의 인지적 모순의 존재는 곤혹스러운 자아의 묘사를 환기시켰다. 셋째, 회고적인 자아 정당화 과정에서 드러나는 인식들 사이의 모순을 감소시키는 것은 자기 통합의 필요성에 의해 동기화되고 있었다. 그 중 일부를 살펴보자.

> 내 행위 혹은 실패한 행위는 Andy Harris의 죽음에 직접적인 역할을 했다. 그리고 Yasuko Namba가 South Col에서 숨져 쓰러져 있을 때, 나는 텐트 안에서 웅크리고 그녀의 고통은 생각지 않은 채, 오직 나의 안전만을 생각하면서 거의 350야드 정도 멀리

있었다. 나의 마음속에 남아 있는 이러한 나의 수치심은 단지 몇 달의 슬픔이나 자책적인 양심의 가책으로 씻을 수 있는 그런 종류의 것이 아니다.

밤에 등반을 할 때 가장 힘든 부분은 추위나 공포가 아닌 거기에 있는 자기 자신이 얼마나 멍청한가를 깨닫는 것이다. 나는 도대체 무엇을 증명하기 위해 노력하고 있는 것인가? Mckinley 산을 홀로 오르는 것은 단지 나의 이기적인 여행일 뿐이다. 5명의 어린 아이들을 집에 남겨둔 채 나 자신의 생명을 그러한 위험에 처하게 하는 것은 믿을 수 없을 만큼 무책임하고 철저히 이기적인 행동이다.

회고록과 관련된 연구로는 Connidis(2012)의 연구를 살펴보도록 하자. 그는 동성애자들이 경험하는 가족 간의 결속력, 특히 부모와 형제들 간의 관계에 대해 탐구하기 위해 두 종류의 자료에 대한 분석을 수행했는데, 그 중 특히 Dan Savage라는 남성의 이미 출간되어 있었던 회고록에 대한 분석을 수행했다. 이 회고록에 대한 분석을 통해 연구자는 Dan의 일대기와 그 속에서 드러나는 그의 일생의 중요한 이슈와 사건들을 분석해 냈다. 그 주요 주제는 Dan과 그의 부모님, Dan과 그의 형제들 그리고 그의 삶의 궤적에 대한 관점이었다. 그 중 일부를 살펴보자.

15세가 되었을 때, 나는 내가 동성애자라는 것을 알았다. 하지만 나는 가족들에게 그 사실을 알릴 준비가 되지 않았었다. 그러나 나는 준비가 되었고 나는 시내의 동성애 파티에 놀러갔다. 하지만 … 만약 내가 동성애자들 주위를 어슬렁거린다면 나의 형제들이 버스 안에서 나를 볼 수도 있었다. 또 만약 내가 게이바 안으로 몰래 들어간다면, 나의 삼촌들 중의 한 명이 내가 거기서 기어나오는 것을 볼 수도 있었다. 만약 내가 서점의 동성애자 섹션에 서 있다면 나의 조부모나 사촌이나 고모나 조카, 혹은 삼촌, 가장 끔찍한 경우는 부모님이 나를 볼 수 있었다. 내가 원하는 만큼 자유롭게 동성애자의 삶을 살아가는 유일한 방법은 가능한 한 가족들로부터 멀리 떨어지는 것이었다. … 나의 가톨릭적 가족으로부터 벗어나는 것은 그 당시 하나의 선택의 문제로 보이지 않았다. 나는 내가 분노를 일으킬 것이라는 것을 받아들였고 … 의절당했다.

모순적이지만 나는 대학을 떠나기 전 가족들에게 그 사실을 밝혔고 얼마간의 불안한 여름이 지나고 그들은 나에게 진보적인 지지를 보내 주었다. 따라서, 나는 떠날 필요가 없었다. 하지만 떠날 필요는 사라졌지만 욕망은 남아 있었다. 12살에서 18살까지 벽장 속에서 보냈던 시간은 내가 부모, 형제, 조부모, 숙모, 삼촌, 조카들 존재가 발각되고 거부당할 수 있다는 나약한 공포와 동일한 것으로 여기게 만들었다. 어른이 되고 나서 한 번씩 고향집을 방문할 때마다 하루 이틀 쯤 지나면 조바심이 났고 내가 나를 위해 만들어 놓은 그 삶으로 돌아가고 싶었다.

위의 예가 이미 출간된 혹은 존재하고 있는 회고록에 대한 연구였다면, 연구 목적을 위해 연구 참여자들에게 특정 사항에 대한 회고록을 요청하여 이에 대한 분석을 하여 이루어진 연구도 있다. Saker(2015)는 예비교사들이 겪은 훌륭한 교육에 대한 경험을 탐구하기 위해 연구를 수행했다. 그는 어떤 교육적 사건들이 예비교사들에게 영향을 미치고 그 사건들의 어떤 요소들이 그러한 영향을 미치게 되는지 탐구하기 위해 총 214명의 예비교사들로부터 훌륭한 교육에 대한 회고록을 요청하여 이를 분석했다. 이를 통해 '배움에 몰입하는 적극적인 참여', '실천을 통해 배움', '특별한 방법의 사용', '감정적인 경험', '실생활과의 관련성', '극적, 놀이적 교육', '미디어 기술의 사용', '반복과 강화' 등의 좋은 교육의 요소들을 발견했다. 그 중 일부를 살펴보도록 하자.

… 우리 선생님은 교통과 응급처치라는 수업을 위해 교통 경찰을 교실로 초대했었다. 교실에서 몇 번 실습을 해 보고, 우리는 학교 근처에 있는 도로에 가서 교통 결찰과 짝을 맞추어 일을 해 보았다. (예비교사 H F)

… 수압에 대해 공부하는 동안, 우리는 근처 저수지(외곽지에 있는 자연적으로 물이 저장되는 저수지였으며 이 물을 사용하여 식수나 관계 수로에 물을 공급했다.)를 방문하여 살펴보았다. 이 과정을 통해 나는 물이 어떻게 우리 가정까지 올 수 있는가에 대해 배울 수 있었다. (예비교사 T J)

나는 오스만투르크어를 좋아하지 않는다. 나는 그것에 대해서 잘 알지도 못한다. 우리 선생님은 우리가 그것을 좋아하지 않는다는 것을 알고 하루는 나와 내 친구 4명을 공동묘지로 데리고 가셨다. 그는 우리에게 공동묘지 안에 있는 묘비에 적혀 있는 오스만투르크어를 읽으라고 했다. 처음 우리는 고고학자처럼 그 묘비를 깨끗이 정리했다. 그리곤 때로는 묘비에 적혀 있는 문장을 해석했고 때로는 우리가 이해한 몇몇 단어에 대해 고심했다. 사람들이 묘지에서 즐거운 시간을 보낼 수 있을까? 그날 우리는 묘지에서 정말 재미있는 시간을 보냈다. (예비교사 M Z)

홍은진(2015)은 마을평생교육 지도자의 삶에 대한 생애사 연구를 수행한 바 있다. 이 연구에서는 3명의 마을평생교육 지도자들의 생애사를 중심으로 하여, 그들의 삶에 나타나는 공통된 주제들과 성공적인 마을평생교육활동 전략들을 탐구했는데, 인터뷰 자료, 참여 관찰 자료와 더불어 연구 참여자의 자전적 글쓰기 자료를 중점적으로 사용했다. 공통된 주제로서 '더불어 살아가는 삶의 가치 체험', '마을에 대한 애정의 생성', '마을과 함께하는 성장', '활동방해 요인의 적극적 극복', '활동을 통해 자존감, 자기 가치 발견'의 다섯 가지 주제를, 그리고 성공적 실천 전략으로 '조력자 확보하기', '울타리 세우기', '마을 이해하기', '주민과의 신뢰 구축하기', '울타리 허물기' 등의 다섯 가지 전략을 도출했다. 이 연구에 사용된 연구 참여자의 자전적 글쓰기의 일부는 다음과 같다.

> ○○마을아파트로 입주하면서 처음으로 마련한 '내 집'에 대한 애착이 매우 컸다. 그 아파트를 분양받은 것은 우리 부부에게 아주 큰 행운이었다. 어딜 가도 그 비용으로는 마련할 수 없는 집이었다. 서민들을 위한 임대아파트가 임대기간이 끝나서 분양으로 전환한다는 정보도 지역사회에 발을 들여놓았기에 얻을 수 있었던 정보였다. 어렵게 마련한 집인 만큼 아파트 운영에 무관심할 수 없어서 동대표로 출마하여 초대 입주자대표회의의 일원이 되었다. 10명으로 구성된 입주자대표회의에서는 아파트관리규약을 만들고 관리업체를 선정하는 등 '임대아파트'의 흔적을 하나씩 지워 나갔다. 분양 전환 1주년에는 음식을 마련하고 노래자랑, 어린이 퀴즈대회, 짚풀공예 체험 등의 다양한 행사를 열어 입주민들과 잔치를 벌이기도 했다.

공식적 기록문서

앞에서 살펴본 개인적 기록문서가 개인의 필요에 의해 한 개인에 의해 쓰인 문서라면, 공식적 기록문서는 공공의 목적으로 작성된 문서라고 할 수 있다. 공식적 기록문서는 다수에게 역사적으로 의미 있는 사건들을 보관을 목적으로 일정한 양식에 맞추어 기록한 문서라고 볼 수 있으며, 국회의 기록이라든지, 정책, 성명, 통계자료, 조사보고서, 위원회 보고서, 행정부서의 연례보고서, 집행 결과 보고서 등이 포함될 수 있다(Mogalakwe, 2006). 이러한 문서들은 다수의 독자들이 그 문서를 읽을 것이 기대되는 상황에서 작성된다는 측면에서 앞에서 논의한 개인적 문서들과는 구분된다고 할 수 있다. Scott(1990)은 이러한 공식적 자료를 사회 연구에서 가장 중요한 범주로 다루고 있는데, 그 중 문자 사용을 특징으로 하는 인공적 가공물로서 공식적 기록문서의 높은 가치에 대해 논의한 바 있다.

이러한 공식적 기록문서에 속하는 문서들은 다음과 같이 나타낼 수 있다.

〈표 4〉 공식적 기록문서의 정의와 종류

구분	공식적 기록문서
문서의 정의	최근 활동에 대한 공식적 역사들이 객관적인 사실에 근거하여 작성된 문서들이며 다수의 독자들이 문서 읽기를 기대하는 경우가 많음
문서의 종류	뉴스와 신문, 정부기관 백서, 공공기관 문서, 통계자료

신문

신문을 기반으로 한 연구는 주로 공공의 특정한 이슈에 대해 그것들이 사회적으로 어떻게 다루어지고 있는가에 대해 탐구하는 연구들이 주를 이룬다. 이러한 신문을 기반으로 한 연구로 Platt(2010)의 연구를 살펴보자. 그는 신문이 알코올 중독을 어떻게 다루고 있는지에 대한 연구를 수행했다. 이 연구는 네 개의 연구 문제를 중심으로 진행되었는데, 그것은 첫째, 각각의 신문이 알코올 중독을 어떻게 묘사하고 있는가, 둘째, 알코올 중독에 대한 도덕적 설명 모델이 얼마나 강조되고 있는가, 셋째, 알코올 중독에 대한 질병으로서의 설명 모델이 얼마나 강조되고 있는가, 넷째, 그것 이외에 또 어떤 설명 모델들이 알코올 중독을 묘사하는 데 사용되고 있는가이다. 이를 위해 연구자는 2004년부터 2008년까지의 〈The New York Times〉, 〈Los Angeles Times〉, 〈Chicago Tribune〉, 〈Wall Street Journal〉의 관련 기사를 무작위로 선정하여 분석했다. 이를 위한 분석으로 연구자는 질적 내용 분석을 수행했는데, 그 과정에서 코딩(coding), 패턴 코딩 매트릭스(pattern coding matrices), 주제 메타매트릭스(thematic meta-matrix)가 이루어졌다. 그 결과 연구자는 각 신문에서 공공 보건과 도덕적 모델이 주로 나타나며 상대적으로 질병 모델은 드물게 나타난 것을 발견했다. 더불어 '사회 규범적 지속성'이라는 개념이 중독에 대한 질병 모델이 주요 인쇄 매체들에서 드물게 나타난 원인이라는 것을 밝혀냈다. 그 중 일부를 살펴보자.

> 하지만 랍비 Weinreb과 다른 이들은 그리스 정교회의 Kidush Club에 대한 성명이 상징적이라고 말한다. 그리스 정교회는 랍비들의 Club 출입을 금지하고 있으나 랍비들에게 그러한 요구를 강요할 권리는 없다. 다만 지도자들은 랍비들이 Club에 출입을 하더라도 그러한 출입을 부끄러워하기를 그리고 Club이 사라지기를 바라고 있다. ("A Push to Curb", The New York Times, 2005)

> 이슬람 경제 제도 역시 Shariah가 금지한 관습을 피해야 한다: 이슬람 은행가들은 술,

도박, 포르노, 담배, 무기 혹은 돼지고기를 포함하는 어떠한 기금도 제공하거나 제공 받지 못한다. ("Adapting finance", The New York Times, 2007)

Wood 등(Wood, Patterson, Katikireddi, Hilton, 2013)은 최소가격제한정책(minimum unit pricing)이 시행되는 기간 동안 영국의 언론이 음주와 관련된 위험을 어떻게 다루고 있는지에 대해 연구를 수행했다. 이를 위해 그들은 2003년 1월부터 2012년 5월까지 7개의 영국 신문과 3개의 스코틀랜드 신문의 관련기사들에 대한 내용 분석을 수행했다. 그 결과, 그들은 음주와 관련된 해악들이 점점 더 심각한 것들로 다루어지고 있음을 밝혀냈는데, 특히 그 신문기사에서 드러난 음주행위가 주는 해악으로는 경제적 비용, 사회적 무질서, 범죄와 폭력성에 대한 것들이었다. 다음의 예를 살펴보자.

누가 누구에게 해를 끼치는가?
- 스코틀랜드에서 나타나는 주류 소비의 위험성은 개인의 건강과 복지뿐만 아니라 사회에도 영향을 미치고 있다. (Politician, The Sun, 12 March 2012)
- 묶음 기반의 가격 책정으로 부채질되는 지나친 음주 소비는 스코틀랜드 공공보건의 가장 큰 위협 중 하나이다. (Politician, Sunday Herald, 27 September 2009)
- 누구든 우리 고장에서 그것도 늦은 시간에 벌어지는 진저리처지는 음주로 인한 추태를 목격한다면 그러한 문제가 사회 전반에 걸쳐서 문제가 됨을 알 수 있다. (Editorial, Daily Record, 23 November 2009)
- 그럼에도 불구하고 나는 여전히 용돈 정도로 값싼 술을 살 수 있는 소수에 의해 일어나는 음주로 인한 반사회적 행위가 더 응집된 사회를 이룩하려는 노력을 붕괴시킬 수 있다는 사실에 대해 걱정하고 있다. (Alcohol Industry Figure, The Daily Telegraphy, 8 December 2010)
- 우리가 치뤄야 하는 바로 그 비용은 책임감 없는 소수의 무분별한 행위로 인해 발생하는 것이다. (Politicain, Daily Mail, 12 February 2012)

공공 문서
공공 문서를 기반으로 한 연구들은 주로 국가를 비롯한 공공 기관들에 대한 문서 분석을 통해 국가 혹은 공공 기관이 특정한 이슈에 대해 그것을 어떻게 개념화하고 다루고 있는지에 대한 분석을 수행하는 것이다. Solin과 Nikander(2011)는 영국과 핀란드의 자살 예방 정책이 그 보건 정책에서 어떤 형태로 나타나는지 탐구하기 위해 영국과 핀란드의 보건 정책 문서, 프로그램, 공식 문서, 관련 논문에 대한 질적 내용 분석을 수행했다. 그들은 분석을 통해 국가 자살 방지 정책 문서들 속에서 자살이 어떻게 논의되고 있는지 탐구하려 했다. 분석의 결과, 그들은 그러한 문서 속에 드러나는 네 가지 형태의 레퍼토리(repertorie)를 도출했는데, 그것은 '공공 보건 역학으로서의 레퍼토리', '일상으로서의 레퍼토리', '방지 행위로서의 레퍼토리', '반성적(reflective) 레퍼토리'였다. 그 중 일부를 살펴보도록 하자.

방지 행위로서의 레퍼토리

- 가족과 친구들은 (자살의) 감정적이고 실제적인 결과를 느낀다. (Department of Health, 2002)
- 따라서 밀착적이고 협력적인 자살 방지 전략은 넓은 범위의 기관과 개인의 협동을 필요로 한다. (Department of Health, 2003)
- 이 프로그램은 자살이 단지 한 가지의 행위 혹은 사회의 한 영역에서만의 실천을 통해 방지될 수 없음을 보여 준다. (Finnish Ministry of Social Affairs and Health, 1992)

통계자료

양적인 형태를 띠고 있는 통계자료와 같은 형태의 자료들도 질적 자료로 사용될 수 있다. 이와 관련해서 Bogdan과 Biklen(2007)은 공식 통계자료를 비롯한 양적 자료를 담고 있는 자료들도 질적 연구에 사용될 수 있음을 논의한 바 있다. 그렇다면 이런 양적 자료를 도입한 연구들을 살펴보도록 하자.

 Durkheim(1897)은 자살을 하나의 사회적 현상으로 보고 사회적 현상으로서의 자살에 대해 탐구하기 위해 여러 통계자료를 담고 있는 문서에 대한 내용 분석을 수행했다. 그가 사용한 문서들은 유럽 각국의 자살과 관련된 통계자료를 담고 있는 문서들이었는데, 그는 이를 통해 다음과 같은 사실을 발견했다. 첫째, 기존에 자살의 원인으로 일반적으로 인정되었던 개인의 성향, 즉 정신병이나 신경증과 같은 것들이 실제로는 자살과 밀접한 관련이 없다는 것이다. 둘째, 자살을 부추긴다고 생각되었던 자연적 요인, 즉 기후나 기온 같은 것들도 자살 현상과 결정적인 관련성은 없다는 것이다. 따라서 Durkheim은 자살을 개인의 특질이나 자연적 환경에서 비롯되는 것이 아닌 사회적 상황에서 일어나는 것으로 보고, 이러한 관점에서 자살을 그 사회적 원인에 따라 이기적, 이타적, 아노미적 자살의 세 가지 유형으로 제시했다. 이 연구에서 통계자료가 어떻게 사용되고 있는지 살펴보도록 하자.

유럽의 자살 분포도를 보면 스페인, 포르투갈, 이탈리아처럼 가톨릭을 믿는 나라에서
는 자살이 별로 늘지 않는 반면, 프로이센, 작센, 덴마크 같은 개신교 국가에서 자살이
가장 많이 늘어난 것을 알 수 있다. 모르셀리가 계산한 다음의 평균치는 이 첫째 결론
을 뒷받침해 준다.

개신교 국가	190명
혼합 종교국(개신교와 가톨릭)	96명
가톨릭 국가	58명
그리스정교 국가	40명

그리스정교를 믿는 나라들의 낮은 자살률은 순전히 종교 때문으로만 돌릴 수 없다. 그
나라들의 문명은 유럽의 다른 나라와 매우 다르기 때문에, 낮은 자살률은 문화의 차이
때문일 수 있다.

(중략)

독일의 큰 지방들 가운데 바이에른은 자살자가 가장 적다. 이 지방의 주민들은 1874
년 이후 매년 인구 1백만명당 90명의 자살자를 냈을 뿐이다. 반면에 프로이센은 133명
(1871~1875)이고, 바덴은 156명, 뷔르템베르크는 162명, 작센은 300명에 달했다.

5. 시각자료

질적 연구에서는 텍스트 형식의 자료뿐만 아니라 이미지, 구체물, 장소나 배치같이 시각
적으로 파악될 수 있는 자료들도 사용될 수 있다(Emmison & Smith, 2000; Happer,
2011; Hodder, 2011). 여기서는 Emmison과 Smith(2000)의 논의에 따라 평면적 시각자
료와 입체적 시각자료를 중심으로 살펴보도록 하자.

평면적 시각자료

평면적 시각자료(two-dimensional data)는 사진과 그림과 같이 평면 형식의 이미지로 이
루어진 시각자료라 할 수 있다. Emmison과 Smith(2000)는 이러한 평면적 자료의 유형
으로 사진, 광고포스터, 만화와 연재만화, 표지판, 지도 등을 언급했는데, 이와 더불어 이
러한 평면적 시각자료를 분석하는 데 참고할 수 있는 분석의 개념적 틀을 다음과 같이 제

공한 바 있다. 그것은 첫째, 대립항(binary opposition)이다. 이는 자료 속에서 한 쌍의 형태이면서 서로 대립하고 있는 개념이나 의미를 말한다. 둘째, 틀(frame)이다. 이는 이미지가 드러나고 있는 전체적인 맥락을 의미한다. 셋째, 장르(genre)이다. 장르는 유사한 속성이나 주제에 따라 자료의 주제를 분류하는 범주이다. 즉, 그러한 자료들이 담고 있는 주제가 어떠한 유형의 범주에 속할 수 있는지를 살펴보는 것을 말한다. 넷째, 동일화(identification)이다. 이것은 그러한 이미지를 보는 사람들이 그 속에 나타나는 사람들과 자신을 어떻게 동일화하고 있는가에 대한 것이다. 다섯째, 내러티브(narrative)이다. 이것은 그 이미지가 포함하고 있는 이야기의 흐름을 파악하는 것이다. 여섯째, 읽기(reading)이다. 이것은 이미지를 해석하는 과정을 말한다. 일곱째, 기표(signifier)와 기의(signified)이다. 즉, 자료 속의 기표와 그것이 가리키는 기의를 파악하는 것이다. 마지막으로, 주제 입장(subjective position)이다. 이것은 그 이미지가 무엇을 호소하고 있는지를 파악하는 것을 말한다(Emmison & Smith, 2000). 그렇다면 이러한 평면적 시각자료의 유형에 대해 살펴보도록 하자.

사진

사진은 20세기 초부터 사회학 분야에서 중요한 질적 자료로 활용되어 왔다(Emmison & Smith, 2000). Emmison과 Smith(2000)는 연구에서 이러한 사진자료의 유형에 대해 첫째로 이미 존재하는 사진과 연구의 과정에서 연구를 위해 촬영된 사진에 대해 논의한 바 있다.

이러한 사진자료가 사용된 연구 중 역사적으로 큰 시사점을 준 연구로는 Bateson과 Mead(1942)의 연구가 있다. 이 연구에서 그들은 발리 주민들의 생활을 연구하는 데 있어서 25,000여 장의 사진을 수집하여 사용했다. 이와 더불어 Goffman(1979)은 광고 속에 드러나는 성역할을 분석하기 위해 광고사진에 대한 분석을 수행한 바 있다.

이러한 질적 자료로서 사진은 질적 연구에 일반적으로 많이 사용되는 유형의 시각자료인데, 그렇다면 실제 연구를 통해 이러한 사진자료를 살펴보도록 하자. Kohon과 Carder(2014)는 저소득층 노인들이 그들의 거주지와 관련해서 그들 자신의 독립, 건강, 정체성을 어떻게 받아들이고 있는지에 대한 연구를 수행했다. 이를 위해 연구자들은 연구 참여자들에게 자신의 삶을 드러내는 사진을 찍어오길 요구하고 이러한 사진 자체에 대한 분석과 사진을 통한 인터뷰 자료를 분석했는데, 그 중 한 예로 Denise라는 여성의 사례를 살펴보자. 그녀는 자신의 삶을 드러내는 사진으로 먼 앵글에서 촬영된 지폐 몇 장과 동전 몇 개를 촬영했는데, 이에 대해 연구자들은 다음과 같이 분석하고 있다.

Denise는 열악한 집에 거주하고 있으며, 간병인으로 근무하고 있다. … 그녀는 그녀 자신이 더 이상 일을 할 수 없는 시기가 곧 다가올 것을 알고 있었으며 더 이상 그녀의 융자를 갚을 수 없게 될 것임을 알고 있었다. 사진 1을 가리키며 그녀는 돈이 현재 자신의 '가장 큰 걱정'을 드러낸다고 말했다. 그리고 "나는 더 이상 이 집에 살 수 없어요."라고 말했다. Denise는 더 이상 충분한 돈을 벌 수 없음을 걱정하였고 현재 자신의 집에서 독립적으로 살아갈 수 없음을 걱정했다. … 이 사진에서 돈은 카메라로부터 멀리 떨어져 있다. 이러한 앵글은 아마도 돈이 점점 그녀의 손이 닿지 않는 곳에 있음을 의미한다 할 수 있다. 왜냐하면 그녀는 더 이상 돈을 버는 것을 기대할 수 없기 때문이다. 그녀는 사진에 대한 그녀의 의도를 알려 주었다. 그것은 카메라에서 멀리 떨어진 몇 푼 안 되는 돈을 촬영한 것이라 말했다. "그건 내 딸의 생각이었어요. 하지만 나도 동의했지요. 맘에 들어요. 그래요. 나는 그랬었어요. 20달러짜리 지폐 몇 장. 그리고 조금 더 있었지요. 정말 적은 돈이지요."

Rieger(2014)는 Trout Creek이라는 외진 마을이 19세기 말에서 20세기 초까지 어떠한 변화를 겪었는지에 대한 연구를 수행한 바 있는데, 이 연구에서 마을의 과거 자신들이 광범위하게 수집되어 분석되었다. 그 중 과거에 마을에 있었던 목조 호텔의 사진을 비롯해 몇몇 사진에 대한 분석을 다음과 논의하고 있다.

1912년에는 나무로 된 초등학교 건물이 들어섰다. 그리고 고등학교 과정이 생겨났다. 원래 있던 나무로 건축된 초등학교 건물은 1919년에 벽돌 건물로 대체되었다. 그리고 이 건물은 체육관과 함께 1931년까지 존속했다. 1920년대에서 1950년대에 이르는 이 마을의 전성기 동안 Trout Greek 마을은 제분소들, 제분소 고용자들로 가득 찬 회사 사택들, 제분소 경영자들을 위한 집들, 교회들, 상업 협회의 간부들을 위한 건물, 사진에 보이는 2채의 호텔들, 3곳의 식료품점, 몇몇의 민박집들, 약국, 철물점, 옷가게, 3곳의 가스보급소, 은행, 몇몇의 살롱, 우체국, 수송품과 승객들을 위한 철도역으로 구성되어 있었다.

이미지

사진 외에 만화, 포스터, 그림 등의 이미지 자료들도 질적 연구의 자료로 활용될 수 있다. 그렇다면 그 중 몇몇을 살펴보도록 하자. Sifaki와 Papadopoulou(2015)는 예술시상식인 Turner Prize 시상식 포스터를 분석하여 그것들이 담고 있는 메시지를 분석한 바 있는데 그 분석 중 일부는 다음과 같다.

1994년까지 Turner Prize는 10년동안 지속되어 왔으며, 전 세계적으로 관심을 불러일으키는 국가 차원의 중요한 문화행사로 간주되었다. 이 시기의 포스터들(1997년은 제외)은 거의 동일하고, 또한 동일한 의사소통 전략을 준수함으로써 구성적 이미지를 창조하고 유지하려는 Tate의 의도를 반영하고 있는 것이었다.

포스터는 유익한 것이었으며, 그것을 보는 사람들이 오해할 만한 여지가 없었다. 그 속의 언어적 메시지는 관람자에게 전시회 방문과 관련한 실용적인 정보(날짜, 입장, 개장 시간, 스폰서)를 제공하며, 또한 추천 예술가를 소개하고 있었다. 시각적 메시지는 당시 전시되고 있는 예술가들의 작품으로 구성되어 있었다. 즉, 그것들은 광고 대상으로서 작품의 '샘플'로 구성되어 있었다.

(중략)

포스터의 시각적 메시지는 수상 후보자 한 명당 네 장의 작품으로 구성되어 있다. 예술작품을 광고에 사용하는 것은 일반적인 관행이고 그것은 두 가지 속성, 즉 부와 문화적 가치를 메시지 속에 담고 있다. 한편으로 예술작품은 특정 사회적 계급, 높은 교육 수준, 경제 사회적 지위를 나타내는 지시자이기 때문에 이러한 재현은 그것을 보는 사람들의 주목을 받는다. 반면에, 모든 예술작품은 높은 문화적 가치를 가지고 있으며 그것은 국가적이고 세계적인 문화적 유산의 일부분이다.

Eko(2007)는 신문에서 만화를 통해 그러한 이미지들이 아프리카의 정치 지도자들을 어떻게 비인간화되고 있는지에 대한 연구를 수행한 바 있다. 그는 이 연구에서 신문에 게재된 다양한 풍자 이미지들, 동물로 희화된 정치인의 모습과 그들의 부조리한 행위를 풍자하는 만평 그림들에 대한 분석을 수행한 바 있는데, 그 중 세네갈의 Abdoulaye Wade 대통령을 게의 모습으로 풍자한 만평 만화에 대해 다음과 같은 분석을 수행하고 있다.

이 연구에서 사용된 만화들은 많은 아프리카 대통령들을 풍자하고 있었지만 그 대부분은 세네갈의 Abdoulaye Wade, 자이레의 Mobutu Sese Seko, 카메룬의 Paul Biya, 케냐의 Daniel Arap Moi, 가봉의 Omar Bongo, 나이지리아의 Sani Abacha 그리고 잠비아의 Robert Mugabe였다. 이 대통령들은 신문의 과도한 비평으로 인간성이 말살되고 동물화되고 있었다. 그림 2(게로 풍자된 Abdoulaye Wade 대통령)에서 Le Marabout of Ougadougou의 Burkina Faso는 Abdoulaye Wade 대통령을 게로 묘사했다. 게는 아프리카 민간전승과 신화에서 우유부단함, 주저함, 지속적이지 못함을 상징한다. 게 인간은 그의 날카롭고 과도한 크기의 집게를 그의 정당내 정적에 대항하는 데 사용한다.

비디오

비디오는 사람들 사이의 상호작용을 담고 있는 측면에서 사회적 상호작용에 대한 연구에서 효과적으로 사용될 수 있다(Emmison & Smith, 2000). Ward, Branson, Cross와 Berson(2016)은 어린이집 학생들의 발달에 멀티터치 테이블이 어떤 영향을 미칠 수 있는지에 대한 연구를 수행한 바 있다. 이 연구는 학생들이 멀티터치 테이블을 사용하는 상황을 촬영하여 학생들이 멀티터치 테이블을 어떻게 사용하고 있으며 그 속에서 어떤 상호작용을 통해 학습을 하는지에 대해 분석하고 있다. 그 중 일부는 다음과 같다.

연구 과정을 통해, 우리는 아이들의 초기 흥분이 퇴색되고, 아이들이 테이블의 높은 높이, 운동 능력, 그 멀티터치 테이블을 적용하는 데 있어서 지도와 안내의 부족과 같은 도전에 직면했을 때 좌절하는 것을 관찰할 수 있었다. 예를 들어 테이블의 표면은 반복적으로 아이들의 터치를 감지하는 데 실패했다. 이 지점에서 아이들은 일탈행동을 보였는데, 그것은 테이블로부터 멀리 떨어져서 걷기, 테이블 다리에 배 올리기 그리고 다리를 앞뒤로 흔들기 같은 것이었다. 한 학생은 다양한 좌절감을 신체적으로 표출한 후, 격렬하게 '이건 정말 엉망이야!'라고 소리쳤다. 이러한 이유 때문에 교사는 교사의 도움 없이는 교실에서 멀티터치 테이블을 사용하는 것을 금지했다.

입체적 시각자료

구체물과 같은 입체적 시각자료 또한 질적 연구의 자료로서 사용될 수 있다. 의도적 혹은 의도적이지 않은 인간 활동의 결과물로서 인공물은 사람들이 인지하고 유형화한 그들의 삶에 대한 대안적인 통찰을 제공할 수 있다(Hodder, 2011). 예를 들면, 거리에 즐비한 커피숍은 그 지역 사람들이 커피를 얼마나 즐기고 있는지를 보여 줄 수 있는 자료이며, 손때가 잔뜩 묻어 있지만 날카롭게 날이 벼려진 장인의 도구는 그 장인의 삶의 과정과 자신의 직업을 대하는 자세를 보여 준다.

Emmison과 Smith(2000)는 이러한 입체적 시각자료를 사용함으로써 얻을 수 있는 장점에 대해 논의하고 있는데, 그것은 첫째, 말로서 표현하기 힘든 사회적 과정을 그 참여자가 사용하는 구체물을 통해 확인할 수 있다는 점, 둘째, 시각적으로 확인할 수 있는 이러한 구체물은 연구자에게 또 다른 주제를 드러내 줄 수 있다는 점, 셋째, 구체물은 연구 참여자와 무관하게 그들의 사회적 삶을 보여 줄 수 있다는 점, 넷째, 구체물에 대한 탐구는 연구자와 연구 참여자 간의 권력관계를 무너뜨릴 수 있다는 점이다.

이러한 구체물들에는 사람과 사물, 집, TV, 박물관, 조각상과 기념비 등이 있다 (Emmison & Smith, 2000). 그렇다면 연구에 사용된 몇몇의 입체적 시각자료들을 살펴보도록 하자.

구체물

구체적 사물, 즉 도구, 장식품 등과 같은 사물들도 질적 연구의 자료로 사용될 수 있다. 그렇다면 연구에 사용된 자료로서 구체물들에 대해 살펴보도록 하자. 정상원(2014)은 교사들의 평가 경험과 관련된 현상학적 연구에서 학생들의 과제물에 대한 분석을 수행한 바 있는데, 분석의 대상이 된 학생의 과제물은 다음과 같다.

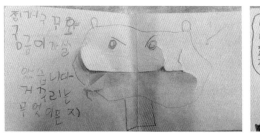 

[그림 2] 연구에 사용된 구체물(정상원, 2014)

앞서 언급한 김영천·김필성(2014)의 학원의 교육적 의미에 대한 연구에서 분석할 만한 가치가 있는 다양한 구체물과 관련된 자료를 수집할 수 있었는데, 그 중 일부는 다음과 같다.

 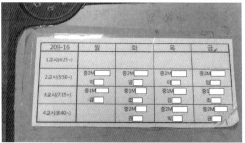

[그림 3] 학원에서 관찰된 각종 학생 과제물 파일철과 책상(김영천, 김필성, 2014)

이 그림과 같은 학생들의 과제물 파일철과 책상에 대한 분석을 통해 연구자들은 다음
과 같은 사실을 도출할 수 있었다. 첫째, 많은 수의 파일철은 학원에 얼마나 많은 학생
들이 참여하고 있는지를 보여 준다. 둘째, 항목별로 잘 정리된 파일철은 학원에서 학생들
을 관리하는 데 얼마나 신경을 쓰고 있는지를 보여 준다. 셋째, 책상에 붙어 있는 해당 시
간에 자습해야 하는 학생들의 명단은 그런 학생들에 대해 얼마나 체계적으로 학습관리가
이루어지고 있는지를 보여 준다.

배치

김영천(1997)은 한국 초등학교의 교실생활과 수업에 대한 질적 연구를 수행한 바 있는
데, 이 연구에서 특정 상황(놀이, 처벌 등)에서 교실이라는 공간이 어떻게 배치되고 있는지
에 대해 논의한 바 있다. 그 중 일부는 다음과 같다.

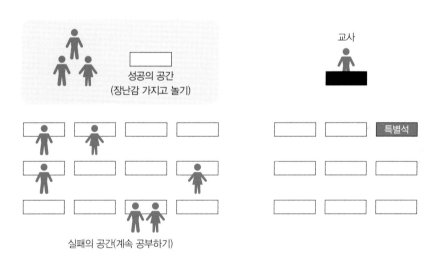

[그림 4] 치벌과 보상 상황에서의 교실 배치(김영천, 1997)

6. 결론

앞서 우리는 질적 자료의 개념과 그 유형에 대해 살펴보았다. 이러한 논의는 다음과 같이
요약해 볼 수 있다. 첫째, 질적 자료는 일정한 형식으로 규정되지 않는다. 둘째, 질적 자
료는 그 자료가 가진 형태상의 특징보다는 그 자료에 접근하는 방식으로 규정된다. 셋
째, 질적 자료는 구술자료, 연구자 생성 자료, 문서자료, 시각자료 등으로 구분할 수 있

으며, 이러한 자료들은 연구 과정에서 수집되거나 연구자에 의해 생성된다.

여기서 이러한 질적 자료들의 다양한 유형을 제시한 것은 연구자들에게 자료의 다양성을 드러내고 그 예를 제시함으로써 연구자들의 상상력과 도전정신을 고취시키려 할 뿐이지 꼭 이런 형태의 자료들만이 질적 자료로서 불릴 수 있는 것은 아니다. 오히려 이 예시들 외에 다양한 자료들이 있을 수 있으며 연구자들은 자신의 연구를 성공적으로 이끌 수 있는 자료를 찾기 위해 최선을 다해야 할 것이다.

질적 연구의 질은 자료의 우수함으로 판가름된다. 따라서 높은 수준의 질적 연구를 수행하고자 하는 연구자라면 무엇보다 자신의 연구에 적합한 자료를 최대한 수집하려는 성실성이 필요할 것이다.

참고문헌

김영천(1997). 네 학교 이야기: 한국초등학교의 교실생활과 수업. 문음사.

김영천(2012). 질적연구방법론: Bricoleur(2판). 아카데미프레스.

김영천, 김필성(2014). 한국 최고의 학원 Top 7. 아카데미프레스.

김영천, 정상원(2015). 질적 연구 방법으로서 문서분석. 교육문화연구, 21(6), 253-285.

김영천, 황철형, 박현우, 박창민(2014). 한국 다문화 아동 가르치기: 용감하고 아름다운 네 교사 이야기. 아케데미프레스.

양상희(2016). 변화를 꿈꾸며: 임상간호사의 의도적 간호순회에 대한 실행연구. 전남대학교 대학원 박사학위 논문.

양야기(2014). 5·18민주화운동과 광주 지역에서의 간호활동 경험. 간호행정학회지, 20(1), 82-94.

이동성(2014). 한 초등학교 전문교사의 전문성 발달에 대한 예술기반 생애사 연구. 한국교원교육연구, 31(4), 1-27.

이성은, 권리라, 윤연희(2004). 초등교사의 전문성에 관한 참여 관찰 연구. 한국교원교육학회, 21(3), 5-27.

정상원(2014). 초등학교 학생들의 평가와 성적기록하기: 교사들의 현상학적 체험들. 석사학위논문. 진주교육대학교 교육대학원.

홍은진(2015). 세 마을평생교육 지도자의 삶과 마을평생교육 실천 전략. 대구대학교 대학원 박사학위 논문.

Alaszewski, A. (2006). Using Diaries for Social Research. London: SAGE Publications.

Allport, G. W. (1942). The use of personal documents in psychological science. Social Science Research Council.

Allport, G. W. (1947). The Use of Personal Documents in Psychological Science, Social Science Research Council, New Your.

Bateson, G. & Mead, M. (1942). Balinese Charater: A Photographic Analysis. New York Academy of Sciences.

Berland, A. & Bentsen, S. (2015). Patients with chronic obstructive pulmonary disease in safe hands: An education programme for nurses in primary care in norway. Nurse Education in Practice, 15(4), 271-276.

Bogdan, R. & Biklen, S. K. (2007). Qualitative Research Education: A Introdution to Theories and Methods(5th Ed.). Pearson Education. 조정수 역(2010). 교육의 질적연구방법론. 경문사.

Burke, S. M. & Sparkes, A. C. (2009). Cognitive Dissonance and Role of Self in High Altitude Mountaineering: An Analysis of Six Published Autobiographies. Life Writing, 6(3), 329-347.

Connidis, I. A. (2012). Interview and Memoir: Complementary Narratives on the Family Ties of Gay Adult. Journal of Family Theory & Review, 4, 105-121.

Durkheim, E. (1897). Suicide: A Study in Sociology. 황보종우 역(2008). 자살론. 청아출판사.

Eko, L. (2007). IT'S A POLITICAL JUNGLE OUT THERE. The International Communication Gazette, 69(3), 219-238.

Emmison, M. & Smith, P. (2000). Researching the visual: Images, Objects, Contexts and Interaction in Social and Cultural Inquiry. Sage.

Emilsson, S. & Svensk, A-C. & Olsson, K. & Lindh, J. & ÖSter, I. (2011). Experiences from having breast cancer and being part of support group. Notes written in diaries by women durin radiotherapy. Palliative and Supportive Care, 10, 99-105.

Fabian, S. C. (2010). "I'll be watching you": Asocio-Legal Analysis of Judicial Decisions in Canadian Criminal Harassment Case, 1993-2006. Dessertation of Philosophy. Simon Fraser University.

Flick, W. (2014). An Introduction to Qualitative Research(5Ed). Sage.

Fontana, A. & Frey, J. H. (1994). Interviewing. in Denzin, N. K. & Lincoln, Y. S. (1994). Handbook of Qualitative Research. Sage.

Gaillet, L. L. (2010). Archival Survival: Navigating historical Research. Working in the Archives. Southern Illinois University.

Geertz, C. (1989). Works and Lives: The Anthropologist as Author. 김병화 역(2014). 저자로서의 인류학자. 문학동네.

Goffman, E. (1976). Gender Advertisements. Harper and Row Publishers.

Gottschalk, L. (1945). The Historian and The Historical Document. Ann Arbor: University of Michigan.

Gottschalk, L. & Angell, R. & Kluckhohn, C. (1981). The Use of Personal Documents in History, Anthropology, and Sociology. Omnia-Mikrofilm-Technik.

Greenfield, G. & Ignatowicz, A. M. & Belsi, A. & Pappas, Y. & Car, J. & Majeed, A. & Harris, M. (2014). Wake up, wake up! It's me! It's my life! patient narratives on person-centeredness in the integrated care context: A qualitative study. BMC Health Services Research, 14(1), 619-630.

Happer, D. (2011). On the Authority of the Image: visual Methods at the Crossroads. in Denzin, N. K. & Lincoln, Y. S. Ed.(2011). The Sage Handbook of Qualitative Research. Sage.

Hodder, J. (2011). The Interpretation of Documents and Material Cuture. in Denzin, N. K. & Lincoln, Y. S. Ed.(2011). The Sage Handbook of Qualitative Research. Sage.

Holstein, J. A. & Gubrium, J. F. (1995). The Active Interview. Sage. 이명선, 손행미, 정운숙, 이봉숙 역(2005). 적극 면담. 군자출판사.

Holtslander, L. & Duggleby, W. (2008). An inner struggle for hope: insights from the diaries of bereaved family caregivers. International Journal of Palliative Nursing, 14(10), 478-484.

Kohon, J. & Carder, P. (2013). Exploring identity and aging: Auto-photography and narrative of low income older adults. Journal of Aging Studies, 30, 47-55.

Longman Dictionaries. (1995). Longman Dictionary of Comtemporary English(3th Ed). Longman Dictionaries.

Mason, J. (2002). Qualitative Researching. Sage.

Maxwell, J. A. (2005). Qualitative Research Design : An Interactive Approach(2nd Ed.). Sage. 이명선, 김춘미, 고문희 역(2009). 질적연구설계 : 상호 작용적 접근. 군자출판사.

McCracken, G. (1988). The Long Interview. Sage. 이명선, 최정숙, 박영숙, 이경숙, 오상은, 김춘미 역(2005). 장시간 면담. 군자출판사.

McCulloch, G. (2004). Documentary Research in Education, History and the Social Sciences. London: Falmer Press.

McDougal, S. (2013). Framing the Black Experience: A Discourse Analysis of President Barack Obama's

Speeches. The Journal of Pan African Studies, 6(4), 1-17.

Merlin J. S. & Turan, J. M. & Herbey, I. & Westfall, A. O. & Starrels, J. L. & Kertesz, S. G. & Saag, M. S. & Ritchie, C. S. (2014). Aberrant Drug-Related Behaviors: A Qualitative Analysis of Medical Record Documentation in Patients Referred to HIV/Chronic Pain Clinic. Pain Medicine, 15, 1724-1733.

Mogalakwe, M. (2006). The Use of Documentary Research Methods in Social Research. African Sociological Review, 10(1), 221-230.

Morgan, D. L. (1997). Focus Groups as Qualitative Research. Sage. 김성재, 오상은, 은영, 손행미, 이명선 역(2007). 질적 연구로서의 포커스 그룹. 군자출판사.

Page, S. & Keady, J. (2010). Sharing stories: a meta-ethnographic analysis of 12 autobiographies written by people with dementia between 1989 and 2007. Ageing and Society, 30(3), 511-526.

Penguin Random House. (2015). Unabridged Dictionary of American English. Http://www.wordreference.com

Platt, A. (2010). From sin to sickness: A qualitative content analysis of four major american newspapers' representations of alcoholism (Order No. 3444173). Available from ProQuest Dissertations & Theses A&I. (857662156). Retrieved from http://search.proquest.com/docview/857662156?accountid=11933

Plummer, K. (2001). Documents of Life 2: An Invitation ot a Critical Hummanism, Sage, London.

Porta, M. (2008). A dictionary of epidemiology (5th;5; ed.). US: Oxford University Press.

Rieger, J. H. (2014). Living Witnesses to Social Change and Family Documents as Community Archive: Reconstructing Social Change in a Small Rural Community. Qualitative Inquiry, 20(2), 607-620.

Riles, A. (2006). Documents: artifacts of modern knowledge. Ann Arbor: University of Michigan Press.

Rubin, H. J. & Rubin, I. S. (1995). Qualitative Interviewing : The Art of Hearing Data. Sage.

Seker, H. (2014). Unforgettable teaching: Memoirs of pre-service teachers' encounters with teaching. Educational Research and Reviews, 10(1), 59-68.

Scott, J. (1990). A Matter of Record: Documentary Sources in Social Research, Polity, Cambridge.

Scott, J. (2006). Documentary Research. Sage.

Seidman, I. (2006). Interviewing as Qualitative Research: A Guide for Researchers in Education and the Social Science(3rd Ed.). Columbia University Teacher College Press. 박혜준, 이승연 역(2009). 질적 연구 방법으로서의 면담. 학지사.

Sharififar, M. & Rahimi, E. (2015). Critical Discourse Analysis of Political Speeches: A Case Study of Obama's And Rouhani's Speeches at UN. Theory and Practice in Language Studies, 5(2), 343-349.

Sifaki, E. & Papadopoulou, M. (2015). Advertising modern art: a semiotic analysis of posters used to communicate about the Turner Prize award. Visual Communication, 14(4), 457-484.

Solin, P. & Nikander, P. (2011). Targeting suicide: qualitative analysis of suiside prevention strategy documents in England and Finland. The Mntal Health Review Journal, 16(1), 5-14.

Sontag, S. & Rieff, D. (2008). Reborn: Journal and notebooks, 1947-1963. 김선형 역(2013). 다시 태어나다: 1947-1963. 이후.

Shopes, L. (2011). Oral History. in Denzin, N. K. & Lincoln, Y. S. Ed.(2011). The Sage Handbook of Qualitative Research. Sage.

Thomas, W. I. & Znaniecki, F. (1958). The Polish Peasant in Europe and America. New York: Dover.

Ward, J. & Branson, S. & Cross, M. D. & Berson, I, R. (2016). Exploring Developmental Appropriateness of Multitouch Tables in Prekindergarten: A Video Analysis. Journal of Research on Technology in Education,48(3), 227-238.

Warren, C. A. B. (2000). Writing the other, inscribing the self. Qualitative Sociology, 23(2), 183-199.

Wood, K. & Patternson, C. & Katikireddi, S. V. & Hiltton, S. (2014). Harms to 'others' from alcohol comsuption in the minimum unit pricing policy debate: a qualitative contents analysis of UK newspapers(2006-12). Addiction, 109(4), 578-584.

Wood, M. (1988). The Development of Post modern Self: A Computer-Assisted Comparative Analysis of Personal Documents. Greenwood Press.

Yin, R. K. (2010). Qualitative Research from Start to Finish. Guilford Publication. 박지연, 이숙향, 김남희 공역(2013). 질적 연구: 시작부터 완성까지. 학지사.

Young, T. P. & Brown, M. M. & Reibling, E. T. & Ghassemzadeh, S. & Gordon, D. M. & Phan, T. H. & Thomas, T. L. & Brown, L. (2016). Effect of educational debt on emergency medicine residents: A qualitative study using individual interviews. Annals of Emergency Medicine, 1-10.

4

질적 분석의
일반적 절차

질적 연구의

전통 안에는 다양한 접근들이 존재하며, 이들은 분석에 있어서도 각자의 방법론적 기반, 절차, 전략에 대해 논의하고 있다. 따라서 이러한 다양한 전통들을 포괄하는 일련의 분석 절차를 규명하는 것은 다소 무리가 따를 수가 있다. 하지만 질적 연구를 시도하고자 하는 연구자들, 그 중에서도 초보 연구자들의 경우, 이러한 질적 연구 전통들의 다양한 분석 절차와 방법을 이해하고 적용한다는 것은 매우 힘든 과업이기에 그들이 참고할 수 있는 질적 분석의 일반적 절차에 대한 논의는 질적 연구를 이해하는 데 실질적인 가치를 지닌다고 할 수 있다.

따라서 이 장에서는 질적 분석의 일반적 절차를 논의해 보고자 한다. 이를 위해 질적 전통들의 다양한 분석 절차에 대해 개괄적으로 살펴보며, 이들이 공유하고 있는 보편적 절차 및 방법을 중심으로 분석의 일반적 절차를 논의한다. 논의를 전사작업에서 시작하고자 한다. 왜냐하면, 자료를 접하고 일목요연하게 정리한다는 측면에서 전사작업이야말로 질적 분석이 실제적으로 시작되는 단계라고 할 수 있기 때문이다.

[그림 1] 질적 분석의 일반적 절차

1. 전사작업의 개념

전사(transcribe)는 현장작업에서 수집하거나 기록한 자료(손으로 쓴 관찰 내용, 녹음테이프 내용, 여러 가지 기록물, 현지자료 등)를 추후 분석을 위해 깨끗하게, 체계적으로 새롭게 받아 적는 것을 뜻한다. 컴퓨터에 의한 자료 관리와 글쓰기가 보편화된 요즘 연구문화를 고려해 볼 때, 전사는 현장에서 수집한 내용을 컴퓨터 파일에 입력하여 저장하고 새로운 형태로 변환하는 과정까지를 의미한다. 이 작업을 거쳐 나타난 현장의 기억을 그대로 담고 있는 말끔한 자료를 전사지(transcript)라고 한다.

연구자의 연구작업이 바로 컴퓨터의 워드작업으로 처리된다는 점에서 전사의 대상은 현장작업을 통해 연구자가 획득한 모든 형태의 현장자료이다. 즉 연구자가 관찰을 통해 기록한 관찰일지, 녹음테이프, 연구 과정 중에 연구자가 얻게 된 여러 가지 생각, 느낌, 방법 모두가 해당한다. 또한 현장 참여 관찰을 통해 수집한 현장에 관한 자료 역시 해당한다. 예를 들면 학생들의 일기, 공책 내용, 교사일지, 학생 작품, 학급 관리 경영록, 학교의 일년 교육과정 지침서, 교사용 지침서, 교사의 학생 상담일지, 학생들의 포트폴리오 등 다양하다. 이 과정을 통해 체계화되어 있지 못하던(깨끗하지 못하고, 복잡해 보이고, 장황하고, 산만한, 중복되는, 때로는 읽기 어려운) 내용이 깨끗하고 체계적으로 정리되어 출력될 수 있다.

이 과정을 거쳐서 전사지가 출력되면 연구자는 의미의 왜곡을 막기 위해 몇 가지 확인

작업을 거친다. 첫째, 표현에 문제가 되는 잘못된 정보를 찾아내어 고친다. 철자, 띄어쓰기, 여러 가지 표기법 오류를 교정한다. 둘째, 출력된 수많은 전사지 속에서 연구자가 혼란스럽지 않도록 전사지 나름대로 고유 명칭을 붙여서 자료의 유지에 노력한다.

2. 전사작업의 여러 가지 기능

원 자료를 체계적으로 기록하고 재구성한다는 점에서 전사작업의 일차적 기능은 워드작업의 역할을 한다. 그러나 이 전사작업의 과정과 그 절차를 분석해 보면, 전사작업은 기록작업 이외에 여러 가지 기능을 가지고 있다. 그리고 그러한 기능은 질적 자료의 분석과 해석에 직접적으로 관련되어 있다는 점에서 분석작업의 일부라고 평가할 수 있다. 이에 전사작업은 단순한 타이핑 작업을 넘어선 고차원적인 사고와 상상력을 가져다주는 탐구과정이라고 할 수 있다. 전사작업의 여러 가지 기능을 소개하면 다음과 같다.

첫째, 깨끗하게 정리되어 출력된 전사지는 연구자에게 질적 자료 분석을 위한 차분한 의지와 욕구를 불러일으킨다. 갈겨쓴 또는 알아보기 힘든 자료가 흰 종이에 새롭게 정리된 자료로 바뀌면서 연구자는 이제 분석을 어떻게 할 것인가에 대한 지적 동기를 부여받을 것이다.

둘째, 무수히 많은 현장자료를 쉽게 관리하고 찾아낼 수 있다. 관찰일지, 면담일지, 현장에서 획득한 자료를 범주에 맞게 정리해 놓음으로써 필요할 때 손쉽게 자료를 찾을 수 있다. 수북이 쌓인 자료 대신에 파일로 정리된 자료는 연구자에게 체계적인 자료 관리와 분석의 태도를 갖게 만들 것이다.

셋째, 현장에서 수집한 모든 자료를 안전하게 보관할 수 있다. 이제 원 자료를 분실하는 경우에 대체자료로서 이 자료를 사용할 수 있다. 컴퓨터 파일에 저장하고 나아가 외장하드에 저장한다면 분실에 대한 걱정을 줄일 수 있다.

넷째, 비밀이 보장되어야 하는 자료를 비밀스럽게 간직할 수 있다. 타인이 보아서는 안 되는 자료를 자신의 공간에 기록하고, 컴퓨터에 비밀번호를 장치함으로써 타인이 기밀자료를 읽지 못하도록 할 수 있다.

다섯째, 전사지 내용을 컴퓨터 편집기능을 활용하여 자유롭게 변형할 수 있다. 다른 자료와 비교하고자 할 때 특정 자료를 잘라서 다른 자료 옆에 복사하여 나란히 비교할 수 있고 특정 내용을 인용하거나 복합하고자 할 때 편집기능은 이러한 목적을 달성하는 데 도움이 된다.

여섯째, 전사지를 연구에 필요한 만큼 출력하여 사용할 수 있고 연구 참여자가 필요로 하는 경우 필요한 만큼 출력하여 제공할 수 있다. 과거의 수작업이 더 이상 필요하지 않다.

일곱째, 전사지를 필요로 하는 연구 참여자가 있거나 다른 장소에서 전사지를 받아 읽을 필요가 있을 때 인터넷을 통해 자료를 신속하게 송부할 수 있다.

여덟째, 전사작업은 질적 자료의 훌륭한 분석작업의 과정이다. 전사자는 원 자료를 워드작업하면서, 무엇을 입력하고 입력하지 않을 것인지를 결정하는 과정에서 자료 분석 과정인 자료의 감소작업에 참여하고 자료의 표현작업에 대한 창의적 생각을 갖게 된다. 이 많은 자료 중에서 필요 없는 전사자료가 무엇이고, 어떤 전사자료가 앞에서 전사한 자료의 내용과 유사하다든지, 이 전사내용은 참으로 특별한 의미와 내용을 담고 있다든지 하는 자료의 분석적 감환 작업, 자료의 계속적인 비교와 대조 작업, 자료에 대한 전체적인 종합에 대한 감각을 얻는다. 전사지의 글을 자료의 가치/무가치, 충분성/불충분성, 적절성/부적절성, 대표성/비대표성 등의 기준으로 전사하는 과정에서 평가하게 된다. 즉, 전사작업은 또 하나의 훌륭한 분석작업의 역할을 담당하는 것이다. 전사하는 동안, 글 내용을 머릿속에 담아서 읽어 나가는 동안, 연구자에게는 여러 가지 생각이 스치고 지나가게 될 것이다. 스쳐가는 생각은 때로는 의미 없기도 하지만 분석에 필요한 의미 있는 아이디어를 가져다주기도 한다. 즉, 아이디어의 생성작업을 불러일으킨다. 수집된 자료를 들으면서 깨끗한 스크린에 기록하는 작업은 연구자에게 자료의 숨은 의미를 찾아 기술하고, 그 의미에 대한 학구적 이름을 부여하고, 바꾸고, 변경하는 기능을 한다.

3. 전사작업의 정치학

전사작업이 현장에서 수집한 자료를 컴퓨터의 스크린으로 옮겨서 기록하는 작업이기는 하지만 이 작업 역시 연구 도구인 연구자에 의해 이루어지는 만큼 연구자의 개인적인 주관성이 어떻게 개입되는지를 이해하는 것은 매우 중요하다. 즉, 전사작업이 현장의 자료나 이미지를 새롭게 기록하는 기록작업이기는 하지만 또 다른 의미에서는 어떤 자료를 선택하여 전사하고 어떤 자료를 선택하지 않고 전사하지 않을지를 결정하는 작업이기 때문에 매우 정치적이고 주관적인 연구작업에 해당한다. 그러한 점에서 현장에서 수집된 모든 자료가 전사되는 것은 아니며 연구자에 의해 취사선택되어 전사된다는 사실을 명심하는 것이 중요하다. 결국, 전사는 수많은 수집자료 중에서 연구자가 의미 있다고 판단되는 특정한 자료(이미지, 이야기, 현상 등)만을 기술하고 재구성하려는 한 개인의 의지가 반영된 매우 주관적인 표현작업이라고 할 수 있다.

그러한 점에서 전사작업의 다양한 방법을 이해할 필요가 있다. 첫 번째 방법의 전사는 현장에서 수집한 모든 원 자료를 그대로 베껴 내는, 즉 빠짐없이 수집된 모든 자료를 전사하는 것이다. 두 번째 방법의 전사는 먼저 연구자가 워드작업을 할 자료와 워드작업을 하지 않을 자료를 구분하고 이에 따라 전사작업을 하는 것이다. 필요한 내용과 필요하지 않은 내용에 대한 연구자의 판단이 분석 이전에 개입된다. 세 번째 방법의 전사는 수집된 자료를 연구자의 목적에 맞게 재구성하는 방법을 말한다. 즉, 원 자료가 갖고 있는 여러 가지 문제점(방대함, 복잡함, 비체계적임 등)을 해결하고 연구 목적에 맞는 자료만을 효과적으로 선별하여 체계적으로 제시하기 위해 전사하는 과정에서 원 자료의 내용과 이미지를 재구성하는 방법을 말한다. 그 대표적인 예로 일 년의 교육과정을 모두 전사하여 표현할 수 없기 때문에 전사자는 이 모든 내용을 한 장의 표나 도식으로 재구성하여 제시할 수 있다.

Green(1992)은 전사작업의 이러한 정치적 특징을 인정하고서 독자들은 연구자가 그려 낸 재구성된 전사지를 읽을 때 다음과 같은 점에서 전사지의 내용을 해독할 수 있어야 한다고 했다.

⊙ 전사지를 읽을 때 연구자의 초점

1. 전사지에 어떠한 정보가 표현되어 있는가? 또는 어떠한 정보가 들어 있지 않은가?
2. 전사지에 표현되어 있는 참여자들은 누구인가?
3. 참여자들, 그들이 하고 있는 상호작용 속에 드러난 역할과 관계는 무엇인가?
4. 그 상호작용은 어디에서 일어났는가?
5. 그 상호작용은 언제 일어났는가?
6. 참여자의 일상적인 삶 중에서 이 전사지에 드러난 대화나 상호작용은 언제, 어디에서 일어난 것인가?
7. 전사자가 이 전사지를 전사하려고 하는 목적은 무엇인가?
8. 참여자들의 상호작용이 갖는 행위의 목적은 무엇인가?
9. 참여자들은 어떠한 형태로 참여하는가?
10. 누구와 어떤 방식으로, 언제, 어디서, 어떤 결과를 위해 참여하는가?
11. 참여자들에 의해 구성되는 주제는 무엇인가?

4. 질적 자료 분석의 개념

질적 자료 분석의 개념을 정의하는 것은 어려운 일이다. 여러 학자들이 질적 자료 분석의 개념을 다양하게 진술했기 때문이다. 그 예로서 Wolcott(1994)은 분석을 기술, 분석, 해석의 세 영역으로 나누며 질적 자료를 기준으로 놓고서 그 자료를 기술하는 차원, 분석하는 차원, 해석하는 차원의 세 가지로 구분했다. 그리고 그가 사용한 용어 '변형(transforming)'이 나타내는 것처럼 질적 자료 분석은 질적 자료(qualitative data)를 세 가지 차원에서 어떤 차원으로 변형하는가의 문제라고 설명했다.

Wolcott과는 달리, Lather는 자료 분석을 보다 확대해석하여 질적 자료의 글쓰기와 표현의 문제라고 했다. 그녀에 따르면 질적 자료 분석은 수집된 자료를 가지고서 이야기를 만드는 과정이기 때문에 연구자가 중요하다고 생각하는 연구 결과를 효과적으로 이야기로 만드는 작업이라고 설명했다. 그러한 점에서 자신의 세 번째 방법론 수업인 '질적 자료의 분석'의 부제를 'Writing and Politics of Representation'으로 칭했다. 즉, 사용 가능한 자료, 사용 가능하지 않은 자료, 가치 있는 자료, 가치 없는 자료, 더욱 의미 있는 자료, 덜 의미 있는 자료를 연구자가 읽고 판단하여 연구 문제에 적합한 자료를 엄선하고 체계화해서 이야기를 만드는 작업인 것이다. 이러한 이유 때문에 최근 질적 연구의 주요 탐구 주제가 어떻게 질적 자료를 하나의 이야기로 만들거나 써 나갈 것인가에 대한 '글쓰기와 표현'의 문제로 집중되고 있다(Van Maanen, 1988; Richardson, 1990; Ely, 2001). 또한 Dey(1993)는 자료 분석은 자료가 가지고 있는 특징적인 주제와 의미를 잘 규명하고 도출하기 위해 주제적 요소를 중심으로 자료를 줄여 가면서 분석 범주를 규명하고 관련시키는 작업이라고 정의하고 있다.

질적 자료 분석의 개념에 대해 합의된 개념이 없고 다양한 개념이 존재한다는 점에서 이 절에서는 여러 학자들이 정의한 '질적 자료 분석' 개념이 무엇인지를 소개함으로써 그 개념을 설명하고자 한다. 먼저 일련의 학자들은 질적 자료 분석을 수집한 많은 자료를 재검토하고, 요약하고, 다른 방법으로 입증해 보고, 양식을 살펴보고, 의미를 찾는 과정이라고 개념화했다(Wolcott, 1994; LeCompte & Schensul, 1999). Marshall과 Rossman(1988)은 질적 자료 분석은 수집된 자료에 일련의 질서, 체계, 의미를 부여하는 과정이라고 했다. 이러한 학자들의 논의를 종합해 보면 질적 자료 분석이란 연구자가 자료로부터 일련의 주제를 도출해 내는 일체의 과업이라 정의해 볼 수 있다.

5. 질적 자료 분석의 방법론적 특징

앞서 살펴본 것처럼 질적 자료 분석이란 일련의 절차나 방법이기보다는 질적 연구의 철학적 방법론적 특징이 반영된 것이라 할 수 있다. 따라서 여기서는 질적 자료 분석의 특징을 방법론적 측면에서 살펴보도록 하자.

질적 자료 분석의 특징

양화된 자료가 아닌 언어적 자료 또는 문서화된 자료를 분석하고 연구의 목적이 기술과 이해라는 측면에서 질적 연구에서의 분석은 양적 연구와는 다른 특징을 갖는다. 그 특징은 다음과 같다.

첫째, 자료의 수집과 분석이 분리되지 않고 상호보완적으로 이루어진다. 양적 연구의 경우 자료 수집이 끝나면 분석이 시작되지만, 질적 연구의 경우 자료 수집을 하면서 자료 수집을 한 후에 분석을 하고 분석이 끝난 후에도 추가자료의 분석이 필요한 경우에는 자료를 수집하기 위해 현장작업을 다시 한다. 이에 자료 분석은 계속적인 주제 찾기를 위해 현장작업 시작부터 이루어지며 자료 수집이 진행되면서 분석작업 역시 발달적으로 진화한다(Glaser & Strauss, 1967: 109; Miles & Huberman, 1984: 63). 자료의 분석은 연구 초기부터 시작되며 자료의 수집(면담, 관찰, 문헌 자료, 문화 유물, 현장일지 등)과 분석(수집한 자료로부터 의미를 생성하는 작업)은 계속해서 교차하며 반복적으로 일어난다. 자료의 수집과 분석, 분석 중에 생겨난 또 다른 개념을 분석하기 위한 자료의 수집과 분석을 반복한다. 그러한 특징을 반영하듯이 이 과정을 과정 분석(interim analysis)이라고 한다.

둘째, 질적 자료 분석은 반성적이고 예술적인 특징을 갖는다(Lincoln & Guba, 1985). 분석의 과정은 재미있으며(Goetz & LeCompte, 1984), 과학적 엄격함과 비과학적 통찰 사이의 절충과 보완의 과정으로 구성된다. 양적 분석에서 시도하는 기계적이고 객관적인 분석 절차와는 달리, 연구자는 수집된 자료의 이야기 속에 숨겨져 있는 의미와 메시지를 찾아내기 위해 계속적인 사유와 반성을 적용하고 공감과 추론 작업을 해 나간다. 이 과정 속에서 인간의 내면적 삶이나 생활세계를 찾아내기 위해 연구자가 자연, 세계, 인간에 대한 신도 있는 민감성과 감수성을 부여하는 태도를 갖는 것이 무엇보다 필요하다. 감정이입 능력, 끊임없는 상상력 등이 필요하다.

셋째, 양적 자료 분석에서 요구되는 탐구 기술과는 다른 탐구 기술이 요구된다. 수많은 자료 중에서 의미와 주제를 찾아서 그 주제를 부각시키는 언어와 은유의 생성 능력, 관련되지 않는 자료끼리 연관시키는 연합 능력, 그러한 주제의 생성과 발견을 독자에게 설득적으로 제시할 수 있는 글쓰기와 표현 능력 등이 상당히 요구된다. 즉 여러 가지 자료를 순서적으로 잘 배치하고 독자가 이해하기 쉽게, 독자를 설득할 수 있는 방식으로 자료를 제시하는 글쓰기 능력 역시 필요하다. 특히 질적 자료의 결과가 은유를 통해 표현된다는 측면에서 은유(metaphor)를 생성할 수 있는 능력은 매우 필요하다(Ely et al., 1997: 112).

질적 자료 분석의 원리

질적 자료 분석의 논리는 일반적으로 귀납적 추론의 원리로 대표된다. 즉, 자료를 분석하고 그 속에서 드러난 일반적, 공통적 성질을 찾아 그것을 기반으로 새로운 지식을 도출하는 것이 질적 자료 분석의 방법론적 기반이 된다. 여기서는 이러한 귀납적 원리 외에 질적 자료 분석의 논리적 기반이 되는 몇 가지 원리들을 살펴보도록 한다.

개연적 삼단논법

개연적 삼단논법(abduction)은 쉽게 말해 어떠한 현상을 발견하고 그것에 대한 그럴듯한 설명을 가정한 후 자료들을 통해 그것을 확인하거나 변경하며 이론을 도출하는 논리적 추론이다. 이러한 개연적 삼단논법은 Peirce에 의해 과학적 지식을 발견하는 또 다른 추론의 원리로 논의되었다(Lipscomb, 2012). 가추법 혹은 귀추법이라고도 불리는 개연적 삼단논법은 그 논리의 형식에서 귀납, 연역과 다음과 같이 비교할 수 있다.

〈표 1〉 연역, 귀납, 개연적 삼단논법의 비교(Tavory & Timmermans, 2014)

연역법	모든 A는 B이다. C는 A이다. 따라서 C는 B이다.
귀납법	관찰된 모든 A는 C이다. 따라서 모든 A는 C이다.
개연적 삼단논법	놀라운 사실 C가 관찰되었다. 하지만 A가 진실이라면, C는 당연할 것이다. 따라서 A가 사실이라고 생각하는 것은 타당하다.

즉, 개연적 삼단논법은 어떠한 현상에 대해 그 보이지 않는 원인과 효과, 그리고 이전의 유사한 다른 현상들을 염두에 두며 새롭게 관찰되는 현상을 다른 현상과 관련되는 것으

로 받아들이며, 그것과 관련된 보이지 않는 원인이나 효과가 있다거나 혹은 이전의 다른 현상들과 유사하다는 측면에서 그것을 살펴보는 추론 형태라고 할 수 있다. 또한 추론 이전에 가정되지 않는다는 측면에서 연역법과 대조되고, 관찰 중 가정된다는 측면에서 귀납법과 대조된다고 할 수 있다(Tavory & Timmermans, 2014).

Charmaz(2006)는 근거이론의 특수한 형태의 추론 방식으로 개연적 삼단논법에 대해 논의한 바 있는데, 그녀는 이러한 개연적 삼단논법이 '자료에 대한 검토에서 시작하는 추론의 형태'로 먼저 자료를 확인하고 그러한 자료에 대한 모든 가능한 설명을 포함시킨 후, 또다시 자료를 통해 그 중 관찰한 자료를 가장 잘 설명하는 해석에 도달할 때까지 가설을 변화시켜 가는 추론 방식이라 논의한 바 있다. 즉, 개연적 삼단논법은 가장 그럴듯한 설명에 도달할 때까지 실제 세계와 가설을 오가며 이론을 발전시키는 일련의 추론 방식이다.

Glaser(1978)는 자료의 분석과 가설 수립과 그 가설의 확인이라는 일련의 분석 절차에 대해 논의한 바 있는데, 이러한 그의 논의는 질적 자료 분석에서의 개연적 삼단논법이 분석의 논리로 적용되어야 함을 밝힌 것이라 할 수 있다. 이에 대해 Charmaz(2006)는 근거이론에서의 이론적 추적은 경험에 기반하여 추론한 다음, 추가적 경험을 통해 이를 확인하는 과정을 통해 이루어진다고 하며, 자료에 기반한 가설 형성과 자료를 통한 가설의 확인에 대해 논의한 바 있다.

이러한 학자들의 논의를 종합해 볼 때, 질적 자료 분석의 논리로서 개연적 삼단논법은 자료를 통해 가설을 형성하고 그 가설을 자료를 통해 확인하며 그 가설을 지속적으로 변화, 수정하며 설득력 높은 이론으로 발전시키는 일련의 과정이라 할 수 있다. 이에 따른다면 질적 연구자는 자료 분석을 통해 자료와 가설을 지속적으로 오가며 가설의 타당성을 확보하고 그것을 이론의 수준에까지 이르게 하는 노력이 필요할 것이다.

분석적 귀납

분석적 귀납(analytic induction)은 현상과 그 현상을 설명하는 가설을 확인하고 자료에 대한 분석을 통해 현상과 가설을 지속적으로 수정하며 이론을 도출하는 분석 원리이다. 이 분석적 귀납은 사회학에서 이론을 발전시키는 하나의 분석 원리로 Znaniecki(1934)에 의해 논의되기 시작했다. 분석적 귀납은 귀납법에 비해 가설의 범위를 벗어나는 사례에 주목하는데, 왜냐하면 이러한 예외를 통해 좀 더 포괄적인 설명을 구성하려 하기 때문이다. Robinson(1951)은 예외를 통한 가설과 현상의 수정이라는 분석석 귀납의 일련의 과정을 좀 더 분명하게 논의하고 있는데, 이를 정리하면 다음과 같이 나타낼 수 있다.

⊙ 분석적 귀납의 과정(Robinson, 1951)

1. 설명 대상인 현상에 대한 대략적인 정의가 구성된다.
2. 그 현상에 대한 가설적 설명이 구성된다.
3. 가설이 사례를 설명할 수 있는지에 대한 관점으로 하나의 사례가 연구된다.
4. 만약 가설이 사례와 부합하지 않는다면 가설을 다시 구성하거나 현상을 다시 정의한
   다. 그리고 이를 통해 그 사례를 제외시킨다.
5. 적은 수의 사례를 살펴본 후 실제적 확실성이 획득될 수도 있다. 하지만 연구자 혹은
   다른 연구자가 그 설명을 반증하는 발견을 한다면 가설을 다시 구성한다.
6. 사례를 점검하는 위와 같은 과정, 즉 현상을 재정의하고 가설을 재구성하는 것은 일반
   적 관련성이 확립될 때까지 지속된다. 각각의 부정적 사례는 재정의와 재구성을 요구하
   는 것이다.

즉, 분석적 귀납은 설명되어야 할 현상을 정의하고 그 현상을 설명할 수 있는 가설을
구성하는 것에서 시작해 그 가설에 부합하지 않은 사례가 발견될 때마다 현상을 재정의
하고 가설을 재구성하는 과정을 통해 일반적 관련성의 확인으로 나아가는 분석의 과정
이라 설명할 수 있다. 이와 관련하여 Robinson(1951)은 분석적 귀납에서 발견되는 두 가
지 변형에 대해 논의한 바 있는데 그에 따르면, 그것은 가설의 변형과 현상의 변형이며 이
러한 변형은 부정적 사례가 발견될 때 이루어진다고 논의했다. 가설의 변형은 부정적 사
례를 포함시키기 위해 가설을 변형하는 것이고, 현상의 변형은 부정적 사례를 제외하기 위
한 변형이다(Robinson, 1951).

예를 들어 한 연구자가 '청소년의 흡연'이라는 현상을 설명하기 위해 '청소년은 금단현
상 때문에 흡연을 지속한다.'라는 가설을 설정했다고 생각해 보자. 만약 연구자가 가설
에 부합하지 않은 사실, 예를 들어 몇몇의 학생이 금단현상보다는 자신의 우월함을 과시
하기 위해 흡연을 한다는 사실을 발견한다면 연구자는 위의 두 변형 중 하나의 변형을 통
해 이 부정적 사례를 해결해야 한다. 이때 가설을 수정한다면 이 사례를 가설에 포함시킬
수 있다. 즉 가설을 '청소년은 금단현상과 자신의 우월감을 드러내기 위해 흡연을 지속한
다.'로 변경하면 부정적 사례가 가설에 포함된다. 반대로 현상을 수정한다면 사례를 현
상에서 제외할 수 있다. 만약 현상을 '원치 않는 청소년의 흡연'이라고 재정의한다면 그
사례는 설명되어야 하는 현상 자체에서 제외되는 것이다. 이러한 현상의 변경과 관련하여
Hammersley(2010)는 Becker의 'Becoming a Marihuana User'의 예를 제시하고 있다. 그
에 따르면 Becker는 처음에 '사람들이 어떻게 마리화나 사용자가 되는가?'에 대한 연구를

시작했으나, 즐거움이 아닌 단지 자신이 타인들과 다르다는 것을 드러내기 위한 하나의 도구로 마리화나를 사용한다는 사실을 발견하고 연구되는 현상을 '사람들이 어떻게 즐거움을 위해 마리화나를 사용하게 되는가?'로 재정의함으로써 즐거움 외의 목적으로 마리화나를 사용하는 사람들을 현상에서 제외했다.

종합해 보면 분석적 귀납이란 현상과 가설에서 시작하여 반대사례에 주목하며 지속적으로 현상과 가설을 재정의하는 활동을 통해 하나의 일반적 사실에 다가서는 추론의 원리라고 할 수 있다. 전체적으로 보면 앞서 살펴보았던 개연적 삼단논법과 유사한 형태를 보이지만 자료 이전에 현상에 대한 정의와 가설이 구성된다는 점에서 차이가 있다고 할 수 있다.

6. 질적 자료 분석의 절차

앞에서 언급한 바와 같이 질적 자료 분석이란 단순한 절차 및 방법의 문제라기보다는 질적 연구의 방법론적, 철학적 기반을 토대로 자료로부터 의미를 이끌어 내는 과정이다. 따라서 이러한 과정을 일련의 절차나 과정으로 규정하는 것은 연구의 유연성을 강조하는 질적 연구의 성격에 모순되는 것이라고도 할 수 있다. 하지만 질적 연구를 처음 시도하는, 혹은 질적 연구에 대한 이해가 다소 부족한 연구자들에게는 이러한 질적 자료 분석의 절차화가 그들의 이해에 도움이 될 것이다. 따라서 여기서는 여러 학자들과 질적 연구 전통의 분석의 절차를 살펴보고 이에 따라 질적 자료 분석의 포괄적 분석 절차를 살펴보도록 한다.

질적 자료 분석 절차에 대한 논의

질적 자료 분석의 절차들에 대해서는 각 질적 연구 전통별로, 또한 학자별로 다양한 논의를 진행해 오고 있다. 그렇다면 여기서는 이러한 논의들을 살펴보고 이 속에 들어 있는 분석의 원리와 공통적 요소들을 살펴보도록 하자.

연구방법론의 측면에서 대표적인 분석 절차는 근거이론, 문화기술지, 현상학적 질적 연구의 분석 절차라고 할 수 있다. 그 중에서 근거이론의 분식 절차를 먼저 살펴보도록 하자. Strauss와 Corbin(1998)의 분석 절차는 국내에서 가장 널리 알려진 근거이론 분석 절차라고 할 수 있다. 이들은 크게 개방 코딩(open coding), 축 코딩(axial coding), 선택 코딩(selective coding)의 일련의 절차를 제시하고 있다. 개방 코딩은 자료로부터 개념을 추출하고 이러한 개념을 중심으로 범주(categories)를 도출하는 단계, 축 코딩은 추출된 범주들 사이의 관계에 따라 연결하는 단계, 선택 코딩은 이러한 분석의 결과를 가지고 이야기의 윤곽을 잡는 단계라 할 수 있다.

Glaser(1987)는 그의 저서 「Theorectical Sensitivity」에서 분석의 절차를 크게 실제적 코딩(substantive coding)과 이론적 코딩(theoretic coding)으로, 실제적 코딩은 다시 개방 코딩과 선택 코딩으로 나누어 결과적으로 개방 코딩, 선택 코딩, 이론적 코딩의 단계들을 제시하고 있다. 이 단계들은 각각 자료에 코드를 부여하며 범주를 형성하는 단계, 핵심 범주를 선택하는 단계, 코드와 범주를 통합하며 이론을 발전시키는 단계로 설명될 수 있다.

Charmaz(2006)의 논의도 위의 근거이론 학자들과 유사한 단계를 제시하고 있는데, 그녀는 분석의 단계로 초기 코딩, 초점 코딩, 축 코딩, 이론적 코딩을 제시하고 있다. 이 단계에 따르면 연구자는 개념을 찾아 코드를 부여하고, 코드를 중심으로 범주들을 발견하고, 핵심 범주를 중심으로 범주를 규합하고, 범주들을 연결하여 이론을 도출한다.

문화기술지의 대표적인 학자로는 Spradley(1980)를 들 수 있다. 그는 저서 「Participant Observation」을 통해 일련의 분석 절차를 논의한 바 있는데, 그것은 크게 영역 분석, 분류 분석, 성분 분석, 주제 분석의 단계로 요약될 수 있다. 영역 분석은 개념들 사이의 의미론적 관계에 주목하며 문화적 영역을 확인하는 단계로서, 자료 속에 들어 있는 개념들을 묶어 그 개념들로 이루어진 하나의 영역을 발견하는 단계라고 할 수 있다. 분류 분석은 영역 분석을 통해 발견한 문화적 영역에 내재하는 하위 문화적 범주나 개념을 분류하는 단계, 성분 분석은 범주나 개념 속의 속성과 그 속성의 정도를 분석하는 단계, 주제 분석은 앞선 분석의 과정을 통해 하나의 문화적 주제를 도출하는 단계라 한다.

마지막으로 현상학적 분석 절차를 살펴보자. 현상학적 분석 절차에 대해서는 Giorgi, Colaizzi, van Kaam, Moustakas, Wertz 등이 논의한 바 있는데(Moustakas, 1994; Crotty, 1996; Wertz, 2011), 여기서는 Wertz(2011)의 논의를 중심으로 살펴보도록 하자.

Wertz(2011)의 현상학적 분석 절차는 크게 반복적으로 읽으며 의미 단위 파악하기, 의미 단위별로 분류하기, 분류된 자료 읽으며 성찰하고 기술하기, 성찰과 기술 과정에서 주제 파악하기, 주제를 묶어 전체적인 주제 구조 파악하기로 나타낼 수 있다. 이러한 과정을 풀어서 나타내면 다음과 같다. 첫째, 연구자는 자료를 반복적으로 읽으면서 자료의 각 부분들이 내포하고 있는 주제나 의미를 파악한다. 둘째, 의미 단위별로 자료를 분류하고 병합한다. 셋째, 분류된 자료를 반복적으로 읽고 그것에 대한 분석적 기술을 작성한다. 넷째, 이러한 과정을 통해 직관적으로 주제를 발견한다. 다섯째, 주제들을 연관지어

하나의 의미 구조를 도출한다.

이번에는 이와 같은 방법론적 측면뿐만 아니라 몇몇의 학자들에 의해 논의된 질적 분석 단계에 대해 살펴보도록 하자. Miles와 Huberman(1994)은 「Qualitative Data Analysis: An Expended Sourcebook」에서 자료 수집 기간 동안의 체계적 분석 절차를 3단계(자료 감환 → 자료 전시 → 결론 도출/확인)로 제시했다. 자료 감환(reduction)은 필드노트나 전사본에 나타난 자료를 선택하고, 초점을 두고, 단순화하고, 요약하고 변형하는 과정을 말한다. 자료 전시(display)는 결론을 도출하기 위한 조직되고 압축된 정보의 조합인데, 무엇이 발생하고 있는지에 대한 이해, 연구자로서 무엇을 할 것인지에 대한 방향을 제공한다. 자료 전시의 형태로는 텍스트, 매트릭스, 그래프, 차트, 네트워크 등이 있다. 결론 도출 및 확인은 사물과 현상에 대한 의미를 결정하는 단계이며, 분석 결과에서의 규칙성, 패턴, 설명, 가능한 형태, 인과적 흐름에 주목한다. 이러한 Miles와 Huberman(1994)의 분석 단계를 정리하면 다음의 표로 나타낼 수 있다.

〈표 2〉 Miles와 Huberman(1994)의 자료 분석 활동

순	단계	활동
1	자료의 감환	자료의 선정과 응축, 범주화, 주제로 세분화
2	자료의 배열	자료가 의미하는 바를 잘 나타내기 위해 추린 자료를 다이어그램, 그림, 시각 형태로 표현, 결론 도출을 가능케 하는 정보를 조직적, 응축적으로 배열
3	결론의 도출	배열된 자료로부터 의미를 도출

이러한 Miles와 Huberman(1994)의 분석 단계는 앞에서 살펴본 Wolcott(1994)이 제시한 3단계 분석 절차(기술-분석-해석)와 유사하다. 즉, 자료 감환은 기술, 자료 전시는 분석, 그리고 결론 도출/확인은 해석에 해당한다고 볼 수 있다. 이들이 제시한 분석 절차의 특징은 자료 수집이 자료의 감환, 전시, 결론 도출/확인 작업에 지속적이며, 상호작용적으로 영향을 미친다는 점이다.

한편 Creswell(2007)은 질적 자료 분석이 기성품이 아니라, 동시적이고 상호작용적으로 구성된다는 입장에서 나선형 분석 단계를 제시했다. 즉, 그는 자료 수집, 자료 분석, 그리고 보고서 작성의 과정이 별개의 단계가 아니며, 서로 연결되어 동시적으로 진행되고(Creswell, 2007), 연구자의 '3I(insight, intuition, impression)'에 의존하는 경향이 있다고 보았다(Dey, 1993). Creswell(2007)은 처음에 5단계의 분석 절차(텍스트 자료 읽기 → 특수한 세그먼트 밝히기 → 세그먼트 명명하기 → 범주들 사이의 겹치거나 중복적인 범주

줄이기 → 범주들을 모을 수 있는 하나의 모델 개발하기)를 제시했고, 이후에 이를 나선형 분석 4단계로 특징화했다(Creswell, 2009). 이 단계들은 자료 관리, 반복적 읽기/메모하기, 기술/분석 해석, 자료의 제시 및 시각화인데 이것들을 간략하게 설명하면, 자료 관리는 텍스트나 이미지를 적절하게 텍스트 단위로 전환하는 것이며, 반복적 읽기/메모하기는 전사본을 여러 번 읽은 후, 전체 자료를 파악한 상태에서 필드노트나 인터뷰 전사본, 사진 등에 분석적 메모를 작성하는 단계이다. 기술/분석 해석은 이전 단계에 기초하여 코딩과 범주화 그리고 주제, 개념 등을 생성하는 단계이다. 마지막으로, 자료 제시 및 시각화는 연구 결과를 텍스트, 그림, 비교표, 매트릭스, 가설이나 명제 진술, 은유 등으로 제시하는 단계이다.

Dey(1993)는 접근 가능한 실용적 접근으로서 9단계의 분석 절차를 제시했는데, 그것은 연구 질문 혹은 연구 목적에 대한 초점, 자료 관리, 자료 읽기와 주석 달기(분석적 메모), 자료 범주화(범주 생성, 범주 배정, 범주 쪼개기와 묶기), 자료 연결하기, 범주 연결하기(결합하기와 연결하기, 개념적 지도와 매트릭스 사용), 증거 확증하기, 하나의 이야기 만들기이다.

질적 자료 분석에 관한 방법론별, 학자별 논의를 살펴보면 공통 요소들이 포함되어 있음을 확인할 수 있다. 따라서 다음에서 이러한 공통 요소들을 중심으로 질적 자료 분석의 포괄적 분석 절차에 대해 논의해 보고자 한다.

분석과 관련된 개념적 용어

일반적으로 분석을 통해 도출해야 할 대상으로 주제(theme), 범주(category), 패턴(patton) 등과 같은 용어들이 사용되고 있다. 하지만, 학자들에 따라 사용하는 용어와 그 용어에 대한 용도가 서로 상이한 부분이 있어 질적 연구자들이 이러한 용어들에 대해 종종 혼란스러워하기도 한다. 따라서 여기서는 질적 분석의 일반적 절차에 대한 이해를 돕기 위해 분석과 관련하여 어떠한 용어들이 사용되고 있는지 살펴보도록 하자.

Strauss와 Corbin(1990)은 근거이론 분석에 대한 논의와 함께 분석과 관련된 용어들을 체계적으로 정의한 바 있는데, 그들은 그러한 용어들로 개념(concept), 범주(category), 코딩(coding), 코드기록(code note) 등을 제시한 바 있다. 그들은, 개념은 개별 사건들과 그 밖의 현상들에 붙여진 개념적 호칭, 범주는 개념들의 분류, 코딩은 정보, 자료를 분류, 분석하는 과정, 코드기록은 코딩의 산물이라 논의하고 있다(Strauss & Corbin, 1990). 다시 말하면, 자료 속에 드러나는 '개념'과 그 개념에 대한 이름으로서 '코드', 이러한 코드들의 목록으로서 '코드기록' 그리고 그러한 코드들의 묶음으로서 '범주'를 각각 정의해 볼 수 있다.

이와 같은 논의와 유사하게 Saldaña(2009)는 코드에 대해 자료에 드러난 본질, 속성 등에 할당된 '단어와 구'라 논의하고 있으며, 코딩은 '범주'를 형성하기 위해 체계적으로 배치하는 것이라 논의하고 있다. 이러한 Saldaña의 논의는 앞서 살펴본 Strauss와 Corbin(1990)의 논의와 유사하다고 볼 수 있으며, 개념에 대한 명칭으로서 코드, 코드의 묶음으로서 범주, 코드를 도출하고 범주를 형성하는 일련의 과정으로서 코딩을 정의할 수 있다.

Guest, MacQueen과 Namey(2012)는 자료(data), 주제(theme), 코드(code), 코딩(coding)에 대해 정의를 내린 바 있는데, 이들의 논의에 따르면 자료는 대화, 관찰, 상호작용에 대한 텍스트적 재현이고, 주제는 텍스트의 독자들에 의해 관찰되는 자료 속 의미의 단위, 코드는 주제의 의미적 경계(semantic boundaries)나 주제 구성(component of theme)의 텍스트적 기술, 코딩은 특정한 자료 세그먼트(segment)와 관련된 특별한 코드들을 연결시켜 주는 질적 분석의 과정으로 논의한 바 있다.

Spradley(1980)는 문화기술지 분석을 논의하며 이와 관련된 몇 가지 용어를 사용하고 있는데, 그것들은 용어(term), 범주(category), 영역(domain), 주제(theme) 등이다. 비록 그의 논의에서 이러한 용어들에 대한 명확한 정의가 이루어지고 있지는 않지만, 대략적으로 용어는 문화적 개념이나 영역 등에 대한 명칭, 범주는 이러한 개념들의 혹은 하위 범주들의 묶음, 영역은 하위 범주 및 용어들의 묶음으로 사용되고 있다. 이와 더불어 문화기술지의 분석 대상인 문화적 주제들에 대한 논의를 제시하고 있는데, 그는 Opler의 문화적 주제에 대한 논의를 제시하며 문화적 주제에 대한 좀 더 심도 깊은 논의를 전개한 바 있다.

Opler(1945; Spradley, 1980에서 재인용)는 문화적 주제에 대해 '공시적으로 혹은 암시적으로 행동을 통제하고 활동을 자극하는 가정이나 입장으로 하나의 사회에서 암묵적으로 인정되거나 공개적으로 조장되는' 것으로 논의했는데, Spradley(1980)는 이러한 Opler의 정의에 따라 문화적 주제에 대해 '많은 영역들에서 암묵적으로 혹은 외현적으로 반복 발생되는 원리'로 '문화적 의미의 하위 체제들을 연계하는 역할'을 한다고 정의했다. 또한 이러한 문화적 주제는 '문화를 구성하는 패턴의 요소'로서 '고도의 일반성을 가지는 주장'이라 정의했다. 그에 따르면 이러한 주제들은 외현적으로 드러나거나 혹은 내면적으로 머물러 있으며, 여러 하위 주제를 연계시키는 역할을 한다.

Bradley, Curry와 Devers(2007)는 질적 분석에 있어서 분류(taxonomy), 주제(theme), 이론(theory)에 대해 논의한 바 있다. 그들에 따르면 분류란 다양하고 복잡한 현상을 나누는 공식적 체계, 주제는 반복적으로 나타나는 단일한 개념이나 진술로서 특정한 경험을 특징짓는 기초적인 개념, 이론이란 일반적이고 가변적인 진술로서 설명, 예측, 해석을 가능케 하는 것이라 논의한 바 있다.

van Manen(1990)은 현상학적 질적 연구와 관련하여 주제에 대한 논의를 제시한 바 있다. 그는 주제를 '경험의 거미줄의 매듭'이라 언급했는데, 이는 주제가 경험을 구성하는 뼈대의 역할을 하고 있음을 드러내는 논의라 할 수 있다. 이와 함께, 주제는 '초점, 의미, 핵심'이자 '단순화'이며, 우리가 이해하고자 하는 현상을 포착하는 형식이라 논의했다(van Manen, 1990). 주제에 대한 이러한 van Manen의 논의와 더불어 DeSantis와 Ugarriza(2000)는 주제의 다섯 가지 측면으로 구조(structure), 기능(function), 형태(form), 형식(mode), 전체적인 실체(overall entity)를 언급했는데, 이는 분석의 결과로서 주제가 가져야 할 다섯 가지 성격이라 이해할 수 있을 것이다.

이상에서 살펴본 분석과 관련된 용어들은 크게 세 가지 수준으로 위계적으로 위치하는 개념들을 담고 있다고 추론해 볼 수 있다. 첫째는 가장 하위 수준으로서 텍스트 자체에서 도출되는 단편적인 개념이다. 텍스트 속에는 수많이 개념들이 내재하고 있으며 그러한 개념들은 연구자의 분석 과정 속에서 도출되고 명명된다. 그리고 이러한 개념에 붙는 명칭으로 '코드(code)', '용어(term)' 등의 용어들이 언급될 수 있다. 두 번째 수준으로서의 범주(category) 혹은 영역(domain)은 이러한 '코드', '용어'들의 묶음으로서 그러한 개념들이 가지는 유사성, 관계 등에 따른 묶음으로서 형성되며 이러한 범주 또한 하위 코드나 용어들을 포괄할 수 있는 명칭이 부여된다. 마지막으로 최상위 수준으로서의 주제(theme)는 자료 분석을 통해 도출되는 최종적인 산물로서 자료 전체를 설명하고 이해할 수 있는 핵심적이고 본질적인 의미로서 이러한 의미를 명확히 드러내는 언어를 통해 기술된다고 할 수 있다.

7. 실용적 절충주의에 기초한 포괄적 분석 절차

앞에서 살펴본 다양한 분석 절차는 특정한 연구방법론에서 한 걸음 물러나 질적 자료 분석을 포괄적으로 조망할 수 있는 종합적 시야를 제공했다. 그러나 그들이 제시한 분석 절차는 상호 중첩되거나 상이한 부분이 교차하고 있다. 따라서 여기서는 앞에서 살펴본 분석 절차를 실용적 절충주의 입장에서 종합하여 다음과 같은 '포괄적 분석 절차'를 구안했으며 그 절차는 다음의 표와 같이 나타낼 수 있다.

〈표 3〉 실용적 절충주의에 기초한 포괄적 분석 절차

단계	관계	분석 절차	세부 내용
1단계	↕	자료 읽기/정리	자료의 반복적 읽기와 자료 정리
2단계	↕	분석적 메모 쓰기	연구자의 통찰과 반영성
3단계	↕	1차 코딩	코딩을 통한 코드와 범주의 초기 생성
4단계	↕	2차 코딩	추가적 코딩을 통한 새로운 코드와 범주의 관계 파악
5단계	↕	3차 코딩	최종적 코딩을 통한 범주들의 통합 및 문화적 주제 발견
6단계	↕	연구 결과 재현	시각적 모형, 이론 제시, 명제 제시, 표, 그림, 내러티브

앞의 6단계 분석 절차는 표면적으로는 선형적이고 순차적인 단계로 구성되어 있다. 하지만 포괄적 분석 절차의 메커니즘은 내부적으로 순환적이고, 반복적이며, 연역과 귀납의 논리를 오가며 질적 자료를 정제하는 '개연적' 삼단논법(abduction)에 기초한다. 여기서 말한 '개연적'이란 잠정적이고 임시적이며 그럴듯한 논리적 특징을 의미한다. 1단계인 자료 읽기 및 관리는 수집 혹은 전사된 자료를 반복적으로 읽으면서 연구 질문의 해결을 위한 분석적 민감성을 높이고, 다양한 질적 자료를 정량화, 분류, 저장하는 작업을 말한다.

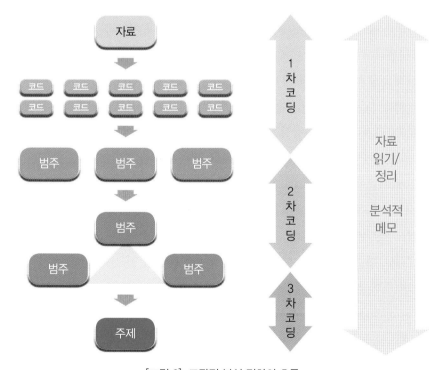

[그림 2] 포괄적 분석 절차의 흐름

2단계인 분석적 메모 쓰기는 이전 작업인 자료 읽기 및 관리와 이후 작업인 코딩 및 연구 결과 재현 작업에서 발생한 연구자의 통찰과 반영성을 메모하는 작업이다. 그리고 3~5단 계로서의 1~3차 코딩은 코드와 범주들 사이의 지속적인 비교 분석을 통해 최종적으로 하나의 문화적 주제나 이론을 생성해 가는 과정이며, 연구 결과의 재현은 최종적인 연구 결과를 시각적 모형, 이론, 명제, 표, 그림, 내러티브 등으로 제시하는 글쓰기를 의미한다. 이러한 절차를 좀 더 시각화하면 다음의 그림과 같이 나타낼 수 있다(그림 2).

그러면 다음에서 이러한 절차에 대해 좀 더 자세히 논의해 보도록 하자.

자료의 읽기 및 정리

자료의 읽기와 정리는 연구자가 수집한 자료를 정리하고 이것을 반복적으로 읽으며 그 안에 내재되어 있는 의미를 찾아가는 단계로 너무도 당연한 단계에 해당하기에 여기서는 이것에 대해 자세히 논의하기보다는 앞서 설명한 전사에 대해 좀 더 논의해 보도록 한다.

전사작업(transcribing)은 질적 자료 분석의 첫 단계이다. 이 단계는 수집된 자료를 컴 퓨터 파일에 깨끗하게 정리하여 기록하고 저장하는 작업으로서 가장 기초적인 분석 단계 에 속한다. 단순히 글을 옮긴다는 의미가 아니라 이 과정에서 여러 가지 분석 아이디어가 도출되고 발달한다는 측면에서 분석적 의미를 갖는다.

전사는 질적 자료 분석의 주요한 한 과정으로서 자료의 기록과 저장 역할을 한다. 전 사는 현장작업에서 수집하거나 기록한 자료(손으로 쓴 관찰 내용, 녹음테이프 내용, 현 장자료)를 후속의 분석을 위해 깨끗하고 체계적으로 기록하는 것을 말한다. 컴퓨터에 의 한 자료 관리와 글쓰기가 보편화된 현재의 연구 문화를 고려해 볼 때 전사는 수집한 내용 을 컴퓨터 파일에 입력하여 저장하는 활동까지를 말한다. 간단하게 설명해, 만약 자료가 음성 녹음이라면, 전사는 녹음한 것을 듣고 테이프에서 이야기된 것을 워드프로세스 파일 로 만드는 것이다. 이 전사 과정이 분석작업에서 중요한 이유는 다음과 같다.

첫째, 분석 대상인 모든 자료를 공식적으로 기록하고 파일에 저장함으로써 자료를 보 관할 수 있는 안전성이 확보된다. 둘째, 타인이 보아서는 안 되는 자료를 연구자 자신만 이 접근 가능한 장소에 간직할 수 있는 기밀 유지성을 위해 필요하다. 셋째, 후속 분석의 과정(주제와 의미 찾기)에서 편집을 자유롭게 할 수 있는 간편성과 경제성(특정 자료를 잘라서 다른 자료와 비교하고 분석하고자 할 때, 특정 내용을 인용하고자 할 때, 특정 내 용을 복사할 필요가 있을 때 등)이 확보된다. 넷째, 원하는 양만큼 계속 출력하여 사용할 수 있는 용이성이 확보된다. 다섯째, 전사하는 과정 자체가 하나의 훌륭한 분석 과정(자료와의 계속적인 상호작용을 통한 분석 아이디어의 생성과 발전)이 된다.

관찰일지인 경우 정리가 잘 되었다면 컴퓨터 파일에 다시 저장할 필요 없이 복사하여 쓰면 되나 면담 내용은 반드시 전사하는 것이 필요하다. 이때 전사의 양이 지나치게 많은 경우 시간 절약 측면에서 연구 보조자의 원조를 받는 것이 효과적이다. 전사과정이 끝나면 연구자는 저장된 자료를 출력해 본 다음 의사소통의 문제가 있을 수 있는 틀린 글자, 띄어쓰기 등에 대한 글자 편집, 원문에서 생략된 내용을 보완한 다음 전사과정을 마무리한다. 이 과정에서 효과적인 자료 관리(인출, 저장), 기초적인 분석(범주화와 요약) 작업을 위해 필요한 질적 자료 관리와 분석용 컴퓨터 소프트웨어를 사용할 것인지를 결정할 필요가 있다. 미국과 유럽에서는 다양한 질적 자료 분석용 소프트웨어가 개발되어 학생들의 연구에 대중적으로 이용되고 있으며, 우리나라에서도 최근 질적 자료 분석 프로그램인 '파랑새'가 개발되어 질적 연구자의 자료 관리와 분석에 도움을 주고 있다.

분석적 메모 쓰기

분석적 메모(analytic memo)란 분석 과정에서 연구자가 가진 반성과 성찰 등을 메모의 형식으로 기록한 것을 말한다. 질적 자료 분석 과정에서 분석적 메모 작성이 중요함에도 불구하고, 국내의 연구자들은 분석적 메모 쓰기의 중요성을 간과한 측면이 없지 않다. 분석적 메모 쓰기는 비록 원 자료에 대한 직접적인 코딩의 분석 기법은 아닐지라도, 범주와 속성을 포화(saturation)시킴으로써 이론 생성의 중심이 된다(Glaser & Strauss, 1967). 분석적 메모 쓰기의 목적은 코딩 과정과 코드 선택에 대한 연구자의 반성과 보고이다 (Saldaña, 2009). 즉 연구자는 분석적 메모 작성을 통해 분석의 과정이 어떻게 패턴, 범주, 하위 범주, 주제 혹은 개념을 생성했는지에 주목한다. 분석적 메모는 연구자가 자료에 대해 자신과 대화하는 장이며, 분석 및 해석의 과정에서 중요한 역할을 한다. 분석적 메모 쓰기는 자료 분석을 위한 효과적인 전략이며, 연구자의 사고를 추적하고, 연구 질문에 답하는 최종적 개념화와 이론 형성에 도움을 준다(Miles & Huberman, 1994). 즉, 연구자의 분석 과정에서 메모를 작성함으로써 자신이 무엇을, 왜 분석하는지에 대한 반영성을 추구하며, 어떠한 사고과정으로 패턴, 범주, 하위 범주, 주제, 개념이 생성되는지를 추적할 수 있다(Merriam, 2009).

Srivastava와 Hopwood(2009)의 견해에 따르면, 자료 분석에서 파생된 패턴, 주제, 그리고 범주들은 자생적으로 생겨난 것이 아니라, 연구 질문, 이론적 얼개, 연구자의 주관적 관점, 연구자의 인식론적 및 존재론적 위치, 직관적인 연구 현장의 이해에 기초한다. 따라서 질적 자료 분석은 분석 절차의 객관적인 적용보다는, 고도의 반영적인 과정이다. 또한 분석적 메모를 통한 반영적 분석은 통찰을 촉발하고 의미를 개발하는 데 핵심적인 요소 이다. 분석적 메모를 통한 반영적인 반복은 자료 분석의 심장에 해당하며, 새로운 통찰과 정련된 초점과 이해를 이끈다(Srivastava & Hopwood, 2009).

　연구자가 이러한 분석적 메모를 작성할 때 염두에 두어야 할 지침을 제시하면 다음과 같다(Saldaña, 2009). 첫째, 연구자는 탐구하고자 하는 연구 참여자들 및 현상에 대해 연구자 자신이 어떠한 방식으로 관여되어 있거나 개입되어 있는지를 성찰해야 한다. 즉, 연구자는 자신과 탐구하고자 하는 대상 사이의 상호작용적 관계를 심사숙고하고, 참여 자들의 내부적 관점과 세계관을 이해하기 위해 그들의 진술한 이야기에 공감하고, 감정 이입을 해야 한다. 둘째, 연구자는 메모 작성을 통해 자신이 최초 설정한 연구 질문을 성 찰하고, 그것의 수정과 변화과정에 대해 글쓰기를 해야 한다. 셋째, 연구자는 참여자들 의 일상적인 언어사용과 연구자 자신이 선택하거나 생성한 코드의 관계와 차이에 대해 성 찰하고, 그것에 대한 글쓰기를 해야 한다. 넷째, 연구자는 질적 자료 분석에서 새롭게 생 성된 패턴, 범주, 주제 혹은 개념을 논리적으로 검토하고, 코드, 패턴, 범주, 주제와 개념 들 사이의 개념적 네트워크(연결, 결합, 겹침, 흐름)를 반성적으로 살펴야 한다. 다섯째, 연구자는 새롭게 생성된 개념이나 주제를 기존의 사회이론이나 선행연구에 연결함으로써 자신만의 차별적인 연구 결과를 기술해야 한다. 여섯째, 연구자는 연구의 과정과 결과에 서 비롯된 개인적 혹은 윤리적 딜레마를 성찰하고, 그것에 기초하여 후속연구를 위한 방 향성과 전망을 제시해야 한다. 마지막으로 연구자는 지속적으로 생성되는 추가적인 분석 적 메모를 검토하고, 그것을 최종 보고서에 기술해야 한다.

　Smith, Flower와 Larkin(2009)은 이러한 분석적 메모와 유사한 개념으로 '초기 논 평(initial comment)'에 대해 언급하고 있는데, 이러한 초기 논평의 유형으로 기술적 논 평(descriptive comment), 언어적 논평(linguistic comment), 개념적 논평(conceptual comment)을 언급하고 있다. 그들은 이러한 논평에는 일정한 형식이 없으며 개방적인 태 도로 연구자의 흥미를 일으키는 것이라면 어떤 것이든 기록할 것을 제안하고 있다. 그렇 다면 이러한 분석적 메모가 구체적으로 어떻게 이루어지는지 예를 통해 살펴보도록 하자.

　Saldaña(2009)는 자신의 연구에서 연구 문제와 관련된 회고의 분석적 메모를 다음과 같이 기술했다.

⬤ 2007년 11월 17일

문제: 연대기 상자 밖에서 생각하기

나 자신이 전통적인 인간발달 스키마에 갇혀 있다는 사실을 알게 되었다. 초기 아동기, 중기 아동기, 성인, Barry의 인생궤도는 초등, 중등, 그리고 고등학교와 같은 구식의 유형으로 범주화될 수 있다. 이것이 잘못되었다고 말하고 싶은 것은 아니지만 Barry의 삶을 구상하는 데 단계별로 구분이 되는 체제를 생각해야 한다. 처음부터 우리는 우리 삶의 일부를 '초등학교 시절', '고등학교 시절' 등에 귀착시켰다. 학년에 상관없이 지금까지 찾은 것을 '전환점' 또는 '이정표'로 나눌 것이다. (Saldaña, 2009)

이 분석적 메모에서 Saldaña(2009)는 자신이 자료를 분석하는 과정에서 자신이 가지고 있는 인간 발달에 대한 선입견이 연구 참여자의 삶을 바라보는 데 방해가 되고 있음을, 연구 참여자의 삶을 제대로 보기 위해서는 그런 것을 버리고 다른 기준으로 바라보아야 함에 대한 분석적 메모를 작성했다.

또한 연구 과정에서 연구자가 겪는 어려움에 대한 내용도 분석적 메모의 한 유형이 될 수 있다. 다음의 예를 살펴보자.

분석적 메모: 2000. 1. 5.

자료를 반복적으로 살피고 조사를 하는 동안, 나는 이러한 것들이 잘 짜여진 몇몇의 다발로 묶일 수 없을 수도 있다는 것을 인정하기 시작했다. 어쩌면 이 분석이 향해야 할 방향이 아닐 수도 있다. 나는 조금 어렵더라도 이것들을 정리할 수 있을지 알아보기 위해 나의 질적 연구 멘토인 Margot Ely(1991, 1997)와 이야기를 나눌 것이다.

어쩌면 넓은 범위를 따라 나의 각 장들에 제목을 붙일 수 있을지도 모른다. 긍정적인 사람들, 부정적인 사람들, 긍정적 행위들과 중재들, 부정적 중재와 행위, 제한 그리고 자아 붕괴들로 말이다. 그 후 개별 연구 참여자들에게 내가 생각하고 있는 그들의 치료 경험의 주요한 단위들에 대해 이야기할 수 있을 것이다.

이 방법 이외에는 다른 수가 없다. 그리고 이것이 만약 받아들여지지 않는다면, 나는 모든 것이 그냥 흘러가게 두어야 할 것이다. 이 자료 안에 무엇이 있다는 것을 알고 있다. 나의 연구 참여자들이 나에게 말한 것을 알고 있다. 그들은 도움이 되는 무언가에 대해 다른 식으로 이야기 하고 있다. 물론, 내가 묻는 물음에 대해 답할 방법이 없다는 것을 안다. 하지만 나는 어떤 주제가 도출되길 바란다.

그렇다. 몇몇의 주제는 있다. 하지만 내가 그것을 가지고 단위를 만들 수 있을지 모르 겠다. 오 이런. 내일도 분석을 지속해야 한다. 어쩌면 이것들로부터 무언가를 만들 수 있을지도 모르겠다. (Appendix D, 2002)

이 분석적 메모는 분석 과정에 대한 연구자의 고통과 어려움에 대해 기술하고 있다. 이러한 분석적 메모 외에 범주나 개념에 대한 연구자의 해석 기술로서 분석적 메모도 있다. 다음의 예를 살펴보자.

도덕적 지위로서 고통받음

고통은 근본적 신체적 경험이자 도덕적 지위다. 도덕적 지위는 상대적인 인간의 가치를 나타내고, 그렇기에 받아 마땅한 가치나 가치폄하의 잣대이기도 하다. 고통을 다룬 이 야기는 이러한 도덕적 지위를 반영하고, 재정의하거나 그것에 저항한다. 고통의 이야기 는 옳고 그름, 도덕적 미덕과 흠결, 이성과 합리화 등을 다루는 도덕적 훈화를 형성한 다. 이와 관련해 클라인만 등은 현재 고통을 묘사하는 집합적이고 전문적인 언어는 고 통이 도덕적이고 종교적인 의미를 표현하기보다는, 합리화되고 관례화된 형태를 취한 다고 주장한다. 당연히 고통이 갖는 도덕적 의미는 직접적으로 명백하게 나타나거나 표현되지 않을 수 있다. 그럼에도 고통이 갖는 도덕적 의미는 여전히 생각과 행위에 영 향을 미치고 있다. (Charmaz, 2006)

이 분석적 메모는 범주로서 '도덕적 지위로서 고통받음'에 대한 연구자의 분석적 기술 로, 이러한 유형의 분석적 메모는 연구 결과로서의 글쓰기에 주요하게 반영될 수 있다. 이 러한 분석적 메모는 분석의 시작에서부터 종료에 이르기까지 지속적으로 이루어져야 한

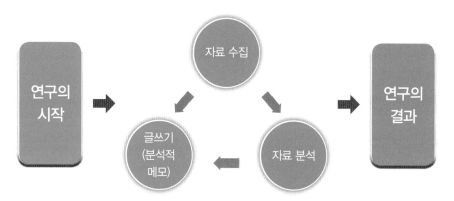

[그림 3] 질적 연구의 자료 수집, 분석, 글쓰기의 관계

다. 특히 분석적 메모 중 주제, 범주, 개념의 도출과 관련되는 분석적 메모는 분석의 최종 단계인 연구 결과로서 제시되는데, 이러한 특징은 자료의 수집, 분석, 글쓰기가 순환적으로 이루어지는 질적 연구의 성격을 잘 드러내 주는 것이라 한다. 이러한 과정을 그림으로 나타내면 다음과 같다(그림 3).

즉, 자료의 수집, 분석, 글쓰기는 순차적이기보다는 동시에 일어나는 과업이다. 이러한 성격에 대한 논의는 뒤에서 좀 더 살펴보도록 한다.

질적 자료 분석을 위한 1차 코딩

1차 코딩에서의 핵심적 활동은 수집된 원 자료에서 코드와 범주를 생성하는 것이다. 여기서 언급한 원 자료(raw data)란 풍부한 기술과 지역적인 맥락으로부터 사회적 과정과 연대기적 흐름을 확인할 수 있는 자원을 지칭한다(Miles & Huberman, 1994). 1차 코딩에서 '좋은' 질적 자료는 원 자료를 초월하여 개념적 얼개를 만들거나 범주를 생성하는 데 유용하다(Miles & Huberman, 1994). 그리고 코드(code)란 질적 자료를 대상으로 총합적 의미, 현저한, 즉 본질, 호소적인 의미와 특징을 압축적으로 표현하기 위한 하나의 단어 혹은 짧은 구절을 의미한다(Charmaz, 2006; Saldaña, 2009). '좋은' 코드는 특정한 정보를 명명하고, 자료의 특징을 정의하며, 주제의 명료화를 추구한다(Boyatzis, 1998). 범주(category)는 여러 개의 코드들이 군집화된 것이며, 하위 범주들을 포함한다. 특히, 주요한 범주들은 여타 범주들과의 비교와 통합을 통해 자료의 '실제(reality)'를 초월하면서 주제적, 개념적, 이론적 추상화를 지향한다(Saldaña, 2009). 그리고 '좋은' 범주는 연구의 목적을 반영하고, 전체적인 자료를 포괄하며, 개념적 일치성을 드러낸다(Merriam, 1998).

초기 코드를 생성하는 작업으로서 1차 코딩은 많은 질적 자료를 단순히 감환하는 것이 아니라, 분석의 '뼈대'를 생성하는 작업이다(Charmaz, 2006). 무엇보다, 코딩은 연구자의 학문적 논리, 존재론적 및 인식론적 지향, 이론적 및 개념적 얼개에 의존한다. 즉, 1차 코딩은 최초의 연구 상황을 구조화하는 이론, 모델, 언어, 개념을 반영하며, 하나의 접근 방법(방법론)뿐만 아니라 존재론적, 인식론적, 방법론적 이슈를 반영한 해석적 행위이다(Merriam, 1998; Mason, 2002; Creswell, 2007). 따라서 1차 코딩은 객관적인 과학적 행위가 아니라, 하나의 판단 요청이며 연구자의 주관성, 인성, 기질 그리고 버릇과도 연결되어 있다(Sipe & Ghiso, 2004). 그러나 하나의 발견적 과정으로서 1차 코딩은 분석의 중요한 측면이지만, 분석 그 자체가 아님을 유념할 필요가 있다(Basit, 2003). 즉, 1차 코딩은 이후에 상위 범주의 생성을 위한 교량 역할을 수행한다. 그리고 1차 코딩은 순환적 행위(cyclical act)로 볼 수 있다(Saldaña, 2009). 왜냐하면, 자료 분석에서 1차 코딩은 단 한 번만의 시도로 완벽하게 이루어지는 경우가 드물기 때문이다. 따라서 연구자는 순환적이고 지속적인 재코딩(recoding)을 통해 의미를 포착하고, 이론을 생성하기 위한 범주, 주제, 개념을 추구해야 한다.

연구자가 1차 코딩을 시도할 때 고려할 사항은 다음과 같다(Emerson, Fretz, Shaw, 1995). 첫째, 연구자는 연구 참여자들이 무엇을 원하고, 그들이 달성하고자 하는 것이 무엇인지를 살펴야 한다. 둘째, 연구자는 참여자들이 어떠한 방식의 특정한 행위와 활동을 하는지, 즉, 그들이 사용하는 수단과 전략을 검토해야 한다. 셋째, 연구자는 참여자들이 일어나고 있는 현상에 대해 어떻게 이야기하고, 특징화하며, 이해하는지를 살펴야 한다. 넷째, 연구자는 연구의 상황에서 참여자들이 가정하는 것이 무엇인지를 고려해야 한다. 다섯째, 연구자는 연구 현장에서 일어나는 일에 대해 무엇을 보았으며, 무엇을 배웠는지를 살펴야 한다. 마지막으로, 연구자는 참여자들이 특정한 것을 왜 포함하고 배제하는지를 살펴보아야 한다(Emerson, Fretz, Shaw, 1995).

보다 구체적으로 1차 코딩을 위한 분석 단위로는 문화적 실천(일상적 루틴, 직업적 과업, 미시문화적인 활동 등), 에피소드(비예상적 혹은 불규칙적 활동, 예를 들면 이혼, 최종 결승전, 자연재해 등), 만남(두 명 혹은 그 이상 사이의 일시적 상호작용), 역할(학생, 어머니, 고객 등)과 사회적 유형(불량배, 고지식한 사람, 얼간이), 사회적 및 개인적 관계(남편과 아내), 집단과 도당(cliques), 조직(학교, 패스트푸드 레스토랑), 정착 및 거주, 하위문화 및 삶의 방식 등이 있다(Lofland, 1971; Bogdan & Biklen, 1992; Lofland, Snow, Anderson, Lofland, 2006). 1차 코딩에서 생성 가능한 코드의 개수는 연구의 맥락적인 요소에 따라 가변적이라서 자료의 분석이 코드의 개수를 결정한다고 볼 수 있다.

여기서는 포괄적 분석 절차에서의 1차 코딩의 분석 기법을 예시적으로 논의하기 위해 Spradley(1980)의 영역 분석, Strauss와 Corbin(1998)의 개방 코딩, Charmaz(2006)의 초기 코딩, Glaser와 Strauss(1967)의 지속적 비교 분석을 지목하고자 한다. 문화기술지(영역 분석 및 분류 분석)와 근거이론(개방 코딩, 초기 코딩, 지속적 비교 분석)에서 파생된 이들 분석 기법들은 모두 주제 분석을 위한 기초 작업으로 볼 수 있다. 여러 학자들의 학문적 및 방법론적 지맥에 따라 1차 코딩의 이름이 다양하게 불릴 수 있지만, 하나의 공통점은 원 자료에 대한 초기 코딩을 통해 새로운 코드와 범주를 생성한다는 점이다. 이후에 개략적으로 예시할 분석 기법들은 1차 코딩의 본보기가 아니라, 특정한 이론적 맥락에 기초한 1차 코딩의 예시에 불과하다. 따라서 초보 연구자라도 자신의 이론적 맥락과 연구의 목적 그리고 연구 질문에 따라 자신만의 독특한 1차 코딩을 명명하거나 개발할 수 있다. 1차 코딩 전략으로서 영역 분석과 근거이론의 개방, 초기 코딩 방법은 뒤에서 좀 더 구체적으로 다루도록 하고 여기서는 이러한 1차 코딩이 구체적으로 어떻게 드러날 수 있는지 살펴보도록 하자.

Urquhart(2012)는 이러한 1차 코딩의 구체적인 예를 Obama의 연설문 분석을 통해 논의한 바 있다. 비록 이 예는 근거이론의 개방 코딩의 논의를 중심으로 이루어지고 있지만, 여기서 나타나는 분석의 방법과 절차는 1차 코딩의 전형적인 모습에 부합한다고 할 수 있다. 그렇다면 그 사례를 구체적으로 살펴보도록 하자. 그는 먼저 연설문에서 개념을 확인하고 그 개념에 코드를 부여하는 과정을 통해 자료 속에 드러나 있는 코드를 도출했는데, 그 과정은 다음과 같이 나타난다.

〈표 4〉 개념의 도출과 코드 부여의 예(Urquhart, 2012)[계속]

다양한 뿌리에서 기인한 우리의 유산은 약점이 아니라 강점이라는 사실을 우리는 압니다.	• 강점으로서의 다양성 • 역사로서의 다양성 • 다양성에 대한 방어
우리는 기독교도와 무슬림, 유태교도와 힌두교도, 그리고 무신론자들로 이루어진 국가입니다.	• 다양한 종교의 나라 • 무신론자들 • 포용성
우리는 지구 곳곳에서 온 다양한 언어와 문화로 이루어졌습니다.	• 다양한 언어, 다양한 문화 • 모든 곳으로부터, 포용성
우리는 남북전쟁과 인종차별의 구정물을 맛보기도 했고	• 남북전쟁과 인종차별의 역사 • 편견을 극복하기, 하나 되기
강하고 단결된 모습으로 어둠을 헤쳐 나온 경험이 있습니다.	
우리는 오래된 증오가 언젠간 사라질 것이라는 것을 믿지 않을 수 없고	• 사라질 증오
우리는 부족적 혈통의 끈이 곧 해소될 것이라 믿지 않을 수 없고	• 사라질 민족주의
세계가 점점 작아져서	• 더 밀접해지는 세계
우리의 공통의 인간성이 저절로 모습이 드러날 것이라는 사실을 믿지 않을 수 없습니다.	• 지배적인 힘으로서 인간주의
그리고 미국이 도래하는 평화의 시대에 반드시 자신의 역할을 해야 한다는 것을 믿습니다.	• 평화창조자로서의 미국의 새로운 역할
무슬림 세계를 위해서, 우리는 상호 이익과 상호 존중에 기반한 새로운 앞길을 모색하고 있습니다.	• 무슬림에게 드러냄 • 상호 존중과 이익
갈등의 씨앗을 뿌리는 세계 각국의 지도자들에게	• 적들에게 드러냄
혹은 그들이 가진 사회의 문제에 대해 서양세계를 탓하는 지도자들에게 고합니다.	• 평가함의 경고

〈표 4〉 개념의 도출과 코드 부여의 예(Urquhart, 2012) [계속]

당신의 국민은 당신이 무엇을 파괴하는가가 아닌 당신이 무엇을 건설하는가로 당신을 평가함을 알아야 합니다.	• 익명으로 표현함
부패와 협작과 반대자들을 침묵시키는 힘에 들러붙어 있는 사람들에게 고합니다.	• 균형 잡힌 진술
당신은 역사의 잘못된 편에 서 있다는 것을 알아야 합니다.	• 건설적임을 드러냄
하지만 당신이 당신의 철권통치를 포기하고자 하는 의지가 있다면 우리는 손을 내밀 것입니다.	• 은유를 사용함
가난한 국가의 국민들에게 고합니다.	• 가난한 국가에 메시지
우리는 당신들과 함께 일한다고 약속합니다.	• 연대와 원조
당신들의 농장을 비옥하게 하고 깨끗한 물이 흐르게 합니다.	• 농경지원과 깨끗한 물
굶주린 몸에 영양분을 주고 배고픈 마음에 먹을 것을 주겠습니다.	• 은유를 사용함
그리고 우리와 같이 비교적 부를 누리고 있는 나라들에 고합니다.	• 선진국에 메시지
우리는 더 이상 우리의 국경 바깥에 있는 고통에 무관심할 수 없습니다.	• 선진국이 지원해야 할 필요가 있음
또한 우리는 세계의 자원을 효율성에 대한 고민 없이 소비할 수 없습니다.	• 선진국은 자원을 적게 소비해야 할 필요가 있음
세계는 변하고 있고 우리도 그 속에서 변해야 합니다.	• 변하는 세상에 적응할 필요가 있음 • 펼쳐진 미국의 역할
이제 우리 앞에 펼쳐진 역할을 생각하며	• 세계 곳곳에서 전쟁 중인 군인들을 자랑스러워함
우리는 겸손한 감사의 마음으로 바로 이 순간에도 사막과 산악지에서 정찰활동을 하는 용감한 미국인들을 기억합니다.	• 군인들의 특별한 역할과 헌신 • 군대의 역사적 역할
그들은 우리에게 이야기해 줄 것이 있습니다.	• 자유수호에서의 군대의 역할, 다양한 청중
알링턴 묘지에서 수세기 동안 속삭였던 잠들어 있는 영웅들처럼 말입니다.	
우리가 그들을 자랑스러워하는 것은 단지 그들이 우리의 자유를 수호하기 때문이 아닙니다.	• 다른 것들을 제공하는 군대의 역할, 다양한 청중
그들이 봉사의 정신을 구체화하기 때문입니다.	• 군대의 더 높은 목적, 다양한 청중 • 순간을 정의함
자기 자신들보다 더 위대한 무언가 속에서 의미를 발견하려는 의지입니다.	• 더 높은 목적을 제시함
그리고 지금 이 순간, 한 세대를 결정할 순간	• 정부만이 그렇게 할 수 있음
우리 모두의 마음에 깃들어야 할 정신이야말로 정확히 바로 이 봉사 정신입니다.	• 국가는 또한 국민에게 의지함 • 카타리나 동안 친절했던 개인들, 예를 사용

〈표 4〉 개념의 도출과 코드 부여의 예(Urquhart, 2012)

정부는 최대한의 역량으로 일을 해야만 하고 또 해낼 수 있기 위해	• 직장을 보호하기 위해 노동시간을 줄이는 개인들, 예를 사용 • 어두운 시기의 개인들의 역할의 중요성, 예를 사용
우리 국가가 의지할 수 있는 것은 결국 미국민들의 신뢰와 결단입니다.	
그것은 제방이 무너졌을 때 낯선 이를 집으로 들이는 친절함이고	
친구가 직장을 잃는 것을 보기보다는 그들의 근로시간을 줄이려는 근로자의 욕심 없는 마음	
그것이 우리들의 가장 어두운 시간을 견디게 하는 덕목입니다.	• 사회속의 영웅 – 소방관, 예를 사용 • 사회속의 영웅 – 부모, 펼치, 예를 사용함
연기로 가득 찬 계단으로 뛰어드는 소방관의 용기와	
마찬가지로 자식을 먹이려는 부모들의 의지가 우리의 운명을 결정할 것입니다.	

이와 같이 도출된 코드들은 그 관계적 성격을 기반으로 묶어 다음과 같은 하위 범주를 도출했다.

〈표 5〉 도출된 범주와 코드들(Urquhart, 2012)

범주	코드
다양성	강점으로서의 다양성, 역사로서의 다양성, 다양한 종교, 무신론자들, 포용성, 모든 곳에서부터
변화하는 세계	순간을 정의하기, 변화하는 세계에 적응할 필요성, 더욱 밀접해지는 세계
평화 창조하기	사라질 증오, 사라질 민족주의, 지배적인 힘으로서 인간주의, 적들에게 드러냄, 건설적임을 드러냄
높은 목적	군대의 더높은 목적, 더 높은 목적을 드러냄
미국의 역할	평화창조자로서 미국의 새로운 역할, 상호 존중과 이익, 익명성으로 표현함, 펼쳐진 미국의 역할
다양한 청중	무슬림에게 드러냄, 건설적임을 드러냄, 전쟁 중인 군인을 자랑스러워함, 군인들의 특별한 역할, 자유수호에서의 군대의 역할, 다른 것들을 제공하는 군대의 역할
수사적 장치	은유의 사용, 예의 사용, 균형 잡힌 진술
미국인의 정체성	개인들에게 의지하는 국가, 카타리나 동안 친절했던 개인들, 다른 사람들의 직장을 보호하는 개인들, 개인의 중요성, 영웅들과 이름 없는 영웅들, 역사성, 시민전쟁, 인종차별, 군대의 역사적 역할

이러한 하위 범주들을 다시 묶어 최종적으로 세 개의 범주를 도출했는데 그것은 다음의 표와 같다.

〈표 6〉 범주와 하위 범주들(Urquhart, 2012)

범주	하위 범주
연설 주제	다양성
	변화하는 세계
	더 높은 목적
	미국의 역할
	미국인의 정체성
핵심 청중	무슬림 세계
	군대와 가족들
수사적 장치	은유의 사용
	예의 사용
	균형 잡힌 진술

질적 자료 분석을 위한 2차 코딩

2차 코딩은 개념들과 범주들 사이의 관계를 확인하고 이것들을 연결시키는 단계이다. 여기서는 2차 코딩을 위한 분석 기법으로서 Spradley(1980)의 성분 분석, Strauss와 Corbin(1998)의 축 코딩, Charmaz(2006)의 패턴 코딩, Glaser(1978)의 초점 코딩을 예시적으로 논의하고자 한다. 문화기술지(성분 분석)와 근거이론(축 코딩, 패턴 코딩, 초점 코딩)에서 파생된 이들 분석 기법들은 추가적인 2차 코딩을 통해 새로운 코드와 범주들을 기존의 코드 및 범주들과 의미적으로 관계 짓는 데 초점을 둔다. 여러 방법론의 학문적 전통에 따라 2차 코딩의 명명이 상이하지만, 하나의 공통점은 여러 코드와 범주들을 분류, 대조, 통합, 재구성, 삭제, 이동시킴으로써 보다 추상도 높은 범주들을 생성하고, 그러한 범주들의 특징과 관계를 해명하는 것이다. 지금부터 예시할 분석 기법들은 2차 코딩의 예시에 불과하기 때문에 연구자는 자신의 연구 목적에 부합하게 새로운 방식의 2차 코딩을 재구성할 수도 있다.

첫째, 2차 코딩의 분석 기법으로서 대표적인 사례는 문화기술지에서의 성분 분석이다. 한 문화 영역의 분류 분석만으로는 영역 내에서의 의미론적 관계를 유지하는 개념들의 의미를 충분히 이해할 수 없기 때문에 개념의 속성을 이해할 필요가 있다(이용숙, 2009). 선별적 참여 관찰 혹은 대조적 질문 전후에 위치한 성분 분석은 각 문화적 영역에서 속성(property)을 찾아내는 것이다(Spradley, 1980). 개념의 속성은 현장 사람들의 정의

(definition)를 얻음으로써 가능하며, 한 영역 내에서 대조관계에 있는 개념들에 대한 민속 정의를 수집하고, 그 성분을 분석함으로써 대조관계의 의미를 이해할 수 있다(이용숙, 2009). 즉, 연구자는 문화적 영역에 대한 성분 분석을 통해 한 집단의 구성원들이 자신들의 문화적 범주(영역)에 부여하는 의미 단위를 파악할 수 있다. 여기에서 말한 속성(성분)이란 한 영역에서의 모든 문화적 범주가 가지고 있는 속성이나 규칙적인 정보를 파악하기 위한 대조점을 의미한다(이용숙, 2009).

둘째, 2차 코딩의 분석 기법으로서 또 다른 사례는 근거이론에서의 축 코딩, 패턴 코딩, 초점 코딩이다. 그러나 축 코딩(axial coding, Strauss 학파)은 근거이론의 지맥에 따라 패턴 코딩(pattern coding, Charmaz 학파), 초점 코딩(focused coding, Glaser 학파)으로 불리기도 하기 때문에, 세 가지 코딩 방법을 유사한 분석 기법으로 간주하고자 한다. 2차 코딩으로서의 패턴 코딩과 초점 코딩은 초기 코딩 혹은 1차 코딩에서 도출된 코드(범주)보다 지시적이고, 선택적이며, 개념적인 특징을 나타낸다(Glaser, 1978). 특히, 초점 코딩 혹은 패턴 코딩은 이전의 코드들 가운데 가장 중요하거나 빈번히 출현하는 코드(범주)에 주목한다. 즉, 패턴 코딩과 초점 코딩의 결정기준은 자료를 범주화하는 데 있어서 어떠한 코드와 범주가 분석적 센스를 형성하는가에 달려 있다(Charmaz, 2006).

한편, Strauss(1987), 그리고 Strauss와 Corbin(1998)은 하위 범주와 범주를 관계 짓는 축 코딩을 예시했다. 축 코딩의 목적은 개방 코딩(1차 코딩) 이후에 새로운 방식으로 자료를 분류하고, 종합하고, 조직하는 것이다. 즉, 축 코딩은 언제, 어디서, 왜, 누가, 어떻게, 무슨 결과와 같은 물음에 답함으로써 한 범주의 속성과 차원을 구체화한다(Strauss & Corbin, 1998). 이러한 맥락에서 축 코딩에서의 패러다임 모델과 그 구성요소들(원인, 중심현상, 맥락, 중재조건, 행위/상호작용, 결과)은 이러한 범주들의 속성과 차원을 시각적으로 나타낼 수 있는 하나의 예시에 해당한다. 따라서 연구자는 자신의 자료(추가적인 원 자료 및 1차 코딩 자료)가 무엇을 말하는지에 초점을 두고, 전혀 다른 방식의 패러다임 모델과 구성요소를 재구성할 수 있을 것이다. 그렇다면 이러한 2차 코딩이 구체적으로 어떻게 나타날 수 있는지 살펴보기로 하자.

Macintosh, Wuest, Gray와 Aldous(2010)는 직장 내에서 일어나는 여성에 대한 정신적, 신체적, 성적 폭력이 여성들의 일에 어떻게 영향을 미치며 이러한 상황 속에서 여성들이 어떻게 직장에 참여하는지에 대한 연구를 수행한 바 있다. 이들은 분석을 통해 네 개의 범주를 도출했는데, 그것은 융통성 있게 되기(being conciliatory), 재고하기(reconsidering), 개입 배제하기(reducing interference), 균형 회복하기(redeveloping balance)였다. '융통성 있게 되기'는 여성이 그들의 일상적 직업활동을 유지하기 위해 그러한 직장내 폭력에 대해 이해하거나 회피함으로써 일상을 유지하고자 하는 전략을 취함을 드러내는 범주이고, '재고하기'는 '융통성 있게 되기'가 효과적이지 않을 때 상황에 대해 숙고해 보게 됨을 드러내는 범주, '개입 배제하기' 범주는 '재고하기'를 통해 여성들이 폭력의 영향을 제거하기 위한 선택을 함을 나타내는 범주, '균형 회복하기'는 일과 직장의 관계를 재정립하고 직업적 삶과 가정, 사회적 삶 사이의 조화를 발견함을 드러내는 범주였다. 연구자들은 이러한 범주들이 시간적, 단계적 선후 관계를 가짐을 파악하고 이를 통해 범주들의 단계적, 순차적 관련성을 기반으로 '단계 1: 융통성 있게 되기', '단계 2: 재고하기', '단계 3: 개입 배제하기', '단계 4: 균형 회복하기'로 범주들을 구조화했다.

[그림 4] 범주 관련 짓기(MacIntosh, Wuest, Gray, Aldous, 2010)

질적 자료 분석을 위한 3차 코딩

3차 코딩은 분석의 최종적 결과물로 이론이나 문화적 주제, 패턴 등을 분석하는 단계이다. 여기에서는 포괄적 분석 절차에서의 3차 코딩의 분석 기법으로서 Spradley(1980)의 주제 분석, Glaser(1978), Charmaz(2006)의 이론적 코딩, Strauss와 Corbin(1998)의 선택적 코딩을 예시적으로 논의하고자 한다. 문화기술지(주제 분석)와 근거이론(이론적 코딩, 선택적 코딩)에서 파생된 이들 분석 기법들은 최종적인 코딩 작업을 통한 기존의 여러 가지 범주들을 개념적으로 연결하고 포섭하여 하나의 문화적 주제 혹은 실체적 이론을 생성하는 데 공통점이 있다. 즉, 3차 코딩의 이름이 다양할지라도, 그 핵심은 기존의 범주들을 하나로 통합하여 추상도가 가장 높은 명제, 가설, 이론 등을 도출함으로써 사회현상이나 교육현상을 예측하고 설명하는 데 있다. 지금부터 예시할 분석 기법들도 3차 코딩의 예시에 불과하기 때문에 연구자는 자신의 연구에 적합한 새로운 방식의 3차 코딩을 시도할 수 있다.

첫째, 3차 코딩의 분석 기법으로서 대표적인 사례는 문화기술지에서의 주제 분석이다. 주제 분석은 기존의 1, 2차 코딩작업에 기초하여 일종의 문화적 주제 혹은 패턴을 찾아내는 것이다(Spradley, 1980). 여기에서 말한 문화적 패턴이란 행위자들이 배우거나 창안한 행동과 인공물, 지식의 패턴을 의미하는데, 자료 분석은 행동과 사물을 기술하는 것을 넘어 행동과 사물의 의미를 발견하는 것이다(Spradley, 1980). 이러한 문화적 주제는 총체적 실재와 경험, 경험의 기저나 구조, 경험의 본성과 기능, 경험의 형태/안정성/가변성, 경험의 재현과 유형을 표현한다(DeSantis & Ugarriza, 2000). 즉, 문화적 주제는 한 문화의 특성을 일반적, 압축적, 반복적으로 구성하고 표현하는 서술적 명제이며, 한 문화의 다양한 규범, 제도, 관행들을 통합하는 상위의 원리이다. 그리고 문화적 주제는 생활세계의 영역과 상황에 적용 가능한 보편적인 원리이자, 한 집단 사람들의 생활 속의 가정 혹은 입장이다(Opler, 1945).

'좋은' 문화적 주제는 자료로부터 출현하고, 추상적 특징을 보이며, 행위 패턴의 재현과 반복에 대한 명료화를 추구한다. 이러한 주제 분석을 위한 구체적인 전략으로는 연구자의 몰입, 총괄용어에 대한 성분 분석, 문화적 장면을 포함하는 더 큰 영역 찾기, 대조 차원들 간의 유사성 찾기, 문화적 장면의 도식 만들기 등이 있다(Spradley, 1980). 또한 문화적 주제의 표현방식으로는 이야기 형태로 쓰기, 은유, 시각적 전시(차트, 그래프, 표, 그림, 스냅사진, 비네, 비디오, 시, 개념도) 등이 있다(Lecompte & Schensul, 1999).

앞서 언급한 것처럼, 3차 코딩으로서의 주제 분석은 특정한 문화적 영역이 문화적 장면이라는 전체에 어떻게 연결되는지를 밝힘으로써 문화적 주제를 발견하는 작업이다(Spradley, 1980). 따라서 연구자는 문화적 주제를 통해 문화적 장면에 대한 조망과 전체에 대한 이해를 제시할 필요가 있다. 문화적 장면에서 반복적으로 나타나는 인지 원리로서 문화적 주제는 공식적 혹은 암묵적으로 행동을 통제하고 활동을 자극하는 가정이나 입장이다(Opler, 1945). 또한 많은 영역들에서 암묵적으로 혹은 표면적으로 발생하는 원리로서의 문화적 주제는 문화적 의미의 하위체제를 연계하는 역할을 한다(Spradley, 1980). 사회의 구성원들이 참이며, 타당하다고 믿는 인지 원리로서의 문화적 주제는 영역들 사이의 일반적인 의미론적 관계를 파악함으로써 고도의 일반성과 개념적 추상성을 나타낸다. 가령, 주점에서 남녀 사이의 차이를 강조하는 연구에서, "여자 손님들은 술을 사는 것을 경제적 거래 행위로 취급한 반면, 남자 손님들은 그것을 남성다움으로 과시하는 기회로 여긴다."라는 진술이 문화적 주제에 해당한다(Spradley, 1980).

둘째, 3차 코딩의 분석 기법으로서 또 다른 사례는 근거이론에서의 이론적 코딩과 선택적 코딩이다. 3차 코딩 기법으로서 선택적 코딩(selective coding, Strauss 학파) 혹은 이론적 코딩(theoretical coding, Glaser 학파, Charmaz 학파)은 이전의 분석 결과(1차 코딩, 2차 코딩)로부터 특정한 개념 혹은 이론을 분류하고, 종합하고, 통합하고, 조직하기 위한 최종적인 분석작업이다(Charmaz, 2006). Glaser(1978)는 이와 같은 실체적 코드

(substantive code)가 하나의 이론으로 통합되는 가설을 이론적 코딩으로 명명했다. 코딩과 범주화의 가장 정교한 수준인 이론적 코딩은 초점 코딩(2차 코딩)을 하는 동안 연구자가 선정한 코드/범주를 따르며, 초점 코딩에서 개발된 범주들 사이의 관련성을 구체화한다(Charmaz, 2006). 참고로 Glaser(1978)는 이론적 코딩에서 연구자가 참고할 수 있는 개념적 틀로서 코딩 패밀리(coding families)를 제시하고 있는데, 이는 이론적 코딩에서 연구자가 참고할 수 있는 기존의 개념틀이다. 연구자는 이론적 분석의 과정에서 이러한 기존의 이론적 틀을 참고함으로써 이론적 코딩에 좀 더 용이해질 수 있는데 이 중 몇 가지만 살펴보도록 하자. Glaser(1978)가 제시하는 코딩 패밀리는, 첫째로, 'Six C's'가 있다. 이것은 이론적 코딩을 원인(causes), 맥락(contexts), 우연한 사건(contingencies), 결과(consequences), 공변인(covariances), 조건(conditions)의 측면에서 분석하는 것이다. 둘째로, 과정(process)의 측면에서 코딩을 진행할 수 있다. 이때 연구자는 분석을 단계(stages), 국면(phases), 발달(progressions)에 초점을 맞추어 진행할 수 있다. 셋째로, 형식(type)의 측면에서 자료를 분석할 수 있다. 이때는 형식(type), 형태(form), 종류(kind) 등에 초점을 맞추어 분석을 진행할 수 있다. 이러한 3차 코딩 분석 기법으로서 이론적 코딩과 선택적 코딩은 특정한 사람들이 자신들이 당면한 문제(기초적인 사회적 과정)를 어떻게 해결하는지에 대한 실체적인 이론을 생성하는 유용한 분석 기법으로 평가할 수 있다.

지금까지 살펴본 것처럼, 3차 코딩으로서의 주제 분석과 이론적 코딩 그리고 선택적 코딩은 최종적으로 탐구 주제에 대한 하나의 문화적 주제나 실체적 이론을 생성하기 위한 체계적인 질적 자료 분석 전략으로 볼 수 있다. 이러한 3차 코딩 단계와 그 결과를 비유적으로 표현한다면, '의미의 만국기 달기'로 볼 수 있다. 즉 만국기의 여러 가닥(줄)을 묶는

[그림 5] 의미의 만국기 달기

하나의 구심점은 3차 코딩을 통한 문화적 주제나 실제적 이론에 해당하며, 여러 가닥의 줄은 문화적 주제나 이론을 재현하는 2차 코딩의 범주들로 볼 수 있으며, 여러 가닥의 줄에 매달려 있는 만국기들은 1차 코딩에서의 코드(대조의 차원)에 해당한다고 볼 수 있다. 3차 코딩을 통해 최종적으로 생성된 '의미의 만국기'는 개념적 구심력과 원심력의 상호작용을 통해 현상이나 문화적 장면을 풍부하게 예측, 설명한다. 이러한 개념을 그림으로 나타내면 다음과 같다(그림 5).

　이러한 '의미의 만국기 달기'는 자료의 표현과도 밀접한 관련이 있는데, 그것은 자료의 분석 과정과 분석 결과가 글쓰기를 통해 드러나게 되고 따라서 이와 같은 '의미의 만국기'가 바로 연구 결과물로서 결과 표현의 뼈대가 되기 때문이다. 다음에서 좀 더 논의해 보도록 하자.

연구 결과의 재현

앞서 살펴보았듯이 분석의 결과로서 연구 결과의 재현은 분석으로 드러난 의미의 뼈대를 중심으로 이루어진다. 따라서 연구 결과 표현으로서의 글쓰기는 자료의 분석과 밀접한 관련을 가진다. 왜냐하면 연구 결과의 재현으로서 글쓰기는 분석 결과의 기술이기 때문이다. 이러한 일련의 과정을 그림으로 표현하면 다음과 같다.

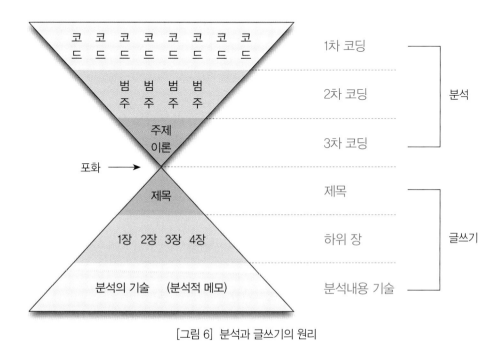

[그림 6] 분석과 글쓰기의 원리

　이 그림을 통해 살펴볼 수 있는 원리를 매우 단순화하여 설명하면, 그림에서 볼 수 있
는 것처럼 질적 연구에서의 글쓰기는 연구자의 분석에 대한 기술이며, 각 분석에서 도출
된 각 범주들은 글쓰기에서 하위 장의 제목이 될 수 있으며, 각 하위 장의 내용은 연구자
가 분석의 과정에서 기술한 연구자의 분석적 메모가 될 수 있다. 이러한 분석과 글쓰기의
원리는 앞에서 논의한 자료, 수집, 글쓰기가 연구 동안 순환적으로 반복되는 질적 연구
의 특징과 관련되는 것이라 할 수 있다. 예를 통해서 이러한 과정을 확인해 보자. 이동성
(2015)은 초등 남자 교원의 경력 경로 및 경력 발달에 대한 생애사 연구에서 분석의 결과
로 도출된 범주들을 밝히고 이에 따라 연구 결과를 3장에서 기술하고 있는데 이를 요약
하면 다음과 같이 나타낼 수 있다.

〈표 7〉 분석 결과와 글쓰기의 관련성(이동성, 2015의 재구성)

순환적 코딩과 범주화로 생성된 주제	Ⅳ. 연구 결과
1. 경력 경로의 선택 및 경력 발달에서의 외부 맥락: "학교 및 학교장과의 만남" 2. 경력 결로의 선택 및 경력 발달에서의 내부 요소:"개인적인 전문영역 구축' 3. 교장과 평교사의 전문성의 차이: "조직적 전문성 VS 일루지오" 4. 교장과 평교사의 전문성의 공통점: "승진과 비승진의 이분법을 넘어서"	1. 상이한 경력 경로의 선택과 경력 발달 　1) 경력 경로의 선택 및 경력 발달에서의 외부 맥락: "학교 및 학교장과의 만남" 　2) 경력 경로의 선택 및 경력 발달에서의 내부 요소: "개인적인 전문영역의 구축" 2. 초등학교 교장과 평교사의 전문성의 의미 　1) 교장과 평교사의 전문성 차이: "조직적 전문성 VS 일루지오" 　2) 교장과 평교사의 전문성의 공통점: "승진과 비승진의 이분법을 넘어서"

분석 절차에서의 핵심 원리: 개연적 삼단논법

여기에서는 지금까지 내용에 기초하여 포괄적인 분석 절차에서의 핵심 원리를 논의하고자
한다. 왜냐하면, 포괄적 분석 절차에서의 핵심 원리에 대한 논의는 초보 연구자들이 포괄
적인 분석 절차를 심층적으로 이해하고, 적용하며, 자신만의 고유한 분석 절차를 구안하
는 데 유용할 수 있기 때문이다.

　앞에서 밝힌 것처럼 하나의 문화적 주제나 이론의 생성은 코딩 그 자체에서 비롯된 것
이 아니라, 지속적이고 반복적인 분석 단계와 분석적 메모의 결과물이다. 따라서 자료의
분절에서 비롯된 코드와 범주들은 가시적이지만, 최종적인 문화적 주제 혹은 이론은 보다
정교하고 체계적인 과정의 최종적 산물이라 평가할 수 있다(Wolcott, 1994; Lichtman,

2006; Creswell, 2007).

질적 자료 분석의 목적은 연속적인 코딩작업에 기초하여 하나의 주제, 패턴, 개념, 통찰, 그리고 이해(이론)를 생성하는 데 있다(Patton, 2002). 질적 자료 분석은 그동안 가설-연역적 접근과 반대되는 귀납적 접근으로 인식되어 왔다. 그러나 포괄적 분석 절차에서 살펴본 것처럼, 질적 자료 분석의 논리는 연역과 귀납을 오가는 개연적 삼단논법(abduction)에 가깝다. 왜냐하면, 질적 자료 분석은 지속적이고 반복적이며 순환적인 분석 과정에 기초한 잠정적 분석이기 때문이다. 이러한 잠정적 분석 과정을 보다 자세하게 기술하면 다음과 같다. 우선, 연구자는 귀납적 논리에서 도출된 연구 결과에 머무르기보다는 그 결과를 초기에 연역적 사고와 분석 결과에 환류시킴으로써 새로운 교육적 직관과 통찰을 얻게 된다. 그리고 새로운 직관과 통찰에서 비롯된 재코딩과 재범주화는 보다 정교하고 타당한 문화적 주제나 이론을 도출한다. 따라서 실용적 절충주의에 기초한 포괄적 분석 절차의 표면적 메커니즘은 귀납적 논리에 기초하지만, 내부의 실제적 메커니즘은 귀납과 연역을 오가는 개연적 삼단논법에 가깝다고 볼 수 있다.

포괄적 분석 절차에서의 핵심 원리로서 개연적 삼단논법은 다양한 은유로 표현될 수 있다. 즉, 질적 자료 분석은 훌륭한 문화적 주제나 이론이 생성될 때까지 지속적으로 앞뒤로 오가며 자료를 정제하기 때문에 '만화경(kaleidoscope)'에 비유되기도 한다(Dye, Schatz, Rosenberg, Coleman, 2000). 또한 개념적 삼단논법에 기초한 포괄적 분석 절차는 '직소(jigsaw) 퍼즐'로 비유되기도 하며(LeCompte, 2000), 하나의 '대화'로 표현되기도 한다(Shank, 2006). 왜냐하면, 질적 연구를 수행하는 연구자는 자신에게 끊임없이 말을 걸어오는 질적 자료와 분석적 대화를 해야 하기 때문이다. 이처럼, 실용적 절충주의에 기초한 포괄적 분석 절차는 귀납적이고 연역적인 동시적 사고과정을 통해 코드와 범주 사이, 기술과 해석 사이를 오가는 순환적 행위이다.

이러한 질적 자료 분석과 관련하여 Bogdan과 Biklen(1992)은 다음과 같은 지침을 제시하고 있는데 이를 여기서 살펴보는 것도 분석의 원리를 이해하는 데 도움이 될 것이다.

◉ Bogdan과 Biklen(1992)의 분석 지침[계속]

1. 무엇을 연구하는지, 연구할 것인지를 계속 명심한다. 연구의 핵심 주제가 규명되고 흥미로운 내용이 무엇인지를 알고 난 후에는 자료 수집의 대상과 수준을 좁히는 노력을 한다.

2. 연구 형태가 무엇인지를 명심한다. 현상에 대한 기술인지, 이론에 대한 생성인지, 아니면 특정한 장면에서의 상호작용인지를 인지한다.

3. 분석적 질문을 개발한다. 연구 목적에 기초하여 또는 현장에 들어간 후에 연구자가 찾아내거나 결정한 연구 질문이 무엇인지를 명료히 한다.

4. 지난번의 자료 수집 과정에서 발견한 내용에 기초하여 다음 자료 수집의 방법과 기간을 계획한다.

5. 생성해 낸 아이디어에 대해 가능한 한 많은 비평과 스쳐가는 생각을 적는다. 현장일지에 이론적, 기술적, 방법론적, 반성적 노트를 만들어 연구자의 여러 가지 생각과 점진적인 해석을 기록한다.

6. 현장작업을 통해 배운 사실에 대해 자신을 위해 메모한다. 기술된 현장자료를 읽으면서 어떤 주제나 의미가 나타나는지에 대한 요약문을 적는다. 연구가 진행되는 동안 계속 쓰게 되는 이 메모는 매우 분석적이 될 것이며 자료 분석의 기초가 될 것이다.

7. 현장작업을 하는 동안 참고문헌을 탐색한다. 새롭게 발견한 사실은 무엇이고 기존의 연구에서 기술한 내용은 무엇인가? 과거의 연구 결과와 당신의 연구 결과는 어떤 관계에 있는가? 기존의 문헌과 당신의 관점은 어떻게 비슷하고 어떻게 다른가? 기존의 문헌에서 무시되거나 다루어지지 않은 내용은 무엇인가?

8. 은유, 유추, 개념을 개발하기 위해 노력한다. 이러한 용어는 분석적 지평을 넓혀 주고 연구 결과를 명료하게 만들어 주면서 아울러 연구 문제를 생각할 수 있는 방법의 폭을 넓혀 준다. 또한 그러한 연구 결과가 어떤 다른 장면이나 상황에 어떻게 적용될 수 있는지에 대한 분석적 아이디어를 제시해 준다.

9. 시각적 장치를 사용한다. 그래프, 차트, 표, 매트릭스 등은 훌륭한 표현 도구로 사용된다. 언어로 포착하기 어려운 복잡한 관계와 상황을 간단하게 표현할 수 있다. 연구자의 생각과 결과를 요약하여 제시하는 데 효과적이다.

8. 결론

앞에서 우리는 질적 분석의 다양한 측면을 다양한 질적 분석의 전통들을 개괄하며 살펴보았다. 그리고 이러한 질적 전통들을 포괄적 분석 절차로 종합하고 각 절차별로 수행되어야 할 과업들을 살펴보았다. 하지만 이러한 절차들을 반드시 지켜야 할 규정적 절차로 보는 것은 다소 무리가 있다. 오히려 각 단계에서 수행되어야 하는 연구자의 핵심 과업과 그것을 수행하기 위해 이해하고 있어야 할 방법론적 논의를 숙지하여 자신의 분석에 이러한 것들이 잘 스며들 수 있게 해야 할 것이다.

질적 분석이란 자료와 연구자의 끊임없는 상호작용의 과정이다. 따라서 질적 분석의 핵심은 그 절차라기보다는 연구자 자신의 끊임없는 성찰과 헌신이다. 연구자가 이 점을 명심하고 분석에 임할 때, 질적 분석은 좀 더 현상의 핵심적 의미와 주제를 드러내는 결과에 다가갈 수 있을 것이다.

참고문헌

이동성(2015). 도 초등학교 남자 교원의 경력 경로 및 경력 발달에 대한 생애사 연구: "우연과 필연의 이중
주". 교사교육연구, 54(1), 102-119.

이용숙(2009). 분류체계, 성분 분석법 재개발 실행연구: 수업분석 적용사례를 중심으로. 열린교육연구,
17(1), 99-128.

Appendix D: Analytic memos in the beginning stages of working with the data of the women. (2002).
Occupational Therapy in Mental Health, 18(3), 145-146. doi:10.1300/J004v18n03_13

Basit, T. N. (2003). Manual or electronic?: The role of coding in qualitative data analysis. Educational
Research, 45(2), 143-154.

Bogdan, R. & Biklen, S. K. (1992). Qualitative research for education: An introduction to theory and
method (2nd Ed.). Allyn & Bacon.

Boyatzis, R. E. (1998). Transforming qualitative information: Thematic analysis and code development.
Sage.

Bradley, E. H. & Curry, L. A. & Devers, K. J. (2007). Qualitative Data Analysis for Health Services
Research: Developing Taxonomy, Themes, and Theory. Health Services Researc, 42(4), 1758-1772.

Charmaz, K. (2006). Constructing Grounded Theory: A Practical Guide through Qualitative Analysis.
Sage. 박현선, 이산균, 이채원 공역(2013). 근거이론의 구성: 질적 분석의 실천 지침. 학지사.

Creswell, J. W. (2007). Qualitative inquiry and research design: Choosing among five approaches(2nd
Ed). 조홍식, 정선욱, 김진숙, 권지성 공역(2010). 질적 연구방법론.

Creswell, J. W. (2009). Research design: Qualitative, quantitative, and mixed methods approaches(3rd
Ed). Sage.

Crotty, M. (1996). Phenomenology and nursing research. Churchill Livingstone. 신경림, 공병해 공역
(2011). 현상학적 연구. 현문사.

Desantis, L. & Ugarriza, D. N. (2000). The Concept of theme as used in qualitative nursing research.
Western Journal of Nursing Research, 22, 351-372.

Dey, I. (1993). Qualitative data analysis: A user-friendly guide for social scientist. London: Routledge.

Dye, J. F. & Schatz, I. M. & Rosenberg, B. A. & Coleman, S. T. (2000). Constant comparison method: A
kalieidscope of data. The Qualitative Report, 4(1/2). Retrieved from http://www.nova.edu/ssss/QR.

Ely, M. (2001). On writing qualitative research : living by words. Routledge Falmer.

Emerson, R. M & Fretz, R. L. & Shaw, L. L. (1995). Writing ethnographic fieldnotes. University of
Chicago Press.

Glaser, B. G. (1978). Theoretical Sensitivity: Advanced in Methodology of Grounded Theory. University
of California.

Glaser, B. G. & Strauss, A. L. (1967). The discovery of grounded theory: Strategies for Qualitative
research. Aldine. 이병식, 박상욱, 김사훈 역(2011). 근거이론의 발견: 질적연구 전략. 학지사.

Goetz, J. P. & Lecompte, M. D. (1984). Ethnography and Qualitative Design in Educational Research.

Academic Press.

Guest, G. S. & MacQueen, K. M. & Namey, E. E. (2011). Applied Thematic Analysis. Sage.

Hammersley, M. (2010). On Becker's Studies of Marijuana Use as an Example of Analytic Induction. Philosophy of the Social Sciences, 41(4), 535-566.

LeCompte, M. D. (2000). Analyzing qualitative data. Theory Into Practice, 39(3), 146-154.

LeCompte, M. D. & Schensul, J. J. (1999). Analyzing and interpreting ethnographic data. AltaMira Press.

Lichtman, M. (2006). Qualiative research in education: A User's quide. Sage.

Lincoln , Y. S & Guba, E. G. (1985). Naturalistic inquiry. Sage.

Lipscomb, M. (2012). Abductive reasoning and qualitative research. Nursing Philosophy, 13, 244-256.

Lofland, J. (1971). Analyzing social setting: A guide to qualitative observation and analysis. Wadsworth.

Lofland, J. & Snow, D. & Anderson, L. & Lofland, L. H. (2006). Analyzing social setting: A guide to qualitative observation and analysis (4th Ed.). Wadsworth.

Marshall, C. & Rossman, G. B. (1988). Designing Qualitative Research. Sage.

Mason, J. (2002). Qualitative researching(2nd Ed). Sage.

MacIntosh, J. & Wuest, J. Gray, M. M. & Aldous, S. (2010). Effects of Workplace Bullying on How Women Work. Western Journal of Nursing Research, 32(7), 910-931.

Merriam, S. B. (1998). Qualitative research and case study application in education. Jossey-Bass.

Miles, M. & Huberman, A. M. (1984). Qualitative Data Analysis: A Sourcebook of New Methods. Sage

Miles, M. & Huberman, A. M. (1994). Qualitaitve data analysis: An expended soursebook. 박태영, 박소영, 반정호, 성준모, 은선경, 이재령, 이화영, 조성희 공역(2009). 질적 자료 분석론. 학지사.

Moustakas, C. (1994). Phenomenologocal Research Method. Sage.

Opler, M. E. (1945). Theme as dynamic: forces in culture. American Journal of Sociology, 53, 198-206.

Richardson, L. (1990). Writing strategies : reaching diverse audiences. Sage.

Robinson, W. S. (1951). The Logical Structure of Analytic Induction. American Sociological Review, 16(6), 812-818.

Saldaña, J. (2009). The coding manual for qualitative researchers. Sage. 박종원, 오영림 역(2012). 질적연구 자를 위한 부호화 지침서. 신정.

Shank, G. D. (2006). Qualitative research: A personal skills approach(2nd Ed). Sage.

Sipe, L. R. & Ghiso, M. P. (2004). Developing conceptual categories in classroom descriptive research: Some problems and possobilities. Anthnopology and Education Quarterly, 35(4), 472-485.

Smith, J. A. & Flowers, P. & Larkin, M. (2009). Interpretative Phenomenological Analysis: Theory, Method and Research. SAGE.

Spradley, J. P. (1980). Participant Observation. Wadsworth Publishing Company. 신재영 역(2009). 참여 관찰법. Cengage Learning.

Srivastava, P. & Hopwood, N. (2009). A practical iterative framework for qualitative data analysis. Journal of Qualitative Methods, 8(1), 76-84.

Strauss, A. L. (1987). Qualitative analysis for social scientists. Cambridge University Press.

Strauss, A. & Corbin, J. (1990). Basic of Qualitative Research: Grounded Theory Procedures and Techiques. Sage. 신경림 역(1996). 근거이론의 이해: 간호학의 질적 연구 수행을 위한 방법론. 한울 아 카데미.

Strauss, A. & Corbin, J. (1998). Basic of Qualitative Research: Grounded Theory Procedures and

Techiques. Sage. 신경림 역(2001). 근거이론의 단계. 현문사.

Tavory, I. & Timmermans, S. (2014). Abductive Analysis: Theorizing Qualitative Research. University of Chicago Press.

Urquhart, U. (2012). Grounded Theory for Qualitative Research: A Practical Guide. Sage.

van Maanen, J. (1988). Tales of the field: on writing ethnography. University of Chicago Press.

van Manen, M. (1990). Researching Lived Experience. the Univercity of Western Ontario, Canada. 신경림, 안규남 공역(1994). 체험연구. 동녘.

Wertz, F. J. (2011). A Phenomenological Psychological Approach to Trauma and Resilience. In Wertz, F. J. & Charmaz, K. & McMullen, L. M. & Josselson, R. & Anderson, R. & McSpadden, E. (2011). Five Ways of Doing Qualitative Analysis: Phenomenological Psychology, Grounded Theory, Discourse Analysis, Narrative Research, and Intuitive Inquiry. The Guilford Press.

Wolcott, H. F. (1994). Transforming Qualitative Data: Description, Analysis, and Interpretation. Sage.

Znaniecki, F. (1934). The Method of Sociology. Rinehart & Company.

제 **2** 부
분석의
핵심과정으로서
코딩작업

5

코딩의
개념

앞 장에서는 질적 자료 분석의 일반적 절차에 대해 논의해 보았다. 그리고 그러한 절차를 구분하기 위해 '코딩'이라는 용어를 사용했다. 따라서 여기서는 그러한 코딩이 무엇인지 좀 더 자세하게 논의해 보도록 한다.

코딩은 질적 자료 분석과 관련하여 빈번히 언급되는 개념임에도 불구하고 연구자들, 특히 초보 연구자의 경우 그 개념에 있어서 혼란을 느끼는 경우가 많다. 왜냐하면 질적 분석을 다루고 있는 논문이나 서적들이 질적 분석을 논의함에 있어서 다양한 관점으로 코딩에 접근하고 있기 때문이다. 어떠한 학자들은 코딩을 언급하지 않고 질적 분석에 대해 논의하기도 하며, 코딩에 대해 논의하고 있는 학자들도 코딩에 대해 다소 다른 관점으로 접근하기도 한다.

따라서 여기서는 질적 자료 분석의 유용한 도구로서 코딩에 대해 알아보고 코딩의 다양한 개념과 다양한 형태의 코딩, 코드에 대해 살펴보도록 한다. 아울러 이 장에서는 앞선 장에서 다룬 바 있고 뒤의 장에서 다룰 예정인 코딩에 대해 논의하고 있기 때문에 그 논의가 다소 중복될 수도 있다. 하지만 앞의 장에서는 코딩을 분석의 단계로서, 뒤의 장에서는 코딩의 전략 및 연습의 차원에서 다루며, 이 장에서는 그 개념과 역할이라는 측면에서 다룬다는 점을 유의해 참고해 주기 바란다.

[그림 1] 코딩의 개념

1. 코딩의 개념

코딩이란 자료로부터 개념을 도출하고 이를 조작하는 일련의 과정이라 할 수 있다. 따라서 이러한 코딩이라는 개념은 때에 따라서는 분석에 포함되는, 혹은 분석을 위한 도구로서의 의미를 가질 수도 있고, 때에 따라서는 분석과 동일한 의미를 가질 수도 있다. 왜냐하면 학자들이 논의하고 있는 분석이라는 용어가 그 범위에 따라 다르기 때문이다.

　우선 분석의 넓은 범위를 살펴본다면 질적 자료 분석이란 자료를 검토, 요약, 입증하는 과정을 통해 그것으로부터 의미를 찾아가는 과정이라 할 수 있다(Wolcott, 1994; LeCompte & Schensul, 1999; Miles, Huberman, Saldaña, 2014). 이는 자료 속에 내재되어 있는 의미를 찾고 이를 구성하는 일체의 과정을 논의하고 있는 것으로, 이러한 분석의 넓은 의미는 때로 방법론과 동일한 위상을 가지는 의미로 사용되기도 한다(Krippendorff, 2004; Smith, Flowers, Larkin, 2009).

　반면, 분석의 의미를 좁게 본다면 분석이란 자료로부터 개념을 도출하고 이를 조작하는 일련의 과정이라 할 수 있다. 이러한 관점의 대표적인 예로 Spradley(1980)의 논의를 들 수 있는데, 그는 개념을 조작하는 일련의 과정들을 분석이라는 용어를 중심으로 논의하고 있다. 따라서 분석과 코딩의 관계를 살펴볼 때, 분석을 넓은 의미로 사용한다면 분석을 위한 하나의 과정 혹은 도구로서 코딩을 논의할 수 있으며, 분석을 좁은 의미로 논의한다면 분석과 코딩은 동일한 의미를 가진다고 할 수 있다. 이러한 분석과 코딩의 관계를

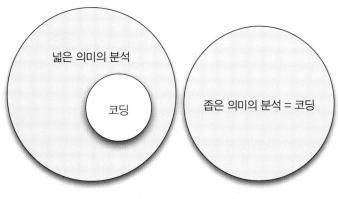

[그림 2] 분석과 코딩의 관계

다음과 같이 그림으로 나타낼 수 있다(그림 2).

이러한 코딩은 질적 연구방법론에 대한 다양한 학자들의 논의에서 다양한 유형으로 다루어지고 있는데, 이러한 논의는 다음과 같이 세 가지 유형으로 구분하여 볼 수 있다. 첫째는 코딩이라는 용어를 직접적으로 사용하며 코딩을 분석의 핵심적 과업으로 다루고 있는 논의들이다. 이러한 논의에서는 '코딩'이라는 용어의 구체적인 언급과 함께 코딩의 구체적인 개념과 과업 등에 대해 논의하고 있다. 대표적으로는 근거이론의 분석이 이러한 첫 번째 유형의 논의가 될 수 있다(Glaser, 1978, 1992; Strauss & Corbin, 1998; Charmaz, 2006).

둘째는 코딩이라는 용어를 사용하고 있지는 않지만 코딩과 유사한 개념의 도구를 사용하여 전개되는 분석에 대한 논의들이다. 이러한 논의는 코딩이라는 구체적인 용어는 사용하고 있지 않지만 개념을 도출, 조작하는 코딩과 유사한 개념적 도구들을 사용하여 분석에 대해 논의하고 있다. 대표적으로는 Spradley(1980)의 논의를 들 수 있는데, 그가 논의하는 영역 분석, 분류 분석, 성분 분석 등은 코딩이라는 용어를 사용하고 있지는 않으나, 자료로부터 추출된 개념들을 조작한다는 측면에서 코딩과 유사한 개념이라고 할 수 있다.

셋째는 코딩에 대해 언급하지 않고 코딩과 유사한 개념도 직접적으로 논의하지 않고 전개되는 분석의 논의들이다. 이러한 논의들에서는 분석을 연구자의 해석적, 기술적 성찰의 과정으로서 접근하며 자료를 개념화, 범주화하기보다는 전체적인 맥락 속의 연구자의 반성과 해석을 강조한다. 대표적으로 내러티브 탐구 분석(Clandinin & Connnelly, 2000)과 현상학적 분석(van Manen, 1990) 등이 이에 해당한다고 할 수 있다.

위의 논의에서 살펴볼 수 있는 것처럼 코딩은 분석 그 자체이기보다는 분석을 위해 자료 속의 개념을 도출, 조작하는 과정이며, 따라서 분석에 있어서 개념의 도출과 조작에 중점을 두느냐 아니면 개념의 조작보다는 전체적인 맥락을 고려하며 이루어지는 연구자의 성찰과 반성에 중점을 두느냐에 따라 코딩의 역할이 좌우된다. 이와 관련하여 Teddlie와 Tashakkori(2009)는 이러한 질적 자료 분석의 두 가지 양상을 범주화 전략과 맥락화 전략으로 구분하고 범주화 전략의 대표적인 분석 방법으로 근거이론을, 맥락화 전략의 대표적인 분석 방법으로 현상학적 분석과 내러티브 탐구 분석을 예로 제시하고 있는데, 전자는 개념의 도출과 조작에 중점을 두는 것이며, 후자는 연구자의 반성, 성찰, 직관에 중점을 두는 분석 전략이라 할 수 있다.

하지만, 이러한 두 가지 전략이 완전히 분리되는 것이라 보기는 어렵다. 왜냐하면 범주화 전략, 즉 개념의 조작이라는 코딩에 중점을 두는 분석 방법도 '메모(memo)' 등의 개념을 통해 연구자의 성찰을 강조하고 있으며(Strauss & Corbin, 1998), 연구자의 성찰과 직관을 강조하는 맥락적 전략 등도 '의미 단위(meaning unit)', '주제화하기(isolating thematic aspects)' 등의 코딩과 유사한 개념적 도구들을 논의하고 있기 때문이다(van Manen, 1990).

따라서 코딩이란 질적 자료 분석을 위해 사용되는 도구로, 자료 속의 개념을 도출, 조작하는 일련의 행위이며, 다양한 방법론적 전통들에 따라 분석에서 중심적인 역할 혹은 분석을 돕는 보조적인 역할로 사용될 수 있다. 이러한 코딩은 개념을 어떻게 다루는가에 따라 네 가지 유형의 코딩으로 구분할 수 있는데, 첫째는 개념 도출로서의 코딩, 둘째는 범주 도출로서의 코딩, 셋째는 의미 구조의 조직으로서의 코딩, 넷째는 전체적인 주제 기술로서의 코딩이다. 그렇다면 이러한 코딩의 네 가지 유형에 대해 좀 더 살펴보도록 하자.

2. 개념 도출로서의 코딩

코딩과 관련하여 가장 하위 수준에서 그리고 가장 빈번한 형태로 나타나는 코딩의 개념은 개념 도출로서의 코딩이다. 이러한 코딩을 이해하기 위해서는 코드의 개념에 대해 살펴볼 필요가 있는데, 여기서는 이러한 개념 도출로서의 코딩과 다양한 코드에 대해 살펴보도록 한다.

개념 도출로서의 코딩과 코드

개념 도출로서의 코딩은 자료를 읽고 자료 속에 내재되어 있는 개념을 도출하여 그것에 이름을 부여하는 것이며, 이때 그러한 개념에 부여되는 이름이 '코드(code)'이다. 즉, 코드는 현상에 연구자가 부여한 이름 같은 것이다(Strauss & Corbin, 1998). 이러한 개념 도출과 명명을 통해 자료 속의 개념들이 이름을 가진 구체적 대상으로 형상화되고 이를 통해 조작 가능한 형태로서 개념이 형성되는 것이라 할 수 있다.

이에 대한 이해를 돕기 위해 김춘수 시인의 '꽃'의 내용을 잠시 언급하고자 한다. 왜냐하면, 이 시에 등장하는 몇 구절의 시구가 코딩과 코드의 본질을 잘 보여 주기 때문이다. 시에 등장하는 '내가 그의 이름을 불러 주기 전에는 그는 다만 하나의 몸짓에 지나지 않았다.'의 시구처럼, 개념화되지 못하고 이름을 부여받지 못한 현상은 말 그대로 하나의 몸짓에 지나지 않는다. 즉, 우리는 그것에 대해 단지 느낌만을 가질 뿐, 그것의 실체가 무엇인지, 그것이 어떤 의미를 가지는지 알 수 없으며, 그것에 다가가지 못한다. 하지만 그런 현상이 개념화되고 그것에 특정한 이름을 부여하는 순간 그것은 '내가 그의 이름을 불러 주었을 때 그는 나에게로 와서 꽃이 되었다.'의 시구처럼 의미를 가지고, 그것에 다가설 수 있으며, 그것에 대한 조작이 가능한 실체가 되는 것이다. 즉, 연구자가 현상을 개념화하고 그것에 붙인 이름이 바로 코드가 되는 것이다.

따라서, 코딩을 통해 개념에 코드를 부여함으로 개념을 조작 가능한 형태로 만드는 것이 바로 개념 도출로서의 코딩의 핵심적 과업이라 할 수 있다. 이러한 코드 도출은 자료에 대한 읽기를 통해 개념을 발견하고 그것에 이름을 부여하는 일련의 과정을 통해 이루어지는데, 학자들은 이러한 개념 도출로서의 코딩을 개방 코딩(open coding), 초기 코딩(initial coding), 1차 주기 코딩(first cycle coding) 등으로 논의하고 있다(Strauss & Corbin, 1990; Charmaz, 2006; Miles & Huberman & Saldaña, 2014). 이에 대해 조금 더 살펴보도록 하자.

Strauss와 Cobin(1990)이 논의하고 있는 개방 코딩은 '자료로부터 개념을 정의하고 그것들의 속성과 차원을 규명하는 분석적 과정'이다. 이러한 개방 코딩에는 크게 두 가지 형태가 내포되어 있는데, 그것은 첫째로 자료로부터 개념을 도출하는 코딩, 둘째로 코드를 묶어 범주를 형성하는 형태의 코딩이다. 이러한 개방 코딩은 Charmaz(2006)와 Glaser(1978)의 초기 코딩과 유사한 개념으로 연구자들은 이러한 코딩을 수행함에 있어서 자료를 반복적으로 읽으며 개념을 도출하고, 도출된 개념들을 지속적으로 비교하며 개념을 명명하고 개념 속에 포함된 속성과 차원을 밝힌다. Miles 등(2014)이 논의하는

1차 주기 코딩도 이와 유사한 개념으로서 자료의 묶음에 상징적 의미를 부여하는 일련의 과업이라 할 수 있다.

이러한 개념 도출로서의 코딩은 자료를 반복적으로 읽으며 개념에 코드를 부여하는 형식으로 이루어질 수 있는데, 예를 통해 구체적인 과정을 살펴보도록 하자. 다음의 예는 Charmaz(2006)의 코딩으로서 루프스병 및 뇌졸중 환자들과의 인터뷰 자료에 대해 이루어진 코딩이다.

⊙ Charmaz(2006)의 코딩의 예

코드	자료
• 순간을 하루처럼 살도록 강요받는 느낌	난 뇌졸중을 경고로 받아들여야만 했어요. 자신을 너무 불안하게 할 수는 없잖아요. 순간을 하루처럼 살아야만 하는 거죠.
• 근심스러운 과거가 있었음 • 과거의 상실 • 순간을 하루처럼 살아가기의 어려움: 오늘에 집중하기	난 존에 대해 너무 걱정해 왔어요(그녀의 남편인 존은 생명을 위협하는 심장마비를 경험했고, 은퇴하기 3년 전 직장을 잃었다.). 또 직장을 잡기 위해 준비했고요(38년 만에 첫 직장을 얻었다.). 이 모든 스트레스가 너무 힘들어요…….
• 미래지향의 포기 • 순간을 하루처럼 살아가기를 통해 감정 관리하기 • 생명을 위협하는 위험 줄이기	그러니 오늘 내가 무얼 할 수 있는지 집중하기가 어려워요. 난 항상 미래를 그려 보곤 했어요. 그런데 지금은 그럴 수 없죠. 그게 저를 너무 화나게 해요. 순간을 하루처럼 살아가야 하니까요. 그렇지 않으면 어떠한 나도 있을 수 없으니까요.

또 다른 예를 살펴보자. Smith 등(2009)은 해석학적 현상학적 분석에 있어서 나타나는 코딩의 과정을 논의한 바 있는데, 이 논의에서 동성애자로서 에이즈에 걸린 한 남성의 인터뷰 자료에 대한 다음의 개념들을 도출했다. 여기서는 코드라는 명칭 대신 주제(theme)라는 명칭을 사용했는데, 이는 현상학적 분석에서 코드와 유사한 개념을 가지는 용어라고 할 수 있다. 여기서는 자료와 주제를 중심으로 살펴보도록 하자.

⊙ Smith 등(2009)의 주제 부여의 예[계속]

떠오르는 주제들	원 자료
	I: 그것에 대해 좀 더 이야기해 주실 수 있나요?
• 질문하는 자아 • 자아 상실	R: 조금 더 … 글쎄요. 음, 내가 정말로 가지고 있기 때문이 겠지요. 저는 그냥 … 저는 그냥 누구였는지 … 아무리 생각해도 내가 누군지 모르겠더라구요. … 그때는 … 내
• 시간적 단계 • 과정에 맞서기 • 과도한 생각 • 자아 찾기(과정) • 문제 있는 관계들 • 자아 관리의 과업	가 진단을 받고 그것을 받아들였을 초기에는 그것에 대해 생각을 멈출 수가 없었어요. 그리고 음, 나는 나 자신을 발견하거나 다시 찾아가는 과정을 거쳐야 했지요. 음, 그리고 반면에 나는 나를 잘 아는 사람들로 둘러싸여 있었어요. 나는 그것이 정말로 정말로 지치게 하는 것이라는 것을 알았어요. 왜냐하면 그들이 이야기하지 않을 수
• 수행으로서의 자아 • 진단이 자아를 변화시킴 • 기존 자아의 보호로서의 부정 • 진단과 새로운 자아 만들기로서의 폭로 • 과도한 생각	는 있지만 나는 확신했어요. 나는 그들이 무언가 잘못되었다는 것을 알 거라는 사실에 미칠 지경이었지요. 그래서 나는 HIV에 감염되지 않은 나 자신의 모습이라 여겨지는 모습으로 보이기 위해 끊임없이 노력했어요. … 하지만 그것은 본질적으로 불가능한 것이지요. 왜냐하면 어떤 것에 대해 생각하지 않으려 노력할수록 그렇게 하는 것이 더 힘들어지거든요. 당신도 알 거예요.
	I: 그들은 당신의 친한 친구들인가요?
• 문제 있는 사회적 관계	R: 친한 친구들, 가족, 누구나, 심지어 내가 새로 만난 사람들이 될 수 있어요. 내가 어쩔 수 없는 것으로 느껴졌어요. 내가 정말로 정말로 쓸모없이 느껴졌다고 생각해요. 왜냐하면 나는 무언가를 가지지 못했거든요. [한숨] 내
• 애도와 슬픔(자신에 대한?) • 자아 상실? • 문제 있는 사회적 관계 • 우울증? • 충격, 우울	가 어쩔 수 없는 무언가를 잃어 버린 것처럼 느껴졌어요. 음, 모든 것이 너무 지루하다는 것을 발견했지요. 내가 줄 수 있는 것도 없고, 내가 무언가 기여할 만한 가치가 있거나, 그런 거 있잖아요. … 그 … 모르겠어요. … 나는 내가 생각하기에 그냥 충격 같은 것을 받은 것 같았어요. 그런 거 있잖아요. [죄송해요.] 그래서 … 대답이 되었는지 모르겠네요.

I: 괜찮아요? 질문의 스타일이 그것이라고 생각하나요? [네, 네] 그리고 당신은 상실감, 무용성이나 가치 없음에 대한 감정에 대한 놀라운 것들에 대해 언급했는데 … 계속 이야기해도 괜찮을까요? [네, 네] 하지만 당신이 잃어 버렸다는 것은 무엇인가요?

- 기대하던 자아에 대한 슬픔과 애도

- 미래 / 기대하던 자아의 상실
- 반추하는 생각
- 자존감 상실
- 자아를 변화시킨 진단

R: 그러니까 … 내가 잃어 버린 것이라 … 내가 언제나 세상에 속해 있다는 느낌을 잃어 버렸어요. … 그런 것들 … 나는 어떤 면에 있어서 죽어 가고 있다는 것을 깨달았지요. 15년, 20년, 몇 년이 될지 모르지만 내가 죽을 수 있다는 것과 … 그게 내가 잃어 버린 것이라고 생각해요. 음, … 그것뿐만 아니라 나는 자존감과 자신감 역시 잃어 버렸어요. 왜냐하면 … 왜인지 확신할 수 없지만, … 음, 확실한 진단 때문일 뿐만 아니라 내가 속해 있던 관계성 때문이에요. … 그건 그것의 가장 큰 부분이지요.

코드의 원천

앞서 살펴보았듯이, 개념에 대한 명명으로서의 코드는 기본적으로 자료로부터 도출된다고 할 수 있다. 하지만 자료 이외에 코드의 원천이 되는 것이 있는데, 그것은 연구 문제와 연구 주제와 관련된 이론 혹은 사전에 연구자가 세워 놓은 가설 등이다(Saldaña, 2009; Bernard & Ryan, 2010; Miles et al., 2014). 자료로부터 도출되는 코드들은 실제 코딩이 진행되는 동안 형성되지만 그 외 연구 문제나 주제, 이론적 배경 및 가설을 원천으로 하여 형성되는 코드들은 자료 수집 이전의 이론적 검토 단계에서 설정되어 분석이 진행되는 동안 정련 혹은 변형된다고 할 수 있다(Miles et al., 2014). 그렇다면 이러한 원천들을 통해 도출되는 코드들의 예를 살펴보도록 하자.

자료 기반 코드

자료 기반 코드들은 자료에 대한 분석 과정에서 연구자의 성찰을 통해 도출된다. 따라서 이러한 코드들은 연구자가 자료에 대한 구체적 분석 이전에는 형성되지 않는 것이며, 자료의 분석 시작 시점에서 형성되기 시작하여 분석이 진행되는 동안 정련, 변형된다. 이러한 코드들은 일반적인 자료의 코딩 과정에서 가장 빈번하게 나타나는데, 예를 통해 살펴보도록 하자. 다음은 인터뷰 자료에 대한 코딩을 통해 자료에 기반한 코드를 도출하는 과정이다.

⊙ 자료에 기반한 코드의 도출(Payne, 2007)

전사본	코드
Ms Sing: 환자가 약할 때 더 집중하게 되는 거 같아요.	'음식의 성질'
면담자: 그렇군요. 더 쉽군요.	
Ms Sing: 맞아요. 집중하기가 쉽지요. 환자들에게, 처방도 중요하지만 식이요법도 역시 중요하거든요. 환자의 컨디션이 허락한다면 무엇이든 먹게 해 주어야 해요. 중국 문화에는 수많은 식이요법이 있다고 생각해요. 이게 바로 우리 중국 문화의 힘 중의 하나지요. 쉽게 말했지만 커뮤니티 센터와 오늘날의 문제는 사람들이 너무 많은 약을 먹고 있는 거예요. 이런 약들은 화학약품들이고 우리의 뱃속에 남아요. 그리고 그것들이 어떤 작용을 할지 모르고 있어요.	'소화에 대한 믿음' '식이요법' '중국 문화' '너무 많은 약'
그래서 만약 당신이 커뮤니티 센터를 방문한다면 의사들 혹은 간호사들이 당신의 약들을 정기적으로 확인하고 모니터할 수 있지요. 만약 당신이 약들을 오랜 기간 동안 복용하고 있다면 그들은 그 약들이 진짜 필요한 것인지 살펴볼 거예요. 혹은 당신이 부작용이 적은 다른 약으로 바꿔야 할 필요가 있을 수도 있지요.	'약 복용 확인' '약 문제'
면담자: 맞아요. 맞아요. 그건 중요한 거지요.	
Ms Sing: 맞아요. 하지만 자신들이 먹는 약이 무엇인지도 이해하지 못한 채 단지 혼란 속에서 그것들을 복용하는 나이 든 노인들이 많아요.	'약-노인'

연구 주제 기반 코드

자료 분석에 있어서 연구 주제와 관련된 코드들이 자료의 분석 이전에 도출되어 자료의 분석에 적용될 수 있다. 예를 들어, 연구 문제로서 '고등학교 학생들의 학습 형태는 어떠한가?'를 설정했다면 이러한 연구 문제로부터 '자습', '학교 수업', '학원 수업', 'EBS 청취'와 같은 코드들을 도출할 수 있다.

　이러한 코드 도출은 기본적으로 Strauss와 Corbin(1998)의 연구자의 이론적 민감성과 관련된 것이라 할 수 있는데, 이는 연구자는 자신의 연구 문제에 대한 전문성을 기반으로 하여 미리 무엇을 찾아야 하는지에 대한 사전 지식을 가지고 있을 수 있음을 뜻한다. 따라서, 이러한 사전 지식 및 연구자의 이론적 민감성에 기반하여 미리 연구 문제와 관련하여 코드를 선정하고 이를 자료에 부여하거나 혹은 자료 속의 개념들을 연구 문제와 관련된 개념과 조합하여 코드를 형성할 수 있다.

　　Bernard와 Ryan(2010)은 비유를 통해 이러한 유형의 코드에 대한 정당성을 논의하고 있는데, 그들에 따르면 누군가가 하늘에 대해 연구를 하고자 할 때, 하늘에 대한 조사와 분석을 시작하기 전에 하늘에는 달, 행성, 별들이 있다는 것을 이미 알고 있듯이 연구 주제와 관련된 코드들에 대해서도 미리 예상할 수 있는 것이다. 그렇다면 예를 통해 이러한 코드들을 살펴보도록 하자. 다음은 인터뷰 자료에 대한 Saldaña(2009)의 코딩이다. 이 예를 통해 금연이라는 연구 주제와 관련하여 코드가 부여되고 있는 모습을 확인할 수 있다.

⊙ 연구 주제에 기반한 코드의 예(Saldaña, 2009)[계속]

자료	코드
연구자: 금연을 시도해 본 적이 있습니까?	
참여자: 예, 여러 번 했습니다.	
연구자: 성공한 적 있나요?	
참여자: 잠깐 동안이었고, 다시 담배를 피우기 시작했습니다.	
연구자: 과거에 어떤 종류의 금연방법들을 시도했나요?	성공하지
참여자: 니코틴 캔디가 가장 효과적이었고, 2~3주 동안 꽤 효과가 있었습니다. 하지만 인생이 괴롭고 스트레스가 심해져 다시 피우기 시작했습니다.	못한 금연 습관들
연구자: 다른 어떤 방법들을 시도해 보았나요?	
참여자: 오래전에 무작정 갑작스럽게 끊어 보았습니다. 담배에 무신경해지기 위해 집에서 계속 바쁘게 움직였습니다. 그러나 1~2일 후에 차가 고장이 나고 창이 부서져 스트레스 때문에 다시 피우기 시작했습니다.	
연구자: 다시 흡연한 이유가 '스트레스가 쌓여서'라고 말씀하셨는데요.	
참여자: 대답은 '예'도 되고 '아니오'도 됩니다. 제가 받은 스트레스는 담배를 못 피운 것 때문이 아니라 삶의 스트레스였습니다 — 자동차 고장, 업무 등. 제가 견디기에 힘든 일이었고 모든 것이 무너져 정말로 담배 한 개피가 필요했습니다.	
연구자: 당신을 다시 흡연하게 만든 일은 무엇에 관한 것입니까?	
참여자: 제게는 많은 책임감과 기대가 있었습니다. 저는 항상 일이 뜻대로 되지 않을까 걱정했습니다. 충분한 직원을 확보할 수 있을 것인가, 마감 날짜를 맞출 수 있을 것인가, 스트레스가 너무 많았습니다. 그리고 저는	금연에 성공하지 못한 이유

이 일을 예상하고 있었기에 적합하지 않은 시기에 금연을 선택하게 된
것 같습니다.

연구자: 그리고 '삶의 문제'는 무엇입니까? (참여자가 웃는다.)

참여자: 삶의 문제는 빨래, 다림질, 식료품 쇼핑, 고양이 먹이 주기, 고양이
집 청소하기 등입니다. 돌아다니며 간신히 시간을 내 그런 일을 이것저
것 합니다.

연구자: 이해하겠군요. 자, 그럼 언제 '무작정 끊었습니까?' 그땐 어떻게 대
처했나요?

가설 기반 코드

연구자가 어떠한 가설을 검증하고자 연구를 진행할 때 그러한 연구 가설을 기반으로 하
여 코드가 생성될 수 있다. Miles 등(2014)은 '가설 코딩(hypothese coding)'에 대해 논의
하며 코드의 원천으로서 가설에 대한 논의를 전개한 바 있는데, 이들에 따르면 자료의 수
집이나 분석 이전에 가설 혹은 예상을 기반으로 한 사전 코드를 설정하여 코딩이 이루어
질 수 있다. 이러한 코드들은 분석 이전에 도출되고 이후에 코딩을 통해 자료에 부여되
기 때문에 분석에 들어가기 이전에 코드의 정의에 대해 구체적으로 설정해 놓는 것이 필요
하다.

그러면 이러한 가설 기반 코드들의 예를 살펴보자. Miles 등(2014)은 미국 내에서 영어
외에 다른 언어의 사용에 대한 자신들의 가설 검증을 위한 분석에서, 연구 참여자들의 응
답에 대해 다음과 같은 가설 기반 사전 코드를 설정할 수 있음을 논의한 바 있다.

⊙ **가설 기반 코드의 예**(Miles et al., 2014)

RIGHT: 미국에서는 누구나 자신들이 원하는 어떠한 언어든지 사용할 권리(right)가 있다.

SAME: 미국에서는 동일한(same) 언어를 사용할 필요가 있다.

MORE: 우리는 하나 이상의(more) 언어를 사용하는 법을 알 필요가 있다.

NR: 응답 없음(no response) 혹은 "모름"

이론적 배경 기반 코드

연구 주제와 관련된 이전의 연구들, 문헌들, 학자들의 논의들과 같은 이론적 배경을 기
반으로 하여 코드를 도출할 수도 있다. 이와 관련하여 DeCuir-Gunby, Marshall과

McCulloch(2011)는 연구 주제와 관련된 문헌들과 이론들에서 코드를 추출하여 분석에 적용함으로써 이러한 이론적 배경 기반 코드에 대해 논의한 바 있다. 하지만 질적 연구는 기존 이론에 의지하기보다는 자료에 기반하여 의미를 도출하는 것에 무게를 더 두는 연구 방법이기에 이러한 이론 기반 코드에 지나치게 비중을 부여하기보다는 분석을 원활하게 할 수 있는 초기 코드로서 접근하는 것이 바람직할 것이다.

실제 코드의 원천으로서의 이론적 배경 혹은 문헌에 대한 다양한 입장이 있는데, Strauss와 Corbin(1998)은 연구에 있어서 기존 문헌에 대한 접근에 신중한 입장을 취하고 있는 반면, Bernard와 Ryan(2010)은 코드의 원천으로서 문헌의 타당함을 논의한 바 있다. 따라서 연구자는 자신의 연구 주제와 연구 문제에 따라 적절한 형태로 문헌에 접근할 필요가 있다. 그렇다면 예를 통해 이러한 이론적 배경 기반 코드들이 구체적으로 어떤 것이 될 수 있는지 살펴보도록 하자. DeCuir-Gunby 등(2011)은 모범적인 학습이라는 주제의 연구를 수행함에 있어서 기존의 문헌들에 대한 검토를 통해 다음과 같은 이론적 배경 기반 코드를 도출했다.

〈표 1〉 이론적 배경 기반 코드(DeCuir-Gunby et al., 2011)

이론적 배경 기반 코드	의미
개념 기반 언급	학습자들이 자신들의 선개념에 기반하여 수학적 지식의 의미를 구성해야 한다는 교사의 믿음. 이 선개념은 교사들의 그것과 상당히 다를 수 있음.
문화적 언급	교수 학습 과정에 영향을 미칠 수 있는 학생문화/배경의 특수한 요소들에 대한 직접/간접적인 언급(예 : 인종, 사회경제적 상태, 언어, 학교 경험 밖의 어떤 것 등)
과정적 이해에 대한 기술	과정적 이해를 특징화하는 교사의 믿음에 대한 기술이나 예

코드의 역할

앞서 살펴보았듯이 코드는 기본적인 개념에 라벨을 붙임으로써 그것을 조작 가능하게 하는 역할을 한다. 하지만 이것을 포함하여 코드가 가지는 몇 가지 역할이 있다. Bernard와 Ryan(2010)은 이러한 개념에 대한 명명 이외의 코드의 역할에 대해 논의한 바 있는데, 그것은 기본 정보를 숨기거나 전달하기 위한 역할, 인덱스로서의 역할, 양의 표현으로서의 역할이다. 그렇다면 이러한 코드의 역할에 대해 좀 더 알아보도록 하자.

개념에 대한 명명으로서의 코드

앞에서 살펴본 것처럼 코드의 가장 일반적인 의미는 개념 혹은 주제에 대한 이름의 역할이다(van Manen, 1990; Strauss & Corbin, 1998; Saldaña, 2009; Bernard & Ryan, 2010; Miles et al., 2014). 이러한 코드들은 자료에 대한 연구자의 성찰을 통해 이름 지어지는데, 여기서 유의할 점은 코드는 단순히 자료 속에 등장하는 어휘에 초점을 맞추는 것이 아니라는 점이다.

  연구자가 자료에 대한 읽기와 성찰을 통해 찾아내어야 하는 것은 자료 속에 내재한 개념이지 단순히 자료 속에 포함되어 있는 어휘가 아니다. 물론 자료 속에 자료가 내재하고 있는 개념을 잘 드러내는 어휘가 있다면 그것을 코드로 정할 수는 있지만, 기본적으로 연구자가 찾아야 하는 것은 개념이라는 사실을 유의해야 한다. 그렇다면 다음의 예에서 개념으로서의 코드가 도출되는 과정을 살펴보도록 하자. 다음은 초등학교에서의 평가와 평가 기록에 대한 연구 중 수집된 자료에 대한 개념 도출 및 코드 부여의 과정이다.

⊙ 개념에 대한 명명으로서의 코드의 예(저자의 연구 노트 중 일부)[계속]

자료	면담자: 학교생활기록부에 학생의 부정적인 모습을 기록하는 것에 대해 학부모들이 어떻게 생각한다고 생각하나요? 참여자 1: (선생님이) 우리 애를 미워하나? 이렇게 생각할 수도 있겠지요. 근데 솔직하게 적으면 잘하는 애들 잘한다고 적을 수밖에 없거든요. 못하는 애는 못한다고 적어요. 누구 애는 잘 적어 주는데 우리 애는 이렇게 적고. 아 이럼 이렇게 생각하죠. 우리 애는 좀 떠들고 장난친다고 이렇게 적고, 공부 잘하고 착하다고 저렇게 적어 주는구나 이렇게 생각하시는 것도 있고, 아예 관심 없는 부모도 있는 반면에 아까 전에 좀 유별나다고 하는 애는 자식에 대한 사랑이 또 남다르세요. 사실은 남다른 애 보면 자식을 사랑하시는 분이에요. 아이의 그런 행동을 보듬어 주려고 하고 안아 주려고 하고 그러니까 자기 집에는 애가 걔 하나밖에 없으니깐은 그럴 수가 있는데, 학교에서는 걔 때문에 다른 애들이 피해를 같이 보잖아요. 피해 보는 상황이 생기는데 내가 걔를 안아 줄 수 없는 거잖아요. 그런 부분에 대해서 어머니가 바라는 나의 역할과 그리고 실제로 내가 해야 되는 역할이 차이가 나는 거예요.

연구자의 성찰	참여자 1은 기본적으로 교사의 입장과 학부모의 입장이 다를 수 있음에 대해 이야기하고 있다. 부모의 입장에서는 자기 아이가 주된 관심의 대상이며 한 없는 사랑과 격려를 통해 지도하기를 바라지만 교사는 그러한 학생들도 자신이 담당하고 있는 많은 학생들 중의 하나이고 최대한 중립적 입장에서 모든 아이들을 지도해야 되는 존재이다. 따라서 이러한 입장 차이는 학부모들의 오해를 불러올 수 있으며, 그러한 오해가 가능함 혹은 그러한 오해에 대한 실제적인 경험은 교사들로 하여금 있는 그대로의 교사 주관을 기록하는 것을 주저하게 만든다.
도출된 코드	갈등: 교사 vs. 학부모

기본 정보를 전달하거나 숨기기 위한 역할

코드의 두 번째 역할은 기본 정보를 기록하거나 연구 윤리상 밝힐 수 없는 정보를 숨기기 위한 역할이다. Bernard와 Ryan(2010)은 이러한 코드들에 대해 전자를 구조적 코드(structural code), 후자를 암호화 도구(encryption device)라 칭하며 논의한 바 있다.

전자는 자료 혹은 코딩과 관련하여 기본적인 정보를 담고 있는 코드로서 이를 통해 전달할 수 있는 정보에는 장소, 인터뷰 주제, 참여자의 성별 등이 있다. 예를 통해 이러한 코드들의 유형에 대해 살펴보도록 하자.

⊙ 기본 정보 전달을 위한 코드의 예: 구조적 코드(Bernard & Ryan, 2010)

구조적 코드(structural code)				자료(transcription)
장소	인터뷰 토픽	참여자 성별	화자	
Corp. #1	Topic #1	M	1	모르겠네요. 아내라면 좋아한군요. 아내가 여기로 보냈거든요. 그런데 …

Saldaña(2009)는 특성 코딩(attribute coding)이라는 관점으로 이러한 역할의 코드에 대해 언급하고 있는데, 특성 코딩은 자료와 관련된 특성(attribute)을 코드의 형태로 부여하는 것을 말한다. 그렇다면 Saldaña(2009)의 특성 코드의 예를 살펴보도록 하자.

⊙ 특성 코드의 예(Saldaña, 2009)

참여자(가명): Berry

나이: 18

학년: 12

평점: 3.84

성별: 남성

인종: 백인

성적 성향: 이성애자

사회계층: 중하

종료: 감리교 신자

자료형식: 인터뷰 다섯 명 중 네 번째

시간: 2006년 3월

후자는 연구 윤리상 감추어야 하는 정보를 대신 표현하기 위해 사용되는 코드의 역할이다. 이러한 코드는 주로 인명에 부여되는데, 연구 윤리상 참여자의 정보를 보호해야 하기 때문에 참여자에게 가명 혹은 '참여자 1'과 같은 코드를 부여하여 참여자를 구분할 때, 코드는 기본 정보를 감추는 역할을 하게 된다. 이 예에서 화자 구분을 위해 부여된 구조적 코드 '1'과 가명으로 처리된 'Berry'가 이러한 암호화 도구의 전형적인 형태가 된다.

인덱스로서의 역할

코드는 자료를 검색하는 데 있어서 인덱스로서의 역할을 할 수 있다(Bernard & Ryan, 2010). 질적 연구는 일반적으로 방대하고 다양한 자료를 다루는 경우가 많다. 그럴 경우 연구자는 자신이 도출한 개념 혹은 코드에 해당하는 자료를 다시 살펴보아야 할 경우가 빈번하게 발생하는데, 이때 코드가 인덱스 혹은 라벨의 역할을 하며, 이를 통해 연구자는 쉽게 해당 자료로 돌아갈 수 있다. 특히 많은 질적 자료 분석 프로그램들이 코드를 중심으로 자료를 확인할 수 있는 기능을 보유하고 있는데, 이는 이러한 인덱스로서의 코드 사례를 잘 보여 주는 것이라 할 수 있다.

그 예로 질적 자료 분석 프로그램인 '파랑새 2.0'의 사례를 살펴보도록 하자. 다음의 그림에서는 코드가 나열되어 있고 특정 코드를 클릭했을 때, 그 코드와 관련된 자료를 열람할 수 있음을 확인할 수 있는데, 이를 통해 코드의 인덱스적 역할을 확인할 수 있다.

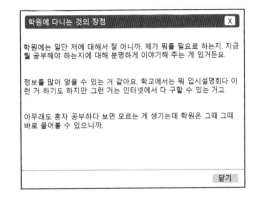

[그림 3] 파랑새 2.0에서의 코드의 인덱스적 역할

양의 표현으로서의 코드

코드는 개념뿐만 아니라 개념과 관련된 양(量)을 표현하는 역할도 할 수 있다(Bernard & Ryan, 2010). 개념들이 특정한 속성을 가지거나 속성 그 자체에 코드가 부여된 경우가 있는데, 그러한 속성이 가지는 양적 측면을 코드를 통해 표현할 수 있다. Miles 등(2014)은 이러한 역할의 코드를 규모적 코딩(magnitude coding)이라는 관점에서 접근하며, '속성'과 '양'의 조합으로 이루어진 코드를 부여함으로써 코드가 양의 표현으로서의 역할도 할 수 있음을 논의하고 있다.

이때 속성들은 '친절함', '고통' 등이 될 수 있으며, 양의 표현으로는 '0/1/2/3'과 같은 숫자, '많음/적음/없음'과 같은 척도, '유/무'와 같은 것들이 사용될 수 있다. 그리고 이러한 두 요소의 결합으로 코드를 생성함으로써 속성과 그 속성의 정도를 나타내는 양적 정보를 코드로 나타내게 된다. 예를 들어, 어떠한 개념 속에 내재된 속성이 '고통'이라면 그 고통의 정도에 따라 '고통-높음', '고통-낮음' 등의 코드로 양을 표현할 수 있는 것이다.

그렇다면 이러한 양이 표현으로서의 역할을 하는 코드가 어떻게 나타나는지 예를 통해 살펴보도록 하자. Saldaña(2009)는 자료 속에 드러나는 속성과 그 속성의 양적 측면을 코드로 표현한 바 있는데 그 예는 다음과 같다.

⊙ **양의 표현으로서의 코드**(Saldaña, 2009)

Johnson 씨는 매우 구식인 사람이긴 하나 유능하다. 그에게 진료 받는 것은 괜찮았다. 하지만 그는 매우 수다를 좋아하는 사람이었다. 나는 그에게 "내가 여기서 나갈 수 있게 나를 치료해 주세요. 치료를 받으려고 이미 한 시간이나 기다렸다구요." 라는 말을 한 적 있다. Lucas-Smith 씨는 그녀가 인기 있고 그녀를 보길 원하는 환자들이 많이 있기 때문인지 몰라도, 치료를 바로바로 해 주었다. 치료를 받을 때 시간에 쫓기고 있다는 느낌이 들지 않으면서도 우수한 치료를 받고 있다는 것을 느낄 수 있었다. 그래서 이 병원에 오게 된다.	Dr. J: 전문성 3 Dr. J 예절 2 Dr. J 대기시간: 1 Dr. LS 대기시간: 3

코드와 세그먼트

세크멘팅이란 자료 속에 경계를 설정하는 작업이다(Guest, MacQueen, & Namey, 2011). 즉, 자료를 읽고, 검토하는 과정에서 개념이 드러나는 부분을 확인하고 그것에 줄이나 괄호 등으로 표시함으로써 자료를 개념 단위로 나누는 작업이라 할 수 있다. 그리고 코드는 기본적으로 이러한 세그멘트에 부여되게 된다. 따라서 세그멘팅이란 코드가 부여되는 자료의 범위라 할 수 있다.

　연구자는 이러한 세그멘트를 줄 단위, 문단 단위, 전체글 단위 등 다양한 형태로 설정할 수 있는데, 이러한 세그멘트를 어느 단위를 기본으로 설정하는가에 따라 장단점이 달라진다. 즉, 세그멘트를 좁게 설정할수록 자료 속의 개념을 촘촘히 검토할 수 있는 반면, 넓게 설정할수록 전체적인 시각을 가지고 맥락적인 개념을 도출할 수 있다. 여기서는 코드가 부여되는 이러한 다양한 크기의 세그멘트에 대해 살펴보도록 하자.

줄 단위 세그멘트

줄 단위 세그멘트는 말 그대로 줄 단위(line-by-line)로 세그멘트를 설정하고 코드를 부여하는 방법이다. 이러한 줄 단위 세그멘트와 코드 부여는 특히 근거이론에서 강조되고 있는데, Glaser(1978)는 줄 단위의 코딩을 통해 좀 더 치밀하고 일반성이 높은 이론의 도출이 가능하다고 논의하고 있으며, Charmaz(2006)는 줄 단위 코딩이 연구자가 미처 생각하지 못한 아이디어를 생성하는 도구가 될 수 있음을 논의한 바 있다. 그렇다면 이러한 줄 단위 코딩이 어떻게 이루어지는지 살펴보도록 하자. 다음의 자료는 학기 초 교사의 학급 운영 전략에 대한 인터뷰 자료의 일부에 대한 줄 단위 코딩이다.

⊙ 줄 단위 코딩의 예(저자의 연구 노트 중 일부)

학기 초에는 아무래도 아이들의 … 뭐랄까 … 좀 기선제압을 해야 할 필요가 있거든요.	기선제압
기선제압이라는 게 야단치고 이런 게 아니고 … 아, 우리 선생님이 이런 사람이구나 이런 걸 좀.	첫인상
첫인상을 잘 심어 줘야 할 필요가 있다는 거지요.	첫인상
그러다 보면, 학기 초에는 아무래도 수업도 FM대로 하려고 하고,	원칙적 수업
학생지도나 이런 것들도 원칙에 맞추어서 냉정하게 하려고 하는 경향이 있지요.	원칙적 생활지도
그렇게 하지 않고 처음부터 좀 관대한 모습을 보여 주면 아이들의 풀어진 긴장이랄까 이런 게 1년 동안 이어질 수도 있거든요.	학기 초의 우려

문단 단위 세그먼트

문단 단위 코딩은 줄 단위 코딩보다는 좀 더 넓은 영역의 세그먼트를 형성하여 코드를 부여하는 전략이다. 실제로 일반적으로 코드를 부여하다 보면 문단 단위의 세그먼트가 형성되는 경우가 많은데, 이는 일반적으로 문단 정도의 분량이 하나의 개념을 담고 있는 경우가 많기 때문이다. 특히, 주요한 질적 인터뷰 방법인 반구조화된 인터뷰를 통해 생성된 인터뷰 자료는 자료 자체가 하나의 질문에 대한 응답의 구조로 이루어져 있기 때문에 이러한 문단 단위의 세그먼트가 주요하게 일어난다. 인터뷰를 할 때, 하나의 질문에 대답하는 형식으로 자료가 구성되는 경우가 많기 때문에 문단 단위의 세그먼트가 용이한 경우가 많다. Guest, MacQueen과 Namey(2011)는 이러한 형식의 세그먼트에 따른 코딩을 구조에 따른 코딩(structural coding)이라 논의한 바 있다. 그렇다면 이러한 문단 단위 세그먼트에 따라 어떻게 코딩이 이루어질 수 있는지 살펴보자.

⊙ 문단 단위 세그먼트의 예(저자의 연구 노트 중 일부)

연구자: 수업 중 학생들이 수업을 어떻게 방해하나요?

참여자: 보통은 옆의 친구들과 장난을 친다든가, 이야기를 크게 한다   수업을 방해하는
든가 하는 것으로 수업을 방해하는 경우가 많지요. 아무래도 그   유형
런 행동을 하면 저도 주의가 흐트러지고 다른 학생들도 그 쪽으
로 관심이 쏠려서 제가 하는 말에 집중을 하지 못해요. 또 수업
중에 제가 시킨 걸 하지 않는다든가, 장난스런 말들로 수업을 방
해하는 경우 같은 것이 많지요.

연구자: 그런 경우 선생님은 주로 어떤 방법을 취하시나요?

참여자: 일단은 주의를 주지요. '자꾸 그러면 벌을 주겠다.' 뭐 이런   벌의 형태
식으로요. 그래도 안 되면 뒤에 세워 놓는다든지, 벌로 청소, 과
제 같은 걸 낼 때도 있고 … 그런데 근본적인 해결책은 되지 않
지요.

전체적인 세그먼트

문단 이상의 자료 범위에 코드를 부여하는 방법도 있다. 이러한 방법은 주로 전체적인 맥락에서 코드나 주제를 도출하고자 하는 경우에 사용될 수 있는데, van Manen(1990)은 이러한 코딩 방식을 '전체적인 접근(wholistic approach)' 혹은 '금언적인 접근(sententious approach)'이라 논의하고 있다. 이러한 세그먼트에 따른 코딩은 글을 전체적으로 읽고 그

내용 속에 드러나는 개념이나 주제에 따라 코드를 부여하는 방식으로 수행된다. 그렇다면 이러한 전체적인 세그멘트에 코드를 부여하는 예를 살펴보도록 하자.

⊙ 전체적인 세그멘트에 따른 코드 부여의 예(저자의 연구 노트 중 일부)

학교생활기록부란 그냥 거기 있는 것처럼 학생의 전체적인 행동이라든지 모든 것을 전문가가 코멘트를 다는 것. 학생의 행동부터 해서 … 거기에 나오지요. 학생의 행동이라든지, 학업이라든지, 교우관계라든지 학교생활 전반에 대한 것을요. 의사가 환자를 … 이제 환자가 이런저런 이야기를 많이 하잖아요. 진짜 이야기 엄청나게 하면은 감기입니다. 설삽니다. 이러면서 적잖아요. 물론 그렇게 짧게는 아니지만 이런 식으로 학생의 모든 부분을 축약적으로 적어 놓은 생활기록부가 되어야 되지 않는가 하는 거지요. 그리고 그게 이제 전문가로서 교사가 적기 때문에 학부모나 이런 분들 또는 진학을 할 때도 생활기록부를 많이 보잖아요. 그런 이유가 전문가가 학생에 대한 평가다 이런 의미가 있는 거지요. 제가 생각하기에 생활기록부는 정말 그렇게 되고 있는가에 대해서는 이제 좀 더 고민을 해 봐야 되겠죠. 특히 초등 같은 경우에는.

학교생활기록부는 전문가로서의 교사의 진단이 기록된 기록물이다.

코드의 형태

코드는 기본적으로 연구자의 주관적 해석과 성찰을 통해 도출된다. 따라서 연구자는 자신이 도출해 낸 개념을 가장 잘 표현할 수 있는 코드를 생성하여 부여할 필요가 있다. 따라서 코드는 연구자의 필요에 따라 다양한 형식으로 구성될 수 있는데, 그 중 대표적인 코드의 형태에는 중립적 어휘, 단어, 절, 문장 등이 있다. 그렇다면 이러한 형태의 코드에 대해서 구체적으로 살펴보도록 하자.

중립적 어휘

코드 형태 중 가장 단순한 형태로 중립적 어휘를 사용하여 코드를 부여할 수 있다. 이때 중립적 어휘란 어떠한 개념을 드러내는 표현을 사용하지 않은 채, 단지 자료 속의 세그멘트의 구분을 위해 코드를 부여하는 것을 말한다. 즉, '의미 단위 1', '의미 단위 2' 혹은 '주제 1', '주제 2'와 같은 코드의 인덱스로서의 성격에 초점이 맞추어진 코드가 바로 그것이다. 이러한 형태의 코드들은 코딩 이후 자료를 코드에 따라 분류, 병합하는 데 있어서의 용이함을 위해 주로 구성된다.

　예를 살펴보도록 하자. Wertz(2011)는 갑상선 암으로 인해 자아의 변화를 겪은 여인의 인터뷰 자료와 프로토콜 글쓰기 자료에 대한 분석을 위해 자료 속에서 의미를 도출하여 동일한 의미가 내포된 자료를 분류, 병합했는데, 이러한 분류를 위해 '의미 단위(meaning unit)'라는 용어를 중심으로 코드를 부여했다. 다음의 예를 통해 그것을 확인해 보자.

⊙ 중립적 어휘의 코드의 예(Wertz, 2011)

우리 어머니는 천성적으로 걱정이 많은 사람이었어요. 그녀는 언제나 소　　의미 단위 1
심하고 겁이 많았어요. 내 생각에는 폭군 같은 우리 아버지가 어머니를
그렇게 항상 초초하게 만든 것 같아요. (중략) 그리고 그러한 아내의 의
무는 남편이 먼저고 그 다음이 아이들이었어요. 그녀는 그러한 것들을
나에게 아주 많이 말했지요. 그래서 말할 것도 없이, 그런 것은 나의 아
버지를 향한 적개심에 있어서 그렇게 좋은 것이 되지는 못했어요. 나의
신앙심 측면에서도 그랬지요. 여성의 위치라는 것이 아마도 내가 가톨릭
교회에 대해 가지고 있는 것 중 가장 큰 것일 거예요.

(중략)

　나는 얼어붙었어요. 숨을 쉴 수도 움직일 수도 없어요. 심지어 눈을 깜　　의미 단위 16
빡이지도 못했어요. 마치 총에 맞은 것 같았어요. 마치 주먹에 맞은 것처
럼 장이 굳었어요. 내 입은 말라갔고 손가락으로 펜을 만지작거렸어요.
(중략) 아주 조금씩. 그리고 내 몸의 떨림이 느껴졌어요. 나는 의미 있는
무언가를 말하려고 했어요. 표현적인 것이요. 내가 할 수 있는 말은 오직
"오 … 이런"이었어요.

　그리곤 내 모든 것이 느슨해졌어요. 나는 흐느껴 울었지만 소리나지　　의미 단위 17
않았지요. (중략) "당신은 이것을 이겨낼 거예요. 당신은 젊어요. 그렇기
에 당신은 이것을 이겨낼 거예요. 그리고 당신은 당신의 목소리도 다시
찾을 수 있을 겁니다. 그리고 메트로폴리탄 뮤직 하우스에서 노래도 하
게 될 거예요. 그때 잊지 말고 내게 표를 보내 주세요."

단어

또 다른 형태의 코드는 개념을 표현하는 단어 형태의 코드들이다. 이러한 코드들은 주로
개념을 기술하는 짧은 단어의 형태로 나타나는데, 이러한 코드들을 부여할 경우 다수의

세그멘트에 상대적으로 동일한 코드를 부여하는 경우가 많아진다. 왜냐하면 구나 절, 혹은 문장의 형식으로 구성된 코드에 비해 단어는 그 다양성이 월등히 떨어지기 때문이다. 예를 들어 '운동의 방법', '운동의 시간', '운동의 장점'과 같이 다양하게 표현될 수 있는 코드들이 단어의 형태로 부여되면 모두 '운동'이라는 코드로 통일될 수 있기 때문이다. 이러한 동일성은 장점과 단점을 가지는데, 장점은 코드의 인덱스로서의 역할이 증가되어 하나의 코드를 중심으로 그에 해당하는 세그멘트들을 일괄적으로 확인하기 쉽다는 점이고 단점은 개념의 다양성이 감소한다는 점이다.

그렇다면 이러한 단어 형태의 코드의 예를 살펴보도록 하자. 다음은 자료에 대한 Saldaña(2009)의 코딩의 예이다. 이 예는 짧은 단어 형태의 코드를 잘 보여 주고 있다고 할 수 있다.

⊙ **단어 형태의 코드의 예(Saldaña, 2009)**

나는 Turquois 거리에 주차를 하고 초등학교 주위를 따라 걸었다. 대부분의 집 앞은 더러웠고 오직 잡초만이 무성했다. 잔디라 부를 수 있는 것이 있는 집은 한 블록당 한 집 정도였다. 대부분은 방치된 것처럼 보였고 관리되지 않았다. 집들은 마치 적어도 1930년에서 1940년대 사이에 지어진 것처럼 보였다. 초등학교의 "출입 금지"라는 푯말과 작은 갱단의 표시가 함께 있는 것을 보았다. 학교 담장에는 맥주병과 맥주캔이 뒹굴고 있었다. 대략 한 블록당 한 집 정도는 벽이 매우 잘 칠해져 있었다. 대부분의 집들은 페인트가 벗겨지고, 나무가 상하고, 다양한(나무, 벽토, 양철) 자재들로 집이 이루어져 있었다.	집 낙서 쓰레기 집

이러한 단어 형태의 코드는 몇 개의 단어가 모여서 하나의 코드로 구성될 수 있는데, 대표적인 형태는 '단어-단어'의 형태로 코드를 부여하는 것이다. 예를 들어 앞의 코드에서 나타난 '집'의 경우 앞의 집은 '집-잡초', 뒤의 '집'은 '집-낡은'과 같이 나타내는 것이다 (Miles & Huberman, 1994).

구나 절

구나 절은 가장 일반적인 코드의 형태이다. 구나 절 형태의 코드는 개념을 드러내거나 기술하는 짧은 형태가 되는데, 이는 앞의 단어 형태의 코드에 비해 개념을 좀 더 자세하게 나타낼 수 있다는 장점을 가진다. 예를 통해 구체적인 코드들을 살펴보도록 하자. 다음은 자료에 대해 구와 절을 이용하여 코드를 부여한 예이다.

⊙ 구나 절 형태의 코드의 예(저자의 연구 노트 중 일부)

연구자: 학교에서도 수업 중에 그렇게 많이 발표를 하나
요?

참여자: 아니요. 학교보다는 여기 반이 꿈과 목표가 더　　　목표가 뚜렷한 학원학생들
뚜렷하니까 그걸 위해서 좀 더 공부하려는 마음이
있는데

학교 애들은 아직까지 그만큼 꿈과 목표가 흐릿하니　　목표가 불분명한 학교학생들
까 그만큼 아직 공부를 한다는 마음이 없으니까 그　　의지 없음
런 마음이 잘 안 생기는 것 같아요.

거기서는 내가 그만큼 지원해서 무언가를 발표해야
겠다는 필요를 못 느껴요.　　　　　　　　　　　　　필요 못 느낌

연구자: 다른 친구들이 풀 때 내가 다른 친구들의 실수를
발견하면 이야기하나요? 재미있나요?

참여자: 재미있어요.　　　　　　　　　　　　　　　　재미있음
친구의 결점을 찾아내고 나서 자신의 실력이 더 뛰　　기쁨과 성취감을 느낌
어남을 확인하는 게 기쁘고 결점을 찾았다는 데 성
취감을 느껴요.

결점을 찾아내기 위해서 더 눈에 불을 켜고 살펴요.　　찾기 위해 노력함
그래서 하나 발견하면 기쁘고. 발견당하면 기분 나　　기쁨과 성취감을 느낌
쁘고.

문장

문장 형태의 코드는 개념을 가장 자세하게 드러낼 수 있는 형태의 코드이다. 이러한 문장
형태의 코드는 특히 현상학적 분석에서 잘 드러나는데, van Manen(1990)은 의미들을 묶
어 주는 고리의 역할로서 주제문의 중요성에 대해 논의하며 이러한 주제문 형태의 의미 도
출에 대해 논의한 바 있다.

　문장 형태의 코드를 사용할 경우에도 장단점이 있는데, 장점은 자료 속의 의미나 개념
을 비교적 자세히 표현하는 문장이 연구자의 기억을 도울 수 있다는 점이다. 일반적으로
질적 연구는 장기간의 연구 기간과 많은 양의 기술적 자료를 통해 이루어진다. 이 경우
코딩과 분석이 진행될수록 초기 코드에 대한 기억과 이미지가 감소될 수 있는데, 문장 형
태의 구체적인 코드는 연구자로 하여금 그 의미와 개념에 대한 기억을 되살릴 수 있게 도
울 수 있다. 단점으로는 문장 형태의 코드는 그 형태적 특징으로 인해 상대적으로 다양한
코드들이 생산됨으로써 지나치게 많은 코드들이 도출될 수 있다는 점이다. 이러한 문장

형태의 코드를 통해 코딩을 진행하려는 연구자들은 이러한 특징에 대해 유의해야 할 것이다. 그렇다면 예를 통해 문장 형태의 코드에 대해 살펴보도록 하자. 다음은 자료에 대한 van Manen(1990)의 코딩의 예이다.

⊙ 문장 형태의 코드의 예(van Manen, 1990)

> 문장 1: 얼마 전부터 나는 아들에게 너무 많은 것을 기대하고 있는 것은 아닌가 의문을 갖게 되었다.
>
> 문장 2: 내 아들은 공부 때문에 정신이 하나도 없고, 너무 지쳐 있고, 제대로 생각할 수도 없는 상태며, 반의 다른 아이들처럼 쉬면서 가족과 즐겨야 할 때도 숙제를 하느라고 몇 시간이고 보낸다. 그 애는 선생님이 주신 과제를 잘못 읽는 바람에 전체를 다시 해야만 한다. 그 애는 고릴라에 관한 보고서를 쓰기 위해 수없이 많은 생각을 하지만, 첫 문장이라도 쓰기 위해 그 생각들을 끌어 모을 능력은 없는 것처럼 보인다.
>
> 문장 3과 4: 그래서 어제 나는 학교에 가서 로비의 기록부를 보았다. 나는 약간 죄책감을 느꼈다. 왜냐하면 특히 거기에 적혀 있는 숫자들은 한 인간에 대해 말해 주는 것이 거의 없었기 때문이다.

↓

> • 문장 1은 우리가 부모로서 어떻게 기대만이 아니라 그 기대에 대한 의심도 갖고 있는지를 보여 준다.
> • 문장 2는 특수한 상황이나 사건들이 우리의 기대에 어떻게 의미를 부여하는지를 보여 준다.
> • 문장 3과 4는 우리가 아이를 다른 눈으로 보려 함으로써 우리의 기대를 어떻게 억누르려 하는지를 보여 준다.

3. 범주 도출로서의 코딩

앞에서 우리는 개념에 대한 명명으로서의 코딩의 의미에 대해 살펴보았다. 이제는 코딩의 두 번째 유형인 범주 도출로서의 코딩에 대해 살펴보도록 하자. 범주란 '개념들의 분류'를 말한다(Strauss & Corbin, 1990). 즉, 범주란 개념들의 묶음으로서 개념들 사이의 관계성 그리고 개념들이 상위 수준으로서 범주와 갖는 관련성에 기반하여 형성된다. 이때 주의해야 할 점은 범주란 단순히 개념들의 공통점에 근거하여 묶이기보다는 오히려 상위 범주와의 관련성 속에서 형성된다는 점이다. 즉, 범주란 하위 개념으로서의 코드를 포괄할 수 있는 메타코드(meta code)로서의 성격을 가진다는 것이다.

이러한 메타코드로서의 범주의 성격을 잘 보여 주는 코딩 기법은 문화기술지의 영역 분석이다(Spradley, 1980). Spradley(1980)는 용어(term)들의 상위 개념으로서 문화적 영역을 도출하는 영역 분석에 대해 논의한 바 있는데, 특히 '포함용어(included terms)'와 '총괄용어(cover terms)' 사이의 관계성을 나타내는 '의미론적 관계'는 범주 간 단순한 유사한 개념의 묶음이 아닌 범주와 개념 사이의 다양한 관련성에 기반하여 도출되는 것임을 보여 준다. 영역 분석에 대한 논의는 뒤의 장에서 좀 더 자세히 살펴보기로 하고 여기서는 간단한 예를 통해 개념과 범주의 관계를 살펴보도록 하자.

연구자는 학생들과의 인터뷰 자료에 대한 분석을 통해 학생들이 학교에서 어떤 활동을 주로 하는지에 대한 다음의 코드들을 도출할 수 있을 것이다.

◉ 학생 활동에 대한 코드들의 예(저자의 연구 노트 중 일부)

친구와 수다 떨기, 간식 먹기, 운동장에서 운동하기, 교실에서 장난 치기,
숙제하기, 낙서하기, 교사와 수다 떨기, 청소하기

그렇다면 이러한 하위 코드를 포함하는 범주를 도출하기 위해 연구자는 이러한 코드들이 어떠한 상위 개념을 통해 하나의 범주로 묶일 수 있는가에 대해 고민하게 된다. 이때 연구자가 고민해야 하는 부분은 단순히 코드들 사이의 공통점도 있을 수 있겠지만 더 핵심적인 것은 그것들을 묶을 수 있는 상위의 개념으로서 범주를 도출해 내는 것이다. 따라서 연구자는 이러한 개념들을 총괄하는 개념으로 '학생들의 쉬는 시간 활동'이라는 상위 범주를 도출하여 코드들을 묶어 줄 수 있다.

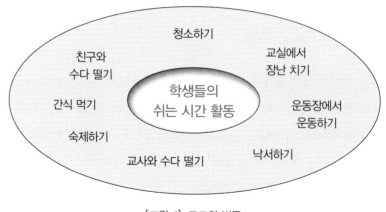

[그림 4] 코드와 범주

이러한 범주 도출로서의 코딩의 유형은 Strauss와 Corbin(1990)의 개방 코딩, Spradley (1980)의 영역 분석, Miles와 Huberman(1994)의 패턴 코딩, Glaser(1978)의 선택 코딩 등에서 주로 논의되었는데, 이러한 코딩에 대해서는 뒤의 장에서 자세히 다루어 보도록 한 다.

그렇다면 몇몇의 구체적인 예를 통해서 이러한 범주 도출로서의 코딩이 어떻게 이루어 지는지 살펴보도록 하자. 홍은진(2015)은 마을평생교육 지도자들의 삶에 대한 연구에서 자료를 통해 코드를 도출하고 이러한 코드를 묶어 주는 범주를 다음과 같이 도출했다.

〈표 2〉 범주 도출로서의 코딩의 예 1(홍은진, 2015)

범주	코드
마을평생교육 지도자가 됨	마을평생교육 지도자가 되기로 결심함, 이장이 된 계기, 이장직을 수락한 이유, 이장직을 거절한 이유, 주민들의 분노와 전임 회장의 전횡
성장하기 위해 노력함	교육은 활동 중에 시작함, 교육을 통해 풍부한 정보를 얻음, 교육을 통해 변한 마을평생교육 지도자, 비판적 학습자로서의 활동가, 활동을 통해 변해 가는 지도자
어린 시절 고향에서의 삶	함께 살아가는 기쁨, 공동체를 위한 삶이 가치 있음을 깨달음, 아픔을 겪은 사람들이 헌신함
바람직한 공동체의 비전	변화의 희망, 스스로 비전을 찾아가는 마을평생교육 지도자, 비전을 가지고 행동하는 마을평생교육 지도자
조력자의 역할	조력자 그룹을 통해 도움을 얻음, 조력자 그룹을 통해 영향을 받음, 활동을 하는 데 조력자의 역할이 중요함, 주요 조력자로서의 스타팅 그룹의 역할, 스타팅 그룹을 통해 공동체 활동에 참여함

이 예에서는 개념을 드러내는 코드들을 포함할 수 있는 범주를 통해 범주가 도출되고 있음을 확인할 수 있다.

또 다른 예를 살펴보도록 하자. Urquhart(2012)는 개발도상국의 IT 교육과 그 평가에 대한 연구에서 인터뷰 자료에 대한 분석을 통해 코드를 도출하고 이러한 코드에 기반하 여 범주를 다음과 같이 도출했다.

〈표 3〉 범주 도출로서의 코딩의 예 2(Urquhart, 2012)

범주	코드
일반적인 기술교육	특별한 기술을 제공하는 요원, 워드프로세스 교육, 웹 브라우저 교육, 이메일 교육, 일반적 기술 측정의 용이함, 일반적 기술의 결과로서의 증명, 일반적 기술의 일상적 유용함의 결핍, 실행의 용이함 대(versus) 기술의 사안별 가치
산업 특수적인 IT 기술	직업 중심의 IT 교육, 성공적인 측정으로서의 직업 획득
기술교육의 지역적 타당성	단체에서의 지역 교육, IT를 통해 문제를 해결하는 참여자, 공동체의 권력화, 지역 교육의 장점, 체계화의 필요성, 지역적 맥락에 대한 이해 필요, 지역의 문제 이해의 필요, 문제에 IT를 접목, 지역적으로 타당한 IT 교육의 어려움, 지역적으로 타당한 IT 교육의 인상적인 효과, 지역적으로 타당한 IT 교육의 평가의 어려움

4. 의미 구조 도출로서의 코딩

코딩의 또 다른 유형은 의미 구조의 도출로서의 코딩이다. 이러한 유형의 코딩에서는 개념들과 범주들 사이의 관계에 주목하며 그러한 의미들을 결합하고 조직함으로써 하나의 전체적인 의미체계로서의 의미 구조를 도출하는 것을 주요한 과업으로 한다. Strauss와 Corbin(1998)의 축 코딩, Spradley(1980)의 영역 분석, 분류 분석, 성분 분석, Miles와 Huberman(1994)의 패턴 코드의 매핑(mapping), 현상학적 질적 연구에서 논의되는 의미 구조의 도출 등이 이러한 유형의 코딩에 해당할 수 있다(van Manen, 1990, 2011, 2014; Moustakas, 1994; Creswell, 2007).

앞선 코딩을 통해 도출된 범주들은 서로 간에 다양한 관련성을 가지게 되는데, 그러한 관계는 원인-결과의 관계라든지, 상위-하위 개념의 관계, 시간적 전-후 관계 등이 될 수 있다. 예를 들어, 코딩을 통해 '조직의 불안', '관리자의 대처 행위', '안정을 찾은 조직'이라는 세 가지 범주를 도출했다면, 이러한 범주들은 원인-결과, 시간적 선-후 등의 관계성으로 연결될 수 있는 것이다. 또한 이러한 관계의 전체적인 구조는 선형, 순환형 등으로 구조화될 수 있는데, 이를 그림으로 나타내면 다음과 같다(그림 5).

Strauss와 Corbin(1998), Glaser(1978) 등은 이러한 관계성에 기반한 의미 구조를 도출하기 위한 도구로서 패러다임 모형(the paradigm), 코딩 패밀리(coding families) 등을 제공하고 있는데, 이러한 도구들은 범주 간의 관계를 바라보는 개념적 틀이라고 할 수 있다. 이에 대한 논의는 뒤의 장에서 더 다루어 보도록 한다.

이러한 의미의 구조화는 그 특징상 시각화가 이루어질 수 있다. 즉, 분석의 결과로서

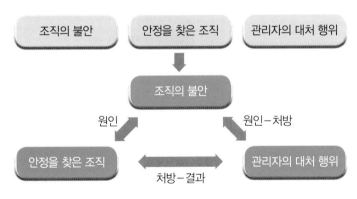

[그림 5] 의미 구조화의 예

의미의 구조를 도형이나 그림을 통해 표현할 수 있다는 것이다. 이는 여러 학자들을 통해 도형(diagrams), 모형(models), 전시(display), 도식 등의 개념으로 논의된 바 있는데 (Glaser, 1978; Spradley, 1980; Strauss & Corbin, 1998; Miles et al., 2014), 이러한 개념들의 핵심은 의미의 구조를 시각적 도구를 통해 구체화하는 데 있다. 이는 자료의 분석과 분석 결과의 표현의 중간적 위치에 있는 것으로서, 연구자에게는 자신이 분석하고 있는 의미의 구조를 구체화, 상세화할 수 있는 도구로서의 역할을 할 수 있고, 연구 결과를 읽는 독자들에게는 연구의 결과를 시각적으로 확인할 수 있는 도구가 된다. 따라서 시각화된 의미의 구조는 연구의 결과에 포함되어 독자들에게 전달될 수도 있고, 단순히 분석의 도구로서 사용된 후, 연구 결과의 기술에서는 생략될 수도 있다.

그렇다면 이러한 의미 구조 도출로서의 코딩의 다양한 결과들을 구체적인 연구를 통해 확인해 보도록 하자.

트리형 의미 구조

트리형 구조는 범주들이 관계를 중심으로 위계가 연결되어 구성되는 의미 구조라 할 수 있다. 이러한 트리형 구조의 특징은 최상위 범주나 개념을 중심으로 하여 하위 수준으로 가지를 뻗어 가며 구조화되는 것인데, 전체적으로 다음의 그림과 같이 구조화될 수 있다 (그림 6).

그렇다면 이러한 의미 구조를 보여 주는 연구 결과를 살펴보자. Allane과 Dixon(2009)은 우울증을 앓고 있는 노령 여성의 경험에 대한 연구를 수행한 바 있는데, 그들은 분석을 통해 '세계 속에서 살기', '다른 사람들과 함께하기'의 두 개의 상위 범주를, '자기 혐오', '감정에의 압도', '세상으로부터의 도피', '일상에서의 투쟁', '혼자 남겨지기', '자신과 다른

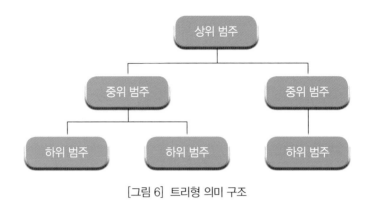

[그림 6] 트리형 의미 구조

사람에 대한 오해', '정신질환 증상 – 사회와 자아', '다른 사람들에게 이해 구하기' 범주를
도출했는데, 이러한 범주들을 그 위계적 관계에 따라 상위 범주에 포함되는 하위 범주의
트리 구조로 구조화한 바 있다. 이러한 그들의 코딩을 그림으로 나타내면 다음과 같다.

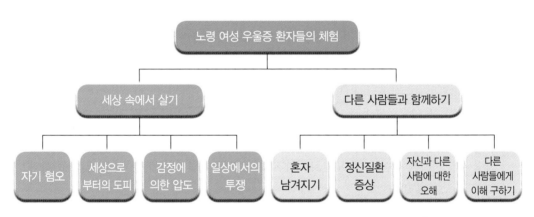

[그림 7] 노령 여성 우울증 환자들의 경험의 구조(Allane & Dixon, 2009)

위의 예에서 코딩을 통해 상위 범주와 하위 범주들이 수준별로 트리 형태로 이루어진 의
미의 구조를 도출했음을 확인할 수 있다.

트리 구조의 예를 하나 더 살펴보도록 하자. 일반적으로 트리형의 의미 구조가 가장
뚜렷이 드러나는 코딩 형태는 분류 분석인데, Ofstad 등(Ofstad, Frich, Schei, Frankel,
Gullbrandsen, 2016)은 자료에 대한 분류 분석을 통해 환자와 의료진의 대화 속에서 드
러나는 의사결정의 종류를 규명하고 분류한 바 있다. 이 연구에서 분석의 결과로 열 개의
범주를 도출했는데, 그 범주들은 다음의 표와 같다.

〈표 4〉 대화 속에 드러나는 의사결정의 범주들(Ofstad et al., 2016)

범주	범주 기술
추가적인 정보 수집하기	환자 인터뷰, 신체 검사와 환자 차트 외에 다른 원천으로부터 정보를 모으기로 결정함
검사 결과 평가하기	의학적 발견과 검사의 단순하고 규범적인 평가
문제 규명하기	문제가 무엇인지에 대한 복잡하고 해석적인 평가와 알려진 결과에 대한 의학적 성찰
약물 관련	약물 요법을 시작, 자제, 멈춤, 변경 혹은 유지에 대한 결정
치료 절차 관련	의학적 문제에 대해 어떻게 중재할 것인가, 의학적 성격의 치료 절차의 계획, 실행, 자제에 대한 결정
법과 보험 관련	법적 규범이나 재정적 상황에 기반 혹은 제한된 환자의 상황을 고려한 의학적 결정
접촉 관련	입원과 퇴원, 조건들의 상황, 다른 병동으로의 위탁 등을 고려한 결정
조언와 경고	행위의 책임을 의료진에게서 환자로 전가시키는 조언이나 경고를 환자에게 주는 것에 대한 결정
치료 목적	규명된 치료의 목적에 대한 결정 그리고 이것으로 인해 단순히 조언을 주는 것보다 더 특정화됨
유예	환자에게서 나타나는 문제들에 대한 결정을 유보하거나 거부하는 결정

    이 연구에서는 이러한 범주에 대한 분류 분석을 통해 하위 범주를 도출했는데, 이러한 범주와 하위 범주는 다음의 표와 같이 구조화된다.

〈표 5〉 의학적 의사결정의 범주와 하위 범주(Ofstad et al., 2016)

상위 범주	범주	하위 범주
의학적 의사결정	추가적인 정보 수집하기	검사 지시, 동료들과 의논, 다른 정보 찾기
	검사 결과 평가하기	양성, 음성, 판정 불가
	문제 규명하기	진단 결정, 건강상태 평가, 원인에 대한 추론, 예후의 판단
	약물 관련	시작, 중단, 변경, 유지, 지연
	치료 절차 관련	시작, 중단, 변경, 유지, 지연
	법과 보험 관련	병가, 약품 환불, 보험, 불능
	접촉 관련	입원, 퇴원, 통원치료, 위탁
	조언과 경고	조언, 경고
	치료 목적	양적, 질적
	유예	책임전가, 기다리며 관찰, 화제 변경

홍은진(2015)은 마을평생교육 지도자들의 삶에 대한 분석을 통해 범주들을 도출하고 이러한 범주들을 트리형으로 구조화했는데, 이러한 범주들의 관계를 시각화하면 다음의 표와 같이 나타낼 수 있다.

〈표 6〉 마을평생교육 지도자들의 삶의 의미 구조(홍은진, 2015)[계속]

최상위 범주	상위 범주	중위 범주	하위 범주
마을평생교육 지도자들의 삶	세 마을평생교육 지도자들의 삶의 여정	최상록의 삶의 여정 : 마을회관 중심의 지도자	• 고향의 정서가 바탕이 된 지도자 이전의 삶 • 지도자로서의 출발 그리고 마중물 되기 • 도전 그리고 성장의 지점들 • 마을평생교육 도약의 고민들 • 마을평생교육 지도자로서의 삶의 의미: 변화가 주는 재미
		김보람의 삶의 여정 : 행복학습센터 중심의 지도자	• 다양한 체험이 바탕이 된 마을평생교육 지도자 이전의 삶 • 마을평생교육 지도자로서의 시작 그리고 도전 • 도전 그리고 성장의 지점들 • 딜레마 그리고 한계로부터 배움 • 마을평생교육 지도자로서의 삶의 의미: 공공의 가치로 사람을 얻는 것
		이필승의 삶의 여정 : 마을도서관 중심의 지도자	• 사람으로부터 변화와 희망을 배운 마을평생교육 지도자 이전의 삶 • 마을평생교육 지도자로서의 계기 • 도전 그리고 성장의 지점들 • 배움을 통해 관계 확장: 실천은 또 다른 배움이다. • 활동의 어려움 • 이필승의 변화와 성장: 성장하는 평생학습인
	마을평생교육 지도자들의 경험의 특징	'더불어 사는 삶'의 가치 체험	• 청춘이 증발한 세대: 최상록의 학생운동 • 나로 인해 타인이 변한 경험: 아버지, 선생님 그리고 학생운동 • 봉사를 통해 삶의 의미를 발견: 김보람의 봉사하는 삶
		마을에 대한 애정의 생성	• 마을의 과거와 현재 그리고 미래를 공유한 최상록 • '고향 같은 마을' 만들기로 애정을 키워 가는 이필승 • 조력자와의 관계 속에서 마을에 대한 애정을 키워 가는 김보람
		마을과 함께하는 성장	• 최상록: 마을이장에서 마을평생교육 지도자로 • 이필승: 마을도서관장에서 마을평생교육 지도자로 • 김보람: 교육전문가에서 마을평생교육 지도자로
		활동방해 요인의 적극적 극복	• 재원 확보의 어려움 • 마을평생교육 활동 주체들 간의 갈등

〈표 6〉 마을평생교육 지도자들의 삶의 의미 구조(홍은진, 2015)

최상위 범주	상위 범주	중위 범주	하위 범주
마을평생교육 지도자들의 삶	마을평생교육 지도자들의 경험의 특징	활동을 통해 자존감, 자기 가치 발견	• 마을의 변화는 마을평생교육 지도자에게 존재 의미를 부여한다. • 활동을 통한 자신의 가치 확인은 새로운 에너지가 된다.
	마을평생교육 지도자들의 실천 전략	조력자 확보하기	• 조력자의 중요성 • 조력자의 역할
		울타리 세우기: 교육장소와 프로그램 개발하기	• 실재적 울타리: 교육 장소 확보 • 개념적 울타리: 프로그램 개발과 그 확장성
		마을 이해하기	• 마을 지식에 기반 • 네트워크 구축
		주민과의 신뢰 구축하기	• 헌신하는 모습 보이기 • 공개적으로 의사결정하기 • 주민들이 필요로 하는 서비스 제공하기 • 정보를 투명하게 공개하기 • 서로 간의 인간적인 관계 맺기
		울타리 허물기: 공동체 확장하기	• 울타리의 한계와 공동체의 확장 • 천천히 조금씩 나아가기: 이필승의 공동체 확장 • 마을을 넘어 세상과 연결: 최상록의 새로운 도전

프로세스형 의미 구조

프로세스형 구조는 시간적, 단계적, 원인 결과적 선-후 관계를 가지는 범주들이 선형의 형태로 구성되는 구조이다. 이러한 구조는 주로 현상의 진행과정 전개, 발달 양상 등에서 드러날 수 있는데, 그림을 통해 시각화하면 다음과 같은 의미의 구조를 가진다.

[그림 8] 프로세스형 의미 구조

그렇다면, 예를 통해 이러한 프로세스형의 의미 구조들을 살펴보도록 하자. 프로세스형 구조의 한 형태는 범주들이 시간적 전후관계에 따라 순차적으로 배열되는 형태이다. Whitehead, Howie와 Lovell(2006)의 연구는 이러한 시간적 흐름에 따른 범주의 구조화를 잘 보여 준다. 그들은 노인 운전자들의 면허 취소 경험에 대한 연구를 통해 다음과 같은 범주들을 도출했다.

⊙ 운전면허를 취소당한 노인 운전자의 경험의 범주들(Whitehead et al., 2006)

운전자 평가에서 실패한 충격   운전자로서의 자아   자신의 상황 인식하기
운전에 대한 바람: 재응시에 대한 희망   운전 면허가 있는 그리고 없는 삶에 대한 성찰
면허 상실에 대한 감정   면허 발송하기   많은 상실과 직면하기   삶을 계속하기

이러한 범주들은 그 범주들의 시간적 관련성에 기반하여 구조화되고 이에 따라 배열되어 표현되었는데, 이를 도형으로 시각화하면 다음의 그림과 같다.

[그림 9] 운전면허를 취소당한 노인 운전자의 경험의 구조(Whitehead et al., 2006)

원인–결과의 관계를 맺고 있는 범주들도 이러한 프로세스형으로 구조화될 수 있다. 예를 통해 살펴보자. 정상원(2014)은 교사들의 평가와 평가기록 경험에 대한 연구를 수행한 바 있는데, 이를 통해 다음의 범주들을 도출했다.

⊙ 평가와 평가의 기록에 대한 교사의 경험들(정상원, 2014)

교사는 학교생활기록부에 각자의 의미를 부여한다.
교사는 자신의 평가를 그대로 기록하는 것이 부담스럽다.
교사는 부담감에서 벗어나기 위한 전략을 사용한다.
학교생활기록부에 표기하지 않는 기록들이 존재한다.
학교생활기록부 기록에 대해 여러 가지 경험이 교차한다.

분석을 통해 도출된 이러한 주제들은 서로 간에 원인–결과의 관련성을 맺고 있었는데,

이를 시각적으로 구조화하면 다음과 같은 프로세스형의 의미 구조가 구성된다.

[그림 10] 평가와 평가기록에 대한 교사의 경험의 구조(정상원, 2014)

순환형 의미 구조

순환형 의미 구조는 프로세스형에 반복이라는 개념이 포함되어 구성된다고 할 수 있다.
일반적으로 순환형 의미 구조는 전체적으로 다음과 같은 형태를 가진다.

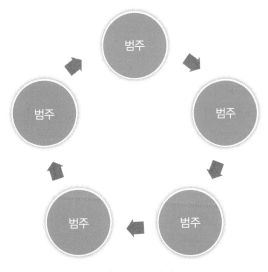

[그림 11] 순환형 의미 구조

그렇다면 이러한 순환형 의미 구조의 예를 구체적 사례를 통해 살펴보도록 하자. Stray, SjøBerg와 Dybå(2016)는 일상적으로 일어나는 짧은 미팅(stand-up meeting)이 어떻게 수행되며 그것들이 어떻게 받아들여지고 있는지에 대한 연구를 수행한 바 있다. 이들은 분석을 통해 다양한 범주를 도출했는데, 그 중 미팅이 일어나는 과정과 관련된 범주들을 다음과 같은 그림으로 나타내고 있다.

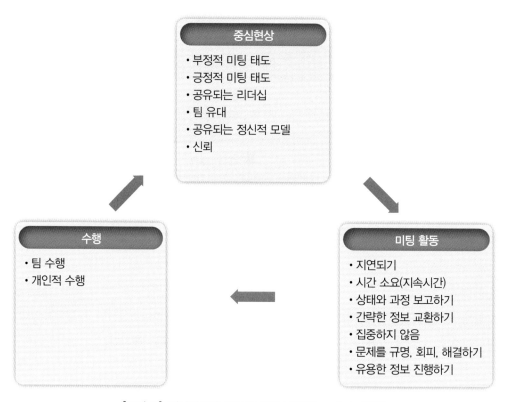

[그림 12] 일상적 짧은 미팅의 의미 구조(Stray et al., 2016)

또 다른 예를 살펴보도록 하자. Coniglio, Hancock과 Ellis(2012)는 클럽하우스에서의 동료 지원(peer support)을 통해 정신질환이 어떻게 극복될 수 있는지에 대한 연구를 수행한 바 있다. 그들은 동료들 사이의 관계의 깊이와 성질에 따라 동료 지원이 일어나는 형태가 다름을 발견하고 이와 관련된 범주들을 다음과 같이 구조화했다.

[그림 13] 동료 지원의 의미 구조(Coniglio et al., 2012)

패러다임 모형에 따른 의미 구조

패러다임 구조는 Strauss와 Corbin(1998)의 패러다임에 따라 범주를 구조화하는 것이다. 특히 이러한 구조는 근거이론 연구 방법, 그 중에서 Strauss와 Corbin(1998)의 지맥에 따라 이루어지는 연구에서 빈번히 드러난다. 이 구조에서는 범주들을 원인, 중심 현상, 맥락, 중재조건, 작용/상호작용, 결과의 틀로 바라보며 구조화하는데, 이러한 구조를 그림으로 나타내면 다음과 같다.

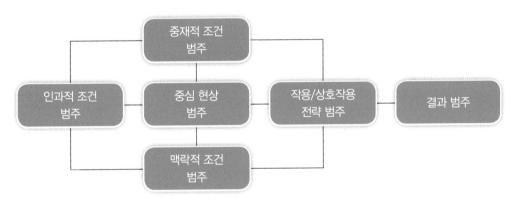

[그림 14] 패러다임 모형(Strauss & Corbin, 1998)

그렇다면 이러한 패러다임 모형에 따른 구조화를 수행한 연구를 살펴보도록 하자. 최해룡(2013)은 대안학교에서 재적응 교육에 참가한 학생들의 경험을 근거이론 연구를 통해 수행한 바 있는데, 이 연구에서는 자료에 대한 코딩을 통해 아래와 같이 범주를 도출하고 이를 패러다임 모형에 따라 구조화했다.

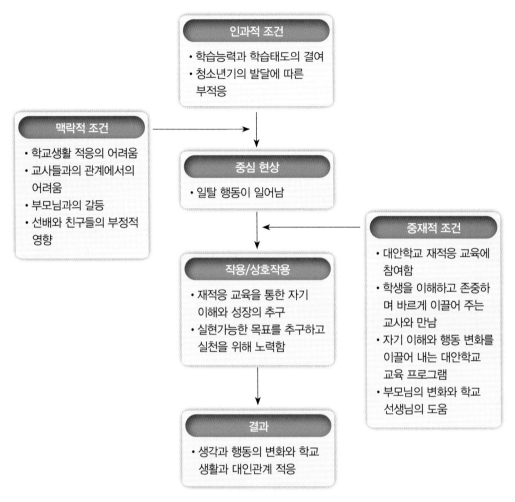

[그림 15] 재적응 교육 참여 학생들의 경험의 패러다임 구조(최해룡, 2013)

복합적 구조

앞에서 살펴본 의미 구조들은 상대적으로 단순한 형태의 의미 구조라 할 수 있다. 하지만 연구 문제와 주제에 따라 다양한 형태의 의미 구조를 도출할 수 있으며, 이러한 구조들 은 앞서 살펴본 의미 구조들과 같이 단순히 표현되기보다는 좀 더 다양하고 복잡한 형태 로 나타날 수 있다. 그렇다면 이렇게 다양한 형태로 나타나는 복합적 구조의 의미 구조 를 살펴보도록 하자. Millberg 등(Millberg, Berg, Brämberg, Nordström, Öhlēn, 2014) 은 간호사들이 대학교육을 통해 어떠한 경험을 하는가에 대한 연구를 수행한 바 있는데, 이 연구를 통해 다음과 같은 의미 구조를 도출했다.

[그림 16] 간호사들의 대학교육 경험의 구조(Millberg et al., 2014)

또 다른 예를 살펴보도록 하자. De Santis와 Barroso(2011)는 HIV 감염자들의 상처받기 쉬움과 관련된 경험에 대해 연구한 바 있는데, 연구의 결과로서 다음과 같은 의미 구조를 도출했다.

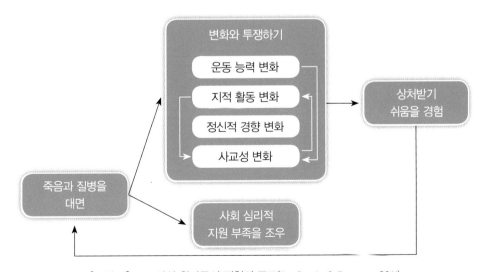

[그림 17] HIV 감염 환자들의 경험의 구조(De Santis & Barroso, 2011)

5. 주제 기술로서의 코딩

주제 기술로서의 코딩은 분석을 통해 문화적 주제나 이야기의 윤곽을 잡는 코딩 유형이다. 이는 지속적인 분석과 코딩을 통해 도출된 주제나 개념, 구조 등을 포괄적으로 수용할 수 있는 주제나 이론 등을 도출하는 유형의 코딩이다.

따라서 질적 연구에 있어서, 코딩의 네 번째 유형인 주제 기술로서의 코딩은 앞선 유형의 코딩을 통해 이루어진 분석으로 최종적인 현상을 설명하는 이론, 문화적 주제와 같은 결과물을 도출하는 것이라 할 수 있다. 예를 들어 보도록 하자. 학생의 학습 전략이라는 주제의 연구가 이루어질 수 있다. 그렇다면 연구자는 자료에 대한 분석을 통해 범주를 도출하고 이를 구조화하여 다음과 같은 의미 구조를 도출할 수 있을 것이다.

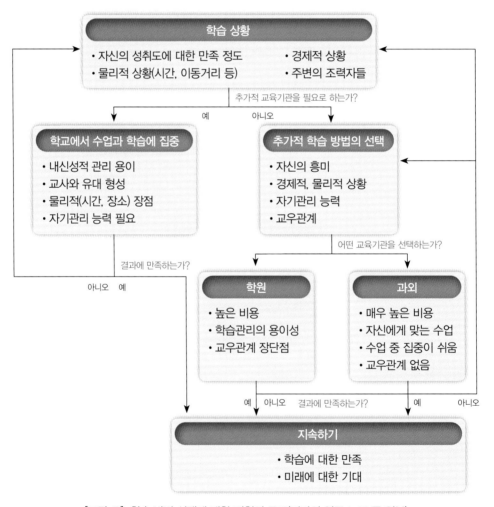

[그림 18] 학습 방법 선택에 대한 경험의 구조(저자의 연구 노트 중 일부)

연구자가 구조화 코딩을 통해 이와 같은 구조를 도출했다면 다음과 같은 주제의 도출 과 전체적 윤곽의 기술이 주제 도출로서의 코딩을 통해 이루어질 수 있다.

◉ 학생의 학습 방법 선택에 대한 주제 도출로서의 코딩

주제: 학생들은 자신의 조건과 외적 조건을 고려하여 학습 방법을 선택한다.

학생들은 자신의 조건(성취도에 대한 만족 정도, 경제적, 물리적 상황, 조력자들의 상황) 에 기반하여 학습 방법을 선택한다. 이때 선택의 대상은 주로 각각 장단점을 가진 학교 수업의 집중, 학원, 과외 등의 학습 기관인데 그 결과에 만족하는 경우 선택한 학습 방법 을 지속하지만 그렇지 못한 경우 상황을 다시 고려하며 학습 방법을 다시 선택한다.

6. 코딩의 기술

앞서 우리는 코드의 다양한 유형에 대해 살펴보았다. 하지만 코딩 능력이란 이러한 이론 적 접근에 대한 학습만으로 신장되지 않는다. 이론적 접근에 대한 숙지와 지속적이고 반 복적인 연습과 실천이 병행하여 이루어질 때 코딩 능력이 향상될 수 있을 것이다. 이런 측 면에서 Ryan과 Bernard(2003)의 논의는 살펴볼 만한 가치가 있을 것이다. 그들은 코드, 주제를 규명하는 데 도움이 되는 몇 가지 기술들(techniques)을 논의한 바 있는데, 여기서 는 그들의 논의를 중심으로 코딩을 위한 도구로서의 기술을 살펴보도록 하자.

반복되는 개념이나 표현에 주목하라
자료의 코딩 과정에서 빈번히 반복적으로 등장하는 개념이나 주제들은 상대적으로 다른 것들에 비해 중요도가 높은 것일 개연성이 높다. 특히 인터뷰 자료에서 빈번히 등장하는 개념들은 그 연구 참여자가 중요하게 인식하는 혹은 큰 의미를 가지는 코드일 가능성이 높다. 따라서, 연구자는 코딩을 진행함에 있어서 반복적으로 등장하는 개념이나 주제 등 에 주목할 필요가 있다.

연구 참여자들이 사용하는 독특한 어휘나 표현에 주목하라
연구자들이 살고 있는 세계와 연구 참여자들이 속해 있는 세계는 크든 작든 차이가 있기 마련이다. 그리고 각 세계에서만 사용하는 혹은 그 세계에서 독특한 의미로 사용되는 어 휘나 표현들이 있을 수 있는데, 이러한 어휘나 표현들은 그들이 공유하고 있는 핵심적 경

험으로 다가갈 수 있는 고리의 역할을 할 수 있다.

은유와 비유에 주목하라

자료에서 드러나는 어떤 대상에 대한 연구 참여자들의 은유적, 비유적 표현은 연구 참여자들이 그것들을 어떻게 바라보고 받아들이고 있는지를 가늠할 수 있는 중요한 자료가된다. 예를 들어, 어떠한 학생이 학원에 가지 않고 학교 수업에만 충실히 참여하며 공부를하는 것을 '독학'이라고 불렀다면, 그 학생은 그런 공부 방식을 매우 어렵고, 외로운 공부방식으로 보고 있다는 것을 뜻할 수 있다. 이러한 은유와 비유는 연구 참여자들이 그것에대해 크게 의식하지 않은 상태에서 그것에 대한 생각을 드러낸다는 측면에서 의미가 크다고 할 수 있다.

변화 추이에 주목하라

자료 속에서 드러나는 변화는 주제나 개념의 지표가 될 수 있다. 주제의 변화, 인터뷰 도중의 멈춤, 어조의 변화, 변화를 인지할 수 있는 '또 다른 문제는', '다른 사람들은', '지금은'과 같은 특별한 어구의 등장에 주목하며 자료를 검토하는 것은 연구자로 하여금 또다른 개념의 등장을 예견할 수 있게 해 주고 이러한 인지는 새로운 개념을 도출하는 데 도움을 준다.

유사점과 차이점에 주목하라

주제나 코드, 범주들 사이의 유사점과 차이점에 주목하는 것은 연구자로 하여금 자료 자체에 집중하게 하는 것을 돕는다. 또한 이러한 유사점과 차이점을 일으키는 개념이나 주제에 대한 탐구는 자료 속에 내재하고 있는 또 다른 중요한 주제나 코드가 될 수 있다.

접속사에 주목하라

자료 속에 드러나는 접속사들은 개념들 사이의 관계를 확인할 수 있는 중요한 요소이다. 예를 들어 '왜냐하면', '때문에'와 같은 접속사는 개념들 사이의 원인-결과의 관계를, '만약에', '그러면'과 같은 어휘들은 특정한 조건 관계를, '전에', '다음에', '후에' 같은 어휘들은시간적 전후관계 등을 드러내기 때문이다. 따라서 자료 속에 등장하는 관계적 성격을 드러내는 접속사들은 개념과 범주의 관계 도출에 중요한 의미를 제시할 수 있다.

놓친 자료들에 주목하라

자료를 바라봄에 있어서 '여기에는 어떤 의미가 내포되어 있는가?'라는 질문도 중요하지만 '여기에 포함되지 않은 의미는 무엇인가?'라는 질문도 중요하다. 연구 참여자들은 의도하든 의도하지 않든 특정한 주제 혹은 중요한 의미를 가지는 주제에 대해 언급하지 않을 수 있다. 예를 들어 교사들과의 인터뷰에서 교사들은 교사들의 태만과 부정에 대한 언급을 꺼릴 것이고, 학생의 경우 자신들의 비행에 대한 언급을 꺼릴 수 있다. 혹은 연구 참여자들에게 너무나도 당연하게 여겨져서 언급되지 않는 내용들도 있을 수 있다. 이러한 중요한 주제나 개념들을 놓치지 않기 위해서 연구자는 계속적으로 자신이 놓칠 수 있는 주제를 탐구하려는 자세가 필요하다.

7. 결론

코딩은 분석을 위해 자료의 개념을 도출하고 이를 조작하는 일련의 행위라 할 수 있다. 앞서 살펴본 네 가지 유형의 코딩은 분석을 진행하는 데 있어서 유용한 것들이지만 지나치게 코딩에 무게를 두고 분석에 임하는 것은 곤란하다. 코딩이란 어디까지나 분석의 도구이다. 그리고 도구는 맥락에 맞게 사용될 때 가장 큰 힘을 발휘한다고 할 수 있다. 따라서 연구자들은 이러한 코딩을 무차별적으로 적용하기보다는 자신의 연구 주제와 문제, 그리고 연구 맥락에 맞추어 적절하게 적용하는 것이 타당할 것이다.

참고문헌

정상원(2014). 초등학교 학생들의 평가와 성적기록하기: 교사들의 현상학적 체험들. 진주교육대학교 교육
　　대학원 석사학위 논문.

최해룡(2013). 학교부적응 학생의 대안학교 재적응 교육에 관한 근거이론 연구. 경북대학교 대학원 박사학
　　위 논문.

홍은진(2015). 세 마을평생교육지도자의 삶과 마을평생교육 실천전략. 대구대학교 대학원 박사학위 논문.

Allan, J. & Dixon, A. (2009). Older women's experiences of depression: a hermeneutic phenomenological
　　study. Journal of psychiatric and Mental Health Nursing, 16(10), 856-875.

Bernard, H. R. & Ryan, G. W. (2010). Analyzing Qualitative Data: Systematic Approaches. Sage.

Charmaz, K . (2006). Constructing Grounded Theory: A Practical Guide through Qualitative Analysis.
　　Sage. 박현선, 이산균, 이채원 공역(2013). 근거이론의 구성: 질적 분석의 실천 지침. 학지사.

Clandinin, D. J. & Connelly, F. M. (2000). Narrative Inquiry: Experience and Story in Qualitative
　　Research. Jossey-Bass.

Coniglio, F. D. & Hancock, N. & Ellis, L. A. (2012). Peer Support Within Clubhouse: A Grounded
　　Theory Study. Community Mental Health Journal, 48(2), 153-160.

Creswell, J. W. (2007). Qualitative inquiry and research design: Choosing among five approaches(2nd
　　Ed). 조흥식, 정선욱, 김진숙, 권지성 공역(2010). 질적 연구방법론.

DeCuir-Gunby, J. T. & Marshall, P. L. & McCulloch, A. W. (2011). Developing and Using a Codebook for
　　the Analysis of Interview Data: An Example from a Professional Development Research Project.
　　Field Methods, 23(2), 136-155.

De Santis, J. P. & Barroso, S. (2011). Living in Silence: A Grounded Theory Study of Vulnerability in the
　　Context of HIV Infection. Issues in Mental Health Nursing, 32(6), 345-354.

Glaser, B. G. (1978). Theoretical Sensitivity: Advanced in Methodology of Grounded Theory. University
　　of California.

Glaser, B. G. (1992). Basics of Grounded Theory Analysis: Emergence Vs. Forcing. Sage. 김인숙, 장혜경
　　역(2014). 근거이론 분석의 기초: 글레이저의 방법. 학지사.

Guest, G. S. & MacQueen, K. M. & Namey, E. E. (2011). Applied Thematic Analysis. Sage.

Krippendorff, K. (2004). Content Analysis: An introduction to its methodology. Beverly Hills, CA.

LeCompte, M. D. & Schensul, J. J. (1999). Analyzing and interpreting ethnographic data. AltaMira Press.

Miles, M. & Huberman, A. M. (1994). Qualitaitve data analysis: An expended soursebook. 박태영, 박소영,
　　반정호, 성준모, 은선경, 이재령, 이화영, 조성희 공역(2009). 질적 자료 분석론. 학지사.

Miles, M. B. & Huberman, A. M. & Saldaňa. J. (2014). Qualitative Data analysis: A Method Sourcebook.
　　Sage.

Millberg, L. G. & Berg, L. & Bramberg, B. E. & Nordström, G & Öhlén, J. (2014). Academic learning for
　　specialist nurses: A grounded theory study. Nurse Education in Practice, 14, 714-721.

Moustakas, C. (1994). Phenomenologocal Research Method. Sage.

Ofstad, E. H. & Frich, J. C. & Schei, E. & Frankel, R. M. & Gulbrandsen, P. (2016). What is a medical decision? A taxonomy based on physician statements in hospital encounters: a qualitative study. BMJ open, 6(2), 1-10.

Payne, S. (2007). Grounded Theory. In Lyons, E. & Coyle, A. (Ed)(2007). Analysig Qualitative Data in Psycchology. Sage.

Ryan, G. W. & Bernard, H. R. (2003). Techniques to Identify Themes. Field Methods, 15(1), 85-109.

Saldaňa, J. (2009). The Coding Manual for Qualitative Researchers. Sage.

Smith, J. A. & Flowers, P. & Larkin, M. (2009). Interpretative Phenomenological Analysis: Theory, Method and Research. SAGE. 김미영, 이광석 공역(2015). 해석 현상학적 분석: 이론, 방법, 연구. ㅎ·누리.

Spradley, J. P. (1980). Participant Observation. Wadsworth Publishing Company. 신재영 역(2009). 참여 관찰법. Cengage Learning.

Strauss, A. & Corbin, J. (1990). Basic of Qualitative Research: Grounded Theory Procedures and Techiques. Sage. 신경림 역(1996). 근거이론의 이해: 간호학의 질적 연구 수행을 위한 방법론. 한울 아카데미.

Stray, V. & Sjøberg, D. I. K. & Dybå, T. (2016). The daily stand-up meeting: A grounded theory study. The Journal of Systems and Software, 114, 101-124.

Strauss, A. & Corbin, J. (1998). Basic of Qualitative Research: Grounded Theory Procedures and Techiques. Sage. 신경림 역(2001). 근거이론의 단계. 현문사.

Teddlie , C. & Tashakkori, A. (2009). Foundation of Mixed Method Research: Integrating Quantitative and Qualitative Approaches in Social and Behavioral Sciences. 강현석, 김경식, 박창언, 백상수, 조영남, 주동범, 황윤세 공역(2015). 통합방법 연구의 기초: 사회 행동과학에서 양적 접근과 질적 접근의 통합. 아카데미프레스.

Urquhart, C. (2012). Grounded Theory for Qualitative Research: A Practical Guide. SAGE.

van Manen, M. (1990). Researching Lived Experience. the Univercity of Western Ontario, Canada. 신경림, 안규남 공역(1994). 체험연구. 동녘.

van Manen, M. (2011). Phenomenolgyonline. http://www.phenomenologyonline.com

van Manen, M. (2014). Phenomenology of Practice. Left Coast Press, Walnut Creek, CA.

Wertz, F. J. (2011). A Phenomenological Psychological Approach to Trauma and Resilience. In Werlz, F. J. & Charmaz, K. & McMullen, L. M. & Josselson, R. Anderson, R. & McSpandden, E. (2011). Five Ways of Doing Qualitative Analysis: Phenomenological Psychology, Grounded Theory, Discourse Analysis, Narrttive Research, and Intuitive Inquiry. The Guilford Press.

Whitehead, B. J. & Howie, L. & Lovell, R. K. (2006). Older people's Experience of driver licence cancellation: A phenomenological study. Australian Occupational Therapy Journal, 53(3), 173-180.

Wolcott, H. F. (1994). Transforming Qualitative Data: Description, Analysis, and Interpretation. Sage.

6

코딩 연습과
코드북

우리는 앞선 논의에서 질적 분석과 코딩에 대해 살펴보았다. 이러한 논의들이 분석과 코딩에 대한 전반적인 이해에는 도움이 되지만 실제적인 분석 상황에서 구체적으로 어떻게 코딩을 진행해야 하며 어떠한 코딩 전략들을 사용할 수 있는지는 조금 혼란스러울 수 있다. 따라서 이 장에서는 연구자들이 실제적인 분석 과정에서 적용할 수 있는 코딩 전략의 유형들을 살펴보고자 한다. 그리고 이와 더불어 코딩 과정에서 효율적인 도구인 코드북과 그 활용에 대해서도 논의해 본다.

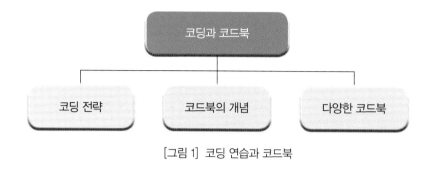

[그림 1] 코딩 연습과 코드북

1. 다양한 코딩 전략과 연습

앞서 논의한 질적 자료 분석의 일반적 절차에 따르면 분석의 과정은 모두 여섯 단계를 거치게 된다. 그 과정을 간단히 요약하면, 첫째로, 자료에 대한 전체적인 이해를 도모할 수 있는 '자료 읽기/정리' 단계, 자료로부터 개념을 도출하고 코드를 부여하며 도출된 코드들 사이의 관계적 성격에 초점을 맞추어 범주를 형성하는 '1차 코딩' 단계, 코드와 범주 사이의 관계성에 초점을 맞추어 전체적인 구조를 형성하는 '2차 코딩' 단계, 1차 코딩과 2차 코딩을 통해 최종적인 문화적 주제를 도출하는 '3차 코딩', 마지막으로 분석의 결과로서 주제들을 다양한 방법으로 재현하는 '연구 결과의 재현'으로 나타낼 수 있다.

이러한 코딩의 과정은 연구자와 자료의 상호작용의 과정이며, 자료에 대한 해석의 과정이다(Charmaz, 2011, 2006). 따라서 연구자는 코딩의 과정 속에서 지속적으로 자료를 해석하며 자료 속의 개념을 도출하고 개념들 사이의 관계를 규명한다. 하지만 이러한 과업들은 그 자체에 대한 이해는 상대적으로 수월할 수 있으나, 실제 코딩의 실천과정에서 이러한 이해를 실현하기란 쉽지 않다. 따라서 몇몇의 학자들은 이러한 코딩 과정에 대해 코딩 전략이라는 관점에서 논의를 제공한 바 있는데(van Manen, 1990; Miles, Huberman, 1994; Saldaña, 2009; Miles, Huberman & Saldaña, 2014; 오영범·이현철·정상원, 2016), 여기서는 이러한 학자들의 관점을 가져와 연구자들이 실제 코딩의 과정에서 적용할 수 있는 다양한 코딩 방법들을 전략의 측면에서 접근하고자 한다.

독자들은 이러한 전략들을 이해하고, 예를 통해 그 구체적인 실천을 확인하며, 간략한 자료들에 대한 적용을 통해 이러한 코딩 전략을 익힐 수 있을 것이다. 아울러 이러한 전략적 접근은 '1차 코딩'과 '2차 코딩' 전략을 중심으로 살펴볼 것이며, 연습에서 제시되는 자료들은 필자들의 기존 연구를 통해 수집된 자료 및 기존 문헌에서 인용했음을 미리 밝혀둔다.

1차 코딩 전략

1차 코딩의 주된 과업은 자료로부터 코드를 도출하고 이를 기반으로 범주를 형성하는 것이다. 따라서 여기서는 코드 도출 전략과 범주 도출 전략을 나누어 살펴보도록 하자.

코드 도출 전략

코드 도출은 자료의 각 부분을 그것이 드러내고 있는 개념에 따라 분할하고 그 자료의 조각에서 드러나는 개념을 파악하여 그것에 이름으로서 코드를 부여하는 작업이다. 이러한 작업은 크게 세그멘팅과 코드 부여로 이루어진다.

세그멘팅

세그멘팅(segmenting)은 어떤 자료(문장, 단락, 대화, 관찰자료, 산품 등)에서 그 자료의 의미나 요지가 잘 드러나 있는 문장 또는 문장에 추후 코딩을 위해 괄호를 넣거나 줄을 긋는 작업을 뜻한다. Guest, MacQueen과 Namey(2011)는 이러한 세그멘팅이 자료의 전체적인 질에 대한 평가와 검증을 위해, 그리고 자료 속에 들어 있는 주제적 요소들과 그것들 사이의 유사성, 차이점, 관련성 등에 대한 탐구를 촉진시키기 위해 텍스트에 경계를 설정하는 작업이라 논의한 바 있다. 즉, 코딩을 위한 사전 작업으로서, 많은 자료 중에서 분석을 위해 필요한 자료와 필요하지 않은 자료, 연구자에게 새로운 아이디어를 주는 자료와 그렇지 않고 불필요한 자료를 구분하는 작업이다. 세그멘팅이 잘 될 때만이 다음 작업인 코딩 작업이 잘 이루어질 수 있다. 연구자는 세그멘팅 작업을 할 때 다음 질문을 해 보기 바란다.

⦿ 세그멘팅에서의 연구자의 주의점

1. 나는 연구에 중요할지도 모르는 특정한 의미의 자료 세그먼트를 알 수 있는가?
2. 세그먼트를 하기 전과 후 세그멘팅된 부분과 그렇지 않은 부분에 어떤 차이가 나타나는가?
3. 선택한 분석의 문장들 중에서 세그먼트의 시작과 끝은 어디인가?

코드 부여

세그멘팅과 동시에 그것에 포함되어 있는 개념을 발견하고 그것에 코드를 부여한다. 먼저 예를 살펴보도록 하자. 다음은 루프스병을 앓고 있는 연구 참여자의 인터뷰 내용에 대한 Charmaz(2006)의 코드의 예이다.

⊙ 코드와 세그멘트(Charmaz, 2006)

증상의 이동, 비일관된 나날 경험하기	당신이 루프스병을 앓는다고 해 봐요. 그러면 하루는 간이, 하루는 관절이, 하루는 머리가 아파 오죠.
타인이 떠올리는 자신의 이미지 해석하기	매일 아픈 부위가 달라지니, 사람들이 진짜 당신을 심인성 환자라고 생각할 거예요.
공개 회피하기	그러면 아마 당신은 정말 아무 말도 하기 싫을 거예요. 사람들이 '아이고, 저 사람에게 가까이 가지
거부 예견하기	마, 저 여자는 온종일 불평뿐이야.'라고 생각하기 시작하니까요.
다른 사람에게 알리지 않기	내가 어떤 말도 하지 않는 이유는요.
증상을 연결된 것으로 바라보기	내가 느끼는 모든 고통이 어떤 식으로든 루프스병과 관계있는 것 같기 때문이에요.
다른 사람은 모름	
불신 예견하기	하지만 대부분의 사람은 내가 루프스 환자란 걸 몰라요. 심지어 그걸 알고 있는 사람도 10가지 다른
다른 사람의 관점 통제하기	증상이 모두 한 가지 이유 때문이라는 것을 믿지 않으려 하죠. 난 사람들이 내가 불평하기 때문에 내
낙인 회피하기	주변에 있기를 원치 않는다고 말하는 것이 싫어요.
공개에 따른 잠재적 상실과 위험 평가하기	

코드 부여 전략

세그멘팅과 코드 부여에 특별히 따라야 하는 규칙이 존재하지는 않는다. 연구자는 자료를 반복적으로 읽으며 그 속의 의미와 개념을 찾고 그것에 자신의 연구 주제를 탐구하는 데 초점이 맞추어진 코드를 부여한다. 하지만 이러한 코딩 과정은 초보자에게 다소 어려울 수 있다. 따라서 여기서 학자들이 제안하는 몇 가지 코드 부여 전략을 제시하는 것이 연구자들에게 다소 도움이 될 것이다. 다만 주의해야 할 점은 이러한 전략들은 어디까지나 예시이며 연구자들은 이러한 전략을 참고로 하여 자신의 연구 주제에 맞는 코딩 전략을 탐색하고 사용해야 할 것이다. 참고로 여기에 발췌된 자료들은 이전의 연구 과정에서 수집한 자료의 일부를 편집한 것임을 밝힌다.

구조적 코딩

첫째로 구조적 코딩(structural coding)을 살펴보자. 구조적 코딩은 연구 주제를 드러내는 어절을 통해 코드를 부여하는 전략이다(MacQueen, 2008; Saldaña, 2009에서 재인용). 이 전략은 코드를 선택할 때 연구자의 연구 주제와 관련된 구나 절을 이용하여 코드를 부여하는 것이다. 이 방법을 사용하면 연구 주제를 중심으로 일관성 있는 코드를 확보할 수 있어 연구자가 연구 주제를 중심으로 일목요연하게 분석하는 데 용이하다. 그렇다면 예를 살펴보자.

⊙ 구조적 코딩의 예

코드	자료
학원 공부의 결실	장학금 받았거든요. 그게 막상 제가 모범상 받고 … 제가 그걸 받았거든요. 저는 그것 때문에 장학금 받은 줄 알았는데, 고등학교 올라와서 애들이 하는 말을 들어 보니까 제가 공부를 잘해서 받은 거래요. 중 3 때 성적이 갑자기 오르니까 그것 때문에 장학금 준 거래요.
학원에서 얻는 것들	중 3 배치고사 때는 원장선생님께서 매일 자주 자습실에 오셨어요 얘기하시잖아요. "너희가 지금 이 시점이 가장 중요한 시점이다. 이때 공부 제대로 안 하면 너희 인생이 많이 바뀐다"면서 그런 얘기 많이 하셨어요. 그 얘기 제가 곱씹었거든요. 뼈에 막 새기죠. 공부할 때마다 그 생각하고. 선생님이 하라는 거 마인드 컨트롤 같은 것도 많이 해 봤거든요, 나는 공부를 좋아한다. 나는 공부가 재밌다. 이런 말도 많이 해 보고 아침에도 일찍 일어나서 공부가 좋다, 원장샘이 하라는 거 다 해 봤어요.

이 예는 학원에서의 학생들의 학습 경험에 대한 연구에서 수집된 자료의 일부이다. 이 자료에 코드를 부여할 때, 연구 주제인 '학원'을 중심으로 하여 '학원 공부의 결실', '학원에서 얻는 것'처럼 연구 주제인 '학원'을 중심으로 코드를 부여할 수 있다.

구조적 코딩은 그 특성상 인터뷰 가이드의 구조의 영향을 많이 받게 된다(Guest, MacQueen, Namey, 2011). 왜냐하면 인터뷰 가이드 자체가 연구 문제를 중심으로 체계적으로 구성되어 있어야 연구 문제를 중심으로 인터뷰 가이드의 구조에 따라 구조적 코딩이 용이하기 때문이다. 따라서 구조적 코딩 전략을 사용하고자 한다면 인터뷰 가이드의 개발에서부터 그 구조에 유념하며 자료를 수집하는 것이 타당할 것이다.

기술적 코딩

둘째로 기술적 코딩(descriptive coding)이 있다. 기술적 코딩은 자료 안에 내재되어 있는 주제에 매우 축약된 단어나 구를 이용하여 코드를 부여하는 전략이다(Saldaña, 2009). 이 전략의 핵심적인 부분은 최대한 축약된 단어나 구를 사용한다는 점인데, 이런 전략을 사용하면 상대적으로 균일한 코드를 얻을 수 있어 후에 코드별로 자료를 병합하는 데 다소 용이한 면이 있다. 예를 살펴보자.

⊙ 기술적 코딩의 예

코드	자료
책상	교실 안에는 15개의 책상과 의자가 배치되어 있다.
캐비닛	교실 벽에는 캐비닛이 2개 있는데, 캐비닛 안에는 학생들의 시험지가 들어 있다.
시험지	시험지는 학생별로 파일로 정리되어 있다.
책상	책상에는 학생들의 이름과 그 학생이 공부하는 시간이 시간표처럼 정리되어 있다.
책상	책상과 의자는 깨끗하다.
칠판	칠판은 앞쪽 벽면을 가득 채우고 있으며 한쪽 모퉁이에는 단계별 공부법이 A4 용지에 프린트되어 붙어 있다.

축약된 기술적 표현으로 코드를 부여하는 것이 기술적 코딩이다. 위의 예를 살펴보면 축약으로 인해 균일한 코드들이 도출되는 것을 확인할 수 있다.

이러한 기술적 코딩은 두 가지 장점을 가질 수 있는데, 첫째는 앞에서 언급한 것처럼 자료의 병합에 용이하다는 것이다. 실제 코드를 부여하다 보면 코드가 짧을수록 코드의 동일성을 확보하기가 용이해진다. 예를 들어, '가족관계', '교우관계', '이성관계'라는 코드에 모두 동일하게 '관계'라는 코드를 부여하면 상대적으로 동일한 코드의 확보가 유리해진다. 따라서 상대적으로 다수의 세그먼트에 동일한 코드를 부여할 수 있게 되기 때문에 코드별로 자료의 병합이 유리해지는 장점이 있다. 둘째는 짧은 기술적 코드를 부여함으로써 코드에 인덱스로서의 성격을 부여할 수 있게 된다. Bernard와 Ryan(2008)은 텍스트 속에서 주제가 어디에 위치하고 있는지를 알려 주는 역할을 할 수 있는 인덱스 코드(index code)에 대해 논의한 바 있는데, 기술적 코드는 이러한 인덱스의 역할을 하기에 적합하다.

내생 코딩

셋째로 내생 코딩(in vivo coding)이 있다. 내생 코딩은 연구 참여자가 사용한 언어를 이용하여 코드를 부여하는 전략이다(Charmaz, 2006). Charmaz(2006)는 참여자의 용어가 연구의 출발점을 제공할 수 있으며, 이러한 참여자의 언어에 기반한 내생 코드를 통해 참여자의 의미를 코드 안에 보존할 수 있다고 논의하고 있다.

그렇다면 예를 통해 살펴보도록 하자. 다음은 자신의 학원 경험에 대한 연구 참여자의 인터뷰 내용에 대한 내생 코드이다.

⊙ 내생 코딩의 예

코드	자료
독학의 두려움	학교에도 보면 독학하는 애들이 있거든요. 학원 안 다니고. 그런데 저는 제가 그렇게 독학하기에는 의지도 좀 부족하고 그런 걸 아니까, 쉽게 학원을 그만두지를 못해요. 일단은 제가 좀 자신이 생길 때까지는 학원을 다니고 그 뒤에 독학을 할지 학원을 계속 다닐지 생각해 봐야겠어요.
캡틴에 대한 믿음	캡틴이 … 학원에서는 원장 선생님을 캡틴이라고 하거든요. 일단 캡틴이 시키는 대로 하면 뭔가 좀 안정감이랄까 … 그런 게 좀 있거든요. 학교 선생님들은 좀 신뢰가 안 가고, 캡틴은 이것저것 정보도 우리에게 많이 알려 주고.

위의 자료에서 연구 참여자는 학원을 다니지 않는 것을 독학이라고 부르고 있는데, 이는 학생들에게 학원의 중요함이 어느 정도인지를 보여 준다. 따라서 이때 학생들이 말하는 '독학'은 도움 없이 혼자 공부한다는 사전적인 의미가 아닌 학원에 다니지 않고 학교의 도움만으로 공부를 한다는 집단의 문화적 의미가 내재되어 있는 단어라 할 수 있다. 또한 '캡틴'이라는 단어도 단순히 학원 원장의 별명이 아니라 학생들에게 학원 원장이라는 존재가 어떠한 의미를 가지고 있는지를 보여 주는 단어이다. 따라서 이러한 연구 참여자들의 언어에 기반하여 내생 코드를 도출할 경우 그 문화집단이 가진 의미를 내포하고 있는 코드를 추출하는 것이 가능해진다. 또한 이러한 내생 코드를 부여할 경우 연구 참여자의 문화적 의미를 함축하고 있는 좀 더 민감한 코드나 주제의 도출에도 많은 도움이 되며 이를 통해 좀 더 매력적인 주제를 도출하는 데 도움을 얻을 수 있다(정상원, 김영천, 2014).

과정적 코딩

넷째로 과정적 코딩(process coding)이 있다. 과정적 코딩은 동명사를 이용하여 코드를 부여하는 전략이다(Glaser, 1978). Charmaz(2006)는 이러한 동명사가 연구자가 행위와 그 연속성에 대한 강력한 의미를 얻을 수 있는 도구라고 논의한 바 있다. 즉, 동명사 '~하기'를 중심으로 한 코드 부여 전략은 연구자로 하여금 행위들과 그 행위들의 흐름에 대한 전체적인 이해를 포착하게끔 도움을 줄 수 있다. 그렇다면 다음의 예를 살펴보자.

⊙ 과정적 코딩의 예

코드	자료
교사 입장하기	교실로 강사가 들어왔다.
인사, 출석 확인하기	'안녕' 가벼운 인사를 하고 아이들을 둘러보며 출석을 확인한다.
과제 확인하기	'인터넷으로 오늘 수업내용 확인했지요? 안 한 사람?' 아무도 없다.
수업내용 설명하기	'그래 그럼 이차 방정식에 대해 간략하게 정리해 보자.' 수업내용에 대한 교사의 이론적 설명이 짧게 이루어진다.
문제 제시하기	'자 문제를 풀어 봅시다. 1번, 2번, 3번 나와서 풀어 볼 사람?'
학생들 지원하기	학생들이 경쟁적으로 손을 든다.
문제 풀기	'그럼 철수, 영희, 영수 나와서 풀어 보자.' 아이들이 칠판으로 나가 문제를 푼다.
집중하며 점검하기	다른 아이들은 앉아서 풀이 과정을 집중하여 바라보고 있다.

위의 예처럼 동명사를 이용한 코딩은 현상 속에 내재하는 행위와 그 흐름을 일목요연하게 파악하는 데 도움을 준다. 따라서 어떠한 사건이나 과정, 변화 등을 시간적 흐름 혹은 과정의 흐름에 따라 파악해야 할 필요가 있을 때 유용하게 사용될 수 있다.

감정 코딩

다섯째로 감정 코딩(emotion coding)을 살펴보자. 감정 코딩은 참여자가 드러내거나 연구자가 추론을 통해 확인할 수 있는 감정적 요소를 중심으로 코드를 부여하는 전략이다(Saldaña, 2009). 이 코딩 전략은 인간의 행위나 현상 속에 내재하는 인간의 감정적 요소를 확인하는 데 유용한 전략이라 할 수 있다. 예를 통해 살펴보자. 다음은 교사의 경험에 대한 인터뷰 중 일부이다.

⊙ 감정 코딩의 예

코드	자료
분노	얼마 전에는 우리 반 부반장이. 얘가 조금 여자애들 사이에서 리더역할을 하고 있거든요. 얘가 수업시간에 딴짓을 하길래, 집중 좀 하라고 야단을 쳤는데, 다른 애들도 그러는데 왜 자기한테만 그러느냐고 하더라구요. 그래서, 다른 애들은 수업에 방해될 정도는 아니었고, 용인해 줄 정도였지만 너는 수업을 방해하는 수준이었다. 저도 화가 좀 나고. 뭐 그런 식으로 좀 말이 오고 가다가 얘가 울고 …
후회	물론 애들이 다 똑같지요. 애들은 애들이고. 그렇게까지 야단칠 일이 아니었다고 생각할 수도 있는데
정당화	그래도 교사이고 어느 정도 교실의 질서를 지켜야 하는 측면도 있으니까 좀 더 엄하게 야단친 부분도 있는데 …
당당함	그래도 저는 제가 당연히 해야 할 부분을 했다고 생각합니다.

감정이 인간의 행위와 관련된 중요한 요소임을 감안하면 이러한 감정 코딩은 인간 행위의 원천으로서 감정적 원인을 탐구하는 데 유용하게 사용될 수 있을 것이다.

대립 코딩

여섯째로 대립 코딩(versus coding)이 있다. 대립 코딩은 자료 안의 대립을 드러낼 수 있는 코드를 부여하는 전략이다(Saldaña, 2009). 즉 'VS', '대'와 같은 어휘를 중심으로 대립되는 두 항을 배치하는 코드를 사용하여 자료 안에 있는 갈등을 드러낼 수 있는 코드를 구성하는 전략이다. 예를 통해 구체적으로 살펴보자. 다음은 교사의 수업 실행과 관련된 인터뷰 내용과 코드들이다.

⊙ 대립 코딩의 예[계속]

코드	자료
여교사 대 체육수업	아무래도 체육수업 같은 건 좀 어렵거든요. 제가 시범이 안되니까. 그러다 보면 수업도 자꾸 줄이게 되고 시범 같은 건 건너뛰고. 학교 행사나 이런걸로 수업시간이 줄어들면 주로 체육 수업을 줄이고 이런 식으로.

| 교사 대 학생 | 그러다 보니까 아이들이 좀 불만을 이야기하기도 하는 데, 특히 남자 애들은 같은 경우는 학교 행사 때문에 체육수업을 줄인다 그러면 좀 많이 싫어하거든요. |
| 교사 대 죄책감 | 이렇다보니 나도 좀 애들에게 미안하기도 하고. 죄책감도 좀 느끼고. |

이러한 대립 코딩은 갈등 상황을 파악하는 것이 필요한 연구 주제와 관련된 분석에서 큰 힘을 발휘할 수 있다. 따라서 사회적 문제, 정치적 문제와 같이 다양한 갈등을 내재하고 있는 주제에 대해 그 갈등의 종류와 양상을 파악하는 데 유용하게 사용될 수 있다.

주제화 코딩

일곱째로 주제화 코딩(themeing the data)이 있다. 주제화 코딩이란 단어나 구가 아닌 자료 속에 드러나는 주제를 찾아 하나의 주제문 형태로 코드를 부여하는 것이다(Saldaña, 2009). 이러한 주제화 코딩은 현상학적 분석에서 주로 사용되는데, 단순히 축어적, 기술적 표현이 아닌 성찰을 통해 도출되는 경험의 주제 도출이라는 측면에서 주로 논의된다(van Manen, 1990; Wertz, 2011). 이러한 주제화 코딩은 앞의 코딩에 비해 주제를 좀 더 구체적이고 뚜렷하게 표시하는 코드를 확인할 수 있어 연구자가 코드를 통해 범주를 형성하거나 코드에 대한 분석을 할 때 구체적인 정보를 제공할 수 있다는 점에서 실용적인 효용성을 가진다. 즉, 엄청난 양의 자료와 세그먼트, 그리고 다양한 코드와 오랜 기간 동안 이어지는 분석이라는 질적 분석의 맥락 속에서 구체적으로 의미가 기술되는 주제화 코드는 코드 안에 구체적인 정보를 담고 있음으로 인해 연구자의 코드와 세그먼트에 대한 기억을 도울 수 있다는 것이다. 다음의 예를 통해 살펴보자. 다음은 학원에서의 학습 경험에 대한 연구 참여자의 인터뷰 일부와 주제화된 코드들이다.

⊙ 주제화 코딩의 예[계속]

코드	자료
학원은 나에게 진정한 친구의 의미를 알게 해 주었다.	지금 성적이 오른 후 내 주위에 있는 친구들을 보면 평생지기가 될 친구들이란 생각을 많이 한다. 문득 내 주위의 친구들을 둘러보면 아 이 친구들이 내 진짜 친구들이구나. 이 친구들과 함께라면 앞으로 열심히 살아갈 수 있겠구나 하는 생각이 들 때가 있다. 전에 주위에 있었던 친구들은 지금 생각해 보면 친구가 아니었던 것 같다. 그냥 나를 골려 먹는게 재미있어서 나와 놀았던 아이들이었던 것 같다.

학원으로 인해 가족간의 관계가 좋아졌다.	어머니와의 사이도 훨씬 좋아졌다. 이제는 나를 믿으신다. 옛날 같으면 잔소리를 하시거나 꾸중을 하실 만한 일도 그냥 넘어가신다. 전에는 컴퓨터를 켜기만 해도 잔소리를 하셨는데 이제는 늦은 시간에 컴퓨터를 하고 있어도 별 말씀을 하지 않으신다. 어머니와의 대화시간도 길어지고 나도 어머니에 대한 마음이 애틋해졌다. 전에는 어머니가 아프다고 해도 괜찮아지시겠지 했는데 이제는 걱정이 많이 되고 신경도 많이 쓰인다.

이상의 코딩 전략들이 개방적인 상황에서 자료로부터 코드를 추출하는 전략이라면 사전에 준비된 코드를 사용하여 코딩을 진행할 수 있다. 그것은 첫째, 일반적 도식에 의한 코딩 방법, 둘째, 사전 코딩 방법이다. 그렇다면 다음에서 이러한 방법들에 대해 좀 더 살펴보도록 하자.

일반적 도식에 의한 코딩 방법

일반적 도식에 의한 코딩 방법은 모든 사회적, 인간적 상황에 대한 분석에 적용될 수 있는 기존의 일반적인 분석 코드를 사용하여 연구 대상과 수집된 자료를 분석하는 방법이다. 이 방법은 무엇을 코딩할 것인지가 미리 결정되어 있기 때문에 분석하기 쉽다. 이 방법의 대표적 예로는 Bogdan과 Biklen(1982), Lofland(1971)의 방법이 있다. 먼저 Bogdan과 Biklen(1982)의 방법을 살펴보도록 하자.

Bogdan과 Biklen(1982)이 그들의 책에서 처음 개념화한 이 분석적 코드는 여러 질적 연구에서 많이 쓰이고 있다. 이 코드를 가지고 자료를 분석하는 경우 다양한 질적 자료를 어렵지 않게 분석할 수 있다. 그 코드들의 예를 보면 다음과 같다.

⊙ Bogdan과 Biklen(1982)의 일반적 도식[계속]

장면/상황 코드: 환경에 대한 일반 정보

상황 정의 코드: 참여자가 주제 상황을 정의하는 방법, 참여자들의 세계관, 상황 또는 어떤 주제에 대해 참여자들이 자신들을 어떻게 바라보는가를 연구하는 것. 그들은 무엇을 성취히고자 하는가? 그들은 그들이 하는 것을 어떻게 정의하는가? 그들에게 중요한 것은 무엇인가? 그들은 관계(종교적, 정치적, 사회적 지위, 페미니스트, 삶의 권리)를 정의하는 방식에 영향을 끼치는 특별한 방침이 있는가?

참여자들이 소유하고 있는 관점 코드: 공유된 규칙, 규범, 일반적인 법칙

참여자가 인간과 대상에 대해 생각하는 방식 코드: 서로에 대해, 외부자에 대해, 자신들의 삶을 구성하고 있는 대상에 대해 가지고 있는 이해. 교사가 학생에 대해 생각하는 방식, 유치원에서 아동들이 교사에 의해 어떻게 분류되는가 하는 기준

과정 코드: 계열, 흐름, 변화

활동 코드: 규칙적으로 일어나는 행동의 종류. 학생들의 흡연, 농담, 교내에서의 아침운동, 점심식사, 출석, 교장실 방문, 학급여행, 특별 교육사례 컨퍼런스

사건 코드: 자주 일어나지 않는 특별한 활동, 아니면 한 번 일어나는 활동. 교사 체벌, 학생 폭동, 여성의 신체 변화

전략 코드: 일을 성취하는 방법, 전술, 방식, 기법, 계략. 학생 통제 기법

관계와 사회적 구조 코드: 조직 차트에서 공식적으로 정의되지 않는 사람들 사이의 규칙적인 행동의 패턴. 도당, 우정, 로맨스, 적, 스승과 학생

공식적인 사회적 구조: 사회적 역할, 지위

방법적 코드: 연구 과정에서 연구자가 겪은 여러 가지 어려움, 감정, 딜레마 등에 대한 내용

Lofland(1971)는 그의 저서 「Analyzing Social Setting」에서 질적 자료 분석의 단위가 어떻게 되어야 하는지를 잘 설명해 두었다. 그는 분석 단위를 크게 11가지 코드로 규명하고 각 단위에서 분석하는 경우 연구자가 질문할 수 있는 문제영역을 7가지로 규명했는데, 분석 단위로서 코드의 종류는 다음과 같다.

⊙ **분석 단위로서 코드의 종류(Lofland, 1971)**

1. **의미 코드**: 행위를 정의하고 지도하는 참여자의 언어적 결과, 규칙
5. **관계**: 여러 참여자들의 상호관련성. 친구, 적, 타인, 폭정적, 비인간적, 관료적
7. **실제**: 의식
8. **에피소드**
9. **역할**: 미리 주어진 역할, 획득된 역할
10. **사회적 유형**: 예, 학생들 분류방식
11. **집단**: 위계, 도당, 적응적 중요성
12. **조직**
13. **거주지**: 도시, 농촌, 빈민가, 길거리, 다운타운
14. **라이프스타일**: 남성과 직업, 자녀 없는 아버지, 남편과 부인, 연인과 착취자
15. **사회적 세계**: 형태가 없는 존재로서 실재. 스포츠 세계, 캘리포니아 정치체제 등

　　다음은 Bogdan과 Biklen(1982)의 일반적 도식 방법 중에서 활동 코드에 근거하여 특정 문화 영역에서 참여자들이 사용하는 시간활용의 영역을 표준화한 분석 사례이다.

〈표 1〉 시간 사용 패턴에 대한 문화 비교를 위한 활동 코드[계속]

F	식량 생산
	축산, 농업, 식량을 구하기 위한 여행, 토지 경작 등을 포함한 식량 생산 관련 활동
FA	농업
FC	야생 식용식물 수거
FF	어업
FH	사냥
FL	가축 기르기
FX	다른 식량 생산
FU	유형 구분이 불가능한 식량 생산

C	상업 활동
	생산, 무역, 거래에 관련한 활동
CA	판매를 위한 축산활동
CC	판매를 위한 자연물의 수집, 광업
CM	판매를 위한 물품 생산
CS	구매, 매매, 무역
CW	노동력 제공
CX	기타 상업 활동
CU	유형 구분이 불가능한 상업 활동

M	산업
	가구제품, 의류, 도로정비, 관개 등과 같은 주택 관련 산업
MA	휴대용 물품의 수리
MC	의류 수선 및 제작
MF	부동의 물품 제작 및 수리
MM	산업을 위한 물품 확보
MX	기타 산업
MU	유형을 알 수 없는 산업

P	음식 준비
PC	조리
PG	저장을 위한 음식 조리
PH	가까운 시일 내에 먹을 수 있는 음식 조리
PS	음식의 조달 및 서빙
PX	기타 음식 준비
PU	유형 구분이 불가능한 음식 준비

H	가사
HH	집안 청소 및 정리
HM	상수도와 연료와 관련한 일
HX	기타 가사
HU	유형 구분이 불가능한 가사

〈표 1〉 시간 사용 패턴에 대한 문화 비교를 위한 활동 코드

E	식사
	식사와 이와 관련한 활동
EE	식사, 음료 마시기
ES	수분 섭취
EX	기타 음식 섭취
EU	유형 구분이 불가능한 음식 섭취
S	**사회 활동**
	물물교환 같은 활동과 구분되는 넓은 의미에서의 사회 활동
SC	육아
SE	교육 활동(제공 및 수혜)
SO	다른 사람을 돌보는 것
SP	종교나 정치 활동
SR	레크리에이션 활동
SS	사회화, 방문
SX	기타 사회 활동
SU	유형 구분이 불가능한 사회 활동
I	**개인 활동**
	다른 영역과 분리되는 개별 활동
IE	혼자 받는 교육
IG	개인 위생 및 옷 입기
II	병으로 인한 휴식
IN	아무것도 안 하는 휴식
IP	개인적인 종교 생활
IR	개인적인 여가 활동
IS	수면, 낮잠
IX	기타 개인 활동
IU	유형 구분이 불가능한 개인 활동
X	**기타**
	위의 모든 범주에 적합하지 않은 내용이나 활동

사전 목록에 의한 코딩 방법

이 방법은 Miles와 Huberman(1984)에 의해 개발된 방법으로서 용어가 나타내는 것처럼 연구자가 자료를 수집하기 전에 미리 분석할 코드의 종류를 개발한 다음, 그 개발된 코드에 기준하여 수집된 자료를 분류하고 범주화하는 분석 방법이다. 연구자가 미리 코드를 만들어 놓는다는 점에서 사전 코드(priori codes)라고 한다. 이 코딩 방법이 성공적으로 이루어지기 위해서는 연구자가 사전에 잘 만들어진 코딩 목록(star list)을 작성해 놓아야 한다. 이 목록을 마스터 리스트(master list)라고 한다. 사전 코드를 사용하여 코딩할 경우에 연구자는 만들어진 코드에 억지로 자료의 내용을 맞추어서는 안 되며 대신에 사

전에 만들어 둔 목록에서 적절한 코드를 찾을 수 없을 때에는 새로운 코드를 생성해야 한다. 잘 만들어진 사전 목록이 있을 때 연구가 효과적으로 진행될 수 있다.

　다음 표는 사전에 만들어진 코드 착수 목록의 예이다. 착수 목록은 12개 내외에서 최대 50~60개의 코드로 구성될 수 있다. 이는 연구자가 기억하여 참고할 수 있는 수준의 목록 개수라고 할 수 있다. 이 코드 착수 목록표를 살펴보면, 첫째 열에는 총괄적인 범주와 각 코드를 기술하는 짧은 라벨을 정리한다. 둘째 열에는 코드를 제시한다. 셋째 열에는 코드가 유도된 연구 질문이나 하위 질문의 번호를 정리한다. 다시 말해서 셋째 열의 해당 질문을 분석하여 예상되는 코드를 미리 정리해 두는 것이다. 이러한 방식으로 각각의 코드가 어떤 내용, 즉 연구 질문과 연관이 있는지 등을 정리하여 연구자가 연구의 전체 구조를 생각하면서 분석할 수 있도록 한다.

〈표 2〉 코드 착수 목록의 예(Miles & Huberman, 1984)[계속]

향상의 내용	IP-OBJ	3.1
IP: OBJECTIVES	IP-OC	3.1.1
IP: ORGANIZATION	IP-ORG/DD, IS	3.1.1
IP: IMPLIED CHANGES-CLASSROOM	IP-CH/CL	3.1.4
IP: IMPLIED CHANGES-ORGANIZATION	IP-CH/ORG	3.1.5
IP: USER SALIENCE	IP-SALIENCE	3.1.2
IP: (INITIAL) USER ASSESSMENT	IP-SIZUP/PRE, DUR	3.1.3,3.4,3.5
IP: PROGRAM DEVELOPMENT(IV-C)	IP-DEV	3.1.1,3.3,3.3,3.4
외부상황	EC(PRE)(DUR)	3.2,3.3,3.4
EC: ENDORSEMENT	EC-DEM	3.2,3.3,3.3,3.4
지역 내부, 학교 인력	ECCO-DEM	3.2,3.3,3.3,3.4
지역 외부, 비학교 인력	ECEXT-EDM	3.2,3.3,3.3,3.4
EC: ENDORSEMENT	EC-END	3.2,3.3,3.3,3.4
지역 내부, 학교 인력	ECCO-END	3.2,3.3,3.3,3.4
지역 외부, 비학교 인력	ECEXT-END	3.2,3.3,3.3,3.4
EC: CLIMATE	EC-CLIM	3.2,3.3,3.3,3.4
지역 내부, 학교 인력	ECCO-CLIM	3.2,3.3,3.3,3.4
지역 외부, 비학교 인력	ECEXT-CLIM	3.2,3.3,3.3,3.4

〈표 2〉 코드 착수 목록의 예(Miles & Huberman, 1984)[계속]

향상의 내용	IP−OBJ	3.1
내부상황	IC(PRE)(DUR)	
IC: CHARACTERISTICS	IC−CHAR	3.2.2,3.4,3.5
IC: NORMS AND AUTHORITY	IC−NORM	3.2.2,3.4,3.5
IC: INNOVATION HISTORY	IC−HIST	3.2.1
IC: ORGANIZATION PROCEDURES	IC−PROC	3.1.1,3.2.4,3.3,3.4
IC: INNOVATION−ORGANIZATION CONGRLIENCE	IC−FIT	3.2.2
채택과정	AP	3.2.3.3
AP: EVENT CHRONOLOGY−OFFICIAL VERSION	AP−CHRON/PUB	3.2.4,3.3.1
AP: EVENT CHRONOLOGY−SUBTERRANEAN	AP−CHRON/PRIV	3.2.4,3.3.1
AP: INSIDE/OUTSIDE	AP−IN/OUT	3.2.5
AP: CENTRALITY	AP−CRNT	3.2.2
AP: MOTIVES	AP−MOT	3.2.6
AP: USER FIT	AP−FIT	3.2.7
AP: PLAN	AP−PLAN	3.3.3
AP: READINESS	AP−REDI	3.3.4,3.2.1
AP: CRITICAL EVENTS	AP−CRIT	3.3.1
현장의 역동과 변화	TR	3.4
TR: TVENT CHRONOLOGY−OFFICIAL VERSION	TR−CHRON/PUB	3.4.1,3.4.2,3.4.3
TR: EVENT CHRONOLOGYSUBTERRANEAN	TR−CHRON/PRIV	3.4.1,3.4.2,3.4.3
TR: INITIAL USER EXPERIENCE	TR−START	3.4.1,3.4.2,3.4.3
TR: CHANGES IN INNOVATION	TR−INMOD	3.4.1
TR: EFFECTS ON ORGANIZATIONAL PRACTICE	TR−ORG/PRAC	3.4.3
TR: EFFECTS ON ORGANIZATIONAL CLIMATE	TR−ORG/CLIM	3.4.3
TR: EFFECTS ON CLASSROOM PRACTICE	TR−CLASS	3.4.2
TR: EFFECTS ON USER CONSTRUCTS	TR−HEAD	3.4.2,3.4.3
TR: IMPLEMENTATION PROBLEMS	TR−PROBS	3.4.1
TR: CRITICAL EVENTS	TR−CTIT	3.4.1,3.4.2,3.4.3
TR: EXTERNAL INTERVENTIONS	TR−EXT	3.4.3
TR: EXPLANATIONS FOR TRANSFORMATIONS	TR−SIZUP	3.4.1,3.4.2,3.4.3
TR: PROGRAM PROBLRM SOLVING	TR−PLAN	3.4.1,4.4.2,3.4.3

〈표 2〉 코드 착수 목록의 예(Miles & Huberman, 1984)[계속]

새로운 구성과 최종 결과	NCO	3.5
NCO: STABILIZATION OF INNOVATION-CLASSROOM	NCO-INNOSTAB/CLASS	3.5.1
NCO: STABILIZATION OF USER BEHAVIOR	NCO-STAB/USER	3.5.2
NCO: USER FIRST- LEVEL OUTCOMES	NCO-USER 1OC	3.5.4
긍정적 및 부정적	NCO-USER 1OC/+, −	
예상된 및 예상치 못한	NCO-USER 1OC/A, U	
조합(적절할 때)	NCO-USER 1OC/A+, A−, U+, U−	
NCO: USER META OUTCOMES	NCO-USER META	
긍정적 및 부정적	NCO-USER META OC/+, −	
예상된 및 예상치 못한	NCO-USER META OC/A, U	
조합(적절할 때)	NCO-USER META OC/A+, A−, U+, U−	
NCO: USER SPINOFFS AND SIDE EFFECTS	NCO-USER SIDE	3.5.5(3.5.2)
긍정적 및 부정적	NCO-USER SIDE OC/+, −	
예상된 및 예상치 못한	NCO-USER SIDE OC/A, U	
조합(적절할 때)	NCO-USER SIDE OC/A+, A−, U+, U−	
NCO: CLASSROOM INSTITUTIONALIZATION	NCO-INST/CLASS	
NCO: STABILIZATION OF INNOVATION-ORGANIZATION	NCO-INNOSTAB/ORG	3.5.5
NCO: STABILIZATION OF ORGANIZATION BEHAVIOR	NCO-STAB/ORG	3.5.6
NCO: ORGANIZATIONAL INSTITUTIONALIZATION	NCO-INST/ORG	3.5.7
NCO: ORGANIZATIONAL FIRST- LEVEL OUTCOMES	NCO-ORG IOC	3.5.8
긍정적 및 부정적	NCO-ORG IOC/+, −	3.5.9
예상된 및 예상치 못한	NCO-ORG IOC/A, U	
조합(적절할 때)	NCO-ORG IOC/A+, A−, U+, U−	
NCO: ORGANIZATIONAL META OUTCOMES	NCO-ORG META	
긍정적 및 부정적	NCO-ORG META OC/+, −	3.5.9
예상된 및 예상치 못한	NCO-ORG META OC/A, U	
조합(적절할 때)	NCO-ORG META OC/A+, A−, U+, U−	
NCO: ORGANIZATIONAL SPINOFFS AND SIDE EFFECTS	NCO-ORG SIDE	
긍정적 및 부정적	NCO-ORG SIDE OC/+, −	3.5.9(3.5.7)
예상된 및 예상치 못한	NCO-ORG SIDE OC/A, U	
조합(적절할 때)	NCO-ORG SIDE OC/A+, A−, U+, U−	

〈표 2〉 코드 착수 목록의 예(Miles & Huberman, 1984)[계속]

새로운 구성과 최종 결과	NCO	3.5
NCO: INSTITUTIONAL EXPANSION	NCO–INNOGRO/ORG	3.5.8
NCO: ORGANIZATIONAL REDUCTION	NCO–INNODWIN/OR	3.5.8
내부와 외부의 지원(외부, 동료, 행정가를 별도로 코드)	ASS–LOC	3.6.1
ASS: LOCATION	ASS–RULE	3.6.1
ASS: RULES, NORMS	ASS–ORI	3.6.2
ASS: ORIETATION	ASS–TYPE	3.6.3
ASS: TYPE	ASS–EFF	3.6.4
ASS: EFFECTS	ASS–ASS	3.6.5
ASS: ASSESSMENT BY RECIPIENTS	ASS–LINK	3.6.6
ASS: LINKAGE		
인과관계를 연결하기	CL	
CL: NETWORKS	CL–NET	N.A.
CL: RULES	CL–RULE	N.A.
CL: RECURRENT PATTERNS	CL–PATT	N.A.
현장 내부	CL–PATT/LS	N.A.
현장 간	CL–PATT/OS	N.A.
CL: EXPLANATORY CLUSTER(연구자)	CL–EXPL	N.A.
(응답자)	SITECL–EXPL	N.A.
의문제기	QU	
QU: SURPRISES	QU–!	N.A.
QU: PIZZLES	QU–Q	N.A.

위 코드 착수 목록의 선정된 코드의 정의
현장의 역동과 변화–TR

Event chronology–official version: TR–CHRON/PUB	실행 초기와 진행 중에 이루어지는 사건의 연대적 배열은 이용자, 행정가 또는 다른 응답자에 의해 열거된다.
Event chronology–subterranean version: TR–CHRON/PRIV	실행 초기와 진행 중에 이루어지는 사건의 연대적 배열은 이용자, 행정가 또는 다른 응답자에 의해 열거된다. 그리고 (a) 공공 버전보다 서로 다른 시나리오에 합의해야 하며, (b) 같은 사건에 대해서도 설명이 다양하다.
Change in innovation: TR–INMOD	초기 실행과 진행과정에서 교사와 행정가는 새로운 실천과 프로그램 요소의 수정된 부분을 보고한다.

Effects on organizational practices: TR-ORG/PRAC	새로운 실천이나 프로그램의 영향에 대한 색인: (a) 조직 간의 계획, 모니터링, 일상적 작업 할당(예, 직원 임명, 일정 짜기, 자원 사용, 직원 간 의사소통)에 대한, (b) 조직 간 실천(예, 지부 사무소, 학교 위원회, 지역사회, 부모집단과의 관계)에 대한 색인
Effects on classroom practice: TR-CLASS	정규적이고 일상적인 수업에 대한 새로운 실천, 프로그램의 영향에 대한 색인(교육 계획과 관리)
Effects on user constructs: TR-HEAD	교사와 행정가의 인식, 태도, 동기, 가정이나 교육, 학습, 관리이론에 대한 새로운 실천 이나 프로그램의 효과 색인(예, 전문적 자기상, 성취나 효율성의 결정요인에 대한 새 로운 인식, 학생/동료/직원들에 대한 다른 태도, 또 다른 혁신적 실천에 대한 입장)

범주 도출 전략

1차 코딩의 목표는 범주(category)를 도출하는 것이다. 따라서 앞의 전략을 통해 도출된 개념에 기반한 범주의 도출이 1차 코딩의 최종적 목표가 된다. 범주는 개념들의 분류로 서 비교를 통해 유사한 현상에 속하는 개념, 즉 코드들을 범주로 묶음으로써 분류된다 (Strauss & Corbin, 1998). 이러한 범주를 도출하는 전략으로 영역 분석, 초점 코딩 등이 사용될 수 있는데(Spradley, 1980; Charmaz, 2006), 여기서는 이러한 범주 도출 전략들 중 몇 가지를 살펴보도록 하자.

영역 분석

영역 분석(domain analysis)은 기술적 참여 관찰 혹은 인터뷰 전후 시점에서 문화적 의미 의 요소를 발견하고 그것이 어떻게 조직되어 있는지, 즉 문화적 영역을 찾아내는 분석활 동이다(Spradley, 1980). 이러한 영역 분석은 주요한 세 가지 요소로 이루어지는데, 그것 은 총괄용어(cover terms), 포함용어(included terms) 그리고 의미론적 관계이다(spradley, 1980). 포함용어는 자료를 동해 도출된 개념으로서 앞에서 살펴본 코드(code)와 유사한 개념이다. 총괄용어는 포함용어를 포함할 수 있는 상위의 용어이며, 의미론적 관계는 포 함용어와 총괄용어 사이의 관계를 드러내는 용어이다. 예를 들어 포함용어가 '축구'라면 총괄용어는 '구기종목'이 될 수 있고 포함용어인 '축구'와 총괄용어인 '구기종목' 사이의 의 미론적 관계는 'A는 B의 한 종류이다.'가 될 수 있는 것이다. 영역 분석에서 연구자는 이 러한 다수의 포함용어들과 특정한 의미론적 관계로 연결될 수 있는 총괄용어를 도출하게 되는데 이러한 총괄용어가 바로 문화적 영역(domain)이 되는 것이다. 그렇다면 예를 통 해 그것이 도출될 수 있는지 살펴보도록 하자.

다음은 영역 분석에 대한 Spradley(1980)의 예이다.

〈표 3〉 영역 분석의 예시(Spradley, 1980의 재구성)

개념 및 범주		
커튼을 치다. 산책을 하다. TV 휴게실에 가다. 독실을 주문하다.		

포함용어	의미론적 관계	총괄용어
커튼을 치다. 산책을 하다. TV 휴게실에 가다. 독실을 주문하다.	수단 – 목적 형식: X는 Y를 위한 방법이다.	'사생활 찾기'

　이 예를 살펴보면, 연구자는 자료에 대한 분석을 통해 '커튼을 치다.', '산책을 하다.'와 같은 용어들을 도출했다. 그리고 이러한 용어들을 포함용어로 하는, 'X는 Y를 위한 방법이다.'의 의미론적 관계를 가진 '사생활 찾기'라는 총괄용어를 도출하는 것을 확인할 수 있다. 이때 총괄용어는 다음의 세 가지 영역에서 도출될 수 있다. 첫째는 연구 참여자들의 용어이며, 이러한 영역을 민속적 영역(folk domain)이라 부른다(Spradley, 1980). 즉, 연구 현장의 연구 참여자들이 그러한 영역을 지칭하는 그들의 언어로 도출된 문화적 영역을 명명하는 것이다. 예를 들어, 대학생의 식사유형 중 '혼자서 학생식당 이용하기', '혼자서 도시락 먹기', '혼자서 매점 음식 사먹기'와 같은 포함용어를 포함하는 총괄용어로서 대학생들이 사용하는 '혼밥(혼자서 밥 먹기)'이라는 용어를 사용하여 '혼밥'이라는 문화적 영역을 도출할 수 있다. 둘째는 연구자가 합당한 총괄용어를 사용하여 문화적 영역을 명명하는 것이다. 이를 분석적 영역(analytic domain)이라 부른다(Spradley, 1980). 이는 그 영역과 관련된 연구자들의 언어가 존재하지 않거나 적당하지 않을 때 사용된다. 예를 들어, 교사가 학생들의 주의집중을 위해 사용하는 전략으로 '큰 소음 내기', '순간적 침묵', '이름 부르기' 등의 포함용어를 도출했다면, 이에 대해 '교사의 주의집중 전략'이라는 총괄용어를 도출할 수 있다. 마지막으로 혼합적 영역(mixed domain)이 있는데, 이는 민속적 영역과 분석적 영역의 혼합으로 참여자들의 언어와 연구자의 언어를 혼합하여 문화적 영역으로서의 총괄용어를 도출하는 것이다. 예를 들어, 학원에 다니지 않는 학생들의 학습전략에 대한 연구를 통해 '참고서로 자습하기', '교과서로 자습하기', 'EBS 강의 듣기'와 같은 포함용어를 도출했다면 'X는 Y의 방법이다.'라는 의미론적 관계의 총괄용어를 도출해야 할 것이다. 그렇다면 학생들이 학원을 다니지 않고 혼자 공부하는 것을 지칭하

는 '독학'이라는 민속적 영역의 용어와 공부하는 방법을 지칭하는 '학습전략'이라는 분석적 영역의 용어를 혼합하여 '독학의 학습전략'이라는 문화적 영역을 도출할 수 있다.

〈표 4〉 민속적 영역, 분석적 영역, 혼합적 영역

민속적 영역

개념 및 범주
혼자서 학생식당 이용하기 혼자서 도시락 먹기 혼자서 매점 음식 사먹기

포함용어	의미론적 관계	총괄용어
혼자서 학생식당 이용하기 혼자서 도시락 먹기 혼자서 매점 음식 사먹기	수단 – 목적 형식: X는 Y의 한 형태이다.	"혼밥"

분석적 영역

개념 및 범주
큰 소리 내기 순간적 침묵 이름 부르기

포함용어	의미론적 관계	총괄용어
큰 소리 내기 순간적 침묵 이름 부르기	수단 – 목적 형식: X는 Y를 위한 방법이다.	"교사의 주의집중 전략"

혼합적 영역

개념 및 범주
참고서로 자습하기 교과서로 자습하기 EBS 강의 듣기

포함용어	의미론적 관계	총괄용어
참고서로 자습하기 교과서로 자습하기 EBS 강의 듣기	수단 – 목적 형식: X는 Y의 일부분이다.	"독학의 학습전략"

분류 분석

분류 분석(taxonomic analysis)은 특정한 문화적 영역(범주)이 조작된 방식을 찾아내는 활동이다(Spradley, 1980). 이러한 분류 분석은 참여자들에게 문화적 영역 안에 속하는 개념들이 어떠한 방식으로 조직되어 있는지 분류를 통해 파악하는 데 목적이 있다. 이러한 측면에서 본다면 분류 분석은 범주를 도출하기 위한 1차 코딩 전략으로 사용될 수도 있지만 범주 간의 관계를 밝히는 2차 코딩 방법으로도 사용될 수 있다. 이러한 분류 분석의 표현에는 다양한 방법이 사용될 수 있는데, 가장 대표적으로는 표나 트리 형태의 도형과 같은 것들이 될 수 있다. 그렇다면 예를 통해 분류 분석을 살펴보도록 하자. 다음은 참치잡이 배에 대한 Spradley(1980)의 분류 분석을 나타낸 것이다.

〈표 5〉 분류 분석의 예(Spradley, 1980)

참치잡이 배의 부분들				
	주축 통로			
	주 엔진실			
	돛대	망대		
		연단		
	갑판	상갑판	쾌속정 갑판	
			선교	굴뚝
				선장실
		중갑판	그물 기둥	예인망
				단정
			주 작업 갑판	주 윈치
				갑판 승강구
				상어 활주판
				돛줄 활대
			주 갑판실	사관실
				취사실
			뱃머리	닻 윈치
				레일 부착 윈치
		하갑판	생선 적재 갑판	
			상부실 엔진	

위의 예는 참치잡이 배라는 문화적 영역의 하위 범주들과 용어들을 분류한 것이다. 연구자는 이러한 분류를 통해 그 영역의 하위 영역과 용어들을 일목요연하게 확인할 수 있고 이를 통해 참치잡이 배라는 문화적 영역으로서의 범주를 확인할 수 있다. 앞에서 언급했듯이 이러한 분류 분석은 트리 형태의 도형으로도 드러낼 수 있는데, 트리 형태의 분류 표현은 다음의 그림과 같이 나타낼 수 있다.

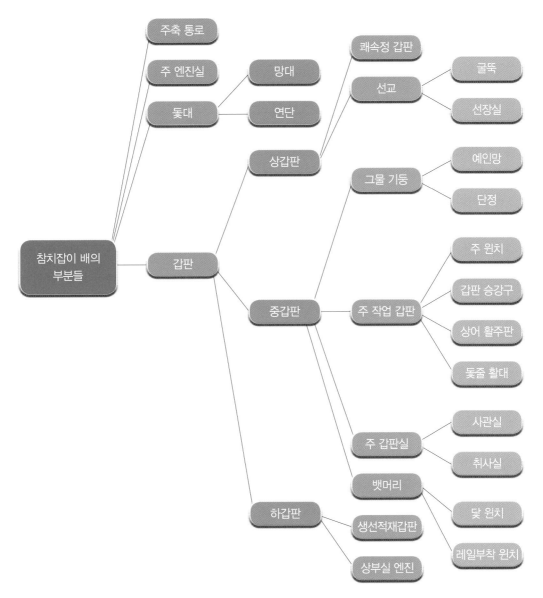

[그림 2] 트리 구조의 분류 분석(Spradley, 1980의 재구성)

앞에서 언급한 영역 분석이 포함용어를 중심으로 하여 이를 총괄하는 총괄용어를 도출함으로써 문화적 영역을 확인하는 방법이라면, 분류 분석은 영역 분석의 분석 과정의 역순이라 할 수 있다. 즉, 문화적 영역을 확인한 후 그 영역에 속하는 범주나 용어를 상위 영역과의 관계를 고려하며 분류하고 범주화하는 것이다. 예를 들어, 영역 분석을 통해 하나의 문화적 영역으로서 '의복'이라는 문화적 영역을 확인했다면, 분류 분석을 통해 이러한 '의복'이라는 문화적 영역에 속하는 범주들과 용어들을 그 관계에 주목하며 분류, 나열, 열거하는 것이다. 따라서 이러한 분류 분석은 범주를 확인한다는 측면에서 1차 코딩 전략도 될 수 있지만, 범주나 용어 간의 관계를 확인한다는 측면에서 2차 코딩 전략으로도 사용될 수 있다.

지속적 비교 분석

1차 코딩의 분석 기법으로 또 다른 대표적인 사례는 근거이론에서의 개방 코딩, 초기 코딩, 지속적 비교 분석(constant comparison)이다. 우리나라에서 근거이론은 주로 Strauss와 Corbin(1998)의 분석 절차와 기법을 중심으로 발전했다. 그러나 1960년대 근거이론이 생성된 이후, 근거이론의 지맥은 학문적 전통에 따라 여러 지맥으로 분기했다(이동성, 김영천, 2012). 1차 코딩 분석 기법인 개방 코딩(open coding) 혹은 초기 코딩(initial coding)은 단어, 줄, 세그먼트, 사건, 내생 코드(in vivo code)를 통해 원 자료를 분절하는 작업이다(Charmaz, 2006). 개방 코딩과 초기 코딩은 앞에서 논의한 바 있으니 여기서는 이 두 코딩의 원형으로 볼 수 있는 지속적 비교 분석에 대해 논의해 보도록 하자.

　질적 연구자들이 '코딩'이라고 말할 때, 지속적 비교 분석을 떠올릴 정도로 지속적 비교 분석은 질적 연구에서 일반적으로 널리 활용되고 있는 분석 기법이다(Leech & Onwuegbuzie, 2007). Glaser와 Strauss(1967)에 의해 창안된 지속적 비교 분석은 내용 분석의 효과적인 수단으로 인식되어 왔다(Lincoln & Guba, 1985; Leech & Onwuegbuzie, 2007). 1차 코딩의 분석 기법인 지속적 비교 분석은 사건과 행위 속에서 범주의 지시자(indicators)를 찾는 방법이다. 특히 코딩은 지속적 비교 행위 분석의 심장에 해당한다(Westbrook, 1994). 지속적 비교 분석은 질적 자료에서 논리적 일치와 차이를 찾기 위해 코드와 메모를 비교하고, 범주 생성을 위해 코드 사이의 논리적 일관성을 발견한다. 지속적 비교 분석에서는 새로운 코드가 더 이상 생성되지 않을 때까지 자료 분석을 시도하며, 새로운 코드가 더 이상 생성되지 않으면, 특정한 범주가 포화되었다고 가정한다(Glaser & Strauss, 1967). 1차 코딩의 분석 기법으로서 지속적 비교 분석은 포괄적 분석 절차의 1단계(자료 읽기/관리)부터 6단계(연구 결과 재현)까지 지속적으로 분석적 영향력을 미친다고 할 수 있다.

　그렇다면 이러한 근거이론의 개방 코딩, 초기 코딩, 지속적 비교 분석이 어떻게 범주를 형성하는지 예를 통해 살펴보자. 다만 코드의 생성에 대해서는 앞에서 논의한 바 있으니 여기서는 범주의 형성에 집중하여 살펴보도록 하자. Garcia-Romeu, Himelstein과 Kaminker(2015)는 자기 초월 경험에 대한 연구에서 지속적 비교 분석을 통해 코드들로부터 다음과 같은 범주를 도출했다.

〈표 6〉 자기 초월 경험과 관련된 중심 주제, 하위 범주, 코드들(Garcia–Romeu et al., 2015)

중심 주제	하위 주제	중심 코드
맥락	구성	스트레스, 자기 반성, 정신적 탐색
	구성하기	종교/정신적인 의식, 자연에서의 야외활동, 집단적 축제
	자극제	심리학적 요소, 정신적인 교수/기도/묵상, 정신요법, 춤
현상	신체적 현시	떨림/흔들림, 진동, 강렬한 표출, 주체할 수 없는 흐느낌/폭소, 신체에 대한 통제 상실, 정신적으로 연결됨, 광명, 역겨움/구역질
	지각적 변화	자기 영역 안에서의 전환, 정신적 소유, 채널링, 비인간적 지능, 탈자아성/탈시간성/탈공간성/환각/공감각, 유체이탈 경험, 투명
	인지 효과적 변화	모순/형언할 수 없음, 전지적 능력/직접적 현시, 긍정적 효과, 항복/상처받기 쉬움/열림, 감정적 카타르시스
결과	단기 효과	감소되는 분노, 증가하는 에너지, 증가하는 통찰, 증가하는 교감, 지속적인 긍정적 효과
	장기 효과	가치 재정립, 증가하는 타인에 대한 관심, 증가하는 긍정적 효과, 관습적인 생각이나 행위로 정의하지 않음
	인지가능한 의미들	자기 초월을 정의함, 널리 보급된 정신/에너지, 사회적 변화의 도구로서의 자기 초월

　이 예에서 연구자들은 개념으로부터 하위 범주를, 하위 범주로부터 범주까지 발전적인 형태로 범주를 형성하고 있음을 확인할 수 있다. 다음의 예를 살펴보자. 다음은 사설 간호 시설의 환자들이 어떻게 동료 환자들 그리고 스태프들과 좋은 관계를 맺게 되는지에 대한 연구에서 도출된 범주들이다.

〈표 7〉 사설 간호 시설에서 환자들이 스태프들과 관계 맺는 현상 속의 범주들(Roberts & Bowers, 2015)

범주	하위 범주
자신이 되려 하기	동일한 사람이 되기, 동일한 일 하기
좋은 분위기를 형성하려 시도하기	친절해지기, 즐겁게 지내기, 불평하지 않기, 갈등 피하기
관계	친근하지 못함, 친근함

2차 코딩 전략

2차 코딩의 주요한 과업은 범주 간의 관계를 확인하고 이에 기초하여 범주를 연결하여 의미의 전체적인 구조를 구성하는 것이다. 이러한 2차 코딩 전략으로 성분 분석(Spradley, 1980), 축 코딩(Strauss & Corbin, 1998), 패턴 코딩(Miles, Huberman & Saldaña, 2014), 초점 코딩(Glaser, 1978), 매트릭스 분석(Miles & Huberman, 1994)을 살펴보도록 하자.

성분 분석

성분 분석은 범주 혹은 개념이 가진 속성과 그 속성의 정도에 대한 분석이다(Spradley, 1980). 범주나 개념은 그 속에 많은 속성과 그 속성의 정도를 포함하고 있다. 예를 들어, '역도'라는 개념은 그 속성으로서 '강도'와 '시간'을 포함하고 있다. 이때 강도의 정도는 '매우 강함'의 정도를 가진다고 할 수 있고 '시간'의 정도는 '매우 짧음'의 정도를 가진다고 할 수 있다. 이렇게 속성과 속성의 정도를 분석하는 것이 성분 분석이다. 예를 통해 살펴보도록 하자. 다음 표는 우편물과 관련된 문화적 영역에 대한 성분 분석의 결과이다.

〈표 8〉 '우편물'에 대한 패러다임(Spradley, 1980의 재구성)

영역(범주)	대조의 차원		
	서명(대조점 1)	행동(대조점 2)	감정(대조점 3)
잡동사니 우편물	없음(차원 1)	버림(차원 2)	혐오감(차원 3)
개인적 연락	있음(차원 1)	읽고 보관함(차원 2)	기쁨(차원 3)
청구서	없음(차원 1)	읽고 지불함(차원 2)	반갑지 않음(차원 3)

위의 예에서 살펴볼 수 있는 것처럼 '우편물'이라는 문화적 주제의 문화적 영역인 '잡동 사니 우편물', '개인적 연락', '청구서'는 '서명', '행동', '감정'이라는 성분을 가지고 있으며, 그 차원도 각각 '없음'과 '있음', '버림', '읽고 보관함', '읽고 지불함', '혐오감', '기쁨', '반갑 지 않음'으로 나타낼 수 있다.

차원의 경우, 위의 예처럼 유무(有無)나 극단적 정도를 양끝으로 하는 차원의 한 점으 로 표현될 수 있는데, 위의 예의 서명이 유무, 감정이 차원의 한 점으로 나타나는 형태라 고 할 수 있다. 예를 들어, 다양한 운동들의 '강도'라는 속성은 다음과 같은 차원에 각각 위치할 수 있다.

약함   사격   걷기   달리기   역도   강함

[그림 3] 다양한 운동들의 '강도' 성분의 차원

이러한 성분 분석은 각 범주나 개념의 속성과 그 정도를 확인하는 것을 통해 범주나 개 념 간의 관계를 파악하는 데 전략적으로 사용될 수 있다.

축 코딩

축 코딩(axial coding)은 범주들 사이에 서로 연합관계를 형성하는 것이다(Strauss & Corbin, 1998). 즉, 축 코딩은 범주 내 개념들 사이의 관계에 주목하며 범주들을 서로 연 결하여 전체적인 의미의 구조를 형성하는 것이다. 이러한 범주들의 관계는 다양한 모습으 로 드러날 수 있는데, 이러한 관계를 바라보는 개념적 틀로서 Strauss와 Corbin(1980)은 패러다임 모형, Glaser(1978)는 코딩 패밀리(coding families)를 제시했다.

패러다임 모형은 범주들을 인과적 조건(causal condition), 현상(phenomenon), 전후관 계(context), 중재적 조건(intervening condition), 작용/상호작용(action/interaction), 결 과(consequence)의 관점에서 관계를 확인하고 연결하는 것이다. 이때 인과적 조건은 현 상을 일으키거나 발전시키는 사건, 현상은 중심적인 생각이나 사건, 전후관계는 현상학 이 일어나는 특정한 속성, 중재적 조건은 전략이 구현되는 데 필요한 조건, 작용/상호작 용은 현상을 다루는 전략들, 결과는 작용/상호작용의 결과를 말한다(Strauss & Corbin, 1998). 그렇다면 이러한 패러다임 모형에 따른 축 코딩의 예를 살펴보자.

홍나미·신문희·박은혜·박지현(2013)은 학업을 중단한 뒤 다시 학업에 복귀하기 위한

〈표 9〉 성분 분석 예시(이용숙, 2009)

성분 분석표 분류체계 분석표			혼자서 하는가?	선생님이 발견하면 혼나는가?	자주 하는 순서	선생님께 미움받는 정도
수업 시간에 집중하지 않을 때 하는 일의 종류	소극적인 딴짓	잠자기	○	×	7	중하
		졸기	○	×	2	하
		창밖 보기	○	×	4	중하
		딴생각하기	○	×	1	하
	적극적인 딴짓	혼자서 하는 딴짓 — 공부에 해당되는 딴짓 — 다른 과목 공부하기	○	○	10	중하
		학원 숙제하기	○	○	11	상
		공부와 관계없는 딴짓 — 만화 보기	○	○	12	상
		문자 보내기	○	○	6	중상
		낙서하기	○		5	중하
		다이어리 정리하기	○	○	8	중상
	친구와 함께하는 딴짓	친구와 이야기하기	×	○	3	중상
		친구에게 장난하기	×	○	9	상

다양한 과정에 있는 학생들의 경험을 탐구하기 위한 연구에서 자료의 분석을 통해 다음과 같은 범주들을 도출했다.

〈표 10〉 학업 중단 청소년 학업복귀 과정 개념의 범주화의 일부(홍나미 외, 2013)[계속]

개념	하위 범주	범주
삶의 의미를 상실하고 자포자기 심정이 됨	자퇴 이후 불안과 우울을 경험함	심리적 어려움을 온몸으로 경험함
불면, 우울, 섭식장애, 자살사고 등의 심리적 문제가 나타남		
남들과의 비교의식으로 힘들어함		
친구관계에서 소외되었다는 외로움을 느낌	친구관계 단절로 인한 외로움	
친구들과 예전처럼 함께 어울리고 싶음		

스스로 가족들로부터 멀어지게 됨	가족으로부터 소외감을 느낌	
가족들이 자신을 모임에서 소외시킴		
자퇴생은 질 나쁜 아이라는 편견으로 힘들었음	자퇴생이라는 편견에 힘듦	자퇴생이라는 사회적 낙인
자퇴생이라는 이유로 무시당하고 입에 오르내림		
자퇴한 것을 다른 사람에게 알리는 것이 어려움		
부모에 대한 미안함		

이러한 분석을 통해 모두 13개의 범주를 도출한 연구자들은 이를 Strauss와 Corbin의 패러다임 모형을 따라 다음과 같이 연결했다.

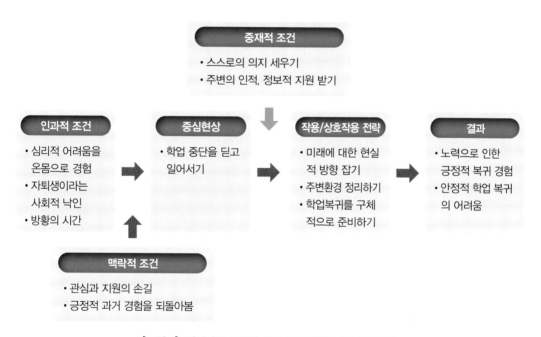

[그림 4] 패러다임 모형에 따른 축 코딩(홍나미 외, 2013)

하지만, 근거이론의 축 코딩에서 무조건 코딩 패러다임을 사용해야 하는 것은 아니다. 실제로, Charmaz(2006)는 축 코딩에서 고정된 개념적 틀을 사용하는 것에 대한 조심스러운 입장을 보이고 있으며, 많은 근거이론 연구들이 패러다임 모형을 따르지 않고 연구 주제와 결과에 합당한 관계에 기초하여 범주와 개념들을 연결하고 있다. 예를 살펴보자.

Ildarabadi 등(Ildarabadi, Moonaghi, Heydari, Taghipour, Abdollahimohammad, 2015)은 간호 교육을 받고 있는 학생들이 백신과 관련된 교육을 받을 때 어떠한 경험을 하는지에 대한 탐구를 통해 도출된 범주들을 다음과 같이 연결하고 있다.

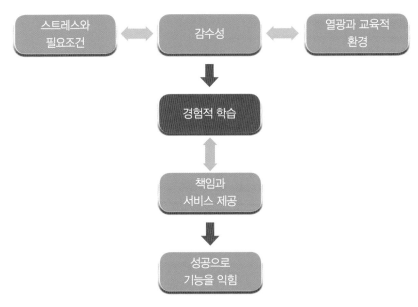

[그림 5] 백신 교육에 대한 범주의 연결(Ildarabadi et al., 2015)

이와 같이 패러다임 모형을 맹목적으로 추구하기보다는 분석 결과에 따라 범주내 개념 간의 관계를 밝히고 이에 따른 범주의 연결이 가능하다.

패턴 코딩

패턴 코딩(pattern coding)은 하위 범주나 개념을 범주, 주제, 구조로 묶어 주는 것이다 (Miles et al., 2014). 즉 1차 코딩을 통해 도출한 범주나 개념들을 하나의 범주로 묶어 그것을 포함할 수 있는 상위 개념을 도출하는 것이다. 이때 상위 개념은 단순히 하위 개 념이나 범주의 공통점을 나타내는 것이 아니라 그러한 하위 개념들을 설명하거나 추론할 수 있는 메타코드(meta-code)여야 한다(Miles et al., 2014). 그렇다면 이러한 패턴 코딩 의 예를 살펴보도록 하자.

〈표 11〉 패턴 코딩의 예 1(오영범, 이현철, 정상원, 2016)

코드 및 하위 범주	범주 및 상위범주
교사는 동료교사의 영향에 부담감을 느낀다. 교사는 관리자의 영향에 부담감을 느낀다. 교사는 학부모의 반응에 부담감을 느낀다. 교사는 학생의 반응에 부담감을 느낀다. 교사는 미래에 생길 수 있는 곤란한 상황에 부담감을 느낀다.	교사는 평기를 기록할 때 부담감을 느낀다.

위의 예에서 하위 코드 및 범주들이 그것을 기술적으로 설명하는 '교사는 평가를 기록할 때 부담감을 느낀다.'라는 코드로 묶인 것을 확인할 수 있다. 또 다른 예를 살펴보자.

이 예에서 하위 범주에 대한 추론을 통해 상위 범주인 '교사는 생활기록부에 다양한 의미를 부여한다.'라는 추론적 코드를 도출하고 이를 중심으로 하위 범주들을 묶을 수 있음을 확인할 수 있다.

〈표 12〉 패턴 코딩의 예 2(오영범 · 이현철 · 정상원, 2016)

하위 범주	상위 범주
생활기록부는 공식적인 문서이다. 생활기록부는 격려의 수단이다. 생활기록부는 정확한 묘사이다. 생활기록부는 비전을 제시해 주어야 한다. 생활기록부는 아이들을 지도하는 수단이다.	교사는 생활기록부에 다양한 의미를 부여한다.

초점 코딩

초점 코딩(focus coding)은 자료를 '분리, 정렬, 종합'하는 코딩 방법이다. 즉, 가장 빈번하고 핵심적인 범주를 중심으로 하여 하위 개념이나 범주를 연합하는 것이 초점 코딩의 핵심적인 과업이다(Charmaz, 2006). 이러한 초점 코딩은 개념과 범주를 핵심 범주를 중심으로 연결짓는 과업을 중심으로 일어나는데(Saldaña, 2009), 그 예는 다음과 같다.

〈표 13〉 초점 코딩의 예(Saldaña, 2009의 재구성)

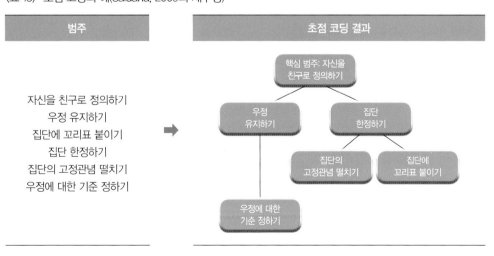

매트릭스 분석

범주나 개념 간의 관계를 확인한다는 측면에서 매트릭스 분석(matrix analsysis) 또한 유용한 2차 코딩 전략으로 사용될 수 있다. 매트릭스 분석은 열과 행으로 이루어진 표(matrix)를 중심으로 분석하는 기법인데, 표의 가로축과 세로축이 규정하는 관계를 중심으로 범주나 개념들 간의 관계를 파악할 수 있다는 측면에서 표를 통한 의미의 구조화를 도모할 수 있다. 이러한 매트릭스 분석은 표와 범주가 상호관련성 속에서 서로 점진적으로 변화하며 이루어지게 되며, 특히 자료의 시각적 표현에 효과적이다(Miles & Huberman, 1994). 예를 살펴보자.

〈표 14〉 시간 중심 매트릭스의 예(Miles & Huberman, 1994의 재구성)

행위자	심리·사회적 조건						수행 계획				
	관련 선행 경험	참여도	이해도	기술	학교 행정 지원	중앙 행정 지원	자료	사전/ 사후 훈련	진행 중인 연수 교육	계획/ 시간 조정	기타
사용자											
구축 관리자											
중앙부서 관리자											
다른 중앙부서 관리자											

위의 예는 시간을 중심으로 한 매트릭스의 예이다. 이때 연구자는 분석을 통해 드러나는 범주들의 속성과 차원을 기반으로 하여 매트릭스를 구성할 수 있으며, 이러한 매트릭스의 어느 한 빈칸에 범주를 위치시킴으로써 범주와 범주, 개념과 개념의 관계를 확인할 수 있다. 위의 예에서는 매트릭스가 심리·사회적 조건, 수행 계획이라는 가로축과 행위자라는 세로축으로 구성되었는데, 연구자는 자신의 연구 주제에 맞게 세로축과 가로축을 형성하여 분석을 진행할 수 있다.

실제로 이러한 매트릭스 분석은 실용적인 효과도 가지고 있는데, 이는 자료를 매트릭스의 형태로 배치시킴으로써 연구자가 간과하거나 지나친 자료가 빈칸의 형태로 드러나게 되고, 연구자는 이 빈칸을 확인하고 이 빈칸에 대한 논리적 타당성을 증명하든지, 그 빈칸을 채울 수 있는 자료를 찾아 다시 현장으로 돌아가야 할지에 대해 확인할 수 있다는 점이다.

2. 코드북

질적 연구는 작은 규모의 현장에서 한 명의 연구자를 통해 이루어질 수도 있지만, 큰 규모로 다수의 연구자 및 코더(coder)들이 참여하는 상황에서 이루어질 수도 있다. 이러한 경우 다수의 연구자들이 코딩에 참여하게 됨으로 인해 문제가 발생할 수 있는데, 이러한 문제를 해결하는 하나의 방법이 코드북(codebook)의 활용이다. 이뿐만 아니라 코드북의 활용은 질적 자료의 코딩에 있어서도 그 일관성과 타당성을 확보하는 데 도움이 된다. 따라서 여기서는 질적 분석의 도구로서 코드북의 개념에 대해 살펴보고 이러한 코드북이 연구에서 어떻게 활용되었는지 살펴보도록 하자.

코드북의 개념

코드북은 질적 자료 분석을 용이하게 해 주는 도구로서, 코드들을 위계적으로 정리해 놓은 목록을 말한다(Ryan & Bernard, 2000). 코드북은 연구자로 하여금 질적 연구를 수행함에 있어서 일관되고 타당한 코딩을 수행하게 도울 수 있을 뿐만 아니라 다수의 연구자나 코더들이 참여하는 연구에서 일관되고 타당한 코딩을 가능케 한다(Kurasaki, 2000; MacQueen, McCellan-Lemal, Bartholow, Milstein, 2007). 일반적으로 한 명의 연구자가 수집된 모든 자료에 대해 분석과 코딩을 진행할 수도 있으나, 규모가 큰 연구의 경우, 한 명의 연구자가 그것을 감당하는 것은 물리적으로 불가능한 부분이 많다. 따라서 연구의 규모에 따라 다수의 연구자 혹은 코더가 연구에 참여하게 된다. 하지만 코더가 많아질수록 코딩에 문제가 발생할 수 있다. 그 중 가장 큰 문제는 연구자나 코더가 독립적으로 코딩을 진행할 경우 일관된 코딩을 수행할 수 없다는 점이다. 즉, 각 연구자나 코더가 어떠한 기준 없이 각자 독립적으로 코딩을 진행하게 되면 코딩의 방향 및 형태, 초점에 있어서 중구난방인 코딩이 이루어질 수 있는 것이다. 이때 이러한 혼란을 방지하고 일관된 코딩을 위해서는 각 연구자나 코더가 참고할 수 있는 코딩을 위한 가이드라인을 제공해야 할 필요가 있는데, 이러한 가이드라인 역할을 할 수 있는 것이 바로 코드북이다. 즉, 코드북이란 연구자들이나 코더들이 코딩의 과정에서 참조해야 할 코드의 목록이라 할 수 있다. 이러한 코드북은 주로 연구자와 코더들 사이의 협력적 의사소통을 통해 개발, 적용, 개선되는데, 이러한 과정에서 일어나는 연구자와 코더들 사이의 협력적 의사소통은 코딩의 타당성을 확보하는 데도 큰 역할을 할 수 있다(Kurasaki, 2000; MacQueen et al., 2007).

즉, 연구 초기에 코드북을 개발하고 이를 기반으로 하여 다수의 연구자 혹은 코더가 코딩을 진행함으로써 코딩의 일관성을 유지하고 코딩의 과정에서 발생하는 다양한 상황에서 코드들을 수정, 발전시키고 이 과정에서 연구자 혹은 코더들 사이의 의견 교환과 합의를 통해 코딩의 타당성을 확보하는 것이다.

이러한 코드북의 형태는 정해져 있다기보다는 연구 주제와 특징에 따라 다양한 형태가 있을 수 있는데, 여기서는 대표적으로 Bernard와 Ryan(2010)과 Guest, MacQueen과 Namey(2011)의 논의를 통해 그 형태의 예를 살펴보도록 하자. 더 다양한 코드북의 형태는 뒤에서 살펴보도록 한다.

우선 Bernard와 Ryan(2010)은 구조적 코드(structural code), 주제 코드(theme code), 메모(memo)를 중심으로 하는 코드북의 형태를 제안한 바 있다. 이때 구조적 코드는 자료를 제공한 참여자, 자료가 수집된 환경, 면담자 등과 같이 면담의 맥락에 대한 정보를 담고 있는 코드이며, 주제 코드는 연구자가 규명한 주제가 드러나는 텍스트의 일부분을 드러내는 코드, 메모는 코드에 대한 연구자의 성찰이나 텍스트를 읽는 과정에서 나타나는 연구자의 논의를 포함하고 있는 부분이다. 그렇다면 이러한 코드들을 포함하고 있는 코드북의 예를 살펴보도록 하자.

이 예는 두 가지 주제, 의사소통과 잠재적 장벽이 드러나는 코드북의 일부이다. 표의 좌측에는 면담 환경과 피면담자의 정보를 담고 있는 코드들이 나타나 있으며, 우측에는 텍스트와 그 텍스트들이 어떠한 주제들과 관련되는지가 이탤릭체와 밑줄로 표시되어 있다.

Guest 등(2011)이 제안하는 코드북은 앞의 코드북에 비해 상대적으로 구체적이라 할 수 있다. 그들은 코드북 개발이 텍스트 속에서 관찰되는 의미들을 범주(catergories), 유형(types), 의미 관계(relationship)에 따라 분류하는 과정이라 논의하며, 코드북에 들어가야 하는 정보로서 코드 라벨(code label), 짧은 정의(short definition), 전체적인 정의(full definition), 사용할 때(when to use), 사용하지 말아야 할 때(when not to use)를 언급하고 있다. '코드 라벨'은 기억을 도울 수 있는 기술적이고 짧은 코드로서 코더들로 하여금 그것을 다른 코드들과 구별할 수 있도록 돕는 것이고, '짧은 정의'는 그러한 코드가 의미하고자 하는 주제나 주제 요소들에 대한 짧은 절 수준의 기술, '전체적인 정의'는 코드가 의미하고자 하는 주제나 주제 요소들에 대한 핵심적인 특징을 강조하는 짧은 절 형태의 정의, '사용할 때'와 '사용하지 말아야 할 때'는 그러한 코드들을 부여해야 하는 경우와 부여하지 말아야 하는 경우에 대한 기술이며 그러한 경우가 어떤 경우인지를 분명히 드러내는 것이다(Guest et al., 2011). 이러한 요소들을 포함시켜 코드를 나타내면 하나의 코드에 다음과 같은 요소들이 담긴다.

〈표 15〉 코드북의 예(Bernard & Ryan, 2010)

구조적 코드				주제 코드와 메모
장소	면담 주제	피면담자 성별	피면담자	전사록
회사			면담자	만약 우리가 부모들을 위한 프로그램을 제공한다면 어떤 프로그램이 당신의 흥미를 끌 수 있을 것 같습니까? 혹은 어떤 프로그램이면 당신이 참여하기를 원할 것 같습니까? 그것을 우리가 어떻게 다루어야 할까요?
	주제 #1	남	1	**글쎄요. … 집사람이 그런 걸 더 좋아할 걸요. 집사람이 나를 그리로 이끌겠지요. 그러나 …**
		남	2	*아마도 의사소통을 강조하고 의사소통과 문제있는 의사소통을 묘사하는 것이면 좋겠어요. 왜냐하면 그런 게 일반적이거든요. 우리는 어제 이야기를 나누었어요. 그건 정말 큰 도전이었지요. 아니면 큰 도전 중에 하나거나요. 그래서 의사소통을 잘하는 것과 주의를 끄는 방법 같은 것을 묘사해 주는 것이 필요한 거 같아요.* *[이것은 둘째날 세션의 두 번째 부분이다. 전날에 부모들은 그들이 자녀들과 성 그리고 연애에 대해 어떻게 이야기하고 있는지에 대한 토론이 있었다.]*
		여	3	성공하는 법을 알려 주면 좋겠어요. 이걸 통해 당신이 계획하고 있는 건 뭐지요? 만약 이것의 마지막에 당신의 계획을 말해 준다면 우리 관계가 더 좋아질 것이고 내 딸은 더 나은 성취를 얻겠지요. 당신도 알겠지만, 나는 기분이 상하고 싶지 않아요. 그렇게 되겠지만요.
		여	4	돈을 주세요.
	주제 #2		면담자	만약 우리가 "좋아요. 오늘밤에 당신의 자녀와 성에 대해서 대화를 나누어 보세요."라고 한다면 어떤 부분이 힘들고 어떤 부분이 쉬울 거 같나요?
		여	4	몇 년 동안 몇몇의 강의를 들어 왔어요. 우리 애들은 내가 앉아서 수업을 듣고 숙제를 하는 걸 보면서 즐거워했지요. 그리고 내가 이런 숙제가 있는 걸 안다면. 이건 내 숙제잖아요. 그렇지요? 그래요, 숙제를 받은 거지요. 당신과 앉아서 책을 읽고 보고서를 쓰거나 토론을 하는 걸 알면 애들은 즐거워한지요. 당신도 알겠지만, 오늘은 당신이 내 숙제네요.

※ 범례: 이탤릭체=주제 #1, 의사소통; 밑줄=주제 #2, 잠재적인 장벽; 중괄호=메모

⊙ 코드와 코드북의 요소(Guest et al., 2011)

- 코드 라벨: 주변화(MARGIN)
- 짧은 정의: 주변화된 공동체 구성원
- 전체적인 정의: 사회적으로나 물리적으로 더 큰 공동체 구조의 외부에 존재하는 부정적으로 인식된 공동체 그룹. 주변화된 그룹은 그들이 주류 공동체 그룹에 참여하거나 상호작용하는 것을 막기 위한 경계가 다른 이들에 의해 설정된다.
- 사용할 때: 더 큰 공동체가 주변화된 개인들의 그룹에 대한 모든 언급에 이 코드를 적용하라.
- 사용하지 말아야 할 때: 건강이나 범죄로 인해 제도적으로 주변화된 공동체나 그들 스스로 공동체 생활에서 배제됨을 선택한 그룹에 대한 언급에는 이 코드를 사용하지 마라.
- 예: 약팔이, 약쟁이, 매춘부는 버려질 거예요.

이러한 요소들이 포함된 코드북의 예는 다음과 같다. 이 예는 불임부부의 냉동 배아 보관에 대한 태도와 관련된 인터뷰에 구조적 코딩을 적용한 코드북의 일부이다.

〈표 16〉 코드북의 예(Guest et al., 2011)[계속]

면담 주제	질문	구조적 코드명	구조적 코드 정의
냉동 배아 경험에 대한 요약	1	긍정/ 부정	- **짧은 정의:** 냉동 배아를 시행하는 것에 대한 긍정/부정 - **전체적인 정의:** 냉동 배아를 보관하는 것의 장점과 단점에 대한 참여자의 의견 - **면담가이드:** 냉동 배아를 보관한 당신의 경험에 대해 이야기해 주세요. 그리고 그것에 대한 긍정적인 부분과 부정적인 부분에 대해 각각 한두 가지 정도 이야기해 주세요. - **사용할 때:** 질문 1에 대한 직접적인 응답으로 냉동 배아 보관에 대해 좋은 점과 나쁜 점의 표현이 포착되는 지점에 이 코드를 사용하라. 이러한 것에는 재생에 대한 걱정, 편리함, 재정적 혹은 윤리적 이슈 등이 포함될 수 있다. - **사용하지 말아야 할 때:** 질문 1을 제외한 다른 질문에 대한 응답에 나타나는 냉동 배아 보관에 대한 긍정과 부정에 대한 토의에는 이 코드를 사용하지 마라. 대신 구조적 코드와 관련된 냉동 배아 경험 내용 코드를 사용하라.
냉동 배아 경험이 가족에 미치는 영향– 배우자 동의	3	가족– 배우자 동의	- **짧은 정의:** 냉동 배아에 대한 배우자의 동의 혹은 반대 - **전체적인 정의:** 배우자나 부부간에 냉동 배아를 가지고 무엇을 할 것인지 혹은 그것을 어떻게 처리할 것인지에 대한 참여자 논의 - **면담가이드:** 당신과 당신의 배우자는 당신의 냉동 배아를 가지고 무엇을 할 것인지에 대해 합의했나요? - **탐색:** 당신의 입장에 대해 좀 더 이야기해 주세요.

면담 주제	질문	구조적 코드명	구조적 코드 정의
냉동 배아 경험이 가족에 미치는 영향–배우자 동의	3	가족–배우자 동의	• **사용할 때:** 질문 3과 이와 관련된 탐색에 대한 직접적인 응답에서 드러나는 냉동 배아에 대한 입장에 대한 배우자 합의의 논의가 포착될 때 이 코드를 사용하라. 이것에는 동의, 반대, 모름 등이 포함될 수 있다. • **사용하지 말아야 할 때:** 질문 3을 제외한 다른 질문에 대한 응답에 나타나는 배우자 동의 이슈에 대한 토의에는 이 코드를 사용하지 마라. 대신 구조적 코드와 관련된 가족에게 미치는 냉동 배아 효과 내용 코드를 사용하라.

Bernard와 Ryan(2010) 역시 Guest 등(2011)의 코드북과 유사한 내용을 포함하는 코드북을 제안한 바 있는데, 여기에는 회상단서(mnemonics), 짧은 기술(short description), 상세 기술(detailed description), 포함 기준(inclusion criteria), 제외 기준(exclusion criteria), 대표적인 예(typical exemplars), 아닌 경우의 대표적인 예(atypical exemplars), 유사하지만 아닌 것(close but no) 등이 포함된다. 이러한 것들이 포함된 예를 살펴보자. 다음은 질병의 내러티브에 대한 연구에 따른 코드북의 일부이다.

〈표 17〉 코드북의 예(Ryan, 1995; Bernard & Ryan, 2010에서 재인용)[계속]

회상단서	S/S
짧은 기술	징후(signs)와 증상(symptoms)
상세 기술	징후는 창백함, 발한, 설사, 발진, 붓기 등 질병을 확인할 수 있는 관찰가능한 특징을 말한다. 증상은 고통, 우울, 불쾌와 같은 질병이나 이상과 같이 관찰되지 않는 특징을 말한다.
포함 기준	(신체적으로나 감정적으로) 대상 개인으로부터 분명하게 느껴져야 한다.
제외 기준	행동의 변화
대표적인 예	다한, 열, 구토, 복통, 피로, 우울
아닌 경우의 대표적인 예	아이들의 경우 행동의 변화(침묵, 놀지 않기, 울기) 등을 엄마들이 질병의 징후로 여긴다.
유사하지만 아닌 것	꿈, 늦게 자기, 나가기 싫어하기, 지루함
회상단서	OTC
짧은 기술	처방전으로 구입할 수 있는 약품(Over-the-Counter Drug)

〈표 17〉 코드북의 예(Ryan, 1995; Bernard & Ryan, 2010에서 재인용)

상세 기술	징후나 증상을 완화시킬 의도로 처방전 없이 OTC를 구입하여 사용하는 것
포함 기준	현재의 질병으로 인해 의사의 처방전 없이 OTC를 구입하여 사용하는 경우
제외 기준	현재 질병에 대한 의사나 전문가의 조언에 따른 약품. 예방을 목적으로 구입한 약품
대표적인 예	아스피린, 충혈완화제, 지사제, 기침약
아닌 경우의 대표적인 예	이전의 질병 때문에 사용하고 남은 처방전에 따른 약품
유사하지만 아닌 것	비타민
회상단서	HomeR
짧은 기술	민간 처방(home remedies)
상세 기술	징후와 증상을 완화하기 위해 가정에서 이루어지는 처방
포함 기준	처방은 내부로부터 인정받거나 외부로 적용하는 것이어야 함
제외 기준	질병을 멈추기 위한 특별한 용도로 약국에서 판매되는 제품. 일찍 잠자리에 든다거나, 찬물을 피하는 것 같은 행위의 변화. 정기적인 비타민 섭취 같은 예방적 처방
대표적인 예	뜨거운 차, 치킨 스프, 압박 붕대, 마사지, 얼음찜질
아닌 경우의 대표적인 예	많은 양의 비타민
유사하지만 아닌 것	침대에서 쉬기, 학교 쉬기, 일찍 잠자리 들기 같은 행위의 변화

이 예와 같은 코드북은 연구 초기에 개발되어 연구가 진행됨에 따라 점차 개선되면서 구조화되는데, 이때 구조화와 관련해서 가장 일반적인 구조화 형태는 위계적 구조화이다(Ryan & Bernard, 2000; Guest et al., 2011). 이러한 위계는 일반적으로 3에서 5수준으로 위계화될 수 있는데, 3수준 이하로 위계화하는 것이 적당하다(Bernard & Ryan, 2010). 그렇다면 이러한 위계화가 어떻게 일어나는지 예를 통해 살펴보도록 하자. 다음의 예는 AIDS 예방과 관련된 연구에서 이루어진 위계화된 코드의 일부이다.

⊙ 위계화된 코드들(Guest et al., 2011)[계속]

　　코드 A = HIV 예방법으로 인식되고 있는 방법들
　　　　코드 A.1 = 깨끗하고 건강해 보이는 파트너 선택하기
　　　　코드 A.2 = 성관계 이후에 깨끗이 씻기
　　　　　　코드 A.2.a = 비누와 물로 성기 씻기

코드 A.s.b = 레몬 주스로 음부 씻기

코드 A.3 = 정기적인 HIV 테스트

코드 A.4. = 콘돔 사용

코드 B = HIV 감염의 원천으로 인식되는 것

코드 B.1 = 다수의 파트너들과 성관계를 가지는 파트너와의 성관계

코드 B.2 = 면도날이나 가위 등을 재사용하는 면도

코드 B.3 = 모기

이러한 코드북은 연구 과정에서 개발되어 사용할 수도 있지만 이미 존재하고 있는 코드북을 자신의 연구에 적용할 수도 있다. 이러한 기존의 코드북 중 대표적인 것이 OCM (Outline of Cultural Material) 코드이다. 실제로, Shelley(1992; Bernard & Ryan, 2010에서 재인용)는 말기 신부전증 환자들의 사회적 관계망에 대한 연구에서 이러한 OCM 코드를 변형한 코드북을 기반으로 분석을 진행한 바 있는데, 이 연구에서 사용된 OCM 코드의 일부는 다음과 같다.

⊙ Shelley의 연구에서 사용된 OCM 코드(Bernard & Ryan, 2010)[계속]

원래의 OCM 코드	변형된 코드
750 질병	750 질병
751 예방약	751 예방약
752 신체적 상해	752 신체적 상해
753 질병에 대한 이론	753 질병에 대한 이론
754 마법	754 마법
755 미신과 정신 치료	755 미신과 정신 치료
756 무당과 심리치료사	756 무당과 심리치료사
757 의료적 처방	757 의료적 처방
	757.1 이식
	757.2 혈액 투석
	757.3 CAPD(복막 투석)
	757.4 가정 내 투석
	757.5 투석 조절
	757.6 의료 처방에 따르기

757.7 기계적 투석

757.8 의약품

757.9 의료 검사 결과

759.91 HIV 검사 결과

758 의료적 처치　　　　　　　　758 의료적 처치

759 의료 인력　　　　　　　　　759 의료 인력

코드북의 개발 절차

코드북은 연구 초기에 개발되어 코딩의 과정을 통해 정련된다. 이러한 코드북의 개발 절차에 대해 몇몇의 학자들이 논의한 바 있는데, 이러한 절차들은 연구의 특성과 맥락에 따라 다양하게 논의되고 있지만 보편적으로 초기의 코드북 개발, 코드북 평가, 코딩을 통한 코드북 개선 등의 단계를 포함하고 있다(MacQueen, McLellan, Kay, Milstein, 1998; Kurasaki, 2000; DeCuir-Gunby, Marshall, McCulloch, 2011; Ojelade, McCray, Meyers, Ashby, 2014). 그렇다면 먼저 이러한 보편적인 코드북 개발의 단계에 대해 살펴본 후 실제 연구 사례를 통해 자세한 코드북 제작 단계와 코드북 사례를 살펴보도록 하자.

초기 코드북 개발

초기 코드북 개발은 연구의 초기 분석이 시작되는 시점에서 이루어진다. 이때 초기 코드의 원천은 연구와 관련된 이론, 초기 분석 자료, 연구 문제 등이 된다(MacQueen, McLellan, Kay, Milstein, 1998; DeCuir-Gunby, Marshall, McCulloch, 2011). 즉, 연구의 배경이 되는 이론이 사회적 불평등과 관련된 이론이라면 성, 수입, 인종 등이 코드가 될 수 있고, 초기에 수집된 자료에 대한 분석을 통해 슬픔, 분노와 같은 코드를, 연구 문제에 기반하여 성에 따른 불평등, 수입에 따른 불평등과 같은 코드를 도출하고 이를 기반으로 한 코드북을 개발할 수 있을 것이다.

코드북 검토

초기 코드북이 개발되면 이에 대한 검토가 이루어진다. 이러한 검토는 연구자들, 코더들 사이의 논의를 통해 이루어지는데, 이러한 논의를 통한 코드북의 검토는 타당한 코드북을 개발하는 데 도움이 될 뿐만 아니라, 연구자들 혹은 코더들 사이의 토의를 통한 합의 자체가 코딩의 타당성을 확보하는 도구가 될 수 있다(Kurasaki, 2000). 이러한 토의를 통해 최종적으로 합의된 초기 코드북은 본격적인 코딩의 가이드라인 역할을 한다.

코드북 적용을 통한 개선

초기 코드북이 개발되면 이를 바탕으로 코딩이 진행된다. 이때 코드북의 코드들을 적용하는 동안 코드북의 개선 필요점이 발견된다. 그것은 코드에 포함되지 않았지만 빈번히 등장하는 개념이라든가, 코드북의 코드와 유사하지만 미묘한 차이를 보이는 코드, 나누어져 있지만 실제로는 합하는 것이 타당해 보이는 코드, 합쳐져 있지만 나누어져야 하는 코드 등이다. 이러한 개선점이 발견되면 이 또한 연구자들 간, 코더들 간의 의사소통을 통한 합의로 개선이 이루어지며 이러한 과정이 반복되면서 최종적인 코드북이 완성되게 된다.

구체적인 연구들 속에서의 코드북 사례

앞에서 코드북에 대한 개념과 개발 절차에 대해 살펴보았지만, 실제로 이러한 논의는 그 대략적인 모습만 보여 줄 뿐이다. 왜냐하면, 실제 연구 과정에 있어서 연구자들은 자신들의 연구 주제와 환경에 따라 다양한 방법으로 다양한 형태의 코드북을 개발하여 연구를 진행하기 때문이다. 따라서 여기서는 이러한 코드북이 개발된 연구들의 사례를 살피며 코드북과 그 개발의 실제를 살펴보도록 하자.

아프리카 원주민의 정신 질환 처방에 대한 연구

Ojelade 등(Ojelade, McClay, Meyer, Ashby, 2014)은 서구에서 정의된 정신 건강 문제를 아프리카 치료사들이 그들의 언어로 어떻게 정의하고 다루고 있는지에 대한 질적 연구를 수행한 바 있다. 그들은 이 연구에서 크게 Orisa 승려들과 그들의 환자들이 서양의 심리학에서 규정하는 정신 건강 문제를 어떻게 개념화하고 다루는지, 또한 그러한 정신 건강 문제를 설명하기 위해 어떠한 방법과 기술을 사용하는지에 대해 탐구했다.

　이 연구는 내용 분석을 기반으로 하여 분석이 이루어지고, 이를 위해 코드북을 개발하고 이를 적용하며 내용 분석이 이루어졌는데, 코드북 개발 절차는 다음과 같다.

〈표 18〉 코드북 개발 절차(Ojelade et al., 2014)

단계	내용
1	2명의 연구원이 개방 코딩을 통해 초기 자료를 코딩하여 초기 코드를 도출함
2	연구 총책임자와의 토론을 통해 코드와 범주의 의미, 차이점, 코드를 적용하는 규칙의 개요와 예를 결정하고 새로운 코드를 제안함
3	이어지는 인터뷰에 이러한 코드를 적용하고 1~3단계를 반복하며 코드북을 개선함
4	코드북과 전사자료를 모든 연구 참여자들에게 보내고 피드백을 받음
5	피드백에 대해 논의하고 이를 코드북에 포함시킴
6	1~5단계로 이어지는 코드북 개발 과정에 대해 검토하며 코드를 정련함
7	연구자 간 논의를 통해 최종적으로 각 범주와 코드에 대해 정의와 예를 확정함
8	최종적으로 확정된 코드북을 통해 모든 전사자료와 성찰노트를 다시 코딩함

위와 같은 절차를 통해 최종적으로 확정된 코드북의 일부는 다음과 같다.

〈표 19〉 주제와 하위 주제의 정의를 포함한 코드북(Ojelade et al., 2014)

• 주제 1: 정신(mental) 건강 문제를 영혼(spiritual)의 문제로 개념화하기 • 정의: 정신 건강 문제에 대한 참여자들의 개념화	
주제 1의 하위 주제: 세대간 이동	**하위 주제 정의:** 그들의 영성의 개념을 전수하기 위해 가족들에 의해 사용되는 방법
• 주제 2: 정신 건강 문제의 기원 • 정의: 정신 건강 문제의 기원에 대한 믿음	
주제 2의 하위 주제: 서구식의 사회화 영성적 힘	**하위 주제 정의:** 정신 건강 문제의 원천으로 여겨지는 서구화 정신 건강 문제의 원천이 초자연적인 힘이라는 응답자들의 믿음
• 주제 3: 정신 건강 문제 설명하기 • 정신 건강 문제를 해결하기 위해 사용되는 방법과 전략	
주제 3의 하위 주제: 개인적 자원 예지적 과정 위탁 서구식 처방	**하위 주제 정의:** 정신 건강 문제를 다루기 위해 개인적으로 사용되는 처방 Orisa 승려들이 방법을 찾는 과정 서구식 처방에 환자들을 위탁하는 Orisa 승려 서구식 정신 건강 서비스 평가

일본계 미국인의 정체성에 대한 연구

Kurasaki(2000)는 일본계 미국인, 특히 재미일본인 3세의 정체성에 대한 연구에서 코드북을 사용하여 분석을 수행한 바 있다. 그는 5단계의 코드북 개발 절차를 제시했는데, 이는 '텍스트에 주석 달기(annotating the text)', '주석 목록 분류하기(sorting the annotating)', '주제적 범주에 라벨 달기(labeling the thematic categories)', '주제 목록 정련하기(refining the theme list)', '번호 매기기(applying numeric codes)'이다. 다음 표를 참고하자.

〈표 20〉 코드북 개발 절차(Kurasaki, 2000)

단계	절차	내용
1	텍스트에 주석 달기	표현된 주요한 내용을 1~10개의 단어로 요약하는 주석 달기
2	주석 목록 분류하기	주석들을 분류하며 중복되는 주석을 제거하고 전체적으로 주제 범주를 위계적으로 정리하기
3	주제적 범주에 라벨 달기	1~5개의 단어로 이루어진 기술적 라벨(descriptive label)을 범주에 붙이기. 이것이 주제 목록이 됨
4	주제 목록 정련하기	주제 목록을 통해 다시 코딩하며 목록 정련하기
5	번호 매기기	주제들의 위계에 맞추어 번호 붙이기

이러한 절차에 따라 코드북이 개발되고 정련되었는데, 이를 통해 다음과 같은 최종 코드북을 개발할 수 있었다.

〈표 21〉 일본계 미국인의 정체성 분석을 위한 코드북(Kurasaki, 2000)[계속]

코드	주제 목록	최종 코드북
1.1	일본적 전통을 가지고 있다는 인식	일본적 전통을 가지고 있다는 인식
1.2	일본계 미국인 사회이 역사를 가지고 있다는 느낌	일본계 미국인 사회의 역사를 가지고 있다는 느낌
2.1	일본계 미국인의 가치와 태도	일본계 미국인의 가치와 태도
2.2	일본 관습의 실천	일본 관습의 실천
2.3	일본식으로 하는 방식	일본식으로 하는 방식
2.4	일본계 미국인의 대인관계 혹은 의사소통 방식	일본계 미국인의 대인관계 혹은 의사소통 방식
2.5	일본어 숙련도	일본어 숙련도
3.1	통합적 혹은 다문화적 능력	통합적 혹은 다문화적 능력

〈표 21〉 일본계 미국인의 정체성 분석을 위한 코드북(Kurasaki, 2000)

코드	주제 목록	최종 코드북
3.2	다문화적 갈등 혹은 혼란	다문화적 갈등 혹은 혼란
4.1	세계 민족 혹은 인종적 공동체로서의 인식	세계 민족 혹은 인종적 공동체로서의 인식
4.2	동일한 민족성으로 혹은 다른 민족들과 대인관계적으로 연결되어 있음의 인식	동일한 민족성으로 혹은 다른 민족들과 대인관계적으로 연결되어 있음의 인식
4.3	다른 민족들 혹은 민족적 소수자들과 지적으로 연결되어 있음에 대한 인식	다른 민족들 혹은 민족적 소수자들과 지적으로 연결되어 있음에 대한 인식
4.4	공동체 인식의 탐색	삭제
4.5	타고난 민족적, 인종적 공동체로부터의 소외 인식	타고난 민족적, 인종적 공동체로부터의 소외 인식
5.1	자신의 민족적, 인종적 자아에 대한 편안함을 인식	자신의 민족적, 인종적 자아에 대한 편안함을 인식
5.2	자신의 민족적, 인종적 자아에 대한 편안함의 추구	자신의 민족적, 인종적 자아에 대한 편안함의 추구
6.1	사회적 인식	인종적 관용을 촉진시키기를 향함
6.2	압박의 인식	압박의 인식

특히 연구자는 분석의 타당성 확보라는 측면에서 코더 간의 신뢰성을 논의했는데, 이는 코더들 간의 합의도를 수치적으로 확보하는 방식을 말한다. 즉, 코드에 대한 코더들의 합의도를 수치적으로 도출함으로써 분석의 타당성을 확보할 수 있다는 말이다. 이러한 논의의 예로 각 코드에 대한 합의도를 수치를 통해 표현했는데, 그 중 일부는 다음과 같다.

〈표 22〉 코드와 합의도(Kurasaki, 2000)[계속]

합의도	코드	주제
.68	1.1	일본적 전통을 가지고 있다는 인식
.68	1.2	일본계 미국인 사회의 역사를 가지고 있다는 느낌
.84	2.1	일본계 미국인의 가치와 태도
.95	2.2	일본 관습의 실천
.99	2.3	일본식으로 하는 방식
.98	2.4	일본계 미국인의 대인관계 혹은 의사소통 방식
1.00	2.5	일본어 숙련도
1.00	3.1	통합적 혹은 다문화적 능력
.85	3.2	다문화적 갈등 혹은 혼란

합의도	코드	주제
.88	4.1	세계 민족 혹은 인종적 공동체로서의 인식
.92	4.2	동일한 민족성으로 혹은 다른 민족들과 대인관계적으로 연결되어 있음의 인식
.97	4.3	다른 민족들 혹은 민족적 소수자들과 지적으로 연결되어 있음에 대한 인식
–	4.4	삭제
.95	4.5	타고난 민족적 혹은 인종적 공동체로부터의 소외 인식
.97	5.1	자신의 민족적 혹은 인종적 자아에 대한 편안함을 인식
.86	5.2	자신의 민족적 혹은 인종적 자아에 대한 편안함의 추구
.82	6.1	인종적 관용을 촉진시키기를 향함
.89	6.2	압박의 인식

이와 같이 각 코드에 대한 합의도를 수치적으로 제시함으로써 코드북의 사용이 분석의 타당성을 확보하기 위한 유용한 도구가 될 수 있음을 확인할 수 있다.

전이성 유방암 환자들의 글쓰기 자료를 분석하기 위한 코드북

Fonteyn 등(Fonteyn, Vettese, Lancaster, Bauer-Wu, 2008)은 전이성 유방암을 앓고 있는 여성들의 자전적 글쓰기 자료에 대한 분석을 위해 코드북을 개발한 바 있다. 이들 또한 자신들이 코드북을 개발한 과정을 논의하고 있는데, 다음의 표와 같이 정리할 수 있다.

〈표 23〉 전이성 유방암 환자들의 글쓰기 자료 분석을 위한 코드북 개발 절차(Fonteyn et al., 2008)

단계	내용
1	각 각의 분석 팀에 무작위로 선정된 3개의 전사본을 배정
2	각 분석 팀들은 독립적으로 코딩을 진행
3	분석 팀들이 모여 초기에 도출된 9개의 코드와 그 코드의 정의에 대해 합의 도출
4	합의에 기반하여 초기 코드북 개발
5	초기 코드북에 기반하여 무작위로 선정된 3개의 또 다른 전사본에 대한 코딩진행
6	각 분석 팀들이 각자 자신들의 코딩 결과를 가지고 모여 코드에 대한 논의를 진행. 이 과정에서 새로운 코드와 기존 코드에 대한 재정의가 이루어짐.
7	새로운 코느나 변경사항이 나타나지 않을 때까지 5단계와 6단계를 반복
8	최종적으로 27개의 코드로 이루어진 코드북을 완성

이 과정의 1~3단계를 통해 연구팀들은 초기 코드북을 개발했는데 그 중 일부는 다음의 표와 같다.

〈표 24〉 초기 코드북(Fonteyn et al., 2008)

죽음과 함께 살기(LIVWITHDY)

설명(description)
말기의 혹은 삶을 위협하는 질병이 작동하고 있음에 대한 경험의 진술과 죽어감과 죽음과 관련된 연구 참여자들의 느낌이나 태도에 대한 진술

포함 기준(inclusion criteria)
죽어감과 죽음에 대한 모든 진술과 말기 질환을 가지고 있다는 맥락에서 관계성에 대한 모든 진술

제외 기준(exclusion criteria)
죽어감과 죽음과 관련된 다른 이들의 느낌이나 태도에 대한 언급

예시(example text)
- "암세포가 다시 부상한다면, 내가 죽을 거라는 걸 알고 있어요. 나는 내 인생을 이렇게 끝낼 거예요. 산속의 작은 오두막에서 친구들과 함께요. 슬프겠지만 나는 준비되어 있을 거예요."
- "자신이 서서히 죽어가고 있다는 걸 알면서 살아간다는 건 매우 힘든 일이에요. 아마도 가장 싫어하는 적에게조차 일어나기를 바라지 않는 것이지요."

영혼(spirit)

설명(description)
더 높은 존재와 연결된 자신의 삶에서 궁극적인 의미의 원천에 대한 언급

포함 기준(inclusion criteria)
"신께서 나와 함께 하세요."와 같은 신에 대한 모든 진술. 더 높은 존재와의 연결성을 드러내는 진술들. 이 더 높은 존재는 신, 자연, 공동체의 힘 같은 것이 될 수 있음

제외 기준(exclusion criteria)
병을 이겨내기 위한 영적인 실천. 더 높은 존재를 언급하지 않는 초월적 언급

예시(example text)
- "나는 그가 드디어 내 삶의 종착지를 찾았다고 신에게 말한 걸 기억해요."
- "우리 목사님은 기적을 믿지요. 그리고 그러한 것들을 우리 도처에서 목격해요. 그는 항상 내가 그에게 영감을 준다고 말하지요.(그건 내가 나의 불운을 다루는 방식 때문일 거예요.) 나는 기적을 믿어요. 하지만 내가 그걸 받을 만한 가치가 있는지는 모르겠네요."

이와 같은 초기 코드북을 기반으로 코딩과 코드북 수정을 반복한 결과, 코드의 수는 초기 9개에서 15개, 15개에서 22개로 늘어나다 27개의 코드와 하위 코드를 포함하는 최종적인 코드북을 개발했다. 최종적인 코드북은 다음과 같다. 이 코드북의 코드들에는 앞의 표와 같이 각 코드에 대한 풍부한 기술도 이루어져 있다.

〈표 25〉 최종적인 코드북(Fonteyn et al., 2008)

암 이야기(CA STORY)	표출(EXPRESSIVENESS) 　표출(EXPRESSIVENESS) / 긍정적(Pos) 　표출(EXPRESSIVENESS) / 부정적(Neg) 　표출(EXPRESSIVENESS) / 혼합적(Mix) 　표출(EXPRESSIVENESS) / 중립적(Non)
원인(CAUSE)	
비교(COMPARISION)	
기술적 글쓰기(DESCRIBE WRITE)	
희망(HOPE)	극복하기(COPING) 　극복하기(COPING) / 행위적(Behavior) 　극복하기(COPING) / 인지적(Cognitive) 　극복하기(COPING) / 영적(Spirit)
생애사(LIFESTORY)	
죽음과 함께 살기(LIVWITHDY)	
암의 메타포(METAPHORS OF CANCER)	관계성(RELATIONSHIP) 　관계성(RELATIONSHIP) / 의료인(Healthcare provider) 　관계성(RELATIONSHIP) / 개인간(Personal) 　관계성(RELATIONSHIP) / 비개인간(Nonpersonal)
다른 질병(OTHER ILLNESS)	
질문하기(QUESTIONING)	
자기인식(SELFPERCEPT)	
자기초월(SELFTRENCEND)	암의 영향(IMPACT CA) 　암의 영향(IMPACT CA) / 신체적(Physical) 　암의 영향(IMPACT CA) / 감정적(Emotional) 　암의 영향(IMPACT CA) / 정신적(Mental)
영혼(SPIRIT)	
잘못된 행동(WRONG DOING)	

SNS에 기반한 연구를 위한 코드북

Moreno, Egan, Brockman(2011)은 사회망 서비스(SNS, Social Networking Service)의 개인 사이트를 통해 청소년들의 건강 위해 행위를 연구하는 데 사용할 수 있는 코드북을 개발한 바 있다. 이 연구에서는 팀 미팅을 통한 반복적인 논의를 통해 코딩의 구조를 발전시켜 나갔다. 특히 그들은 코드북 개발 절차에서 개인정보에 대해 민감하게 고려했다. 또한 대중에게 공개된 개인 사이트만을 연구에 포함시켰다. 이는 앞으로의 SNS 기반 연구가 연구 윤리 측면에서 어떠한 점을 고려해야 하는지를 보여 수는 것이라 할 수 있다.

코드북의 코드들은 의학적 관점에서 구성되었는데, 그것들은 '음주', '문제 있는 음주'와 같은 것들이었다. 이를 기반으로 하여 다음과 같은 코드로 구성된 코드북과 그 예시를 제시한 바 있다.

〈표 26〉 음주와 관련된 코드로 이루어진 코드북(Moreno et al., 2011)[계속]

나이	성별 0=M 1=F	최종 활동 시점	FB 친구 수	프로필에 올려진 첫째 음주 언급: 이미지 / 텍스트	프로필에 올려진 둘째 음주 언급: 이미지 / 텍스트	프로필에 올려진 셋째 음주 언급: 이미지 / 텍스트	프로필에 올려진 넷째 음주 언급: 이미지 / 텍스트	음주 언급 총 횟수
20	0	1일 전	451	상태 업데이트: "멋진 친구들, 맥주, 일광욕, 축구 승리. 일요일."	상태 업데이트: "레드와인 좀 줄래?"	사진 게시: 파티에서 병맥주를 마시고 있는 사진		3
18	0	3일 전	352					0
20	0	0	570	정보란: "알코올 중독은 병이다. 그러나 그건 당신이 유일하게 소리지를 수 있는 무언가야." "젠장, 너는 알코올 중독이야." "젠장, 불공평하게 들리지만 넌 암에 걸렸어."	사진 게시: 파티에서 병맥주를 마시고 있는 사진	사진 게시: 바에서 병맥주를 마시고 있는 사진		3
19	1	1일 전	386	상태 업데이트: "피임약과 맥주를 같이 먹어도 되나요?"	상태 업데이트: "너무 취해서 글 쓰는 법을 잊어 버렸어."	맥주와 함께 게시된 프로필 사진	술병을 들고 있는 사진	10
	0	2일 전	519	맥주를 손에 들고 beer pong 게임을 하고 있는 사진				1
	0	3일 전	543	"내 전화기는 물에 빠져도 괜찮지. 이제 내 전화기가 위스키에 빠져도 괜찮다는 걸 알았어."	맥주를 손에 들고 beer pong 게임을 하고 있는 사진	맥주를 손에 들고 quarters 게임을 하고 있는 사진	맥주를 손에 들고 beer pong 게임을 하고 있는 사진	6
	0	13일 전	214					0

나이	성별 0=M 1=F	최종 활동 시점	FB 친구 수	프로필에 올려진 첫째 음주 언급: 이미지 / 텍스트	프로필에 올려진 둘째 음주 언급: 이미지 / 텍스트	프로필에 올려진 셋째 음주 언급: 이미지 / 텍스트	프로필에 올려진 넷째 음주 언급: 이미지 / 텍스트	음주 언급 총 횟수
20	0	0	619	"Facebook은 지배자야. 언젠가 내 아이들이 나를 친구 등록한지. 그러면 애들이 아빠가 대학생 때 술 취한 모습을 볼 거야."	**상태 업데이트:** "술이 덜 취했네. 파티를 열어야겠어."	Bump sticker: "지금 즐겨야 해. 왜냐하면 졸업하고 이러면 알코올 중독이라고 불릴 테니까."	맥주를 손에 들고 beer pong 게임을 하고 있는 사진	5
	1	0	831	**상태 업데이트:** "축구, 친구들, 너무 많은 맥주들. 멋진데."	**상태 업데이트:** "일을 마치고 마가리타 주말에 대비하라!"	데킬라 잔을 들고 있는 사진	와인을 마시고 있는 사진	10
20	0	3일 전	496					0
	0	0	437	**상태 업데이트:** "이번 주가 지나면 한잔해야겠어. 근데 아직 월요일이야."	**상태 업데이트:** "올해의 갈증나는 첫 번째 목요일"	**상태 업데이트:** "차가운 맥주, 뜨거운 생선, 멋진 동료- 멋진 인생"	**상태 업데이트:** "맥주에 데킬라 한잔 첨가. 내 무릎에 앉아있는 멋진 여인"	6

체계적 코드북 개발 절차에 대한 탐구

DeCuir-Gunby, Marshall, McCulloch(2011)는 모범적인 수학수업에 관한 연구를 수행하며 분석을 위해 체계적인 코드북 개발에 대해 논의한 바 있다. 그들은 초기 코드북 개발을 위한 원천으로 이론, 자료, 연구 목적을 논의하며, 코드북 개발을 위한 두 가지 과정, 즉 이론 기반 코드 도출과 자료 기반 코드 도출 과정에 대해 논의했다.

이론 기반 코드 도출 단계는 크게 세 가지 단계로 이루어졌는데, 그것은 첫째, 코드 생성하기, 둘째, 자료의 맥락에서 코드 살피며 개선하기, 셋째, 코더들과 코드의 신뢰성 결정하기였다. 첫째 단계에서 코드 생성은 3명의 연구 책임자가 관련된 교육학 이론에 대한 반복적인 논의를 하여 이루어졌으며, 둘째 단계로 이러한 코드들을 실제 자료에 대한 코딩에 적용함으로써 코드에 대한 개선을 두모했다. 셋째 단계로 연구자들과 코더들이 자신들의 코딩 결과를 가지고 논의함으로써 각 코드에 대한 신뢰성을 확인할 수 있었다. 이러한 절차를 통해 도출된 이론 기반 코드북은 다음과 같다.

〈표 27〉 이론 기반 코드로 이루어진 코드북(DeCuir-Gunby et al., 2011)

코드	설명	예
개념 기반 언급	학습자들이 자신들의 선개념에 기반하여 수학적 지식의 의미를 구성해야 한다는 교사들의 믿음. 이 선개념은 교사들의 그것과 상당히 다를 수 있음	"그것 때문에 아이들이 적용하고 해답을 찾는 데 다양한 모든 전략을 사용하는 것을 허용합니다. 그리고 정답이란 없어요. 내가 중요하게 생각하는 것은 아이들을 멀리 떨어뜨려 놓는 것이지요. 한 가지 이상의 방법이 있거든요. 나나 당신이 같은 방법을 사용하지 않아도 괜찮아요."
문화적 언급	교수 학습 과정에 영향을 미칠 수 있는 학생문화/배경의 특수한 요소들에 대한 직접/간접적인 언급(예: 인종, 사회경제적 상태, 언어, 학교 경험 밖의 어떤 것 등)	"어휘력이 약한 학생들에게서도 그런 것을 발견할 수 있을 거예요. 소위 거리의 지식이라는 거를요. 당신도 알다시피, 애들은 수의 개념이라 불리는 것을 이해하고 있어요. 내가 5달러가 있으면 그 5달러로 X, Y, Z 같은 걸 살 수 있다는 걸 알고, 또 5가 2보다 크다는 걸 알게 되지요."
과정적 이해에 대한 기술	과정적 이해를 특징화하는 교사의 믿음에 대한 기술이나 예	"그러니까 나는 과정이란 순서 같은 것이라 생각해요. 하지만 우리는 그게 어떻게 작동하는지 모르지요. 다만 그걸 실행할 뿐이에요. 그게 알고 있는 전부지요."

자료 기반 코드 도출은 첫째, 원 자료 감환하기, 둘째, 하위 주제 규명하기, 셋째, 자료를 통해 주제 비교하기, 넷째, 코드 도출하기, 다섯째, 코드 신뢰성 결정하기 단계를 통해 이루어졌다. 이러한 절차를 거쳐 개발된 자료 기반 코드북의 일부는 다음과 같다.

〈표 28〉 자료 기반 코드로 이루어진 코드북(DeCuir-Gunby et al., 2011)

코드	설명	예
교사에게 영향을 미치는 다른 요소들	교사들의 실천이나 사고에 영향을 미치는 영향들에 대한 교사의 언급(대학시절 교수, 동료, 학생, 기타 전문적인 개발 경험 등)	"Meredith에 있을 때, 제 교수님께서 하신 말씀이 있어요. 뒷부분을 빼고는 다 잊어 버렸는데, 그 부분이 뭔가 하면, 아이들은 수학은 자기 손으로 조작하기 전까지 그것을 이해하지 못한다는 거예요. 그리고 그 말은 내가 아이들을 가르친 몇 년 동안 나의 지침이 되었지요."
교육과정 언급	교육과정에 대한 직접/간접적인 혹은 일반적/특수적인 언급(예: Standard Course of Study, 진도표, Trailblazers, Every Day Math 등)	"졸업했을 땐 내가 교육과정에 대해 안다고 생각했지요."
교육적 투쟁	교실에서 '언제, 무엇을, 언제' 실천할 것이냐에 대한 불확실성, 불투명함 혹은 근심에 대한 언급	"말하자면, 2년 후에 무언가 우리가 놓친 징검다리가 있을 거라는 것이지요. 그건 분명한 사실이 될 거예요. … 학생들이 가지지 못한, 그래서 그것이 아마도 나의 가장 큰 걱정일 거예요."

그들은 이러한 코드북 개발 절차를 도식으로 나타내었는데, 그 도식은 다음과 같다.

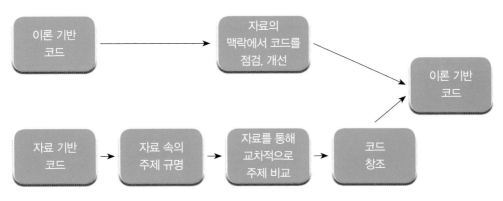

[그림 6] 코드북 개발 절차(DeCuir–Gunby et al., 2011)

환자와 의료인 간의 감정적 교류에 대한 연구

Adams 등(Adams, Cimino, Arnold, Anderson, 2012)은 환자들의 부정적 감정에 대한 표현과 그것에 반응하는 의료인의 태도에 따라 대화가 어떠한 패턴으로 이어지는지에 대한 연구를 수행한 바 있다. 이 연구에서는 초기 수집 자료에 대한 분석을 통해 코드북을 개발하고 이를 개선시키며 분석을 수행했는데, 그러한 코드북의 일부는 다음과 같다.

〈표 29〉 환자의 감정 표현에 대한 의사의 응답에 따른 코드북(Adams et al., 2012)[계속]

멀어지기: 감정으로부터 동떨어진 응답	
정보 제공하기	
의학적 경험	환자: "이건 정말 두려워요. 우리가 공동으로 그것을 되돌릴 수 있으면 좋겠어요" 의사: "물론이죠. 단도직입적으로 말씀드리면, 폐렴인 것 같네요."
문제를 바로잡으려 시도하기	환자: "담배 끊기가 힘들어요." 의사: "그러면 우리가 상담과 정보를 제공해 드리지요."
정당화	환자: "좀 불편하네요. 좀 개인적인 것이라 말씀드릴수가 없네요." 의사: "음… 여기는 매우 다른 수준의 병원이에요. 그러니까 제말은 우리는 인력이 많이 부족하다는 말이에요."
의학적 혹은 맥락적 질문하기	
환자: "오줌을 누려고 노력했어요. 또 노력하고, 또 노력하고. 요도가 잘못된 것 같아요. 전혀 다른 어떤 것 같아요." 의사: "그러니까 요로 감염 때문에 항생제를 처방받으신 거지요?"	
주제 바꾸기	
환자: "매번 먹는 것에 대해 생각할 때마다 화장실로 들어가 울기 시작해요. 왜냐하면 내 …" 의사: "알겠습니다. 다른 증세나 더 알고 싶으신 것이 있나요?"	

〈표 29〉 환자의 감정 표현에 대한 의사의 응답에 따른 코드북(Adams et al., 2012)

중립: 감정에 집중하지도 멀어지지도 않는 반응	
한 단어	"좋아요.", "그래요.", "음", "물론이요.", "맞아요.", "와우", "확실해요."
분명하게 하기	환자: "파킨스병 증상으로 힘들어요." 의사: "뭐 때문에요?"
반복하기	환자: "그가 재발했다고 말했을 때, 황폐해졌어요." 의사: "재발했군요."
향하기: 감정을 향하는 반응	

공감

명명하기	"걱정했군요."
이해하기	"치료할 때마다 치료는 성공적이지만, 재발하면 황폐해지지요."
존경하기	"비록 이제 막 만났지만, 당신은 매우 강한 사람인 것 같네요."
지원하기	"그래요, 예, 내 생각에는 이것을 우리가 함께 노력한다는 것이 중요한 것 같아요."
탐색	"당신이 어떻게 알게 되었는지 말해 줘요. 당신은 당신이 죽어가고 있다는 것을 안다고 했지요?"
동정	"아버지 일은 유감입니다."

3. 결론

우리는 앞에서 다양한 코딩 전략과 코드북에 대해 살펴보았다. 이러한 코딩 절차에 대해 다음과 같은 조언을 덧붙이려 한다. 첫째, 이러한 전략들은 하나의 참고 사항이라는 점이다. 여기서 언급한 코딩 전략들은 여러 학자들이 말한 코딩 전략의 예일 뿐이지 이러한 방법을 반드시 사용해야 하는 규칙이나 규정이 아니다. 따라서 연구자들은 이러한 코딩 전략을 자신의 자료에 맞게 응용해서 사용하거나 이러한 전략에 기반한 적합한 코딩 전략을 수립해서 사용하는 것이 가능하다. 둘째, 이러한 코딩 전략을 반드시 순차적이나 단계적으로 적용해야 하는 것은 아니다. 앞의 장과 이 장에서 코딩 절차를 규명하고 그것에 맞추어 코딩 전략을 제시하기는 했지만 이것은 설명과 이해를 위한 구분일 뿐, 실제의 코딩은 이러한 전략들이 순환적, 반복적, 혼합적으로 이루어진다. 한 예로 앞에서 언급한 분류 분석이나 성분 분석은 범주를 찾는 전략이자 범주 간의 관계를 확인한다는 측면에서 1차 코딩과 2차 코딩에 모두 사용될 수 있으며, 패턴 코딩 또한 범주를 확인한다는 측면에서 1차 코딩 전략으로 사용될 수 있다. 따라서 앞에서 살펴본 코딩 전략을 규범이나 규칙으로 받아들이기보다는 코딩 상황에 맞게 합리적으로 사용하려는 노력이 필요하다.

참고문헌

오영범·이현철·정상원(2016). 질적 자료 분석: 파랑새 2.0 소프트웨어. 아카데미프레스.

이동성·김영천(2012). 근거이론의 착학적 배경과 방법론적 특성에 대한 고찰. 열린교육연구, 20(2), 1-26.

이용숙(2009). 분류체계, 성분 분석법 재개발 실행연구: 수업분석 적용사례를 중심으로. 열린교육연구, 17(1), 99-128.

정상원·김영천(2014). 질적 연구에서의 현상학적 글쓰기의 전략과 방법의 탐구. 교육문화연구, 20(3), 5-42.

홍나미·신문희·박은혜·박지현(2013). 학업중단 청소년의 학업복귀 과정에 관한 근거이론 접근. 청소년복지연구, 15(1), 121-153.

Adams, K. & Cimino, J. E. W. & Arnola, R. M. & Anderson, W. G. (2012). Why should I talk about emotion? Communication patterns associated with physician discussion of patient expressions of negative emotion in hospital admission enciunters. Patient Education and Counseling, 89, 44-50.

Bernard, H. R. & Ryan, G. W. (2010). Analyzing Qualitative Data: Systematic Approaches. Sage.

Bogdan, R. & Biklen, S. K. (1992). Qualitative research for education: An introduction to theory and method(2nd Ed.). Allyn & Bacon.

Charmaz, K. (2006). Constructing Grounded Theory: A Practical Guide through Qualitative Analysis. Sage. 박현선, 이산균, 이채원 공역(2013). 근거이론의 구성: 질적 분석의 실천 지침. 학지사.

Charmaz, K. (2011). A Constructivist Grounded Theory Analysis of Losing and Regaining a Valued Self. In Werlz, F. J. & Charmaz, K. & McMullen, L. M. & Josselson, R. Anderson, R. & McSpandden, E. (2011). Five Ways of Doing Qualitative Analysis: Phenomenological Psychology, Grounded Theory, Discourse Analysis, Narrative Research, and Intuitive Inquiry. The Guilford Press.

DeCuir-Gunby, J. T. & Marshall, P. L. & McCulloch, A. W. (2011). Developing and Using a Codebook for the Analysis of Interview Data: An Example from a Professional Development Research Project. Field Methods, 23(2), 136-155.

Fonteyn, M. E. & Vettese, M. & Lancaster, D. R. & Bauer-Wu, S. (2008). Developing a codebook to guide content analysis of expressive writing transcripts. Applied Nursing Research, 21, 165-168.

Garcia-Romeu, A. & Himelstein, S. P. & & Kaminker, J. (2015). Self-transcendent experience: A grounded theory study. Qualitative Research, 15(5), 633-654.

Guest, G. S. & MacQueen, K. M. & Namey, E. E. (2011). Applied Thematic Analysis. Sage.

Glaser, B. G. (1978). Theoretical Sensitivity: Advanced in Methodology of Grounded Theory. University of California.

Glaser, B. G. & Strauss, A. L. (1967). The Discovery of Grounded Theory: Strategies for Qualitative Research. Aldine. 이병식·박상욱·김사훈 역(2011). 근거이론의 발견: 질적연구 전략. 학지사.

Ildarabadi, E. & Moonaghi, H. K. & Heydari, A. & Taghipour, A. & Abdollahimohammad, A. (2015). Vaccination learning experiences of nursing students: A grounded theory study. Journal of Educational Evaluation for Health Professions, 12, 29.

Kurasaki, K. S. (2000). Intercoder Reliability for Validating Conclusions Drawn from Open-Ended Interview Data. Field Methods, 12(3), 179-194.

Leech, N. L. & Onwuegbuzie, A. J. (2007). An array of qualitative data analysis tool: A call for data analysis triangulation. School Psychology Quarterly, 22(4), 557-584.

Lincoln , Y. S & Guba, E. G. (1985). Naturalistic inquiry. Sage.

Lofland, J. (1971). Analyzing social setting: A guide to qualitative observation and analysis. Wadsworth.

MacQueen, K. M. & McLellan-Lemal, E. & Bartholow, K. & Milstein, B. (2007). Team-based Codebook Development: Structure, Process, and Agreement. In Guest, G. & MacQueen, K.(Ed). (2007). Handbook for Team-Based Qualitative Research. ALTARMIRA PRESS.

MacQueen , K. M. & McLellan-Lemal, E. & Kay, K. & Milstein, B. (1998). Codebook Development for Team-Based Qualitative Analysis. Field Methods, 10(2), 31-36.

Milles, M. & Huberman, A. M. (1984). Qualitative Data Analysis: A Sourcebook of New Methods. Sage

Miles, M. & Huberman, A. M. (1994). Qualitaitve data analysis: An expended sourcebook. 박태영, 박소영, 반정호, 성준모, 은선경, 이재령, 이화영, 조성희 공역(2009). 질적 자료 분석론. 학지사.

Miles, M. & Huberman, A. M. & Saldaña, J. (2014). Qualitative Data Analysis: A Method Sourcebook(3rd Ed.). Sage.

Moreno, M. A. & Egan, K. G. & Brockman, L. (2011). Development of a Researcher Codebook for Use in Evaluating Social Networking Site Profiles. Journal of Adolescent Health, 49, 29-35.

Ojelade, I. I. & McCray, K. & Meyers, J. & Ashby, J. (2014). Use of Indigenous African Healing Practices as a Mental Health Intervention. Journal of Black Psychology, 40(6), 491-519.

Roberts, T. & Bowers, B. (2015). How nursing home residents develop relationships with peers and staff: A grounded theory study. International Journal of Nursing Studies, 52(1), 57-67.

Ryan, G. W. & Bernard, H. R. (2000). Data Management and Analysis Method. In Denzine, N. K. & Lincoln, Y. S.(Ed.) (2000). Handbook of Qualitative Research(2nd). Sage.

Saldaña, J. (2009). The Coding Manual for Qualitative Researchers. Sage.

Spradley, J. P. (1979). Ethnographic interview. 박종흡 역(2003). 문화기술적 면접법. 시그마프레스.

Spradley, J. P. (1980). Participant Observation. Wadsworth Publishing Company. 신재영 역(2009). 참여관찰법. Cengage Learning.

Strauss, A. & Corbin, J. (1998). Basic of Qualitative Research: Grounded Theory Procedures and Techiques. Sage. 신경림 역(2001). 근거이론의 단계. 현문사.

van Manen, M. (1990). Researching Lived Experience. the Univercity of Western Ontario, Canada.신경림, 안규남 공역(1994). 체험연구. 동녘.

Wertz, F. J. (2011). A Phenomenological Psychological Approach to Trauma and Resilience. In Werlz, F. J. & Charmaz, K. & McMullen, L. M. & Josselson, R. Anderson, R. & McSpandden, E. (2011). Five Ways of Doing Qualitative Analysis: Phenomenological Psychology, Grounded Theory, Discourse Analysis, Narrttive Research, and Intuitive Inquiry. The Guilford Press.

Westbrook, L. (1994). Qualitative research methods: A review of major stage, data analysis techniques, and quality controls. LISR, 16, 241-254.

제 **3** 부
질적 분석의
다양한 접근

7

영역
분석

영역 분석은

전통적 문화기술지 연구의 가장 오래된 분석 방법이면서 아울러 질적 연구의 기초적 분석의 방법으로 간주되고 있다. 우리나라에서는 Spradley의 책을 통하여 소개된 적은 있지만 이 영역 분석이 단일한 주제로 구체적으로 설명된 경우는 별로 없다. 이용숙의 연구 등에서 간접적으로 소개가 되기는 했지만 질적 연구에서 방법적 차원에서 논의된 예는 없다. 이에 이 장에서는 Spradley의 책을 기초로 하여 이 분야의 대가들이 설명해 놓은 자료들에 근거하여 문화 영역 분석에 대하여 조금 더 체계적으로 살펴보고자 한다.

[그림 1] 영역 분석

1. 영역 분석의 개념

영역 분석은 전통적으로 문화탐구에서 활용된 기법이기 때문에 문화 영역 분석이라고 일컬어진다. 후에 일반 질적 연구에서 보편화되면서 영역 분석이라고 일컬어지고 있다. 초기의 질적 연구가 타 문화/제3세계 지역의 문화와 다름을 연구했다는 점에서 영역 분석은 바로 문화에 대한 영역의 규명과 이해를 뜻하는 것이라고 해석할 수 있다. 따라서 그다른 집단과 민족 그리고 그 사람들이 어떠한 문화적 경험과 인식, 체계를 가지고 세상을 바라보고 생활하고 있는가를 체계화하는 작업은 바로 그 문화 속에서 살고 있는 구성원들(members)이 어떤 의미들을 구성하고 상호작용하는가를 이해하는 가장 효과적인 방법이었다. 그러한 측면에서 영역 분석은 참여자들과 타자들이 그들의 삶을 어떻게 의미의 영역에 기초하여 생활하고 구성해 나가는가를 조망할 수 있는 문화 이해의 핵심적 방법이었다고 할 수 있다.

그리고 이러한 의미의 영역 분석 전략은 한 개인이 사물을 유형화하고 분류하는 기준을 파악함과 동시에 행위의 패턴 및 사물들의 관계, 문화적 발달과정 및 정신적 속성의 발달과정 등을 이해하게 해 준다는 점에서 가치 있다. 대표적으로 Bloom은 분류학이라는 영역 분석을 통하여 교육적 가치의 영역을 규명한 적이 있었고 칼 융은 인간의 정신적 속성의 구조를 발견했고, 뒤르켐과 마르셀모스 등은 성과 속, 원시인의 분류체계를 제시했다. 아울러 벨렌키는 남성의 인식방법과는 다르게 여성의 인식발달의 과정과 단계적 특징을 질적 자료의 영역 분석 방법을 통하여 밝혀내는 데 기여했다.

이 영역 분석의 영역에는 일반적으로 다양한 접근이 존재하고 있고 각 영역에 대하여 많은 연구자들이 연구해 왔다. 대표적인 영역 분석 방법으로는 일반적 의미에서의 영역 분석, 분류 분석(taxonomy), 매트릭스 분석, 프리리스팅(freelisting) 분석, Triad 분석 등이 있다. 그러나 이 장에서는 영역 분석을 중점적으로 다루고자 한다. 매트릭스 분석에 대해서는 다른 장에 설명되어 있다.

문화 영역 분석을 이해하기 위해서는 문화 영역이 무엇인지 살펴볼 필요가 있다. 문화 기술지에서 문화 영역이란 의미의 단위 또는 범주라고 할 수 있다. 문화를 의미로 구성된 체계로 보며, 문화적 영역이란 이러한 체계에서의 기본 단위 또는 요소라고 볼 수 있다. 따라서 의미의 기본 요소를 밝히는 영역 분석은 문화를 이해하는 첫 출발이 되며, 문화 영역을 살펴봄으로써 의미의 단위가 무엇인지 이해할 수 있다. Spradley(1980)는 문화적 영역을 다른 범주들을 포함하는 상징적인 범주라고 정의했다.

쉽게 말해서, 문화 영역은 유사한 속성을 가진 사물들의 연합체라고 볼 수 있다. 예를 든다면, 동물은 하나의 문화 영역이 된다. 개, 고양이, 말, 사자, 호랑이 등은 동물이라고 칭해지며, 이들은 동물의 영역을 구성하는 항목들이 된다(Borgatti, 1999). 또 다른 예로 컴퓨터에는 델컴퓨터, 도시바, 아이맥, IBM 등이 있으며, 컴퓨터는 문화적 영역이 된다. 그러나 이러한 문화적 영역은 물질적이고 관찰 가능한 사물뿐만 아니라 직업, 규율, 감정 등과 같이 비물질적이고 관찰이 불가능한 사물들도 포함한다(Bogratti, 1994). 예를 들면, 와인의 종류, 의학 기구의 종류, 아이스크림의 종류, 집에서 키우는 동물의 종류, 공포 영화의 종류, 질병 증상의 종류, 전염을 일으키는 곤충의 종류, 위생 실천의 종류 등이 있을 수 있다. 뿐만 아니라 인간의 체질의 종류, 지적 발달 영역의 종류, 이성과 무의식 등 정신적인 요소도 문화 영역이 된다.

그러나 문화 영역 분석이란 단순하게 의미의 단위 및 구성 요소들을 찾는 것이 아니다. 문화 영역 분석이란 한 집단의 사람들이 사물을 어떻게 범주화하는지에 대해 탐구하는 것이며, 다른 문화에 속한 사람들 또는 하위문화에 속한 사람들이 사물의 영역을 어떻게 다르게 해석하는지를 이해하는 것을 목적으로 한다(Borgatti, 1994). 이는 문화의 구성원이 외부에 있는 사물들을 어떻게 연관시키고 분류하고 조직하는지에 대한 연구라고 말할 수 있다. 예를 들어 색깔의 스펙트럼을 설명한다면, 색깔의 스펙트럼은 하나의 물리적인 실재라고 볼 수 있다. 그러나 세계의 여러 문화권에 속한 사람들은 그러한 색깔의 스펙트럼을 다르게 인식하고 있다. Xhosa, Navajo, Nahnuy 족은 녹색과 하늘색이라는 두 가지 색깔을 색깔의 스펙트럼으로 인식하고 있거나, 에스키모족은 눈(snow)이라는 실재에 20개가 넘는 이름을 부여하고 있다. 또는 세계를 둘러보면 남성보다 여성이 더욱 풍부하게 색상을 묘사한다(Rich, 1977; Yang, 2001). 100가지 색깔의 립스틱과 페인트를 가지고 사람들에게 물어보면 평균적으로 여성이 남성보다 더 많은 색깔을 인지하며, 예술전공자들이 기술전공자들보다 더 많은 색깔을 구분할 것이다. 그러나 이것이 특정한 문화 집단의 구성원은 실재를 구별하는 데 실패했다는 것을 의미하는 것은 아니다(Bernard, 2005). 각각의 문화 집단의 구성원은 단지 고유한 방식으로 사물을 인식하고 이름을 부여하는 것이다. 따라서 문화 영역 분석이란 세계의 문화 집단 구성원이 사물을 인식하고 유형화하며 분류하는 인지 방식에 대해 탐구하는 것이라고 볼 수 있다.

2. 문화 영역의 속성

문화 영역을 분석하기 위한 사전 지식으로서 Borgatti(1999)가 제시한 문화 영역의 속성이 무엇인지에 대하여 이해하는 것이 필요하다. 그에 따르면 문화 영역은 다음과 같이 네가지의 속성을 갖는다고 한다. 첫째, 문화 영역은 개인에게서 외재하며 문화적으로 공유되는 것이다. 따라서 문화 영역은 개인의 선호에 따른 것이 아니다. 개인이 선호하는 음식과 선호하지 않는 음식 등과 같이 개인적인 생각 및 감정 등은 문화 영역이 아니다. 즉, 문화 구성원이 좋아하고 싫어하는 음식, 사람, 색깔 등은 문화 영역이 아니다. 따라서 연구자가 많은 정보제공자로부터 선호하는 음식에 대해 조사하고, 그 결과 동일한 음식의 종류가 나왔을지라도 그것은 문화 영역이 될 수 없다. 문화 영역은 문화 구성원을 넘어서는 인식 범주이며, 개인 바깥의 언어에 존재한다. 따라서 연구자는 정보제공자에게 문화 영역을 탐구하기 위해 다음과 같이 묻는 것이 적절하다. 정보제공자에게 사자를 좋아하느냐고 묻는 것이 아니라 사자는 동물에 속하느냐고 질문해야 한다. 또는 식용 가능한 음식과 불가능한 음식이 무엇인지, 전염을 일으키는 곤충과 그렇지 않은 곤충이 무엇인지 질문할 수 있다.

둘째, 문화 영역은 관계 및 내적 구조를 가지고 있는 체계이다. 다시 말해서, 문화 영역은 독립적인 사물 그 자체가 아니라 문화 구성원이 사물을 독특하게 관련시키고 연관시킨 개념적인 의미 체계이다. 예를 들어 동물이라는 문화 영역이 있을 때, 어떤 동물은 식용이 가능하나 다른 어떤 동물은 식용이 불가능하다고 인식된다. 여기에서 동물 영역은 그것에 속하는 돼지, 소, 물고기, 개, 고양이 등과 먹이라는 관계로 구성되어 있음을 알 수 있다. 이에 따라 문화 영역은 총괄용어(cover term), 포함용어(included terms), 그리고 의미론적 관계(semantic relation)라는 세 가지 요소로 구성되며, Spradley(1980)는 포함, 공간, 인과관계, 근본이유, 행동의 장소, 기능, 수단－목적, 순서, 속성 등의 9가지 관계의 예를 제시했다(Spradley, 1980).

셋째, 문화 영역에서는 항상 두 가지가 동일한 수준에서 쌍으로 대립한다. 예를 들어 식용이 가능한 먹이는 항상 식용이 불가능한 먹이를 전제하여 구성된다. 예를 들어 보면, 뒤르켐은 모든 종교에서는 세계를 신성한 영역과 세속적인 영역으로 양분한다고 보았다. 이러한 두 가지 의미의 범주가 종교 생활을 구성하는 조직 원리가 된다고 보았는데, 성과 속은 매우 대립적이고 통일된 하나의 체계이다. 그는 대체로 신성한 상징들의 속성에는 조밀성, 순수성, 연대성이 있다고 본 반면, 세속적인 상징들에는 위험성, 모독성이 있고 신성한 영역을 위협하는 속성이 있다고 보고 있다. 이러한 성과 속이라는 의미의 범주는 인간을 분류하는 범주로서 작용할 뿐만 아니라 우주론의 분류 체계의 모델이 되었다고 보고 있다(김윤용 역, 1996). 마찬가지로 오염은 깨끗함과 연관한 의미로서 존재한다. 또한 문화 영역은 위계적으로 구성되어 있다. 어떤 질병은 다른 질병들보다 전염성이 높은 등, 문화 영역은 독립적으로 존재하는 사물이 아니라 두 개가 대립되는 의미의 결합체라 볼 수 있다. 이와 같이 문화 영역은 체계적으로 조직되어 있음을 알 수 있다.

넷째, 문화 영역은 더 큰 문화 영역에 포함되거나 포함시키고 있는 총체적인 것이다. 각각의 문화 영역은 동일한 수준의 대립으로 구성되었을 뿐만 아니라 하나의 문화적 영역이 다른 여러 문화적 영역들을 포함하고 있다. Spradley(1980)는 문화가 일관된 의미의 체계로 조직되어 있다고 보았는데, 이는 문화 집단에서 나타나는 하나의 영역 또는 부분적인 행위 및 사건이 결코 독립적인 것이 아니라 더 큰 체계의 한 부분이라는 것을 의미한다. 따라서 연구자는 총체적이고 맥락적 관점을 갖고 하나의 문화 영역이 다른 문화 영역과 어떠한 관계가 있는지 살펴볼 필요가 있다.

이러한 관점에서 Mary Douglas는 『순수와 위험』(1966)에서 오염된 것으로 인식되는 사물에서 순수와 오염이라는 도덕적 분류 체계를 파악하고 있다. 즉, Douglas는 오염에 관한 문화적 신념의 체계적이면서도 비우발적인 성격에 특별히 관심을 가졌다. 그리고 그러한 문화적인 신념들은 더 넓은 분류체계의 맥락에서만 이해될 수 있다고 주장한다. 그녀는 "더럽힌다는 것은 결코 고립된 사건이 아니다. 그것은 사상에 대한 체계적인 질서화라는 관점에서만 나타날 수 있다. … 오염이라는 개념이 의미를 갖게 되는 유일한 방식은 전체 사고 구조와 관련지을 때이다. 그리고 이것과 관련된 경계, 주변, 재선은 분리라는 의례에 의해서만 유지된다."

더불어 Douglas는 이러한 이론을 가장 잘 보여 주는 저명한 사례로 구약성경의 레위기에서 시작된 유대인들의 섭생 금지법을 주목했다. 그녀는 유대인들이 먹을 수 없는 (낙타, 산토끼, 카멜레온, 돼지를 포함하는) 명백히 우연적인 음식 목록이 결코 우연한 것이 아님을 보여 주었다. 오히려 그 음식은 먹을 수 있는 음식들과 먹을 수 없는 음식을 분류하기 위해서 사용되었던 몇 가지 단순한 규칙에 맞지 않은 음식이었다. 그들이 먹을 수 없는 동물은 자연을 분류하는 더 넓은 도식을 위반한 것이다. 그것은 그 종에 있어서 불완전한 구성원이었다. 예를 들어, 돼지는 발굽이 갈라진 동물이라는 더 넓은 범주에 완전히 적합하지 않은 것이었다. 먹을 수 있는 동물인 영양, 염소, 양과 달리 돼지는 풀을 뜯을 수가 없었다. 따라서 예외적으로 그것은 불순한 것으로 인식되었고 먹을 수 없는 동물로 간주되었다(한국문화사회학회, 2008).

3. 영역 분석의 기법

문화 영역 분석의 기법으로는 자유기술(freelist), 파일분류(pilesort), 세 항목 분석(triad), 대응 비교(paired comparisons), 중요도 분석(weighted ranking), 합의 분석(consensus analysis) 등이 있다. Newing 등(2011)은 다음처럼 문화 영역 분석의 과정과 기법을 소개하고 있다.

〈표 1〉 문화 영역 분석의 과정과 기법(Newing et al., 2011: 147)

과정	기법
구성요소(항목) 찾기	Freelist, Identification
항목 간의 관계 발견	Pilesort, Triad
관계의 법칙 규명	Paired comparisons, rating, ranking
관련된 가치 탐색	Weighted ranking
영역의 변동성 탐색	Consensus analysis
변동성 설명	Factor analysis

이 표의 다양한 기법 중 가장 활발히 사용되고 있는 기법은 자유기술, 파일분류, 세 항목 분석이다(Borgatti, 19998). 자유기술은 일반적으로 문화 영역 분석의 초기 단계에 문화 영역의 다양한 항목을 도출하기 위해 활용되는 기법이다. 파일분류와 세 항목 분석은

항목 간의 유사성과 특성의 도출을 위해 사용되는 효과적인 기법이다. 다음은 각 기법의 구체적인 활용 방법이다.

자유기술

자유기술은 문화 영역의 항목을 도출하기 위해 사용되는 기법이다(Borgatti, 1998; Newing et al., 2011). 자유기술은 연구 참여자들에게 문화 영역에 해당되는 모든 항목을 말하거나 적어 달라고 요청하는 기법으로, 가장 현저하게 나오는 항목이 무엇인지 밝히기 위해 활용하는 방법이다. 자유기술을 통해 항목을 수집할 때 가장 먼저 연구자는 탐구하고자 하는 문화 영역의 용어를 정확히 정해야 한다. 만약 연구자가 자신이 사용하는 언어를 사용하지 않는 나라의 문화 영역을 탐구한다면 자신이 선정한 문화 영역의 정확한 용어(의미, 발음, 철자)를 확인해야 한다.

자유기술의 방법은 아주 간단하다. 예를 들어, '당신이 아는 모든 동물을 말해 주시오.' '과일의 종류로는 무엇이 있습니까?' 등의 개방형 질문을 던지는 것이다. 일반적으로 같은 문화를 공유하고 있는 구성원끼리는 비슷한 항목으로 구성될 가능성이 크다. 그리고 자유기술은 시기에 따라 구성되는 항목이 달라지기도 한다. 우리나라에서 과일의 종류를 묻는 질문에 대한 답은 계절에 따라 달라질 수 있다. 여름이면 수박, 참외, 멜론 등, 가을이면 사과, 배, 감 등이 자주 등장할 것이다. 만약 항목의 용어는 알지만 문화 영역의 용어를 모를 경우에는 항목을 통해 문화 영역을 도출해 내는 방법을 사용할 수 있다. 예를 들어, '사과'가 속한 문화 영역에 대해 잘 모른다면, 단지 '사과는 무엇입니까?'라는 질문을 던지면 된다. 응답자는 '과일의 한 종류'라는 대답을 할 것이고, 다시 연구자는 '그렇다면 과일의 종류로 사과 말고 다른 것에는 무엇이 있습니까?'라는 질문을 던진다. Newing 등(2011)의 자유기술 단계를 참고하여 만든 자유기술의 4단계는 다음과 같다.

- 1단계: 문화 영역의 용어 탐색하기
- 2단계: 질문하기
- 3단계: 전사 및 질문하기
- 4단계: 논의하기

자유기술의 첫 번째 단계에서는 앞서 논의했듯이 탐구하고자 하는 문화 영역을 지칭하는 용어를 분명히 해야 한다. 이때 서로 다른 언어를 사용하는 나라의 문화를 분석했다면, 자신이 생각하는 용어가 맞는지 확인하기 위해 연구자의 모국어로 소통이 가능한 현지인 또는 연구 참여자에게 질문을 해야 한다. 두 번째 단계는 모든 연구 참여자에게 '당신이 아는 모든 종류의 X(문화 영역)를 말해 주시기(적어 주시기) 바랍니다.'라고 요청하는 것이다. 만약 연구 참여자들이 질문이나 요청에 대한 답을 멈춘다면, 연구자는 그들이 말하거나 적은 항목을 다시 한 번 읽어 주며 연구자가 목표한 개수를 채울 때까지 계속해서 유도한다(Newing et al., 2011). 이때 주의사항은 자유기술 유도 시 연구 참여자들의 기호나 경험을 묻는 것이 아니라, 그들이 아는 것을 적도록 해야 한다는 것이다. 세 번째 단계에서는 그들이 사용한 정확한 용어 및 철자로 녹음한 내용을 전사하거나, 그들이 적은 내용을 살펴본다. 만약 명확하지 않은 내용이 발견될 경우(발음이 구분되지 않거나, 철자를 알아보기 힘들 때 등) 연구자 스스로 추측하기보다는 연구 참여자에게 정확한 뜻을 물어보아야 한다. 네 번째 단계에서는 자유기술에 대한 정리가 끝나면 연구 참여자들과

〈표 2〉 동물에 대한 자유기술 매트릭스

	구분	남1	남2	남3	남4	여1	여2	여3	여4	빈도	평균 순위
1	사자	0	6	1	0	0	3	0	0	0.38	3.33
2	돼지	3	1	2	1	1	1	1	1	1.00	1.38
3	개	8	2	3	2	2	2	4	0	0.88	3.29
4	고양이	0	5	4	0	9	0	0	5	0.50	5.75
5	참새	0	0	5	8	0	4	2	8	0.63	5.40
6	까치	1	4	6	0	0	8	0	9	0.63	5.60
7	호랑이	5	0	7	0	6	7	0	0	0.50	6.25
8	뱀	9	0	8	0	0	9	0	0	0.38	8.66
9	닭	4	0	9	0	10	0	0	10	0.50	8.25
10	일각고래	0	0	10	0	0	0	0	0	0.13	10
11	비둘기	0	0	0	10	3	5	5	0	0.50	5.75
12	양	0	0	0	0	4	0	7	0	0.25	5.50
13	늑대	0	0	0	0	5	6	6	0	0.38	5.66
14	여우	0	0	0	0	7	0	0	0	0.25	8
15	참새	0	0	0	3	8	0	0	2	0.38	4.33

항목들의 동의어, 부연 설명, 용어, 중요성 등을 논의해야 한다. 이러한 논의를 통해 연구자는 문화 영역과 항목에 대한 이해를 높이고, 항목 간의 의미론적 관계를 발견할 수 있다.

　Bogratti(1998)와 Newing 등(2011)의 연구에 따라 자유기술을 분석하는 방법은 네 가지로 정리할 수 있다. 첫째, 엑셀이나 한셀과 같은 스프레드시트 소프트웨어를 이용해 다음 표와 같은 매트릭스를 만든다(표 2). 매트릭스에는 각 연구 참여자(이름 대신 코드를 부여하는 것이 더 효율적임)와 그들이 말한 항목을 모두 입력한다. 둘째, 각 연구 참여자들이 말한 항목과 순위를 기입한다. 순서에는 1, 2, 3 등의 숫자를 사용한다. 셋째, 각 항목의 빈도를 구한다. 빈도는 해당 항목의 빈도를 전체 항목 수로 나누면 된다. 예를 들어 아래의 표에서 호랑이의 빈도를 구해 보면, 호랑이를 언급한 연구 참여자가 전체 8명 중 4명이므로, '0.50'이 된다. 넷째, 각 항목의 평균 순위를 구한다. 예를 들어, 사자의 평균 순위는 (6+1+3)/3인 '3.33'이다. 다섯째, x축은 빈도, y축은 순위를 나타내는 다음과 같은 그래프를 만든다(그림 2).

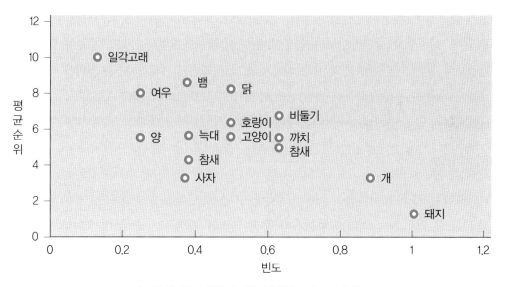

[그림 2] 동물 영역에 대한 항목들의 빈도와 순위

　그림에서 동물 영역에 대한 항목들의 빈도와 순위를 보면, 오른쪽 하단에 있는 '돼지'와 '개'가 가장 자주, 가장 먼저 언급된 항목들이다. 반대로 왼쪽 상단에 있는 '일각고래'의 경우 단 한 번 언급되었고, 언급된 순위도 낮다. 즉, 동물이라는 문화 영역에서 '돼지'와 '개'는 가장 대표적인 동물이고, '일각고래'는 사람들에게 생소한 동물이라고 할 수 있다. 또한 비슷한 특징을 지닌 항목의 경우 가까이 있을 가능성이 크다. 예를 들어, '비둘기',

'까치', '참새'는 모두 날개가 달린 동물로 가까이 위치하고 있는 것을 볼 수 있다. 이는 항목을 말하거나 적을 때 연관성 있는 것들을 연속해서 연상하기 쉽기 때문이다(Gatewood, 1984). 이러한 무리는 영역 내의 하위 영역으로 구분될 수 있다.

자유기술에서는 말로 답변을 듣는 것보다 글로 써 달라고 요구하는 것이 더 효과적이다. 글로 적는다면 연구 참여자의 문화 영역에 대해 더욱 명확히 이해할 수 있다. 예를 들어, 수식어의 사용, 다른 철자법, 동의어 등을 사용할 경우 그 이유에 대해 추가적인 질문을 하고, 연구 참여자의 의도를 파악할 수 있기 때문이다. 또한 녹음과 전사 작업 없이도 연구 자료를 얻을 수 있기 때문에 글로 적는 것이 시간과 노력을 아낄 수 있다.

만약 연구자가 영역의 경계를 탐색하는 것에 관심이 있다면, 연구 참여자들이 더 이상 새로운 항목이 생각나지 않을 때까지 계속해서 질문해야 한다. 여기서 연구 참여자는 같은 문화권에 속해 있는 구성원으로 10명에서 20명 사이가 적당하다(Newing et al., 2011). 또한 성별, 나이 등 서로 다른 집단 간의 문화 영역 비교를 위해서는 집단 간 동일한 비율을 표본으로 삼아야 한다. 종종 연구 참여자 중 다른 연구 참여자보다 훨씬 더 많은 항목을 이야기하는 사람이 있다. 그 사람은 그 영역의 전문가일 가능성이 크다. 예를 들어, 식물학자는 일반인보다 훨씬 많은 수의 식물을 말할 것이고, 자동차 딜러는 일반인보다 훨씬 다양한 종류의 자동차에 대해 말할 것이다. 즉, 한 문화 영역에 대해 알고 있는 항목의 수가 많을수록 문화 역량이 높은 것이다(Borgatti, 1998).

파일분류

파일분류는 연구 참여자들이 어떠한 특성을 기준으로 항목을 분류하는지 살펴보는 과정을 통해 항목 간의 의미론적 관계와 문화 영역의 특성을 도출해 내기 위한 방법이다(Borgatti, 1998; Puri & Vogl, 2005; Newing et al., 2011). 파일분류를 위해서 가장 먼저 항목의 단어 또는 그림이 있는 카드를 만들어야 한다. 실물을 사용할 수도 있지만 이는 항목의 개수가 많아지면 모두 준비하기 어렵기 때문에 일부만 준비할 수 있다. 항목 카드의 경우 그림보다는 단어로 만드는 것이 더욱 효과적이다. 왜냐하면 그림이 그려진 카드를 본다면 크기, 색깔, 모양 등의 시각적 특성에만 초점을 맞추기 때문이다. 파일분류를 위해 가장 먼저 문화 영역과 관련된 항목 카드를 준비한 뒤, 연구 참여자들에게 자신이 아는 카드만 뽑아 달라고 요구한다(Bogratti, 1998). 이는 파일분류의 타당도와 신뢰도를 높이기 위함이다. 그 다음으로 연구 참여자들에게 비슷한 항목끼리 파일을 만들어 달라고 말하면, 그들은 각자가 원하는 개수만큼의 파일을 만들 것이다. 연구자는 파일을 만드는 작업이 모두 끝나면 연구 참여자들에게 각 파일의 명칭과 항목을 분류한 기준에 대해 질문한다. 그리고 최종적으로 각 파일의 항목 카드들과 분류 기준에 대해 기록을 남겨야 하는데, 가장 좋은 방법으로는 영상 또는 사진 촬영이 있다.

　파일분류에는 두 가지 방법이 있다(Bogratti, 1998; Puri & Vogl, 2005). 첫 번째 방법은 자유로운 파일 분류이다. 정해진 파일의 개수나 기준 없이 자유롭게 파일분류를 실시하는 것이다. 이 방법은 시간이 오래 걸리고, 사람에 따라 파일의 개수가 많아질 수 있으며, 기준이 불분명할 수 있다는 단점이 있다. 이를 보완하기 위한 방법이 파일분류의 두 번째 방법인 제한된 파일분류이다. 제한된 파일분류는 파일의 개수를 제한하거나, 조건을 제시하는 방법이다. 항목을 정확히 2등분하여 두 개의 파일을 만드는 것부터 시작한다. 그리고 점차 파일의 개수를 늘리면서 파일이 늘어날 때마다 항목이 어떻게 이동하며, 끝까지 같은 파일로 분류된 항목은 무엇이고, 분류 기준은 무엇인지 분석할 수 있다. 또한 사용법, 거주지, 외형 등의 기준을 제시해 준다면 효율적인 파일분류가 가능하다. 가장 이상적인 파일분류는 각 항목이 하나의 파일로 분류되는 것이다. 그러나 이는 많은 시간 및 노력과 더불어 연구 참여자들의 개인적인 숙달성이 요구되기 때문에, 연구 참여자들이 구분한 여러 개의 파일을 다시 하나의 파일로 만들도록 요구하고, 이 과정을 관찰 및 분석하는 것으로 대체할 수 있다(Newing et al., 2011).

　연구자는 연구 참여자들의 개별적인 분류 작업 후 다른 연구 참여자들과 각자 분류한 내용을 확인하고 논의하는 시간을 제공해 주는 것이 좋다. 각자가 분류한 기준을 다른

〈표 3〉 같은 파일로 분류한 항목의 퍼센트에 대한 매트릭스(Gatewood, 1984)

구 분	개구리	도롱뇽	비버	라쿤	토끼	쥐	코요테	사슴	무스
개구리	100	96	6	2	2	0	0	2	2
도롱뇽	96	100	4	0	0	2	0	0	0
비버	6	4	100	62	65	56	17	25	13
라쿤	2	0	62	100	71	58	23	29	15
토끼	2	0	65	71	100	75	17	27	15
쥐	0	2	56	58	75	100	17	15	10
코요테	0	0	17	23	17	17	100	21	15
사슴	2	0	25	29	27	15	21	100	77
무스	2	0	13	15	15	10	15	77	100

사람들의 기준과 비교하며 이야기할 때 문화 영역의 특성이 더 잘 드러나기 때문이다. 또한 연구 참여자들끼리 협동 작업으로 파일분류를 할 수도 있다. 이 과정에서 연구자는 연구 참여자들끼리 논의하는 내용을 모두 전사하여 분석해야 한다. 파일분류의 과정에서 연구 참여자들 사이의 합의점을 찾기 위해 자신이 정한 기준을 지속적으로 수정하고, 타협하는 과정을 통해 그 문화 영역의 보편적인 특성이 도출되기 때문이다.

파일분류의 결과는 매트릭스나 다이어그램으로 나타낼 수 있다. 가장 먼저 다음의 표와 같이 연구 참여자들이 같은 파일로 분류한 항목의 퍼센트를 매트릭스로 만드는 방법이 있다(Gatewood, 1984)(표 3).

표에서처럼 연구 참여자들의 96%는 '개구리'와 '도롱뇽'을 같은 파일로 분류했는데, 이는 '개구리'와 '도롱뇽'이 상당히 유사한 특징이 있다는 것을 알 수 있다. 실제로도 두 동물은 같은 양서류이며, 물에서 서식하고, 피부가 비늘로 이루어져 있는 등 공통점이 많다. 반대로 '개구리'와 '쥐' 또는 '코요테'는 같은 파일로 묶인 적이 없으므로, 유사한 특징이 거의 없다고 볼 수 있다. 항목 간의 관계를 다음의 그림과 같이 트리 다이어그램이나 벤 다이어그램으로 시각화하는 방법들이 있다. 이러한 방법들은 항목 간의 관계를 한눈에 파악하기 쉽게 해 준다(그림 3).

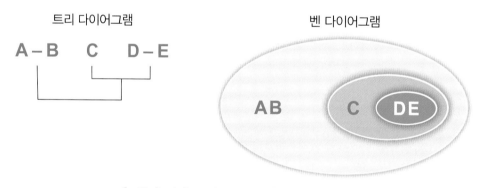

[그림 3] 파일분류의 시각화 방법(Gatewood, 1984)

세 항목 분석

파일분류와 더불어 유사성 분석을 위한 기법으로 세 항목 분석이 있다. 세 항목 분석은 자유기술을 통해 나온 문화 영역의 항목 중 3개를 나열하는 것으로부터 시작한다. 각각의 세 항목 세트 중 가장 다르다고 생각되는 것을 골라내는 것이 세 항목 분석의 방법이다. 가장 다른 한 가지를 골라내면 자연스럽게 남은 두 가지 항목은 유사한 특성을 지닌 것이라고 할 수 있다. 예를 들어 과일이라는 영역 중 '딸기, 라즈베리, 바나나'를 하나의 세 항목 세트로 만들었다고 가정해 보자. 이 중 '바나나'를 고른다면 '딸기'와 '라즈베리'는 유사한 항목이라는 것을 나타낸다. 만약 문화 영역의 모든 항목을 세 항목 세트로 만든다면, 동일한 두 항목이 하나의 세트로 묶일 경우의 수는 '전체 항목의 개수(N)−2'이다(Borgatti, 1998). 즉, 과일이라는 영역의 항목 개수가 30개이고, 그 중 딸기와 라즈베리가 같은 세 항목 세트로 묶일 경우의 수는 '30−2'인 28이 된다. 만약 두 항목이 아주 유사하다면 연구 참여자들은 모든 세 항목 분석 시 두 항목을 제외한 나머지 한 항목을 선택할 것이고, 결국 두 단어가 남는 경우는 'N−2'번 일 것이다. 반대로 두 단어가 매우 다른 특성을 가지고 있다면 한 번도 함께 남지 않을 것이다. 즉, 두 항목은 유사성에 따라 0에서 '전체 항목의 개수−2' 사이의 값을 얻게 되는 것이다.

세 항목 분석 시 세 항목 세트는 'N × (N−1) × (N−2)/6'만큼 생성되며, 전체 항목의 개수가 많아질수록 세 항목 세트의 수는 계속해서 증가한다. 예를 들어, 영역에 20개의 항목이 있다면 '20 × 19 × 18/6'인 1,140개의 세 항목 세트가 만들어지고, 30개의 항목이 있다면 '30 × 29 × 28/6'인 4,060개의 세 항목 세트가 생성된다. 연구 참여자들이 이렇게 많은 세 항목 세트를 분석하는 것은 사실상 불가능하다. 따라서 실질적인 해결책으로 세 항목 세트 중 표본을 추출하는 방법이 있으나, 무작위로 표본을 추출할 경우 연구의 타당도와 신뢰도가 저하되기 때문에 표본 추출 시 항목의 등장 횟수를 고려할 필요가 있다.

이를 위해 'BIB 설계(Balanced Incomplete Block design)'를 실시하면 되는데, 이는 모든 두 항목 세트가 동일하게 정해진 횟수로 등장하는 것이다(Borgatti, 1998; Puri & Vogl, 2005). 여기서 동일한 두 항목이 하나의 세트로 묶이는 경우의 수를 'λ(람다)'라고 한다(Borgatti, 1998). 예를 들어 30개의 항목이 있고, λ를 1로 정한다면 나오는 세 항목 세트는 435개로 기존의 4060에 비해 현저히 줄어든다. 그러나 'λ = 1'의 경우 너무 극단적인 값이 나올 수도 있기 때문에 최소한 'λ = 2' 이상으로 설정하는 것이 적합하다.

세 항목 분석의 가장 큰 장점은 항목 간의 유사성을 수치화할 수 있다는 것이다. 'λ = 3'일 경우 두 항목이 남는 모든 경우의 수는 0, 1, 2, 3이다. 이 값을 바탕으로 다음과 같은 매트릭스 또는 그래프를 만들어 간략하게 나타낼 수 있다. 다음은 'λ=3'일 경우의 매트릭스이다(표 4).

그러나 세 항목 분석에는 두 가지의 단점이 있다. 첫째는 연구 참여자가 지루하며, 반복적이라고 느낀다는 것이다. 둘째는 지속적인 세 항목 분석 시 자신의 기준이 계속해서 바뀌는 것 같아 불편하게 느낄 가능성이 있다. 따라서 너무 많은 경우의 수는 연구의 타당도와 신뢰도에 도움이 되지 않기 때문에, 최대 12개의 항목까지만 세 항목 분석을 적용

〈표 4〉 'λ=3'일 경우의 매트릭스

구분	딸기	라즈베리	블루베리	수박	사과	배
딸기	−	3	2	1	0	0
라즈베리	3	−	3	0	1	0
블루베리	2	3	−	1	0	1
수박	1	0	1	−	1	1
사과	0	1	0	1	−	3
배	0	0	1	1	3	−

하는 것이 적합하다(Borgatti, 1998). 또 하나의 좋은 방법은 세 항목 분석과 인터뷰를 동시에 진행하는 것이다(Puri & Vogl, 2005). 세 항목 세트 중 연구 참여자가 가장 다르다고 생각하는 한 항목을 뽑았다면, 즉시 이유가 무엇인지 물어본다. 이 방법은 연구 참여자가 단순 작업으로 인한 지루함을 덜 느끼게 하고, 연구 참여자가 인식하고 있는 항목과 영역의 특성을 확인하는 데 효율적이다.

예를 들어, 과일이라는 영역의 항목 중 세 항목 분석을 위해 '귤, 딸기, 사과'가 있다고 가정해 보자. 연구 참여자가 이 중에 딸기를 선택할 경우, 질문을 한다면 연구 참여자는 '귤과 사과는 나무에서 자란다.'라고 대답할 수 있다. 또한 사과를 선택한다면 그 이유에 대해서는 '귤과 딸기는 겨울에 나는 과일이다.'라고 말할 수 있다. 세 항목 분석과 인터뷰를 동시에 진행하는 방법은 모든 항목들의 특성을 구체적으로 확인하고 분석할 수 있는 방법으로 연구자에게 많은 정보를 제공한다.

4. Spradley(1980)의 문화 영역 분석 절차

문화 영역 분석의 목적은 문화적 범주들을 확인하는 것과 연구하고 있는 문화적 장면을 조망하는 것이다(Spradley, 1980). 이 목적을 달성하기 위한 문화 영역 분석의 과정은 문화 영역의 생성부터 항목 간의 의미론적 관계 발견과 정리라는 순환적인 구조로 이루어진다. Spradley(1980)는 문화 영역 분석의 과정을 다음과 같이 6단계로 정리했다.

- 1단계: 단일한 의미론적 관계 설정

- 2단계: 영역 분석용 작업표 준비
- 3단계: 현장노트 내용 중 표본 선정
- 4단계: 의미론적 관계에 있는 총괄용어와 포함용어 찾기
- 5단계: 다른 의미론적 관계를 통한 새로운 영역 찾기
- 6단계: 확인한 영역 목록표 작성

가장 먼저 1단계의 경우 단일한 의미론적 관계를 설정하는 단계이다. Spradley(1980)는 다음과 같은 9가지의 의미론적 관계를 제시하고 있으며, 다음의 9가지 중 하나의 의미론적 관계를 선택하면 된다(표 5).

〈표 5〉 Spradley(1980)의 9가지 의미론적 관계

관계	형식	예
포함	X는 Y의 한 종류	사과는 과일의 한 종류이다.
공간	X는 Y에서의 한 장소	교실은 학교에서의 한 장소이다.
	X는 Y의 한 부분	단상은 강당의 한 부분이다.
원인-결과	X는 Y의 결과	눈이 내리는 것은 기온이 낮아진 결과이다.
근본 이유	X는 Y를 행하는 이유	자아실현은 일을 하는 이유이다.
행동의 장소	X는 Y를 행하는 장소	교실은 수업을 하는 장소이다.
기능	X는 Y를 하는 데 사용	핸드폰은 통화를 하는 데 사용한다.
수단-목적	X는 Y를 하는 방법	운동은 건강해지기 위한 방법이다.
순서	X는 Y의 단계	국민의례는 회의의 시작 단계이다.
속성	X는 Y의 속성	달콤함은 과일의 속성이다.

2단계로 영역 분석 작업표를 준비한다. 영역 분석 작업표는 포함용어, 의미론적 관계, 총괄용어를 보기 쉽게 정리할 수 있게 도와주는 틀이다. 의미론적 관계를 적는 칸에는 1단계에서 설정한 단일한 의미론적 관계를 적으면 되고, 포함용어와 총괄용어에는 현장노트에서 도출된 것을 적는다. 다음의 그림은 Spradley(1980)의 문화 영역 분석 작업표이다(그림 4).

3단계는 현장노트에서 표본을 선정하는 단계이다. 작성한 현장노트에서 몇 문단만 선택하면 된다. 그리고 4단계는 표본으로 선정된 현장노트에서 의미론적 관계에 있는 총괄

1. 의미론적 관계 :		
2. 형식 :		
3. 예 :		
포함용어	**의미론적 관계**	**총괄용어**
	예) 포함	

[그림 4] Spradley(1980)의 문화 영역 분석 작업표

용어와 포함용어를 찾아내는 것이다. 이때 현장노트를 읽고 분석할 때는 설정한 의미론적 관계에 초점을 맞추어야 한다. 이 단계에서는 현장노트에서 문화 영역을 도출하는 것이 중요하다. 표본의 현장노트에서 가능한 한 많은 양의 문화 영역을 찾아내 그림의 문화 영역 분석 작업표를 작성한다. 5단계는 다른 의미론적 관계를 활용하는 단계로, 다시 1단계로 회귀하여 순차적으로 진행되는 순환적인 구조이다. 설정한 의미론적 관계에 따라 찾을 수 있는 문화 영역의 양이 다르기 때문에, 다양한 의미론적 관계의 대입을 통해 다양한 문화 영역을 발견해야 한다. 마지막 6단계는 확인한 모든 영역의 목록을 만드는 것이다. 즉, 앞서 작성한 문화 영역 분석 작업표를 보기 쉽게 정리하는 과정이다.

　Spradley(1980)의 문화 영역 분석의 최종적인 목적은 다양한 문화 영역의 발견이다. 문화 영역의 발견은 문화를 이해할 수 있는 창이 되기 때문에 중요하다. 그러나 Spradley(1980)의 논의는 문화 영역 발견에만 초점을 맞추고 있어서 문화 영역 자체를 분석하는 데에는 다소 활용 가능성이 낮다. 문화 영역 자체를 분석하는 것은 문화 영역 내 항목 간의 의미론적 관계를 통해 문화 영역을 이해하고, 더 나아가 다양한 문화 영역에 대한 이해를 바탕으로 한 문화를 이해하기 위한 출발점이다. 따라서 다음으로는 앞서 살펴본 문화 영역 분석의 기법과 Spradley(1980)의 문화 영역 분석 작업표를 활용하여 재구성한 문화 영역 분석의 4단계에 대해 논의해 보고자 한다.

- 1단계: 문화 영역의 발견
- 2단계: 자유기술
- 3단계: 의미론적 관계 찾기
- 4단계: 문화 영역 분석 작업표 작성

1단계로 문화 영역 분석을 위해서는 가장 먼저 문화 구성원들에 대한 참여 관찰과 면담을 통해 연구하고자 하는 문화 영역을 발견해야 한다. 앞서 Spradley(1980)는 연구를 하며 작성한 현장노트를 통해 문화 영역을 발견하지만, 이 방법에서는 연구자가 관찰이나 면담을 하며 중요하다고 생각하거나 호기심이 있었던 문화 영역을 직감적으로 발견하여 선택한다. 따라서 이 방법에서는 Spradley(1980)의 방법과 비교해서 문화 영역의 발견의 비중이 줄어드는 대신 문화 영역 자체를 분석하는 것에 중점을 둔다.

2단계는 앞서 언급한 자유기술 방법을 활용하여 문화 영역의 항목을 찾는 단계이다. 1단계에서 선택한 문화 영역의 항목에 대한 자유기술 질문을 던지고, 그 질문에 따라 항목들을 나열하는 것이다. 자유기술의 결과는 앞서 나온 매트릭스(표 2)나 그래프(그림 2)로 나타낼 수 있다. 이 단계의 목적은 항목 간의 비교가 아닌 각 항목 자체의 빈도와 평균 순위 등을 구하는 것과 문화 영역의 범주를 확인하는 것이다.

3단계는 의미론적 관계 찾기로 파일분류와 세 항목 분석 기법을 사용할 수 있다. 파일분류와 세 항목 분석 기법을 활용하면 항목 간의 비교 분석이 쉽고, 항목 간의 연관성을 수치로 환산하여 분석하기 용이하다. 파일분류의 경우 매트릭스나 다이어그램으로 나타낼 수 있으며, 세 항목 분석의 경우 λ를 사용하여 매트릭스를 만들어 정리할 수 있다. 무엇보다 다양한 의미론적 관계 설정에 따른 정리가 쉽다는 장점이 있다. 파일분류와 세 항목 분석 기법을 사용할 때는 다양한 기준으로 분류를 해 보는 것이 효과적이기 때문에 앞서 살펴본 Spradley(1980)의 9가지 의미론적 관계(표 5)에서 기준을 선택하여 적용할 수 있다.

마지막 4단계는 Spradley(1980)의 문화 영역 분석 작업표를 작성하는 것이다(그림 4). 3단계에서 찾은 항목 간의 의미론적 관계를 문화 영역 분석 작업표로 정리하는 단계이다. 4단계를 통해 문화 영역 내의 의미론적 관계를 한눈에 살펴볼 수 있게 될 것이고, 이는 문화 영역에 대한 이해와 분석에 도움을 준다. 그리고 이 작업 중 추가적으로 연구해 볼 필요가 있는 새로운 영역 또는 하위 영역의 경우 다시 1단계로 돌아가서 진행을 하면 되는 순환적인 구조이다.

예를 들어, 1단계로 한 연구자가 '건강'이라는 문화 영역에 대해 호기심을 가지게 되어

이를 분석했다고 가정해 보자. 2단계에서는 연구 참여자들에게 건강과 관련된 항목을 자유기술해 달라고 말할 것이다. 그에 대한 결과로 '운동, 축구, 수영, 영양제, 비타민C, 오메가3' 등이 나올 수 있다. 3단계에서는 '포함'을 의미론적 관계로 설정하고, 파일분류와 세 항목 분석을 진행한다. 그렇다면 유사성이 높은 '운동, 축구, 수영' 그룹과 '영양제, 비타민C, 오메가3' 그룹으로 결과가 도출될 수 있다. 마지막 4단계에서는 이를 다음 그림과 같이 정리할 수 있다.

1. 의미론적 관계 : 포함		
2. 형식 : X는 Y의 한 종류		
3. 예 : 사과는 과일의 한 종류이다.		
포함용어	**의미론적 관계**	**총괄용어**
축구	포함 →	운동
수영		
비타민C	포함 →	영양제
오메가3		

[그림 5] '건강' 문화 영역 분석 작업표

5. 문화 영역 분석을 위한 영역 분석과 분류 분석

지금까지 문화 영역 분석의 이론적 관점과 분석 방법의 종류 및 그 특징에 대해서 살펴보았다. 여기에서는 문화 영역 분석의 중요한 기법인 영역 분석, 분류 분석의 방법 및 과정, 절차에 대해서 좀 더 구체적이고 포괄적으로 알아보려고 한다. 영역 분석과 분류 분석에 대해 Spradley(1980)에 근거하여 알아본다.

영역 분석 절차

문화 영역 분석을 위한 인터뷰

연구자는 문화 영역 분석에 초점을 두고 관찰하고 인터뷰할 수 있다. 먼저 연구자는 그 집단이 어떤 의미의 단위를 사용하는지 살펴보고 나서 하나의 의미의 단위를 정한다. 그런 다음 그 의미의 단위에 속하는 사물, 행위, 감정 등은 무엇이 있는지 다음과 같이 질문을 할 수 있다. "A라는 의미의 범주에 속하는 모든 요소들을 말씀해 주세요." 즉, "먹을 수 있는 음식에는 무엇이 있는지 말씀해 주세요."라거나 "학생에는 어떤 종류의 학생이 있는지 말씀해 주세요.", "학교에서 문제 학생이라고 판단하는 아이들의 종류를 말씀해 주세요." 등이 있을 수 있다. 연구자는 현장 조사 중에서 중요한 의미의 단위를 발견하게 되고 그것의 요소를 파악할 수 있다. 이러한 방법으로 연구자는 의미의 범주와 그 의미의 범주 안에 속한 요소들 및 또 다른 범주들을 파악할 수 있다.

연구 참여자는 정보제공자로서 문화 영역의 내용에 대해 많은 지식을 갖고 있기 때문에 요소를 많이 제시할 수 있다. 그러나 의미의 체계는 행동 이면에 내면적으로 존재하거나 연구 참여자가 의식하지 못하는 습관적인 행위일 수가 있다. 이에 따라 연구자가 연구 참여자에게 문화 영역에 대한 범주에 대해 질문을 할지라도 연구 참여자는 답변하지 못하는 경우가 많을 수 있다.

단일한 의미론적 관계 설정하기

두 번째 단계로서 연구자는 문화 범주를 찾기 위해 단일한 의미론적 관계를 설정한다. 연구자가 관찰하고 현장노트를 작성한 후 해야 할 일은 분리된 언어와 행위들에서 동일한 범주의 문화 영역을 찾는 것이다. 이때 연구자는 도출된 개념 사이의 의미론적 관계를 고려함으로써 영역 분석을 효과적으로 할 수 있다. 즉, 영역 분석을 시작하기 위한 효과적인 방법 중 하나는 연구자가 의미론적 관계를 분석의 기준으로 삼으며, 그것을 자료 수집의 도구로서 활용하는 것이다. 그러한 관계에는 앞서 살펴본 Spradley(1980)가 제시한 의미론적 관계의 9가지 종류가 가능하며 또한 그것 이외의 관계도 가능하다. 그는 이와 관련하여 연구자가 현장에서 그 이상의 의미론적 관계를 발견할 수 있다고 논의한 바 있다. 이러한 의미론적 관계들은 연구자들이 체계적으로 관찰하고 섬세하게 영역을 파악하도록 도울 뿐만 아니라 연구자가 연구 참여자의 무엇에 초점을 두고 관찰해야 하는지를 안내해 주는 역할을 한다. 연구자는 이러한 의미론적 관계들을 염두에 두고 사회적 상황과 현장을 관찰하는 것이 유익하다.

분석 작업표 작성하기

연구자가 어떤 의미론적 관계를 설정하여 문화 분석을 할지를 결정했다면, 문화 영역 분석 작업표를 작성하여 체계적으로 자료를 수집하고 분석할 수 있다. 또는 이미 수집한 자료를 분석할 때 이러한 문화 영역 분석 작업표를 활용하여 문화 영역 분석을 체계적으로 할 수 있다. 이때는 앞서 살펴본 Spradley(1980)의 작업표를 활용하거나 혹은 연구자의 주제나 현장에 적합한 작업표를 구성하여 활용할 수 있다(그림 6).

1. 의미론적 관계 : 속성		
2. 형식 : X는 Y의 한 종류		
3. 예: 위험과 불편은 학습부진아의 속성이다.		
포함용어	**의미론적 관계**	**총괄용어**
	→	
포함용어	**의미론적 관계**	**총괄용어**
	→	

[그림 6] '문화' 영역 분석 작업표의 예

문화 영역 분석 작업표 작성하기

이렇게 문화 영역 분석 작업표를 마련한 후 그것에 해당하는 사물 및 행위의 종류에는 무엇이 있는지 찾아본다. 연구자를 기술적 관찰한 후 작성한 현장노트 및 관찰기록지를 가져오거나 기억을 되살려 본다. 그런 다음 그것들에서 나타나는 의미론적 관계에 초점을 두고 읽기를 한다. 이때 의미론적 관계를 찾아내기 위한 목적으로 읽어 간다. 문장의 의미나 내용에 초점을 맞추는 대신 의미론적 관계에 적합한 용어를 찾는 데 초점을 둔다. 그것은 "어떠한 용어가 일종의 그 무엇이 될 수 있는가?"라든지, "다른 종류의 그것이 있을 수 있는가?"라는 의문을 마음속에 품고 읽는 것을 의미한다. 하나의 의미론적 관계에 대해 알아본 다음에는 다른 의미론적 관계와 관련하여 영역 찾기를 반복한다.

순환적 영역 찾기

문화 영역 찾기는 일회적으로 이루어지는 것이 아니다. 연구자는 문화적 상황을 점진적으로 이해해 가면서 새로운 문화 영역을 찾을 수 있다. 또한 연구자는 문화 영역 분석표를 다시 작성하거나 수정하며, 추가할 수 있다. 연구자는 의미론적 관계에 속하는 더 많은 종류가 있는지 알아볼 수 있다. 이에 따라 연구자는 의미론적 관계를 찾아보는 과정에서 다시 관찰하고 면담을 하며 문화 영역 분석을 찾아가며 순환적으로 분석하게 된다.

분류 분석 과정

이러한 영역 분석이 끝나면 이러한 속성의 위계와 구조를 찾기 위한 방식으로 분류 분석이 시도될 수 있다. 그 과정은 다음과 같다.

분류 분석을 위한 영역 정하기

범주들 간의 관계, 부분과 전체의 관계를 이해하기 위한 첫 번째 단계로 연구자는 분류 분석할 영역을 정한다. 연구자는 하나의 문화적 영역을 선정하고, 다시 영역 분석을 하여 연구자가 미처 알지 못한 요소들이 있는지 파악한다. 만약 연구자가 슈퍼마켓에서의 장보기의 일련의 행동을 하나의 영역으로 설정했다면 다음과 같이 10단계로 나눈 영역의 예를 들어 보자. Spradley(1980)에 따라 분류 분석의 과정을 알아본다.

1. 가계로 들어가기
2. 손수레 고르기
3. 방향과 통로 정하기
4. 육류 고르기
5. 우유제품 취하기
6. 채소류 고르기
7. 계산대 줄 선택하기
8. 계산하기
9. 산 식료품 운반하기
10. 가게에서 나가기

의미론적 관계에 따라 유사한 종류 묶기

위의 10가지는 슈퍼마켓에서 장보기라는 문화 영역에 포함되는 요소들이다. 즉, 슈퍼마켓에서 장보기라는 총괄용어에는 동일한 의미론적 관계에서 10가지 행위들이 포함된다. 그러나 이 10가지 요소들에서 또 다른 문화 영역을 세부적으로 찾을 수 있다. 이때 연구자는 이들 10가지 행위들에서 몇 가지를 총괄용어로 묶을 수 있는지 살펴볼 수 있다. 그러면 연구자는 4, 5, 6번이 비슷하다는 것을 발견하고 이를 '식료품 고르기'라는 문화 영역으로 세분화할 수 있다. 또한 7번 계산대 줄 선택하기부터 8번 계산하기라는 두 가지 요소를 '계산하기'라는 문화 영역으로 묶을 수 있다. 이렇게 하나의 문화 영역에 포함된 구성요소들은 내부적으로 또 다른 문화 영역을 찾을 수 있게 된다. 그런 다음 연구자는 세분화된 문화 영역의 구성요소에는 무엇이 더 있을 수 있는지 조사를 한다. 즉, '식료품 고르기'라는 문화 영역에 4, 5, 6번 이외의 다른 행위들이 있는지 조사하고, '계산하기'라는 문화 영역에 또 다른 요소가 있는지 조사하여 보완한다. 그러면 연구자는 하나의 문화 영역에 여러 개의 세분화된 문화 영역이 포함된다는 사실을 알게 되며, 문화 영역들이 수평적이고 수직적으로 연결되어 있다는 것을 알게 된다.

문화 영역을 포함하는 상위 영역 찾기

바로 위에서는 하나의 문화 영역 아래에 포함되는 여러 문화 영역들을 찾아보았다. 그러나 하나의 문화 영역을 포괄하는 더 큰 문화 영역을 찾을 수도 있다. 당신이 고프만(헬르무, 1961)처럼 대규모 주립정신병원에서 환자의 생활을 연구한다고 상상해 보자. 참여 관찰자로서 당신은 자연스럽게 환자에게 벌어지는 일에 참가하면서 많은 시간을 보낸다. 몇 주 후 당신은 환자들이 크고 작은 쓰레기통에서 무엇인가를 수집하는 것을 보게 된다. 어떤 환자들은 이런 방식으로 여러 가지를 소유하고 있었는데, 이에 대해 직원들은 싫어하면서도 제지하지는 않았다. 당신은 '폐품 뒤지기의 종류'라는 영역을 설정하고, 다음과 같은 포함용어들을 확인하게 된다.

1. 쓰레기장 뒤지기
2. 쓰레기통에서 신문 찾기
3. 나무로 된 쓰레기 상자 조사하기
4. 담배꽁초를 찾아 재떨이 뒤지기

여기서 분류 분석을 하여 '폐품 뒤지기'를 부분집합으로 포함하는 더 큰 영역을 찾아나

선다. 당신은 환자들이 원하는 것을 얻는 방법과 비합법적 방법과 그 기관의 규칙체제를 따돌리는 수법이 아주 다양하다는 것을 문득 발견하게 된다. 그리하여 더 큰 영역으로서 '체제 다루기'라는 총괄용어를 만든다. 이 영역에 폐품 뒤지기, 음식 입수하기, 외부인과 사회적 관계 맺기, 만만한 과업 할당받기, 퇴원하기가 포함된다. 나아가 '체제 다루기'를 포함하는 더 큰 영역이 있는지를 묻고 상위 영역을 찾아볼 수 있다.

잠정적인 분류표 작성 후 초점 관찰하기

연구자는 처음부터 문화 영역을 구성하는 모든 요소를 찾기가 어렵다. 또한 문화 영역들과의 관계의 전체를 쉽게 구성할 수가 없다. 우선 연구자는 수집한 자료를 활용하여 잠정적으로 분류 분석표를 작성한다. 그런 다음 그 분석표를 조사활동에 활용한다. 즉, 연구자는 그 분석표를 활용하여 놓친 하위 영역 및 구성요소들이 있는지, 아니면 영역들이 더 있는지를 살펴보기 위해 집중적으로 조사한다. 예를 들어 슈퍼마켓에서 장보기에서 '계산하기'라는 문화 영역에서 다른 구성요소 및 다른 관계들이 있는지 집중적으로 관찰하고 면담한다. 그러면 연구자는 '계산하기'에서 추가로 줄에서 기다리기, 손수레 내용물 부리기, 지불하기, 계산대 떠나기 등의 단계를 발견할 수 있을 것이다. 더 나아가 그 과정에서 점원과 인사하기, 카드 내밀기, 카드 받기, 가격 물어보기, 다시 전 단계로 돌아가기, 계산 실수에 대처하기 등 아주 복잡한 문화적 단계를 발견하게 되고 각각이 전체 문화적 패턴의 한 부분임을 발견하게 된다.

참고문헌

Spreadley(1980). Participant Observation. 신재영 역(2009). 참여관찰. 서울: 시그마프레스.

김윤용 역(1996). 문화란 무엇인가. 서울: 현대미학사.

Philp, S.,(2001). Curtural Theory: An Introduction. 한국문화사회학회 역(2008). 문화이론. 서울: 이학사.

노치준·민혜숙 역(1992). 종교생활의 원초적 형태. 서울: 민영사.

김영천(2014). 질적 연구방법론: Methods. 파주: 아카데미프레스.

김필성·김영천 (2015). 문화기술지 연구에서의 영역 분석. 질적탐구, 1(2), 99-122.

Atkinson, S. J. (1993). Anthropology in research on the quality of health services. Candrnos de Saúde Púplica, 9(3), 283-299.

Borgatti, S. P. (1994). Cultural domain analysis. Journal of Quantitative Anthropology, 4(4), 261-278.

Borgatti, S. P. (1998). Elicitation Techniques for Cultural Domain Analysis. In J. Schensul & M. LeCompte (Eds.), The Ethnographer's Toolkit, vol. 3. Walnut Creek, CA: Altimira Press.

Casgrande, J. B., & Hale, K. L. (1967). Semantic relationships in Papago folk definitions. In D. Hymes & W. E. Bittle (Eds.), Studies in southwestern ethnolinguistics(pp. 165-196). The Hague, Netherlands: Mounton.

Cleveland, W.S.(1985). The elements of graphing data. Belmont, CA:Wadsworth.

Gatewood, J. (1984). Familiarity, vocabulary size, and recognition ability in four semantic domains. American Ethnologist, 11, 507-527.

Glaser & Strauss (1967). The Discovery of Grounded Theory: Strategies fof Qualitative Research.

Miles, &Huberman. (1994). Qualitative Data Analysis. Sage.

Newing, H. & Eagle, C. M. & Puri, R. K. & Watson, C. W. (2011). Conducting Research in Consevrsation: Social science methods and practice. NY: Routledge.

Onwuegbuzie, A. J., & Leech, N. L., & Collins, K. M. T. (2012) Qulitative Analysis Techniques for the Review of the Literature. The Qualtitative Report, 17(56), 1-28.

Puri, R. K. & Vogl, C. (2005). A Methods Manual for Ethnobiological Research and Cultural Domain Analysis, with analysis using ANTHROPAC. unpublished manuscript, Anthropology Department, University Kent, Canterbury, UK.

Spradley, J. P. (1980). Participant observation. (신재영 역, 2009). 참여관찰. 서울: 시그마프레스.

8

매트릭스
분석

이 장에서는 매트릭스 분석 방법에 대해 알아보도록 한다. 매트릭스 분석(matrix analysis)은 질적 자료에 포함되어 있는 정보들을 시각적인 형태로 체계적으로 드러내는 방식인 자료 전시(data display)의 한 방법으로서(Huberman, 1994), 보건, 인류학, 사회학, 심리학, 경영학, 정치학, 행정학 등 일련의 연구들에서 그 적용이 다양하게 시도되었다(Miles & Huberman, 2009). 하지만 기존의 다양한 활용과 적용에 비해, 국내에서 매트릭스 분석에 대한 이론적 논의를 찾아보기 힘든 것이 사실이었다.

다양한 현장노트와 문서들 그리고 면담자료 등의 자료로 구성되는 질적 자료는 우선 그 광범위한 분량 때문에 분석에 어려움을 겪는 경우가 많다(Miles, Huberman, Saldaña, 1994: 108). 이는 특히 자료 수집 과정부터 누적되어 가는 많은 양의 자료들을 통해 수많은 변인들이 생성되는 상황에서, 이들을 효과적으로 분류하고, 분석하는 과정에 대한 방법론적 지식의 필요성을 요한다. 이에 자료 전시를 활용한 분석 방법은 다양한 차원 혹은 변인들이 어떻게 상호작용하는지 시각적으로 보여 줌으로써 체계적이고 효율적인 분석에 기여할 수 있다. 특히, 자료 전시 중 주된 형태의 하나인 매트릭스를 활용한 분석은 그 활용과 적용이 다른 형태에 비해 간소하면서 활용성이 높다. 이에 매트릭스를 활용한 질적 자료 분석의 구체적인 개념, 특징, 분석 방법을 실제 사례를 중심으로 살펴보고자 한다.

[그림 1] 매트릭스 분석

1. 매트릭스의 개념

매트릭스(matrix)는 행과 열로 이루어진 두 목록들을 교차시킴으로써 자료를 시각화하는 것을 의미한다(Agnes, 2000: 887). 그리고 두 가지 혹은 그 이상의 주요한 차원들의 교차를 통해서 그들이 어떻게 상호 관련성을 맺고 있는지를 살펴보기 위해 사용하는 방식을 일컫는다(Huberman, 1994: 239). 매트릭스는 한마디로 우리가 흔히 알고 있는 '표'다. 우리에게 너무나 익숙한 표인 매트릭스가 질적 자료 분석의 수단으로서 사용될 수 있는 것이다.

우리가 흔히 알고 있는 '구구단표'는 매트릭스에 대한 이해에 도움이 될 것이다. 구구단표를 다시 한 번 살펴보자.

구구단표는 '2×2=4', '3×5=15', '7×6=42' 등 산발적으로 생성될 수 있는 자료들 속에서 자료들을 관통하는 규칙성을 파악하여, 열과 행의 범주를 생성하고 그것들이 교차하는 곳에 자료를 입력했다. 이러한 구구단표를 통해 사람들은 생성된 자료들의 위치성, 자료들 사이의 관련성과 의미를 빠르게 이해할 수 있게 된다.

물론 우리가 수집한 질적 자료들이 구구단표의 곱셈 자료들처럼 이상적으로 규칙성을 가지는 성격이 아닐 수도 있다. 하지만, 산발적인 곱셈 자료들 속에서 자료들 사이의 관계성과 의미를 파악하여, 하나의 열과 행이 교차하는 매트릭스 표를 제작하여 분석하는 과정은 일반적인 질적 자료 분석에도 적용할 수 있는 개념인 것이다.

〈표 1〉 매트릭스의 예: 구구단표

× (교차)		행								
		1	2	3	4	5	6	7	8	9
열	1	1	2	3	4	5	6	7	8	9
	2	2	4	6	8	10	12	14	16	18
	3	3	6	9	12	15	18	21	24	27
	4	4	8	12	16	20	24	28	32	36
	5	5	10	15	20	25	30	35	40	45
	6	6	12	18	24	30	36	42	48	54
	7	7	14	21	28	35	42	49	56	63
	8	8	16	24	32	40	48	56	64	72
	9	9	18	27	36	45	54	63	72	81

2. 매트릭스 분석의 역사적 동향

질적 자료 분석으로서의 '매트릭스 분석'이란 용어 자체가 등장한 것은 1990년대 이후이지만, 매트릭스 분석과 유사한 의미로 활용된 방법론은 꽤 오랜 전통을 지니고 있다. 먼저, 1960년대에 현상학적인 탐구 방식을 추구하는 사회과학자들 사이에서는 사회적 구조와 상호작용에 영향을 미치는 요인들을 분석하기 위해 매트릭스와 유사한 형태인 '차원 분석(dimension analysis)' 방식을 활용했다.

이러한 매트릭스 분석이 본격적으로 관심을 끌게 된 것은 바로 근거이론(Ground Theory)이 학계의 지대한 관심을 받기 시작하면서부터이다. 근거이론의 대표 학자인 Glaser와 Strauss가 매트릭스 분석을 직접적으로 제시한 것은 아니지만, 매트릭스 분석의 핵심적인 아이디어는 근거이론과 밀접한 관련성을 가진다(Schatzman, 1991). 즉, 수많은 자료들 중에서 초점을 맞출 이슈들을 선정하는 동시에 이 범주에서 벗어나는 부가적인 발견 혹은 자료들은 제한하고, 직감적인 과정을 지양함으로써 하나의 결론을 도출하는 과정이 매트릭스 분석을 활용하는 이유와 흡사하다.

기본적으로 매트릭스는 수학과 공학 분야에서 전통적으로 사용되어 온 용어였다. 이에 질적 연구 분야는 아니지만, 매트릭스 분석을 자료 분석의 주요한 수단으로 최초 적용한 예로 해던 매트릭스(Haddon Matrix, 1970)를 언급할 수 있다. 그는 사고 예방을 위해

'사고 전', '사고 당시', '사고 후' 세 가지 상황에서 사고의 피해를 최소화하기 위한 영역들을 분석하기 위한 틀로 매트릭스를 활용했다.

질적 연구 분석 방법론으로서의 매트릭스 분석에 대한 이론적 논의를 공식적으로 시작한 것은 Miles와 Huberman이 1994년에 발표한 저서인 「질적 자료 분석(Qualitative Data Analysis)」 이후부터이다. 이 책에서 Miles와 Huberman은 질적 연구 초기의 자료 수집 과정부터 자료 분석, 결론 도출에 이르기까지 매트릭스를 포함한 자료 전시가 어떻게 분석의 방법으로 활용될 수 있는지 상술했다. 특히 저자들은 변수 또는 요인에 관해 매트릭스를 활용하여, 개념적, 시간적, 사건 또는 대상별로 정리하는 구체적인 방법들을 보여 주었다. 그들은 교육 개혁의 보급에 관한 연구로 수집된 440회의 인터뷰, 85회의 관찰, 259개의 기록물, 2,713페이지의 전사된 노트에 대해 다양한 매트릭스를 개발하여 활용한 내용을 소개했다.

그 외에도 다양한 분야에서 매트릭스가 질적 자료 분석의 방법으로 활용되었는데, 특히 보건 영역에서 매트릭스 분석이 많이 활용되었다(Marsh, 1990; Altschuld & Witkin, 2000; Sandelowski, 2000; Fetterman, 2001). Altschuld와 Witkin(2000)은 건강, 교육, 사업, 사회 서비스 환경에서의 요구 평가 상황에서 매트릭스를 활용했고, Marsh(1990)는 절차중심 매트릭스(process-oriented matrix)를 개발하여 성인들에게 있어서 건강한 생활 스타일의 변화의 영향력에 대해 연구했다. 그녀는 매트릭스 분석을 통해 건강한 생활 스타일을 채택함으로써 생기는 변화 단계들을 시각화하여 제시할 수 있게 되었고, 이는 결과적으로 연구 결과에 대한 신뢰도를 높여 주었다고 말한다. 그 외에 공학 분야에서도 매트릭스 분석이 활용되었다(Straub & Welke, 1998; Yassine, Falkenburg, & Chelst, 1999; Meadows & Morse, 2001). Yassine 등(1999)은 Design Structure Matrix(DSM)를 공학 디자인 관리에 활용했다. 그들은 DSM을 활용하여 공학 디자인 과정 등에 관한 정보 교환을 촉진하고, 개념화와 분석을 동시에 진행시킬 수 있었다. Straub와 Welke(1998)는 Countermeasure Matrix Model을 활용하여, 서로 다른 두 개의 작업 옵션이 있는 상황에서 관련 전략들을 효율적으로 분석할 수 있었다. 그들의 결과중심 매트릭스는 시스템 보안에 관한 의사결정 관리에 있어서 종합적 가이드라인을 제공했다.

이러한 특징으로 1980년대를 거치면서 교육학 분야에서 현장 연구가 각광받기 시작하면서, 매트릭스 분석은 더욱 많이 활용되게 된다. 교육 분야에서 매트릭스 분석은 주로 교육 개혁 및 혁신에 관한 연구(Huberman, 1981; Crandall & Associates, 1983; Havelock et al., 1983; Miles et al., 1988; Dalin et al., 1992), 교사의 생활 주기에 관한 연구(Huberman, 1986, 1989, 1993), 직업교육에 관한 연구(Huberman & Gather-

Thurler, 1991) 등에 활용되었다.

이러한 과정을 거치면서 매트릭스 분석은 질적 연구에서 분석 과정에 대한 명확한 절차를 제공함으로써 연구의 신뢰도를 높이기 위한 노력으로 지속적인 관심을 받고 있다(Hammersley & Atkinson, 1983; Lofland & Lofland, 1984; Lincoln & Guba, 1985; Patton, 1990).

3. 매트릭스 분석의 의의

이 절에서는 매트릭스 분석의 의의에 대해서 알아보도록 한다. 매트릭스 분석의 의의는 다음의 네 가지로 구분할 수 있다.

[그림 2] 매트릭스 분석의 의의

첫째, 질적 연구자가 연구 문제에 적합한 자료 수집을 가능하게 하는 도구로 활용할 수 있게 한다. 매트릭스를 구축하는 과정은 연구자로 하여금 연구 문제가 무엇이고, 그 연구 문제에 필요한 자료가 무엇인지 생각하도록 요구한다(Miles & Huberman, 1994). 즉, 연구 문제를 벗어난 효용가치가 없는 자료를 수집하는 데 드는 에너지와 시간을 최소화할 수 있도록 한다. 물론, 이러한 과정에는 점진적으로 결과가 도출되는 질적 연구 특성상, 연구 초기부터 필요하고 필요하지 않은 자료를 미리 판단하고, 자료 수집에 있어서 편향성을 가져올 수 있는 위험성이 존재한다. 하지만 매트릭스 자체도 자료 수집이 누적되면서 지속적으로 정교화되고 수정될 수 있다는 점 등을 고려했을 때 그러한 위험성은 최소화될 수 있을 것이다.

둘째, 연구자가 수집한 자료에 대한 종합적인 분석을 가능하게 한다. 연구자는 자료 수집 과정 또는 자료 수집 완료 후에 매트릭스를 작성함으로써 현재까지 수집된 자료들을 총체적으로 분석하면서, 수집된 자료에 대한 이해도를 심화시킬 수 있다. 이는 연구자가 자료 수집이나 분석의 과정 중에 매트릭스를 일종의 체크리스트(checklist)로 활용하여 분석에 있어 간과했거나 생략한 영역을 즉각적으로 파악하고, 이에 대해 추가적인 자료 수집이나 분석이 가능하도록 해 준다. 또한 광범위한 자료들 속에서 요약되고 분석된 형태의 매트릭스를 제작하고 반복적으로 읽는 과정을 통해, 자료에 대한 전체적인 이해도를 심화시킬 수 있게 된다. 특히 이러한 과정은 이동성·김영천(2014)이 질적 자료 분석의 포괄적 절차로 제시한 '반복적 자료 읽기/질적 자료 관리', '코딩'하기 단계가 매트릭스 작성을 통해 자연스럽게 반복되고 적용되면서, 자료에 대한 이해도가 더욱 심화될 수 있다.

셋째, 독자로 하여금 광범위한 질직 자료들을 읽고 이해하기 쉽고 빠르게 파악할 수 있도록 돕는다(Averill, 2002). 좋은 매트릭스는 많은 양의 정보를 빨리 받아들이도록 도와준다(Cleveland, 1985). 즉, 시각적으로 체계화된 매트릭스를 통해 독자가 한눈에 중요한 사항들을 파악할 수 있게 되는 것이다. 그러한 점에서 질적 연구자가 도출한 연구의 결과나 의미를 매우 명료하게 표현할 수 있다.

넷째, 독자로 하여금 질적 자료들 간의 비교와 대조, 패턴과 주제 분석, 경향 관찰 등을 수행하기에 좋다(Miles & Huberman, 1994). 매트릭스를 활용함으로써 여러 변인들 사이의 관계를 쉽게 파악하며, 비교와 대조를 통해 다양한 패턴, 주제, 경향성을 파악하기에 효율적이다. 이러한 장점은 질적 자료들을 양화하고 실증적으로 개념화함으로써 일반 질적 자료의 표현이 갖는 한계를 극복하는 데 기여한다.

4. 매트릭스의 종류

이 절에서는 다양한 매트릭스의 종류에 대해서 살펴보고자 한다. 기존의 연구들에서 연구자들은 다양한 형태의 매트릭스를 활용해 왔다. 그 중에서 질적 연구자들이 자료 분석 과정에서 활용할 만한 것들을 중심으로 그 예와 함께 소개하도록 한다. 연구자들은 다음에 소개되는 매트릭스 종류를 토대로 자신의 연구 맥락과 환경에 맞게 적절한 형태로 매트릭스를 제작하여 활용할 수 있다.

해던 매트릭스(Haddon Matrix)

해던 매트릭스는 1968년 미국 뉴욕주 보건당국의 공중 보건의였던 William Haddon, Jr.에 의해 개발된 3개의 열(row)과 4개의 행(column)으로 구성된 매트릭스이다. 가로축

3개의 열은 부상의 서로 다른 국면(phase)들을, 세로축 4개의 행은 영향을 미치는 인자(factor)들을 나타내고 있다. 매트릭스에서 열을 구성하고 있는 사건의 세 가지 국면에는 사건·상황 발생 전, 사건·상황 자체, 사건·상황의 결과가 연속으로 묘사되고 있는데, Haddon은 이러한 국면들을 예방적 관점 → 상호작용 → 결과 및 대응의 측면에서 분석했다(최진혁, 2010).

이는 처음에 여러 유형의 부상을 방지하기 위해 고안된 도구로 개발되었으며, 이제 공중보건·의료 부문, 긴급의료 지원 같은 비상 대응 영역뿐 아니라, 최근에는 직장 내 폭력 예방 등 다양한 분야에서 활용되고 있다(Schmukler, 2009). 해던 매트릭스는 부상 및 사건들의 다양한 요인을 개념화하고, 잠재적 예방 전략을 식별해 내는 데 활용되었으며, 역학적 연구를 돕고 대안을 도출하는 데 유용한 도구가 되었다. 교통 사고 방지에 관한 해던 매트릭스 활용의 예를 살펴보자.

〈표 2〉 해던 매트릭스 분석의 예(교통 사고 방지 관련)

구분	주체 요인	객체 요인 (자동차 & 기구)	물리적 환경	사회적 환경
사고 전	• 도로 정보 • 속도 • 운전자 기량·숙련도 • 신체적 장애	• 주행 안전성 • 조명 • 브레이크 마모 여부 • 타이어 공기압	• 비·눈·안개 • 야간운전	• 운전면호·주행평가 체계 • 난폭운전에 대한 사회적 허용 한계
사고 당시	• 보호 장비(안전벨트) 착용 여부 • 에어백 장착 여부 • 운전 자세	• 에어백 미장착 • 다른 안전 기구 • 충돌 방지 시스템	• 중앙분리대·도로 • 난간 부재	• 안전벨트 관련 법규 • 안전벨트 착용에 대한 사회적 인식·수용 정도
사고 후	• 사고 피해자 건강 상태 • 응급처치 기술 • 의료진 접근성	• 연료탱크의 견고성	• 119긴급구조 지원 및 112순찰차 출동 대응	• 119 대원 및 112 출동 경찰관 훈련·숙지도 • 재활치료를 위한 지원

해던 매트릭스에서 각 행의 인자들은 부상의 과정에 영향을 주는 요인들로, 주체(host), 객체(agent), 물리적 환경(physical environment), 사회적·사회경제적 환경(social·socioeconomic environment)의 네 가지가 있다. 주체 요인은 부상의 위험에 처하거나 부상에 의해 영향을 받는 사람과 관련되고, 객체 요인은 생물 매개체나 물건과 같은 무생물 수단을 통해 주체로 전이시키거나 영향을 미치는 동인을 말한다. 물리적 환경은 스포츠 경기장, 도로와 같이 부상이 일어나거나 부상 유발에 기인하는 환경의 모든 특성

을 포함하고, 사회적·사회경제적 환경은 부상에 영향을 미치는 사회적 규범, 법적·정치적 환경, 문화적 관습 등을 포함한다.

우리는 이러한 해던 매트릭스가 질적 자료 분석의 틀로 활용되는 데 있어 여러 가지 시사점을 얻을 수 있다. 첫째, 시간성을 주된 분석의 단위로 활용했다. 이는 질적 자료 분석에 있어서 주된 분석의 단위로 시간성이 활용될 수 있음을 시사한다. 또한 그러한 시간성도 해던 매트릭스가 중요한 사건을 중심으로 사건 전/중/후로 영역화했듯이, 연구자 또한 수집된 자료들 속에서 결정적 시기(critical period)를 영역화하여 분석에 활용할 수 있을 것이다. 둘째, 연구 결과에 영향을 미칠 수 있는 다양한 맥락적 요인들을 세분화하여 분석했다. 해던 매트릭스는 주체, 객체, 물리적 환경, 사회적·경제적 환경 등 다양한 요소들을 세분화하고 영역화하여 분석의 틀로 활용했다. 이를 질적 자료 분석 상황에 적용해 보면, 연구 결과에 영향을 미칠 수 있는 모든 요소들인 연구자 자신, 연구 참여자, 연구 참여자가 상호작용한 다양한 물리적 환경, 사회문화적 환경에 대해 총체적이면서 종합적으로 분석적 관점을 적용할 수 있다.

SWOT 매트릭스

SWOT 매트릭스 분석은 1971년 Ken Andrews가 기업의 자원 및 역량, 외부 환경 간의 전략적 적합성을 개념화하는 과정에서 개발되었다. 이는 주로 경영학에서 기업의 환경 분석을 통해 마케팅 전략을 수립하는 기법으로 널리 쓰여 왔다. 하지만 최근에는 교육학, 심리학, 의학 등 다양한 분야에서 SWOT 분석을 활용하고 있다. SWOT 매트릭스는 크게 가로축의 내부적 요인(internal origin)과 외부적 요인(external origin), 세로축의 긍정적(helpful) 요인, 부정적(harmful) 요인으로 영역화되어 있고, 이들의 교차를 통해 구성된 강점(**S**trength), 약점(**W**eakness), 기회(**O**pportunity), 위협(**T**hreat) 요인이 주된 분석의 틀이 된다. 다음의 한 커피 회사의 SWOT 매트릭스 분석의 예를 통해 살펴보자.

〈표 3〉 SWOT 매트릭스 분석의 예(S 커피 회사의 기업 분석)

구분	긍정적(Helpful)	부정적(Harmful)
내부적 요인 (Internal origin)	강점(Strengths) • 높은 소비자 선호도 • 효율적 도소매 네트워크	약점(Weaknesses) • 높은 단위 매장 의존율
외부적 요인 (External origin)	기회(Opportunities) • 중국 진출 성공 가능성	위협(Threats) • 미국 시장 포화 상태

예시에 소개되었듯이, SWOT 매트릭스 분석틀을 통해 S 커피 회사는 자신의 기업에 관한 수많은 자료들 중에서 현재 위치와 미래 설계 방향에 관한 내용들을 분석해 나갈 수 있게 된다. 회사 내부적이면서 긍정적 요인(강점)으로 '높은 소비자 선호도', '효율적 도소매 네트워크'를 분석해 냈고, 회사 내부적이면서 부정적 요인(약점)으로 '높은 단위 매장 의존율'이란 요인을 분석해 냈다. 또한 회사 외부적이면서, 부정적 요인(위협)으로 '미국 시장의 포화 상태', 외부적이면서 긍정적 요인(기회)으로 '중국 진출 성공 가능성'이 분석되었다.

이처럼, 수집된 자료들을 해당 분석틀을 통해 관련된 영역에 입력함으로써, 분석하고자 하는 대상에 대한 긍정적/부정적, 내부적/외부적 요인을 통해 객관적이면서 효율적으로 이해할 수 있게 한다. 이러한 SWOT 분석은 앞서 언급했듯이 경영학, 마케팅 분야에서 활용될 뿐 아니라, 교육학에서 학습자, 프로그램 분석, 의학에서 환자 및 의료 환경 분석 등으로 다양하게 활용될 수 있다.

이러한 SWOT의 가장 큰 장점은 독자 입장에서 내부적 및 외부적 요인을 동시에 판단할 수 있으며, 분석 자체가 간단명료하기 때문에 쉽게 문제점을 파악할 수 있다는 점이다. 하지만 독자들이 SWOT 분석을 정확하게 이해하기 위해서는 제반 사항에 관한 지식이 필요하다는 단점이 있는데, 이는 SWOT 매트릭스 자체가 장문 형식의 글이 아니라 단문으로 끝나며, 추가 설명이 이루어지지 않는 경우가 많기에 관련 사항에 관한 구체적인 지식이 없이는 분석 자체를 이해할 수 없기 때문이다. 또한 분석자 입장에서도 주어진 매트릭스 안에 문장을 명료하게 만드는 것이 쉽지 않으며, 관련 사항들을 짧은 문장으로 요약하는 과정에서 사실적 정보의 왜곡, 소실 등이 이루어질 수 있다.

시간 중심 매트릭스

시간 중심 매트릭스는 자료를 시간과 연속성에 따라 배열하여 역사적, 연대순 흐름을 보존하고, 사건이 언제, 어떻게 일어났는지를 잘 살펴볼 수 있도록 돕는 매트릭스 종류 중 하나이다(Miles & Huberman, 1994: 171). 따라서 시간 중심 매트릭스의 기본 원칙은 연대순으로 정리하는 것이다. 이는 시간을 중심으로 연구가 진행되며, 자료가 수집되는 다양한 질적 연구 패러다임에 활용될 수 있는데, 특히 시간성이 주된 분석의 단위로 적용되는 생애사 연구에 있어서 시간 중심 매트릭스는 좋은 분석의 도구로 활용될 수 있다(민성은, 2015).

시간 중심 매트릭스는 질적 분석가들이 무슨 일이 언제 일어났으며 다른 사건과 어떤 관계가 있는지를 파악하는 데 집중할 수 있게 해 준다. 그리고 이러한 관심은 적절한 시간 연속성에 따른 확장된 이야기의 생성과 밀접한 관련성을 맺는다. 행과 열을 구성하는 내용은 연구자가 무엇을 연구하는가에 따라 달라진다. 다음은 한 대안학교 교장의 삶에 대한 시간 중심 매트릭스 분석의 예이다.

〈표 4〉 시간 중심 매트릭스 분석의 예(한 대안학교 교장의 삶)

구분	유년기	10대	20대	30대	40대	50대
학업 및 사회적 역할	• 동래 초등학교 입학 (8세, 1972년)	• 부산 동래 중학교 입학 (14세, 1978) • 부산 동성고 등학교 입학 (17세, 1981)	• 서울대학교 수학과 입학 (20세, 1984) • 군입대 (22세, 1986) • 강남 대성학원 수학강사 (28세, 1992)	• 사설 학원 설립 (32세, 1996)	• 도심형 대안학교 설립 및 운영 (42세~, 2006~)	
가족 관계	• 아버지 죽음 (출생 전, 1951)			• 결혼 (32세, 1996) • 득남 (33세, 1997)	• 이혼 (40세, 2004)	• 어머니 사망 (48세, 2012)
출생/ 사망/ 건강 상태	• 부산 동래 출생(1964)		• 암 투병생활(29~31세)			

현재 50대의 한 대안학교 교장의 삶을 매트릭스로 분석하는 데 있어서, 기본적으로 시간성이 주된 분석의 단위로 작용했다. 이를 위해 대안학교 교장의 삶에 대한 생애담을 토대로 시간의 흐름(유년기, 10대, 20대 등)을 가로축에 위치시켰다. 세로축에는 생애담에 나타나는 다양한 요소들 속에서 큰 영향을 미친 요소들을 중심으로 영역화하는 과정을 거쳐 학업 및 사회적 역할, 가족 관계, 출생/사망/건강상태 등 다양한 요소들을 도출했다. 이러한 시간 중심 매트릭스를 활용할 때에는 시간의 흐름이 반드시 분석의 축으로 존재하는 상황에서 세로축과 가로축의 내용을 연구 주제와 맥락에 맞게 변경하여 적용할 수 있다.

이러한 시간 중심 매트릭스를 활용해서 위와 같이 연대적으로 일어난 사건의 목록을 생성하는 것은 연구자들이 수집된 자료를 이야기로 바꾸는 과정에서 생성하는 이야기가 부분적이거나 편파적이지 않도록 도와준다. 또한 무슨 일이 언제 일어났으며 다른 사건과 어떤 관계를 가지는지 연대순을 보전하면서 일어난 과정을 밝힐 수 있도록 해 준다 (Miles & Huberman, 1994: 172). 사실, 우리가 복잡한 연대기를 모두 이해하기 위해서는 전체적인 이야기가 필수적이다. 하지만 문제는 현장노트에 적은 것을 설명 형식으로 진술하는 것에는 위험성이 있다는 것이다. 그렇게 하는 것이 독자들에게 일관성 있고, 개연성 있게 받아들여질 수 있지만, 이야기를 부분적, 편파적, 극단적으로 잘못 전달할 수 있다. 매트릭스를 이용한 분석은 이런 연대기의 약점을 바로잡는 좋은 방법이다.

역할 중심 매트릭스

역할 중심 매트릭스는 특정한 '역할 보유자' 집합에 대해서 또는 그에 따라서 자료를 행과 열로 나누는 방식을 일컫는다. 이는 공식적·비공식적 환경 속 사람들의 역할에 관한 정보를 중심으로 자료를 배열하는 것이다. 대부분의 사람들은 집단과 조직 속에서 살아가게 된다. 그리고 그 속에서 자신의 역할에 따라 살아가게 된다. 따라서 '역할'이란 특정 환경 속 특정 유형의 행위자로서의 사람이 무엇을 하고 또 무엇을 해야 하는지에 대한 행동이나 기대를 일컫는데, 역할 중심 매트릭스는 이러한 탐색 과정에서 유용한 정보를 제공하게 된다. 역할 중심 매트릭스에서 세로축은 역할이 되고, 가로축은 연구의 하위 질문으로 채워질 수 있다. 다음은 교육 교정 프로그램을 도입한 한 지역 구성원들의 초기 반응을 매트릭스로 분석한 예를 재구성한 것이다.

〈표 5〉 역할 중심 매트릭스 분석의 예 1(Miles & Huberman, 1994: 189에서 재구성)[계속]

구분	인물 (담당과목, 근무연수)	주요 특징	평가	예상된 교실 및 조직적 변화	이전 양식 및 조직 환경과의 적합도
교사	박교사 (영어교사, 4년차)	• 규범적으로 받아들임	• 좁은 범위	(질문에 답하지 않음)	(모호하게 대답함)
	최교사 (영어교사, 4년차	• 놀랍게 체제에 맞음 • 세부목표에 부담스러워함 • 다량의 유인물 보유	• 어렵고 복잡함 • 범위 없음	• 독립성을 잃은 단순한 팀구성 • 활용 없음	• 부적합: 이용자가 구조나 계획에 부적합하다고 느낌
	강교사 (영어교사, 2년차)	• 규범적인 것으로 받아들임 • 경쟁적	• 혼란 • 내용을 극단적으로 단순화함	• 처음에는 초보적인 학생과 함께 활동	• 과제의 구성이 비교적 적절함: 문법, 기타 등 단순화하여 생각

〈표 5〉 역할 중심 매트릭스 분석의 예 1(Miles & Huberman, 1994; 189 재구성)

구분	인물 (담당과목, 근무연수)	주요 특징	평가	예상된 교실 및 조직적 변화	이전 양식 및 조직 환경과의 적합도
교사	민교사 (수학교사, 2년차)	• 컴퓨터 단말기 • 간단한 작업표	• 첫 번째는 절반정도가 결함 있었음: 두 번째는 절반 정도 정확함 • 변화가 양호함	(질문에 답하지 않음)	(질문에 답하지 않음)
부장	이부장 (과학부장, 25년차)	• 과학 내용 교정 • 읽기 강화 • 활동의 유연성	• 이용의 적합성에 대한 의문 제기	• 새로운 커리큘럼의 활용에 있어서 유사한 반응 보인 교사 없음	• 매우 적합함: 프로그램이 과거 커리큘럼 대체
부장	오부장 (영어부장, 31년차)	• 수평적/수직적 조직으로 배열된 커리큘럼	• 개념적으로 적합 • 셋업차원에서 활용된 프로그램만 인정	(질문에 답하지 않음)	• 매우 적합함: 프로그램이 기초 영어과정의 공백을 채울 수 있도록 설계됨
교장	김교장 (35년차)	(질문에서 벗어난 대답)	(질문에서 벗어난 대답)	(질문에서 벗어난 대답)	• 매우 적합함: 특별한 요구 없이 상태가 유지됨
교육청	엄박사 (23년, 교육과정 박사)	• 순차적이고 포괄적인 강화	• 지속적인 운영에 대한 의문 • 과연 어느 교사가 성공적으로 이용할 것인가에 대해 의문	• 구조적으로 적합하게 설계된 프로그램이 전혀 없음	• 비교적 적합함: 동일한 직원과 교사가 동일한 구조로 교안과 교육과정 작성
교육청	길국장 (26년, 국장)	(질문에서 벗어난 대답)	(질문에서 벗어난 대답)	(질문에 답하지 않음)	• 매우 적합함: 프로그램이 직접적으로 교육과정 개선에 성공을 거둠

　위에 제시한 표의 역할 중심 매트릭스 내에서 역할 내 그리고 역할 간의 상황을 비교함으로써 역할 규범성의 차이를 발견할 수 있다. 우리가 서로 다른 역할들에 같은 질문으로 답을 구하고 있는 상황에서, 어떤 역할이 혁신에 참여할 것이며, 혁신에 대해 어떤 반응을 보일 것인지 생각해 볼 수 있다. 많은 교사들은 새로운 교정 프로그램을 규범적인 것으로 보고 있으며, 개인마다 상이한 만족도를 보이고 있다. 하지만 부장과 교육청 관계자들은 '거시적' 시각을 가지며, '교육과정'이나 '기준' 같은 것을 강조한다. 그들도 역시 규범성을 강조하지만 복잡성의 문제에 대해서는 명확히 답하지 않거나, 교육과정의 적절성을 강조하는 특징을 보인다. 이렇게 역할 중심 매트릭스를 분석함으로써 역할에 따라서 어떻게

관점이 달라지는지를 우리에게 보여 줄 수 있다. 이러한 역할 간 상이성을 중심으로 다시 정보를 배열하는 과정을 다음과 같이 거칠 수 있다.

〈표 6〉 역할 중심 매트릭스 분석의 예 2(Miles & Huberman, 1994; 191에서 재구성)

역할	주요 특징	평가	예측	적합도
4년간 이용 (초기 이용자)	구조적, 규범적	복잡함, 좁은 범위	팀 구성	부적합
1~2년 이용 (후기 이용자)	내용 중심, 다양한 형식	이용의 용이성	–	적합
행정가	강화, 명령, 통합	성실한 이용이 핵심	거의 없음	적합

이 표의 분석을 통해 초기 사용자와 후기 사용자 간, 사용자와 행정가 간의 관점, 선호, 대조점이 더욱 극명하게 드러나게 된다. 이렇게 우리는 조직 내에서의 역할을 중심으로 매트릭스 분석을 함으로써 역할 내 또는 역할 간 경향성, 공통점/차이점 등을 도출해 낼 수 있고, 이러한 분석을 통해 사건 및 현상에 대한 새로운 관점을 제공받게 된다.

5. 질적 자료의 매트릭스화 과정

이번 절에서는 수집된 질적 자료의 매트릭스화 과정에 대해 알아보고자 한다. 매트릭스 분석 과정에 대한 논의에 앞서, 연구자는 매트릭스 분석 과정이 전체 연구 과정 중에서 어디에 위치하는지를 구체적으로 살펴보고자 한다. 왜냐하면 매트릭스를 어느 시점에서, 어떻게 만들어서 활용하는 것이 효과적인지를 살펴보기 위해서는 질적 연구 과정에 대한

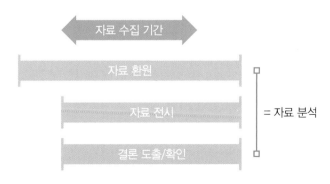

[그림 3] 질적 자료 분석의 흐름 모델

이해가 선행되어야 하기 때문이다. 이를 위해 Miles와 Huberman(1994)이 제시한 질적 자료 분석의 흐름 모델과 질적 자료 분석의 상호작용적 모델을 살펴보고자 한다.

먼저 질적 자료 분석의 흐름 모델에서는 자료 수집 전·중·후에 이루어지는 자료 환원, 자료 전시, 결론 도출/확인의 과정이 모두 자료 분석의 구성요소라 보고 있다(Miles & Huberman, 1994).

그리고 자료 분석의 상호작용적 모델에서는 자료 수집, 자료 환원, 자료 전시, 결론 도출/확인이 끊임없이 움직이며 순환한다고 지적하고 있다.

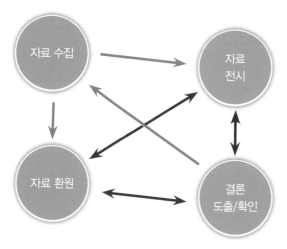

[그림 4] 자료 분석의 상호작용적 모델

결과적으로 매트릭스 분석 과정은 선형적이거나 순차적이지 않다는 점을 확인할 수 있다. 자료 수집을 하면서, 자료를 요약하고 선택하며, 매트릭스 등의 형태로 자료 전시를 진행하면서 부족한 자료는 다시 자료 수집 과정을 거치게 된다. 이러한 과정을 거쳐 다시 자료를 선택하게 되고, 잠정적인 결론을 내리다가, 다시 추가적인 자료 수집 과정을 통해 자료 전시가 조정되고 잠정적인 결론 또한 변경된다. 질적 자료는 일련의 과정을 통해 계속해서 연구자의 연구 질문에 가까운 해답을 제시하는 자료로 정선되어 가는 것이다.

그렇기 때문에 지속적으로 연구 질문이나 이슈에 따른 변인들을 고려하여 자료를 수집하면서 매트릭스의 구성 및 이를 활용한 자료의 환원 과정 시기를 조율해야 한다. 만약 매트릭스를 연구 초기에 구성하게 되면 어떤 자료 및 정보에 초점을 맞추어야 하는지가 정해지고 이로 인해 광대한 자료를 수집 및 분석하는 데 드는 시간과 노력을 아낄 수 있다. 그렇지만, 이후 수집되는 질적 자료들을 정해진 범주 속으로 너무 일찍 분석하다 보면 초점에 따라 관심이 가는 자료에만 집중하게 됨으로써 질적 연구의 강점인 새로운 통찰이나 발견을 할 가능성이 적어질 수도 있다. 그렇기 때문에 다음에서 제시하는 매트릭스 분석 과정을 살펴봄으로써 매트릭스 분석의 방법 및 그 적합한 활용 시기에 대한 시사점을 얻을 수 있을 것이다.

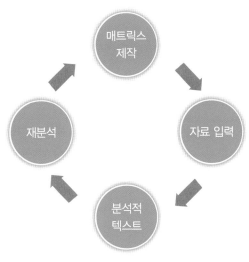

[그림 5] 매트릭스 분석 과정

6. 초기 형태 매트릭스의 제작

매트릭스 분석의 첫 번째 단계는 초기 형태의 매트릭스를 제작하는 것이다. 초기 형태의 매트릭스를 제작하는 시기는 연구의 성격에 따라 다르지만, 여기서의 매트릭스는 최종적인 형태가 아닌 시안(prototype)이다. 매트릭스를 구축할 때 처음부터 완벽한 형태를 만들려고 해서는 안 된다. 우선 자료 수집 동안 대략의 형태를 만들고, 자료 수집과 자료 분석이 순환되면서 최종적인 형태가 구축되어 나타나도록 해야 한다. 처음 만든 매트릭스가 제대로 작동하기 전에 몇 번이고 다시 만들 각오를 해야 한다. 하지만, 매트릭스가 제대로 작동하지 않거나, 혼란스럽거나, 관련 자료를 모두 통합하지 못한다면 금방 오류가 발견될 것이다.

　이 단계에서 중요한 것이 매트릭스 유형을 선택하는 과정이다. 앞서도 언급했듯이 매트릭스 유형에는 해던 매트릭스, SWOT 매트릭스, 시간 중심 매트릭스, 역할 중심 매트릭스 등이 있다. 하지만 양적 연구에서처럼 정형화된 매트릭스 유형은 없다고 볼 수 있다. 그렇기에 연구 문제, 수집 자료 등을 고려하여 가장 적절한 형태의 매트릭스 유형을 선택하고 형태를 만드는 것이 중요하다. 이렇게 매트릭스의 행과 열을 결정하고 자료를 어떤 형태로 입력해야 하는지를 결정하는 매트릭스 제작 과정 또한 분석적인 활동이다(Miles & Huberman, 1994).

자료 입력

매트릭스 분석의 두 번째 단계는 자료 입력 단계이다. 여기서는 현재 단계까지 제작된 매트릭스 틀에 수집된 자료를 입력한다. 하지만 수집된 원 자료를 그대로 입력하는 것이 아니라, 원 자료를 압축하고, 요약하고, 선택하고, 변환하는 과정을 거쳐 매트릭스에 입력해야 한다. 자료 입력에 소요되는 시간은 디스플레이 변인/차원, 응답자 수, 변환의 종류/수에 따라 달라진다. 또한 입력되는 자료의 형태 역시 짧은 텍스트뿐 아니라 인용문, 구, 등급, 약자, 상징적 그림, 명명된 줄과 화살표 등 다양한 방식으로 구성할 수 있다.

분석적 텍스트

매트릭스 분석의 세 번째 단계는 결론 도출 단계이다. 디스플레이된 매트릭스를 통해 잠정적인 결론이 도출될 수 있다. Glaser와 Strauss(1967)의 근거이론에 따르면 질적 연구자는 개방성과 의구심을 가지고 결론을 잠정적으로 유지하게 된다. 처음의 결론은 불완전하고 모호할 수 있으나, 자료 수집과 분석의 과정을 지속적으로 거치면서 더 이상 새로운 통찰이 일어나지 않는 단계까지 지속하게 된다. 결론은 보통 우리가 분석적 텍스트(analytic text)라고 일컫는 형태로 표현된다. 분석적 텍스트는 매트릭스 자료에 더욱 관심을 가지게 하며, 그 안에 포함된 의미들을 이해시키는 역할을 한다. 물론 매트릭스 등으로 자료 전시되지 않은 원 자료에서 결론을 도출하는 글을 쓸 수 있다. 하지만, 제대로 입력하여 잘 만들어진 매트릭스 자료를 활용하여 결론의 글을 쓴다면 작업을 더 쉽고 빠르게 마칠 수 있게 된다.

재분석

네 번째는 재분석 단계이다. 이는 앞선 결론 도출 단계에서 잠정적이며 최종적인 텍스트를 얻지 못할 수 있다는 것을 전제한다. 또한 이것은 글쓰기가 매트릭스 내용 분석을 모두 끝마치고 이루어지는 것이 아니며, 수집된 자료, 분석적 텍스트를 재차 분석하고, 통합/개선의 과정을 거쳐 새로운 형태의 매트릭스를 제작할 수 있다는 것을 말한다. 다음 그림을 통해 그러한 과정을 시각화할 수 있다.

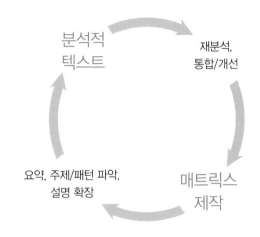

[그림 6] 매트릭스와 텍스트 생성 사이의 상호작용 과정

　그림에서 살펴볼 수 있듯이 매트릭스를 활용하는 것은 질적 자료를 요약하고, 주제/패턴을 파악하는 것을 돕는다. 또한 제작된 매트릭스를 통해 분석적인 텍스트를 효율적으로 쓸 수 있다. 그리고 잠정적인 결론이라 여길 수 있는 매트릭스를 재분석, 개선하여 기존의 매트릭스를 보완하는 순환적인 과정을 거치게 된다.

7. 다문화 학생 지도 경험을 통한 매트릭스 분석의 실제

이번 절에서는 매트릭스 분석 과정의 주요 네 단계를 구체적인 예와 함께 살펴보도록 하자. 구체적인 에에서는 연구자가 실제로 진행한 초등학교 다문화 가정의 초등학교 3학년 학생인 위룽(가명)과의 멘토링 지도 경험을 바탕으로 매트릭스 분석을 실제로 어떻게 적용할 수 있는지를 고찰해 보고자 한다. 위룽이는 한국인 아버지와 중국인 어머니 사이에서 태어난 학생으로 3학년임에도 불구하고 7~8세 정도의 국어 실력을 가지고 있었다. 멘토링 지도는 2015년 5월부터 약 6개월간 일주일에 2일씩, 하루에 40분씩 진행되었으며, 멘토링 지도 형식은 방과후 시간을 이용한 일대일 수업이었다. 아울러, 멘토링 학습의 초점은 대상 학생의 한국어 구사 능력을 향상시키는 데 맞추어졌다. 멘토링 과정에서의 자료 수집은 교수자의 현장일지와 성찰일지, 학생의 활동지와 활동 자료 등을 중심으로 이루어졌다.

초기 형태 매트릭스의 제작

다문화 학생 멘토링 과정을 매트릭스를 통해 분석하기에 앞서 가장 먼저 고민해야 했던 것은 바로 어떠한 매트릭스 유형을 선택하고, 어떻게 변인들을 설정할 것인가에 대한 것이었다. 이를 위해서는 우선, 연구자의 연구 목적과 주제를 되새겨야 했다. 본 연구의 목적은 한국어 의사소통 능력이 7~8세 수준에 그치고 있으며 기초적인 한글 습득에 어려움을 느끼는 위룡이의 한국어 구사 능력을 향상시키는 데 있었다. 멘토링 지도 역시 그러한 방향에 맞추어 수업 준비, 수업 중, 그리고 수업 후의 과정을 상세히 기록하면서 반성점 및 개선점을 반영하여 위룡이에게 효과적인 교수법을 탐색 및 적용하는 데 집중되었다. 이러한 목적에 따라 수집된 자료들과 앞으로 수집될 자료들을 살펴보다 보니, 시간 중심의 매트릭스를 선택하여 활용하는 것이 적합하다는 판단이 들었다. 이를 통해 의미 있는 사건들이 시간적 흐름 속에서 어떻게 배열되고 어떻게 인과관계를 맺는지를 더욱 자세히 살펴보고자 했다. 이를 위해 명백하게 분석될 수 있는 가로축의 시간 단위 외에 세로축에 포함시킬 만한 영역들을 개념화하는 과정이 필요했다. 이를 위해 우선 멘토링 과정에서 사용되었던 질적 자료를 코딩하는 과정을 거쳤다. 다음은 초기 형태의 매트릭스이다.

〈표 7〉 매트릭스를 통한 다문화 학생 지도 경험 분석(초기 형태)

구분	첫 시간	둘째 시간	셋째 시간
수업 전 준비			
수업 전략			
학생 반응			

자료 입력

앞선 표에 제시된 다문화 학생 지도 경험 분석에 관한 초기 매트릭스가 제작된 상황에서 해당 영역에 맞는 내용들을 입력해 나갔다. 이를 위해 연구자가 가진 질적 자료들(전사자료, 성찰일지 등)을 코딩 등을 통해 감환(reduction)하는 과정이 필요했다. 다음의 예는 다문화 학생 지도에 관한 질적 자료의 코딩 과정 중 일부분을 나타낸 것이다.

〈표 8〉 다문화 학생 지도 경험 분석(자료 감환 과정)

질적 자료 (성찰일지, 전사자료 등)	코딩
연구자: 아버님, 안녕하세요? 저는 무지개 초등학교 교사 민성은이라 합니다. 실은 다름이 아니라 제가 위룽에게 한글을 좀 가르쳐 주고 싶은데 가능할까요?	
아버지: 안 그래도 위룽이 담임선생님이 전화해서 그런 이야기를 하더라고요.	
연구자: 네. 제가 한국어에 대해 공부를 하고 있고 다문화 아동 같은 경우 언어의 차이가 학령이 올라가면서 더 높아지더라구요. 그래서 위룽이가 한국어를 잘 할 수 있도록 도움을 주고 싶어요.	
아버지: 안 그래도 요즘 위룽이가 한글도 중국어처럼, 중국어도 한글처럼 하더라구요.	– 래포 형성
연구자: 아직 한글이 익숙지 않은데 중국어까지 구사하다 보니 그런 게 아닐까요?	
아버지: 맞아요. 집에서는 중국어를 쓰니까 더 헷갈리나 봐요. 중국어를 한국어식으로 쓰고 한국어를 중국어처럼 쓸 때가 있어서 걱정하고 있었는데 감사하네요. 오빠(무지개초 5학년)는 안 그러던데 유독 위룽이가 그러네요.	– 부모 승낙
연구자: 그럼 아버지께서는 제가 위룽이랑 공부하는 건 괜찮으신 거네요?	– 담임선생님과의 연계
아버지: 네. 그런데 위룽이가 실은 학교에 오래 남는 걸 안 좋아해서 시간을 어떻게 하실 생각이신지?	
연구자: 안 그래도 위룽이는 3학년이고, 저는 5학년을 맡고 있다 보니 방과후에 하기에는 위룽이가 부담스러워할 것 같아서. 아침 시간에 하는 건 어떨가 싶은데요.	
아버지: 오전에 하는 거면 위룽이도 부담 없이 할 수 있겠네요. 그럼 그렇게 해 주세요.	
연구자: 네. 위룽이와 이야기해서 그렇게 하도록 하겠습니다.	

이러한 자료 감환 과정을 거쳐 생성한 코드들을 앞서 제작한 초기 매트릭스에 입력하는 과정을 거쳤다. 이러한 자료 입력 단계의 매트릭스를 다음 표에서 살펴볼 수 있다.

〈표 9〉 매트릭스를 통한 다문화 학생 지도 경험 분석(자료 입력 단계)

구분	첫 시간	둘째 시간	셋째 시간
수업 전 준비	• 부모 연락 • 담임선생님과의 연계	• 종이접기 • 한글 낱말카드	• 한글 낱말카드 • 한국어 학습 교재
수업 전략	• 대화 • 진단평가	• 낱말카드 활용 • 교과서 그림 활용	• 한국어 학습 교재 활용 • 동요 활용
학생 반응	• 마음을 열어감 • 시험에 부담감을 느낌	• 재미있게 참여	• 동요를 어렵게 느낌

물론, 이렇게 자료가 감환되는 과정을 통해 연구자는 매트릭스에 포함될 자료에 집중하여 자료를 수집함으로써 자료 수집과 분석에 있어서 효율성을 확보할 수 있었다. 하지만 매트릭스에 포함되지 않는 자료들에 대해서는 배제하는 과정을 거치게 되었다.

분석적 텍스트

다음은 위룡이와의 멘토링 과정에 대한 분석적 텍스트 중 일부이다.

멘토링 과정을 시작하는 과정에서 가장 중요한 것 중 하나는 다문화 학생과의 래포 형성일 것이다. 이전 멘토링 경험은 물론이거니와 그동안의 교직 경험을 통틀어 되돌아보아도, 학생과 래포가 잘 형성되어 있지 않고, 학생과 편안하고 자연스러운 관계가 형성되어 있지 않으면 아무리 좋은 교육적 실천을 시도하더라도 그 결과가 좋지 않은 경우가 대부분이었다. 특히 멘토링 학생은 나와 평소 수업 활동을 하지 않는 학생인 경우가 많기에, 이에 대한 부분이 특히 중요하게 작용할 수 있다. 위룡이와의 수업에서도 마찬가지였다. 이에, 나는 위룡이와의 래포 형성을 위해 여러 가지 방법을 사용했다. 첫 번째, 위룡이 담임선생님과의 연계였다. 근무하는 학교에 몇 안 되는 다문화 학생 중 특히 학업 성취도가 낮아 멘토링이 필요했던 위룡이에 대한 정보는 담임선생님을 통해 접할 수 있었다. 나는 담임선생님에게 위룡이가 멘토링 과정에 참여함으로써 생길 수 있는 기대 효과 등에 대한 충분한 설명을 통해, 프로그램에 대한 공감의식을 나눌 수 있었다. 이러한 공감의식은 위룡이와 더욱 밀접한 일상적 관계성을 가지고 있는 담임선생님이 멘토링 과정에 대한 우호적이고 관심 있는 태도의 표현을 가져오도록 했고, 이는 결국 학생의 프로그램 참여를 더욱 진지하게 만들어 나갔다. 둘째, 부모님과 관계 형성이다. 나는 위룡이의 부모님과의 전화 통화를 통해 멘토링 프로그램의 취지를 설명하고, 함께 공감의식을 가진 상태에서 멘토링을 시작할 수 있었다. 부모님의 적극적인 지지로 위룡이는 멘토링 프로그램에 빠지지 않고 참여하며, 숙제로 내주는 분량도 빠지지 않고 해올 수 있었다. 셋째, 학생과의 많은 일상적 대화를 수업 활동에 활용했다. 나는 멘토링 첫날부터 교과 내용을 제시하지 않고, 가족관계, 평소 좋아하는 취미, 관심 있는 것들에 대해 이야기를 많이 나누었다. 또한 학생과의 이야기를 통해 알게 된 사실들, 예를 들어 위룡이가 좋아하는 만화 캐릭터, 취미 등을 수업에 바로 활용함으로써 래포를 향상시킬 뿐 아니라 결과적으로 수업에 집중력을 향상시키도록 했다.

재분석

위룡이와의 멘토링 과정에 대한 자료 수집과 분석의 과정이 진행되면서, 앞선 표에 제시된 초기 형태의 매트릭스로는 지도 과정을 충분히 재현해 낼 수 없는 부족함을 느낄 수 있었다. 특히, 계획된 지도 전략과 실제 적용 전략의 차이, 수업 후 반성 과정에 대한 분석 틀 부족 등의 요소들이 인지되었다. 예를 들어, '이어 주는 말'을 쉽게 학습하기 위해 활용을 시도한 '원숭이 엉덩이는 빨개'라는 노래를 위룡이는 전혀 알지 못했다. 평소 또래에 비해 한국 문화에 대한 경험이 부족했던 위룡이는, 연구자의 입장에서 당연히 알 것이라고 생각한 것들을 알고 있지 못했다. 이러한 수업 과정 중에 일어난 예상치 못한 사건이나 이슈들은 학생의 전반적인 학습 상황을 이해하고, 앞으로의 지도 계획을 고려하는 데 중요한 요소로서 작용할 수 있었다. 따라서 위룡이와의 학습이 진행되면서 누적된 질적 자료들 속에서 학습 전/중/후에 걸친 다양한 요소들을 포괄적으로 분석해 줄 수 있는 매트릭스가 필요했고, 이에 새로운 형태의 매트릭스를 생성해 내게 되었다. 다음 표는 연구가 진행되면서 수정된 형태의 시간 중심 매트릭스를 활용한 분석 자료이다.

〈표 10〉 매트릭스 통한 다문화 학생 지도 경험 분석(수정)[계속]

구분		첫째 시간	둘째 시간	셋째 시간	넷째 시간	다섯째 시간	여섯째 시간
수업 전	주요 고민	• 래포 형성	• 래포 형성	• 학습도구 • 학습전략	• 학습도구 • 학습전략	• 학습도구 • 학습전략	• 학습도구 • 학습전략 • 지속적 학습 유도
	계획된 수업 전략	• 대화 • 진단평가	• 종이접기 • 한글 낱말 카드	• 한국어 학습 교재 활용 • 동요 활용	• 학습자 경험 통한 수업 • 낱말카드 활용	• 받아쓰기 • 한국어 학습 교재 활용	• 한국어 학습 교재 활용 • 오디오 동화책 활용
	관계 향상을 위한 노력	• 담임선생님과의 연계 • 학생/부모님 승낙	• 간식 • 담임선생님과의 연계	• 과자, 음료수 선물	• 일상 대화	• 일상 대화	• 일상 대화
수업 중	적용된 수업 전략	• 대화 • 진단평가	• 종이접기	• 한국어 교재 활용 • 동요 활용	• 학생의 경험 활용 낱말 학습 • '내가 좋아하는 것' 주제로 단어 나열하기 • 그림카드 활용 수업	• 받아쓰기	• 한국어 학습 교재 활용 • 오디오 동화책 활용 • 읽기 오류 수정

〈표 10〉 매트릭스 통한 다문화 학생 지도 경험 분석(수정)

구분		첫째 시간	둘째 시간	셋째 시간	넷째 시간	다섯째 시간	여섯째 시간
수업 중	학생 반응	• 마음을 열어 감 • 시험에 부담감 느낌	• 재미있게 참여	• 문장 수준 읽기, 쓰기에 대한 어려움	• 적극적인 참여	• 몇몇 단어 쓰는 것 어려움 • 문장 띄어쓰기 안됨	• 적극적 참여
	예상치 못한 사건·이슈	• 읽기, 쓰기, 문법 실력이 생각보다 더 부족함	• 간식에 큰 관심 보임 • 게임 활용 학습에서 너무 많은 시간 소모	• 동요를 낯설게 받아들임	• 집안일로 20분만 수업		• 시간 부족
수업 후	교사 반성	• 문장 수준 위주의 학습 필요	• 흥미와 학습 기회 동시에 충족 필요 • 가정학습과의 연계 필요	• 딱딱한 교재 활용이 학생의 학습에 부담감 줄 수 있음	• 학생의 평소 일상생활 연계된 학습 필요		• 생각해둔 방향으로 수업을 이끌어 나가려 했음
	수정 전략		• 적당한 과제 계획 필요	• 학습 교재 외에 다른 수업자료, 전략 필요	• 담임교사 및 부모와의 면담을 통한 평소 생활 파악	• 학부모와의 연계 • 포인트 시스템 도입	• 수업 전략에 대한 유연성 필요
	고려 요소	• 학생 수준	• 게임에 대한 흥미 • 학원 안 다님			• 맞벌이 부모	

이렇게, 연구가 지속되면서 초기 생성된 매트릭스가 더욱 정교해지고, 확장되면서 생성되는 자료들을 효과적으로 분석하고 정리해 나갈 수 있게 되었다. 이는 결국 결론 도출 단계에서 효과적으로 활용되었다.

8. 결론

지금까지 우리는 질적 자료 분석의 한 방법으로 매트릭스 분석에 대해 대략적으로 살펴보았다. 이러한 논의를 통해 우리는 몇 가지 시사점을 도출해 낼 수 있다. 첫째, 매트릭스 분석은 다양한 질적 연구 분야의 자료 분석에 활용될 수 있다. 특히, 생애사 분석, 자문화기술지, 근거이론 기반 연구 등 시간별, 주제별 자료들이 패턴화될 가능성이 높고 규칙성을 가질 수 있는 자료들에 대한 분석에 있어서 그 활용도는 크게 높을 것이다. 둘째, 점진적 주관성 훼손에 대한 경계이다. 매트릭스 분석은 그 분석의 특성상 자료 수집의 초기 시점부터 매트릭스를 생성하며, 그 틀에 맞는 자료를 수집할 수 있는 특성이 있다. 하지만 이 특성으로 인해 자칫 연구 초기 연구자의 이론적 민감성의 둔화, 고정관념 등으로 인해 자신이 결과로 연결시키고 싶은 자료, 혹은 의미가 있다고 여겨지는 자료들만을 포함시키는 항목들을 매트릭스로 생성하여 적용할 수 있다. 따라서, 자료 수집과 분석의 과정이 모두 끝나는 시점까지 자신이 생성한 매트릭스가 수집된 자료들을 충분히 포괄하며, 연구가 진행되면서 초기에 설정한 연구 문제나 연구 내용에 비하여 새로운 변화나 현장에 대한 이해가 깊어졌는지를 지속적으로 반성하는 작업을 이어 나가야 한다.

일반적으로 질적 연구자들은 수차례의 참여 관찰, 심층 면담, 자료 분석 등을 통해 생성되는 수많은 질적 자료들 속에서 방향성을 잃고, 편협적이고 비효율적인 분석의 과정을 가지기 쉽다. 하지만 이러한 매트릭스 분석을 이용하면 체계적인 틀 속에서 자료들을 총체적으로 정리할 수 있을 뿐 아니라, 현상에 대한 좀 더 효율적인 분석과 이해가 가능하다. 또한 독자 입장에서도 시각적으로 제시된 매트릭스 분석 자료를 통해 분석 과정에 대한 신뢰도와 타당도 증가, 전체적인 자료에 대한 효율적인 이해가 가능하다.

물론, 매트릭스 분석이 모든 상황에서 만병통치약으로 사용되는 것은 불가능할 것이다. 하지만 연구자가 연구 주제와 맥락에 맞게 적절히 사용한다면 효율적이고 효과적인 분석 도구로 사용될 수 있을 것이다.

참고문헌

김영천(2012). 질적 연구방법론 1: Bricoleur (2nd ed.). 파주: 아카데미프레스.

김영천(2013). 질적 연구방법론 2: Methods. 파주: 아카데미프레스.

김영천·황철형·박현우·박창민(2014). 한국 다문화아동 가르치기. 파주: 아카데미프레스.

김필성(2015). 문화기술지 연구에서의 영역 분석. 질적탐구학회, 1(2), 99-122.

김혜연(2014). 국어교육 연구에서 질적 자료 분석 방법에 관한 고찰. 국어교육, 147, 377-405.

민성은·정정훈·김영천(2015). 생애사 연구를 위한 효과적인 분석 방법의 탐구. 교사교육연구, 54(4), 621-638.

김영천·민성은(2016). 매트릭스 분석의 이론과 실제. 전주교육대학교 교육대학원 여름학기 세미나 자료집.

박종원(2016). NVivo 11 applications: Handlng qualitative data. 서울: 글로벌콘텐츠.

신경림(2004). 질적 연구방법론. 서울: 이화여자대학교출판부.

이경우(2000). 간호연구방법으로서의 근거이론. 論文集, 18, 359-374.

윤택림(2004). 문화와 역사연구를 위한 질적 연구방법론. 서울: 아르케.

정상원(2015). 현상학적 질적 연구와 자료 분석의 과정. 2015년 한국질적탐구학회 춘계학술대회 워크숍.

최성호·정정훈·정상원(2016). 질적 내용 분석의 개념과 절차. 한국질적탐구학회, 2(1), 127-155.

Agnes, M. (2000). Webster's new world college dictionary(4th ed.). Foster City, CA: IDG Books Worldwide.

Chip Heath & Dan Heath(2010). Switch: How to change things when change is hard.

Cleveland, W. S. (1985). The elements of graphing data. Belmont, CA: Wadsworth.

Crotty(2001). Phenomenology and Nursing Research. W. B. Saunders Company. 신경림, 공병혜 공역 (2001). 현상학적 연구. 현문사.

Eisenhardt, K. M. (1989a). Building theories from case study research. Academy of Management Review, 14(4), 532-550.

Haddon W. (1970). On the escape of tigers: an ecologic note. Am J Public Health, 60, 2229–34.

Haddon W. (1980). Options for the prevention of motor vehicle crash injury. Israeli Medical Journal, 16, 45–65.

Jennifer Bates Averill(2002). Matrix Analysis as Complementary Analytic Strategy in Qualitative Inquiry. Qualitative Health Research, vol.12 No.6, July 2002, 855-866.

Miles, & Huberman(1994). Qualitative Data Analysis. Sage.

Moustakas(1994). Phenomenological Research Methods. Sage. Thousand Oaks, CA.

Pilar(2011). What is it Like for Nursing to Experience the death of their Patients?, Phenomenologyonline, http://phenomenologyonlin.com

Runyan C. W. (1998). Using the Haddon matrix: introducing the third dimension.

Sandelowski(2000). Combining Qualitative and Quantitative Sampling, Data Collection, and Analysis Techniques in Mixed-Method Studies. Research in Nursing & Health, 23, 246-255.

Schatzman, L. (1991). Dimension analysis: Note on an alternative approach to the grounding of theory in qualitative research. In Social Organization and Social Process; Essays in Honor of Anselm Strauss(ed).

Schmukler, E. (2009). Haddon Matrix for Health-Place Injury Prevention: Understanding Medical Work Place Violence Prevention Initiatives, Medical Executive Post. retreived by http://medicalexecutivepost.com/2009/04/20/haddon-matrix-for-health-place-injury-prevention

Smith & Flower & Larkin(2009). Interpretative Phenomelogical Analysis: Theory, Method and Research. Sage.

Straub, D. W. and Welke, R. J. (1998). Coping with Systems Risk: Security Planning Models for Management Decision-Making. MIS Quarterly 22:4, 441-469.

van Manen(1990). Researching Lived Experience. the University of Western Ontario, Canada. 신경림·안규남 공역(1994). 체험연구. 동녘.

Wertz(2011). A phenomenological Psychological Approach to Trauma and Resilience. Five Ways of Doing Qualitative Analysis. The Guilford Press. NY.

Yassine, A., Falkenburg, D. R., & Chelst, K. (1999). Engineering design management: An informatoin structure approach. International Journal of Production Research, 37(13), 2957-2975.

9

분석적
귀납

이 장에서는 우리에게 조금 생소할 수도 있는 개념인 분석적 귀납에 대해 소개하고자 한다. 분석적 귀납은 연구에서 중요한 연구 과정을 규명하는 하나의 이론이라고 할 수 있다. 즉, 연구를 설계하고, 설계에 따라 자료를 수집하고, 수집된 자료를 어떻게 분석할 것인지를 결정하고, 연구 결과를 적절히 조직하기 위해 사용되는 연구 논리인 것이다.

모든 연구 방법은 그 방법만이 가질 수 있는 독특한 장점이 있다. 장소와 시간, 연구자가 적절하게 들어맞는다면, 연구는 설득력을 갖고, 독자들을 새롭고 신선한 연구 현장으로 직접 안내할 수 있게 된다.

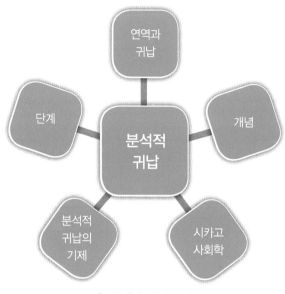

[그림 1] 분석적 귀납

1. 연역과 귀납의 의미

과학 및 사회과학을 연구하는 데 있어서 우리가 접근하거나 분석할 수 있는 방법에는 다양한 것들이 있지만, 그것들의 근간을 이루는 바탕에는 바로 연역과 귀납이 존재한다. 연역과 귀납은 이미 2000년 전부터 인간의 논리 이론으로서 확립되었고, 이제는 연구자들 뿐만 아니라 일반인에게도 널리 알려진 분석, 추론 방식이다. 이처럼 연역과 귀납은 연구의 순서와 그 논리를 구성한다는 점에서는 공통점을 갖지만, 그 방향이 서로 반대라는 점에서 차이점을 찾을 수 있다.

그 중에서도 먼저 연역은 이론적이고 과학적인 접근 방법으로서, 연구자들이 행해야 하는 연구의 검증 과정을 누구나 알기 쉽게 간단한 단계로 요약해 놓았다는 점에서 의미가 있다. 즉, 연역에서 제시하는 접근 방식은 크게 네 단계로 나누어진다(채서일, 1994).

[그림 2] 연역의 과정

연역은 처음에 연구자의 머릿속 사고에서 출발한다. 물론 그 생각은 타당한 것으로 널리 인정받아야 하는 명제여야 한다. 이러한 사고를 바탕으로 연구자는 각 사실을 이론적으로 분석하고, 그것이 참인지 거짓인지를 증명한다. 여기서 중요한 점은 바로 연구의 시작이 객관적인 사실을 바탕으로 한다는 점이다. 연역으로 가장 흔히 사용되는 예는 다음과 같다. 이러한 문장이 익숙하다는 것은 연역이라는 사고 분석 체계를 우리가 평소에도 많이 활용한다는 사실을 의미할 것이다.

모든 사람은 죽는다.
소크라테스는 사람이다.
그러므로 소크라테스는 죽는다.

이 문장이 연역의 모든 것을 보여 준다고는 할 수 없다. 다만 연역에서 주장하는 핵심 사고인 큰 이론이나 가설에서 세부적인 사실들을 관찰하거나 검증하는 모습을 잘 드러내 준다. 이와 같은 연역적인 논리를 과학적인 논리를 통해 분석해 보면, 당초에 분석의 세계를 규정하고, 모두가 인정할 만한 논리에서 출발하여 새로운 가설을 설정하고, 이를 바탕으로 우리의 경험적 사실들과 일치되는지를 확인하게 된다. 이렇게 확인된 개별적 사실들이 바로 이론적인 법칙 혹은 이론 그 자체가 된다. 이처럼 연역은 사건과 사건 사이의 필연적 관련성을 밝히되, 그 방법이 인간의 뇌의 사고 구조에 있는 방법이다. 즉, 일반적인 것으로부터 특수한 것을 추론해 내는 방법이다.

◉ 연역을 활용한 연구: 아인슈타인

연역적 연구 방법의 대표적인 예는 바로 아인슈타인의 상대성이론 연구에서 찾을 수 있다. 그는 1900년대 초, 더 정확하게는 1907년 즈음에 일반상대성이론의 기본 관념들을 구상하게 된다. 일반상대성이론은 중력에 관해 우리가 가지고 있던 상식을 완전히 무너뜨리는 하나의 혁신적인 이론이었다. 지금까지 우리가 떨어지는 사과를 보며 지구와 사과 사이에 잡아당기는 힘이 있다고 생각할 때, 아인슈타인은 지구의 중력이 휘어놓은 시공간 속으로 사과가 빨려 들어간다고 생각했다. 물론 지금은 여러 천문학적 관측 자료들과 수많은 물리 실험들이 이를 증명하고 있고, 우리들도 아인슈타인의 생각을 쉽게 이해할 수 있다. 그러나 그 당시에는 지구의 중력 환경이 그의 생각을 입증할 만큼 충분하지 못했다. 따라서 아인슈타인은 머릿속에서 사고 실험을 통해 일반상대성이론을 설명할 수밖에 없었다.

그가 활용한 연구 방법이 연역이다. 그리고 후에 아인슈타인의 가설은 여러 학자들에 의해 이론으로 확립되었다. 이것은 연구의 출발점이 하나의 사실이 아니라 거대한 원리, 법칙이라는 것에서 시작한다.

한편, 귀납은 연역과는 그 방향이 반대인 논리적 분석 방식이다. 귀납은 특수한 사실을 전제로 하여 일반적인 진리나 원리로서 결론을 내리는 방법을 이야기한다. 즉, 연구자가 관찰한 사실을 설명하기 위해 이론을 형성해 가는 과정이다. 그렇기 때문에 전제도 다르다. 하나의 부정할 수 없는 진실에서부터 출발하는 연역과는 다르게, 귀납은 어쩌면 거짓일 수도 있는 하나의 사실에서부터 출발한다. 즉, 귀납에서 이야기하는 결론은 그 성격이 완전히 진실하지는 않다(채서일, 1994).

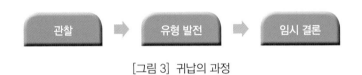

[그림 3] 귀납의 과정

앞에서 사용한 소크라테스에 대한 예를 귀납에 적용하여 설명을 하면, 우선 연구자는 소크라테스의 죽음을 발견하고 다른 많은 사람들도 죽은 것을 관찰하게 된다. 그러면, 그는 관찰한 모든 사람들은 결국에 죽을 수도 있겠다는 생각에 이르고, 분석의 결과로 모든 사람이 죽는다는 임시적인 결론에 이르게 된다. 이처럼 귀납법은 경험의 세계에서 관찰된 많은 사실들이 모두 공통적인 유형으로 전개되는 것을 발견하고 이들의 유형을 객관적인 수준에서 증명하고자 한다. 따라서 연구가 객관적이기 위해서는 현상의 분석 절차와 방법이 명확해야 하고, 통계적 분석을 병행하기도 한다.

⊙ 귀납을 활용한 연구: 다윈

귀납적 연구로서 제시할 수 있는 유명한 연구로는 다윈의 진화론 연구를 들 수 있다. 그는 전 세계를 항해하며 연구 자료를 수집했다. 특히 갈라파고스 제도에서 수집한 생물들의 모습을 바탕으로 진화론을 주장했다. 그것은 어떤 형태의 생물이 오랜 세월 동안 환경에 맞추어서 서서히 모습을 변화해 간다는 것이 핵심이다. 특히 이러한 생물의 진화 과정으로 볼 때 인간은 원숭이로부터 진화되었을 것이라는 주장까지 펼치게 되었다.

다윈의 견해들은 즉각 전 유럽에 논란의 대상이 되었다. 즉, 진화론의 찬반을 놓고 모든 유럽인들이 논쟁을 벌일 정도가 되었다. 이러한 반대와 비판을 이겨내고 진화론이 정식으로 인정받을 수 있게 된 데에는 귀납 연구 방법의 효과가 컸다. 다윈은 구체적인 사실로부터 하나의 원리를 이끌어 내었고, 그의 진화론은 탄탄한 근거를 갖고 있었던 것이다. 진화론은 연구의 시작부터 개별적인 사실에 근거했고, 다양한 비판들을 효과적으로 방어해 냈다. 결국 다윈의 진화론은 세계 여러 나라로부터 차츰 인정을 받기에 이르렀다. 물론 현대 생물학에서 그의 이론은 상당부분 수정되었지만, 그 기본 골격은 인정받고 있다.

이처럼 연역과 귀납은 상호 대립적이고 배척해야 할 관계가 아니라 상호 보완적인 관계에 있는 과학적 연구 접근 방법이다. 우리의 연구를 잘 살펴본다면 톱니바퀴와 같이 연역과 귀납이 교대로 이루어지는 과정임을 알 수 있다. 연역이 논리적 필연성을 갖출 수 있다는 의미와 더불어, 귀납을 통해 실제적인 지식과 우리의 삶에 대한 예측을 가능하게 한다는 점을 같이 인정해야 할 것이다.

2. 분석적 귀납의 개념

분석적 귀납은 연구에서 자료를 수집하고 분석 방향을 개발하며 연구 결과의 표현을 조직하기 위해 사용되는 연구 논리 중의 하나이다. 쉽게 생각하면 분석적 귀납은 앞에서 설명한 귀납의 일종이다. 미리 가설을 설정하고 보편적 원리를 작은 지식 하나하나에 적용해 보는 연역과는 달리, 귀납은 아주 작은 사실에서부터 시작하여 커다란 원리를 발견해 내는 방법이다.

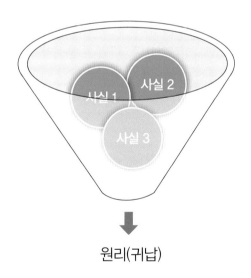

[그림 4] 분석적 귀납의 정의

사실, 연구에서 분석적 귀납법을 사용하는 목적은 너무나도 다양하기 때문에 하나로 설명하기 힘들다. 다만 대부분의 연구에서 공유하는 연구의 철학적 원리는 존재한다. 우선 분석적 귀납은 특정한 사회 현상이 일어난 경우 그 사건을 상세히 서술하는 것을 목적으로 한다. 즉, 모두가 그것을 연구 주제나 문제 상황으로 인지하지 못할 경우 그것을 지적함으로써 관심을 환기시키는 역할을 한다. 그 다음에, 분석적 귀납은 이러한 문제가 발생한 필요충분조건에 대해서 모두가 수긍할 만한 합리적인 설명을 하고자 한다. 여기서 필요충분조건이라는 용어를 사용했다는 사실은 분석적 귀납이 사회 현상을 단순화한 것이 아니라, 매우 복잡하고 뒤섞여 있는 불확실한 것으로 보고 있다는 의미를 담고 있다. 요약하면 분석적 귀납은 사회 현상을 구성하는 요인들에 대해 정의하고자 한다. 더 나아가서, 기존의 설명이나 정의를 개선하여 진보적으로 다르게 정의하고자 한다. 이처럼 분석적 귀납은 사회과학 연구에 주로 활용되고, 다른 연구 방법과는 차별화된 절차와 방법을 가진 독특한 개념이라고 할 수 있다. 분석적 귀납은 어떤 결과의 원인에 대해 모두가 인정할 만한 타당한 결론에 도달하기 위해서라면 어떠한 요소가 필요한지를 상세히 설명하고자 한다.

분석적 귀납은 1900년대에 양적 연구 방법 중 하나인 통계적 추론을 보완하고자 도입되었다. 분석적 귀납에서 처음에 강조했던 것은 사회 현상에 대한 그럴듯한 설명이었다. 특히 여러 가지 사회 문제들이 왜 일어나는지에 대해 관심이 많았다. 분석적 귀납의 형성에 큰 역할을 한 학자는 Znaniecki이다. 분석적 귀납이 사회 현상을 적절히 설명하는 도구로서의 역할을 수행한다는 사실이 알려지자, 분석적 귀납은 문화 기술적 연구에서 활용되기 시작했다. 이러한 분석적 귀납은 사회 구성원들이 경험하게 되는 특별한 현상에 대해 진술하는 데 적합한 것으로 인식되었다. 다음은 분석적 귀납 방법을 확립하는 데 큰 역할을 했던 여러 질적 연구들의 목록이다.

[그림 5] 분석적 귀납이 활용된 질적 연구들

⊙ 대표적인 분석적 귀납 연구의 예시[계속]

Cressey(1953)의 자금 횡령에 관한 연구(Other People's Money)

Cressey는 횡령이라는 범죄로 유죄를 선고받은 사람들이 공통적으로 공유하고 있는 요인들이 무엇인지를 연구한 학자이다. 처음에 그는 횡령에 관해 다음과 같은 가설을 설정했다.

"그들은 횡령이 범죄라는 사실을 잘 알고 있다. 따라서 횡령을 저지르는 사람들은 돈을 훔치거나, 빼앗는 사람과 비슷한 심리 상태를 갖고 있을 것이다."

그러나 그는 자료를 수집하면서 다른 사례들을 발견하게 된다. 즉, 횡령을 저지르는 사람들과 그에게 돈을 의심 없이 주는 사람들 사이에 강한 유대감을 발견하게 된 것이다. 그 행동이 경찰에 의해 횡령이라고 낙인찍히기 전까지는 돈을 빌려준 사람들이 그 상황에 대해 거의 의심하지 않거나, 의심을 하더라도 그것을 강하게 주장하지 못하고 있었다. 이러한 가설 제정의 절차에 따라 Cressey는 새로운 가설을 설정했다. 횡령을 저지르는 사람들은 범죄를 저지른다는 생각을 하는 것이 아니라, 단순히 돈을 빌린다고 생각한다는 것이다.

물론 분석적 귀납법을 사용할 수 있는 어떤 특별한 연구 분야가 있는 것은 아니다. 분석적 귀납을 활용한 최근의 연구들은 반드시 사회적 문제 상황만을 대상으로 하지 않는다는 사실을 알려 준다. 특정한 사회 공간, 일상생활 등에서 우리가 미처 발견하지 못했던 다양한 상황들을 다룬다. 다만 분석적 귀납을 활용했을 때 좀 더 가치 있는 결과를 도출해 낼 수 있는 연구 문제에는 사회적으로 널리 알려진 사회 문제들, 학교, 기업, 공장과 같은 일정한 사람들이 모여 사회 현상을 만들어 내는 상황들, 그리고 우리가 그동안 간과해 왔던 일상생활과 같은 것들이 있다. 연구자들은 자신이 주목한 사회 분야에서 구성원들의 의사소통 방법, 문제 상황을 이겨내는 방법, 그들의 숨겨진 욕망과 같은 요소들을 찾아낼 수 있다.

3. 분석적 귀납의 시작: 시카고 사회학

우선 분석적 귀납은 시카고 대학에서 이루어졌던 사회학 연구와 밀접하게 연관되어 있다. '시카고 학파'라는 이름이 붙은 이유는 바로 일련의 연구들이 시카고 대학을 중심으로 이루어졌기 때문이다. 시기상으로는 1918~1939년 동안 약 20여 년 지속되었다. 시카고 대학은 전통적으로 사회학에 대한 연구 성과 및 연구 의지가 높은 곳이었다. 1910년대 사회학을 이끌던 인물은 Robert Park였다. 유명하고 뛰어난 학자에게서 그의 실력과 재능을 조금이라도 본받기 위해 많은 학생들이 몰려들었다. 그는 이러한 자원들을 활용해 미국 사회학 협회를 설립하기도 하고, 사회학에 관련된 교재나 논문을 주도적으로 편찬하는 등 활발하게 사회학의 기틀을 다졌고 연구 방법에서 사회학적 방법을 중요한 고려대상으로 만드는 데 큰 역할을 했다.

한편, 시카고 대학의 위치도 시카고 학파가 성장하는 데 상당한 역할을 했다. 1900년 대 초의 시카고는 아주 다양한 계층의 사람들이 모여 살아가는 삶의 터전이었으며, 거대한 도시 이면에 숨겨진 면들이 아주 많았다. 그 당시는 복지에 대한 개념이 거의 전무했기 때문에 도시의 사회적 약자들은 여러 사회적 문제 상황에 그대로 노출될 수밖에 없었다. 분명 이러한 사실은 비극이었지만, 사회학자들에게는 그들의 통찰력과 새로운 시각을 돋보이게 만들 수 있는 좋은 기회였다. Park는 도시에서 사람들이 사회적으로 격리되는 과정을 분석했고, 이를 근거로 미국의 주류문화와는 다른 하위문화의 실체를 파헤칠 수 있었다.

시카고 대학의 사회학에서는 양적 연구, 질적 연구를 모두 활용했다. 즉, 그들은 현장에서 사람들의 목소리를 듣는 것을 중요하게 생각하면서도 도시와 사람들과 관련된 통계자료도 꾸준히 수집했다. 한편으로는 분석적 귀납이라는 새로운 연구 철학도 발현시켰다. 이곳에서 발생한 분석적 사고는 일반적인 질적 연구와는 조금 다른 특별한 매력을 갖고 있다. 왜냐하면 연구 자료를 분석하는 과정에서 분석적 귀납은 기존에 사회과학 연구에서 널리 알려지고 합리적으로 생각되었던 연역법보다 훨씬 더 변화무쌍하며 다양한 관점을 드러내 줄 수 있었기 때문이다. 물론 분석적 귀납도 처음에는 사회 현상에 대한 공통적인 요인들을 파악하고, 간단히 설명할 수 있는 요인을 파악하기 위해 조사하면서 시작되었다. 그러나 연구를 진행하며 새로운 사례들을 검토하고 처음의 가설을 개선하는 작업이 이루어지면서, 현상을 재정의하고 새로운 사실들을 나열하는 과정으로서의 분석적 귀납이 확립되었나.

4. 분석적 귀납에 대한 세 가지 설명 기제

분석적 귀납이 어디에 활용되는가를 알기 전에, 우선 분석적 귀납이 가지는 세 가지 유형의 설명 기제를 소개하고자 한다. 다음의 그림을 확인하도록 하자(그림 6).

분석적 귀납은 행동의 실제성, 자기 인식과 자존감, 욕망 및 감정의 강조라는 세 가지 설명 기제를 갖추고 있다. 분석적 귀납은 분명 어느 정도의 과학적 이론의 토대를 가지고 시회 현상을 객관적으로 바라보고자 노력한다. 그러나 위에서 제시한 세 가지의 특징은 기존의 사회과학 이론과는 확실히 차별화되는 분석적 귀납만의 통찰력을 제공한다.

우선, 행동의 실제성이란 관찰 혹은 분석하고자 하는 행동이 실제로 일어났거나, 일어나는 행동이라는 것이다. 대부분의 과학적인 연구들은 이것을 간과하는 측면이 많다. 가

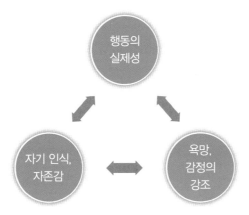

[그림 6] 분석적 귀납의 세 가지 설명 기제

령 가설을 세우고 가설에 의해서 교실 현상을 관찰할 때, 처음에 세워지는 가설이 비현실적인 경우가 많다. 예를 들어 1960~1970년대부터 활발하게 이루어진 교실 속 TV와 컴퓨터 도입에 관한 연구들이 그 예이다. 사실 그 당시에 이러한 전자 장비가 교실에 보급된 학교는 거의 없었다. 그러나 가설을 세우고 이를 연구하기 위해 연구 대상 학교에만 컴퓨터를 설치하여 연구를 진행했던 것이다. 즉, 행동의 실제성이 담보되지를 못했다. 그러나 분석적 귀납에서는 실제 일어나고 있고, 이것이 사회적으로 의미가 있다고 판단되는 것을 연구 주제로 삼는다. 즉, 마약이라는 주제에서 알 수 있듯이, 미국의 빈민가나 유흥가, 폐쇄적인 장소에서 마약 투여가 실제로 이루어지고 있으며, 연구자들은 이러한 행동에 주목하여 분석적 귀납을 실시하게 된다. 즉, 분석적 귀납의 첫 번째 특징인 행동의 실제성은 연구의 타당도와 설득력을 높이는 기제가 된다.

　다음으로 제시할 수 있는 요소는 자기 인식과 자존감에 관한 내용이다. 이것은 연구하고자 하는 사회 현상에 대해 연구 참여자의 내부 관점을 강조하고, 이를 통해 제3자의 입장에서 이루어지는 연구의 한계를 보완하고자 하는 목적과 관련이 있다. 질적 연구를 비롯한 여러 참여적 연구에서 많이 범할 수 있는 오류가 바로 이것이다. 일단 연구자는 연구하고자 하는 연구 참여자가 겪은 어려움을 한 번도 경험하지 못한 경우가 많다. 따라서 연구 참여자와의 면담이나 참여 관찰과 같은 자료 수집 과정에서 얻게 되는 자료들의 본래의 의미와는 다르게 왜곡하는 경우가 많다. 또한 질적 연구에서 많이 다루게 되는 왕따, 다문화, 마약, 교사의 심리적 소진, 경제적 어려움, 질병과 같은 주제들은 연구자의 잘못된 판단 때문에 그 뜻이 잘못 전달되는 경우가 종종 있다. 자기 인식과 자존감에 주목하여 연구를 진행하게 되면 연구자의 고정관념을 깨는 독특한 연구 결과가 나올 수도 있다. 가령, 마약과 관련된 연구에서, 연구 참여자가 마약을 끊었기 때문에 병이 생겼다는 이야기를 들었을 경우, 우리는 여기서 연구 참여자가 마약을 무조건 나쁜 것으로 생각하고 있지 않다는 생각을 포착해 낼 수 있으며, 이를 바탕으로 연구 결과를 수정할 수도 있다.

분석적 귀납에서 강조하는 마지막 설명적 특징은 바로 욕망과 감정을 강조하는 것이다. 특히 분석적 귀납에서는 어떠한 행위가 왜 일어나게 되었는지를 객관적인 분석이나 모두가 이해할 만한 설명에서만 찾는 것이 아니라, 개인의 비밀스런 이야기에서 찾기도 한다. 이러한 경우에는 그 동안 설득력이 떨어졌던 여러 사회적 일탈 행동이나 문제들이 좀더 이해하기 쉽게 바뀌게 되고, 연구를 접하는 독자들에게 새로운 충격과 시각을 제공해 줄 수 있게 된다. 이를 위해서는 수차례의 자료 수집 과정이 필수이다. 자료 수집을 계속할수록 연구 참여자들이 말하는 내용을 좀 더 연구 참여자의 입장에서 이야기하게 되고, 처음에는 이해되지 않던 부분들이 종종 이해되는 경우가 생기게 된다. 그리고 이러한 개인적인 욕망들을 포착할 경우 기존의 가설들이 부정되거나 새로운 연구 방향을 찾게 되기도 한다.

이처럼 분석적 귀납은 세 가지 특징을 갖고 연구자들을 연구 현장으로 이끈다. 분석적 귀납을 활용하여 연구자들은 실제 일어나고 있는 사회적 현상들에 대해 그동안 드러나지 않았던 심층적인 부분들을 탐구할 수 있다. 이것은 기존의 사회과학 연구와 가장 크게 다른 점이다. 문제를 해결할 수 있는 여러 가지 대안 중 하나를 가설로 설정하고 적용해 본 뒤 그 결과를 논하는 일반적인 사회연구에서는 분석적 귀납과 같은 충격적이고 설득력 있는 연구 결과가 나오기 힘들 것이다. 분석적 귀납은 사회적 삶에서 실제 경험하는 순간에 대한 일련의 탐구를 개발하고자 한다.

5. 분석적 귀납을 활용한 이론의 확립

분석적 귀납은 사회학에서 발생되었고 주로 그 분야에서 집중적인 연구가 이루어졌다. 따라서 분석적 귀납을 통해 현상에 대한 사회학적 인식을 형성하고 만들어 낼 수 있다는 사실은 앞의 설명을 통해 어느 정도 짐작할 수 있을 것이다. 구체적으로 분석적 귀납을 활용하여 이론이 확립되는 과정을 제시하면 다음과 같다.

첫째, 연구자들은 주목할 만한 사회 현상을 포착한다. 이러한 사회적 상황에는 여러 가지가 있을 수 있다. 장소나 시간에 따라서도 달라질 수 있다. 가령 시카고 학파가 주목한 상황은 상류 계층과 대비되는 도시 빈민들의 문화적 삶이었다. 반면, 최근의 사회학 연구자들이 관심을 갖는 분야는 다문화, 마약, 왕따 등이다. 장소도 크게는 농촌이나 도

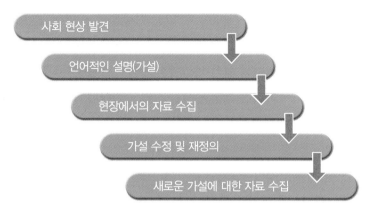

[그림 7] 분석적 귀납의 활용 과정

시가 있지만, 세부적으로 들어가면 교실, 아파트, 도서관 등 이전보다 더 세밀해지고 다양화되었다. 중요한 것은 지금까지 우리가 당연하다고 생각했던 현상들에 대해서 의문을 품고, 왜 이러한 현상이 일어났는가, 이것이 우리에게 주는 영향이 무엇인가를 곰곰이 생각해 보아야 한다는 것이다. 이것이 분석적 귀납의 첫 번째 단계이다.

둘째, 처음에 관심이 갈 만한 사회 현상을 포착하고 나면, 그들은 포착한 현상에 대해 언어적인 설명을 붙이게 된다. 이것은 연구자가 개인적으로 느꼈던 의문이나 그 동안 드러나지 않았던 문제의 실체에 대해 정의하는 과정이다. 이 기능은 언론과 대단히 유사하다고 할 수 있다. 일반적인 사람들은 사회에서 일어나는 모든 사건들을 모두 알지 못한다. 그러나 뉴스나 신문을 통해 많은 사건 중에서 언론이 선택한 것들을 문제로 인식하게 된다. 사회학 연구도 마찬가지이다. 연구자들은 학술적으로 주목할 만한 사건을 언어로 정의한다. 이러한 언어적인 설명의 대표적인 예로는 마약, 싸움, 왕따와 같은 것이 있다. 실제 이러한 사건들은 시카고 학파 및 여러 사회학자들이 주목한 사회 현상들이다. 그들은 이러한 현상들에 대해 일정한 가설을 세우고 현장에 들어간다.

셋째, 현장에서 집중적인 자료 수집을 실시한다. 여기서 중요한 점은 바로 현장에 들어가서 자료를 수집하게 되는 것이다. 이것은 질적 연구와 깊은 관련이 있는 것이다. 연구자들은 자신이 설정한 가설이 완전히 맞을 때까지 증거를 수집한다. 예를 들면, 마약에 중독되는 과정에 대한 연구를 실시할 때, 다양한 과정들이 자료 수집의 대상이 될 수 있다. 가령 마약 중독자들이 마약을 얻기 위해 사용하는 방법, 마약을 한다는 사실을 숨기는 과정, 마약을 할 때 자신의 생각과 감정 등을 녹취하거나 관찰할 수 있다. 여기에는 객관적인 사실도 있지만, 분노, 기쁨 등과 같은 감정도 자료 수집의 대상이 된다. 그러나 많은 연구에서 연구자들은 기존의 연구와 다른 경험을 하게 된다. 즉, 자료를 꾸준히 수집하다 보면 더 이상 가설만으로는 설명할 수 없는 현상들이 발견되는 것이다. 끊임없는 자료 수집의 결과로 어떠한 사례가 연구자가 생각한 가설과 완전히 일치하는 일은 거의 일어나지 않는다. 오히려 연구자의 의식 바깥쪽의 생각지도 못했던 오류에 직면하는 경우가 대부분이다. 이 경우에 가설은 재정의된다. 그리고 현상에 대한 모든 사례들을 포괄하기 위해 설명이 수정될 수도 있다.

넷째, 자료 수집의 결과로 가설은 거의 부정된다. 기존의 연구였다고 한다면 이 경우에는 연구 결과가 폐기되었을 것이다. 애초에 가설이 부정되었기 때문이다. 그러나 분석적 귀납에서는 이 과정이 순환되어 다시 일어난다. 즉, 연구 가설을 다시 타당한 것으로 만들기 위해 연구자는 모든 논점을 처음부터 재정의한다. 즉, 분석적 귀납에서는 앞의 예시와 같이 자료 수집의 결과 가설의 논점이 완전히 바뀌어도 좋다. 오히려 그동안 수집했던 자료들이 가설에 대한 더욱 강력한 근거 자료로 기능하기 때문에, 연구가 좀 더 생동감 있고 설득력을 가지게 된다.

다섯째, 이제 새로운 가설은 더욱더 뚜렷한 목표의식을 갖게 되었다. 그동안 연구자의 머릿속에서만 맴돌았던 사회 현상에 대해 해결하려는 관심이 생기게 된 것이다. 이에 따라 가설을 다시 검증하기 위해 더 치밀하고 세밀한 자료 수집 과정을 거치게 된다. 사회 구성원들의 면담자료, 생활양식에 대한 관찰자료, 연구자의 성찰일지, 통계자료까지 그 범위도 거의 제한이 없다. 연구자는 자신의 연구 결과가 가치 있게 될 때까지 이 과정을 반복한다.

위에서 제시한 분석적 귀납의 연구 과정은 연구자와 연구 참여자, 그리고 환경 간의 역동성을 강조하는 측면이 있다. 연구자는 특히 사람들 간의 상호작용을 구체화하는 데 장점이 있다. 분석적 귀납은 다양한 사례의 범위가 점진적으로 적용될 때 분석을 타당한 것으로 만들고, 다시 새롭고 다양한 자료를 수집하는 전략인 것이다. 연구자는 연구 결과에 영향을 줄 수 있는 부정적인 사례들이 더 이상 나오지 않을 때까지 조사를 계속 진행해야 한다. 이러한 측면에서 분석적 귀납의 방법론은 상징적 상호작용론과 일치되는 면이 있다. 즉, 한 사람의 행위는 단시간에 형성되지 않는다는 것이다. 오히려 오랜 시간 동안 학습, 시행착오, 다른 사람의 반응에 대한 적응을 통해 꾸준히 만들어지고 발전한다는 입장을 강조한다.

⊙ 예시: 학원에 대한 연구[계속]

처음에 학원에 대해 연구할 때는 긍정적인 생각보다는 부정적인 생각을 더 많이 했던 것이 사실이다. 나는 학교의 공교육을 책임지는 교사이기도 하거니와, 어릴 때의 경험에 비추어보았을 때 우리들은 분명 학원에 가는 것을 고통스러워했기 때문이다. 따라서 학원을 처음으로 방문했을 때는 학원에서 겉으로 보이는 모습을 넘어서 그 안에 담긴 학생들의 어려움을 담으려고 노력했다. 그러나 그 곳을 탐구하면 탐구할수록 점점 다른 이야기가 쏟아져 나왔다. 학교와 담을 쌓고 학원에 나오는 아이들, 기꺼이 학원에서 매를 맞는 아이들, 하루에 한 번씩 부모님과 전화하는 학원, 울면서 학원 선생님과 마음 속 깊은 대화를 나누는 아이들까지 그동안 내가 가졌던 고정관념에 가까웠던 학원에 대한 가설들이 산산이 부서지고 있었다. 즉, 나의 학원에 대한 이론은 바뀌어야만 했다.

(연구자의 일지 중에서)

6. 분석적 귀납의 주요한 이슈들

여기서는 앞에서 설명한 분석적 귀납이 다른 연구들과는 어떻게 다른지를 구체적으로 설명하고자 한다. 분석적 귀납의 특징은 뚜렷하지만, 분석적 귀납을 처음 적용하고자 하는 연구자들은 이 방법이 일반적으로 알려진 다른 사회과학 연구 방법과는 또 어떻게 다른지, 그리고 연구방법론 부분에서 분석적 귀납의 장점을 어떻게 써야 할 것인지 잘 모르는 경우가 많다. 따라서 다양한 연구 방법들과 비교하여 분석적 귀납이 가질 수 있는 구체적인 특징을 제시하도록 한다.

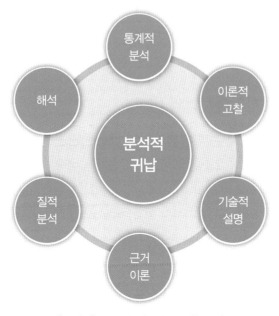

[그림 8] 분석적 귀납의 주요한 특징

통계적 분석과의 비교

가장 먼저 양적 연구 방법 중 하나인 통계적 분석과 분석적 귀납의 차이를 비교해 볼 수 있다. 여기에서는 그 특징이 쉽게 이해되리라고 본다. 분석적 귀납은 가설을 증명하기 위해 자료를 끊임없이 수집한다는 점에서만 본다면 통계적 분석과 크게 다르지 않다. 그러나 통계적 분석의 목적은 일반적인 패턴을 추론하는 것이다. 즉, 분석적 귀납에서 강조하는 내부자적 관점이나 욕망, 숨겨진 동기 등에 관심이 없다. 통계적 분석은 사회 문제 상황에 대한 큰 흐름을 찾고자 노력한다. 따라서 통계적 분석은 정책적 제안이나 심층 연구를 위한 사전 연구 정도로 이해하는 것이 좋다.

이론적 고찰과의 비교

이론적 고찰 연구는 일반적으로 많이 행해지는 연구 방식이다. 즉, 사회 현상에 관해 그것을 설명하는 데 유용했던 여러 방법들을 소개하고, 여기서 시사점을 얻어 자신의 연구에 적용하는 방법이다. 이론적 고찰을 사용할 경우 권위 있는 여러 학자들의 주장을 인용하기 때문에 연구의 설득력을 담보할 수 있다는 장점이 있다. 그리고 사실 문헌 조사 활동만으로도 가치 있는 연구 결과를 만들어 낼 수 있기 때문에 간편하기도 하다. 그러나 이론적 고찰만으로는 특별한 사례에 집중할 수 없다. 분석적 귀납은 이 점에서 이론적 고찰과 비교된다. 한편, 이론이 실제와 다른 내용을 주장할 경우, 분석적 귀납에서는 가설이 수정되며 다른 방향의 연구로 나아갈 수 있지만, 이론적 고찰의 경우에는 전혀 엉뚱한 방향의 결론이 나올 수도 있다.

기술적 설명 및 문화기술지와의 비교

기술적 설명은 분석적 귀납과 비슷한 면이 많기 때문에 혼동하기 쉬운 연구 방법이다. 특히 각 사건에 심층적으로 파고들어 구성원들의 숨겨진 이야기를 얻고, 여기서 연구 결과를 도출한다는 점은 분석적 귀납과 기술적 설명이 거의 동일하다는 점을 강조한다. 그러나 이 두 가지 방법의 결정적인 차이점은 바로 가설과 그 가설을 타당한 것으로 만드는 과정에 있다. 기술적 설명의 연구 목적은 사례에 대해 심층적인 설명을 하는 데 있다. 즉, 가설을 바탕으로 수집한 자료가 가설과 대비되지는 않는지 검증하는 분석적 귀납과 다르다는 것이다. 이처럼 기술적 설명은 비교 분석을 통한 검증 과정 없이 인과관계를 도출하기 때문에 분석적 귀납과는 구별된다.

한편, 이러한 원리는 문화기술지 연구에서도 적용된다. 문화기술지에서 주로 활용하는 자료 수집 및 분석 과정은 분석적 귀납과 상당히 유사하다. 분석적 귀납은 문화기술지 연구에서 많이 활용하는 내러티브 글쓰기와 일치하는 면이 있다. 그리고 문화기술지를 활용하는 연구자들이 연구 결과를 재정의하는 과정 역시 분석적 귀납과 유사하다. 그러나 이 둘이 차이점을 가지는 가장 큰 요소는 바로 가설이다. 문화기술지 연구자들은 끊임없이 자료를 수집하지는 않는다. 그리고 미리 세워 두었던 가설을 부정하려고 하지도 않는다. 그들은 사회를 상당히 긍정적으로 바라보려고 한다. 따라서 주로 우리의 삶이 발전하는 방법을 찾아내려고 애쓴다.

근거이론과의 비교

근거이론은 일종의 귀납법으로서, 각 사례에 대한 자료를 수집하고, 그 수집한 자료를 근거로 하여 연구 결과를 도출하는 연구 방법을 말한다. 다만 분석적 귀납과는 크게 세 가지 측면에서 차이점을 보인다. 우선, 분석적 귀납은 실제 행해지는 행동이 가져다주는 아주 특별한 결과를 설명하는 데 중점을 둔다. 반면에 근거이론에서는 주로 자료를 바탕으로 큰 이론을 설계하고자 한다. 다음으로, 분석적 귀납은 이론의 개발보다는 검증에 좀 더 초점이 맞추어져 있다. 분석적 귀납에서 가장 중요한 단계는 수집된 자료를 바탕으로 기존의 가설을 부정하는 것이다. 이를 통해 새로 정의되는 주장을 좀 더 타당성 있게 만든다. 마지막으로, 분석적 귀납은 결론을 다시 정의할 수 있는 가능성이 있다. 근거이론은 풍부한 자료를 바탕으로 한 번 연구 결과를 만들어 내고 나면 그것을 수정하기가 상당히 어려운 측면이 있다. 왜냐하면 수많은 자료 중에서 몇 부분을 추려 연구 결과를 생성했기 때문에 그 연구 결과를 고치거나 파기할 경우 거기에 사용되었던 많은 자료들을 다시 배열하고, 심지어는 폐기해야 하기 때문이다. 그러나 분석적 귀납의 경우에는 애초에 연구자 자신의 가설을 검증하기 위해 자료를 수집한다. 따라서 근거이론보다는 좀 더 유연하다고 할 수 있다.

질적 비교 분석과의 비교

일반적인 질적 비교 분석과 분석적 귀납은 유사한 점이 많다. 왜냐하면 분석적 귀납이 질적 분석의 한 방법으로서 시작했기 때문이다. 우선 두 연구 방법 모두 같은 목표를 가지고 있다. 즉, 주목할 만한 사회 현상을 설명할 수 있는 타당한 이야기를 만들어 내고, 그것이 인정될 수 있을 만큼 설명을 개발하고 검증하는 데 관심을 두고 있다. 따라서 두 연구 방법 모두 합리적인 인과적 설명을 해내기 위해 꾸준한 자료 수집 과정을 거친다는 점도 같다. 질적 비교 분석과 분석적 귀납을 구별하는 가장 큰 요소는 바로 연구의 발달적 과정을 강조하는지 여부이다. 즉, 분석적 귀납은 발달적 성격을 가지고 있다. 앞에서 여러 번 이야기했듯이, 분석적 귀납은 한 번 가설을 설정하고 나면 끝나는 것이 아니다. 계속적인 가설 검증 과정을 실시한다. 특히 가설을 부정할 만한 자료를 집중적으로 수집하는 것이 일반적인 질적 분석 과정과 다른 점이다. 한편, 질적 비교 분석의 과정 속에는 수집한 여러 요인들 간의 관계를 체계적으로 분석하는 단계가 포함되어 있다. 그러나 분석적 귀납에서는 관련 인과론적 요인들의 결합을 체계적으로 검토하지 않는다.

해석과의 비교

해석은 이미 존재하는 사실을 자세히 관찰하고, 거기에 연구자의 판단 및 의견을 덧붙이는 것을 뜻한다. 해석과 분석적 귀납을 비교했을 때 세 가지 차이점이 있다. 첫째, 분석적 귀납은 미리 만든 가설로부터 출발하려고 한다. 해석은 그것보다는 현재 발견된 내용에 연구자의 관점을 투영하는 것을 더 중요하게 생각한다. 둘째, 분석적 귀납에는 부정적인 사례의 탐색이 반드시 포함된다. 가설을 반박하는 자료를 찾는 것이 분석적 귀납의 목적이기도 하다. 마지막으로, 해석은 그 상황을 다시 진술함으로써 일반적인 법칙을 만들어 낸다. 반면에 분석적 귀납은 그 상황에 딱 맞는 해결 방법이나 연구 결과를 도출해 내고자 한다.

7. 분석적 귀납 연구 사례: 「The Cocktail Waitress: Women's Work in a Man's World」

여기서는 분석적 귀납을 사용한 연구 중 흥미로운 연구 하나를 소개하려고 한다. 「The Cocktail Waitress: Women's Work in a Man's World」(1975)는 1970년대 초반에 실시된 문화 연구로서, 인류학에 기반을 두고 있다. 연구 주제는 특이하게도 칵테일 바에서 일하는 여성이었다. 본 인류학 연구를 위해 1971년부터 1972년까지 자료가 수집되었으며, 연구는 오클랜드의 한가운데에 위치한 큰 칵테일 바에서 집중적인 관찰을 통해 이루어졌다. 책에 등장하는 서문을 잠깐 소개하면 다음과 같다.

여기에 나오는 칵테일 바의 이름과 손님들이 묘사하는 별명들은 모두 가명이다. 다만 우리의 묘사가 바뀌었을지라도, 그 속에서 일어나는 일들은 모두 그 곳에서 이야기되었던 것이다.

우리의 연구 전략은 다른 문화를 이해할 때 요구되는 포용과 거리두기에 있다. 전통적으로, 인류학자들은 잘 모르는 문화에 대해 연구할 때는 거리두기 방법을 사용해 왔고, 포용은 일상생활 속에서 직접 참여 관찰하는 방식으로 활용해 왔다. 우리는 우리 사회를 연구할 때의 한 가지 위험성이 바로 거리 두기와 객관성이 부족하다는 사실에 있다는 점을 지적했다. 게다가, 연구자들은 관찰이나 면담이 아니라, 단순한 조사 방식과 같은 연구 방법으로 남자와 여자 사이의 성 역할에 대한 편견에 관련된 주제를 연구하는 오류도 범했다. 이러한 문제점을 피하기 위해서, 우리는 연구를 유연하게 설계했고, 연구자들끼리 완전히 협력하기로 했다.

연구를 시작할 때, 우리는 연구 과정을 과업 및 우리 사회에서 여성의 역할에 대한 다른 관점에 따라 두 갈래로 나누었다. Bernda Mann은 칵테일 바에 취업을 했다. 그리고 매일 밤 그 직업에 맞게 적절하게 행동하는 역할을 맡았다. 이 칵테일 바에서 어떻게 세상을 바라보는가, 바텐더와 고객들의 의사소통은 어떤가, 사람들은 사회 구조에 대해 어떻게 생각하는가, 그리고 이 작은 남성 중심 세상에서 여성은 어떻게 행동해야 하는가 등이 주요한 주제가 되었다. 비록 그녀의 역할은 연구자였지만, 이러한 참여와 포용 작업은 이 칵테일 바의 가족이 되어야 한다는 강력한 본능을 일깨우게 했다. 나이도 적당하고 배경도 평범했기 때문에, 칵테일 바의 사람들의 문화에 참여하는 것은 별로 어렵지 않았다. 그녀가 종업원 역할을 맡지 않고 연구를 하려고 했다면, 연구가 수월하게 진행되기는 어려웠을 것이다. 이러한 일 년 동안의 연구 끝에 현장일지를 포함한 여러 자료들이 수집될 수 있었다.

그렇다면 연구의 객관성은 어떠한가? 어떻게 우리는 인류학 연구에서 외부자의 공정한 시각을 담보할 수 있겠는가? Brenda Mann이 참여와 포용의 역할을 수행하는 동안, James Spradley는 관찰자의 역할을 수행했다. 이러한 병행적 연구 트랙을 통해 자세한 관찰과 통찰을 동시에 제시할 수 있었다. 몇 개월의 연구 이후에, Brenda Mann은 심층적인 면담에서의 정보제공자 역할도 해 줄 수 있었다.

연구 과정을 모두 끝마쳤을 때, 우리는 자료와 글쓰기 모두 인류학을 통해 분석하고자 했다. 그리고 모든 연구 결과는 공동으로 논의한 결과라는 것을 밝혀 둔다. 초고는 모두에게 공유되었고, 우리는 그것을 서로 읽고 다시 쓰거나 고쳐서 끝없이 수정했다.

(James P. Spradley, Brenda J. Mann, 1975, pp. 12-14)

이러한 혁신적인 연구의 도구적 방법 역시 분석적 귀납이었다. 그들이 1년이라는 긴 시간 동안 칵테일 바에서 지내는 동안 그들의 연구 가설은 여러 차례 부정되었다. 그동안 칵테일 바라는 철저한 남성 중심 사회에서 살아본 적 없는 여성, 혹은 그러한 여성의 입장을 생각할 필요가 없는 남성의 입장에서 칵테일 바 종업원 여성의 삶과 입장을 잘 모른다는 사실은 어쩌면 당연한 일인지도 모른다. 그러한 자료 수집의 과정이 책에 잘 드러나 있다. 이를 통해 가설을 재정의하고, 재정의된 내용을 연구 결과로 정리하며, 그동안 잘 드러나지 않았던 연구 주제를 명확히 하고, 우리의 생각을 바꾸어 놓는 데 기여했다. 분석적 귀납과 질적 연구에 관심이 있는 연구자라면 한번쯤 읽어 보기를 권한다.

8. 결론

지금까지 분석적 귀납에 대해 알아보았다. 분석적 귀납이라는 용어는 생소하지만, 그 내용을 들여다보면 질적 연구자들에게 어려운 개념은 아니다. 많은 연구자들은 자신의 현장에 뛰어들어 연구 참여자들과 소통하고 자신의 행동을 뒤돌아보며 기존에 갖고 있던 고정관념을 깨기도 하고, 이를 통해 남들이 생각해 내지 못한 참신한 연구 결과를 제시할 수 있게 된다. 이것은 질적 연구를 철저히 수행하다 보면 일어나는 일이기도 하다. 그러나 중요한 것은, 이 과정이 바로 분석적 귀납의 전통에 따른 것이라는 사실을 알아야 한다는 점이다.

분석적 귀납에 따라 연구를 실시할 경우에는 반드시 사회 현상에 대한 특별한 관심이 있어야 한다. 특정한 사회 현상을 발견했을 경우에는 그냥 넘어가지 않고, 그것이 왜 일어났는지, 그리고 그 현상의 결과로 우리는 어떤 교훈을 얻을 수 있을 것인지를 상세히 생각해야 한다. 실제적인 연구에 들어가게 되면 사건을 상세히 서술해야 한다. 이에 따라 사회 구성원들이 연구자가 생각했던 것에 공감을 하고 사회 문제로 받아들일 수 있도록 제안하는 과정이 꼭 필요하다. 그 다음, 분석적 귀납을 활용하는 연구자들은 가설을 설정하고, 그 가설을 스스로 반박하고 증명하는 과정을 거쳐 타당성 높은 결과를 만들어야 한다. 그리고 이러한 의무와 책임 속에는 분석적 귀납의 세 가지 설명 기제(행동의 실제성,

자존감, 욕망과 감정의 강조)가 녹아 있어야 한다.

다시 말하면 연구자들은 연구가 사회를 개선시킬 수 있으며, 우리가 그동안 소홀히 봐 왔던 사회의 다양한 목소리들을 캐내고 다듬어 빛나게 할 수 있음을 믿어야 한다. 분석적 귀납은 사회 현상 속의 가치, 감정과 결합되었을 때 그 진가를 발휘하는 분석 방법이다.

참고문헌

채서일(1994). 사회과학조사방법론, 서울: 학현사.

J. P. Spradley, B. E. Mann(1975). The Cocktail Waitress: Woman's Work in a Man's World. Wavepress.

M. Brodbeck(1952). An Analytic Principle of Induction?. Journal of Philosophy, 49(24), pp. 747-750.

M. Hammersley(2010). A Historical and Comparative note on the Relationship Between Analytic Induction and Grounded Theorising. Qualitative Social Research, 11(2).

M. Hammersley(2010). Aristotelian or Galileian? On a Puzzle about the Philosophical Sources of Analytic Induction. Journal for the Theory of Social Behaviour, 40(4).

M. Hammersley(2011). On Becker's Studies of Marijuana Use as an Example of Analytic Induction. Philosophy of the Social Sciences, 41(4), 535-566.

W. S. Robinson(1951). The Logical Structure of Analytic Induction. American Sociological Review, 16(6), pp. 812-818.

F. Znaniecki(1934). The method of sociology. New York: Farrar & Rinehart. pp. 338.

D. R. Cressey(1953). Other People's Money: A Study in the Social Psychology of Embezzlement. Free Press.

A. R. Lindesmith(1968). A Sociological Theory of Drug Addiction. American Journal of Sociology, 43(4), pp. 593-613.

10

질적 내용
분석

질적 내용 분석은 주로 매체에서 드러나는 의미를 분석하기 위해 사용되는 질적 분석 방법이다. 이러한 질적 내용 분석은 양적 전통에서 출발한 내용 분석이 질적 성격을 가지며 발전한 것인데, 다양한 질적 자료들, 특히 매체나 문서와 관련된 질적 자료들을 분석하는 데 큰 힘을 발휘할 수 있다는 측면에서 자세히 살펴볼 가치가 있다. 여기서는 이러한 질적 내용 분석의 개념과 발전 과정, 그리고 그 절차에 대해 살펴보도록 한다.

[그림 1] 질적 내용 분석

1. 질적 내용 분석의 개념

질적 내용 분석(qualitative content analysis)은 텍스트로부터 타당한 추론을 이끌어 내기 위한 질적 자료 분석 방법으로서(Weber, 1985), 사회과학의 연구 방법으로 시작되어 현재까지도 다양한 분야의 연구에서 주요한 분석 방법으로 사용되고 있다(이대희, 서승현, 2011; 조재영, 2013). 하지만 오랜 역사와 그 빈번한 활용에도 불구하고 국내에서 이러한 질적 내용 분석에 대한 이론적 논의를 찾아보기 힘든 것이 현재의 상황이다.

따라서 여기서는 기존 학자들의 정의를 활용하여 상위 개념인 내용 분석의 의미를 논의한 후 양적 내용 분석의 한계로 인해 등장한 질적 내용 분석의 필요성과 특징을 소개할 것이다. 질적 내용 분석에 대한 내용을 논의하기에 앞서 양적 내용 분석에 대해 언급하는 이유는 양적 내용 분석과 질적 내용 분석은 서로 연관성이 깊으며, 양적 내용 분석에 대한 이해가 우선되어야 질적 내용 분석에 대해 심도 있게 파악할 수 있기 때문이다.

내용 분석의 의미

질적 내용 분석의 총체적인 이해를 위해서는 먼저 상위 개념인 내용 분석에 대해 살펴볼 필요가 있다. 내용 분석은 문서 자료뿐 아니라 그림, 상징적 기호, 의사소통과 같은 모든 종류의 자료를 활용하는 연구 방법 중 하나로 발전해 왔다. 이러한 내용 분석의 이해를 위해 내용 분석에 대한 다양한 학자들의 논의를 살펴보도록 하자. Stempel(2003)은 내용 분석을 "우리 모두가 형식에 구애되지 않고 꽤 자주 하는 일, 즉 내용 관찰을 통해 결론을 도출하기 위한 어떤 정형화된 체계"라고 하며, 내용 분석의 광범위한 활용 가능성에 대해 논의했다. 또한 Weber(1985)는 "내용 분석은 텍스트로부터 타당한 추론을 이끌어 내기 위해 일단의 절차를 사용하는 연구 방법"이라고 하며 연구의 타당성을 언급하고 있다. Holsti(1969)는 "내용 분석이란 구체적으로 기술된 메시지의 특성을 객관적이고도 체계적으로 파악함으로써 추론을 내리는 데 사용되는 기법"이라고 하며 앞선 연구를 통해 포괄적인 정의를 내리고 있다. Berelson(1952; Riffe, Lacy & Fico, 1998에서 재인용)은 "내용 분석은 커뮤니케이션의 현재적 내용을 객관적이고 체계적이며 계량적으로 기술하는 데 필요한 연구 방법"이라고 정의하며, 내용의 현재적인 의미를 파악하는 과정에 대해 논의했다.

위에서 살펴볼 수 있는 것처럼 많은 학자들이 내용 분석에 대한 개념적 정의를 내리고 있는데, 그 중 이 분야의 대표적 이론가인 Krippendorff(2004)의 정의를 조금 더 깊게 살펴보도록 하자. 그는 "내용 분석이란 연구 자료로부터 반복 가능하고도 타당한 추론을 이끌어 내는 데 필요한 연구 기법"이라고 했다. 여기서의 연구 자료는 문서에만 국한되는 것이 아니라 예술작품, 그림, 지도, 표지판, 상징적인 기호, 소리, 의사소통과 같은 모든 종류의 자료를 의미한다. 이러한 연구 자료들의 특징은 나타내고자 하는 의도성이 있다는 것이다. 따라서 자료는 만든 사람과 그 자료를 보거나 듣는 사람 사이의 매개물이며, 그 매개물에는 만든 사람이 전달하고자 하는 메시지가 포함된다.

위의 개념에서 "반복 가능하고도 타당한 추론을 이끌어 내는 것"은 내용 분석의 신뢰도와 타당도와 관련된 개념이다. 반복 가능성이란 연구자들이 상이한 연구 상황에 있더라도 동일한 기술과 방법을 사용한다면 같은 결과가 도출되어야 한다는 뜻이다(Krippendorff, 2004). 연구자들마다 상이한 내용 분석의 과정을 통해 결과를 도출하지만 연구의 신뢰도를 위해 연구의 반복 가능성을 높여야 한다. 다음으로 타당한 추론이라는 말은 연구에서 독립적으로 이용 가능한 증거의 철저한 검토와 사용을 통한 타당한 결과를 내놔야 한다는 의미이다. 신뢰도와 타당도의 방법론적 필요조건은 새로운 것보다는 내용 분석을 통해 특별한 것을 만들어 내는 것이다. 이러한 학자들의 논의를 종합해 보면 내용 분석이란 자료라는 매개물에 담긴 내용에 대한 타당한 추론을 이끌어 내는 일련을 절차라고 개념화해 볼 수 있을 것이다.

이러한 내용 분석의 목적에 대한 논의를 종합하면 다음과 같이 제시할 수 있다(Riffe, Lacy & Fico, 1998; Krippendorff, 2004; 이용숙·김영천, 1998; 홍성열, 2002). 내용 분석의 목적은 첫째로 대상에 대한 비교이다. 이때 비교의 대상은 국가, 집단, 계층, 세대 등 다양하며 이러한 대상들은 언어와 문자 등의 다양한 자료를 통해 비교 분석이 가능하다. 예를 들어, 국가 간의 문화 차이를 알아보기 위해 각 국가의 대표적인 잡지를 통해 자주 쓰인 단어나 이미지를 알아보는 것 등이 그것이다. 둘째로, 내용 분석은 특정 인물의 의도와 특성을 확인하는 데 사용될 수 있다. 특정 인물이 자주 사용하는 단어나 그 인물과 대화할 때 보이는 표정, 한숨, 침묵 등의 비언어적인 것들을 분석하여 인물의 특징을 파악할 수 있다. 예를 들어, 한 나라의 대통령의 정치적인 의도를 파악하기 위해서는 담화문을 분석하여 가장 많이 사용한 단어와 어떤 단어에 제스처를 사용했는지 등을 살펴볼 수 있다. 셋째, 시대의 특징을 밝히고자 할 때 내용 분석을 사용할 수 있다. 한 시대의 특징은 그 시대의 가치관과 유행 등을 통해 파악할 수 있다. 이를 밝히기 위해서는 잡지, 신문기사, 책 등의 문자 매체뿐만 아니라 라디오, TV프로그램, 이미지, 광고 등 다양한 매체와 상징을 살펴보아야 한다. 마지막으로 내용 분석은 개인이나 집단의 표현에서 숨겨진 의도를 파악하기 위해 사용될 수 있다. 개인이나 집단의 표현은 글이나 영상 등의 다양한 양적 자료 혹은 질적 자료의 형태로 청중들에게 전달된다. 이러한 표현의 숨겨진 의도는 이익 추구, 사회 혼란, 왜곡, 진실 추구 등 다양하다. 이러한 표현의 숨겨진 의도를 파악하는 데 양적 내용 분석과 질적 내용 분석이 사용될 수 있다. 이러한 내용 분석의 목적을 종합해 보면 매체를 통해 전달되는 자료 속에 포함된 다양한 의미를 드러내는 것이라 할 수 있을 것이다.

　　Weber(1985)는 이러한 내용 분석의 장점에 대해 다음과 같이 논의하고 있다. 그것은 첫째, 내용 분석에서 활용하는 문헌은 사람들의 일상생활과 관련된 모든 면을 담고 있기 때문에 폭넓은 내용을 다룰 수 있다. 둘째, 자료에 대한 깊이 있는 연구를 가능하게 한다. 가장 좋은 내용 분석 방법은 양적 자료와 질적 자료 모두를 이용하는 것인데, 내용 분석은 두 가지 자료를 모두 다룰 수 있다. 통계적인 방법의 양적 내용 분석과 해석적인 측면의 질적 내용 분석을 병행하여 통계를 통해 양적 자료를 분석한 후 이를 해석할 경우에 질적 자료의 도움을 얻어 더 깊이 있는 연구를 수행할 수 있다. 셋째, 내용 분석을 통해 장기간에 걸친 자료를 추적하고 비교할 수 있다. 시간적 제약을 극복할 수 있게 하는 다양한 시기의 자료들을 분석함으로써 한정된 시간에 장기간에 걸친 자료를 추적, 비교할 수 있다. 고문헌 분석을 통해 우리나라를 바라보는 타 국가 인식의 변화 등을 확인하는 것이 그러한 예가 될 것이다. 넷째, 현재의 입장에서 정치, 경제, 사회 등 여러 측면의 관점을 비교할 수 있다. 다섯째, 넓은 범위에 걸쳐서 자유스럽게 자료를 탐색할 수 있다. 즉, 내용 분석을 통해 다양하고 오랜 기간 넓은 범위에 걸친 문헌을 연구 자료로 사용할 수 있으며, 이를 통해 현재적인 의미의 평가가 가능하다.

2. 질적 내용 분석의 필요성과 특징

자료를 분석할 때는 반드시 질적 접근으로부터 시작된다. 내용 분석에서는 질적 접근을 통한 자료의 범주화가 가장 기초적인 작업이다(Stevens, 1946). 이때 범주화에 따라 단어의 빈도수를 숫자로 나타내는 것은 단순히 편의성을 위한 것이지, 타당도와 신뢰도를 갖춘 연구 결과를 이끌어 내기 위함이 아니다. 사실 내용 분석에서는 양적 접근과 질적 접근 모두 추구해야 하므로 두 접근법의 구분은 무의미하다. 이러한 양적 접근과 질적 접근을 포함하는 내용 분석은 양적 내용 분석이 단순히 단어의 빈도수를 세는 방법이라는 비판과 질적 내용 분석이 다소 추상적이고 체계적이지 못하다는 각각의 단점을 두 방법의 적절한 활용을 통해 해결하는 효과적인 방법이다. 하지만 현재 양적 내용 분석에 대한 논의가 주를 이루고 있는 내용 분석에 대한 논의를 고려한다면 내용 분석의 균형적인 시각을 유지, 발전시키기 위해서 질적 내용 분석에 대한 좀 더 깊은 논의가 필요할 것이다.

양적 내용 분석은 "연구 자료를 규칙에 따라 체계적으로 어떤 범주에 할당하고, 통계적 방법을 사용하여 그러한 범주들 간의 관계를 분석하는 것"으로 정의할 수 있다(Riffe, Lacy & Fico, 1998). 즉, 양적 내용 분석의 주된 전략은 자료에서 단어의 빈도를 계량화하고, 단어를 대표하는 범주를 추출하여 범주 간의 관련성을 확인하는 것이다. 이러한 양적 측면은 반복 가능하고 계량화하는 데 유리하다는 장점이 있으나, 지나치게 단어의 등장 빈도에만 초점을 맞추어 자료의 의미를 파악한다는 단점이 있다. 또한 이러한 양적 측면의 강조는 자칫 계량화를 하는 것이 연구의 전부라는 생각을 하게 할 수 있다. 그리고 양적 접근에 있어서는 문자 그대로의 표면적인 내용만을 다루기 때문에 잠재적인 의미의 분석이 어렵다는 단점이 있다. 왜냐하면 단어의 의미는 맥락과 시간, 공산석 상황에 따라 다양하게 해석될 수 있으며, 비유적이거나 은유적 표현이 가능하기 때문에 단어만 보고 함의적 의미를 파악하기 힘들기 때문이다.

이러한 양적 내용 분석의 한계를 극복할 수 있게 해 주는 질적 내용 분석은 문학이론, 상징적 상호주의와 민속적 방법론과 같은 사회과학, 마르크스적 접근, 문화론적 접근, 페미니즘과 같은 비판적 철학에 근본을 두고 있다(Bernard & Ryan, 1998; Krippendorff, 2004). 질적 내용 분석은 단순히 유사한 의미끼리 묶어 범주를 만들거나 단어의 수를 세는 계량적 방법이 아니라 내용의 코딩을 통해 범주의 외연적 의미와 내재적 의미 모두를 파악하는 방법이다. Downe-Wamboldt(1992)에 의하면 내용 분석의 목적은 "연구를 통한 현상에 대한 지식과 이해의 제공"이다. 이러한 내용 분석의 목적에 따라 질적 내용 분석의 개념을 정리하면, 질적 내용 분석이란 주어진 자료에 대한 총체적인 이해를 바탕으로 체계적인 분류 방법인 코딩 과정을 통해 내용의 패턴과 주제를 밝히는 연구 방법이라고 할 수 있다.

이러한 질적 내용 분석이 가지는 특징에 대해 Krippendorff(2004)의 논의를 중심으로 살펴보도록 하자. Krippendorff는 질적 내용 분석의 특징으로 다음의 것들을 논의하고 있다. 첫째, 질적 내용 분석은 비교적 작은 단위의 글부터 전체적인 맥락까지 자세하게 분석해야 한다. 글의 구성을 살펴보면 단어가 모여 문장이 되고, 문장이 모여 문단이 되며, 문단의 집합이 하나의 글을 형성한다. 따라서 전체적인 맥락의 파악을 위해서는 단어, 문장, 문단의 핵심 내용을 파악해야 한다. 이는 특히 연구자의 판단으로 내용을 범주화하는 코딩의 과정에서 고려해야 할 점이다. 객관적인 범주화를 위해서는 단어부터 전체 맥락에 대한 통찰력을 바탕으로 작업이 이루어져야 한다.

둘째, 질적 내용 분석은 해석의 과정이 포함되기 때문에 잠정적이고 조정 가능하다. 자료의 해석을 위해서는 맥락이 중요하기 때문에, 글의 전반적인 파악을 통해 보다 타당도 높은 자료의 해석이 필요하다. 또한 글의 전반부에 대한 해석이 후반부의 내용 파악을 통해 수정될 여지가 있으며, 정해진 방법이나 순차적인 단계로 연구가 진행되지 않는다. 따라서 질적 내용 분석은 지속적으로 수정 가능한 순환적이고 유연한 분석으로 보아야 한다. 이러한 전체적 맥락의 파악을 통한 중간 수정 및 피드백 작업이 진행될수록 분석의 타당도와 신뢰도는 높아지게 된다.

셋째, 질적 내용 분석을 통해 나오는 다양한 해석을 인정한다. 과학적 연구에서는 하나의 결론만을 추구하지만, 질적 내용 분석에서는 여러 가지의 참신한 결론이 나와도 무방하다. 하지만 각 해석은 기존에 검증된 이론과 학문적 경험을 통해 그 타당성이 철저히 검증되어야 할 것이다.

3. 내용 분석의 발달 과정: 양적 내용 분석에서 질적 내용 분석으로 그리고 컴퓨터의 활용까지

내용 분석은 특정한 철학적 기반에 의해 도출된 분석 방법이라기보다는 시대의 요구를 충족시키기 위해 발전되어 온 측면이 강하다. 따라서 질적 내용 분석 및 내용 분석의 개념에 대해 좀 더 구체적으로 이해하기 위해서는 그 역사적 발전과정을 살펴보는 과정이 필요하다. 따라서 여기서는 내용 분석에서 질적 내용 분석에 이르기까지의 역사적 과정을 개관적으로 살펴보고자 한다.

내용 분석은 문서, 그림, 상징, 미디어, 대화 등의 모든 종류의 자료를 분석하는 연구방법 중 하나로 발전해 왔다. 내용 분석 기법은 처음에는 양적 신문 분석이라는 다소 협소한 분야부터 시작하여 현재는 다양한 분야에서 활용되고 있다. 내용 분석에 대한 관심은 다양한 학회의 등장과 더불어 컴퓨터의 발전으로 인해 기하급수적 성장을 거듭했다. 특히 양적 내용 분석의 한계를 극복하기 위해 등장한 질적 내용 분석은 정치 분석, 심리학적 분석, 민속학적 연구, 담화 연구, 컴퓨터 자료 분석 등 다양한 분야에서 성공적인 결과를 보이고 있다. 여기서는 이러한 내용 분석의 발달 과정을 양적 내용 분석의 발전 과정과 질적 내용 분석의 등장에 초점을 맞추어 시간 순으로 살펴보겠다.

내용 분석이라는 용어는 1941년 영국에서 처음으로 등장했다(Waple & Berelson, 1941). 하지만 내용에 대한 체계적인 분석은 17세기 말 교회로부터 시작된다. 당시 교회에서는 비종교적인 인쇄물에 대한 해석을 시도했으며, 출판물의 발달로 인해 비종교적인 것들이 확산되는 것을 방지하기 위해 신문기사에서 종교적인 언어들을 다루었다(Groth, 1948). 하지만 당시에는 내용 분석을 어떻게 적용할 것인지에 대한 방법적 탐구가 거의 없었던 것으로 보인다.

그 이후 신문과 잡지와 같은 대중매체가 확산되면서 내용 분석에 대한 학문적 관심이 촉발되었다. 왜냐하면 신문과 잡지에 실린 글들이 윤리적, 정치적으로 문제가 되기 시작했기 때문이다. 이에 1893년부터 양적 접근의 신문 분석이 등장했다(Speed, 1893). 양적 신문 분석에서는 신문기사의 의도와 사회적 현상의 올바른 해석 문제 등을 다루며, 신문의 도덕적 측면을 비판적으로 접근했다. 그리고 이로 인해 기자들의 주장에 대한 신뢰성의 문제가 수면으로 떠오르게 되었다. 이러한 양적 신문 분석에 대한 관심은 라디오나 텔레비전 등의 새로운 매체의 개발로 인해 다양한 대중매체의 분석으로 자연스럽게 옮겨 갔다.

1930~1940년대에 들어서는 설문 연구가 활성화되기 시작하며, 대중들의 여론에 영향을 미치는 대중매체 연구에 대한 관심이 증가했다. 예를 들면 매체를 통해 전해지는 인종주의나 정치적인 의견들에 대한 여론의 반응과 변화가 설문에 어떻게 반영되는지에 대한 관심이 그것이다. 신문기사의 내용은 같은 사실을 기반에 두고 쓰여졌음에도 불구하고, 국민들에게 국가의 의견을 무의식적으로 주입시키기 위해 해석을 달리한다. 즉, 대중매체를 통해 전달되는 대중적 메시지는 국가의 정책 및 외교전략 등과 관련이 있다.

이와 관련하여 Lasswell(1938)은 그의 정치심리학 이론에서 대중적 메시지를 "나"와 "타인" 그리고 "자율"과 "박탈"과 같은 상징적인 항목으로 분류했고 이는 대중적 메시지가 나라, 인종, 종교 등을 구분 짓는 역할을 한다는 것을 의미한다. 따라서 그는 세계적인 동향에 대해 알아보기 위해 여러 나라들의 주요 신문에서 특정 주제들이 얼마나 다루어졌는지 확인하는 연구를 진행했다.

이러한 흐름 속에서 내용 분석은 특정 이슈에 대한 세계적인 관심의 변화와 더불어 신문이나 잡지와 같은 문자 매체와 라디오나 텔레비전 등의 청각적, 시각적 매체의 등장으로 다른 연구 방법과 함께 활용되기 시작했다. 또한 내용 분석은 더욱 체계적이고 신뢰성 있는 연구 방법으로 자리매김하게 되었다.

2차 세계 대전이 발발하며 선전(propaganda) 내용 분석이 활발히 이루어졌다. 적국 선전원들의 활동이 어떤 의도를 내포하고 있는지 매체를 통해 파악하고, 앞으로의 동향에 대해 예측하는 것이 선전 분석이다(Krippendorff, 2004). 선전을 분석하는 것은 적국의 정치적인 이념과 군사적인 행동을 추론하는 데 효과적인 방법이며, 심지어 적국의 무전내용을 도청하여 언제 어디서 미사일을 발사할지 예측하는 것도 선전 분석의 하나라고 할 수 있다. 이러한 선전 분석은 내용 분석의 발전에 영향을 주었는데, 그 영향 중 하나는 지속적인 선전 내용 분석을 통해 내용 분석의 방법과 절차가 어느 정도 정형화된 것이다. 또 다른 하나는 선전의 잠재적인 의미를 파악하기 위한 연구들이 이루어짐으로써 질적 접근의 필요성이 언급되었다는 것이다. 선전 분석에 참여한 학자들은 선전의 잠재적 의미를 파악하기 위해서는 단어의 빈도수를 세는 통계적인 방법으로는 한계가 있음을 깨닫고, 질적 접근의 필요성을 주장했다. 그러나 당시 양적 접근을 지지하는 다수의 학자들에 의해 질적 접근은 비판을 받고 발전하지 못했다. 하지만 내용 분석에 있어 양적 접근뿐 아니라 질적 접근이 필요함을 처음으로 언급한 점에서 선전 분석의 의의가 있다 하겠다.

이후 내용 분석은 점차 다양한 분야에서 사용되기 시작했다. 인종차별이 얼마나 개선되었는지 알아보기 위해 TV프로그램에서 유색 인종이 얼마나 등장하는지 확인하는 연구나 신문기사 중 유색 인종과 관련된 내용을 얼마나 다루는지 등의 미디어 메시지 분석이 활발히 진행되었다. 이러한 연구의 하나로 1937년부터 1988년까지 매 다섯 번째에 해당하는 해의 〈라이프(Life)〉, 〈뉴스위크(Newsweek)〉, 〈타임(Time)〉에 실린 미국 흑인들의 사진을 분석하여, 시간이 지날수록 미국 사회의 모든 측면에서 흑인들의 역할이 증대되어 온 것을 발견한 연구가 있다(Lester & Smith, 1990; Riffe, Lacy & Fico, 1998).

심리학자들도 상담자와 내담자의 상담 기록이나 녹음 또는 영상 자료를 통해 내담자의 성격, 심리상태, 심정의 변화 등을 파악하는 데 내용 분석을 활용했다. 또한 인류학자와 역사학자들도 신화, 설화 등의 역사 자료를 연구할 때 내용 분석의 기법을 활용했다.

이러한 내용 분석의 간학문적 활용은 모든 자료가 내용 분석을 통해 연구 가능하다는 분위기를 확산시켰다.

1950년 이후 주목할 점은 컴퓨터의 등장으로 학자들이 컴퓨터를 활용하여 내용 분석을 실시했다는 것이다. 내용 분석을 위한 컴퓨터 활용의 장점은 많은 양의 자료를 저장, 검색, 분석할 수 있게 해 준다는 것이다. 가장 처음으로 컴퓨터를 이용하여 내용 분석을 실행한 학자는 Sebeok와 Zeps(1958)로, 약 4,000개의 체레미족 설화를 분석하기 위해 컴퓨터로 단순한 정보 검색 규칙을 만들었다. 1967년에는 Annenberg School of Communications에서 내용 분석에 대한 학회를 만들기도 했다. 이 학회에서는 영상, 녹음, 음악 등 비언어적인 자료의 기록과 표준화된 범주의 필요성, 추론 시 발생하는 문제, 학문과 분석적 구조의 역할, 내용 분석의 발전 방향 등과 더불어 컴퓨터를 활용한 내용 분석에 대한 내용을 주로 다루었다(Krippendorff, 2004). 그 이후 지금까지도 내용 분석에 대한 학회는 지속적으로 생겨나고 있으며, 학자들의 활발한 논의로 내용 분석의 발전을 이루어 왔다.

특히 1980년대부터 개인용 컴퓨터(personal computer)의 보급이 활발해지면서 질적 연구를 위한 소프트웨어 프로그램이 독일, 미국, 영국, 호주 등 각국에서 개발되기 시작했다. 한 예로, 1991년 독일 베를린 공대에서 개발한 소프트웨어 아틀라스티(ATLAS.ti)는 심리학, 컴퓨터과학, 언어학자들이 학제적으로 만든 자료 분석 소프트웨어로서 그 당시에는 획기적인 도구였다(김영천, 2012). 또한 인터넷의 발전은 방대한 자료의 활용과 전송을 가능하게 만들었다. 이를 통해 컴퓨터로 신문자료, 논문, 학술지, 사진, 영상 등 다양한 형태의 자료에 대한 접근성이 높아졌다.

4. 질적 내용 분석의 주요한 세 가지 접근 과정

질적 내용 분석의 과정은 자료의 모든 단어들을 여러 가지의 내용 범주로 분류하여 보기 쉽게 나타내는 것을 의미한다. 이러한 질적 내용 분석의 과정에는 정해진 절차가 없다. 따라서 연구자들마다 상이한 과정을 제시하고 있다. 다양한 연구 과정 중 본인의 연구 목적에 따라 과정을 선택하고 수정하는 것을 연구 설계라고 한다. 나아가 일관성 있는 연구 설계의 단계적 절차를 연구 설계의 논리라고 표현한다.

일반적으로, 연구 설계의 논리는 절차상 단계의 효율성과 자료 처리의 공정함을 요구한다. 또한 그들의 연구가 어떻게 구성되었는지 설명해 주는 역할을 한다. 연구 설계가 신뢰성과 타당성을 얻기 위해서는 반복 가능해야 하며, 내용 분석을 위한 코딩 과정이 분명히 제시되어야 한다. 질적 내용 분석을 위해 컴퓨터 프로그램을 사용할 경우에도 분석의 과정을 명백히 나타내야 한다. 결국 질적 내용 분석의 과정에서 가장 중요한 것은 다양한 함축적 의미를 잘 해석하고 의도를 파악하는 것이다.

　여기서는 이러한 연구자의 질적 내용 분석 설계에 시사점을 줄 수 있는 학자들의 내용 분석 절차에 대해 논의해 보고자 한다. 이를 위해 여러 학자들 중 내용 분석의 절차를 체계적으로 정리한 Krippendorff(2004), Elo와 Kyngäs(2007), White와 Marsh(2006)의 내용 분석 절차에 대해 살펴볼 것이다. 이러한 내용 분석의 절차들은 양적 및 질적 내용 분석의 과정을 포괄하지만, 여기서는 질적 내용 분석의 과정에 주목하여 살펴보도록 한다.

Krippendorff의 과정

이 분야의 대표적인 방법적 이론화를 시도한 Krippendorff(2004)가 개발한 내용 분석의 과정은 내용 분석 연구에서 가장 보편적으로 활용되고 있다. 그는 내용 분석을 크게 다음과 같이 단위화(unitizing), 표본추출(sampling), 기록과 코딩(recording/coding), 간소화(reducing), 가추적 추론(abductively inferring), 서사화(narrating)의 6단계로 제시했는데, 이는 많은 양적 및 질적 자료의 분석에 실제적인 도움을 줄 수 있다(그림 2).

　이 6단계는 순차적으로 진행되는 과정이 아닌, 반복과 회귀가 가능한 순환적인 과정이다. 예를 들어, 단위화의 경우 표본추출에 앞선 단계로 볼 수 있으나, 다루는 내용에 대한 자세한 묘사와 구분이 필요한 경우에는 코딩 단계에서 단위화 전략을 사용할 수 있다. 점선으로 되어 있는 부분은 분석의 과정을 거치며 나온 부적절한 정보의 흐름을 보여 준다. 연구자는 이러한 부적절한 정보를 본인의 사전지식으로 판단하여 단계의 흐름을 수정해 가장 적절한 구조로 만들 수 있다. 또한 단계의 수정은 다른 연구자의 피드백을 통해서도 이루어질 수 있다. 결론적으로 내용 분석의 과정은 일방통행이 아닌 순환적이고 회귀적인 과정이며, 이러한 과정을 통해 많은 양과 다양한 자료를 분석할 수 있다. 다음으로는 세부적인 단계에 대해 알아본다.

단위화

단위화의 과정은 그림, 녹음, 상징 등의 다양한 자료 분석을 위한 체계적인 구분의 단계이다(Krippendorff, 2004). 여기서 구분을 한다는 것이 의미하는 것은 구체적으로 연구자가 바라보고자 하는 대상들을 구분하고 그 대상들 사이의 차별성을 확보한다는 의미

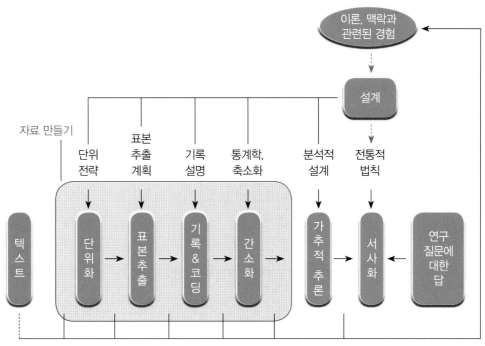

[그림 2] Krippendorff(2004)의 질적 내용 분석 절차

이다. 즉 내용 분석을 위한 자료 수집과 분석을 위해 연구자가 구체적으로 어떠한 부분을 바라볼 것인가에 대해 규명하는 과업이라 할 수 있다. 이러한 단위화는 자료의 성격에 따라 표본추출 단위(sampling unit), 녹음/코딩 단위(recording/coding unit), 맥락 단위(context unit) 등으로 구분 지을 수 있는데, 이러한 구분이 필요한 이유는 각각의 단위 수준에 따라 분석 목적이 다르기 때문이다. 내용 분석 설계 시에는 이러한 다양한 단위들이 나올 수 있다. 연구자들은 반드시 단위화를 위해 각자의 기준을 세워야 한다. 왜냐하면 이러한 단위화가 이루어져야 연구자 자신이 분석의 대상에 대한 분명한 개념을 가질 수 있기 때문이다. 또한 단위 사이의 관계에 초점을 두기보다는 단위 집합의 특징을 밝힘으로써 내용 분석에 필요한 정보를 찾아내야 한다.

　이러한 단위들은 크게 다섯 가지 측면에서 정의될 수 있는데, 그것은 물리적(physical) 측면, 문장(syntactical), 범주(categorial), 진술(propositional), 주제(thematic) 등이다. 예를 들어 면담조사 연구의 경우 면담자 각각이 단위가 될 수 있다. 또한 하나의 이슈들도 각각이 단위가 될 수 있다. 신문에서 특징한 이슈를 다루고자 한다면 신문으로부터 도출될 수 있는 이슈들이 단위가 될 것이다. 중요한 것은 이러한 단위들이 서로 겹치는 부분 없이 서로 간에 독립적이어야 하고 이러한 단위 간의 독립적 구분은 개념적, 논리적, 물리적 측면 등에서 확보되어야 한다는 것이다(Krippendorff, 2004).

표본추출

표본추출은 전체 단위에 대한 관찰이 제한되기 때문에 통계적이거나 개념적으로 대표성을 띨 수 있는 단위를 선택하는 과정이다. 이상적으로는 모집단에 대한 연구 결과와 대표성을 띠는 표본 집단에 대한 연구 결과가 같다. 연구자는 자료로부터 단어, 문장, 문단, 장과 전체적인 내용의 문서의 구성에 대한 분석이나 주제, 줄거리, 개념, 장르 등의 담화분석을 통해 표본을 선택할 수 있다. 질적 내용 분석에서의 표본추출은 상관관계나 인과관계가 얽혀 있기 때문에 과학실험 연구에서의 표본추출보다 더욱 복잡하고 어렵다. 또한 질적 내용 분석에서는 앞서 설명한 대표성을 띠는 단위를 선택하는 전형적인 방법으로 표본을 추출하기보다는 주제를 뒷받침하는 예시의 인용이 표본의 역할을 하기도 한다.

기록과 코딩

기록과 코딩은 단위화된 자료에 대한 해석의 차이와 독립적인 관찰과 상황적인 해석의 차이를 연결해 주는 역할을 한다. 문헌자료의 경우에는 글로 기록되어 있기 때문에 언제든지 다시 읽고 분석할 수 있다. 반면에 대화나 지나치는 이미지와 같은 일시적인 현상은 분석을 위해 지속적인 기록이 필요하다. 연구자는 현상에 대해 기록을 해두면, 시간제한 없이 다른 방법이나 연구자의 분석과 비교할 수 있다. 이때는 녹음기, 캠코더, 사진기 등의 기자재를 활용하는 것이 더욱 효율적이다. 또한 연구자는 기록과 코딩을 통해 비구조화되어 있는 원 자료를 체계적으로 분류하고 대표적인 의미를 파악할 수 있다. 자료의 기록은 대부분 연구자의 인지구조를 통해 실행되지만, 인간의 기억에는 한계가 있다. 따라서 컴퓨터를 활용한다면 기록과 코딩에 더욱 도움이 되기 때문에, 많은 컴퓨터 소프트웨어가 개발되어 활용되고 있다.

간소화

자료의 간소화는 많은 양의 자료를 대표적인 내용으로 줄이기 위한 효율적인 작업이다. 예를 들어, 빈도수를 통계적으로 나타내는 것은 모든 빈도수를 표로 작성하는 것보다 더 효율적이다. 이러한 작업은 단순히 자료를 표현하는 방법만 다를 뿐 다른 요소에 영향을 주지 않지만, 일부 정보를 표현하지 못한다는 단점이 있다. 질적 내용 분석에서의 간소화 전략은 재진술과 요약의 방법이다. 재진술과 요약은 자료의 다양한 해석으로 인한 혼란을 줄여 주고 주제를 명확히 드러내는 효과가 있다.

가추적 추론

가추적 추론은 자료를 분석하는 과정에서 맥락적인 현상을 발견하는 것이다. 이 과정은 문서의 묘사적인 설명과 설명을 통해 발생되는 의미를 연결해 주는 역할을 한다. 또한 연구자가 다루는 문서에서 발견하지 못한 현상을 보여 주기도 한다. 연역적 추론 또는 귀납적 추론과는 달리 가추적 추론은 타당한 근거를 요한다. 내용 분석에서는 전체적인 맥락을 기반으로 한 분석적인 구조와 모델을 통한 타당한 근거가 도출된다. 이러한 가추적 추론은 다른 연구 방법과는 구별되는 내용 분석의 특별한 단계이다.

서사화

서사화는 연구자들이 그들의 연구 결과를 다른 사람들이 이해할 수 있도록 표현하는 단계이다. 서사화는 다른 사람들이 연구 결과의 실제적 중요성을 깨닫고, 다른 연구에서 활용될 수 있게 만드는 것을 의미한다. 이로써 내용 분석가들은 연구를 할 때 직접적인 관찰의 방법보다는 내용 분석의 방법이 더욱 효과적이라고 주장할 수 있다. 이러한 서사화의 과정은 연구자가 자신의 연구 결과가 널리 공유될 것이며, 다른 연구에 도움이 된다는 것을 확신할 때 효과적으로 진행된다. 대부분의 사회과학자들은 그들의 서사화된 연구 결과가 학술지를 통해 다른 사람들에게 전파되고, 가치 있게 활용되기를 기대하기 때문이다. 그렇다면 이러한 서사화의 예를 살펴보도록 하자.

Hamid-Turksoy, Kuipers, Van Zoonen(2013)은 5년 동안 영국에서 발행된 신문 광고와 여행 관련 기사에서 터키가 어떤 모습으로 그려지고 있는지에 대한 내용 분석을 수행했는데, 그 결과 그들은 이들 신문들이 크게 세 가지 측면에서 터키의 모습을 그려내고 있음을 확인했다. 그것들은 크게 지형, 풍경과 문화, 사람들에 관한 것이었으며, 이러한 것들이 동양적이며 유럽 안의 독특함으로 그려지고 있는 것을 분석했다. 즉 이러한 매체에 등장하는 터키의 모습은 유럽 안의 유럽과 다른 타자로 다루어지고 있었다. 이 중 사람들에 대한 범주의 내용을 살펴보도록 하자.

> 비록 터키인들과의 직접적인 체험에 대한 예를 찾아보기는 힘들었지만 몇몇의 글에서 저널리스트와 지역의 노동자들 사이의 대화가 언급되었다. 그것들은 "친절한 지역 스태프"(Telegraph, 2008. 12. 6), "놀라운 여행 오퍼레이터"(Mail, 2008. 2. 16), "완벽한 가이드"(Mail. 8. 18) 등이었다. Daily Mail 기사는 "Villa Mahal을 운영하고 있는 Murat Tolbas와 그의 아내 Sebnem, 그리고 여자형제인 Ipek은 매우 깊은 따뜻함으로 그들의 손님을 맞아 준다."(2008. 6. 21)라고 기술했다. Telegraph는 터키인을 스페인과 그

리스인의 사촌 쯤으로 기술했으며, 몇몇의 잡지는 "부유한 중심지인으로서의 터키인"
(Guadian, 2009. 4. 30)이나 "이스탄불에서 온 부유한 가족들"(Financial, 2008. 7. 26)
으로 그들을 언급했다. (중략) 지배적인 담론들은 터키인을 "믿을 수 없을 만큼의 환대"
혹은 "매우 친근함"을 지닌 "따뜻한", "도움을 주는" 사람들로 묘사했다. (중략) Sun지에
실린 기사는 친근하고 도움을 주는 지역민의 시각을 반복적으로 언급하고 있다.

터키의 매력은 아름다운 태양이나 숨이 막힐 것 같은 풍경, 그리고 소박한 삶의 방식이
아니다. 그것은 터키인들의 믿을 수 없는 관대함과 친절함이다. 50년 전의 아일랜드처
럼, 터키인들은 손님들에게 친절하다. 그들은 완벽한 주인이 되기 위해 그리고 거대하고
믿을 수 없는 나라에서의 타인의 여행을 기억될 만한 것으로 만들기 위해 최선을 다하
는 종류의 사람들이다. (2007. 9. 1)

위의 발췌를 통해 독자는 연구자들이 그들의 결론에 도달하기 위해 어떠한 내용들을
분석했는지를 발견할 수 있다.

Elo와 Kyngäs의 과정

Elo와 Kyngäs(2007)는 내용 분석을 준비(preparation), 조직화(organising), 보고
(reporting)의 3단계로 구분했다. 앞서 Krippendorff의 내용 분석 과정과는 단위화와 코
딩을 통해 내용을 분석하여 표현한다는 점에서 일맥상통한다. 하지만 Elo와 Kyngäs는
내용 분석을 연역적 접근과 귀납적 접근으로 나누었다는 점에서 특징이 있다. 사전지식이
충분하지 않다면 귀납적 접근을 하며, 사전지식이 충분하며 가설 검증을 위해서는 연역적
접근을 한다. 또한 귀납적 접근법은 구체적인 것에서 일반적인 것으로 이동하며, 특정한
사례가 발견되면 더 포괄적이고 일반적인 상황으로 통합된다(Chinn & Kramer, 1999).
반대로 연역적 접근법은 기존의 이론이나 모델로부터 출발하므로 일반적인 것에서 구체적
인 것으로 진행된다. 이 두 가지 접근법은 모두 다음에서 보는 것과 같이 비슷한 준비과
정을 거친다(그림 3).

준비과정
준비과정에서는 단어나 주제와 같은 분석의 단위를 선택한다. 분석의 단위를 선택하기
위해서는 분석의 목적과 대상을 정확히 인지하고 효율적인 분석을 위한 표본추출에 대

해 고민해야 한다. 이때 추출된 표본은 모집단을 대표할 수 있어야 한다. 분석 시 사용하는 의미의 단위는 한 문장 이상이거나 여러 의미의 집합으로 구성된다. 따라서 포괄적인 의미 단위를 분석의 단위로 삼는 것은 분석 과정을 더 어렵게 만들 수 있다(Catanzaro, 1988). 반대로 분석의 단위가 너무 작다면, 분석의 분절화를 초래할 수 있다(Graneheim & Ludman, 2004). 결국 연구 질문에 따라 적절한 분석의 단위를 선택해야 한다. 이러한 분석의 단위는 글자, 단어, 문장, 한 페이지 내의 어떤 부분, 논의에 참여한 사람의 수, 논의가 진행된 시간 등이 될 수 있다(Robson, 1993). Graneheim과 Lundman(2004)은 가장 적합한 분석의 단위는 분석 과정의 전반적인 흐름에 대한 인식을 통해 하나의 의미 단

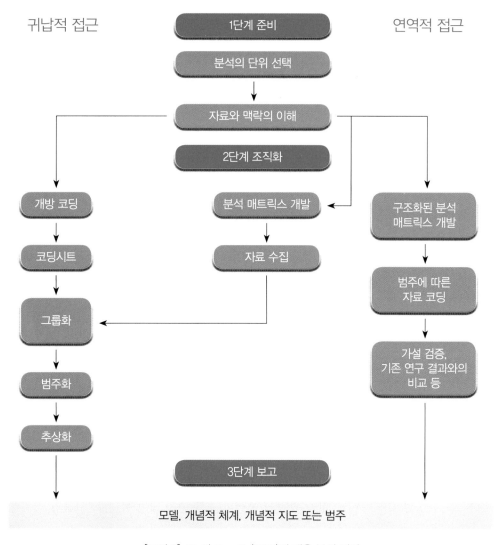

[그림 3] Elo와 Kyngäs(2007)의 내용 분석 절차

위로 기억할 수 있을 만큼 전체적이면서도 작은 것이 되어야 한다고 주장한다.

본격적인 분석의 시작에서 연구자는 함축적인 내용을 어떻게 분석할지 고민해야 한다. 예를 들어, 심층면담 자료를 분석하기 위해서는 침묵, 동작, 자세, 표정 등의 비언어적인 표현의 분석을 통해 전달하고자 하는 말에 내포된 의미를 추론할 수 있다. 또한 연구 질문을 통해 자료가 의미하는 점과 전체적인 맥락에 대해 파악함으로써 함축적인 의미를 밝혀낼 수 있다. 이러한 고민에 대해 Dey(1993)가 다음과 같이 제시하는 연구 질문이 좋은 참고가 될 수 있다.

⊙ 질적 자료 분석에 유용한 질문들(Dey, 1993)

- 화자는 누구인가? (Who is telling?)
- 어디에서 일어났는가? (Where is this happening?)
- 언제 발생했는가? (When did it happen?)
- 무슨 일인가? (What is happening?)
- 왜? (Why?)

이러한 질문의 목적은 자료에 온전히 집중하여 분석을 위한 통찰력과 이론을 얻기 위함이다. 연구자는 준비 단계에서 귀납적이거나 연역적인 접근의 과정으로 나아가기 위해 자료에 대한 전체적인 맥락을 파악해야 한다.

귀납적 내용 분석

귀납적 내용 분석의 첫 번째 단계는 질적 자료를 조직하는 것이다. 이 과정은 개방 코딩, 범주 형성, 추상화의 3단계를 거친다. 첫째로 개방 코딩은 자료를 읽으며 메모를 하거나 제목을 다는 과정이다. 자료의 모든 부분을 묘사할 수 있도록 반복해서 읽으며, 필요에 따라 많은 제목을 달아야 한다(Burnard, 1991). 이 단계에서는 코딩시트의 여백에 제목을 달고 범주를 자유롭게 생성한다.

둘째로 개방 코딩 후 범주의 목록을 더 높은 수준의 제목으로 그룹화하는 범주 형성의 단계이다. 이 그룹화의 목적은 유사하거나 서로 다른 범주들을 더 높은 차원의 범주로 묶어서 총 범주의 수를 줄이는 것이다. 그러나 Dey(1993)는 범주를 만드는 것은 단순히 유사하거나 관련성 있어 보이는 것을 관찰을 통해 그룹화하는 것이 아니라, 그룹을 특징에 따라 나누어 그룹끼리 비교하는 것이라고 말한다. 범주 형성의 목적은 현상을 묘사하기 위한 의미를 제공하고, 이해를 높이며, 지식을 일반화하는 것이다(Cavanagh, 1997). 귀납적 과정을 통해 범주를 형성할 때, 연구자는 결과를 어떤 범주에 넣을지 해석을 통해 결정을 내려야 한다(Dey, 1993).

셋째로 추상화의 의미는 범주 형성을 통한 연구 주제의 보편적인 해석을 의미한다 (Robson, 1993). 각 범주는 내용이나 특징이라고 불릴 수 있다. 비슷한 사건과 일의 하위범주를 하나의 범주로 묶고, 범주를 더 큰 그룹으로 묶는다면 주범주가 된다(Dey, 1933). 이러한 추상화 과정이 지속될수록 연구 결과는 더 합리적이고 실현 가능성이 있게 된다.

연역적 내용 분석

연역적 내용 분석은 일반적으로 기존의 연구에 바탕을 두며, 새로운 맥락을 통해 기존의 연구 결과를 재검증해 보고자 할 때 사용되곤 한다(Catanzaro, 1988). 이때는 범주, 개념, 모델 또는 가설에 대한 검증이 포함된다(Marshall & Rossman, 1995; 김영천, 2012에서 재인용). 연역적 내용 분석의 전체적인 흐름은 범주화 매트릭스를 만든 후 범주에 맞게 자료를 코딩하는 것이다. 연역적 내용 분석에서는 연구의 목적에 따라 구조화되거나 자유로운 매트릭스를 사용할 수 있다.

범주화 매트릭스를 만든 다음 자료를 검토하여 만들어진 범주에 따라 코딩을 진행해야 한다. 자유로운 매트릭스를 사용할 때는 귀납적 내용 분석의 원칙을 통해 범주의 구분에 따라 새로운 범주가 만들어질 수 있다. 만약 매트릭스가 구조화되어 있다면, 오직 주어진 자료만을 활용하여 매트릭스 항목에 맞게 분석해야 한다(Marshall & Rossman, 1995; 김영천, 2012에서 재인용). 이러한 매트릭스를 통한 자료의 구분이 범주, 개념, 모델 또는 가설의 검증이라고 할 수 있다. 앞의 그림(그림 3)과 같이 구조화된 분석 매트릭스를 사용할 때는 범주화 틀에 맞는 자료나 틀에 맞지 않는 자료를 모두 사용할 수 있다. 이때 귀납적 내용 분석의 원칙에 따라 범주화 틀에 맞지 않을 경우 자체적인 개념을 생성하곤 한다.

White와 Marsh의 과정

White와 Marsh(2006)는 다음 그림과 같이 질적 내용 분석 과정을 4단계로 제시했다. 두 학자는 앞서 살펴본 학자들과는 다르게 질적 내용 분석의 과정만을 다루었다는 것이 특징이다. White와 Marsh는 전체적인 단계에서 예상 질문(foreshadowing questions)을 적극적으로 활용한다. 연구자가 예상 질문을 통해 연구의 목적과 방향을 모든 과정에 걸쳐 계속해서 인지한다면 체계적이고 자연스러운 흐름의 분석이 이루어질 수 있다.

[그림 4] White와 Marsh(2006)의 내용 분석 절차

연구 문제 제기

첫 번째 단계인 연구 문제 제기에서는 연구의 방향과 수집된 자료에 영향을 주는 것이 무엇인지 파악하기 위한 예상 질문을 활용한다. 질적 내용 분석에서는 검증 가능한 가설을 활용할 수 있지만 질적 내용 분석은 가설 검증이 주된 목적인 연역적 연구가 아닌 귀납적 연구에 가깝다. 실제 질적 내용 분석 과정에서는 예상 질문과는 다른 패턴과 개념이 생겨날 수 있는데, 연구자들은 예상과 다른 결과에 대해 주의깊게 살펴보아야 한다. 이러한 경우, 연구자는 새로운 패턴을 설명할 수 있도록 연구에 대한 시각과 예상 질문을 바꿀 수 있다. Krippendorff(2004)는 만족스러운 해석에 도달하기 위해 재맥락화, 재해석, 재정의의 반복적이고 순환적인 과정을 거쳐야 한다고 주장한다. 이러한 과정은 질적 내용 분석 연구에서뿐만 아니라 연구 설계의 개발 단계에서도 마찬가지로 적용될 수 있다. 이와 관련하여 Foli 등(2014)은 입양아동의 양모가 겪는 입양 이후의 우울증에 대해 탐구하기 위해 입양아동의 양모들의 설문 응답지에 대한 내용 분석을 수행한 바 있다. Thompson(2001)은 직장과 학교에서 일어나는 의사소통 양식의 차이를 확인하기 위해 의사소통과 관련된 1990년에서 1999년 사이의 연구 논문들에 대한 문서 분석을 수행한 바 있다. McDowell(2011)은 케이블 방송들이 케이블 시스템 사업자와 미국내 광고주의 주의를 끌기 위해 B2B(Business to Business) 광고를 통해 어떠한 배치 전략을 사용하는지 탐구하기 위해 10개월 동안 미국내 62개의 케이블 방송의 200개의 B2B 광고에 대한 내용 분석을 수행했다.

표본추출

양적 내용 분석과 질적 내용 분석 연구자들은 모두 연구 목적에 적합한 자료를 표본으로 추출한다. 그러나 질적 연구자들은 자료의 특이성에 더욱 관심을 가지고, 자료를 면밀히 분석할 때 다양한 해석이 나올 수 있음을 의식적으로 깨닫는다. 또한 질적 내용 분석의 목적이 일반화가 아닌 전이 가능성이기 때문에, 표본추출 과정에서 동등하거나 예측 가능한 표본을 추출할 필요가 없다. 전이 가능성은 하나의 맥락이 다른 연구에서도 적용

가능한 결과인지 판단하는 것을 말한다. 다만 표본추출은 반드시 이론적이어야 하며, 목적이 분명해야 한다. 표본추출은 자료와 특징적인 현상에서 나타날 수 있는 모든 적합한 패턴을 확인하는 객관적인 근거를 제공해야 한다. 이러한 객관적인 근거는 추론적 통계가 아닌 숫자와 퍼센트를 통한 양적인 결과물로 나타난다.

몇몇 사례는 초기 코딩에 앞서 표본이 선택된다. 그러나 대부분의 경우 표본 선택과 코딩은 동시에 일어난다. 새로운 사례의 분석은 정확한 코딩을 통해 새로운 패턴이나 개념과 관련된 결과가 나오지 않을 때까지 진행된다. 새로운 패턴이 발견되지 않는다면, 일반적으로 적절한 패턴이 모두 발견되었다고 가정을 내린다. 더 이상 특정한 패턴이 발견되지 않는다면, 연구자는 코딩을 위해 패턴을 활용하거나 자료를 분석할 준비가 된 것이다.

코딩

연구자는 질적인 코딩을 위해 선험적인 코드보다는 연구 문제 제기 단계에서의 예상 질문에 주목해야 한다. 이러한 질문은 연역적이기보다는 귀납적으로 자료에 접근할 수 있게 안내해 줄 것이다. 연구자는 질적 내용 분석을 시작할 때 큰 그림을 보기 위해 노력한다. 연구자는 자료를 분석할 때 예상한 질문에 대한 답을 위해 핵심 구와 절에 표시해야 한다. 예상하지 못했던 중요한 개념에 대해서는 동일한 자료에서 유사하게 사용된 개념이 있는지 확인하고, 이를 통해 만들어진 범주와 구조를 반복해서 비교한다. 이 과정을 거치며 연구자는 생각의 다양성, 대안적 관점, 반대되는 주장, 타 연구자의 자료에 대한 색다른 해석 등을 발견하게 될 것이다.

자료 수집 단위와 분석의 단위는 다양하다. 특히 연구자는 예측하지 못한 해석이 생길 때 기존의 문서와 주석을 통해 지속적으로 예상 질문에 대한 답을 확인해야 하며, 새로운 구조의 증거를 발견해야 한다. 이러한 과정을 통해 연구 문제 제기 단계에서는 예상하지 못했던 새로운 질문이 생길 수 있다. Glaser와 Strauss(1967)는 자료의 분석을 위해 지속적 비교(constant comparison) 접근에 대해 언급했다. 이 지속적 비교 접근이란 관계와 범주가 지속적으로 개선되고 새로운 자료로써 이론이나 패턴이 기존의 것과 비교되는 것을 말한다.

개념이 형성되는 과정을 확인하기 위해서는 연구자의 결정과 의견을 메모로 남겨 두어야 한다. 두 가지 형식의 메모가 일반적인데, 첫째는 개념 메모(concept mcmos)이다. 개념 메모는 논리적으로 개념이 발생되는 것에 초점을 두며, 개념에 대한 연구자의 해석을 기록하는 것이다. 둘째는 이론 메모(theory memos)인데, 이 메모는 실행 가능한 모델로부터 개념과 점차적으로 통합되는 개념 사이의 관계에 초점을 맞춘다. 메모는 전반적인 연구자의 해석과 구조의 이해에 대한 세부적인 단계를 드러낸다.

분석

분석은 양적 내용 분석보다는 질적 내용 분석에서 코딩과 통합되어 나타나고 있다. 분석에서 가장 강조되어야 하는 점은 코딩을 하며 초기의 예상 질문에 대한 해답을 찾았는지 혹은 새로운 질문이 생겨났는지 확인하는 것이다. 대부분 질적 접근에서의 결과는 연구된 현상의 청사진과 같다. 이러한 연구 결과는 인구, 상황, 이론적 구조 등을 포함한 맥락으로 통합되어야 한다. 결국 세밀한 관찰과 분석을 통한 연구의 개념적인 깊이를 보여 주는 것이 궁극적인 분석의 목적이라고 할 수 있다. 이러한 분석의 과정을 거친 연구의 결과를 나타낼 때, 연구자는 숫자나 퍼센트와 같은 통계적인 방법이나 간단한 표나 관계를 나타내기 위한 교차표와 그래프 등을 활용할 수 있다. 그러나 연구의 결과를 단순히 숫자로 나타내는 것에 의존해서는 안 되며, 코딩이나 분석의 과정이 잘 드러나도록 사진이나 관계를 나타내는 표를 적극 활용해야 한다.

5. 질적 내용 분석 절차에 대한 시사점

우리는 앞선 논의를 통해 질적 자료 분석을 전반적으로 개관했다. 그렇다면 여기서는 앞선 논의를 종합하여 질적 내용 분석에 대한 세 가지 시사점을 논의해 보고자 한다. 첫째, 질적 내용 분석은 매체에 대한 분석을 목적으로 하는 질적 분석 방법이다. 둘째, 질적 내용 분석에서는 분석을 위한 틀을 사전에 구성하여 분석이 이루어진다. 셋째, 질적 내용 분석은 양적 내용 분석과 병행하여 사용될 수 있으며, 이러한 병행 사용을 통해 그 타당도를 더욱 확보할 수 있다. 그렇다면 이러한 시사점에 대해 좀 더 논의해 보도록 하자.

매체 분석을 위한 질적 내용 분석

질적 내용 분석은 기본적으로 매체를 분석 대상으로 한다. 물론 연구의 과정에서 수집된 인터뷰 자료나 참여 관찰 자료에 대한 질적 내용 분석이 수행될 수 있지만 그 시작부터 현재에 이르기까지 기본적으로 매체에 대한 분석을 목적으로 하고 있으며, 질적 내용 분석을 수행한 많은 연구들이 바로 이런 매체의 분석에 초점을 맞추고 있다. 이러한 매체에는 다양한 것들이 포함될 수 있는데, 신문기사, 연설문, TV 혹은 라디오의 방송내용 또는 광고, 예술작품이나 인터넷에 게재된 다양한 자료들이다. 그렇다면 예를 통해 살펴보도록 하자.

이정헌(2013)은 온라인상에 기록된 호텔 이용 후기에 대한 내용 분석을 통해 호텔을 이용한 고객들이 주로 호텔의 어떠한 요소에 가치를 부여하고 있는지에 대해 연구한 바 있는데, 이 연구에 사용된 후기들의 예와 그에 따른 분석은 다음과 같다.

불결한 부분을 발견했을 시는 매우 비판적인 안목에서 구체적으로 그 정황까지 묘사하며 불만을 토로하는 특징을 보여 주었다. 이는 청결과 위생이 대다수의 사람들에게 가장 민감한 사안이므로, 호텔의 청결도에 대해 부정적인 경험을 한 경우, 이로 인한 내적 분노, 실망감, 좌절감은 클 수밖에 없으므로, 후기 작성이라는 과정을 통해서 호텔의 현실을 알리고 불만을 표출해 위안을 받고자 하는 심리적 기제에 의한 것으로 사료된다.

예문 1: "문제는 객실청소도 그래요. 이 정도 분위기의 호텔에서 객실청소를 이렇게 허술하게 해주실 수가, 5일 머물렀는데, 바닥청소는 전혀 안 하시는 건지. 5일 동안 내 머리카락에 휩쓸려 산 듯"

예문 2: "침대 옆 바닥에 껌종이와 머리카락이 보이더군요. 마룻바닥인데 내내 슬리퍼를 신고 다녔네요."

예문 3: "시설은 스위트룸인데 오래된 모텔 분위기에요. 월풀도 물때 끼어 누렇구요. 방 곳곳에는 먼지가 많이 쌓여 있더군요."

그런데, 일부 베니키아 호텔의 경우, 베니키아 호텔로 지정되기 이전에 일반 사설 관광호텔로 영업을 한 경우가 있는데, 이런 호텔의 경우 그 인테리어나 비품구분에 있어서 베니키아라는 브랜드에 걸맞은 내용을 갖출 것을 촉구하는 호텔 이용자의 언급이 있었다.

예문 4: "15년 넘은 호텔이라 그런지 방은 그냥 모텔과 별 다를 것 없고, 가장 충격적인 것은 호텔 지하에 나이트가 있는데 거기서 울리는 진동이 4층 방까지도 들린다는 겁니다."

예문 5: "명칭만 호텔인 숙소네요. … 호텔이 아니라 모텔보다 못한 수준입니다."

　　남정은(2012)은 1980년대 중반부터 2000년대에 이르는 신문기사에 대한 분석을 통해 당시 사회가 저출산 문제를 어떻게 바라보고 있는지에 대한 내용 분석을 수행한 바 있는데, 이 연구에서 분석된 신문기사의 일부는 다음과 같다.

> 이는 부모들로 하여금 '내 아이만 소중하다.'는 인식을 갖게 하면서 자녀를 지나치게 과잉보호하고 전인교육보다는 겉모습만을 강조하는 등 자녀에 대한 사랑을 물질적으로 표현하려는 왜곡된 현상이 나타나게 된 것이다. 다음은 이와 관련된 기사의 예이다.

> 은팔찌, 은목걸이를 한 젖먹이 아기, 귀를 뚫어 귀고리를 단 유치원 어린이, 쌍꺼풀 수술을 한 국민학생 등을 요즘은 거리에서 흔히 마주치게 된다. 이들 「작은 어른들」 사이에 멋내기 선풍이 거세게 불고 있다. … 젖먹이부터 초등학교 어린이들까지 이렇듯 멋내기에 열을 올리는 데는 한두 자녀만을 두고 있는 젊은 엄마들의 극성이 크게 작용한다. 여기에 TV나 어린이 잡지 등에서의 부추김도 한몫을 하고 있다. (동아일보, 1987. 08. 11. 철도 들기 전 멋내기부터 … 어린이 치장 유행)

> 이러한 현상은 일부 고소득층에 한정되지 않고 점차 확산되고 있음을 알 수 있다.
> (중략)

> 요즈음엔 유아들을 위한 프로그램이 너무 많다. 미술학원, 음악학원, 한글학원, 주산학원, 태권도학원에 아기스포츠센터까지 생기기 시작해서 부모들의 갈등이 이만저만 아닌 모양이다. … 경제적으로 넉넉한 가정에서는 일찍부터 각종 학원을 경험하게 하고 가계가 넉넉하지 못한 가정에서조차 허리끈을 졸라매면서 무엇이든지 가르치려고 안간 힘을 쓴다. (동아일보, 1987. 05. 19.)

> 사회적 지위나 계층의 상승이 개인의 노력에 따라 성취할 수 있는 것으로 변화함에 따라 부모들은 '교육'이라는 도구를 통해 사회적 성공이나 권력, 존경과 같은 심리적 욕구를 충족시키려 했다.

　　내용 분석은 특히 교육학 분야에서 교과서 분석을 위한 도구로 많이 사용되고 있는데, 김영순·문하얀(2008)은 다문화교육의 주요 개념들이 고등학교 사회문화 교과서에 어떤 방식으로 기술되고 있는지에 대한 연구에서 질적 내용 분석을 수행한 바 있는데, 그 중 일부는 다음과 같다.

> 먼저 문화의 학습성 부분에서 '왼손과 오른손'이라는 사례 탐구를 제시했다.

> 인도로 배낭여행을 간 보람이는 수소문 끝에, 어릴 적 단짝 친구였던 수진이를 다시 만날 수 있었다. 수진이가 부모님을 따라 인도로 가 버린 후 무려 10년 만의 일이었다. (중략) 그런데 수진이네 집 화장실에서 볼일을 보던 보람이는 깜짝 놀랐다. 화장실에 휴지가 없었던 것이다. 그리고 보니 인도에서는 휴지 대신 왼손을 사용하여 밑을 닦는다는 말을 들은 적도 있는 것 같았다. (중략) 식사시간이 되었다. 그런데 식탁 위에는 포크가 없었다. 하지만 수진이는 너무도 당연하다는 듯이 손으로 밥을 집어먹고 있었다. 물론 왼손이 아닌 오른손이었지만, (중략) (p. 141)

> 위의 사례에서 볼 수 있듯이, 문화의 학습성에 대한 개념 정의만 내린 것이 아니라 사례를 통해 보람이에게는 낯선 식사 습관이지만 수진이가 자연스럽게 받아들이게 된 이유에 대해 학생들의 입장에서 생각해 볼 수 잇는 기회를 제공했다.

분석의 틀을 사전에 형성하는 질적 내용 분석

질적 내용 분석은 자료를 바라보는 분석의 틀을 미리 수립하고 분석이 진행된다. 앞에서 살펴본 단위화, 분석 메트리스 등이 이러한 사전에 구성되는 분석의 틀을 반영하는 개념이라 할 수 있다. 분석의 틀은 주로 코드북의 형태로 구성되는 경우가 많은데, 이러한 코드북에 대한 논의는 앞에서 이미 다룬 바가 있기에 그것을 참고하길 바란다. 이러한 분석의 틀은 초기에 구성되어 분석이 진행되는 동안 수정, 보완될 수 있다. 그렇다면 예를 통해 질적 내용 분석에서의 이러한 분석의 틀을 살펴보도록 하자.

이영민·노주연(2005)은 한국과 영국의 지리교과서에 대한 비교 분석을 그 안에서 다루어지고 있는 환경 교육 내용의 양상을 분석한 바 있는데, 그들은 이러한 분석을 위한 분석의 틀을 다음의 표와 같이 제시하고 있다.

〈표 1〉 이영민, 노주연(2005)의 교과서 내용 분석의 틀

대영역	중영역	소영역
환경문제	환경오염	① 수질오염 ② 대기오염 ③ 토양오염 ④ 소음·진동 ⑤ 폐기물(쓰레기) ⑥ 방사능 오염
	자연재해	① 지진과 화산활동 ② 홍수와 가뭄 ③ 태풍 ④ 산림파괴 ⑤ 사막화 ⑥ 지구온난화 ⑦ 자연경관 훼손 ⑧ 생물의 멸종 ⑨ 생태계 파괴
환경 보전 및 대책		① 자연 및 인공 환경 보전 ② 환경 보전의 생활화 ③ 환경 정화 ④ 지역 수준의 환경문제와 대책 ⑤ 국가 수준의 환경문제와 대책 ⑥ 국제 수준의 환경문제와 대책

박윤경(2005)은 초등 사회과 '가족' 단원에 대한 내용 분석을 통해 교과서에 드러난 가족과 관련된 담론을 분석한 바 있는데, 다음과 같은 분석의 틀을 설정하여 내용 분석을 수행했다.

〈표 2〉 '가족' 단원 내용 분석의 틀(박윤경, 2005)

소단원	사실(제재)	제시방식	분량	개념	일반화	비고

김선미(2014)는 특수교육 개론서에서 시각장애와 관련된 부분의 내용 분석을 통해 개론서 집필을 위한 시사점 도출을 도모한 바 있는데, 이러한 개론서를 분석하기 위해 다음과 같은 분석의 틀을 구성하여 내용 분석을 수행했다.

〈표 3〉 내용 분석을 위한 분석의 틀(김선미, 2014)[계속]

구분	분석 영역	구성 내용
연구 1	정의	의학적, 법적, 교육적
연구 2	원인	원인
		미제시
연구 3	논의 구조	눈의 구조 및 설명, 단면도만 제시
		미제시
연구 4	출현율	외국/우리나라, 우리나라
		미제시

구분	분석 영역	구성 내용
연구 5	특성	신체 및 운동, 인지적(지능, 개념, 학업성취, 언어), 사회 · 정서적, 신체적, 지적, 사회적/발달특성, 행동특성, 학습특성, 사회 · 심리적 특성; 운동발달, 개념발달, 말과 언어, 학업성취; 지적, 성격상 특성, 기타 특성; 매너리즘, 맹인벽; 지적, 언어, 감각보상과 지각 개인적 · 사회적; 인지, 성격
		미제시
연구 6	판별 및 진단 평가	시력, 시야, 색각, 대비감도, 시각적 행동; 발견(외모, 행동, 학업성취), 평가; 유아시력, 선별, 눈검사, 심리; 발견, 선별 진단평가
		미제시
연구 7	교육적 중재	학습환경, 교육과정 및 교수전략, 점자지도, 방향정위 및 보행지도, 컴퓨터 및 보조공학, 중질환별 교육 조치, 교과지도, 언어지도, 생활지도, 감각훈련, 정서발달지도, 신체발달지도, 교수자료, 시기능 훈련, 기타(조기중재)
		미제시

질적 내용 분석과 양적 내용 분석의 병행

질적 내용 분석은 양적 내용 분석과 함께 사용될 수 있으며, 이러한 병행은 자료를 좀 더 분석적으로 타당하게 바라보는 데 큰 역할을 한다. 실제 많은 연구들이 질적 내용 분석과 양적 내용 분석을 병행하여 자료를 분석하고 있는데 그 예를 살펴보도록 하자.

　Gugsa, Karmarkar, Cheyne, Yamey(2016)는 방글라데시, 르완다, 남아프리카의 신문들이 모성 보건에 대해 어떻게 접근하고 있는지에 대한 내용 분석을 수행한 바 있다. 여기서 이들은 질적 접근과 양적 접근을 병행했는데, 양적 접근에서는 각 국가의 신문에 나타난 모성 보건과 관련된 기사, 기사의 성격, 기사의 형태를 수량화하여 분석했고, 질적 분석에서는 크게 세 가지 이슈를 분석의 틀로 하여 분석을 수행했다. 이 세 가지 이슈는 모성 보건을 인간의 권리로 기술하는 '인권 기반(rights-based)' 이슈, 모성 보건을 특정한 정책적 해법의 한 부분으로 기술하는 '정책 기반(policy-based)' 이슈 그리고 모성 보건을 도덕적 관점에서 기술하는 '윤리적(ethical)' 혹은 '도덕적(moral)' 이슈였다.

6. 결론

우리는 앞선 논의에서 질적 내용 분석의 개념과 그 절차에 대해 살펴보았다. 이러한 논의를 통해 우리는 다음과 같은 시사점을 도출할 수 있다. 첫째, 질적 내용 분석은 공공 자료, 특히 대중매체를 통해 전달되는 메시지의 분석에 효과적으로 사용될 수 있다. 미디어의 홍수라는 현대 사회의 특징을 고려하면 이러한 미디어가 과연 어떠한 의미들을 독자들에게 전달하려 하는지에 대한 비판적 고찰은 현대 사회의 특징을 드러내는 데 필수적인 요소일 것이다. 그리고 내용 분석은 이러한 매체를 통한 메시지의 분석에 효과적인 도구로 사용될 수 있다. 둘째, 내용 분석에 있어 양적 측면과 질적 측면이 함께 고려되어야 한다. 양적 분석과 질적 분석은 서로의 약점을 보완하여 장점을 극대화하는 효과적인 방법이라 할 것이다. 따라서 자료에 대한 접근에 있어서 이러한 양 측면의 균형적인 고려는 보다 타당한 결론을 이끄는 요소가 될 것이다. 셋째, 내용 분석의 절차에 대한 고려는 결과의 타당성을 확보하는 데 효과적인 수단이 될 수 있다. 내용 분석, 특히 질적 내용 분석의 경우, 연구자의 주관성이라는 요소는 분석의 타당성에 있어 많은 논란이 되어 왔다. 이와 관련하여 그 절차의 숙지는 기본적으로 분석의 결과에 대한 타당성 확보와 더불어 그 평가에 대한 논란에도 큰 역할을 할 수 있을 것이다. 넷째, 세 번째의 시사점과 관련하여, 위에서 논의한 이러한 절차들을 정형화된 규칙으로 받아들이는 것은 다소 위험할 것이다. 다만 연구자들이 이러한 논의를 기반으로 하여 질적 내용 분석의 개념과 방법론적 특징을 이해하고 이를 자신의 자료 분석에서 어떻게 구현할 것인지에 대한 고민이 필요할 것이다.

최근 질적 연구에 대한 관심이 높아짐과 동시에 질적 연구의 다양한 영역에 대한 관심이 증대되고 있다. 이러한 상황에서 많은 연구자들의 질적 연구의 방법론적 특징과 그 전략에 대한 의문도 함께 커지고 있다. 여기서 다른 질적 내용 분석의 개념과 절차에 대한 논의가 그러한 질적 연구자들의 궁금증을 해소하고 그들의 연구가 좀 더 발전된 결과를 도출하는 데 도움이 되기를 바란다.

참고문헌

김선미(2014). 특수교육 개론서의 시각장애 영역 내용 분석. 시각장애연구, 30(2), 93-113.

김영순·문하얀(2008). 교과성에 나타난 다문화교육 내용의 질적 분석: '사회·문화' 교과서를 중심으로. 언어와 문화, 4(2), 57-80.

김영천(2006). 질적연구방법론 Ⅰ: Bricoleur. 서울: 문음사.

김영천(2013). 질적연구방법론 Ⅲ: Writing(2nd Ed). 아카데미프레스.

김혜연(2014). 국어교육 연구에서 질적 자료 분석 방법에 관한 고찰. 국어교육, 147, 377-405.

남정은(2012). 신문에 나타난 자녀양육 양상을 통해 본 저출산 문제의 이해: 1980년대 중반 ~ 2000년대 신문기사 분석을 중심으로. 경북대학교 대학원 박사학위 논문.

박종원(2016). NVivo 11 Applications: Handing Qualitative Data. 글로벌콘텐츠.

윤택림(2004). 문화와 역사연구를 위한 질적 연구 방법론. 아르케.

이대희·서승현(2011). 공무원 건강감성 변화에 관한 질적 내용 분석: 건강감성 일기를 중심으로. 한국정책연구, 11(3), 177-193.

이동성·김영천(2014). 질적 자료 분석을 위한 포괄적 분석 절차의 탐구: 실용적 절충주의를 중심으로. 교육종합연구, 12(1), 159-184.

이영민·노주연(2005). 사회과 지리교육의 환경교육 내용 분석: 한국과 영국의 7학년 교육내용을 중심으로. 교과교육학연구, 9(2), 261-267.

이용숙·김영천(1998). 교육에서의 질적 연구: 방법과 적용. 서울: 교육과학사.

이정헌(2013). 온라인 호텔이용후기의 질적 내용 분석에 의한 고객가치 연구. 한국콘텐츠학회논문지, 13(10), 533-546.

조재영(2013). "명확성 원칙"에서 바라본 "방송광고심의에 관한 규정": 사후심의 결과에 대한 질적 내용 분석. 한국광고홍보학보, 15(1), 351-386.

질적 자료분석 시스템 파랑새 1.0(2014). http://thebluebird.kr

홍성열(2002). 사회과학도를 위한 연구방법론. 서울: 시그마프레스.

Bernard, H. R., & Ryan, G. W. (1998) Text analysis, qualitative and quantitative methods. In H. R. Bernard(Ed.), Handbook of methods in cultural anthropology(pp. 595-646). Walnut Creek, CA: AltaMira.

Burnard, P. (1991). A method of analysing interview transcripts in qualitative research. Nurse Education Today, 11, 461-466.

Catanzaro, M. (1988). Using qualitative analytical techniques. In Nursing Research: Theory and Practice (Woods, P., & Catanzaro, M., eds). C. V. Mosby Company. New York, 437-456.

Cavanagh, S. (1997). Content analysis: concepts, methods and applications. Nurse Researcher, 4, 5-16.

Charmaz, K. (2006). Constructing Grounded Theory: A Practical Guide through Qualitative Analysis. Sage. 박현선, 이산균, 이채원 공역(2013). 근거이론의 구성: 질적 분석의 실천 지침. 학지사.

Chinn, P. L., & Kramer, M. K. (1999). Theory and Nursing a Systematic Approach. Mosby Year Book, St Louis.

Creswell, J. W. (2012). Qualitative Inquiry & Research Design: Choosing Among Five Approach. Sage. 조홍식, 정선욱, 김진숙, 권지성 공역(2015). 질적연구방법론: 다섯 가지 접근. 학지사.

Dey, I. (1993). Qualitative Data Analysis. User-Friendly Guide for Social Scientists. Routledge, London.

Downe-Wamboldt, B. (1992). Content analysis: method, applications and issues. Health Care for Women International, 13, 313-321.

Elo, S., & Kyngäs, H. (2007). The qualitative content analysis process. Journal of Advanced Nursing, 62(1), 107-122.

Foli, K. J. & South, S. C. & Lim, E. (2012). Maternal postadoption depression: theory refinement through qualitative content analysis. Journal of Research in Nursing, 19(4), 303-327.

Glaser, B. G., & Strauss, A. L. (1967). The discovery of grounded theory: Strategies for qualitative research. Chicago: Aldine.

Graneheim, U. H., & Ludman, B. (2004). Qualitative analysis in nursing research: concepts, procedures and measures to achieve trustworthiness. Nurse Education Today, 24, 105-112.

Groth, O. (1948). Die Geschichte der deutschen Zeitungswissenschaft, Probleme und Methden. Munich: Konrad Weinmayer.

Gugsa, F. & Karmarkar, E. & Cheyne, A. & Yamey, G. (2016). Newspaper coverage of maternal health in Bangladeshm rwanda and South Africa: a quantotative and qualitative contents analysis. BMJ open, 6(1), 1-14.

Hamid-Turksoy, N. & Kuipers, G. & Van Zoonen, L. (2014). "Try A Taste Turkey". Journalism Studies, 15(6), 743-758.

Holsti, O. R. (1969). Content analysis for the social sciences and humanities. Reading, MA: Addison-Wesley.

Krippendorff, K. (2004). Content Analysis: An introduction to its methodology. Beverly Hills, CA.

Lasswell, H. D. (1938). A provisional classification of symbol data. Psychiatry, 1, 197-204.

Lester, P. & Smith, R. (1990). African-American photo coverage in Life, Newsweek and Time, 1937-1988. Journalism Quarterly, 67, 128-136.

McDowell, W. S. (2011). Selling the Niche: A Qualitative content Analysis of Cable Network Business-to-Business Advertising. International journal on Media Management, 6(3-4), 217-225.

Miles, M. B. & Huberman, M. (2009). Qualitative data analysis: An Expanded Sourcebook(2nd Ed). Sage. 박태영, 박소영, 반정호, 성준모, 은선경, 이재령, 이화영, 조성희 공역(2009). 질적자료분석론. 학지사.

Sebeok, T. A., & Zeps, V. J. (1958). An analysis of structured content with application of electronic computer research in psycholinguistics. Language and Speech, 1, 181-193.

Smith, J. A. & Flowers, P. & Larkin, M. (2009). Interpretative Phenomenological Analysis: Theory, Method and Research. Sage.

Speed, G. J. (1893). Do newspapers now give the news? Forum, 15, 705-711.

Spradley, J. P.(1980). Participant Observation. Wadworth. 신재명 역(2009). 참여관찰법. Cengage Learning.

Stempel, G. H. Ⅲ. (2003). Content analysis. In G. H. Stempel Ⅲ, D. H. Weaver, & G. C. wilhoit (Eds.), Mass communication research and theory (pp. 209-219). Boston: Allyn & Bacon.

Stevens, S. S. (1946). On the theory of scales of measurement. Science, 103, 677-680.

Thompson, I. (2001). Collaboration in Techical Communication: A Qualitative Content Analysis of Journal Articles, 1990-1999. IEEE TRANSACTIONS ON PROFESSIONAL COMMUNICATION, 44(3), 161-173.

Riffe, D., Lacy, S., & Fico, F. G. (1998). Analyzing media message: Using quantitative content analysis in research. (배현석, 배은결 역, 2011). 미디어메시지 분석 : 양적 내용 분석방법을 중심으로. 영남대학교출판부.

Robson, C. (1993). Real World Research. A Resource for Social Scientists and Practitioner-Researchers. Blackwell Publishers, Oxford.

Waple, D., & Berelson, B. (1941). What the voters were told: An essay in content analysis. Unpublished manuscript, University of Chicago, Graduate Library School.

Weber, R. P. (1985). Basic content analysis. Beverly Hills, CA: Sage.

White, M. D., & Marsh, E. E. (2006). Content Analysis: A Flexible Methodology. Library Trends, 55(1), 22-45.

11

근거이론
분석

근거이론은 질적 연구 방법 중 가장 광범위하게 사용되고 있는 질적 전통이다. Glaser와 Strauss(1967)의 「근거이론의 발견(The Discovery of Grounded Theory)」의 출간을 통해 사회과학의 새로운 연구 방법론으로 출현한 근거이론은 이후 크게 Strauss(1987), Strauss와 Corbin(1990, 1998), Corbin과 Strauss(2008, 2014)의 접근과 Glaser(1978, 1992)의 접근으로 분화되어 발전되어 왔으며, 최근에는 Charmaz(2006)와 같이 구성주의 입장에서 근거이론을 논의하는 시도도 이루어지고 있다.

근거이론은 여타의 다른 질적 연구 전통들에 비해 상대적으로 체계적이며 구체적인 분석 지침을 제공해 준다는 측면에서 많은 질적 연구자들로부터 각광받아 왔다. 이러한 흐름은 우리나라에서도 마찬가지인데, 특히 Strauss와 Corbin(1990, 1998)의 접근을 통해 많은 근거이론 연구들이 수행되어 왔다.

이렇게 근거이론 분석은 다른 연구 전통들에 비해 그 분석의 방법이 구체적이며 체계적이라는 점, 그리고 여타의 질적 분석에 관한 논의에 많은 영향을 미쳤다는 점에서 조금 더 깊게 논의해 볼 만한 가치를 가진다. 따라서, 여기서는 근거이론의 전체적인 개관과 더불어 분석에 있어서 주지해야 할 방법론적 개념과 절차를 중심으로 살펴보도록 한다.

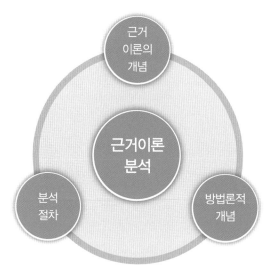

[그림 1] 근거이론 분석

1. 근거이론의 개념

근거이론은 자료로부터 체계적으로 이론을 도출하는 질적 연구 방법으로 다음과 같은 연구 상황에 적합하다.

⊙ 근거이론 적용이 적합한 연구(Birks & Mills, 2015)

  1. 연구 영역에 대해 거의 알지 못하는 경우
  2. 연구 결과가 설명력 있는 이론의 생성이어야 하는 경우
  3. 연구 과정이 연구 상황에 내재적이어서 근거이론 방법으로 설명하기 좋은 경우

　　근거이론은 오늘날 가장 광범위하게 사용되고 있는 질적 연구 방법임에도 불구하고 연구자들, 특히 초보 질적 연구자들 중에는 근거이론에 대해 오해하고 있는 연구자들이 종종 있다. 이러한 오해가 때로는 근거이론 분석에 대한 오해로 이어지기도 하기에 여기서는 근거이론 분석에 대해 논의하기에 앞서 근거이론의 개념에 대해 살펴보도록 하자.

근거이론의 성격

근거이론은 특정 현상에 대한 자료를 체계적으로 수집, 분석하여 그 현상을 설명할 수 있

는 이론을 도출하고자 하는 질적 연구 방법이다. 이러한 근거이론의 성격을 좀 더 분명히 드러내기 위해 근거이론의 개념에 대한 학자들의 논의를 살펴보고 그 논의들을 통해 그 성격을 명료화해 보도록 하자.

우선, 근거이론의 발견자들인 Glaser와 Strauss(1967)는 근거이론을 처음으로 논의한 책 「근거이론의 발견(The Discovery of Grounded Thoery)」에서 근거이론을 '체계적으로 얻어진 자료로부터 이론을 찾아내는 것'이라 정의했다. 이 논의에서 그들은 새로운 이론을 개발하기 위한 방법론에 대한 논의가 부재한 당시의 사회학 분야의 상황에 대해 비판하고, 그러한 상황 속에서 일부 이론가들이 이론을 생성하기 위한 방법론에 대한 논의는 등한시하며 '프롤레타리아' 이론 검증가에게 검증해야 할 이론만을 제시하는 '이론적 자본주의자' 역할을 하고 있는 것에 대한 비판을 제기했다. 그리고 이론의 검증 방법이 아닌 이론을 생산할 수 있는 방법론적 논의로 근거이론을 제시하고 있다.

이러한 그들의 논의는 Glaser(1978)의 논의를 통해 좀 더 구체화되는데, 그는 그의 저작 「이론적 민감성(Theoretical Sensitivity)」에서 근거이론은 자료로부터 체계적인 방법을 통한 이론 도출에 기반하고 있음을 논의하며, 이론 개발을 위한 엄밀하고 체계적인 이론 개발의 일련의 과정에 대해 논의한 바 있다. 근거이론의 또 다른 개발자인 Strauss(1987) 또한 근거이론의 방법적 개념과 절차에 대한 체계적이고 실제적인 논의를 전개한 바 있는데, 그는 그의 책 「사회과학자를 위한 질적 분석(Qualitative Analysis for Social Scientists)」에서 근거이론의 의미에 대한 논의를 제시한 바 있다. 그는 '근거이론(grounded theory)'이라는 용어가 가진 의미에 대해, 근거이론은 이론(theory)의 도출을 강조하고, 이렇게 도출된 이론은 자료(data)에 근거되어야(grounded) 한다는 의미를 가진 용어라 논의했다. 그의 이러한 논의는 「근거이론의 기초(The Basics of Grounded Theory)」에서도 이어지는데 이 책에서 Strauss와 Corbin(1990)은 근거이론이란 현상을 연구하는 방법이며, 자료에서 귀납적으로 도출된 이론이며, 근거이론 접근 방법이란 일련의 체계적인 과정을 통해 어떤 현상에 대해 귀납적으로 이끌어진 하나의 근거이론을 발전시키는 질적 연구 방법이라 논의했다. 또 Bryant와 Charmaz(2007)는 근거이론을 '이론을 창조하는 데 초점이 맞추어진 질적 연구 방법'이라 논의한 바 있으며, Charmaz(2006)는 '자료에 근거를 둔 이론을 구성하기 위한 질적' 접근이라고 논의를 제시했는데, 이는 질적 접근으로서의 근거이론의 성격을 드러낸 것이라 할 수 있다.

이상의 논의들을 살펴보면 근거이론의 성격은 크게 네 가지 측면에서 명료화할 수 있는데, 그것은 근거이론의 목적, 방법, 접근양식, 그리고 이론의 근거에 대한 부분이다. 첫째로, 근거이론은 이론의 도출을 목적으로 한다. 즉 근거이론은 단순히 현상에 대한 기술적, 묘사적 접근을 도모하는 것이 아니라, 추상적 수준에서의 이론의 도출을 목적으로 한다. 둘째, 근거이론은 이론 도출을 위한 체계적인 방법을 제공한다. 근거이론은 그 연구와 분석 절차에 있어서 핵심적인 몇몇의 방법을 제시하고 있는데, 이는 다른 질적 연구 전통들과 차별되는 근거이론의 독특한 성격이라 할 수 있다. 셋째, 근거이론은 근본적으로 질적 접근을 추구하는 연구 방법이다. 근거이론은 질적 자료의 질적 분석을 통해 개념을 도출하고 이러한 개념들의 결합체인 이론을 도출한다. 넷째, 이론은 선행이론으로부터의 연역적 추론과정이 아닌 자료에 대한 해석을 통해 귀납적으로 도출된다. 즉, 근거이론에서는 기존 이론이나 선행 연구와 같은 선관념을 받아들이기보다는 연구 과정에서 수집된 자료로부터 귀납적으로 이론을 도출하는 것을 목적으로 한다. 이러한 근거이론의 특징을 그림을 통해 뚜렷이 나타내면 다음과 같이 정리해 볼 수 있다.

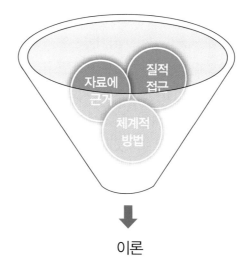

[그림 2] 근거이론의 성격

이러한 근거이론의 성격은 필연적으로 근거이론이 가지는 특징으로 드러난다. 이와 관련하여 여러 학자들이 근거이론의 특징에 대해 논의한 바 있는데(Glaser & Strauss, 1967; Dey, 1999; Charmaz, 2006; Charmaz & Henwood, 2008; Urquhart, 2012; Creswell, 2013), 이를 종합해 보면 다음과 같은 특징들을 종합할 수 있다.

⊙ 근거이론의 특징

1. 근거이론은 이론의 도출을 목적으로 한다.
2. 이론의 도출에 있어 선입견적인 이론적 아이디어를 거부한다.
3. 이론은 현상 속에서 개인들의 상호작용에 초점을 맞춘다.
4. 이론은 개념들과 그 개념들 사이의 관련성으로 이루어진다.
5. 이론은 자료로부터 도출된다.
6. 자료의 수집과 분석이 동시에 일어난다.
7. 자료는 분석 과정에서 나타나는 이론에 기반하여 수집된다.
8. 자료의 분석은 지속적인 비교를 통해 이루어진다.
9. 자료의 분석은 일련의 절차에 따라 이루어진다.
10. 분석 동안 메모 작성이 지속적으로 이루어진다.
11. 이론은 귀납적, 개연적 삼단논법에 따라 도출된다.
12. 도출된 이론은 내러티브 구조, 모델, 일련의 제안으로 재현된다.

이러한 성격과 특징은 근거이론의 인식론적 기반의 영향을 받은 것이라 할 수 있는데, 이를 좀 더 이해하기 위해서는 근거이론의 발견과 전개를 살펴볼 필요가 있다.

근거이론의 발견과 전개

위와 같은 근거이론을 개념을 좀 더 이해하기 위해 그 발전과정을 살펴보도록 하자. 근거이론은 상이한 두 가지의 철학적 입장에서 출발했다. 근거이론의 두 창시자인 Barney G. Glaser와 Anselm L. Strauss는 각각 다른 철학적 전통에 기반한 학자들이다. Glaser는 Columbia 대학의 사회학적 전통에 몸담은 학자로서, 자료를 근거로 하여 사회현상에 대한 추상적 수준의 개념적 이론인 Morton의 중범위(middle range) 사회 이론과 Lazarsfeld의 양적 연구 전통의 영향을 받은 실증주의에 철학적 기반을 둔 학자였다(이동성, 김영천, 2012; Charmaz, 2006). 반면 Strauss는 시카고 사회학에 뿌리를 두고 있는 학자로서 Mead와 Blumer의 상징적 상호작용의 영향을 받은 실용주의에 철학적 기반을 둔 학자였다. 결국 근거이론은 실증주의와 실용주의의 두 철학적 기반으로 도출된 질적 연구 방법이라 할 수 있는데, Charmaz(2009)는 근거이론의 발견에 영향을 미친 이 두 가지 인식론적 기반을 다음 표와 같이 비교하고 있다.

〈표 1〉 근거이론의 인식론적 기반(Charmaz, 2009의 재구성)

구분	실증주의	실용주의
문제로의 접근	과학적 방법을 전제로 한다.	문제-해결 접근을 사용한다.
실제에 대한 관점	외적 실재를 미리 예상한다.	실재를 유동체로 보며, 다소 막연하다.
관찰자의 위치	관찰자는 선입견이 없음을 전제한다.	상황에 따른 구체화된 지식 생산을 전제한다.
대상에 대한 관점	추상적인 일반론의 발견을 전제한다.	다양한 관점의 탐색을 전제한다.
목표	경험적 현상의 설명을 목표로 한다.	출현한 문제를 해결하기 위한 사람들의 행동을 연구하는 것이 목표이다.
사실과 가치의 관계	사실과 가치를 분리해서 본다.	사실과 가치를 동반 요소로 본다.
실제론적 관점	진실을 조건적이라고 본다.	진실을 조건적이라고 본다.

이러한 상이한 두 인식론에 기반한 Glaser와 Strauss는 의료 현장에서 일어나는 현상에 대한 대규모 연구를 통해 통합된 연구 방법인 '근거이론'을 발견하게 되었으며(Glaser & Strauss, 1967, 2005), 자연스럽게 이 두 인식론의 성격이 모두 반영되어 자료에 체계적으로 접근하여 이론을 도출하는 질적 연구 방법으로 근거이론이 탄생하게 되었다 할 수 있다.

이후, 근거이론은 Strauss의 접근과 Glaser의 접근으로 분화되어 각각 전개되는데, Strauss는 근거이론의 인식론적 기반으로 실용주의와 상징적 상호작용에 대한 논의를 지속하지만(Strauss & Corbin, 1998; Corbin & Strauss, 2008, 2014), Glaser는 근거이론 실증주의의 입장에서 일체의 학문적 기반을 거부하고 이론 도출을 위한 체계적인 도구로서의 근거이론의 성격에 대해 논의를 전개하고 있다(Birks & Mills, 2015).

또한 자연스럽게 이들의 인식론적 입장이 반영된 형태의 두 가지 근거이론이 전개되었는데, 크게 Strauss 학파의 근거이론과 Glaser 학파의 근거이론으로 대표될 수 있다. Charmaz(2000)는 이러한 두 입장의 차이에 대해, Glaser는 실증주의에 가까운 입장으로 객관적이고 외부적인 실제, 중립적 관찰자, 환원주의적 탐구를 지지하는 반면, Strauss는 탈실증주의적 입장을 유지하고 있음을 논의한 바 있다. Payne(2007)은 이러한 두 입장에 대하여 Charmaz(2000)에 비해 좀 더 구체적인 분석을 제시한 바 있는데, 이는 다음 표와 같이 정리할 수 있다.

〈표 2〉 Glaser와 Strauss의 근거이론 비교(Payne, 2007)

Glaser의 입장	Strauss의 입장
1. 이론을 도출하는 간단하고 체계적인 절차에 큰 가치를 부여함. 2. 이론은 직접적이고 엄밀한 과정을 통해 자료로부터 도출됨. 3. 자료로 돌아감으로써 이론을 정당화함. 4. 해석주의를 거부함. 5. 이론적 코딩에 큰 강조점을 둠. 6. 이론적 메모를 강조함.	1. 뚜렷하고 복잡한 분석 절차를 제공함. 2. 이론 도출을 위한 질문하기를 지지함. 3. 지속적 비교를 촉진시키는 일련의 기술을 제안함. 4. 이론적 비교를 위한 복잡한 도구를 제안함. 5. 선택적 코딩에 강조점을 둠. 6. 다양한 형태의 메모를 제안함. 7. 복잡한 형태의 이론적 표집을 제안함.

이러한 두 입장은 장단점을 가진다. Glaser의 경우 Strauss의 입장에 비해 근거이론의 원형을 따르고 있으며, 그 이론 형성에 있어서도 다원성을 허락하고 있는 반면, 경험이 부족한 연구자들에게 다소 어려울 수 있으며, Strauss의 경우 구체적인 절차와 방법을 제시함으로써 사용자 친화적인(user-friendly) 개념을 제시하지만 지나치게 특정한 이론적 관점을 취하게 될 가능성이 있다(Kelle, 2007).

이러한 1세대 근거이론 학자들인 Glaser와 Strauss의 논의 이후, 2세대 근거이론 학자들이라 불릴 수 있는 Charmaz와 Clarke 같은 학자들이 등장하게 되는데, Charmaz는 구성주의적 관점에서 Glaser와 Strauss를 통합하려는 시도를 했고, Clarke는 Strauss의 입장에서 포스트모더니즘에 따른 상황적 분석(situational analysis)에 대한 논의를 전개하고 있다(Morse, 2009).

질적 분석과 근거이론 분석

근거이론은 질적 연구의 한 전통이지만 기존의 질적 연구들과는 몇 가지에서 차이점을 가진다. 이에 대해 Strauss와 Corbin(1994)은 근거이론이 질적 자료를 사용하고 이러한 자료에 해석적으로 접근한다는 측면에서 여타의 질적 연구들과 공통점을 가지지만, 이론의 도출을 목적으로 한다는 측면에서 차별성을 가진다고 논의한 바 있다. 근거이론 분석을 시도하려는 연구자들은 이러한 차이점과 공통점을 숙지하고 지속적으로 되새기며 분석에 임해야 할 필요가 있다. 왜냐하면 이러한 차이점을 분명히 인식하는 것이 연구자로 하여금 질적 분석의 일반적 과정과 결과에 빠지지 않고 근거이론만의 독특한 분석에 임할 수 있는 방향타 역할을 해 줄 수 있기 때문이다.

따라서 우리가 일반적으로 인식하고 있는 질적 분석과 근거이론 분석의 차이점을 분명히 인식한다는 측면에서 분석에 있어서 숙지해야 할 몇 가지 차이점을 논의하고자 한다. 우선 이러한 차이점을 표로 나타내면 다음과 같다.

〈표 3〉 일반적 질적 분석과 근거이론 분석의 차이점

구분	일반적 질적 분석	근거이론 분석
자료의 수집	목적 표집	이론적 표집
분석의 초점	맥락적 이해와 기술	개념의 도출과 개념 사이의 관계성 확인
분석의 결과	맥락적 이해와 일련의 중심 주제	개념의 통합체로서의 이론

첫째로, 분석의 대상이 되는 자료 수집을 위한 표집에 있어서, 일반적 질적 분석 모델에서는 초기에 목적 표집을 통해 수집되지만 근거이론 분석에서는 분석의 과정에서 떠오르는 이론에 따라 표집의 대상이 선정된다. 따라서 근거이론 분석에서는 연구의 초기에 표집의 범위와 수준을 결정하지 못하며, 이는 분석이 지속되는 과정에서도 떠오르는 이론에 따라 지속적으로 변화한다. 둘째로, 일반적 질적 분석에서 분석의 초점은 현상을 설명하기 위해 현상에 포함된 맥락에 대한 이해와 이에 대한 기술에 맞추어지는 반면, 근거이론 분석에서는 자료 속에서 도출된 추상화된 개념과 그러한 개념의 관계성을 파악하는 데 초점이 맞추어진다. 셋째로 분석의 결과 측면에서, 일반적 질적 분석은 현상을 설명하기 위한 맥락과 현상을 대표하는 일련의 중심 주제의 도출에 초점이 맞추어져 있는 반면, 근거이론 분석의 결과는 개념과 개념의 관계성을 포함하는 일련의 통합된 이론으로 도출된다.

2. 근거이론 분석의 방법론적 개념

근거이론은 다른 질적 연구 전통들과 마찬가지로 몇몇의 방법론적 개념에 기반하는데, 이러한 방법론적 개념들은 근거이론 연구 전반을 이끌어 가는 방향타의 역할을 한다. 마찬가지로 분석에 있어서도 이러한 방법론적 개념을 숙지하는 것이 중요한데, 여기서는 근거이론 분석과 밀접하게 관련되는 방법론적 개념을 중심으로 살펴보도록 하자.

분석 대상으로서의 이론

근거이론 분석의 목적은 이론(theory)의 도출이며, 이때 이론은 현상에 대한 설명으로 개념과 그 개념의 관련성으로 구성된다. 이러한 연구의 결론으로서 이론의 도출은 여타의 다른 질적 분석들과 차별화되는 핵심적인 부분이다. 그럼에도 불구하고 적지 않은 근거이론 연구들이 이론의 도출에 이르지 못하는 경우가 많다. Birks와 Mills(2015)는 근거이론을 따르고 있다는 많은 연구들이 이론의 구성보다는 현상에 대한 기술 수준에 머물고 있음에 대해 논의한 바 있는데, 이러한 현상이 일어나는 이유는 연구자들이 근거이론의 분석 결과로서 이론에 대한 고찰이 부족했기 때문이라 할 수 있다. 따라서 여기서는 이론의 의미와 근거이론의 분석 대상으로서의 이론의 성격에 대해 살펴보도록 하자.

넓은 관점에서 살펴보면, 이론에 대한 다양한 정의가 존재한다. 왜냐하면, 이론을 논의하고 있는 다양한 학자들이나 학문들이 그들의 철학적, 인식론적 관점에서 이론을 정의하고 있기 때문이다. Blackburn(2008)은 이론에 대해 '과학분야에서, 설명이나 예상되는 결과를 도출할 의도로 현장을 바라보는 방식'이라 정의했으며, Cook(2009)는 '이론은 연역적 함의에 의해 도출되는 형식적 언어(formal language)로 이루어진 닫힌(closed) 진술들의 일련의 구성'이라 정의한 바 있다. Kurian(2013)은 이론을 '현상을 기술하거나 패턴을 탐구하기 위해 사용되는 생각(idea), 결과(conclusions), 가설(hypotheses), 개념(concepts)의 통합적인 구성'이라 정의하며 이러한 이론은 과학적인 방식으로 타당성이 확보된다고 논의했다. Knapp(2010)은 이론을 '생각을 이끄는 상호관련적인 개념의 구성'이라 논의했고, Johnston(2009)은 이론을 '설명이나 해석을 위한 진술(statements)과 제안(propositions)의 구성'이라 논의한 바 있다. Charmaz(2006)는 이론의 정의가 인식론적 관점에 따라 달라질 수 있음을 논의하며, 이론에 대한 실증주의적 접근, 해석학적 접근, 구성주의적 접근에 대해 논의한 바 있다.

이러한 이론에 대한 다양한 관점을 통일한다는 것은 다소 무리인 점이 있으나, 이상의 논의를 통해 우리는 다음과 같은 공통점을 도출할 수 있다. 그것은 첫째, 이론은 어떠한 현상을 설명, 예측, 기술하기 위한 것이라는 점, 둘째, 이론은 현상을 설명할 수 있는 요소와 그것들의 결합으로 이루어진다는 점이다. Walker와 Avant(2011)의 이론에 대한 논의는 이러한 이론의 성격을 잘 드러내고 있는데, 그들의 논의에 따르면 이론은 '기술, 예측, 처방이나 통제를 위해 관심 현상에 대한 체계적인 관점'을 제시해 주는, '일관성 있는 관계 문장들로 구성된 집합'이며, 이러한 이론은 가장 기본이 되며 언어로 표현되는 '개념'과 '개념' 혹은 '개념들'을 포함하고 있는 '문장'들의 집합의 구성이라 할 수 있다. 또한 '문장'의 종류에는 개념 간의 관계를 밝히는 관계 문장과 '개념'의 존재를 주장하는 비관계 문장이 있음을 논의했는데, 결국 이들이 논의하는 이론이란 개념과 그것들을 관련짓는 문장으로 구성된 일련의 진술이라 할 수 있다.

그렇다면 이러한 이론의 보편적인 정의가 근거이론에서 추구하는 이론이라고 말할 수 있는가에 대해서는 좀 더 논의가 필요하다. 왜냐하면 근거이론에서의 이론의 의미는 앞서 살펴보면 보편적인 측면에서의 이론의 정의에 비해 좀 더 구체적이고 조작적인 의미를 지니고 있기 때문이다. 따라서 이제는 근거이론에서 이루어지고 있는 이론에 대한 논의를 통해 이론의 의미와 범위에 대해 살펴보도록 하자.

우선 근거이론에서 논의되는 이론의 정의에 대해 살펴보면, Glaser와 Strauss(1967)의 이론에 대한 논의는 크게 네 가지 측면에서 요약해 볼 수 있다. 그 네 가지 측면은 첫째, 이론의 역할, 둘째, 이론의 구성요소, 셋째, 이론의 수준, 넷째, 이론의 출처이다.

먼저 이론의 역할에 대해 살펴보면, 이론은 인간 행위의 예견과 설명을 가능하게 하고 또 다른 이론으로서의 진전에 유용하며 실질적인 적용을 통해 활용할 수 있으며, 이러한 예견과 설명은 연구자들로 하여금 상황에 대한 이해와 통제를 가능하게 한다. 또한 인간 행위에 대한 관점을 제공하며, 인간 행위의 다른 분야의 연구를 위한 틀을 제공할 수 있다. 둘째로, 이론은 두가지 구성요소로 이루어지는데, 그것은 개념적 범주와 그 특징, 그리고 범주와 특징들 간의 가설 혹은 관계이다. 즉, 이론을 구성하는 두 축은 개념과 그것들 사이의 관련성이 된다. 셋째로, 이론은 그 추상화 수준에 따라 실질적 이론과 형식적 이론으로 나눌 수 있는데, 실질적 이론은 '실질적 또는 경험적' 수준에서의 탐구 분야를 위해 발달된 이론이며, 형식적 이론은 '형식적 또는 개념적' 탐구 분야를 위해 발달된 이론이다. 즉, '교육현장에서 교사의 수업은 어떻게 이루어지고 있는가?', '응급실에서 간호사의 간호활동은 어떻게 이루어지는가?'와 같은 물음에 답할 수 있는 이론이 실질적 이론이라 할 수 있으며, 사회의 구성, 사회의 갈등, 사회화, 권력관계와 같은 추상적인 수준에 대한 답을 추구하는 이론은 형식적 이론이라 할 수 있다. Glaser와 Strauss(1967)는 이러한 두 수준의 이론이 서로 관련되어 있으며 근거이론은 이 두 가지 수준의 이론을 모두 고려하는 연구 방법이라 논의한 바 있고, 실제 Glaser(2007)는 그의 방법론적 논의를 형식적 이론 수준까지 이어가고 있다. 하지만 Glaser와 Strauss(1967)의 근거이론은 실제적 수준의 이론에 초점을 맞추고 있으며, 이후 근거이론을 논의하는 학자들의 이론에 대한 논의도 실제적 수준의 이론에 초점이 맞추어져 있음을 고려하면, 결국 근거이론에서 도출하고자 하는 이론의 수준은 형식적 이론이라기보다는 실제적 이론이라 할 수 있다(Charmaz, 2006). Charmaz(2006) 또한 근거이론의 이론은 실제적 영역에 한정되어 있음을 논의하며, 실제적 이론이 형식적 이론으로 발전할 수 있음에 대해 논의한 바 있다. 이러한 이론의 수준과 관련하여 Walker와 Avant(2011)는 그 수준에 따라 이론을 메타이론(meta theory), 거대이론, 중범위 이론, 실무이론으로 구분한 바 있는데, 근거이론에서의 실제적

이론은 이중 실무이론 혹은 중범위 이론에 해당하는 이론이라 할 수 있다. 넷째로, 이론의 출처와 관련해 Glaser와 Strauss(1967)는 이론이 선행하는 이론이 아닌 자료에 기반하여 도출되어야 함을 지속적으로 강조하고 있다.

　Glaser와 Strauss(1967) 이후 많은 근거이론 학자들도 이론에 관해 이들과 유사한 정의를 따르는데, Charmaz(2000, 2006, 2011)는 '근거이론'이라는 용어가 방법론을 지칭할 뿐 아니라 근거이론으로 도출되는 결과물로서의 이론을 지칭하는 용어임을 논의하며 이러한 근거이론은 중범위의 이론적 틀로서 자료에 대한 체계적이고 귀납적인 접근을 통해 도출된다고 논의한 바 있다. Chenitz와 Swanson(1986)은 근거이론에서의 이론은 개념들과 개념들 사이의 관계로 구성된다고 논의하고 있으며, Birks와 Mills(2015)는 논리적으로 연결된 개념으로 구성된 설명의 틀이라 논의한 바 있다. Urquhart(2012)는 근거이론에는 구성요소(constructs)와 구성요소들 사이의 그럴듯한 관계가 포함되어야 하며, 이론은 이러한 요소들을 바탕으로 하여 구성된다고 논의한 바 있다. 또한 그는 이론의 표현 형식으로 내러티브 형식(narrative framework), 도식(diagram), 가설의 조합으로 표현할 수 있다고 했다. 최종혁(2011)은 범주 형태의 개념과 관련성으로 이론이 구성되며 이러한 이론이 현상을 나타낸다고 논의했다.

　이상의 논의를 종합해 보면 근거이론의 결과로서 '근거이론'의 특성을 다음과 같이 정리해 볼 수 있다. 첫째, 근거이론은 현상을 설명, 예측할 수 있는 것이어야 한다. 둘째, 근거이론은 주로 실재적 영역의 현상을 다룬다. 셋째, 근거이론은 개념과 그러한 개념의 관계성으로 구성된다. 넷째, '근거이론'은 내러티브 형식, 도식, 가설의 조합으로 표현할 수 있다. Gregor(2006; Urquhart, 2012에서 재인용)는 '일반적인 이론'과 '근거이론에서의 이론'을 비교한 바 있는데, 이를 표로 나타내면 다음과 같다.

〈표 4〉 일반적인 이론과 '근거이론' 성격 비교(Gregor, 2006의 재구성; Urquhart, 2012에서 재인용)[계속]

이론의 요소	일반적 정의	근거이론에서의 정의
재현	1. 이론은 특정한 방법으로 규칙에 따라 재현되어야 함. 2. 이러한 것에는 언어, 수학적 용어, 상징적 논리, 도식, 표, 도표 등이 있음.	1. 이론은 내러티브 형식, 도식, 가설적 언명 등으로 재현됨.
구성요소	1. 이론 속에는 흥미로운 현상과 현상의 주요한 구성요소가 잘 정의되어야 함. 2. 이때 구성요소는 다양한 형태가 가능함(실제적 용어, 이론적 용어, 용어의 조합).	1. 이론의 목적은 한두 개의 핵심 범주나 핵심 구성요소를 도출하는 것임. 2. 이러한 핵심 범주는 더 긴밀한 이론을 가능하게 함. 3. 근거이론의 구성요소는 자료에 근거함.

〈표 4〉 일반적인 이론과 '근거이론' 성격 비교(Gregor, 2006의 재구성; Urquhart, 2012에서 재인용)

이론의 요소	일반적 정의	근거이론에서의 정의
관계성에 관한 진술	1. 구성요소들 간의 관계성을 보여 줌. 2. 관계성에는 다양한 종류가 가능함(공통적, 조직적, 일방향적, 양방향적, 조건적, 인과적 등). 3. 규명된 관계성은 이론의 목적에 의해 좌우됨.	1. 인과적 관계성이 필수적인 것은 아님. 2. 다양한 관계성이 가능함.
이론의 범위	1. 관련성에 대한 진술의 일반성 정도에 의해 명확하게 드러남. 2. 경계에 대한 진술로 일반성의 한계를 드러냄(몇몇의, 다수의, 모두 등).	1. 실제적 이론을 도출함. 2. 이론적 표집에 의해 일반화 가능성의 확장이 가능함. 3. 실제적 이론은 기존의 이론과 관련성이 있을 수 있고 관련되어야 함.

　그렇다면 몇몇의 근거이론 연구들을 통해 실제로 어떤 이론들이 연구를 통해 도출되었는지 살펴보도록 하자. Pflugradt와 Allen(2011)은 여성 성범죄자들의 행위 패턴에 대한 근거이론 연구를 수행한 바 있는데, 그들은 성폭력으로 수감 중인 여성에 대한 인터뷰 자료에 대한 근거이론 분석을 통해 여성 성범죄자들의 행위 패턴을 다음과 같은 일련의 진술로 이루어진 이론으로 도출했다.

◉ 여성 성범죄자들의 행위 패턴(Pflugradt & Allen, 2011)[계속]

1. 정서적으로, 혹은 심리적으로 피해자를 무너뜨리는 과정은 육체적 가해만큼이나 흥분을 일으킨다.
2. 여성 가해들은 조작을 통해 다른 이들이 가해를 하게 만들었다. 그리고 그동안 그녀들은 단지 지켜보거나 소극적으로 참여했다.
3. 육체적 가해는 혹독했으며 시간이 갈수록 강렬해졌다.
4. 육체적 가해는 몇몇 사람들이 동조하는 사회적 맥락에서 이루어졌다. 이들은 느슨하게 정의된 가족구조와 유사한 집단에서 각자 애매한 역할을 하고 있었다.
5. 고통이나 고문 가하기는 때때로 대리적으로 일어났다. 즉, 피해자들이나 공범들에게 지켜보거나 다른 사람들이나 피해자를 가해하는 데 동참하기를 강요했다.
6. 육체적 혹은 심리적 통제가 피해자를 보살펴 주는 행위로 인해 발생하거나 강화된다.
7. 심리적 가해에서 신체적 가해로의 전환은 어떤 촉매가 되는 사건으로 인해 일어난다. 이러한 촉매가 되는 사건은 분노, 질투, 공포와 복수 같은 감정적 요소를 포함한다.

8. 통제는 이 현상의 중심 주제이고 이러한 통제에는 공범들뿐만 아니라 피해자의 통제도 포함된다.
9. 어떤 성적 흥분, 즉 여성 성범죄자의 흥분은 대리적으로 나타나며 공범의 성적 흥분과 공명한다.
10. 피해자는 그들의 신체적 약함보다는 정신적 나약함으로 인해 선택된다.
11. 가해자는 피해자들에게 감정적 의존을 조성한다.
12. 주요한 인지적 왜곡은 피해자가 가해를 받을 만하다는 것이고 이러한 왜곡은 양육이나 보살핌에 대한 왜곡된 인식을 유발한다.
13. 통제는 고통을 가하는 것보다 주체들에게 더 큰 성적 흥분을 일으킨다.

또 다른 예를 살펴보도록 하자. Lipp(2010)은 간호사들이 낙태시술을 받는 여성들을 간호함에 있어서 그들에 대한 판단을 어떻게 받아들이고 그것을 다루고 있는지에 대한 현상을 근거이론을 통해 연구한 바 있는데, 그는 그러한 현상을 설명하는 이론을 개념과 그 개념들의 관계를 도식화하여 다음과 같이 표현했다.

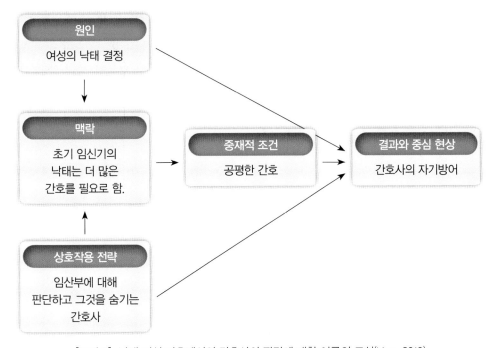

[그림 3] 낙태 여성 간호에서의 간호사의 판단에 대한 이론이 도식(Lipp, 2010)

전지형, 강선경(2015)은 학대를 경험한 여성 노인들의 삶과 그 대처과정에 대한 근거이론 연구를 수행한 바 있는데, 이들이 도출한 연구의 결과로서 이론의 일부는 다음과 같다.

> 온 힘을 다해 하루하루를 살아내고 있던 연구 참여자들에게 매일의 현실은 더욱 냉담했다. 그녀들은 한줄기 빛을 품고 자신의 부모와 형제, 조카, 자녀, 남편을 위해서 헌신하기를 멈추지 않았지만, 그들은 오히려 연구 참여자들의 소망과 헌신하는 마음에 생채기를 내고 배신했다. 연구 참여자들은 자신이 끝까지 참고 봉사하며 헌신하면 폭력 가해자 남편이 변하고 등을 돌린 자녀들이 돌아오며 자신의 삶의 최소한의 가치와 품격을 스스로 지킬 수 있을 것이라고 기대했다. 하지만 그런 그녀들에게 돌아온 것은 단지 여자라는 이유로, 혹은 아무런 이유 없이 당하고만 있어야 하는 극심한 폭력과 학대였다. 연구 참여자들은 반복적으로 단단하고 거친 주먹이 그녀들이 공들여 쌓은 삶의 탑을 무자비하게 무너뜨리는 것을 경험했다.
>
> 연구 참여자들은 지독한 폭력과 학대에 시달리면서도 자신이 붙잡고 있는 끈을 놓지 않고 살아남기 위해서 인간다운 대접을 받고자 하는 욕구를 포기하기도 했다. 또는 그 상황에서 벗어나고자 애쓰고 경찰에 신고하기도 하고 주변 친지들에게 알리기도 했다. 그렇지만 경찰도, 친척과 지인들도 상식을 뛰어넘는 폭력과 더불어 그녀들을 외면했고, 결국 연구 참여자에게 보장된 최소한의 권리는 의식주에 앞서 오로지 '죽지 않고 살아 있음'이었다. 연구 참여자들의 육체와 정신, 삶 전체를 파괴시키는 폭력과 학대라는 거대한 그림자는 죽음을 각오하며 살기 위해 몸부림치는 그녀들을 삼켜 버리고 말았다.

이론적 민감성

이론적 민감성은 자료로부터 이론을 도출하는 데 요구되는 연구자의 자질이라 할 수 있다. 조금 직접적으로 말하면 경험적 수준의 자료로부터 추상적 수준의 이론을 이끌어 내는 데 필요한 연구자의 자질을 말한다. 자질이 뛰어난 연구자가 그렇지 못한 연구자에 비해 상대적으로 빠르고 수준 높은 이론을 이끌어 낼 수 있는 것은 당연할 수도 있다. 하지만 근거이론에서의 이론적 민감성을 단순히 연구자의 능력과 동일한 것으로 보는 것은 무리가 있다. 그렇다면 이러한 이론적 민감성에 대한 논의를 좀 더 살펴보면서 이것이 근거이론 연구에 주는 시사점을 살펴보도록 하자.

Glaser와 Strauss(1967)는 자료로부터 이론을 도출하기 위해서는 연구자가 이론적으로 민감해야 하며, 이러한 이론적 민감성을 구성하는 요소로 연구자의 개인적, 기질적 취향과 자신이 속한 학문 분야에 대한 이론적 통찰력을 논의한 바 있다. Strauss와 Corbin(1990)은 이론적 민감성을 연구자의 개인적 자질로 정의하며, 이러한 이론적 민감성이 통찰력으로 이어지며 통찰력은 자료의 의미를 이해할 수 있는 능력과 관련성을 파악할 수 있는 능력이라 논의한 바 있다. Glaser(1992)는 이론적 민감성이란 연구자가 가진 지식, 이해, 기술을 의미하는 것으로 연구자가 범주와 그 속성을 생성하게 하고 범주의 관련성을 파악하고 이론으로 통합시키는 것을 가능하게 하는 능력을 신장시킨다고 논의한 바 있다. 또한 연구자는 이론적 민감성을 높이기 위해 광범위한 이론적 코드에 대해 숙지하고 있어야 함을 논의했는데, 이때 이론적 코드란 실제적 수준의 범주와 관련성을 이론적 수준으로 끌어올리는 데 필요한 개념들을 말한다.

  이러한 논의들은 이론적 민감성에 대한 몇 가지 시사점을 제공하고 있다. 첫째, 이론적 민감성은 개인적 기질뿐만 아니라 연구자가 몸담고 있는 학문적 이해 수준에 따라 달라질 수 있다는 점이다. 즉, 연구자가 높은 이론적 민감성을 가지기 위해서는 무엇보다 연구 주제와 관련된 학문에 대해 깊은 이해를 가지고 있어야 한다. 예를 들어 학교의 교육과정과 관련된 연구 주제에 대해 근거이론적 접근을 통해 연구를 수행한다면 무엇보다도 교육과정에 대한 학문적 이해가 높은 연구자가 더 높은 수준의 이론 도출에 이를 수 있다. 따라서 근거이론의 방법적 절차를 숙지하는 것이 이론을 도출하는 데 만병통치약이 될 수 없으며 훌륭한 이론을 도출하기 위해서는 무엇보다 그 연구 문제와 관련된 학문분야에 대한 높은 수준의 이해가 필요하다. 둘째, 이론적 민감성은 경험적 수준의 자료를 추상적 수준의 이론으로 나아가게 하는 교두보 역할을 한다. 즉 경험적 수준의 자료는 연구자의 이론적 민감성을 통과하는 동안 추상적 수준의 이론으로 발전하게 되기 때문에, 만약 연구자의 이론적 민감성, 특히 연구문제와 관련된 학문적 이해가 부재하거나 미약하다면 경험적 수준의 자료는 더 이상 이론으로 발전하지 못하고 단지 현상에 대한 기술 수준에 그쳐 버릴 수 있다는 뜻이다. 연구자가 경험적 수준의 자료를 추상적 수준의 이론으로 발전시키기 위해서는 자료에서 도출되는 개념들을 지속적으로 선행하는 이론적 개념들과 연결해야 하고 그렇게 하기 위해서는 무엇보다 학문적 개념에 대해 숙지하고 있어야 한다. 마지막으로, 이러한 이론적 민감성은 연구자의 노력으로 향상될 수 있다는 점이다. 이론적 민감성의 두 가지 요소들은 각각 연구자의 노력에 따라 향상될 수 있는데, 학문적 전문성의 경우 연구자 자신의 학문적 이해를 깊이 하는 방법을 통해 향상될 수 있고, 다양한 기법과 도구, 전략의 사용 또한 이론적 민감성 향상을 도울 수 있으며, 이러한 연구자의 노력에 의해 연구가 진행되는 동안 이론적 민감성이 향상될 수 있다(Birks &

Mills, 2015). 이러한 이론적 민감성이 이론의 발견에 영향을 미치는 구조는 다음의 그림과 같이 나타낼 수 있다.

[그림 4] 근거이론에서 이론적 민감성의 역할

Strauss와 Corbin(1990)은 이론적 민감성을 향상시킬 수 있는 몇 가지 요인을 논의하고 있는데, 전문적 경험(professional experience), 개인적 경험(personal experience), 분석 과정에서 사용할 수 있는 몇 가지 기법들이다. 전문적 경험은 연구자가 연구 현장에서 전문적 활동을 통해 획득한 경험을 말하고 개인적 경험은 연구자가 개인적 삶에서 겪은 연구 주제와 관련성이 있는 경험을 말한다. 이러한 두 가지 경험은 연구자의 이론적 민감성을 높이는 데 도움이 된다. 이론적 민감성을 향상시키기 위한 몇몇의 기법들이 존재하는데, 이는 다음 표와 같이 나타낼 수 있다.

〈표 5〉 이론적 민감성을 향상시키는 기술(Strauss & Corbin, 1990)

구분	내용
질문하기	자료를 분석하는 동안 지속적으로 자료에 대한 질문을 제기하는 것
단어, 구, 문장에 대한 집중	자료 속의 특정한 단어, 구, 문장에 대해 깊이 사고하는 것
플립—플롭(flip—flop) 기법	연구되는 현상과 대척점에 있는 현상에 대해 성찰해 보는 것
현상에 대한 조직적 비교	양 대척점에 있는 두 현상을 다양한 관점을 선정하여 체계적으로 비교해 보는 것
원거리 비교	연구되는 현상을 관련성이 매우 적은 현상과 비교해 보는 것
붉은 깃발 흔들기	당연하게 받아들여지는 것에 의문을 제기하는 것

지속적 비교

근거이론에서 '지속적 비교'는 크게 두 가지의 의미로 사용된다. 하나는 근거이론의 일련의 분석 절차로서의 의미이다. Glaser와 Strauss(1967)는 자료를 분석하여 이론을 도출하는 일련의 분석 과정을 논의한 바 있는데, 여기서 그들은 이러한 분석 절차를 지속적 비교방법(constant comparative method)이라 명명하고 있다. 또 다른 의미의 지속적 비교는 근거이론 분석 과정에서 연구자가 사용하는 분석의 논리로서 비교 분석을 의미한다(Glaser & Strauss, 1967). 분석 절차로서의 지속적 비교 분석 방법은 뒤에서 더 살펴보도록 하고 여기서는 분석 논리로서 지속적 비교를 중점적으로 살펴보도록 하자.

근거이론에서의 지속적 비교 분석은 연구를 수행하는 과정에서 비교의 논리를 지속적으로 사용하여 이론을 도출해야 함을 의미하는 방법론적 개념이다. 이러한 비교 분석은 근거이론만의 독특한 분석 원리는 아니다. 오히려, 유형 분석, 분류 분석, 관계 분석 등과 함께 인문, 자연과학 분야에서 보편적으로 사용되어 오던 분석의 원리이다(Glaser & Strauss, 1967; Marzano, 2000). 이러한 보편적 의미에서의 비교 분석은 이전 장에서도 논의한 바 있는데, 다시 한 번 짧게 정리하면, 비교 분석이란 둘 혹은 그 이상의 대상들에 대한 비교를 통해 의미를 도출하는 분석 방법이며 핵심적으로 비교 대상들 간의 유사점과 차이점에 초점을 맞춘다.

Glaser와 Strauss(1967)는 이러한 비교 분석의 목적으로 크게 다섯 가지를 들고 있는데, 그것은 정확한 근거의 확인, 실증적 일반화의 확립, 개념의 구체화 획득, 이론의 검증, 그리고 이론의 생성이다. 이것들에 대해 조금 더 살펴보도록 하자. 우선 비교 분석은 다양한 대상을 비교함으로써 이론 근거의 확인을 가능하게 한다. 예를 들어, 한 학생의 학습 전략에 대한 분석을 통해 어떠한 개념을 확인했다면 이후 다른 학생들의 학습 전략들과 처음 학생의 학습 전략을 비교함으로써 도출된 개념에 대한 굳건한 근거를 확인할 수 있을 것이다. 둘째로 다양한 사례에 대한 비교 분석은 실증적 일반화를 확립할 수 있는 근거를 제공할 수 있다. 예를 들어, 모성애라는 개념의 일반성을 확보하기 위해 연구자는 다양한 가정, 지역, 국가, 환경에 속하는 사례들과 모성애라는 개념을 비교함으로써 그러한 개념의 일반성 수준을 높일 수 있다. 그리고 이러한 일반성의 수준이 높아지면 최종적으로 다양한 사례에 모두 적용될 수 있는 '보편적인 것'의 수준의 일반화도 가능해진다. 셋째로, 비교 분석은 다양한 사례에 대한 비교를 통해 자신이 연구하고 있는 현상의 개념에 대해 그것이 가지는 독특함 혹은 특징을 밝혀냄으로써 그 개념을 구체화할 수 있다. 예를 들어 간호사의 환자 간호를 다른 사례, 즉 아이에 대한 어머니의 보살핌, 학생에 대한 교사의 보살핌 등과 비교함으로써 여타 다른 사례에는 존재하지 않는 환자에 대한 간호사의 보살핌이 가지는 특징을 확인할 수 있고 이러한 특징들은 개념을 구체화하는 요소들이 된다. 넷째로, 비교 분석은 이론을 검증할 수 있는 수단이 된다. 연구자는 자신이 도출한 이론과 실제적인 자료들을 비교해 봄으로써 자신의 이론을 검증할 수 있다. 연구자가 이론을 도출했다면 자신의 이론이 타당한지, 설명력이 있는지를 확인하기 위해 자신의 이론과 실제적인 자료를 비교해 볼 수 있고 이러한 비교를 통해 자신의 이론을 검증 혹은 수정할 수 있다. 마지막으로 비교 분석은 이러한 일련의 과정을 통해 이론을 도출, 수정, 검증함으로써 최종적으로 이론을 생성할 수 있다.

근거이론에서의 지속적 비교(constant comparison)란 위와 같은 비교 분석을 연구 과정 혹은 분석 과정 동안 지속적으로 적용하여 그 유사성과 차이점을 확인하며 개념, 범주, 개념들과 개념들 혹은 범주와 범주 간의 관련성을 발전시키며 이론을 발전시켜 나가는 방법론적 개념이라 할 수 있다(Glaser, 1978; Charmaz, 2006; Oktay, 2012; Urquhart, 2012). 이러한 지속적인 비교에 대해 많은 학자들이 논의를 제시한 바 있는데, Birks와 Mills(2015)는 근거이론에서의 지속적 비교는 사건과 사건, 사건과 코드, 코드와 코드, 코드와 범주, 범주와 범주 사이에서 지속적으로 일어나는 분석 원리라 논의했고, Strauss(1987)는 지시자(indicator)와 지시자의 비교, 개념과 지시자의 비교를, Glaser(1978)는 사건과 사건, 개념과 사건, 개념과 개념의 비교를 논의한 바 있다. 결국 이러한 학자들의 논의는 분석 과정 동안 지속적으로 비교를 적용해야 함을 강조하는 것이라 할 수 있다. 하지만 이러한 지속적 비교 분석을 실제 근거이론 분석에 적용하기 위해서는 좀 더 체계적인 논의가 필요할 것이다. 따라서 이러한 지속적 비교의 개념을 유의하며 몇몇의 구체적인 비교 형태를 좀 더 살펴보도록 하자. 많은 근거이론 학자들이 근거이론에서의 지속적 비교 분석의 형태에 대해 논의하고 있는데, 이러한 대표적인 형태의 비교를 다음의 표와 같이 정리할 수 있다.

〈표 6〉 지속적 비교의 형태

비교의 형태	비교를 통해 얻을 수 있는 결과
지시자와 지시자	개념의 도출
개념과 개념	개념의 병합, 개념 간의 관계성 확인
개념과 범주	범주의 확장, 개념과 범주 간의 관계성 확인
범주와 범주	범주 간의 관계성 확인
사건과 사건	개념의 도출
개념과 사건	개념의 확장

　위의 표에서와 같이 지속적 비교 분석을 통해 연구자가 의도하는 것은 개념, 범주를 도출하고 그것들 사이의 관계성을 확인하는 것이다. 그렇다면 이 두 가지 측면, 즉 개념 혹은 범주의 도출과 그것들 사이의 관계성의 확인이라는 측면에서 지속적 비교 분석이 어떻게 작용할 수 있는지 좀 더 논의해 보도록 하자.

　우선 개념의 도출과 지시자와 지시자의 비교 분석을 살펴보도록 하자. 근거이론은 개념의 도출과 관련해서 개념-지시자(concept-indicator) 모델을 따른다(Glaser, 1978; Strauss, 1987). 지시자는 특정한 개념을 지시하는 자료의 일부분이고 개념은 그러한 지시자들로부터 도출되는 이론적 개념이다. 예를 들어 자료 속에서 '늦은 밤까지 혼자 남아서 공부해야 했어요.'라는 자료의 일부분이 있고 그 자료의 일부분으로부터 '혹독한 학습'이라는 개념을 도출했다면 '늦은 밤까지 혼자 남아서 공부했어요.'는 특정한 개념을 지시하는 지시자가 되고, '혹독한 학습'은 지시자로부터 도출된 개념이 된다. 즉, 지시자들로부터 개념이 도출되는 모델이 개념-지시자 모델이다. 이러한 개념-지시자 모델을 그림으로 표현하면 다음과 같다.

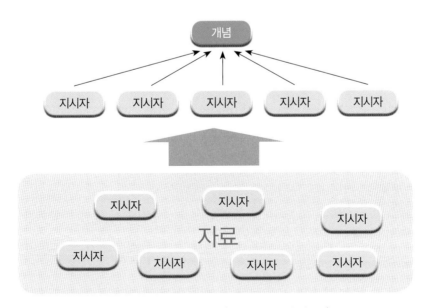

[그림 5] 개념-지시자 모형(Glaser, 1978의 재구성)

　위와 같은 개념-지시자 모델에 따리 개념을 도출하기 위해 연구자는 지시자들을 비교 분석하며 그 공통점과 차이점을 확인하고 개념이 가지는 속성과 차원을 확인한다. 이때 연구자는 그러한 개념들 중 유사한 개념은 서로 묶어 준다거나 차별적인 개념들은 속성

(property)과 차원(dimension) 측면에서 차별화시켜 줌으로써 개념을 구체화할 수 있다. 이때 속성은 그 개념이 가지고 있는 성질을 말하며 차원은 그 성질의 정도를 의미한다. 만약 지시자들이 동일한 개념을 가리키고 있다면 이러한 지시자들이 가리키고 있는 개념을 도출한다. 그리고 이러한 지시자들이 다른 개념을 가리키고 있다면 각각의 개념을 도출하고 이러한 두 개념들을 속성과 차원의 측면에서 차별화시킨다. 예를 통해 살펴보도록 하자. 학교에서의 평가와 평가기록 현상에 대해 연구하는 연구자들은 자료를 통해 다음과 같은 지시자들을 확인할 수 있을 것이다.

⦿ 지시자의 예

"솔직히 평가라는 게 너무 주관적인 것이다 보니까"
"괜히 솔직히 평가를 기록했다가 항의가 들어올 수도 있고"
"학부모들도 별로 안 좋아해요."
"관리자들도 원만하게 이루어지기를 바라는 측면도 있고"
"제 기준이 항상 맞는 것도 아니잖아요."

연구자는 이러한 지시자들을 비교하며 그 공통점과 차이점에 대해 확인한다. 어떤 연구자는 지시자가 공통적으로 '부담감'이라는 개념을 지시하고 있다고 비교 분석하여 '부담감'이라는 개념을 도출할 수 있다. 반면, 이러한 지시자들 사이의 차이점에 주목하여 비교 분석이 이루어질 수도 있다. 그렇다면 연구자는 서로 다른 개념들을 도출하고 비교를 통해 속성과 차원의 측면에서 이러한 개념들을 차별화해야 한다. 위의 지시자들의 경우 차이점에 무게를 둔다면 '내적 부담감'과 '외적 부담감'이라는 두 개념이 도출될 수 있을 것이다. 그렇다면 이러한 개념의 차이를 가져오는 속성을 비교를 통해 파악한다. 한 예로 '부담감의 원인'이라는 속성이 차이점을 드러내는 속성이 될 수 있다. 그렇다면 '내적 부담감'의 경우 '부담감의 원인'이라는 속성의 차원은 '교사 내부'가 되고 '외적 부담감'의 경우 '부담감의 원인'이라는 속성의 차원은 '교사 외부'가 된다. 이러한 개념 도출을 위한 비교 분석은 개념 대 개념, 범주 대 범주 수준까지 지속적으로 이어지며 공통적인 것으로 드러나면 도출, 병합되고, 차별적인 것으로 드러나면 그 속성과 차원 측면에서 차별점을 밝히는 방향으로 계속 수행된다.

　개념들 간 혹은 범주들 간의 관계성을 밝히는 비교 분석은 그것들의 차원과 속성을 확인하며 그 관련성을 확인한다. 예를 들어 '쪽지시험 대비', '중간고사 대비', '공부함', '준비 안함'이라는 개념이나 범주를 비교한다면 '쪽지시험 대비'와 '중간고사 대비'는 그 속성으로 '부담감'이라는 속성을 가지고 있으나, '쪽지시험 대비'의 경우 '부담감'의 속성에 대해 '낮은 부담감'이라는 차원을 가지게 되고, 이러한 속성과 차원으로 인해 '준비 안함'이라는 개념과 관련되게 된다. 반면, '중간고사 대비'라는 개념의 '부담감'과 '높은 부담감'이라는 속성과 차원은 '공부함'이라는 개념과 관련성을 가질 수 있다.

　사건과 사건의 비교 분석도 위의 비교 분석과 유사하다. 둘 혹은 그 이상의 사건을 서로 비교함으로써 그 사건들 속에 공통적으로 내재된 개념, 혹은 사건들을 서로 차별화시키는 개념과 그 개념의 속성, 차원을 도출할 수 있다. 예를 들어 보자. '학생들의 수업 참여'와 '학생들의 자습'이라는 두 가지의 사건을 비교할 수 있다. 이때 이 두 사건 속에 내재하는 공통 개념으로 '지식의 습득'이라는 개념이 있을 수 있으며, 이러한 '지식의 습득'이라는 개념은 이 두 사건을 유사한 것으로 만들어 주는 개념이다. 반면, 이 둘을 차별화시키는 개념으로서 '자율성'이라는 개념이 도출될 수 있다. 즉, '학생들의 수업 참여'는 '자율성'이라는 속성에서 '낮음'이라는 차원을 가지나 '학생들의 자습'이라는 사건은 '자율성'이라는 속성에서 '높음'이라는 차원을 가질 수 있다.

　그렇다면 실제 연구에서 이러한 지속적 비교 분석이 어떻게 나타나는지 실제 연구 사례를 통해 확인해 보도록 하자. Boeije(2002)는 만성다변성경화증을 앓는 연구 참여자 커플들과의 인터뷰를 일련의 단계로 구성된 체계적 비교 분석을 통해 분석한 바 있는데, 이러한 그의 지속적 비교 분석은 비록 그러한 비교 분석이 일어나는 모든 부분을 보여 주고 있지는 않지만 지속적 비교 분석이 근거이론에서 어떻게 작용할 수 있는지에 대한 대략적인 감각을 제공할 수 있다는 측면에서 살펴볼 가치가 있다. 그는 지속적 비교 분석을 수행함에 있어서 체계적 접근을 시도하고 있는데, 그 단계는 다음의 표와 같이 나타낼 수 있다(표 7).

　이러한 지속적 비교 분석의 단계를 통해 Boeije(2002)는 개념과 범주, 그리고 그 상호 관계성을 도출해 갔는데, 각 단계에서 구체적으로 그가 어떻게 비교해 나갔는지에 대해 다음의 사례를 통해 확인해 보도록 하자. 다음은 그 첫 분석의 첫 단계에서 이루어진 비교 분석에 대한 기술이다.

1단계: 단일 인터뷰에서의 비교

연구 초기 단계에서는 단일 인터뷰 내에서 비교가 이루어졌다. 개방 코딩의 과정 동안 인터뷰의 모든 내용은 분석되었고 이를 통해 무엇이 언급되었고 그러한 내용에 어떤 적절한 코드를 부여할 수 있는지에 대한 결정이 이루어졌다. 인터뷰의 서로 다른 부분들을 비교하며, 전체로서의 인터뷰 각 부분이 검토되었다. 예를 들어 만약 한 참여자가 인터뷰의 한 부분에서 만성다변성경화증으로 인한 신체적 의존성에 대해 별로 어려움을 겪지 않았다고 이야기하는 반면, 다른 부분에서 그러한 의존성이 그에게 힘겨운 것이었다고 언급되었다면 이러한 부분은 명료화가 필요하다.

만약 자료의 한 지시자에 '의존성'이라는 코드를 부여한다면, 연구자는 그러한 '의존성'이라고 코드를 부여할 수 있는 또 다른 지시자를 찾기 위해 노력해야 한다. 만약 동일한 범주를 구성하는 언급이 같은 인터뷰에서 한 번 이상 언급되었다면, 이러한 범주에 속하는 지시자는 서로 비교되어야 하는데, 이를 통해 범주에 대한 새로운 정보를 찾을 수 있는지, 혹은 같은 정보가 반복되는지를 확인해야 한다. 이러한 지시자는 그것들이 가지는 공통점이 무엇인지 혹은 어떻게 다른지, 어떤 맥락에서 연구 참여자가 중요한 지점을 만드는지 그리고 의존성의 어떤 차원이나 측면이 강조되는지를 판단하기 위해 비교되어야 하고 이를 위해 주제화되어야 한다.

(Boeije, 2002)

〈표 7〉 Boeije(2002)의 비교 분석 과정

단계	비교 대상	분석 활동	초점	분석 결과
1	단일 인터뷰 속에서의 비교 분석	• 개방 코딩	• 범주 도출	• 인터뷰에 대한 요약 • 잠정적인 코드 • 개념적 프로파일 • 메모의 확장
2	같은 그룹에 속하는 인터뷰들 간의 비교 분석	• 축 코딩	• 주제의 개념화 • 유형 도출	• 코드의 확장 • 개념의 기술 • 인터뷰 비교의 기준 • 인터뷰의 유형
3	다른 그룹에 속하는 인터뷰와의 비교 분석	• 자료 원천에 대한 트라이앵귤레이션	• 정보를 풍부하게 하는 전체적인 그림 그리기	• 인터뷰에 대한 잠정적 지식의 정당화 • 추가적 정보 • 메모
4	커플 수준에서 한 쌍의 비교 분석	• 개방 코딩 중 도출된 주제에서 관계성과 관련된 주제를 선택 • 관계성 요약 • 해석에 대한 합의 도출	• 관계성에 대한 개념화	• 관계성에 대한 개념적 프로파일 • 확장된 메모 • 중심 이슈의 인벤토리
5	커플들 비교 분석	• 커플들을 비교하기 위한 기준 도출 • 패턴과 타입에 대한 가설 형성	• 기준 도출	• 커플 비교의 기준 • 관계성의 유형

코드와 코딩

근거이론에서 코드(code)는 개념이나 범주에 부여되는 이름으로서 이론의 기초가 되는 것이며, 코딩(coding)은 자료로부터 이론을 도출하는 과정으로 자료 속의 개념을 도출, 명명, 연결하는 과정을 통해 개념을 조작하는 일련의 행위라 정의할 수 있다. 코드와 코딩의 일반적인 측면에 대해서는 앞의 장에서 충분히 논의하였고, 각 코딩의 과정이 구체적으로 어떻게 일어나는지는 뒤에서 더 자세히 다룰 것이기 때문에 여기서는 근거이론에서 코드와 코딩이 어떤 것인지에 대해 전체적으로 조망해 보고, 학자들이 논의하는 다양한 코딩에 대해 간략하게 의미를 정리해 보도록 하자.

　코드는 근거이론만이 가지는 독특한 개념은 아니다. 실제로 코드라는 용어는 양적 연구 전통에서 먼저 언급되었는데, 여기서는 미리 정의한 코드와 코딩의 틀(scheme)을 통해 자료에 코드를 부여하고 그 빈도수에 초점을 맞추었다(Kelle, 2007). 이는 근거이론의 코드와 큰 차이점을 보이는데, 근거이론에서의 코드는 미리 정해지는 것이 아니라 자료로부터 도출되는 것이기 때문이다. 한 가지 유념할 점은 코드가 부여되는 대상은 경험적 수준의 자료가 아니라 자료로부터 추상화된 개념이라는 점이다(Glaser & Strauss, 1967). 이와 관련하여 Glaser와 Strauss(1967)는 이론을 형성하는 것은 자료가 아니라 그것으로부터 생성된 개념 혹은 개념적 범주라 논의한 바 있고 또한 이때 개념은 분석적인 것이어야 하며 코드는 그러한 대상을 적절히 설명할 수 있는 것이어야 한다고 논의한 바 있다(Glaser & Strauss, 1967; Glaser, 1978).

　이러한 근거이론에서 코드는 수준에 따라 두 가지 종류가 있는데, 하나는 실제적 코드(substantive code)이고 다른 하나는 이론적 코드(theoretical code)이다(Glaser, 1992; Stern, 2007; Oktay, 2012). 실제적 코드는 자료에 대한 분석을 통해 도출되는 개념적 의미들이며 이론적 코드는 이러한 실제적 코드들을 관련지어 이론적 수준으로 발전시키기 위해 사용되는 코드들이다. 예를 들면 '무리한 요구', '과도한 업무'와 같은 것들이 실제적 코드가 될 수 있으며, '전략', '상호작용', '사회적 가치'와 같은 것들이 이론적 코드가 될 수 있다. 그리고 실제적 코드들은 자료로부터 도출되는 것인 반면, 이론적 코드들은 연구자, 특히 연구자가 몸담고 있는 학문적 배경으로부터 도출된다고 할 수 있다. 앞에서 경험적 수준의 자료가 이론으로 발전하기 위해서는 연구자의 이론적 민감성이 필수적이라 논의했는데, 실제적 코드와 이론적 코드에 대한 논의는 이러한 이론적 민감성에 대한 부분과 일맥상통하는 것이라 할 수 있겠다.

　코딩은 자료가 무엇에 대한 것인지를 규명하는 과정이며, 분석의 뼈대를 만드는 작업이며, 자료를 개념화하고 그것들의 관계를 규명하고 그것에 대한 임시적인 가설을 도출하는 과정이다(Strauss, 1987; Charmaz, 2006; Bryant & Charmaz, 2007). 이러한 일련의 코딩은 자료를 파편화함으로써 연구자를 자료의 경험적 수준으로부터 분리시키고 또한 그것들을 다시 개념적 수준에서 묶어 줌으로써 자료 속에서 무엇이 일어나고 있는지를 설명하는 이론을 도출할 수 있게끔 한다(Glaser, 1978). 연구자는 코딩을 통해 지속적으로 자료 속에 내재한 개념을 조작하여 이론을 도출한다. 근거이론 학자들은 분석을 위한 일련의 코딩들의 구성을 제안하고 있는데, 여기서는 이러한 구성들에 포함된 다양한 유형의 코딩에 대한 논의를 간략하게 정리하고 더 자세한 논의는 분석 절차를 다룰 때 살펴보도록 한다. 학자들이 논의하는 다양한 코딩 유형은 다음의 표와 같다.

〈표 8〉 근거이론 학자들이 논의하는 코딩의 유형

학자	코딩의 유형		의미
Glaser (1978, 1992)	실제적 코딩 (substantial coding)	개방 코딩 (open coding)	최대한의 개방적인 관점으로 자료로부터 개념과 범주를 도출함.
		선택 코딩 (selective coding)	개방 코딩을 멈추고 핵심 범주(core category)를 선택하여 이를 중심으로 선택적으로 코딩을 수행하는 단계. 코딩을 수행하며 핵심 범주를 포화시킴.
	이론적 코딩(theoretical coding)		이론적 코드를 통해 실제적 수준의 분석을 이론적 수준으로 끌어올림.
Strauss(1987), Strauss & Corbin (1990, 1998)	개방 코딩		최대한의 개방적인 관점으로 자료로부터 개념과 범주를 도출함.
	축 코딩(axial coding)		개념들과 범주들 사이의 관계성을 확인. 코딩 패러다임(coding paradigm)을 활용함.
	이론적 코딩		핵심 범주를 중심으로 이론의 윤곽을 잡음.
Charmaz(2006)	초기 코딩(initial coding)		자료로부터 개념과 범주를 도출함.
	초점 코딩(focused coding)		핵심 범주, 핵심 변수를 중심으로 코딩을 수행하며 핵심 범주를 포화시킴.
	축 코딩		개념들과 범주들 간의 관계성을 확인함.
	이론적 코딩		실제적 수준의 분석을 이론적 수준으로 끌어올림.

개연적 삼단논법

근거이론 방법론에서 개연적 삼단논법(abduction)은 자료로부터 이론을 이끌어 내는 추론의 한 형식으로 우리나라에서는 가추법 혹은 귀추법이라는 용어로 번역되기도 한다. 개연적 삼단논법은 추론의 한 형태로 자료를 통해 가설들을 형성하고 형성된 가설들을 자료를 통해 다시 확인함으로써 가설에 대한 선택, 검증, 수정, 수용을 통해 이론을 도출하는 일련의 과정들을 통해 이루어진다. 개연적 삼단논법 추론 방법은 근거이론만의 독특한 추론 양식이라기보다는 이론과 지식을 도출하는 보편적 방법으로서, 다양한 학문적 배경을 가진 연구 분야에서 보편적으로 사용되고 있다. 근거이론에서의 개연적 삼단논법의 역할은 주로 Charmaz에 의해 논의되고 있는데, Bryant와 Charmaz(2007)와 Charmaz(2011a)는 이러한 개연적 삼단논법을 자료를 꼼꼼히 살피고 가능한 설명을 고려하여 가설을 형성한 후 자료를 통해 가장 그럴듯한 해석을 도출하는 것이라 논의한 바 있고, Charmaz와 Henwood(2008)는 이러한 개연적 삼단논법을 근거이론 분석의 일반적 전략으로 논의하기도 한다.

이러한 개연적 삼단논법의 출현은 Peirce의 논의로부터 시작되었는데(Lipscomb, 2012), 그는 연역도 귀납도 아닌 제3의 추론 방법으로 개연적 삼단논법에 대해 논의하며, 그 과정을 탐정의 사고활동에 비유했다(Reichertz, 2007). 일반적으로 나타나는 탐정의 사고과정은 개연적 삼단논법의 전형을 가장 잘 드러내는 것이라 하는데, 우리가 일반적으로 알고 있는 탐정의 사고활동은 다음과 같이 단계적으로 나타낼 수 있다. 우선 탐정은 범죄의 현장에 남아 있는 증거들에 대해 꼼꼼히 살핀다. 둘째로, 증거들에 대한 추리를 통해 그러한 증거들을 설명할 수 있는 그럴듯한 설명들을 이끌어 낸다. 마지막으로 탐

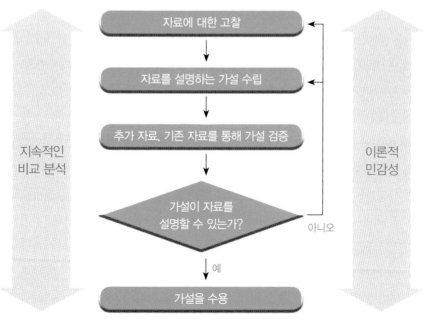

[그림 6] 근거이론에서 개연적 삼단논법

정은 자신의 설명과 증거들을 비교하고 또 더 많은 증거들을 수집하며 자신의 설명을 폐기하거나 수용한다. 이러한 탐정의 사고활동은 개연적 삼단논법의 추론 과정을 잘 드러내는 적절한 비유라 할 수 있다. 근거이론에서 나타나는 개연적 삼단논법의 흐름을 그림으로 정리하면 다음과 같다(그림 6).

이론적 표집과 이론적 포화

이론적 표집(theoretical sampling)이란 연구가 진행되는 동안 떠오르는 이론을 기준으로 하여 수집할 자료를 결정하는 표집 방법이다. 이러한 이론적 표집에 대한 논의로 근거이론이 처음으로 논의된 「근거이론의 발견」에서의 논의와 이후의 논의는 크게 다르지 않다. 여기서 Glaser와 Strauss(1967)는 이론적 표집에 대해 '분석가가 이론을 발전시키기 위해' 수행하는 것이며 분석 이후에 '표집의 대상이 결정'되며, 표집의 기준은 '떠오르는 이론'이 되어야 함을 논의한 바 있는데, 이후 Glaser(1978)는 이론적 표집이 분석을 통해 떠오르는 코드를 기준으로 자료를 수집하는 것이며 이를 통해 다양한 코드와 코드 간의 관계성이 더 이론적으로 발전한다고 논의했으며, Strauss(1987)는 '발전하는(evolving) 이론', Strauss와 Corbin(1998)은 '입증된 이론적 관련성'을 기준으로 표집을 수행하는 것이라 논의한 바 있다.

이러한 학자들의 논의는 이론적 표집에 대해 다음과 같은 시사점을 제공한다. 그것은 첫째, 이론적 표집은 떠오르는 이론을 기준으로 하여 표집 대상을 선정하는 것이다. 이때의 이론은 떠오르는 개념, 범주, 가설 등이 될 수 있다. 예를 들어 리듬 체조 선수에 대한 자료의 분석을 통해 '운동능력'이라는 개념을 도출하고 이러한 개념의 속성으로 '유연성'과 '근력'을, 각 속성에 대한 차원으로 '유연성 높음', '근력 낮음'을 밝혀낼 수 있다. 그렇다면 연구자는 이후 새로운 자료를 수집하기 위해 표집 대상을 결정해야 하는데, 이러한 차원과 속성의 유사함을 기준으로 표집할 수도 있고, 차이점을 기준으로 표집할 수도 있다. 만약 '유연성'이라는 속성과 차원에 대해 유사한 대상으로 표집하려 한다면 피겨스케이팅 경기를, 차별적인 대상을 표집하려고 한다면 사격 경기 같은 대상을 표집할 수 있다. 또한 '근력'의 속성과 차원에 따라서는 유사한 대상으로 피겨스케이팅 경기, 차별적인 대상으로 역도 경기 등을 표집할 수 있다.

이처럼 유사성을 기준으로 표집할 것인가 아니면 차이성을 기준으로 표집할 것인가는 연구자의 의도에 따라 결정될 수 있는데, 어떤 기준을 선택하는가에 따라 이론의 발전 방향이 달라질 수 있다. Glaser와 Strauss(1967)는 이러한 이론적 표집에 대한 결과로 이론이 어떻게 발달될 수 있는가에 대해 논의한 바 있는데, 그러한 논의는 다음의 표로 정리할 수 있다.

〈표 9〉 이론적 표본 추출의 선택(Glaser & Strauss, 1967)

집단의 차이점	범주에 있는 자료	
	유사함	다양함
최소화	자료에서 최대한의 유사성을 이끄는 것은 다음 세 가지와 같은데 이 조건들은 예측을 위해 사용됨. ① 범주에 대한 유용성 검증 ② 기본적 특성 생성 ③ 어느 정도의 범주에 대한 일련 조건 확립	범주와 가설의 다양함 속에서 근본적 차이점을 인지함.
최대화	광범위한 범위의 근본적 균일성을 인지함.	자료의 최대한의 다양성을 가능케 하는 것: ① 범주 특성의 발전 ② 범주와 특성의 통합 ③ 이론 범위 한계 지정

　Strauss와 Corbin(1990, 1998)은 분석 과정에 따른 이론적 표집 전략을 논의한 바 있는데, 그들은 개방 코딩 단계에서는 범주, 속성, 차원을 고려하여 표집하고, 축 코딩 단계에서는 발견된 범주들과 하위 범주들 간의 관계성을 확인하고 그것을 구체화시키는 데 초점을 맞추어 표집하고, 선택 코딩 단계에서는 범주나 범주 간의 관계를 입증하기 부족한 부분을 메우는 차별적인 표집이 일어나야 한다고 논의했다. 이러한 이론적 표집은 이론적 포화가 달성되는 시점까지 지속적으로 이루어진다.

　이러한 이론적 표집은 질적 연구에서 사용되는 표집 방법인 목적 표집, 눈덩이 표집과 유사하게 보일 수 있지만 근본적인 차이점을 가진다. 우선 목적 표집과 비교해 보면, 이론적 표집은 연구의 시작점이 아닌 분석 과정에서 지속적으로 표집 대상이 결정된다는 점, 그리고 연구 문제가 기준이 아닌 분석 과정에서 떠오르는 이론이 기준이 된다는 점에서 목적 표집과 다르다고 할 수 있다. 또한 눈덩이 표집과 비교해 보면, 이론적 표집은 우연성이 아닌 뚜렷한 표집의 뚜렷한 의도가 반영된다는 점 그리고 이론적 포화라는 뚜렷한 표집의 종착점이 존재한다는 점에서 눈덩이 표집과 다르다고 할 수 있다. 이러한 차이점을 표로 정리하면 다음과 같다.

〈표 10〉 이론적 표집, 목적 표집, 눈덩이 표집의 차이점

관점	이론적 표집	목적 표집	눈덩이 표집
표집 시기	분석 과정 전체 기간	연구의 시작 시기	연구 과정 전체 기간
표집 기준	떠오르는 이론 (개념, 범주, 관계성 등)	연구 문제	연구 문제, 우연성
예상 가능성	예상할 수 없음	초기에 결정됨	예상할 수 없음
마무리 시점	이론적 포화 시점	연구의 초기	예상할 수 없음

이론적 포화(theoretical saturation)는 분석과 표집이 마무리되는 시점으로 분석을 통해 더 이상의 새로운 개념, 범주, 관련성에 대한 정도가 도출되지 않는 시점을 의미한다 (Glaser & Strauss, 1967; Strauss, 1987). 이러한 이론적 포화는 그 개념에 있어서 근거이론 분석뿐만 아니라 그 연구 방법 전체를 통해 매우 중요한 개념이다. 왜냐하면 이러한 이론적 포화의 개념은 이론적 표집과 함께 도출되는 이론의 일반화 가능성을 확보하는 중요한 수단이기 때문이다. 즉, 이론적 표집과 이론적 포화를 통해 더 이상 새로운 사항이 없음을 공인함으로써 이론의 일반화를 획득할 수 있는 것이다. 이와 관련하여 Strauss와 Corbin(1990)은 이론적 포화에 이르지 못한 이론은 개념적으로 부적절한 이론이라 논의한 바 있는데, 이러한 논의는 근거이론에서 높은 수준의 일반성을 보장하는 이론을 획득하는 데 이러한 이론적 포화가 중요한 개념임을 드러내는 것이라 할 수 있다.

Birks와 Mills(2015)는 이론적 포화의 달성 여부는 크게 두 가지 측면에서 확인될 수 있다고 논의한 바 있는데, 첫째는 분석을 통해 새로운 개념이나 범주, 관계성이 도출되는지의 여부이고, 둘째는 범주들의 속성과 차원이 충분히 설명되는지의 여부이다. 연구자는 이러한 두 가지 측면에서 자신의 분석을 확인함으로써 이론적 포화 시점을 확인할 수 있다. Strauss와 Corbin(1998)은 이론적 포화 시점을 확인하기 위한 세 가지 기준을 제시한 바 있는데, 이를 정리하면 다음과 같다.

⊙ 이론적 포화의 기준(Strauss & Corbin, 1998)

1. 범주와 관련하여 더 이상 새로운 혹은 연관된 자료가 나타날 것 같지 않을 때
2. 범주의 발전이 속성과 차원에 따라 충분히 이루어졌을 때
3. 범주 간의 관계가 잘 설정되고 검증되었을 때

메모와 도형

근거이론에서 '메모(memo)'란 '이론의 형성과 관계있는 분석의 기록'이다(Strauss & Cobin, 1998). Strauss(1987)는 이러한 메모를 연구자의 '이론적 질문, 가설, 코드의 요약' 등에 대한 기록이라 논의한 바 있다. 앞의 장에서 우리는 분석 과정에서의 메모, 이론적 메모, 반성적 글쓰기 등에 대해 논의한 바 있는데, 이러한 논의처럼 근거이론에서의 메모 쓰기는 자료 혹은 현상에 대한 연구자의 분석적, 해석적, 반성적 기술이며 질적 연구를 가능하게 하는 핵심적인 작업으로, 연구자는 이러한 메모를 통해 분석과 관련된 자신의 사고를 정리한다. van Manen(2006, 2011)의 논의를 빌면, 우리는 우리의 생각을 글로 표현하는 것이 아니라 글쓰기 자체가 우리의 사고 과정이며 글쓰기를 통해 결과를 표현하는 것이 아니라 글쓰기를 통해 결과가 도출된다. 이러한 그의 논의는 근거이론 분석에서 메모의 역할을 잘 드러내는 것이다.

〈표 11〉 분석의 각 단계에서 메모의 초점(Oktay, 2012)

분석의 단계	메모의 초점
개방 코딩	1. 사례, 배치, 사건에 대한 기술 2. 개념의 발견과 개념에 대한 기술 3. 개념에 대한 심층적 분석 4. 개념을 범주로 합치는 근거에 대한 연구자의 추론 과정 5. 개념 혹은 범주의 차원과 속성에 대한 논의 6. 범주의 하위 범주 개발과 관련된 연구자의 반성 7. 자료에 대한 질문과 질문에 대한 대답 8. 기타 개방 코딩 과정 중 일어난 연구자의 자유로운 생각
축 코딩	1. 자료 속에서 무슨 일이 벌어지고 있는지에 대한 대답 2. 범주들의 차원과 속성에 초점을 맞추어 다른 범주들과 연결시키는 논리의 기술 3. 사람들의 행위와 행위의 진행에 대한 분석 4. 행위가 일어나는 맥락을 규명 5. 범주에 영향을 미치는 조건들에 대한 숙고 6. 범주로 인한 결과에 대한 숙고
마지막 단계	1. 무엇에 대한 연구인가에 대한 숙고 2. 핵심 범주에 대한 논의와 그것들이 다른 범주와 어떻게 연결되는지에 대한 숙고 3. 발견되는 간극(gap), 불완전한 범주에 대한 규명 4. 사고, 사건, 행위, 과정의 명료화 5. 행위와 상호작용, 감정과 관련된 조건에 대한 숙고 6. 이론으로 통합할 수 있는 적절한 모형에 대한 숙고 7. 사회과학적 프레임에 대한 숙고 8. 부적 사례에 대한 고찰

메모에 기록되는 내용은 정해져 있지 않다. 오히려 많은 학자들은 메모의 작성에 제한을 두지 않을 것을 장려하고 있다(Charmaz, 2006). 따라서 메모에는 분석과 관련된 연구자의 생각, 사고의 과정, 제기되는 질문, 코드에 대한 기술적 분석 등 다양한 내용이 기술될 수 있는데, Oktay(2012)는 분석의 각 단계에서 핵심적으로 기록되어야 할 메모의 중점을 앞의 표와 같이 논의한 바 있다.

이 사항들 외에도 분석 전체의 단계 동안 일어나는 연구자의 느낌과 가정, 철학적 입장, 연구 문제와 관련된 다른 문헌들에 대한 시사점, 연구와 관련된 이슈와 관심, 연구에 영향을 미치는 요소들이나 연구 과정에 대한 연구자의 반성, 연구와 관련된 연구자의 결정 등이 메모에 기록될 수 있다(Birks & Mills, 2015).

Clark(2005; Birks & Mills, 2015에서 재인용)는 이러한 메모를 '은행에 쌓여 있는 지적 자본'에 비유했고, Birks와 Mills(2015)는 분석에 있어서 메모하기는 연구의 질을 유지하는 주춧돌이라 논의했다. Stern(2007)은 메모 쓰기를 통해 연구자가 자신의 사고를 계속적으로 추적할 수 있으며, 메모는 '자료'라는 빌딩 블록을 쌓아 올리는 '모르타르'라고 은유적으로 표현했는데, 이러한 학자들의 비유와 은유는 근거이론 분석에서 메모의 중요성을 잘 보여 주는 것이다.

근거이론 분석에서 메모의 역할은 다음과 같이 정리할 수 있다. 첫째, 메모는 연구자의 사고를 촉발시키며, 새로운 방식으로 자료와 코드를 볼 수 있게 한다(Charmaz, 2000, 2006). 둘째, 메모를 통해 연구자는 코드와 과정(process)을 자세히 설명한다(Charmaz, 2000). 셋째, 메모는 연구자의 분석적 해석과 실제를 연결시킨다(Charmaz, 2000). 넷째, 메모를 통해 연구자는 계속적으로 코드를 추적하며 미래의 코드를 탐색한다(Strauss, 1987; Charmaz, 2006).

그렇다면 이러한 메모의 구체적인 예를 통해 좀 더 살펴보도록 하자. Montgomery와 Bailey(2007)는 근거이론에서의 이론적 메모에 대한 논의를 전개한 바 있는데, 이러한 논의에서 다음과 같은 메모를 예시로 보여 주고 있다. 이러한 메모는 심각한 정신 질환을 앓고 있는 기혼 여성에 대한 연구를 통해 도출되었다.

2월, 초기 수준, 감추기

Brook의 이야기를 살펴보면, 그녀는 자신이 환자인 것을 드러내고 싶어함에도 불구하고 자신의 질환을 가족들에게 숨기고 있다. Brook은 모성에 대한 이미지를 강함으로 묘사하고 있다. "나는 강해요. 강한 존재이고 독립적인 존재에요." 이러한 이미지는 그녀가 자신의 감정을 비용으로 치르는 이상을 투영하고 있다. 이러한 이미지 혹은 '가면'

은 상호적으로 어머니와 자녀들을 보호한다. 어머니로서 자신을 보호하기 위해, Brook
은 가면 뒤의 그녀를 누구도 보지 못하게 한다. Brook은 그녀의 아이들이 그녀가 바라
는 그리고 아이들이 따르기를 원하는 이상을 봐 주기를 원한다. 그녀는 자신이 투병하
게 되면 그녀의 아이들을 위한 삶이 질병으로 인해 규정될까 봐 두려워하고 있다.

또 다른 메모를 살펴보도록 하자. Birks, Chapman, Francis, K. (2008)는 메모의 역할
로서, 연구 활동의 도식화(mapping research activity), 자료로부터 의미 추출(extracting
meaning from the data), 연구의 축 유지(maintaining momentum), 의사소통의 개방
(opening communication)을 논의하며, Borneo 섬의 간호사들에 대한 연구를 통해 작성
된 메모 중 일부를 그 역할에 따라 제시한 바 있는데, 이러한 메모들은 다음과 같다.

연구 활동의 도식화 메모

어제 나의 연구 책임자와 만났다. 그 만남은 다음 달에 이루어질 자료수집 방문을 논의
하기 위한 것이었다. 우리는 포커스 그룹이 지금 진행되고 있고, 그러한 인터뷰를 통해
이미 충분한 가치가 있는 자료를 수집하였고, 그것을 통해 예비 범주를 수립할 수 있다
고 결정했다. 나는 더 나아가 참여자들이 그룹 상황에서 더 편안함을 느낄 수 있을 것
이며 따라서 이러한 편안함이 더 깊고 폭 넓은 정보를 제공할 수 있을 것이라 믿었다.

자료로부터 의미의 추출

여기서 무슨일이 벌어지고 있는가? 나는 "학위를 마치고, 나는 간호란 무엇인지에 대해
이해하고 있다."는 정의적인 진술을 수립했다. 이러한 정의는 다른 영역까지 확대될 수
있다. "만약 그들이 학위를 마친다면 그들은 간호가 무엇인지 알 수 있을 것이다."
위의 논의는 나를 '여기서 무슨 일이 일어나고 있는지'에 대한 대답을 가능하게 위치시
켰다. 그러한 정의적인 진술은 "나는 지금 전문가로서 새로운/강화된 관점을 가지고 있
다. 그리고 나는 이러한 상태의 간호가 어떠해야 한다고 믿고 있다."로 구성된다.

도형(diagram)은 개념들과 개념들의 관계성, 혹은 범주들과 범주들 간의 관계성을 시
각적으로 재현하는 도구로서 연구 과정을 통해 점증되며 발전한다(Strauss, 1987). 쉽
게 말해, 도형이란 분석을 통해 밝혀신 범주와 범주 간의 관계를 그림으로 표현한 것이
며, 이러한 도식은 연구자가 분석의 진행상황이나 분석의 결과를 일목요연하게 정리할
수 있게 도움을 주며, 이론의 재현방식으로 독자들로 하여금 그 연구의 결과인 이론을 한

눈에 확인할 수 있게 도와준다. 이러한 도형은 Glaser(1978), Strauss와 Corbin(1990)이 분석 도구로 논의한 이후 근거이론 연구의 특징과 같은 것으로 여겨지고 있다. Birks와 Mills(2015)는 이러한 도형이 코딩의 초기부터 이루어져야 하며 연구가 진행될수록 질서를 찾아 간다고 논의한 바 있다. 이러한 논의는 도형이 단순히 이론의 재현이 아닌 이론을 형성하는 도구임을 밝힌 것이라 할 수 있다.

그렇다면 근거이론 연구들에 드러나는 구체적인 도형들에 대해 살펴보도록 하자. Buckley와 Waring(2013)은 도형이 연구의 과정에서 연구를 이끌어 가는 역할을 할 수 있으며, 연구가 진행됨에 따라 점진적으로 발전한다는 점을 논의한 바 있는데, 이들은 이러한 논의에서 초기 단계에 구성될 수 있는 도형의 예로 다음 그림과 같은 도형을 제시한 바 있다.

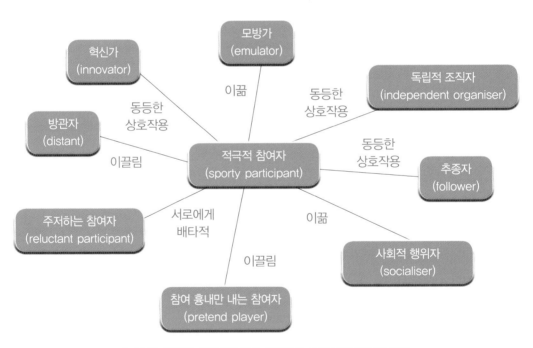

[그림 7] 적극적 참여자와 다른 참여자들 간의 관계 맺음의 유형
(Buckley, 1997; Buckley & Waring, 2013에서 재인용)

정상원(2014)은 교사의 평가와 평가 기록 행위에 대한 연구에서 다음 그림과 같이 도출되는 개념들을 점차적으로 구조화했다(그림 8).

이러한 메모와 도형은 별개의 것이라기보다는 함께 사용될 수 있는데, 메모의 한 형식이 도형이 될 수 있기 때문이다. Strauss와 Corbin(1998)은 이러한 메모와 도형을 이론의 도

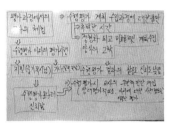

[그림 8] 도형을 통한 개념의 구조화 과정(정상원, 2014)

〈표 12〉 메모와 도형에 대한 일반적 특성과 구체적 특성(Strauss & Cobin, 1998)

구분	특성
일반적 특성	1. 연구 단계, 목적 코딩 유형에 따라 메모와 도형의 내용과 길이는 다양하다. 2. 초기에 작성되는 메모와 도형은 매우 어색하고 간단할지 모르나 이를 걱정할 필요는 없다. 3. 현장기록지 자체에 필기하기보다는 별도로 기록하라. 4. 각 분석자마다 자신의 메모와 도형을 그리는 스타일을 발전시켜라. 5. 메모나 도형을 기록하는 순간만이라도 현실에 너무 가까이 있거나 논리에 대해 걱정하지 말고 한 아이디어를 가지고 다른 아이디어를 자극하며 자연스럽게 연상하라. 6. 메모와 도형을 통해 연구자의 사고 속의 미흡한 점을 찾아 명확히 하라. 7. 메모와 도형은 필요와 방법에 따라 분석적 참고를 제공한다.
구체적 특성	1. 메모와 도형에 꼭 날짜를 기입하라. 2. 메모와 도형에는 연관되는 개념과 범주를 나타내는 제목이 있어야 한다. 3. 짧은 인용구나 구절은 메모에 덧붙여도 좋다. 4. 메모와 도형은 그들이 갖고 있는 다양한 형태로 나누어져야 하며 쉽게 참고되도록 이름이 붙어야 한다. 5. 범주들이나 패러다임 관계들에는 밑줄을 긋거나 이탤릭체로 쓰는 방법 등을 이용하여 표시를 해두어 나중에 재빠른 검토가 가능하도록 해야 한다. 6. 코딩 기록으로부터 나온 이론적 기록에는 반드시 그것을 유발시킨 코딩 기록에 대한 참고 사항이 있어야 한다. 7. 한 사건이나 상황이 두 개의 서로 다른 범주에 속할 때 이것을 한 범주에만 속하도록 기록하는 것이 바람직하다. 하지만 의심이 간다면 메모에 참조사항을 기입하라. 8. 메모와 도형의 수정을 겁내지 마라. 9. 코딩 후기 단계에서 잊어 버리거나 정교하게 할 필요가 있는 범주들과 그 관계들같이 가장 필요한 기록들은 찾기 쉬운 곳에 배치하라. 10. 서로 다른 코딩 위에 여러 메모들이 모두 비슷하게 느껴질 때는 차이점을 찾아보고 그래도 비슷하면 그 코딩을 하나로 합쳐 좀 더 넓은 추상적 의미의 제목 밑에 두라. 11. 메모는 복사하여 몇 부를 보관해 두어라. 12. 한 범주가 개념적인 세부사항에 더 이상 첨가될 수 없다고 느껴질 때 꼭 표시해 두어라. 13. 메모와 도형에 관해 두 가지 이상의 아이디어가 떠오르면 잊어 버리기 전에 간단히 적어 두어라. 14. 메모나 도형을 작성할 때 긴장을 풀고 융통성을 유지하라. 15. 메모시 개념적인 생각을 유시하라.

출을 돕는 도구로서 같은 선상에서 논의한 바 있는데, 이들이 논의하는 메모와 도형의 특징은 앞의 표와 같다(표 12).

3. 근거이론 분석의 절차

앞에서 우리는 근거이론 분석의 방법론적 특징에 대해 살펴보았다. 하지만 근거이론의 다른 질적 연구 전통들에 비해 상대적으로 큰 강점을 보이는 것은 그 체계적인 절차에 있다고 할 수 있다. 여기서는 이러한 근거이론 분석 절차에 대해 논의해 보고자 한다. 하지만 학자들마다 다양한 분석 절차를 논의하고 있어 근거이론 분석 절차는 꼭 이러한 것이라 규정하기에는 무리가 따른다. 따라서 여기서는 우선 학자들이 논의하는 근거이론의 분석 절차를 살펴보고 뒤에서 이러한 다양한 분석 절차를 포괄적으로 논의해 보도록 한다.

Glaser와 Strauss(1967)의 분석 절차

Glaser와 Strauss(1967)는 근거이론을 논의한 그들의 최초의 책인 「근거이론의 발견」에서 그 분석 절차에 대해 논의한 바 있다. 비록 그 절차가 그들의 후기 저작에 비해 상대적으로 명료하지 못한 부분이 있지만 근거이론 분석의 원형을 살펴본다는 측면에서 논의해 볼 가치가 있다. 이들은 네 단계의 분석 과정으로 이루어진 지속적인 비교 연구법을 제안한 바 있는데, 여기서는 그들의 이러한 분석 절차와 방법에 대해 살펴보도록 하자. 그들이 논의하는 지속적인 비교 연구법은 다음의 그림과 같이 나타낼 수 있다(그림 9).

각 범주에 해당하는 사건의 비교

이 단계에서 연구자는 사건과 사건을 비교함으로써 개념이나 범주에 대한 코딩을 수행한다(Glaser & Strauss, 1967). 즉, 자료를 지속적으로 검토하고 비교하는 과정을 통해 그 속에 드러나는 개념에 코드를 부여함으로써 개념과 범주를 도출한다. 예를 들어, 학생들의 평가를 기록하는 교사들의 행위를 비교함으로써 그들이 가지고 있는 평가의 목적, 평가 기록의 목적과 같은 범주들이 생성될 수 있다. 이때의 비교에서는 주로 사건과 사건, 같은 범주에 포함하는 사건들 간의 비교, 다른 범주의 사건과의 비교 등이 일어날 수 있다. 또한 이때 범주에 대한 코드는 두 가지 형태로 나타날 수 있는데, 첫째는 연구자 자신이 구성한 코드이고 둘째는 연구 참여자의 언어로부터 도출되는 코드들이다(Glaser &

[그림 9] Glaser와 Strauss의 지속적 비교 연구법(Glaser & Strauss, 1967)

Strauss, 1967). 예를 들어 '평가 결과의 상황의존성', '교사의 반성적 행위' 등과 같은 언어는 연구자로부터 비롯된 코드가 될 것이며, '회초리', '추억 사진'과 같이 연구 참여자들의 진술로부터 직접적으로 도출된 단어, 구, 문장 등이 참여자로부터 비롯된 코드라 할 수 있다. 이러한 코딩의 과정 속에서 연구자는 떠오르는 자신의 아이디어에 대한 기록을 남기며, 이러한 기록을 통해 자신의 사고에 대한 숙고와 논리적 결론으로 나아가게 된다.

범주와 그 특성의 통합

이 단계에서 연구자는 사건과 사건 자체에 대한 비교보다 범주의 특성에 대해 비교하며 범주들을 통합하고 이러한 범주들의 관련성을 도출한다(Glaser & Strauss, 1967). 예를 들면, '내부적으로 부담감을 주는 요소', '외부적으로 부담감을 주는 요소'라는 범주는 크게 '부담감을 주는 요소'와 같이 통합될 수 있으며, 이러한 '부담감을 주는 요소'는 그 속성인 '부담감'이라는 특징에 따라 '무시하기', '수정하기'라는 범주와 관련될 수 있다. 즉, '부담감을 주는 요소'의 '낮은 부담감'이라는 속성은 '무시하기'라는 범주와 관련될 수 있으며, '높은 부담감'이라는 속성은 '수정하기'라는 범주와 관련될 수 있는 것이다. 이러한 일련의 과정을 통해 이 단계에서는 범주들이 일련의 관계성을 가지고 이론의 형태로 통합되게 된다.

이론의 범위 설정

이 단계에서는 감소를 통해 이론과 범주의 범위를 명백히 하는 것이 주요한 과업이 된다. 이때의 감소는 크게 두 가지 측면에서 일어나는데, 그 두 가지 측면은 범주와 이론이다. 범위 수준 감소에서 연구자는 범주 사이의 균일성을 발견하고 개념적 수준을 높이기 위해 더 작은 범위로 분석의 초점을 맞춘다. 또한 그러한 작은 범위를 상세히 분석함으로써 이론을 정교화한다. 또한 범주의 목록을 감소시키며 분석의 초점을 좁혀 특정 범주와 관련된 자료의 분석에 집중함으로써 이론을 포화시킨다(Glaser & Strauss, 1967).

이 단계에서는 범주의 통합과 통합된 범주로의 분석에 집중함으로써 이론을 구성하는 범주의 수를 최소화하고 그러한 최소한의 범주로 이론과 범주의 경계를 설정하여 이의 분석에 집중함으로써 해당 범주와 이론에 있어서 이론적 포화를 달성한다(Glaser & Strauss, 1967). 예를 들어 '수업 현상'이라는 대상에 대한 분석을 통해 다양한 범주를 도출했다면 이러한 범주들은 서로 통합되고 관련될 수 있다. 그리고 그 결과로 '학생-교사의 상호작용'과 '능동적 학습자'라는 범주가 최종적으로 구성되는 상위 개념의 범주로서 도출되었다면, 연구자는 이러한 두 범주인 '학생-교사의 상호작용', '능동적 학습자'라는 두 범주에 초점을 맞추어 분석을 진행함으로써 이론적 포화에 이르게 되고, 이러한 이론적 포화로 인해 이 두 범주는 타당성을 가지고, 충분히 설명될 수 있다.

이론의 기술

이 단계에서 연구자는 이론을 획득하고 이러한 이론을 기술한다. 이때 분석 과정 중 작성된 메모는 범주와 범주들 간의 관계성에 대한 구체적인 기술이나 설명을 제공한다. 이론은 독자들이 사용할 수 있는 형태로 표현되어야 하며 분석 과정에서 기록된 메모가 연구 결과에 포함되어 제시될 수 있다. 따라서 분석 과정에서 이러한 메모를 분류해 놓는 것이 유리하다(Glaser & Strauss, 1967).

연구 사례: 죽음을 앞둔 환자들을 간호하는 간호사의 행동 패턴

Glaser와 Strauss(1965)는 이러한 근거이론 분석을 통해 죽음을 앞둔 환자들을 간호하는 간호사의 행동 패턴에 대한 연구를 수행한 바 있다. 그들은 이 연구에서 간호사의 행동 패턴이 상황에 따라 다양하게 나타나는데, 이때 상황은 바로 미래에 예견되는 환자의 상태에 대한 그들의 예상이었다. 그리고 그러한 예상은 두 가지 요소에 의해 결정되는데, 그 요소는 환자의 죽음에 대한 확실성과 죽음의 예상 시기였다. 즉, 상황은 죽음의 확실성과 예상되는 죽음의 시기를 두 축으로 하는 표에 따라 규정될 수 있다. 그 두 가지 요소에 따른 상황은 크게 세 가지 유형으로 나타났다. 첫째는 환자의 생존가능성이 있는 경우, 둘째는 죽음이 확실시되지만 그 시기를 알 수 없는 경우, 셋째는 죽음이 확실하며 그 시기도 예상할 수 있는 경우이다. 이 연구에서는 간호사들이 이러한 상황에 맞춰 다양한 행동 패턴을 나타내는 것을 밝혀내었다.

Glaser(1978)의 분석 절차

1967년의 저작 이후 10여 년이 지난 1978년에 이르러서야 근거이론에 대한 좀 더 자세한 논의가 Glaser(1978)에 의해 비롯되었다. 그는 1978년의 저서 「이론적 민감성」에서 이전의 저작인 「근거이론의 발견」의 분석 절차가 명료하지 못함을 인정하며, 이를 명료화하여 논의를 전개한 바 있다. 이러한 그의 논의는 근거이론의 원형을 유지하고 있다고 인정받고 있는데, 이러한 측면에서 그의 분석 절차에 대한 논의를 구체적으로 살펴볼 만한 가치가 있다.

그는 근거이론의 분석 단계를 크게 두 단계, 실제적 코딩(substantial coding)과 이론적 코딩(theoretical coding)으로, 세부적으로는 실제적 코딩을 개방 코딩(open coding)과 선택적 코딩(selective coding)의 두 단계로 나누어, 개방 코딩, 선택 코딩, 이론적 코딩으로 이어지는 3단계의 분석 절차에 대해 논의하고 있는데, 이를 그림으로 나타내면 다음과 같다.

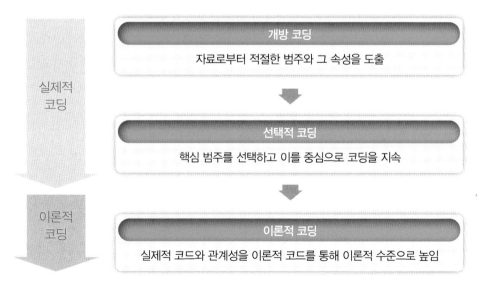

[그림 10] Glaser(1978)의 분석 절차

Glaser(1978)는 실제적 코딩과 이론적 코딩을 설명함에 있어서 실제적 코드와 이론적 코드의 개념을 중심으로 설명하고 있는데, 그의 논의에 따르면 실제적 코드란 연구 영역에서 경험적 실제를 개념화하는 코드이고, 이론적 코드는 실제적 코드들이 서로 어떻게 관련 맺고 있는지를 개념화할 수 있게 하는 코드를 말한다. 즉, 실제적 코드란 자료로부터 직접 도출되는 경험적 수준의 코드로서 '고난을 극복함', '특별한 전략을 사용함'과 같은 코드들이 될 수 있다. 반면, 이론적 코드란 실제적 코드를 이론적으로 끌어올릴 수 있는 이론적 틀로서 '원인', '과정', '유형'과 같은 것들이 될 수 있다. 따라서 이론적 코딩이란 경험적 자료로부터 실제적인 수준의 코드를 도출하는 것이라 할 수 있고, 실제적 코드들을 이론적 틀인 이론적 코드를 통해 바라봄으로써 실제적 수준의 코드를 이론으로 통합하는 과정이라 할 수 있다. 이러한 그의 논의는 결국 자료라는 경험적 수준에서 실제적 수준, 이론적 수준으로 코딩이 단계적으로 발전해 감을 드러낸 것이라 할 수 있는데, 그는 이러한 과정을 '개방 코딩', '선택적 코딩', '이론적 코딩'으로 세분화하여 논의하고 있다. 그렇다면 이러한 3단계의 코딩에 대해 좀 더 살펴보도록 하자.

개방 코딩

이 단계의 주요한 과업은 자료로부터 범주를 도출하고 그 범주의 속성들의 구성을 개발하는 것이다. Glaser(1978)는 이러한 과정을 자료를 '열어젖히는(run the data open)' 것이라고 은유적으로 표현하고 있는데, 이는 연구자가 개방 코딩을 통해 가능한 모든 범주들로 코딩을 수행해야 함을 잘 드러내는 것이다.

그는 이러한 개방 코딩을 수행하는 동안 연구자들이 참고할 수 있는 몇 가지 규칙(rules)을 제시하는데, 이러한 규칙들은 연구자들이 개방 코딩을 수행함에 있어 어떠한 자세로 임해야 하는지를 잘 보여 주고 있다.

Glaser(1978)는 이러한 개방 코딩을 수행함에 있어서, 도출된 개념과 범주의 유형에 대해 살펴볼 것을 제안하고 있다. 이때의 유형 구성(constructing typologies)은 속성과 차원을 나타내는 가로축과 세로축으로 이루어진 표를 중심으로 범주를 분류함으로써 수행될 수 있다. 예를 들어 상황에 따른 교사의 학생 훈육 방식의 유형을 그림으로 나타내 살펴보면 다음과 같다(그림 11).

이러한 유형 분석은 연구자로 하여금 개념과 범주를 명확히 하고 그 속성과 차원을 파악하는 데 도움을 줄 수 있다.

이러한 개방 코딩의 마지막에는 분석되는 현상의 핵심 범주(core category)가 선택되고, 이러한 핵심 범주를 중심으로 하는 선택적 코딩으로 이어진다.

⊙ 개방 코딩의 규칙들(Glaser, 1978)

1. 다음의 질문들을 항상 숙고한다.
   a. 무슨 연구를 위한 자료인가?
   b. 이 사건은 어떤 범주를 지시(indicate)하는가?
   c. 이 사건은 어떤 범주, 범주의 속성, 떠오르는 이론의 부분을 지시하는가?
   d. 실제로 자료 속에서 무엇이 일어나고(happen) 있는가?
   e. 행위 장면에서 참여자들이 직면하고 있는 기본적인 사회심리적 문제는 무엇인가?
   f. 행위 장면에서 삶을 가능케 하는 문제들을 진행시키는 기본적인 사회심리적 과정
      이나 사회 구조 과정은 무엇인가?
   g. 기본적인 문제나 과정을 설명하는 것은 무엇인가?
2. 줄단위(line by line)로 분석하라.
3. 분석가가 직접 분석하라. 코더를 따로 두지 마라.
4. 코딩 중 떠오르는 생각을 지속적으로 메모하라.
5. 핵심 변수(core variable)나 그 속성을 파악하기 전까지는 지속적으로 실제적 영역에 머
   물러라.
6. 자료를 통해 그 타당성이 확보되기 전까지는 일체의 인구학적 기초적 속성들(face
   sheet)를 가정하지 마라.

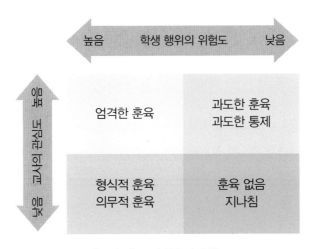

[그림 11]　교사 훈육의 유형

선택적 코딩

이 단계는 핵심 범주를 중심으로 하여 코딩을 지속하는 단계이다(Glaser, 1978). 즉, 개
방 코딩에서는 가능한 한 다양하고 많은 개념과 범주를 도출하고 이를 분석하는 것이 분

석의 초점이었다면, 이 단계에서는 그러한 개방 코딩을 중지하고 선택된 핵심 범주를 중심으로 하여 다른 범주들을 핵심 범주와 연결시키고 핵심 범주를 이론적으로 포화시킨다. 이러한 선택적 코딩은 개방 코딩의 결과물을 한정시키고 개방 코딩으로 도출된 범주들의 맥락 속에서 핵심 범주라는 초점을 탐색한다(Glaser, 1978).

핵심 범주는 근거이론 분석에서 이론을 구성하는 중심축과 같은 것으로 어떠한 핵심 범주를 선택하느냐에 따라 그 이론의 치밀함과 수준이 결정될 수 있다. Glaser(1978)는 이러한 핵심 범주를 선택하는 데 고려해야 할 기준을 논의한 바 있는데, 이러한 기준은 연구자들이 핵심 범주를 선택함에 있어서 참고할 만하다. 그러한 기준을 표로 정리하면 다음과 같다(표 13).

⦿ 핵심 범주의 기준(Glaser, 1978)

1. 핵심 범주는 현상의 중심적인 것이며 가능한 한 다른 많은 범주들과 속성들이 다른 후보들보다 더 많이 그 범주와 연결되어야 함.
2. 자료 속에서 빈번하게 반복되어야 함.
3. 다른 범주에 비해 포화되는 데 더 많은 시간이 걸림.
4. 핵심 범주는 다른 범주들과 의미 있고 쉽게 연결됨.
5. 핵심 범주는 분명해야 하며 형식적 이론에 대한 함의점을 포함하고 있어야 함.
6. 핵심 범주는 현상 속에서 다른 범주들에 비해 마지막까지 지속적으로 드러남.
7. 핵심 범주는 그것 자체가 변수로서의 속성을 가짐.
8. 핵심 범주는 그것 자체가 속성과 차원을 가짐.
9. 이러한 규칙은 핵심 범주가 자료가 아닌 선행하는 이론으로부터 도출되는 것을 방지함.
10. 연구자는 가능한 모든 관련성 속에서 핵심 범주를 살펴야 함.
11. 핵심 범주는 이론적 코드와 부합하는 것이어야 함.

이론적 코딩

이론적 코딩 단계는 앞의 단계를 통해 도출된 실제적 코드와 그 관계성이 이론적 코드를 통해 어떻게 가설적으로 관련될 수 있는지 살피며, 그러한 실제적 코드들을 이론으로 통합하는 단계이다. 이 단계에서는 분절된 코드들이 이론적 코드들을 통해 규명되고 결합되는데, 이론적 코드들은 실제적 코드들 간의 결합과 그 관계성을 투명하고 분명하게 이론적 수준으로 규명할 수 있게 한다(Glaser, 1978).

따라서 Glaser(1978)가 논의하는 이론적 코딩 단계에서 이론적 코드가 이전의 코딩과 코드들을 바라보는 핵심적인 개념적 틀이 될 수 있는데, 이와 관련하여 그는 사회학 이론 영역에서 논의되고 있는 이론적 코드들의 묶음을 '코딩 패밀리(coding families)'라는 개념으로 제시한 바 있다. 연구자는 이러한 개념적 틀을 통해 실제적 코드를 바라봄으

〈표 13〉 코딩 패밀리(Glaser, 1978)

순	코딩 패밀리	코드의 유형
1	the Six C's	원인(cause), 맥락(contexts), 부수적 상황(contingencies), 결과(consequence), 공변인(covariances), 조건(condition)
2	과정(process families)	국면(stages), 진행(process) 등
3	정도(degree family)	한계(limit), 범위(range), 정도(extent) 등
4	차원(dimension family)	차원(dimension), 요소(elements), 분할(division), 일부(piece of) 등
5	유형(type family)	유형(type), 형식(form), 스타일(style), 부류(classes), 장르(genre) 등
6	전략(the strategies)	전략(strategies), 전술(tactics), 작동원리(mechanisms), 관리(managed) 등
7	상호작용 (interaction families)	상호 효과(mutual effects), 상호 의존(reciprocity), 상호 궤적(mutual trajectory), 상호 의존(mutual dependency) 등
8	정체성-자아 (indentity-self family)	자아상(self-image), 자아 개념(self-concept), 자아가치성(self-worth), 정체성(identity) 등
9	분절점 (cutting point family)	경계(boundary), 결정적 시기(critical juncture), 분절점(cutting point), 전환점(turning point) 등
10	수단-목표 (means-goal family)	목적(purpose), 예상되는 결과(anticipated consequence), 산출물(product) 등
11	문화(cultural family)	사회적 규범(social norms), 사회적 가치(social value), 사회적 정서(social sentiments) 등
12	합의(consensus family)	집단(clusters), 합의(agreement), 계약(contracts) 등
13	주류(the mainline family)	사회적 조절(social control)(사람들 줄세우기), 신규모집(recruitment), 사회화(socialization) 등
14	이론(theoretical family)	스코프(scope), 통합(intergration), 밀도(density), 개념적 수준(conceptual level) 등
15	체계화/정련화 (ordering/elaboration family)	구조적(structural), 시기적(temporal), 일반적(generality) 등
16	단위(unit family)	수집(collective), 그룹(group), 국가(nation), 조직(organization) 등
17	주목 대상(reading family)	개념(concept), 문제(problems), 가설(hypotheses) 등
18	도식(models)	그림으로 표현하는 것

로써 실제적 수준의 코드를 이론적 수준과 관련짓고 그것을 통합된 이론으로 도출할 수 있다.

연구 사례: 정신적 장애가 있는 사람들의 일상생활에 대한 연구

Brolin, Brunt, Rask, Syrén, Sandgren(2016)은 정신적 장애가 있는 사람들이 일반 주택에서 어떻게 그들의 일상의 삶을 영위하는지에 대한 근거이론 연구를 수행한 바 있다. 분석 결과 '일상에서의 불가능한 임무'가 자료를 통해 도출되는 주요 관심사로 드러났는데, 이러한 '일상에서의 불가능한 임무'는 거대한 정보의 흐름, 집중에 대한 지속적인 요구, 집중, 의사결정, 시간에 대한 압박으로 혼란스러워함, 예상하지 못한 충돌, 갑작스러운 변화의 경험으로 구성되어 있었다.

이러한 '일상에서의 불가능한 임무' 범주는 '회피하기', '규명하기', '조직하기', '다루기', '도전하기', '응원하기', '조력자와 촉진자'의 범주들과 연결되어 있었다. '회피하기'는 '일상의 불가능한 임무'를 다루는 전략이고, '규명하기'는 일상에 대한 숙달이 시작되는 지점이었으며, '조직하기'는 일상을 조직하고 구성하는 것으로 연구 참여자들이 그들의 일상을 구성하는 방식이었다. '다루기'는 그들이 일상에 착수하고 일상의 임무를 수행하는 범주였고, 이러한 과정을 통해 그들은 불가능해 보이는 과업에 '도전하기'를 수행하고 있었다. '응원하기'는 스스로를 중요하게 생각하고 건강한 삶을 살며, 삶을 풍요하게 하는 것으로 수행되고 있었으며 이러한 일상을 가능케 하는 것으로 조력자, 친구와 같은 '조력자와 촉진자' 등이 있었다.

Strauss(1987), Strauss와 Corbin(1990, 1998)의 분석 절차

Strauss는 Glaser와 함께 「근거이론의 발견」을 저술한 이후 1987년에 와서야 근거이론 방법에 대한 심도 깊은 논의를 담은 「사회과학자를 위한 질적 분석(Qualitative Analysis for Social Scientists)」를 출간함으로써 자신의 근거이론 분석에 대한 논의를 발전시켰다. 그리고 3년 후인 1990년 Juliet Corbin과 함께 「질적 연구의 기초(Basics of Qualitative Research)」를 저술함으로써 근거이론 분석에 대한 논의를 지속했다.

이러한 근거이론 분석 절차에 대한 그들의 논의는 Glaser와 Strauss(1967)의 초기 저작이나 Glaser(1978)의 저작에 비해 명료하고 체계적이어서 많은 연구자들에게 각광받아 왔는데, 이렇게 명료하고 영향력 있는 근거이론 분석 절차라는 측면에서 그들의 논의는 좀 더 자세히 살펴볼 만한 가치가 있다 하겠다. 다만, Strauss(1987)의 논의가 축 코딩을 개방 코딩의 일부로 포함시켰다는 부분을 제외하면 Strauss와 Corbin(1990, 1998)의 논의와 대동소이하므로 여기서는 Strauss와 Corbin(1990, 1998)의 논의를 중심으로 하여 부분적으로 Strauss(1987)의 논의를 살펴보도록 한다.

우선 그들이 논의하는 근거이론 분석의 절차는 개방 코딩, 축 코딩, 선택 코딩으로 이어지는 3단계로 나타낼 수 있는데, 이러한 절차는 다음 그림과 같이 나타낼 수 있다.

[그림 12] Strauss와 Corbin(1990, 1998)의 분석 절차

개방 코딩

개방 코딩에서는 자료로부터 개념들을 도출하고 이러한 개념들을 통해 범주를 형성한다. 앞에서 논의한 바와 같이 근거이론의 개념 도출은 '개념-지사자' 모델을 따른다(Strauss, 1987). 따라서 이 단계에서 연구자는 자료를 검토하며 자료 속의 지시자(indicator)가 지시하고 있는 개념이 무엇인지 파악하고 이러한 개념에 코드를 부여한다. 이때 코드는 연구자의 추론에서 비롯된 것일 수도 있고 연구 참여자의 언어에서 도출된 것일 수도 있다.

개념을 도출하는 과정과 더불어 개념으로 구성된 범주도 함께 발견된다. 범주는 '자료로부터 도출된 개념'으로 '현상'을 나타낸다(Strauss & Corbon, 1998). 연구자는 범주를 도출하고 그것에 코드를 부여함으로 개념화된 '이름'으로서 범주를 확보하게 된다. 이후 연구사는 범주가 가지고 있는 속성과 그 속성의 차원에 초점을 맞추어 코딩을 진행하는데, 속성은 그 범주의 '특성'을 드러내는 요소이고, '차원'은 속성의 정도를 나타낸다. 이때, 범주와 더불어 그 범주에 속하는 하위개념으로서 하위범주가 함께 도출될 수 있다.

개방 코딩의 방법은 세 가지가 있을 수 있는데, 첫째는 줄 단위 코딩이며, 둘째는 문장 혹은 문단 단위 코딩, 셋째는 글 전체에 대한 코딩이다. 줄 단위 코딩은 말 그대로 한 문장, 한 문장에 코드를 부여하는 방식이며, 문단 단위는 문단 전체에, 글 전체 단위는 글 전체에 코드를 부여하는 방식이다(Strauss & Corbin, 1998).

Strauss(1987)는 이러한 개방 코딩의 전략으로 다음과 같은 항목들을 제시한 바 있는데, 개방 코딩에 임하는 연구자들에게 개방 코딩의 전체적인 감각을 가질 수 있게 한다는 측면에서 살펴볼 만한 가치가 있다. 그가 제안하는 개방 코딩의 전략은 다음과 같다.

⊙ 개방 코딩에서의 전략(Strauss, 1987)

1. 연구 참여자의 언어에서 내생 코드(in vivo)를 찾아라.
2. 임시적인 코드를 과감히 부여하라.
3. 자료에 대한 일련의 질문을 제기하며 코딩하라.
4. 단어나 절을 통해 재빨리 차원을 확인하라.
5. 차원의 확인을 통해 다음 비교 대상을 확인하라.
6. 코딩 패러다임(coding paradigm)과 관련된 항목에 집중하라.

여기에서 보는 바와 같이 코딩 패러다임은 Strauss(1987)에 의해 처음으로 제시되었는데, 뒤에 Strauss와 Corbin(1990)의 논의에서 더욱 구체화되었다. 코딩 패러다임에 대한 논의는 다음의 '축 코딩'에 대한 논의에서 좀 더 살펴보도록 하자.

축 코딩

축 코딩(axial coding)은 범주들을 그 속성과 차원을 따라 그 하위범주들과 연결시키는 과정이다(Strauss & Corbin, 1998). Strauss(1987)는 '축 코딩'의 의미에 대해 분석이 '하나의 축(axis)이 되는 범주를 중심으로 하여 주위를 맴도는 것이라 논의한 바 있다. 즉, 하나의 범주를 중심으로 다른 범주와의 관련성을 확인하는 것이 바로 축 코딩의 핵심 과업이라 할 수 있다. 이 단계에서는 범주들을 연결시키는 과업이 중점적으로 일어나는데, 이러한 범주의 연결은 그 범주의 속성과 차원 측면이 고려되어 이루어진다. 예를 들어, '응급환자'의 높은 위급성은 즉각적인 '의료행위'와 연결될 수 있으며, '응급환자'의 낮은 위급성은 '의료행위' 대기, 혹은 유보와 연결될 수 있는 것이다.

이러한 축 코딩을 통해 범주와 범주들이 차원의 측면에서 통합되는데, Strauss와 Corbin(1990, 1998)은 이러한 축 코딩에서 사용할 수 있는 개념적 도구로서 코딩 패러다임(coding paradigm)을 제시한 바 있다. 패러다임 모형은 Strauss(1987)에서 제시되어 Strauss와 Corbin(1990)을 통해 더 상세히 논의된 바 있다. 그렇다면 Strauss와 Corbin(1990)의 패러다임 모형에 대해 좀 더 살펴보도록 하자. 그들의 패러다임 모형을 그림으로 나타내면 다음과 같다.

[그림 13] 패러다임 모형(Strauss & Corbin, 1990)

이 그림에서 '인과적 조건(causal condition)'은 현상의 원인이나 현상을 일으키는 우연한 사건을, '현상(phenomenon)'은 일련의 작용들로 인한 중심생각이나 사건, '전후관계(context)'는 '현상'에 속하는 속성으로 전략이 취해지는 조건들, '중재적 조건(intervening condition)'은 전략에 필요한 조건, '작용/상호작용(action/interaction)'은 특정한 맥락 및 조건 아래서 취해지는 전략들, '결과(consequence)'는 작용/상호작용에 따른 결과를 말한다. 연구자는 축 코딩에 있어서 도출된 범주들에 이러한 패러다임 모형에 따른 코드들을 적용함으로써 범주의 관계성을 확인할 수 있다.

하지만 한 가지 주의해야 할 점은 Strauss와 Corbin(1990, 1998)의 근거이론 분석에서 이러한 패러다임 모형의 위상에 대한 부분이다. Strauss(1987)와 Strauss와 Corbin(1990)의 논의까지만 해도 그들은 패러다임 모형에 절대적인 위상을 부여하며 패러다임 모형이 그들의 근거이론 분석에 있어서 필수적이며 이를 따르지 않으면 분석의 밀도와 정확성을 확보하기 힘들다고 논의했다. 이러한 논의는 후에 Glaser(1992)로부터 맹렬히 비판받았다. 그에 따르면 Strauss와 Corbin(1990)의 축 코딩과 축 코딩을 수행하는 데 있어서 패러다임 모형의 사용은 자료로부터 도출된 것이 아닌 한 가지의 선행하는 관점을 일괄적으로 자료에 강요함으로써 근거이론의 원래의 의미를 훼손하는 것이라는 것이다. 이후 Strauss와 Corbin(1998)은 자신들의 이전 논의를 수정하며 패러다임 모형은 단지 자료를 바라보는 하나의 관점에 불과한 것으로 그것의 위상을 크게 후퇴시켰다. 따라서 연구자들이 Strauss와 Corbin(1990, 1998)의 논의에 따라 근거이론 분석을 수행하더라도 그들이 탐구하고 있는 연구 문제나 기타 여러 가지 요건을 고려하여 패러다임 모형의 사용을 사용할지 다른 이론적 틀이나 코드를 사용할지에 대해 판단해야 할 것이다.

선택 코딩

선택 코딩(selective coding)에서는 축 코딩을 통해 연결된 범주들을 통합하고 이를 이론으로 정교화시킨다(Strauss & Corbin, 1998). 이를 위해 이 단계에서는 먼저 중심 범주(central category)를 선택하고 이를 중심으로 이론으로 통합한다. 중심 범주의 개념은 앞에서 논의한 핵심 범주와 유사한 개념으로 다른 범주들은 이러한 중심 범주를 중심으로 통합된다.

Strauss와 Corbin(1998)은 이러한 범주들을 중심범주를 중심으로 한 이론으로 통합하고 이야기 윤곽(storyline) 적기, 도표 사용하기, 메모를 통해 검토하고 정리하기를 제안한 바 있다. 이야기 윤곽 적기는 연구를 통해 드러난 이론을 그 범주와 범주 간의 관련성이 드러날 수 있게끔 이야기로 기술하는 것이고, 도표는 이론을 시각적 도식으로 정련하는 것이라 할 수 있다. 메모를 통한 검토, 정리는 자신이 도출한 이론과 자신이 그동안 기록한 메모와 비교하며 이론을 정련하는 방법이다. 특히, 이야기 윤곽과 도표는 이론을 정련하는 수단일 뿐만 아니라 최종적인 이론을 재현하는 도구가 될 수 있다(Urquhart, 2012).

연구 사례: 골프 선수의 'Choking'에 대한 근거이론 연구

강지훈(2014)은 골프 선수의 심리적 압박으로 일어나는 초킹 현상에 대한 근거이론적 접근을 수행한 바 있다. 그는 연구를 통해 이러한 초킹 경험 속에 내재한 범주들과 그 범주들의 관련성을 파악했는데 그 결과는 다음의 그림과 같다.

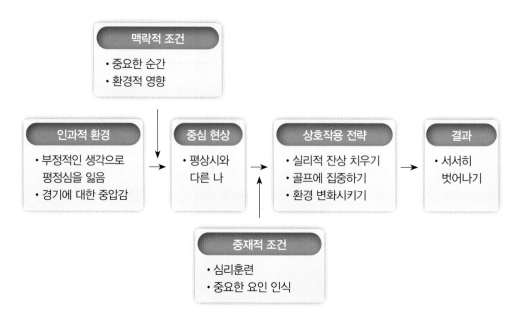

[그림 14] 골프 선수의 초킹 현상(강지훈, 2014)

Charmaz(2006)의 분석 절차

Kathy Charmaz는 근거이론을 구성주의적 관점에서 논의한 2세대 근거이론 학자이다. 그녀의 분석 절차는 앞서 살펴본 Glaser(1978), Strauss와 Corbin(1990, 1998)의 논의와 근본적인 차이점은 없으나, 이 두 관점의 통합을 시도하려 했다는 측면에서 논의할 가치가 있다.

　Charmaz(2006)의 근거이론 분석 절차는 크게 '초기 코딩', '초점 코딩', '축 코딩', '이론적 코딩'의 네 단계로 나타낼 수 있는데, 이를 그림으로 나타내면 다음과 같다.

[그림 15] Charmaz(2006)의 근거이론 분석 절차

초기 코딩

초기 코딩(initial coding)은 개념과 범주, 그리고 그러한 개념과 범주의 속성과 차원을 규명하는 단계이다. 이때의 코드는 연구자에 의해 구성되는데, 이러한 연구자의 코드 구성은 '정의 내리기(defining)'와 '이름 붙이기(labeling)'로 이루어진다(Charmaz, 2006). Charmaz(2006)는 이러한 코드의 두 원천으로 연구 참여자와 연구자를 논의했는데, 특히 연구 참여자로부터 비롯되는 내생 코드(in vivo)의 유형에 대해 논의하며 내생 코드의 유형으로 다음의 세 가지 형태를 제시했다.

⊙ 내생 코드(in vivo)의 형태(Charmaz, 2006)

1. 함축되었지만 중요한 의미를 나타내며 모든 사람들이 알고 있는 일반적 용어
2. 의미나 경험을 포착할 수 있는 참여자의 혁신적 용어
3. 특수한 집단의 관점을 반영하는 내부자의 축약된 용어

초점 코딩

초점 코딩(focused coding)은 코딩의 두 번째 단계로서 가장 의미 있다고 여겨지거나 빈번하게 나타나는 코드를 중심으로 자료를 검토하는 단계이다(Charmaz, 2006). 이를 위해 초기 코딩을 통해 도출된 코드들 중에 이론을 도출하는 데 가장 의미 있는 초기 코드를 도출하여 이를 중심으로 코딩을 지속한다.

축 코딩

축 코딩(axial coding)에서는 범주를 연결시키고 그 연결의 의미를 밝혀낸다(Charmaz, 2006). 이 단계에서 자료 속에서 분절된 개념과 범주들은 하나의 축을 중심으로 재결합된다.

이론적 코딩

이론적 코딩(theoretical coding)에서는 이론적 코드를 통해 이전 단계에서 도출된 코드, 범주, 그리고 그 관련성들이 이론적으로 통합된다. 여기서 Charmaz(2006)는 Strauss와 Corbin(1990, 1998)의 코딩 패러다임에 대해 중립적인 입장을 보이고, Glaser(1978)의 이론적 코드에 대해서는 학자들의 동의와 같은 기준이 부족함을 비롯하여 여러 가지 논란점을 언급하고 있는데, 그녀의 이런 입장은 근본적으로 코딩 패러다임이나 이론적 코드에 대한 중립적 입장을 드러낸다고 하겠다. 결국 이론적 코딩과 관련된 Charmaz의 논의의 핵심은 연구자들이 패러다임 모형이나 이론적 코드를 무비판적으로 맹신하기보다는 그것에 대해 숙고하고 탄력적으로 사용하거나 혹은 자신의 연구에 적합한 또 다른 이론적 코드의 적용을 제안하는 것이라 하겠다. 이러한 그녀의 논의는 앞에서 논의된 학자들의 이론적 코딩, 혹은 선택 코딩과 근본적으로 구별되는 부분이며 연구자들에게 이론의 통합에 대해 또 다른 관점을 제시해 준 것이라 할 수 있다.

연구 사례: 군 전역 복학생의 대학생활 태도에 대한 연구

김선영(2016)은 군 복무 등으로 인한 학업 중단 후 복학한 남학생들의 대학생활 적응에

대한 연구를 Charmaz의 구성주의적 근거이론을 통해 연구한 바 있다. 그녀는 연구 결과로서 도출된 이론을 다음과 같은 이야기 윤곽을 통해 표현했다.

> 이러한 분석 과정을 통해, 학생들은 휴학 전후로 수동적인 삶에서 자기 주도적인 삶으로의 내적 전환이 이루어지고 있음을 알 수 있었다.
>
> 　대부분의 남학생들은 대학에 진학함으로써 외적 삶의 전환을 자연스럽게 경험한다. 그러나 일부 남학생들의 내적 삶의 전환은 단순히 대학에 진학함으로써 이루어지기보다는 어쩔 수 없이 발생하는 일시적 학업 중단 그리고 학교로의 복학이라는 경험을 통해 영향을 받는다. 군 복무와 같은 일시적 학업 중단을 경험한 대부분의 남학생들은 복학 후 자신의 삶을 좀 더 적극적으로 이끄는 경향이 강했으며, 학업 동기가 높았다. 특히 학생들은 스스로 독립적이며 자기 주도적으로 학업이나 대인관계를 통제하고 있었다. 복학을 한 남학생들은 자신들의 태도가 보다 긍정적으로 변화되었음을 스스로 깨닫고 만족해했다.

4. 근거이론 분석의 포괄적 절차

앞에서 우리는 다양한 학자들의 근거이론 분석 절차에 대해 살펴보았다. 이러한 분석 절차에 대한 논의들이 모두 의미 있는 논의라 할 수 있지만, 근거이론 분석을 시도하는 연구자들 특히 초보 연구자들을 위해 여기서는 이러한 근거이론 분석 절차를 통해 시사점을 도출하여 이러한 다양한 분석 절차를 종합할 수 있는 포괄적 분석 절차를 도출해 보고자 한다. 따라서 우선 앞의 논의에서 발견되는 시사점에 대해 살펴보고 이를 기반으로 그 통합된 절차에 대해 논의해 보도록 한다.

근거이론 분석의 시사점과 포괄적 절차의 도출

앞의 논의를 통해 우리는 다음과 같은 근거이론 분석 절차의 시사점을 도출할 수 있다. 첫째, 근거이론 분석의 목적은 현상을 설명할 수 있는 이론의 도출이다. 이론의 도출은 여타 다른 질적 연구 분석과 근거이론이 구별되는 가장 큰 특징이며, 성공적인 근거이론 연구의 수행은 이론의 도출로 확인받는다. 둘째, 근거이론 분석 절차는 크게 실제적 코딩과 이론적 코딩으로 나뉘어 단계적으로 진행된다. 실제적 영역과 이론적 영역은 모든 근거이론 분석 과정에서 발견되는 부분으로 자료는 실제적 코딩을 통해 개념과 범주로 환원되고 이론적 코딩을 통해 이론으로 통합된다. 셋째, 코딩은 지속적인 비교 분석을 바탕으로 이루어진다. 지속적 비교 분석은 근거이론 분석의 핵심 원리로 코딩이 지속되는 동안 계속적으로 이루어진다. 넷째, 분석의 과정 속에서 메모와 도형의 작성이 지속적으로 이루어진다. 메모와 도형은 자료가 이론으로 나아갈 수 있게 하는 중요한 도구이다. 연구자는 이러한 메모와 도형을 지속적으로 작성하고 발전시켜 나가면서 분석의 방향을 바로잡는다. 다섯째, 이론은 개연적 삼단논법을 통해 도출된다. 연구자는 개연적 삼단논법을 통해 자료로부터 가설을 도출하고 도출된 가설을 자료로 다시 검증함으로써 그럴듯한 설명력이 높은 이론으로 나아간다. 여섯째, 근거이론 분석은 이론적 표집과 포화를 통해 그 일반성과 추상성을 보장받는다. 근거이론의 가장 큰 강점은 일반성이 높은 이론의 도출이며 그러한 일반성과 추상성을 확보하는 중요한 개념적 도구는 이론적 표집과 포화이다.

우리는 이러한 시사점에 의거하여 다음의 그림과 같은 일련의 근거이론 분석 절차를 제안하고자 한다.

[그림 16] 근거이론 분석의 포괄적 절차

이러한 근거이론 분석의 포괄적 절차를 앞에서 논의한 다양한 학자들의 분석 절차에 대한 논의와 비교하면 다음의 그림과 같다(그림 17).

그렇다면 이제 이러한 근거이론 분석의 포괄적 절차의 각 단계에서 구체적으로 어떠한 과업이 수행되어야 하는지 살펴보도록 하자.

[그림 17] 근거이론의 포괄적 절차와 다양한 분석 절차의 관련성

근거이론 분석의 포괄적 절차

여기서는 이제 최종적으로 근거이론 분석의 포괄적 절차에 대해 논의해 보고자 한다. 다만 구체적이고 세부적인 논의는 앞에서 했으니 여기서는 각 단계에서 수행해야 할 핵심 과업과 그것의 구체적인 예를 중심으로 살펴보도록 한다.

실제적 단계

실제적 단계에서는 다음과 같은 과업이 수행되어야 한다.

⊙ 실제적 단계에서의 핵심 과업

1. 자료로부터 개념과 범주를 도출한다.
2. 개념과 범주의 속성과 차원을 규명한다.
3. 지시자와 지시자를 비교한다.
4. 개념과 개념을 비교한다.
5. 범주와 범주를 비교한다.
6. 개념과 범주를 비교한다.
7. 사건과 사건을 비교한다.
8. 개념과 사건을 비교한다.
9. 개념의 도출과 개념의 속성과 차원에 대한 숙고를 중심으로 메모를 작성한다.
10. 도출된 개념과 범주, 그리고 그 속성과 차원을 자료를 통해 검증한다.

그렇다면 이러한 과업이 수행되는 구체적인 사례를 살펴보자. 이 단계에서는 자료에 대한 분석을 통해 개념을 확인하고 그 개념을 잘 표현할 수 있는 개방적인 언어로 코드를 부여하는 과업이 먼저 수행되어야 하는데, Charmaz(2015)가 제시하는 코딩의 예는 그 중 개념 도출이 어떻게 이루어지는지에 대해 잘 보여 준다. 그녀는 주류 학교에서 퇴학당해 대안 학교를 다니고 있는 학생(Marcus)의 인터뷰를 초기 코딩한 대학원생(Carmel)의 코딩 자료를 통해 초기 코딩에서 드러나는 주요 특징인 개방성을 잘 보여 주고 있다.

◉ 개념 도출의 예(Charmaz, 2015)[계속]

코드	인터뷰 내용
교사들이 더 잘 이해해 주고 "책을 쓰지 않는다"고 받아들임 다른 학교 교사들과 비교하기. 이해해 주고 도와주려는 의지가 있는 교사를 좋은 교사로 정의하기 주류 학교의 교사를 "단지 가르친다"고 봄 주류 교사들 중 몇몇은 좋다고 알고 있음 새로운 방식으로 교사들로부터 도움을 얻음 교사들과 그들이 할 수 있는 일을 평가함 도움을 얻는 것이 더 쉬워지기를 희망함	Marcus: 그들은 더 잘 이해해 주고 그리고 그들은 알고 있어요. 그들은 책을 쓰지도 않고, 다른 교사들처럼 곧장 나아가지도 않아요. 그들은, 그들은 학생들과 시간을 보내고 학생들을 도와주지요. 주류 학교의 교사들은 그렇지 않아요. 단지 가르쳐 주기만 하지요. 정말, 정말 가끔, 정말로 괜찮은 학생들을 볼 때가 있어요. (교사 말인가요? 학생 말인가요?) 아, 교사요. 하지만 내가 겪은 모든 교사들은 그런 교사들이 하는 것처럼 나는 도와주지 않았어요. 나는 그들이 할 수 있는 것들이 대단하다고 생각했어요. 하지만 나는 그런 교사들을 내가 필요로 할 때 얻지 못했지요. Carmel: 예를 하나 들어 줄 수 있나요?
학교 과제를 잘 못함 곤란을 잘 듣지 않았기 때문이라 생각함 쓰면서 배움 당황스러움을 피하기 위해 혼자 배움 멍청하다는 생각이 들게 함 도움을 요청하는 것을 피함 도움을 요청하는 것을 당황스럽게 생각함 판단받는 것을 걱정함	Marcus: 그러니까. 나는 학교에서 해야 하는 것들을 잘 하지 못했어요. 그런 것들을 어떻게 해야 하는지 이해하지 못했지요. 내가 잘 듣지 않아서 그런 것도 있겠지요. 그러니까, "you're" 같은 걸 쓸 때, 아포스트로피 기호를 사용할 줄 모른다거나 그런 것들이요. 나는 그런 걸 스스로 배웠어요. 그냥 써 가면서요. 하지만, 당신도 교사들이 어떤지 알잖아요. 내가 그런 걸 하면 교사들이 나를 멍청이로 볼 거라고 생각했어요. 그건 좀 당황스러운 것이었지요. 그래서 나는 교사들에게 도움이라든가 그런 걸

요구할 수 없었어요.

Carmel: 그러면 여기 있는 교사들은 당신을 당황하게 했던 그 교사들에 비해 어떤 점이 다른가요?

이해받음을 느낌, "몰라요"라고 말하는 것에 안정감을 느낌, 배우기를 바람, 가치 있다고 느낌, 도움을 얻기, 인정받고 있다고 느낌, 조롱받음에 대한 공포를 인지, 교사가 자신을 기분 나쁘게 하지 않을 거라 믿음.

Marcus: 음, 여기 교사들은 이해하고 있어요. 그들은 내가 어디서 왔는지 알고 있어요. Richie처럼요. 나는 그에게 나눗셈을 할지 모른다고 말할 수 있어요.(그래도 전처럼 당황하지 않는군요.) 그가 그런 것 때문에 나를 조롱하지 않을 거라고 느끼니까요.

그렇다면 이러한 개념의 도출 이후 범주가 형성되는 과정을 예를 통해 살펴보도록 하자. 이정기, 김윤영(2016)은 비수급 빈곤층의 생존 과정에 대한 연구를 수행한 바 있는데, 이들은 자료로부터 도출한 개념을 묶어 다음과 같은 범주들을 도출했다.

〈표 14〉 비수급 빈곤층의 생존 과정 속의 개념과 범주들(이정기, 김윤영, 2016)

범주	개념
결박당한 개인 상황	불가항력적 조건, 악화된 건강
수급권을 막는 장벽	부양의무자로 인한 탈락, 맞추기 힘든 수급 조건, 수급 정보 부족
빈약해진 사회자본	사회관계 도피, 무너진 가족관계
심리적 위축	자존감의 추락, 열등감의 형성, 왜소한 존재감
악화되는 경제력	주거비의 부담, 줄어드는 잔고
절대빈곤의 현실	긴급지원의 필요, 만성화된 빈곤, 공포스러운 의료비, 불량한 주거 상태
생존권의 배제	비현실적 저소득, 제도적 지원의 제한
불공평한 세상	수급제도에 대한 불신, 사회적 박탈감
공동체의 미풍	지역사회의 도움, 동병상련, 신앙에 대한 의지
취약한 가족 기반	똑같이 어려운 가족, 유명무실한 가족
주도적 삶의 지향	생활의 의지, 의미 찾기
필사적 생존 전술	독하게 버티기, 부수입원 확보
체념에 빠진 일상	희미해진 생존의지, 고독한 일상, 자기합리화
수급권에 대한 양가감정	수급 기대의 포기, 불만을 배태한 희망

중간적 단계

중간적 단계의 주요 과업은 다음과 같다.

⊙ 중간적 단계에서의 핵심 과업

   1. 핵심 범주를 선정한다.
   2. 범주들의 속성과 차원에 주목한다.
   3. 범주들의 속성과 차원에 따라 핵심 범주를 중심으로 범주를 연결한다.
   4. 범주들 간의 관계성을 비교한다.
   4. 핵심범주에 대한 숙고와 범주들의 관계성에 초점을 맞추어 메모를 작성한다.
   5. 범주들의 관계를 드러내는 도형을 작성한다.
   6. 범주들의 관계성을 자료를 통해 검증한다.

   중간적 단계에서 과업들은 핵심범주를 중심으로 범주들을 연결하여 현상 속에 내재하는 범주들의 관련성과 그것을 통합하는 전체적인 구조를 파악하는 것이라 할 수 있다. 이러한 과업들은 주로 시각적으로 표현되는데, 예를 통해 살펴보도록 하자.

[그림 18] HIV 감염 어머니들의 현상의 범주와 관련성(Walulu, 2007)

Walulu(2007)는 HIV에 감염된 어머니들의 경험에 대한 근거이론 연구를 수행한 바 있는데, 그는 자료의 분석을 통해 범주를 도출하고 이러한 범주들을 '단계'라는 코드를 통해 다음의 그림과 같이 핵심인 '내 아이들과 함께 살기'를 중심으로 연결했다(그림 18).

이론적 단계

이론적 단계에서는 다음과 같은 핵심 과업을 수행해야 한다.

⊙ 이론적 단계에서의 핵심 과업

1. 분석을 이론으로 통합하고 정련한다.
2. 이론을 이야기 윤곽, 도형 등으로 재현하며 정련한다.
3. 이론적 코드나 코딩 패러다임, 기타 타당한 이론적 코드들을 통해 이론을 통합한다.
4. 도출된 이론을 자료와 비교한다.
5. 도출된 이론을 자료를 통해 검증한다.
6. 최종적으로 도출된 이론을 이야기 윤곽, 도형, 진술의 통합으로 기술한다.

이러한 이론적 단계를 통해 도출된 이론은 분석의 결과이자 근거이론 연구의 결론이 된다. 이러한 최종적 분석의 결과로서 Charmaz(2011b)의 예를 살펴보도록 하자. 그녀는

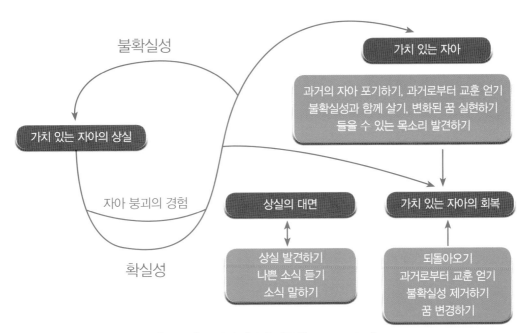

[그림 19] 상실과 회복의 이론화(Charmaz, 2011)

Teresa라는 가수지망생이었던 여성이 갑상선 암으로 인해 꿈을 포기하고 새로운 삶으로 전환한 경험에 대한 분석을 통해 상실과 회복을 중심으로 하는 이론적 구조를 도출한 바 있는데 이러한 도출된 이론을 다음의 그림과 같이 구조화했다(그림 19).

5. 결론

앞에서 우리는 근거이론 분석의 방법론적 개념과 절차에 대해 살펴보았다. 근거이론은 질적 연구 방법 중 가장 영향력 있는 연구 방법임에도 불구하고 이에 대한 오해 또한 많은 것이 사실이다. 마지막으로 근거이론 분석을 수행하고자 하는 연구자들이 이러한 오해에 빠지지 않도록 숙지해야 할 몇 가지를 언급하고 논의를 마무리하고자 한다. 첫째, 근거이론 분석의 목적이 이론의 도출임을 확실히 해야 한다. 둘째, 근거이론 분석의 단계는 단순히 절차의 나열이 아닌 자료가 이론적으로 추상화되는 일련의 과정임을 숙지해야 한다. 셋째, 따라서 연구자는 단순히 정해진 절차를 따라가는 것이 아니라 자신의 분석의 추상성을 높이기 위해 노력해야 한다. 넷째, 연구자는 단순히 절차를 따라가는 피동적인 분석을 피하기 위해 지속적으로 자신의 분석을 점검하고 창의적인 아이디어를 분석에 도입해야 할 것이다.

참고문헌

김영천. 질적연구방법론 2: Methods.

강지훈(2014). 골프 선수의 'Choking'에 대한 근거이론적 접근. 한국스포츠심리학회지, 25(4), 159-175.

김영선(2016). 군 복무 후 복학한 남학생의 대학생활 태도에 관한 연구. 교육문화연구, 22(2), 127-156.

김인숙(2014). 글레이저의 근거이론 방법. 김인숙, 장혜경 공역(2014). 근거이론 분석의 기초. 학지사.

이동성·김영천(2012). 근거이론의 철학적 배경과 방법론적 특성에 대한 고찰. 열린교육연구, 20(2), 1-26.

이정기·김윤영(2016). 비수급 빈곤층의 생존 과정에 관한 근거이론. 보건사회연구, 36(2), 280-310.

전지형·강선경(2015). 학대를 경험한 여성노인들의 삶의 대처과정에 대한 근거이론 연구. 복지상담교육연구, 4(2), 81-109.

정상원(2014). 초등학교 학생들의 평가와 성적기록하기: 교사들의 현상학적 체험들. 석사학위논문. 진주교육대학교 교육대학원.

최종혁(2011). 질적연구방법론: 근거이론과 수정근거이론의 실제. 신정.

Birks, M. & Chapman, Y & Francis, K. (2008). Memoing in qualitative research: Probing data and prosess. Journal of Research in Nursing, 13(1), 68-75.

Birks, M. & Mills, J. (2015). Grounded Theory: A Practical Guide. Sage. 공은숙, 이정덕 공역(2015). 근거이론의 실천. 정담 미디어.

Blackburn, S. (2008). The Oxford Dictionary of Philosophy. Oxford University Press.

Boeije, H. (2002). A purposeful Approach to costant Comparative Method in the Analysis of Qualitative Interviews. Quality & Quantity, 36, 391-409.

Brolin, R. & Brunt, D. & Rask, M. & Syrén, S. & Sandgren, A. (2016). Mastering Everyday Life in Ordinary Housing for People with Psychiatric Disabilities. The Grounded Theory Review, 15(1), 10-25.

Bryant, A. & Charmaz, C. (2007). The SAGE Handbook of Grounded Theory. Sage.

Buckley C. A, & Waring, M. J. (2013). Using diagrams to support the research process: examples from grounded theory. Qualitative Research, 13(2), 148-172.

Charmaz, K. (2000). Grounded Theory: Objectivist and Constructivist Method. In Denzin, N. K. & Lincoln, Y. S.(Ed)(2000). The handbook of qualitative research. Sage.

Chamarz, K. (2006). Constucting Grounded Theory: A Practical Guide Through Qualitative Analysis. Sage. 박현선, 이상균, 이채원 공역(2013). 근거이론의 구성: 질적 분석의 실천 지침. 학지사.

Charmaz. K. (2009). SHIFTING THE GROUNDED THOERY: Constructivist Grounded Theory Method. In Morse, J. M. & Stern, P. N. & Corbin, J. & Bowers, B. & Charmaz, K. & Clarke, A. (2009). Developing Grounded Theory: The Second Generation. Left Coast Press. 신경림, 김미영, 신수진, 강지숙 공역(2011). 근거 변화시키기: 구성주의 근거이론 방법. 근거이론의 발전: 제 2세대. ㅎ누리.

Charmaz, K. (2011a). A Constructivist Grounded Theory Analysis of Losing and Regaining a Valued Self. In Wertz, F. J. & Charmaz, K. & McMullen, L. M. & Josselson, R. & Anderson, R. & McSpadden, E. (2011). Five Ways of Doing Qualitative Analysis: Phenomenological Psychology,

Grounded Theory, Discourse Analysis, Narrative Research, and Intuitive Inquiry. The Guilford Press.

Charmaz, K. (2011b). Grounded Theory Methods in Social Justice Research. In Denzin, N. K. & Lincoln, Y. S.(Ed)(2011). The Sage Handbook of Qualitative Research(4th Ed.). Sage. 도승이 역(2014). 사회 정의 연구에서의 근거 이론 분석법. 질적연구 핸드북. 아카데미프레스.

Charmaz, K. (2015). Teaching Theory Construction with Initial Grounded Theory Tools: A Reflection on Lessons and Learning. Qualitative Health Research, 25(12), 1610-1622.

Charmaz, K. & Henwood, K. (2008). Grounded Theory. In Willing, C. & Stainton-Rogers(Ed)(2008). The SAGE Handbook of Qualitative Research in Psychology. Sage.

Chenitz, W. C. & Swanson, J. M. (1986). Qualitative research using grounded theory. In Chenitz, W. C. & Swanson, J. M.(Ed). Practice to Grounded Theory. Addison-Wesley Publishing Company.

Cook, R. T. (2009). A Dictionary of Philosophical Logic. Edinburgh University Press.

Corbin, J. & Strauss, A. L. (2008). The Basics of Qualitative Research: Grounded Theoy Procedures and Techniques(3rd Ed.). Sage.

Corbin, J. & Strauss, A. L. (2014). The Basics of Qualitative Research: Grounded Theoy Procedures and Techniques(4th Ed.). Sage.

Creswell, J. W. (2013). Qualitative Inquiry and Research Design: Choosing Among Five Approaches(3rd Ed). Sage. 조흥식, 정선욱, 김진숙, 권지성 공역(2015). 질적 연구방법론: 다섯 가지 접근. 학지사.

Dey, I. (1999). Grounding Grounded Theory: Guidelines for qualitative inquiry. Academic Press.

Glaser, B. G. (1978). Theoretical Sensitivity. The Sociology Press.

Glaser, B. G. (1992). Basics of Grounded Theory Analysis: Emergence Vs, Forcing. Sociology Press. 김인숙, 장혜경 공역(2014). 근거이론 분석의 기초: 글레이저의 방법. 학지사.

Glaser, B. G. (2007). Doing Formal Grounded Theory: A Proposal. Sociology Press.

Glaser, B. G. & Strauss, A. L. (1967). Dying on Time: Arranging the final hours of life in hospotal. Transaction, 2(4), 27-31.

Glaser, B. G. & Strauss, A. L. (1967). The Discovery of Grounded Theory: Strategies for Qualitative Research. 이병식, 박상욱, 김사훈 공역(2011). 근거이론의 발견: 질적 연구 전략. 학지사.

Glaser, B. G. & Strauss, A. L. (2005). Awareness of Dying. Aldine.

Johnston, R. P. G. (2009). Dictionary of Human Geography. Willey.

Kelle, U. (2007). The development of categories: Deffferent Approaches in Grounded Theory. In Bryant, A. & Charmaz, K.(Ed) (2007). The SAGE Handbook of Grounded Theory. Sage.

Knapp, T. R. D. E. P. (2010). Dictionary of Nursing Theory and Research. Springer Publishing Company.

Kurian, G. T. (2013). Dictionary of Business and Management. AMACOM.

Lipp, A. (2010). Self-preservation in abortion care: a grounded theory study. Journal of Clinical Nersing, 20, 892-900.

Lipscomb, M. (2012). Abductive reasoning and qualitative research. Nursing Philosophy, 13, 244-256.

Marzano, R.(2000). Designing a New Taxonomy of Educational Objectives. Thousand Oaks, CA: Corwin Press.

Montgomery, P. & Bailey, P. H. (2007). Field Note and Theoretical Memos in Grounded Theory. Western Journal of Nursing Research, 29(1), 65-79.

Morse, J. M. (2009). TUSSLES, TENSIONS, AND RESOLUTIONS. In Morse, J. M. & Stern, P. N. &

Corbin, J. & Bowers, B. & Charmaz, K. & Clarke, A. (2009). Developing Grounded Theory: The Second Generation. Left Coast Press. 신경림, 김미영, 신수진, 강지숙 공역(2011). 난투, 긴장 그리고 와해. 근거이론의 발전: 제 2세대. ㅎ누리.

Oktay, J. S. (2012). Grounded Theory. Oxford University Press.

Payne, S. (2007) Grounded theory. In Lyons, E. & Coyle, A. (Ed)(2007). Analysing Qualitative Data in Psycholgy. Sage.

Pflugradt, D. & Allen, B. (2011). A grounded theory analysis of sexual sadism in females. Journal of Sexual Aggression: A international, interdisciplinary forum for reseach, theory and practice, 18(3), 325-337.

Reichertz, J. (2007). Abduction: The Logic of Discovery of Grounded Theory. In Bryant, A. & Charmaz, K.(Ed) (2007). The SAGE Handbook of Grounded Theory. Sage.

Stern, P. N. (2007). On Solid Ground: Essential Properties for Growing Groinded Theory. In Bryant, A. & Charmaz, K.(Ed) (2007). The SAGE Handbook of Grounded Theory. Sage.

Strauss, A. L. (1987). Qualitative analysis for social scientists. Cambridge University Press.

Strauss, A. & Corbin, J. (1990). The Basics of Qualitative Research: Grounded Theoy Procedures and Techniques(1st Ed.). Sage. 김수지, 신경림 역(1996). 근거이론의 이해: 간호학의 질적 연구 수행을 위한 방법론. 한울아카데미.

Strauss, A. & Corbin, J. (1994). Grounded Theory Methodology: An Overview. In Denzin, N. K. & Lincoln, Y. S.(Ed)(1994). Handbook of Qualitative Research. Sage.

Strauss, A. & Corbin, J. (1998). The Basics of Qualitative Research: Grounded Theoy Procedures and Techniques(2nd Ed.). Sage. 신경림 역(2001). 근거이론의 단계. 현문사.

Urquhart, C. (2012). Grounded Theory for Qualitative Research. Sage.

van Manen, M. (2006). Writing Qualitatively, or the Demands of Writing. Qualitative Health Research, 16(5), p. 713-722.

van Manen, M. (2011). Phenomenolgyonline. http://www.phenomenologyonline.com

Walker, L. O. & Avant, K. C. (2011) Strategies for Theory Construction in Nursing(5th Ed). Pearson Education. 오가실, 이인숙, 조순영 공역(2014). 간호에서의 이론개발전략. 청담미디어.

Walulu, R. N. (2007). Mothers living with HIV disease: A grounded theory study. Dessertation of The University of Texas Health Science Center.

12

현상학적
분석

현상학적 질적 분석은 다양한 질적 연구 전통의 하나로 심리학, 간호학, 교육학 등 다양한 학문 분야에 사용되고 있다. Husserl의 철학으로서의 현상학에 그 사상적 뿌리를 두고 있는 현상학적 질적 분석은 그 오랜 역사와 위와 같이 다양한 학문분야에서 연구를 위한 방법론으로서 적용되고 있음에도 불구하고 질적 연구자들, 특히 초보 질적 연구자들이 접근하기에 어려운 점이 있다.

그럼에도 불구하고, 질적 분석을 논함에 있어서 현상학적 질적 분석을 살펴보지 않을 수 없는데, 그것은 현상학적 질적 분석은 여타의 다른 질적 분석 전통들과는 차별성을 가지는 특징을 가지기 때문이다. 질적 분석의 큰 두 가지 흐름인 범주적 접근과 맥락적 접근 중 맥락적 접근의 대표적 분석이 현상학적 질적 분석임을 고려하면 질적 분석을 논함에 있어 현상학적 질적 분석을 구체적으로 살펴보는 것은 질적 분석을 이해하는 데 큰 의미를 가진다 할 수 있다.

따라서 여기서는 현상학적 질적 분석을 이해하기 위해 현상학적 질적 연구의 개념에 대해 개괄적으로 살펴보고 분석을 위해 숙지해야 할 기본적인 방법론적 개념과 그 절차를 중심으로 현상학적 질적 분석의 전반적인 부분을 살펴보도록 한다.

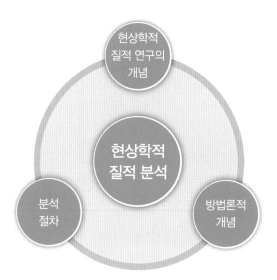

[그림 1] 현상학적 분석

1. 현상학적 질적 연구의 개념

현상학적 질적 연구는 인간의 경험(experience), 그 중에서도 체험(lived experience)을 연구하기 위한 질적 연구 방법이다(van Manen, 1990). 이러한 현상학적 질적 연구는 철학인 현상학에 뿌리를 두고 발전해 온 것이기에 현상학적 질적 연구에 대한 이해를 위해서는 철학으로서의 현상학에 대해 개괄적으로나마 살펴볼 필요가 있다. 물론 이 둘은 동일한 어떤 것이 아니다. 하지만 현상학적 질적 연구가 철학으로서의 현상학의 다양한 방법론적 개념들로부터 시사점을 제공받았기 때문에 현상학에 대한 이해가 현상학적 질적 연구에 대한 이해를 도울 수 있기 때문이다. 따라서 현상학적 질적 연구에 대해 살펴보기 전에 현상학에 대해 간략하게 살펴보도록 한다.

철학으로서의 현상학

현상학은 Husserl에 의해 시작된 철학적 전통으로, 이후 Heidegger, Merleau-Ponty, Sartre 등의 현상학적 철학자들에 의해 발전되어 왔다(이근호, 2001). 그리고 이러한 각 학자들의 학문적 관심에 따라 다양한 유형의 현상학으로 발전되었다. 이 중 현상학적 질적 연구를 이해하는 데는 Husserl의 현상학(phenomenology)과 Heidegger의 해석학적 현상학(interpretive phenomenology)에 대해 살펴볼 필요가 있기에 여기서는 이들 두 학자의 현상학을 중심으로 살펴보도록 한다.

Husserl은 그가 살았던 당시의 학문적 흐름에 대한 의문을 제기하며 그의 현상학을 시작했다. 그가 살던 19세기 말에서 20세기 초는 실증주의와 역사주의가 팽배해 있던 시기였는데, 특히 자연과학 분야에서의 실증적, 실험적 연구 방법이 자연과학 분야에서의 성과를 배경으로 하여 심리학과 같은 다양한 인간과학 분야에도 광범위하게 도입되었다. 이러한 상황에 대해 그는 의문을 가졌는데, 그러한 의문은 어떻게 다양한 학문 분야에 하나의 시각이 무차별적으로 적용될 수 있는가에 대한 것이었다. 그는 이러한 의문을 극복하기 위해 각 학문은 그 학문에 적합한 접근으로 탐구되어야 하며 이를 위해서는 그 학문의 구조가 밝혀져야 함을 주장했다. 그리고 이러한 학문의 구조를 밝혀내기 위한 방법으로서 무전제성의 원리를 기본으로 하는 현상학을 도입했고 이를 통해 각 학문이 가지고 있는 구조를 밝히고 이를 통해 학문의 기초를 마련하려는 일련의 시도를 하게 되었다. 이러한 시도 속에서 그는 현상학을 가능케 하는 다양한 방법론적 개념인 지향성(inentionality), 다양한 유형의 환원(reduction)과 판단중지(suspension), 에포케(epoche), 본질직관(intuition) 등에 대한 논의를 전개했다(이남인, 2004; 박승억, 2007). 이러한 방법적 개념에 대한 논의는 뒤에서 좀 더 살펴보도록 한다.

Husserl의 이러한 현상학은 무전제성과 현상 자체에 대한 탐구를 특징으로 한다고 할 수 있다. 즉, 대상을 탐구하는 데 일체의 선입견 혹은 선이해를 배제하고, '사태 자체로(Zu den Sachen selbst)'로 돌아가 대상을 있는 그대로 탐구하는 것이 현상학의 기본 구조라 할 수 있다. 이러한 Husserl 현상학의 특징은 현상학적 질적 연구의 성격과 방법적 개념에 전반적으로 영향을 미쳤다.

Heidegger는 Husserl의 제자이자 그의 현상학에 해석학적 전통을 도입하여 해석학적 현상학을 발전시켰다. Heidegger의 학문적 관심은 존재 그 자체를 탐구하는 것이었다. 그는 기존의 존재에 대한 연구가 존재자에 대한 연구에 머물러 있었으며, 또한 그러한 존재와 존재자에 대해 당연한 것으로 받아들임으로 인해 존재 그 자체에 대한 탐구에 미흡했음을 지적하며 존재에 대한 자신의 해석학적 현상학을 발전시켰다. 그리고 그러한 존재에 대한 탐구를 가능하게 하기 위해 현상학에 해석학적인 요소를 도입했으며, 해석학적 순환이라는 방법론적 개념을 도입했다(이남인, 2004).

해석학적 순환이란 애매하고 불완전하지만 주어진 선이해를 통해 대상을 해석하고 이러한 해석의 결과로서 이해를 통해 다시 알고 있던 내용에 대한 이해를 심화시키는 일련의 과정을 의미한다(김진, 2005). 우리는 어떠한 대상을 접할 때, 애매하고 어렴풋이나마 그것에 대한 이해를 가지고 있다. 그리고 그러한 이해는 우리가 그 대상을 해석할 수 있는 대상이 된다. 그리고 이러한 애매하고 어렴풋이 주어지는 선이해를 통해 대상을 해석함으로써 대상에 대한 더 진전된 이해를 획득하게 된다. 그리고 이렇게 획득된 이해는 우리가 기존에 가지고 있는 선이해를 더 확장, 개선, 변화시킬 수 있는 대상이 된다. 이는 우리가 검증해야 하는 대상을 기준으로 검증의 정당성을 확보하는 순환 오류와는 다른 개념으로서 Heidegger는 이러한 해석학적 순환을 통해 존재의 의미를 탐구하고자 했다(이남인, 2004).

이러한 두 학자의 현상학은 현상학적 질적 연구에 기본적인 방법론적 개념에 기초를 제공했다고 할 수 있는데, 이들의 논의를 표로 나타내면 다음과 같다.

〈표 1〉 Husserl과 Heidegger의 현상학의 개념과 주요한 방법론적 개념

구분	Husserl의 현상학	Heidegger의 해석학적 현상학
탐구의 대상	학문의 구조	존재의 의미
방법론적 개념	지향성, 본질, 환원, 에포케, 괄호치기, 본질직관, 자유변경	해석, 해석학적 순환

이 글의 목적은 현상학이 아닌 현상학적 질적 분석을 다루는 것이기 때문에 위에 제시되는 현상학의 방법론적 개념을 모두 다룰 필요는 없다. 따라서 앞으로 다룰 현상학적 질적 분석의 방법론적 개념을 논의하며 현상학의 방법론적 개념을 부분적으로 살펴보도록 한다.

현상학에서 현상학적 질적 연구로의 전개

앞서도 언급한 바 있지만 현상학적 질적 연구와 현상학은 동일한 어떤 것이 아니다. 왜냐하면 유럽의 현상학이 북미로 전파되어 북미의 철학적 전통들과 융합했기 때문이다. 북미의 학자들은 북미 특유의 철학적 전통과 유럽의 현상학을 결합시켜 현상학을 받아들였는데, 이로 인해 유럽의 현상학에 북미의 프래그머티즘(pragmatism)과 상징적 상호작용(symbolic interactionism)의 철학적 전통이 융합되게 된다(Dowling, 2007). 이러한 융합의 결과로 유럽의 현상학은 북미를 중심으로 하여 새로운 현상학(new phenomenology)으로 전개되게 되는데, 우리가 논의하고자 하는 현상학적 질적 연구는 바로 이런 새로운 현상학에 부합하는 것이며, 새로운 현상학이 우리가 지금 논의하고 있는 현상학적 질적 연구의 원형이라 할 수 있다. 이러한 현상학적 질적 연구로의 전개과정을 그림으로 나타

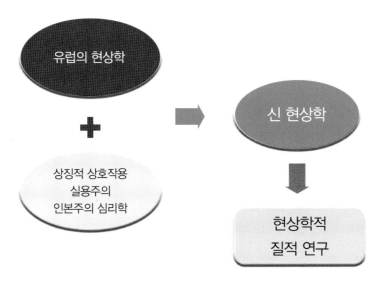

[그림 2] 현상학적 질적 연구로의 전개

내면 다음과 같다.

이러한 전개로 인해 비롯된 현상학적 질적 연구는 그 연구 대상과 연구 방법에 있어서 현상학과 차이점을 보이는데, 이남인(2014)은 이러한 현상학적 질적 연구를 응용현상학이라 칭하며 현상학의 한 형태로 다루기도 한다. 그는 이러한 논의에서 현상학적 질적 연구의 방법론적 개념이 현상학의 그것과 근본적으로 유사한 것이라 논의하고 있는데(이남인, 2010), 이와 대조적으로 Paley(1997)와 Crotty(1996)는 현상학적 질적 연구를 현상학과는 거리가 먼 경험과학, 새로운 현상학으로 다루어야 한다고 논의하기도 한다.

어떠한 논의가 더 타당한지를 떠나 우리는 위의 논의를 통해 다음과 같은 시사점을 도출할 수 있다. 그것은 첫째, 현상학적 질적 연구를 현상학과 동일한 어떤 것으로 보는 것은 부적절하다는 것이다. 앞서 살펴본 바와 같이 현상학적 질적 연구는 현상학에 뿌리를 두지만 철학적 어떤 것이 아닌 경험과학의 방법론으로 다루어져야 한다. 현상학적 질적 연구는 현상학과 달리 연구 참여자의 경험적 자료를 중요시하고 이에 대한 분석을 통해 체험의 본질에 접근하고자 한다. 따라서, 연구자 내부의 자료에 의지해 연구자의 사고실험을 중심으로 이루어지는 현상학과는 동일한 것으로 다루어질 수 없다. 둘째, 방법론적 개념에 있어서도 현상학적 질적 연구의 방법론적 개념과 현상학의 방법론적 개념은 동일한 것이 아님을 고려해야 한다. 셋째, 따라서 우리는 경험과학의 전통 안에서 현상학적 질적 연구를 수행해야지 철학으로서의 현상학에 몰두하며 그 관념적 방식에 몰두하는 것은 부적절하다.

현상학적 질적 연구의 성격

현상학적 질적 연구는 인간의 체험을 탐구하는 질적 연구 방법이다. van Manen(1990)은 이러한 현상학적 질적 연구의 성격을 크게 5가지 관점에서 논의한 바 있는데, 여기서는 그의 논의를 중심으로 현상학적 질적 연구의 성격을 살펴보도록 하자. 우선 그의 논의를 표로 정리함으로써 그 성격을 전체적으로 개관해 보자.

〈표 2〉 현상학적 질적 연구의 성격(van Manen, 1990)

관점	성격
연구의 목적	인간의 체험
탐구의 대상	인간의 의식에 드러나는 체험
연구를 통해 밝히고자 하는 것	체험의 본질적 요소와 구조
연구 방법	기술적 연구
연구의 성격	인간과학적 연구

첫째로, 현상학적 질적 연구는 인간의 체험(lived experience)을 탐구한다. 이때 인간의 체험이란 경험(experience)과는 다르다. van Manen(1990)은 이러한 경험의 특수한 유형으로서 체험을 구분하고 있는데, 그에 따르면 체험이란 우리가 그것을 경험하는 바로 그 순간의 경험으로, 그 순간 이후 반성적 사고를 통해 우리의 기억 속에 남아 있는 경험과는 다른 어떤 것이다. 따라서 이러한 체험은 경험의 그 순간에는 포착할 수 없고 시간이 흐른 뒤 그 경험에 대한 반성적 사고를 통해 접근할 수 있는 것이다. 다시 말해, 우리의 기억 속에 남아 있는 과거의 경험은 우리가 그것을 경험하던 바로 그 당시의 경험과 동일하다고 할 수 없다. 왜냐하면 그러한 경험은 우리의 사고과정을 통해 해석되고 분석된 그리고 그 당시에 비해 다소 변형된 경험이기 때문이다. 즉, 체험이란 지금 우리의 기억 속에 남아 있는 변형되고 해석된 경험이 아니라 그 경험을 하고 있는 바로 그 순간의 경험을 말한다.

둘째로, 현상학적 질적 연구는 우리의 의식에 드러나는 바로 그대로의 현상을 해명한다. 즉, 우리의 의식에 드러나는 체험은 모든 것이 현상학적 질적 연구의 대상이 될 수 있다. 그러한 체험은 신체적인 체험일 수도 있고, 인지적 혹은 감정적인 체험일 수도 있으며, 혹은 꿈이나 환상처럼 현실세계에서는 존재하지 않고 의식에만 존재하는 체험일 수도 있다. 하지만 이러한 모든 것을 떠나서, 그것이 우리의 의식에 드러나기만 한다면 그러한 체험들은 모두 현상학적 질적 연구의 탐구 대상이 될 수 있다.

셋째로, 현상학적 질적 연구는 체험의 본질과 그 구조를 연구한다. 현상학적 질적 연구에서 탐구하고자 하는 대상은 그 체험을 구성하고 있는 본질적 요소와 그러한 본질적 요소에 의해 구성되는 체험의 구조이다. 따라서 현상학적 질적 연구는 단순히 경험을 기술하는 것이 아니라 그 체험을 구성하고 있는 본질적 요소, 즉 그 체험을 그것이라 부를 수 있는 요소를 탐구한다. 예를 들어, 의자의 본질적 요소는 '앉을 수 있음'이다. 따라서 앉을 수 없는 의자는 우리가 더 이상 의자로 인식하지 않는다. 왜냐하면, 의자의 본질적 요소인 '앉을 수 있음'이 부재하고 있기 때문이다. 이처럼 우리가 어떠한 대상을 그것으로 인식하기 위해서는 그것으로 인식하기 위한 본질적 요소가 그 안에 내재하고 있어야 한다. 현상학적 질적 연구가 탐구하고자 하는 것도 바로 그러한 것이다. 즉, 현상학적 질적 연구에서는 어떠한 체험을 바로 그것이라 부를 수 있게 만들어 주는 본질적 요소와 그것으로 이루어진 체험의 구조를 탐구하고자 한다.

넷째로, 현상학적 질적 연구는 체험의 의미를 우리가 겪은 그대로 기술한다. 이는 현상학적 질적 연구가 체험에 접근함에 있어서 통계적 방법을 통해 그것의 일반화를 추구하거나 그것을 설명하는 법칙이나 이론을 추구하는 것이 아닌, 체험에 대해 기술적(descriptive)으로 접근하여 그것을 풍부하게 기술하고 해석하려는 데 초점을 맞춘다. 이는 실증적 경험과학들이 경험에 접근하는 방식을 비교해 보면 쉽게 그 차이점을 확인할 수 있다. 그러한 접근들은 경험을 수량화하고 이를 통계적으로 분석하여 그 경험 속에 내재한 변수들 사이의 관계를 확인한다. 하지만 현상학적 질적 연구는 그러한 방식으로 경험을 변형하지 않고 있는 그대로의 경험에 기술적으로 접근하여 그것에 대한 깊고 풍부한 이해를 도출하고자 한다.

다섯째로, 현상학적 질적 연구는 현상에 대한 인간과학적 연구이다. 이는 현상학적 질적 연구가 철학적 현상학과 같은 관념적, 철학적 연구가 아닌 과학적 절차와 방법을 통해 이루어지는 인간과학적, 경험과학적 연구임을 분명히 하고 있는 것이다. 이러한 질적 연구의 인간과학적 측면은 크게 세 가지 측면에서 분명히 드러난다고 할 수 있는데, 그 첫 번째 측면은 과학적 연구 도구의 측면이다. 현상학적 질적 연구는 질문, 반성, 주의집중, 직관 등 특별한 연구 방법을 통해 이루어지는 연구로서 과학적 연구의 특징을 지닌다. 둘째, 자기 비판적 측면이다. 현상학적 질적 연구는 연구 성과로의 접근에 있어서 그것을 계속적으로 검토하고 수정, 발전시킨다는 측면에서 자기 비판적인 과학적 성격을 가지고 있다고 할 수 있나. 마시막으로, 결과의 타당성 측면에시 현상학적 질적 연구는 기술된 현상의 정당화의 측면에서 타인의 경험을 수집하고 이에 대한 타당성을 검증한다는 측면에서 과학적 연구의 성격을 가진다.

이러한 현상학적 질적 연구의 성격에도 불구하고 현상학적 질적 연구에 대한 다양한 유형의 오해가 존재한다. 유혜령(2012)은 이러한 오해의 유형과 그것에 대한 반론을 제시한 바 있는데, 현상학적 질적 연구의 성격을 명확히 한다는 측면에서 이러한 논의는 살펴볼 가치가 있다. 이러한 오해와 반론을 표로 다음과 같이 정리할 수 있다.

〈표 3〉 현상학적 질적 연구에 대한 오해와 반론(유혜령, 2012)

오해	반론
현상학적 질적 연구는 '주관적인' 내용을 다룬다.	단순한 주관성이 아니라 주관성 속에서 본질을 탐구한다.
현상학적 질적 연구는 '철학적' 기술과 논의로 이루어진다.	현상학적 질적 연구는 철학적 개념을 참조할 뿐이다.
현상학적 질적 연구는 정형화된 '연구 기법'을 따라야 한다.	현상학적 질적 연구는 고정된 연구 기법을 따르지 않는다.
현상학적 질적 연구는 '체험' 연구이다.	체험을 다루는 모든 연구가 현상학적 질적 연구는 아니다.

우선 현상학적 질적 연구가 '주관적인' 내용만을 다룬다는 오해에 대해 살펴보자. 물론 현상학적 질적 연구가 연구 참여자의 주관적인 내면 의식을 탐구하기는 하지만 현상학적 질적 연구는 단순히 주관적 의식의 기술에 머무는 것이 아니라 그러한 주관적 의식을 기반으로 하여 보편적인 본질을 탐구한다. 이는 van Manen(1990)의 논의와도 일맥상통하는데, 그는 현상학적 질적 연구가 단순히 개별 경험에 대한 주관적이고 개별적인 기술을 추구하는 것이 아니고 완전히 순진한 보편성을 추구하는 것도 아니며 이 둘의 관계를 함께 탐구하는 연구 방법이라 논의한 바 있다. 둘째로, 현상학적 질적 연구가 '철학적'인 어떤 것이라고 바라보는 오해이다. 이러한 오해는 '현상학'이라는 단어에서 비롯되는 오해라고 할 수 있는데, van Manen(1990)은 이러한 오해에 대해, 현상학적 질적 연구는 단순한 사변적 논의가 아닌 구체적인 경험적 자료를 통해 체험에 대한 이해를 추구하는 연구 방법이라 논의한 바 있다. 유혜령(2012) 또한 현상학적 질적 연구는 이러한 경험에 대한 의미의 이해를 위해 현상학으로부터 방법론적 개념을 참조할 뿐이지 현상학적 질적 연구가 현상학과 동일한 어떠한 철학적 방법이 아님을 논의하고 있다. 셋째로, 현상학적 질적 연구가 정형화된 연구 기법을 따라야 한다는 오해이다. 현상학적 질적 방법에 일반적으로 적용되는 연구 방법이나 단계에 대한 논의는 있지만 이러한 기법은 정형적으로 따라야 하는 것이라기보다는 하나의 참고사항일 뿐이다. 이에 대해서는 뒤에 다양한 유형의 환원에 대해

논의하며 좀 더 살펴보도록 한다. 마지막으로, 현상학적 질적 연구는 '체험 연구'라는 오해이다. 물론 현상학적 질적 연구가 체험을 그 탐구 대상으로 하지만 그 '체험'을 어떻게 다루었는지에 따라 현상학적 질적 연구가 될 수도 있고 아닐 수도 있다. 예를 들어 어떠한 체험에 대해 통계적 분석을 통해 접근했다면 그것은 체험에 대한 연구라고는 부를 수 있어도 현상학적 질적 연구라고는 부를 수 없는 것이다.

2. 현상학적 질적 연구 대상으로서의 구체적인 체험의 유형

앞선 논의에서 우리는 현상학적 질적 연구가 경험, 그 중에서 그 특별한 유형인 체험을 탐구 대상으로 한다는 것에 대해 논의했다. 하지만 모든 인간의 활동이 경험에 포함될 수 있으며, 따라서 그러한 경험은 전반성적인 체험이 존재함을 고려한다면 그 범위가 너무 광범위해짐으로 해서 그것에 대한 구체적인 이해를 이끌어 내기에 다소 막연한 부분이 있다. 따라서 여기서는 현상학적 질적 연구를 통해 어떠한 체험들이 연구될 수 있는지 그 유형을 확인해 보고자 한다. 이를 위해 여기서는 몇몇의 현상학 철학자들의 논의를 살펴보고 그들의 논의를 통해 현상학적 질적 분석의 대상으로 체험의 유형을 확인할 수 있는 시사점을 도출해 보고자 한다.

Husserl의 지향성 탐구를 위한 현상학

Husserl의 현상학에서 그가 현상학적 접근을 통해 탐구하고자 했던 대상은 바로 지향성이라는 인식작용이다. 그는 인간의 인식은 항상 '무엇을 향한' 인식임을 주목하며 이를 드러내는 '지향성(intentionality)'이라는 개념으로 논의하며 현상학을 통해 이러한 인식으로서 지향성에 접근했다(이남인, 2004). Husserl에 따르면 우리의 의식 활동은 언제나 무언가를 향한 의식이며 따라서 우리의 의식은 언제나 의식의 대상인 외부의 대상과 지향적 관계를 가진다. 그리고 이러한 지향성이 바로 그 대상을 향한 인간의 의식이다. 그리고 이러한 Husserl의 문제의식은 '현상학 전체를 포괄하는 문제의 명칭은 지향성이다. 이 문제의 명칭이 바로 의식의 근본속성을 표현한다.'라는 그의 발언에서 알 수 있는 것처럼 인간의 의식활동에 대한 것이라 할 수 있다(Husserl, 1950; 김동규, 2010에서 재인용).

　Husserl은 이러한 지향성을 구성하고 있는 본질적 요소를 탐구하고자 했으며, Husserl 현상학의 목적은 이러한 지향적 인식에 대한 분석을 통해 객관적이고 보편적인 지식의 가능성을 확보하는 것이라 할 수 있다(박승억, 2015). 그는 이러한 지향성의 본질을 직관을 통해 파악할 수 있는 것으로 보았으며 이러한 본질에 대한 경험을 '본질직관'이라 논의했다. 그리고 이러한 대상에 대한 지향성의 구조를 파악하는 방법적 접근을 통해 학문의 구조를 파악하고자 했다(이남인, 2004). 즉, 수학을 대상으로 하는 인식의 지향성의 구조를 파악하면 수학이라는 학문의 구조를 파악할 수 있으며, 문학을 대상으로 하는 인식의 지향성의 구조를 파악하면 문학이라는 학문의 구조를 파악할 수 있다고 보았기 때문이다(박승억, 2007). 이러한 논의를 종합해 보면 Husserl의 현상학에서 탐구하고자 한 그 대상은 인간의 객관적인 인식작용, 즉 대상을 향한 인간의 지향적 의식의 구조라 논의할 수 있으며, 이러한 지향적 의식의 구조를 탐구함으로써 그 대상에 대한 인간의 인식적 경험의 구조를 밝히는 것이라 할 수 있다.

이러한 Husserl의 탐구 대상인 의식의 지향성이 현상학적 질적 연구에 주는 시사점은 현상학적 질적 연구의 탐구 대상이 인간의 인식적 체험이 될 수 있음이라 한다. 이러한 탐구 대상으로서 인간의 인식적 체험을 그림으로 나타내면 다음과 같다.

[그림 3] 현상학적 질적 분석의 대상으로서 인간의 지향적 인식 체험

그렇다면 이러한 인간의 지향적 인식 체험이 실제 현상학적 질적 연구물에서 어떻게 탐구될 수 있는지 살펴보도록 하자. Heath(2000)는 염력 사용자가 염력을 사용하는 과정에서 경험하는 인식 경험에 대해 현상학적 질적 연구를 수행한 바 있다. 이를 통해 염력을 사용하는 동안 인식의 변화된 상태, 상호연결성의 정도를 초월하는 수준의 염력의 대상 혹은 사람과의 연결성, 개인으로서의 자아정체성에서 분리되거나 떨어져 나감, 인지적 능력의 중단, 쾌감과 감정적 절정, 극도의 에너지를 경험함을 분석했다. 또 육체적 상태가 염력에 영향을 미치며, 자각에 초점이 맞추어지며 시간에 대한 감각이 변하고, 염력의 결과에 영향을 받으며, 그러한 경험에 대해 열려 있음 등을 분석했다. 이러한 염력을 방해하는 것으로 무관심이나 적대감, 좌절, 불신, 분석적 사고, 자의식, 집중할 수 없음, 지나친 보상, 염력의 지나친 사용 등을 분석을 통해 밝혀내었다. 그렇다면 이러한 분석의 일부를 살펴보도록 하자.

대상 혹은 다른 사람과의 상호연관의 수준을 뛰어넘는 연결의식

깊은 수준의 연결 혹은 일치는 의식적인 PK 수행과 관련 있다. 참가자 6은 ASC 상태와 함께 연대감을 드러낸다.

> "마치 …… 일체감이라고 말할 수밖에 없네요. 비록 일체감의 상태에 있지만 그것과 좀 달라요. …… 하지만 동시에 내가 할 수 있는 말 중에서 가장 적합한 것은 그것밖에 없네요. 그것은 마치 내가 신성한 장소로 들어가는 느낌이에요. 그것은 마치 내가 스푼이 된 것 같아요. 나는 사람이라고 말하고 있지만 그것과 다르지 않아요.

자아로부터의 분리

참가자 5는 "항상 그것이 진행되는 동안 분리되는 느낌을 받아요. 그것은 내가 하는 것이 아니에요. 처음에는 고요한 느낌이 들고 그런 후에는 훨씬 더 고요해지지요. 그리고 그 시점에 …… 의식적으로 내 몸 위로 올라가 내 몸을 봐요."라고 말했다.

이성의 정지

이것은 사고나 비판적 분석능력의 결여의 형태로 나타난다. 참가자 8은 "당신은 아무런 판단도 할 수 없습니다. 그냥 거기 그대로 두어야 해요."라고 말했다.

이러한 분석의 결과는 현상학적 분석을 통해 인간의 인식 혹은 인식의 수준에서만 드러나는 인식적 경험이 분석될 수 있음을 보여 준다.

Heidegger의 현존재와 현존재의 해석현상에 대한 해석학적 접근

Heidegger의 해석학적 현상학의 탐구 주제는 바로 존재 그 자체이며, 그는 이를 위해 존재의 의미를 이해하고 있는 인간, 즉 현존재(Dasein)의 존재방식, 그리고 그러한 현존재의 존재방식인 '해석의 과정'을 탐구하고자 했다. Heidegger의 해석학적 현상학의 분석 대상은 '세계-내-존재'로서의 현존재이다. 그는 존재의 의미와 현존재를 분석하기 위해 Husserl의 현상학을 발전시켜 해석학적 현상학을 전개했는데, 이러한 해석학적 현상학을 통해 인간의 현존재의 구조를 분석했다(이남인, 2004).

그에 따르면 현존재는 자신이 가진 정황적 이해를 기반으로 하여 이를 토대로 세계에 속한 다른 존재들과 교섭하고 있는데, 이러한 다른 존재들과의 교섭의 경험이 바로 '해석의 과정'이다. 현존재인 인간은 마음쓰는(sorge) 존재로서 사물과 관계를 맺고 이해하는 존재이다(신승환, 2012). 즉, 현존재인 인간은 세계와의 관계 속에서 존재하며 이러한 현존재가 존재하는 존재의 구조는 바로 세계내 다른 존재들과 교섭하는 해석의 구조인 것이다.

따라서 Heidegger는 이러한 현존재의 해석 과정에 대한 탐구를 위해 해석학적 방법을 도입했는데 그것이 바로 앞서 논의한 바 있는 해석학적 순환이다(김진, 2005). 해석학적 순환이란 선이해를 바탕으로 한 해석을 통해 대상에 대한 이해를 개선, 확장하는 해석학적 방법으로 인식론에서 언급되는 순환논리와는 구분되는 것이다(이남인, 2004).

이러한 논의를 종합하면 Heidegger의 해석학적 현상학의 분석 대상은 현존재의 해석의 구조이며 이는 현상학적 질적 분석의 대상이 인간의 해석 체험이 될 수 있음을 시사한다. 이러한 현상학적 질적 분석의 대상으로서 인간의 해석 체험을 그림으로 나타내면 다음과 같다.

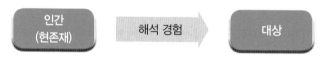

[그림 4] 현상학적 질적 분석의 대상으로서 인간의 해석 체험

그렇다면 현상학적 질적 연구의 구체적 결과물을 통해 분석의 대상으로 인간의 해석 체험이 어떻게 드러나고 있는지 살펴보도록 하자.

앞서 살펴보았듯이 Heidegger의 해석학적 현상학은 인간이 세계-내-존재로서 그 세계와 어떻게 관계맺고 있으며 그것을 어떻게 해석하고 있는지를 탐구 대상으로 한다. 따라서, 이러한 해석의 구조가 바로 현상학적 질적 연구의 분석의 대상이 될 수 있다. Camago(2011)는 중환자실 환자의 죽음이 간호사에 의해 어떻게 받아들여지고 있는지 현상학적 연구를 통해 접근한 바 있다. 이를 통해 간호사가 중환자실에 들어가기 전 손을 씻는 행위는 단순한 소독이 아니라 간호사가 또 다른 세계로 들어가기 위한 준비의식과 같다는 점과 이를 통해 그곳으로 가기 위해 자신을 준비시킨다는 것을 밝혔다. 또한 간호사로서 환자를 살피는 행위는 환자의 친지 혹은 지인들을 바라보는 것과 다름 없으며 간호사에게 환자는 '그가 누구냐?'보다 '그가 무엇이냐?'에 더 가까운 질문임을 확인하고 있다. 또한 환자에게 다가간다는 것은 감정적인 측면보다는 간호사로서의 돌봄이 기반으로 이루어지는 것이며, 간호사에게 환자의 죽음은 간호사들에게 죽음을 깨닫는 경험이 되며 이를 통해 인간의 운명으로서 죽음을 깨닫게 해 준다는 것을 분석했다. 이러한 분석 결과는 현상학적 분석을 통해 존재로서 인간이 그와 관계 맺고 있는 다른 존재들을 어떻게 해석하고 있는지에 대해 해석학적 현상학적으로 접근하여 그 해석의 요소를 밝히고 있음을 보여 준다. 그렇다면 그 중 일부를 살펴보며 그러한 해석에 대한 해석적 분석에 대해 살펴보도록 하자.

내 손에서의 간호(Nursing on my hand)

6:30pm. 나는 다시 이동할 준비를 하고 있다. 손을 씻으며 나는 내 방 311호를 바라보았다.

나는 또 다른 이동을 준비한다. 나는 손을 씻는 단순한 과정과 함께 나의 일을 시작한다. 내가 내 손을 씻는 행위는 나를 다른 세계로 들어가게 하는 것처럼 보인다. ICU(Intensive Care Unit)의 세계다. 간호에 있어서 손 씻기는 환자를 보살피는 준비를 함에 있어서 가장 중요한 절차이다. 집에서 손을 씻는 것과 ICU에서 손을 씻는 것은 무슨 차이가 있을까? 집에서의 손 씻기는 주로 화장실 용무를 본 다음이나 밖에서 어떤 것을 하고 난 후에 이루어진다. 어머니는 나에게 이렇게 말하곤 했다. "Pilar, 아프기 싫으면 점심 먹기 전에 손을 씻으렴." 그리고 그러한 습관은 나의 일부분이 되었다. 나는 집에 들어가면 항상 손을 씻는다. 과정은 간단하다. 손을 헹구어 내고, 비누를 손에 펴 바르고, 다시 헹구어 낸다. 정말로 특별할 것이 없는 과정이다.

하지만 간호에서 내 손을 씻는 것은 내 업무의 중요한 일부분이다. 집에서 손을 씻는 행위는 나의 정체성을 바꾸지 않는다. 하지만 ICU에서 손을 씻을 때, 나는 변화 과정을 겪게 된다. ICU에서 꼼꼼히 손을 씻는 과정은 10분 혹은 그 이상이 걸린다. 손 씻기는 나를 새로운 환자들과 만나는 간호사로서 준비시키는 것처럼 보인다. 왜냐하면 이러한 손 씻기가 끝난 후에야 그들을 돌볼 준비가 되기 때문이다. 물이 내 피부에 닿는 순간 나의 간호적 지식이 드러나며 나의 정체성을 형성한다. 이러한 행위를 하는 동안 나는 나에게 할당된 병실 311호를 바라본다. 311호는 내 업무의 일환이다. 하지만 311호는 또한 나의 소유로 여겨진다. 나는 311호를 바라본다.

Schutz의 생활세계(life world)와 자연적 태도(natural attitude)

Schutz가 그의 사회학적 현상학을 통해 탐구한 대상은 생활세계와 그 안에서 개인들이 형성하는 전형성과 처방이라 할 수 있다(Ritzer, 2003). 그는 Weber의 이해사회학의 영향을 받아 Weber가 제기한 문제들에 대해 현상학적 접근을 도모하는 현상학적 사회학을 전개하게 되는데(이남인, 2011), 이러한 현상학적 사회학의 주요한 탐구 주제로 생활세계와 이를 규명할 수 있는 '자연적 태도'에 천착한다(김광기, 2005).

생활세계는 상호주관성이 발생하는 일상적 세계로, 그 안에서 인간은 자연적 태도라 불리는 태도를 가지고 참여하게 된다. 그리고 이러한 생활세계는 몇 가지의 특징을 가지는데, 그것은 '온전히 깨어 있음', '의식의 유보', '일', '총체적 자아 경험', '상호주관성', '개인적 시간과 사회적 시간의 교차' 등이다(Ritzer, 2003).

이러한 생활세계 안에서 개인들은 자연적 태도를 가지고 참여하게 되는데, 이러한 자연적 태도란 의문을 제기하지 않는 태도이며, 제도화의 기초가 되는 태도이다(김광기, 2005). 그리고 이러한 사회의 제도화를 기초하는 자연적 태도의 핵심적인 개념이 전형화와 처방이며(Ritzer, 2003), 개인들은 이러한 전형화와 처방을 통해 생활세계 안에서 마주치는 다양한 상황에 대처한다. 전형화를 통해 인간은 대상에 대한 전형을 구성하고 자신이 가진 전형을 통해 대상을 파악하며, 때로는 자신의 전형을 변화시킨다. 그리고 이러한 전형은 특정한 맥락에서 인간의 행위를 결정하는 처방의 기초가 되는데, 이러한 전형과 처방을 통해 인간은 생활세계 속에서 일상적 태도를 유지하며 살아간다.

결국, Schutz의 현상학적 사회학이 탐구하고 있는 탐구 대상은 상호주관성에 기반하고 있는 생활세계이며, 그 속에서 인간이 어떻게 세계와 상호작용하고 있으며, 그들의 자연적 태도 안에서 세계 속의 대상을 어떻게 전형화하고 있는지에 대한 것이라 할 수 있다. 따라서 이러한 Schutz의 논의는 현상학적 질적 연구의 탐구 대상이 인간 경험의 전형화와 그에 따른 처방이 어떻게 이루어져 있는지가 될 수 있음을 시사한다고 할 수 있다. 이러한 Scutz의 탐구 대상으로서의 전형성의 개념을 그림으로 나타내면 다음과 같다.

[그림 5] Schutz의 경험의 전형성

그렇다면 이러한 Schutz의 현상학적 분석의 시사점이 반영된 현상학적 질적 연구들을 살펴보도록 하자. 임봉우·이종영(2003)은 스킨스쿠버 참여자들의 체험에 대한 분석을 통해 참여자들이 그러한 체험을 어떻게 전형화하며 그러한 전형이 그 체험에 어떠한 영향을 미치는지에 대한 현상학적 분석을 시도했다. 이를 위해 그들은 다음의 세 가지 연구문제를 설정하여 분석을 수행했는데, 그것은 첫째, 개인의 전기적 상황의 특성과 스킨스쿠버 다이빙 체험의 관계는 어떠한가, 둘째, 스킨스쿠버 활동 체험의 각 국면별 체험의 전형은 무엇인가, 셋째, 스킨스쿠버 활동 체험의 전형은 다이빙 수준에 따라 어떻게 나타나는가였다.

분석의 결과 그들은 다이빙 단계별, 다이빙 수준별로 연구 참여자들이 다이빙 체험을 어떻게 전형화하고 있는지를 보여 주었다. 우선 각 국면별로 살펴보면 다이빙 준비 단계에서는 '두려움', '기대'로, 이동 단계에서는 '두려움', '지루함', '즐거움', '기대'로, 다이빙 단계에서는 '두려움', '즐거움', '성취감'으로, 종료 단계에서는 '자부심', '아쉬움', '계획'으로 다이빙 체험을 전형화하고 있음을 밝혔다. 또한 다이빙 수준별로는 초급 수준에서는 '두려움', '기대', '즐거움', '지루함', '아쉬움', '자부심'으로, 고급 수준에서는 '두려움', '기대', '즐거움', '아쉬움', '자부심'으로 다이빙 체험을 전형화하고 있음을 밝혔다. 그렇다면 그 중 일부를 살펴보도록 하자.

스킨스쿠버 다이빙 단계

스킨스쿠버 디이빙 단계는 실제로 바닷속에 다이빙을 하는 단계로 다이빙 시간은 전반적으로 다이빙을 준비하고 실제 다이빙 포인트로 이동하는 시간, 그리고 1차 다이빙과 2차 다이빙 사이에 쉬는 시간 등을 포함해서 총 6시간 30분이 소요되었다. 실제 다이빙 시간은 조금씩 차이가 있었지만 평균 1시간 10분 정도였다. 이러한 다이빙 단계에서는 전형적으로 두려움 차원, 신비감 차원, 그리고 스킨스쿠버 다이빙 활동 차원의 전형을 체험하고 있었다.

먼저 두려움은 공포와 불안으로 체험되고, 즐거움은 편안함과 황홀함으로, 성취감은 인내와 성취로 체험된다. 두려움 중 공포는 무서움, 초조함으로 나타났고, 불안은 장비의 이상함이나 낡음으로 나타났다. 이에 대해 연구 참여자 2인 김○○은 다음과 같이 진술하고 있다.

> "사실 물에 들어갔는데 아무것도 보이지 않아 당황스럽더라구요. …… 알고는 있었지만 수신호로 해야 하고 추운데 표현도 안 되고 거기에 발차기까지 …… 하여튼 1차 다이빙은 저에게 공포 그 자체였어요."

즐거움에서 편안함은 여유로움과 친숙함, 자연스러움으로 나타났고, 황홀함은 멋짐과 기쁨으로 나타났다. 이에 대해 연구 참여자 3인 김○○은 다음과 같이 진술하고 있다.

> "사실 걱정은 없어요. 여러 번 왔다 갔다 하니까. 어느 정도 바다랑 친숙하다는 느
> 낌도 들고 …… 여러모로 자연스럽죠."

성취감에서의 인내는 어려움을 이겨냄과 참음으로 나타났고, 성취는 뿌듯함과 정복
감으로 나타났다. 이에 대해 연구 참여자 1인 금○○은 다음과 같이 진술하고 있다.

> "완전히 수영장하고 다르더라구요. …… 수영장은 그 자체가 호수인데 여기는 파
> 도 치고, 춥고, 중심잡기 힘들고 모든 게 어렵고 힘들었어요. …… 그래도 이걸 이
> 겨내고 참아냈다는 사실에 뭔가 얻었다는 느낌이 드는 거 있죠. …… 뭐랄까. 아!
> 내가 어려움을 극복했구나 같은 느낌이요."

이러한 분석을 통해 연구자는 다이빙 단계에서의 체험의 전형을 다음과 같은 표로 정리
했다.

〈표 4〉 다이빙 단계에서 참여자 체험의 전형(임봉우 · 이종영, 2003)

전형	1차 하위 전형	2차 하위 전형
두려움	공포	어두운 시야의 무서움
		짝을 잃을까 초조함
	불안	장비 이상함, 낡음
즐거움	편안함	물 속에서 여유로움
		물방울(버블) 친숙함
		장비의 자연스러움과 편안함
	황홀함	물고기 떼와 물방울 멋짐
		물고기 떼를 보아서 기쁨
성취감	인내	중심잡기와 발차기의 어려움 이겨냄
		추위 참음
	성취	먹거리 획득의 뿌듯함
		물 속에 대한 정복감

Merleau-Ponty의 몸과 지각

Merleau-Ponty는 Husserl의 현상학을 발전시켜 지각의 현상학을 전개했다(이남인,

2013). 결론적으로 Merleau-Ponty가 현상학적 접근을 통해 탐구하고자 한 대상은 인간의 지각의 경험이라 말할 수 있다. 그렇다면, 이남인(2013)의 논의를 중심으로 하여 Merleau-Ponty의 현상학적 접근의 대상으로서 인간의 지각에 대해 좀 더 살펴보도록 하자. Merleau-Ponty는 지각의 현상학이 다루는 영역을 '현상적 장' 혹은 '초월론적 장'이라 부르는데, 이러한 지각 영역에 대한 관심은 기존의 경험주의와 지성주의 철학이 취하고 있던 지각에 대한 관점에 대한 의문에서 시작되었다. 그는 객관적인 사유는 원초적이며 근원적인 삶의 영역에 존재하는 진정한 의미의 근원적 감각을 포착할 수 없음을 논의하며 현상학적 접근을 통해 '선객관적인 영역'이자 '감각의 장'을 토대로 하는 원초적인 경험의 영역으로 구성되는 '현상적 장'에 대한 탐구를 추구했다. 그에 따르면 이러한 '현상적 장'은 '본능적인 하부구조'와 '지적 작용을 통해 구축되는 상부구조'로 이루어져 있는데, 이는 원초적인 감각과 그러한 감각 지각세계에서 작동하는 낮은 수준의 지적 작용을 의미한다고 할 수 있다. 그리고 이러한 '현상적 장'에 대한 논의를 인간의 신체에 대한 논의로 전개하고 있다.

오늘날 몸에 대한 담론은 현상학과 질적 연구의 지적 논의에서 역사가 깊은 관심사이다. 오늘날 몸은 상품과 생산과 소비자의 몸, 사회적 활동의 대상으로서의 몸, 성적 대상으로서의 몸, 인식과 반성의 주체로서 이해된다. 이러한 이해는 모두 Merleau-Ponty의 '나는 내 몸이다.'라는 문장에서 시작한다고 볼 수 있다. Merleau-Ponty는 정신의 절대화를 비판한다. 그는 절대적인 절대화의 대상이었던 정신 대신, 우리의 몸(신체, 기관)이 만나고 체험하는 구체적인 세계를 가장 중요한 철학 탐구의 영역으로 삼는다(Merleau-Ponty, 2008). Merleau-Ponty에게는 이 세계도 인간의 몸들과 연결되어 있는 거대한 몸이다(Merleau-Ponty, 2008).

이러한 Merleau-Ponty의 몸의 철학은 현상학적 방법론으로 발전된다. '현상학적 환원', '선험적 환원'의 이론이 그것이다. 그는 현상학적 환원의 상태에서도 심리적인 자아가 완전히 선험적인 자아로 넘어가지 못한다고 지적한다(Merleau-Ponty, 2008). 쓸데없는 것만 제거했지 심리적인 자아는 그대로라는 것이다. 이 심리적 자아에서 벗어나기 위해서 행하는 것이 선험적 환원이라는 것이다(Merleau-Ponty, 2008). 그는 선험적 환원을 행하게 되면 심리적인 자아도 괄호로 묶어서 선험적인 자아로, 경험에 앞서는 선험적 주관성으로 돌아갈 수 있다고 말한다(조광제, 2012). Merleau-Ponty는 이러한 과정을 거쳐야만 사태 자체, 사물 자체에 대한 본질직관이 가능해신나고 강조한다. 그리고 직관을 통해 도달한 현상학의 사태 자체를 설명하거나 분석하는 것이 아니라 있는 그대로 기술해야 한다고 말한다. 이를 위해 다시 한 번 강조되는 것이 '내가 몸적 주체라는 것을 알고, 몸적 주체만이 지각적 경험의 세계를 기술할 수 있다.'는 것이다(Merleau-Ponty, 2008).

이와 같은 Merleau-Ponty의 현상학은 결론적으로 현상학적 질적 연구의 탐구 주제가 인간의 신체를 통해 경험되는 인간의 지각 경험이 될 수 있음을 시사하는 것이라 할 수 있는데, 이러한 Merleau-Ponty의 논의에서 드러난 현상학적 질적 연구의 대상으로서 신체와 지각의 개념을 그림으로 나타내면 다음과 같다.

[그림 6] Merleau-Ponty의 지각의 경험

그렇다면 이러한 지각의 경험이 분석된 현상학적 질적 분석의 결과물을 살펴보도록 하자. 정은정·이화도(2014)는 Merleau-Ponty의 몸의 현상학이 유아미술표현 연구에 어떻게 적용될 수 있는지에 대한 논의를 전개한 바 있는데, 이를 위해 몇몇의 연구의 예를 들고 있다. 그 중 일부를 살펴보도록 하자.

유아들은 과자가 지닌 형태와 색을 관찰하여 그 특성을 발견하고 이를 활용한 다양한 표현을 한다. 혹은 과자를 먹는 행위를 통해 과자의 형태가 달라진다는 것을 발견하고 이러한 과자의 특성을 다양한 몸짓과 함께 표현한다. 살짝 휘어진 빵과자는 유아의 양손의 움직임을 통해 팽이가 되었고, 막대형을 지닌 새우깡은 팽이를 더 잘 돌아가게 하는 도구로, 혹은 구멍을 만드는 도구로 사용되기도 한다. 빵과자는 눈, 코, 입이 생긴 가면으로 변신되고 과자를 뜯어먹는 행위를 통해 빵과자는 초승달로 둔갑하기도 한다. 과자를 먹는 시간동안 유아는 과자의 특징적 형태에 주목하고 이에 대해 새로운 의미를 부여하면서 표현을 이어간다. 유아들은 과자를 먹는 행위를 통해 변화되는 과장의 형태를 발견할 수 있고, 과자의 형태는 이전의 경험과 앎을 상기하며 몸을 통해 새로운 의미를 부여하는 표현활동이 된다. 이처럼 유아의 미술활동은 일상생활에서의 경험과 공유되어 몸을 통한 표현으로 드러난다.

> (빵과자를 양손에 쥐고 돌리듯이 던지며) "닌자 ~~ 검!"
> (새우깡을 손에 쥐고) "더 긴 거 있었으면 좋겠다."
> "아 ~ 빼빼로 같은 거 있으면 좋은데 ~"
> "달이에요. 달. 흐흐."

유아에게 몸은 좋은 표현수단이 될 수 있다. 자신에게 떠오른 생각이나 상황을 몸으로 표현하거나, 언어 혹은 그림으로 표현하기 어려울 때 상대의 이해를 돕기 위하여 몸으로 표현할 수 있기 때문이다. 이때 몸은 유아의 언어적 표현의 한계를 극복하는 수단일 뿐 아니라 자신이 인식한 대상의 의미를 보다 풍부하게 전달할 수 있는 수단이 된다.

Sartre의 실존과 현상학

많은 현상학적 질적 연구 학자들의 저작에서 Sartre를 현상학적 질적 연구에 영감을 준 중요한 현상학자로 다루고 있고, 또한 현상학 자체에서도 큰 비중을 차지하고 있음에도 불구하고 그의 철학이나 방법론적인 개념을 토대로 하여 진행되었다고 표방하고 있는 구체적인 현상학적 질적 연구들을 찾아보기는 힘들다. 이는 그의 현상학 자체가 경험과학이라는 측면보다는 규범적 측면이 강하고 그가 탐구한 실존이라는 개념 자체가 인간 경험의 측면으로 다루어지기에는 다소 곤란한 점이 있기 때문일 것이라 예상할 수 있다. 그럼에도 불구하고 그의 논의가 현상학의 전개나 현상학적 질적 연구의 이론적 토대 구성에 큰 영향을 미치고 있기에 그의 현상학을 개괄적으로나마 살펴보고자 한다.

Sartre는 Husserl과 다르게 "대상이 의식에 의해 지탱되는 것이라 하더라도, 그 자체는 어디까지나 의식바깥에 있다."고 말한다. 이 점이 Sartre의 현상학적 지향점의 특징이다. Sartre 현상학의 특징은 ① 대상이 의식 밖에 있다는 것, ② 본질에 대한 거부, ③ 본질적인 직관(intuition: 실험, 관찰을 통한 감각적 경험을 작동시켜 알아내는 앎의 상태)에 대한 반대로 정리될 수 있다(이순웅, 2013; Bermasconi, 2008).

Sartre의 현상학은 인간(자기)과 인간들(타인) 속에서만 의미를 가질 수 있다. 대자존재(對自存在)로서 인간은 속이 빈 의식을 가지고 있고, '자기를 존재 바깥에 두는' 존재이며, 그렇기 때문에 늘 결핍되어 있다는 것이다. 이러한 결핍이 발전을 위한 가능성과 짝하여 자신을 변신시키고, 다른 이들과 관계 맺도록 해 준다는 것이다. 인간은 다른 사람과의 관계 속에서 자신의 삶을 지각하고, 자신의 지각에 대해 반응할 수 있게 되는 것이다 (변광배, 2006, 2013).

대자존재인 인간은 본질적 직관을 활용한 의식의 지향성을 통해 이 세계와의 관계에서 하나의 중심을 형성하게 된다. 이렇게 함으로써 인간은 이 세계의 주인으로 우뚝서게 된다는 것이다. 그러나 바로 그와 같은 이유로 인해 대자존재인 인간은 죽는 순간까지 실존의 어려움을 껴안고 살아가는 존재로 여겨진다. 인간은 한순간이라도 자신의 의식을 비워둘 수가 없기 때문에 무엇인가를 계속 겨냥하고 잘라내어 그것에 의미를 부여해야 한다. 그것이 진정한 태도로 자신의 삶을 영위하는 올바른 태도이며, 따라서 그는 죽을 때까지 결여로 있는 자신의 의식을 무엇인가로 계속해서 채워야 하는 실존의 조건으로부터 벗어날 수 없는 것이다.

위에서 살펴본 이러한 Sartre의 현상학적 주제인 실존과 세계의 관계를 그림으로 나타내면 다음과 같다.

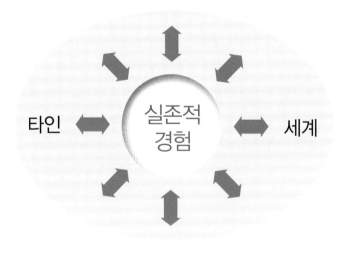

[그림 7] Sartre의 실존의 개념

3. 현상학적 분석의 방법론적 개념

앞서 우리는 현상학적 질적 연구의 개념과 그 분석의 대상이 될 수 있는 체험의 유형을 살퍼보았다. 그렇다면 여기서는 현상학적 질적 분석을 수행하기 위해 연구자가 숙지하고 있어야 할 그 방법론적인 개념을 살펴보도록 하자. 하지만 이 글의 목적이 현상학적 질적 분석을 논의하는 것임을 고려하여 분석에 필요한 핵심적인 개념을 중심으로 살펴보도록 한다.

분석 대상으로 체험의 구조

현상학적 질적 분석의 목적은 체험(lived experience)의 본질적인(essential) 의미구조를 밝히는 것이다(Creswell, 2007; van Manen, 1990, 2011, 2014, Moustakas, 1994; Crotty, 1996; Giorgi, 2009). 이러한 현상학적 질적 분석의 대상으로서 체험의 본질적인 의미구조를 이해하기 위해서는 그것을 세 가지 측면에서 살펴볼 필요가 있다. 그것은 첫째, 체험의 측면, 둘째, 본질적인 요소의 측면, 셋째, 의미구조의 측면이다. 따라서 여기서는 이러한 세 가지 측면에서 분석의 대상으로서 체험의 본질적 의미구조를 살펴본다.

체험은 경험의 한 유형으로 반성 이전의 경험, 그것이 경험되는 그 순간의 경험을 의미한다. 이를 이해하기 위해 하나의 예를 들어 보자. 우리는 흔히 학창시절의 경험을 가지고 있다. 하지만 우리가 지금 기억하고 있는 학창시절의 경험이 우리가 학창시절 바로 그때에 겪었던 바로 그 경험인지는 다시 한 번 생각해 볼 필요가 있다. 왜냐하면, 그 때의 경험은 그 당시 그대로 우리의 기억 속에 남는 것이 아니라 우리의 의식을 통해 해석되고 변형된 채로 기억되기 때문이다. 일반적으로 우리나라 사람들의 학창시절은 치열한 입시경쟁 속에서 다른 이들보다 더 높은 점수를 얻고 더 좋은 학교에 진학하기 위해 늦은 시간까지 학업에 몰두하는 경험으로 채워진다. 그리고 그러한 경험은 지금의 자신이 처해 있는 상황에 따라 다르게 기억된다. 어떤 이에게는 무언가를 위해 자신을 헌신한 아름다운 기억으로 남아 있을 수 있고, 다른 이에게는 고통스럽고 악몽 같았던 경험으로 기억되고 있을 수도 있다. 왜냐하면, 그 당시의 경험은 그 당시 그대로의 형태로 우리에게 기억되는 것이 아니고 우리의 사고과정을 통해 해석되고 변형된 형태로 기억되기 때문이다. 소위 말하는 그때가 좋았지 같은 것이다. 그리고 우리는 이러한 형태의 기억을 경험이라고 말한다. 현상학적 질적 분석을 통해 접근하고자 하는 것은 지금 현재 우리의 기억 속에 남아 있는 변형된 형태의 경험이 아닌 그것을 경험하는 그 당시의 경험, 즉 우리가 겪고 있는 그대로의 경험인 체험이다. 이러한 반성의 결과로서의 경험과 반성 이전의 체험의 관계를 그림으로 나타내면 다음과 같다.

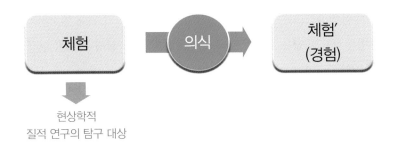

[그림 8] 경험과 체험의 관계

　　van Manen(1990)은 이러한 체험에 대해 반성 이전에 세계를 겪는 방식이며, 체험의 그 순간에는 포착할 수 없으며, 오로지 체험 이후의 반성적 활동을 통해서만 포착할 수 있다고 논의한 바 있다. 즉, 체험의 그 순간에는 그것을 포착할 수 없다는 것이다. 예를 들어 걷기 체험에 대해 생각해 보자. 우리는 걷기라는 체험을 걷는 바로 그 순간에는 포착할 수 없다. 왜냐하면 우리가 걸으면서 걷기라는 체험을 의식하고 그것을 포착하기 시도하는 순간, 그것은 이미 우리가 포착하려 했던 바로 그 체험이 아니기 때문이다. 걷는 것이 무엇인가를 반성하면서 걷는 것은 우리가 포착하려던 자연스러운 걷기와 이미 다른 체험이기 때문이다. 따라서, 우리가 체험에 접근하기 위해서는 오로지 우리가 가진 경험에 대해 반성하고 성찰함으로써 접근할 수 있다.

　　또한, 우리의 의식에 드러나는 체험이라면 무엇이든 현상학적 질적 분석의 대상이 될 수 있다(van Manen, 1990). 이것은 우리의 의식에 경험되는, 심지어 그것이 현실에 실재하지 않는 것이더라도 우리의 의식에 드러나는 것이면 어떠한 체험이든 현상학적 질적 분석의 대상이 될 수 있음을 의미한다. 예를 들어, 꿈, 환상, 심령체험 등과 같이 현실에 존재하지 않는 경험들도 현상학적 질적 분석의 대상이 될 수 있다. 앞서 논의한 Heath(2000)의 염력의 체험에 대한 연구나 Drinkwater, Dagnall, Bate(2013)의 초심령현상의 체험에 대한 연구들이 이러한 사례가 될 수 있을 것이다. 그렇다면 다양한 학문 분야에서 어떠한 체험이 현상학적 분석을 통해 밝혀질 수 있는지 다음 표의 구체적인 현상학적 연구 사례를 통해 살펴보도록 하자(표 5).

　　둘째로, 체험을 구성하는 본질적 요소에 대해 살펴보도록 하자. 체험의 본질적 요소란 그 체험을 바로 그것이라 부를 수 있게 하는 요소를 의미한다. 하지만, 이러한 본질적 요소라는 의미를 절대불변의 보편자로서 받아들이는 것은 무리가 있다. 그렇다면 이러한 본질적 요소라는 것의 의미를 좀 더 살펴보도록 하자.

　　van Manen(1990)은 현상학적 질적 분석의 목적이 '체험의 본질'을 포착하는 것이라고 논의한 바 있는데, 이러한 본질적 요소에 대한 논의는 Husserl의 현상학에서 그 기원을 찾

〈표 5〉 현상학적 질적 연구의 대상으로서의 체험들(Taylor, 2013; Prendergast & Hak Wai Maggie, 2013; Hermann, 2013; Ofonedu, Percy, Harris–Britt, Belcher, 2013)

분야	제목	분석 대상으로서의 체험
간호학	Receiving group clinical supervision	바이오 피드백 치료전문가들이 경험한 집단 관리의 경험은 무엇인가?
마케팅	Donor's experience of sustained charitable giving	불우한 어린이들의 지속적인 후원자가 되는 경험이 의미하는 것은 무엇인가?
교사 교육	High school biology teacher's view on teaching evolution	공립학교 생물교사들에게 진화론을 가르치는 경험은 어떤 의미를 가지는가?
사회학	Depression in inner city African American youth	도심에 살면서 질병을 앓고 있는 아프리카계 미국인 청소년이 겪는 우울의 경험은 무엇인가?

을 수 있다. 이남인(2004)의 논의에 따르면, Husserl의 현상학이 탐구하고자 했던 대상은 의식의 지향성의 본질적 요소이고 이때 본질이라 함은 그 어떤 대상을 바로 그러그러한 의미를 지닌 대상들로 존재할 수 있도록 해 주는 어떤 것이다. 예를 들어, 우리가 의자를 의자라 부를 수 있는 이유는 그 의자라는 대상 안에 그것을 의자라고 부를 수 있는 속성이나 요소가 내재하고 있기 때문이다. 그리고 만약 대상에 그러한 의자의 본질적 요소가 부재한다면 우리는 더 이상 그것을 의자라고 부르지 않고 다른 것으로 부른다. 의자의 경우 그 본질적 요소는 '앉을 수 있음'이라 할 수 있다. 그리고 그러한 본질적 요소가 부재한 의자와 유사한 대상은 우리에게 더 이상 의자로서의 의미를 가지지 않는다. 따라서 '앉을 수 있음'이라는 요소는 의자라는 대상을 구성하는 본질적 요소로 볼 수 있다. 그렇다면, 체험의 본질적 요소라는 의미는 그 체험을 바로 그것이라 부를 수 있는 요소를 의미한다 할 수 있겠다.

하지만, Husserl의 본질의 의미가 현상학적 질적 분석에서 추구하는 본질의 의미와 동일한지는 조금 더 살펴보아야 할 필요가 있다. 왜냐하면, Husserl이 논의하고 있는 '본질'은 플라톤적인 보편자로서의 '본질'이기 때문이다(이남인, 2004). 하지만, 이러한 플라톤적인 시공간을 초월하여 불변하는 보편자로서의 '본질적' 요소를 경험과학으로서 받아들이기에는 문제가 발생한다(Giorgi, 2009). 그렇다면, 우리는 현상학적 질적 연구 학자들이 논의하는 '본질'이 Husserl의 그것과 동일한 것인지에 대해 살펴볼 필요가 있다. 우선 van Manen(1990)의 경우, 1990년의 저작인 「Researching Lived Experience」에서 논의된 '보편자(universal)'로서의 '본질'의 의미에는 Husserl의 '본질'과 유사한 개념이 나타난다. 이에 대해, Willis(1991)는 van Manen의 논의에 나타난 본질의 개념이 '현상학적 철학의 전통에서 경험의 본질'과 유사함에 대해 논의한 바 있다. 하지만, van Manen(1990)이 논의하는 '본질'이 Husserl의 '본질'과 동일한 것인가에 대해서는 좀 더 살펴볼 필요가 있다. 우선 「Researching Lived Experience」에서 그는 인간과학으로서 현상학적 질적 연구가 단순한 개별성(particularity)을 추구하는 것도, 순수한 '보편성(universality)'을 추구하는 것도 아닌 이 둘을 함께 고려하는 것이라고 논의하고 있는데, 이는 그가 논의하는 '본질'이 Husserl의 그것과는 동일한 것이 아님을 시사한다고 할 수 있다. 또한 'Phenomenologyonline' 사이트(van Manen, 2011)와 「Phenomenology of Practice」(van Manen, 2014)를 통해 그는 현상학적 본질에 대한 탐구가 불변적(immutable)이고 보편적인(universal) 일반화(gerneralization)를 의미하는 것으로 받아들이는 것은 본질주의(essentialism)의 오류를 범하는 것이며, 현상학적 질적 연구는 그러한 것이 아닌 '가능한' 인간 경험을 숙고하는 것이며, 이때 본질은 보편적이거나 시간, 문화, 성(gender), 환경과 무관하게 공유되는 것이 아님을 분명히 하고 있다(van Manen, 2011, 2014). 이와 더불어 Giorgi(2009)는 Husserl의 '본질' 개념이 과학적 맥락에서 문제가 될 수 있음을 논의하고 있으며, Crotty(1996) 또한 현상학적 질적 연구가 사람들의 주관적 의미를 탐구하기 위해 노력하며 현상학적 질적 연구들이 '현세의(mundane)' 경험을 탐구하고 있음을 논의한 바 있다.

이러한 논의를 종합해 보면 현상학적 질적 연구에서 논의되는 '본질적 요소'는 Husserl이 논의하는 '본질'과 동일한 것이 아님을 알 수 있다. 그렇다면, 현상학적 질적 연구에서의 '본질'을 어떻게 받아들여야 하는지에 대한 의문이 남는다. Giorgi(2009)의 논의는 이러한 의문에 시사점을 제공한다. 그는 현상학의 '본질' 개념을 대체하기 위해 '불변의 의미(invariant meaning)'를 논의하고 있는데, 이때 불변은 시공간을 초월하는 플라톤적 의미로서의 '보편성'을 의미하는 것이 아닌 '상황(situation)'을 초월하는 불변의 요소이다. 따라서 현상학적 질적 분석의 '본질적 요소'의 의미는 시공간을 초월하여 불변하는 의미가 아닌 다양한 상황 속에서도 변하지 않는 체험의 요소로 해석되어야 할 것이다.

'essence'는 우리말로 두 가지로 번역될 수 있다. 하나는 '본질'이며 다른 하나는 '정수' 혹은 '핵심'이다. 앞선 학자들의 논의를 종합하면 현상학적 질적 분석에서의 '본질적 요소'의 의미는 오히려 '정수' 혹은 '핵심'에 더 가까운 의미를 가진다 할 수 있다. van Manen(2011)은 현상학적 질적 분석 결과로서의 체험의 본질적 요소는 임시적이며 지속적으로 발전되어야 하는 것으로 논의한 바 있는데, 이는 체험의 '정수' 혹은 '핵심'으로서의 '본질적 요소'의 의미를 잘 드러내는 논의라 할 수 있다.

그렇다면, 현상학적 질적 분석을 통해 체험의 어떠한 본질적 요소들이 도출될 수 있는지 구체적인 연구를 통해 살펴보도록 하자. Giorgi(2005)는 심리치료사와 함께하는 치료의 경험이 환자들에게 어떻게 경험되는지에 대한 연구를 수행한 바 있는데, 그는 인터뷰 자료를 기반으로 하여 이에 대한 분석을 통해 다음과 같은 본질적 요소들을 도출한 바 있다.

〈표 6〉 심리치료사와의 치료 경험의 본질적 요소들(Giorgi, 2005)

1. 환자와 함께 공명(resonate)하는 치료사
2. 믿음직한 치료사
3. 안전한 치료사
4. 치료사의 보살핌
5. 독단적이지 않은 치료사
6. 치료 이외의 필요한 부분을 채워 주는 치료사

셋째로, 현상학적 질적 분석은 체험의 구조(structure)를 탐구한다(Moustakas, 1994; Giorgi, 2009). 이는 현상학적 질적 분석은 그 과정에서 도출한 체험의 본질적 요소들을 통해 그것들로 이루어진 전체적인 체험의 구조를 도출해야 함을 의미한다 할 수 있다. 이러한 구조는 단순히 1차원적인 트리구조일 수도 있고, 혹은 그 본질적 요소들 간의 특별한 관계, 예를 들어 공간적 관계라든지 시간적 관계 등을 기반으로 하여 구성되는 좀 더 복잡할 관계일 수도 있다. 그렇다면 예를 통해 그러한 체험의 구조를 확인해 보도록 하자. Winnig(2011)은 이방인의 체험에 대한 현상학적 질적 분석을 통하여 체험의 구조를 분석한 바 있는데, 여기서는 본질적 요소들이 서로 시간적 관계를 중심으로 하여 체험의 전체적인 구조를 구성하고 있음을 확인할 수 있다. 이러한 구조를 표로 정리하면 다음과 같이 나타낼 수 있다.

〈표 7〉 이방인 체험의 본질적 요소와 구조(Winning, 2011)

주제로서의 물음	관심의 대상	시간성
당신은 어디서 왔나요?	이방인의 고향	과거
당신은 여기서 무엇을 하고 있나요?	이방인이 현재 하는 일	현재
당신은 여기 얼마나 머물렀나요?	이방인이 현재까지 그곳에 머문 시간	
당신은 이 곳을 좋아하나요?	현재 장소에 대한 이방인의 평가	
당신은 여기 얼마나 머물 건가요?	앞으로 이방인이 머물 기간	미래
내가 여기 머물러도 될까요?	앞으로의 미래	

〈표 8〉 여대생의 흡연 체험에 대한 구조(정진홍 외, 2010)

범주	주제	도출된 의미
변화와 적응을 위한 첫 흡연	이전과 다른 나를 원한다	멋있어 보이고 싶어서 시작하다
		자유롭고 싶어서 시작하다
		좀 더 감성적으로 되기 위해 시작하다
	또래와 일치감을 가지다	친구가 권해서 피우게 되다
		친구들과 어울리기 위해 피우게 되다
내 존재의 일부가 됨	늘 나와 함께 있다	늘 내 몸 안에 지니고 있다
		흡연은 마치 물을 마시는 것처럼 자연스럽다
	소중하다	내 자신의 일부가 된 것처럼 소중하게 다룬다
		담배를 부러지지 않도록 소중하게 다룬다
이유 없이 좋은 친구	그냥 좋다	"그냥 좋다"는 말이 가장 적절하다
		기분이 좋으면 좋은 대로, 나쁘면 나쁜 대로 좋다
		혼자 피워도 좋고 친구랑 같이 피우면 더 좋다
	일상 속에 함께하다	술 마실 때, 식후에 습관처럼 피운다
		아침에 일어나면 담배에 먼저 손이 간다
	정신적 안정을 준다	기분이 풀리고 위로가 된다
		정신적으로 편안하게 된다
		스트레스엔 담배만 한 게 없다
서로를 이어 주는 끈	말 없이도 하나가 된다	흡연하면서 더 친해지고 마음이 통하게 된다
	서로 연결된 느낌이다	소속감이 들고 무리속의 한 사람인 게 뿌듯하다
곱지 않은 시선들	따가운 시선이 느껴진다	남들이 이상한 눈으로 쳐다본다
		흡연할 때 눈치가 보인다
		질 나쁜 애로 생각한다
	사람들을 피해서 흡연한다	화장실, 뒷골목에서 피운다
		사람들을 피해서 흡연한다
	가족들에게 들킬까 봐 조심한다	가족은 본인의 흡연을 생각도 못한다
		집에서는 여성스럽게 행동한다
		냄새가 나지 않도록 조심한다

범주	주제	도출된 의미
서서히 다가오는 불청객	증상들이 나타난다	몸이 좋지 않다
		숨이 차고 빨리 피곤하고 목이 마르다
		아침에 가래가 들끓는다
		침을 뱉고 물을 마시게 된다
	몸이 담배에 길들여지다	끊어 보려고도 하나 마음이 하루밖에 안 간다
		끊기에는 너무 먼 길을 와 있다
좀 더 즐기고 싶은 마음	흡연의 즐거움을 더 느끼고 싶다	담배 피운 걸 후회할 때도 있지만 지금은 끊고 싶지 않다
		임신 전까지는 계속 피울 것이다

정진홍·전은주·이정희·한지연·김영숙·원영순·서미아(2010)는 여대생의 흡연 체험에 대한 현상학적 분석을 수행한 바 있는데, 결과로 트리형의 구조를 가지는 체험의 구조를 도출한 바 있다(표 8).

환원

현상학적 질적 연구에서 환원(reduction)은 연구자에 따라 그 의미의 사용에 있어서 다소 차이를 보인다. 왜냐하면 환원은 학자들에 따라 크게 두 가지 의미로 사용되기 때문이다. 현상학적 질적 분석에서의 환원은 크게 두 가지 의미를 가지는데, 그것은 넓은 의미로 사용되는 환원과 좁은 의미로 사용되는 환원이다. 환원은 넓은 의미에서는 체험의 본질을 탐구하는 일체의 과정으로, 좁은 의미로서 체험의 본질을 탐구하는 것을 방해하는 일체의 선입견이나 선이해에 대한 배제라고 이해할 수 있다. 그렇다면 이들 각각을 살펴보도록 하자.

우선 넓은 의미의 환원은 현상학적 분석에서 체험의 본질적 구조를 찾아가는 일련의 과정 전부를 의미한다고 할 수 있다. 이러한 넓은 의미에서의 환원은 Husserl의 현상학 논의에서 그 기원을 찾을 수 있는데, Husserl은 현상의 본질을 찾는 일련의 방법으로서 다양한 유형의 환원에 대해 논의하고 있다(이남인, 2004). 그는 현상학에서의 방법적 개념으로 '에포케', '판단중지', '괄호치기', '본질직관' 등의 개념과 함께 다양한 유형의 '환원'에 대해 논의한 바 있다. 그렇다면 이러한 환원의 넓은 의미에 대해 좀 더 살펴보도록 하자.

환원(reduction)은 라틴어 'reductio'에서 유래했는데, reductio는 라틴어 'reducere'의

명사형이며, 이는 어떤 것을 원래의 그것으로 돌려놓는다는 의미를 가진다(van Manen, 2011; 이남인, 2004). 따라서, 환원은 어떠한 변화된 것을 원래의 그것으로 돌려놓는다는 의미를 가지고 이는 현상의 전반성적이고 선험적인 본질을 드러내는 일체의 과정이라 논의할 수 있다. 실제 Husserl은 현상 그 자체로 돌아가기 위한 다양한 형태의 환원에 대해 논의한 바 있는데, 이러한 환원의 유형과 의미는 다음의 표와 같이 정리할 수 있다.

〈표 9〉 Husserl의 다양한 형태의 환원(이남인, 2004)

환원의 유형	의미
현상학적 심리학적 환원	자연적 인과관계에 대한 판단중지
초월론적 현상학적 환원	자연적 태도의 일반정립에 대한 판단중지
형상적 환원	자유변경을 통해 현상의 본질을 포착
현상학적 환원	경험하는 다양한 유형의 대상에 대한 지식에 대한 판단중지

따라서, 환원이란 넓은 의미에서 현상 바로 그 자체로 돌아가기 위한 일체의 방법론적 개념이라 할 수 있다. 이러한 넓은 의미의 방법론적 개념으로서 환원의 의미는 현상학적 질적 분석에도 시사점을 주는데, van Manen(2011, 2014)은 현상학적 질적 연구에서 체험의 본질로 돌아가기 위한 방법론적 개념으로 '환원(reductio)'과 '글쓰기(vocatio)'를 논의하며 체험의 본질로 돌아가기 위한 다양한 유형의 환원에 대해 논의하고 있다. 따라서 환원의 넓은 의미는 경험을 통해 체험을 탐구하는 일체의 과정, 즉 연구 및 분석의 과정을 통칭하는 의미라 할 수 있다.

좁은 의미에서 환원은 체험의 본질적 요소를 탐구하는 우리의 연구 혹은 분석의 과정에서 우리에게 영향을 미칠 수 있는 일체의 선이해, 선입견을 배제하는 것을 의미한다. 이러한 좁은 의미의 환원은 '에포케', '판단중지', '괄호치기' 등과 유사한 의미를 가지는데(LeVasseur, 2003), 우리가 현상학적 질적 연구에서 환원에 대해 언급할 때는 보통 이러한 좁은 의미의 환원의 의미가 통용된다. 그렇다면, 에포케, 판단중지, 괄호치기, 현상학적 환원의 개념에 대해 살펴보면서 환원의 좁은 의미에 대해 좀 더 살펴보도록 하자.

에포케(epoche)는 Husserl이 가정으로부터의 해방, 판단정지의 개념을 나타내기 위해 사용한 그리어로 '멀리 떨어뜨려 놓음' 혹은 '억누름'을 의미한다(이남인, 2004). 이는 말 그대로 탐구의 과정에서 우리의 의식에 영향을 미칠 수 있는 다양한 지식, 선이해, 선입견

등을 우리의 의식으로부터 멀리 떨어뜨려 놓음으로써 그것이 우리의 의식에 영향을 미칠 수 없게 하는 것이다(Moustakas, 1994). 하지만, 이러한 에포케는 그러한 지식이나 선입견에 대한 부정을 의미하는 것이 아니다. 단지 그것들을 멀리 떨어뜨려 놓을 뿐이다. 이러한 긍정이나 부정의 입장을 취하지 않고 멀리 떨어뜨려 놓기만 하는 것은 판단중지의 개념에 대해 살펴보면 더욱 뚜렷해진다.

판단중지는 어떠한 지식이나 선이해, 선입견이 옳은지 혹은 그른지에 대한 일체의 판단을 유보하는 것이다(이남인, 2004). 즉, 판단중지란 어떠한 것에 대한 부정이나 긍정이 아닌 그것에 대한 판단을 중지하는 것이고, 이렇게 판단이 중지된 지식이나 선입견은 에포케를 통하여 우리에게서 멀어지게 되고 우리는 그것으로부터 해방되어 현상을 있는 그대로 바라볼 수 있게 된다.

괄호치기는 위와 같은 에포케와 판단중지 수행을 위해 우리가 가진 믿음을 괄호 안에 집어넣는 것을 의미한다(van Manen, 2011). 우리는 우리의 지식, 선이해 등을 지속적으로 우리로부터 떨어뜨려 놓고 우리에게 영향을 미치지 못하게 하려 노력하지만 그러한 과업은 쉬운 것이 아니다. 왜냐하면 그러한 지식과 선이해 등은 어느샌가 다가와 우리의 의식에 영향을 미치기 때문이다. 따라서 우리는 우리가 가진 그러한 지식과 선이해를 분명히 밝히고 그것을 확인하고 의식적으로 괄호 안에 집어넣음으로써 그것들이 우리의 의식에 더 이상 영향을 미치지 못하도록 해야 할 필요가 있다. 즉, 괄호치기란 우리의 지식, 선이해 등을 명백히 밝히는 것이며, 이를 괄호 안에 집어넣음으로써 그것들이 더 이상 우리의 의식에 영향을 미치지 못하게 함으로써 그것으로부터 우리를 해방시키는 것이다.

위의 논의를 종합해 보면 좁은 의미로서의 환원은 체험을 탐구하는 데 있어서 우리의 의식에 영향을 미칠 수 있는 일체의 지식과 선이해 등에 대해 판단을 중지하고, 그것들을 명백히 밝혀 괄호 안에 넣고 그것을 멀리 떨어뜨려 놓음으로써 그것들이 우리의 의식에 영향을 미치지 못하게 하는 것을 의미한다 할 수 있다. 그리고 우리는 이러한 환원을 통하여 그것들로부터 해방되어 체험의 바로 그 본질적 요소와 구조에 접근할 수 있다. van Manen(2011)은 현상학적 질적 분석에서의 다양한 환원에 대해 논의한 바 있는데, 그것들은 다음과 같이 표로 정리할 수 있다(표 10).

이상에서 우리는 환원의 의미에 대해 살펴보았다. 하지만, 이러한 환원의 개념에 대한 비판도 존재한다. 이러한 비판과 그에 대한 해명은 우리가 현상학적 질적 분석에서 환원의 개념을 어떻게 적용하는가에 대한 시사점을 던져 줄 수 있기에 이에 대해 좀 더 살펴보고자 한다. 그러한 비판은 크게 두 가지 측면에서 제기되는데, 그것은 첫째로, 과연 그러한 환원이 가능한가에 대한 비판이고, 둘째로, 환원을 통해 세계와 단절된 상태에서 획득

〈표 10〉 다양한 환원의 유형들(van Manen, 2011)

환원의 유형	환원의 대상
형상적 환원(eidetic reduction)	보편적이고 불변적이라 생각되는 지식이나 관념
해석학적 환원(hermeneutic reduction)	대상과 관련된 해석이나 설명
경험적 환원(Heuristic reduction)	우리가 당연히 받아들이는 것들
방법론적 환원(methodological reduction)	정립되어 있고 고정되어 있다고 생각되는 연구 방법이나 절차
현상학적 환원(phenomenological reduction)	사실이라고 믿어지는 모든 이론과 이론적 의미들

된 지식이 어떻게 다시 세계와 연결될 수 있는가에 대한 비판이다(LeVasseur, 2003; 김진, 2005).

이에 대해 LeVasseur(2003)는 환원에 대한 새로운 견해를 제시하고 있는데, 그것은 대상을 호기심 어린 시선으로 바라보기 위한 지식 및 선이해에 대한 일시적 판단중지로서의 환원이다. 그에 따르면 환원은 호기심이 결여된 일상적인 삶의 자연적 태도에서 해방되기 위한 일시적인 판단중지의 상태이다. 즉, 우리는 우리가 이미 알거나 이해하고 있다고 생각하는 대상에는 더 이상 호기심과 관심을 가지지 않으며 따라서 우리가 대상에 대한 호기심과 신선한 관계를 다시 회복하기 위해서는 그것과 관련된 지식과 선이해에 대해 환원을 수행해야 하고 이를 통해 그러한 관계를 다시 회복해야 한다는 말이다. 더불어, 이러한 일시적 환원을 통해 회복한 대상과의 관계 속에서 획득한 어떤 것들은 또다시 우리가 괄호를 쳐 놓은 지식이나 선개념에 대한 물음을 불러일으키게 된다.

이러한 LeVasseur(2003)의 견해는 van Manen(2011)의 견해와도 부합하는데, 그는 환원을 통해 우리가 도달해야 하는 지점으로서 대상에 대한 '열림(openess)', '경이로움(wonder)'을 회복하고 구체적이고 살아있는 의미에 접근할 것을 논의한 바 있다. 이러한 논의를 종합해 보면, 현상학적 질적 분석에서 환원은 우리와 대상 사이의 관계를 다시 회복시키기 위해 선지식이나 선이해를 멀리 떨어뜨려 놓음으로써 대상에 대한 호기심, 경이, 구체적인 관계를 다시 회복하고 이 속에서 아무런 선입견 없이 대상을 있는 그대로 바라볼 수 있는 태도를 회복하는 것이라 할 수 있다.

그렇다면, 이러한 환원들이 구체적으로 어떻게 연구에서 드러나는지 살펴보도록 하자. Vangie(2011)는 출산의 고통에 대한 현상학적 분석을 수행하고 이 연구에서 고통에 대한 다양한 선이해를 기술하고 밝히고 있는데, 이러한 과정이 바로 환원의 예를 보여 주는 것이라 할 수 있다.

1. 고통은 거부되는 것이라는 생각. 출산 교육자로서 우리들은 출산의 언어들로부터 '고통'이라는 단어를 제외시킴으로써 여성들이 더 긍정적인 마음가짐을 가지며 그로 인해 더 쉽게 출산이라는 도전과 즐거움의 경험을 받아들인다고 생각한다. 우리들 중 몇몇은 다른 이들이 고통의 경험을 표현하기 위해 "급하게 들어닥침(rush)"이나 "불쾌(discomfort)"란 단어로 표현하는 것을 "수축"이라고 말한다. 반면에 여성의 긍정적인 자세는 중요하다. 고통의 거부는 현실에서 출산을 못하는 경우를 만들기도 한다. 출산 고통의 거부 속에서 거부되는 것은 무엇일까?

2. 고통을 줄여야 한다는 생각. 고통을 줄여야 한다는 믿음은 우리 사회 속에 널리 퍼져 있다: "처방전 없이 살 수 있는" 약들의 광고에서부터 "고통을 줄이기 위해 무언가를 해야 한다"는 의학적 처방까지. 비록 우리가 인간의 고통은 줄여야 한다는 것에 동의하고 있지만 고통을 피하는 것이 중요하고 가치 있는 목적이라는 기대에서 잠시 물러서 보자. Rich(1976)는 이러한 개념이 "고통에 대한 감각뿐만 아니라 우리들 자신에 대한 감각의 상실을 일으킬 수 있는 위험한" 개념이라 말하고 있다. 출산의 고통으로부터 여성을 구제하는 상황 속에서 우리가 멀리 떠나보내는 것은 무엇인가?

3. 고통은 오직 나쁜 것이라는 가정. 출산의 고통은 탄생의 일반적인 부산물이다. 그리고 그 고통은 자궁경부의 팽창, 자궁의 수축과 팽창, 출산구, 음문, 회음부의 확대, 그리고 방광, 직장에 대한 압박, 그리고 골반의 고통에 민감한 구조 등으로부터 일어난다. 이제 출산은 의학적 이벤트이다. 질병 그리고 죽음과 관련된 분위기 속에서 일어나며 고통은 질병과 관련이 있다는 우리의 믿음을 지탱한다. 출산 고통의 경험은 일반적이며 삶과 연관된 것이다. 어떤 이는 고통의 정도를 암 투병이나 관절염의 고통에 비교하기도 한다. 출산의 고통이 긍정적 경험으로 보여질 수 있을까?

4. 고통이 설명될 수 있다는 가정. 고통을 신체적으로, 심리적으로, 사회적으로 그리고 문화적으로 설명하는 이론들이 있다. 이러한 이론과 설명들은 우리가 고통을 이해할 수 있도록 도와준다. 또한 이런 것들은 고통의 경험 전체에 대한 우리의 감각을 파편화한다. 출산의 고통의 핵심에 대한 탐구는 고통의 체험의 원초적인 전체성을 알기 위한 시도이다. 이러한 경험적인 전체성의 본질은 무엇인가?

이러한 유형의 환원과 더불어 연구 대상인 체험과 관련된 다양한 이론들, 그리고 관련된 연구를 통해 이미 밝혀진 지식들을 살펴보고 그것들을 명백히 기술하는 과업도 그것을 괄호 안에 넣고 환원을 수행하기 위한 것이라면 환원의 예가 될 수 있다.

상상적 변형

현상학적 질적 분석의 방법적 개념으로서 상상적 변형(imaginative variation)은 연구의 대상이 되는 체험의 다양한 모습을 다양한 시각으로 살펴보는 것을 의미한다(Moustakas, 1994). 현상학적 질적 분석의 방법적 개념으로서 상상적 변형은 Husserl의 형상적 환원에서 비롯된 것이라 할 수 있기에 우선 형상적 환원에 대해 살펴보도록 하자.

Husserl의 형상적 환원은 현상 안에 내재한 요소들 중 본질적 요소를 확인하기 위한 방법적 개념이다(이남인, 2004). 우리는 어떠한 대상을 바라볼 때 그 대상 안에 내재한 여러 가지 요소들을 확인할 수 있다. 그리고 그러한 요소들 중에는 그 대상을 바로 그것이라 부를 수 있게 만드는 본질적인 요소도 있을 것이고 그렇지 않은 주변적인 요소도 있을 것이다. 하지만 우리는 어떤 것이 본질적인 것이고 어떤 것이 그렇지 않은 것인지를 확인하기가 힘들다. 그것은 첫째로, 대상에는 본질적인 요소와 그렇지 않은 요소가 혼재해 있고, 둘째로, 그 대상 안에 내재하는 본질적 요소들이 그 대상 외에 다른 대상에도 존재하는지 확인할 수 없기 때문이다. 따라서, 그러한 대상에 존재하는 본질적인 요소를 확인하기 위해 인식 속에서 대상을 다양한 모습으로 변화시킨다. 그렇게 무한히 다양한 대상에 대한 변형을 확인하는 과정에서 어떤 변형은 그 대상으로 인식할 수 있는 반면, 어떤 대상은 더 이상 그 대상으로 인식할 수 없다. 이러한 과정을 Husserl은 자유변경(free variation)이라 부른다. 이러한 다양한 변형들을 통해 어떤 변형이 그 대상으로 인식되는지 어떤 변형이 그 대상으로 인식되지 않는지에 대한 지속적인 살펴봄을 통해 어떤 요소가 그 대상의 본질적인 요소인지를 직관을 통해 포착할 수 있게 되는데, 이러한 과정을 통해 대상의 본질을 포착하는 과정이 바로 형상적 환원이며 이때 본질적 요소를 확인하는 직관이 본질직관(Wesensanschauung)이다(이남인, 2004).

예를 통해 확인해 보도록 하자. 우리는 모자라는 대상에 내재하는 다양한 요소들을 확인할 수 있다. 색, 크기, 소재 등이 그것이다. 우리는 그러한 요소들을 기반으로 다양한 모자의 변형을 상상해 볼 수 있다. 검은 모자, 붉은 모자, 큰 모자, 작은 모자, 종이로 만들어진 모자, 가죽으로 만들어진 모자 등이 그것이다. 그리고 그러한 변형 중에는 우리가 여전히 모자라고 부를 수 있는 변형들이 있는가 하면 더 이상 모자라고 부를 수 없는 변형들도 존재한다. 그러한 다양한 변형들을 살펴보며 우리는 모자의 본질적인 요소가 '머리에 쓸 수 있음'이라는 요소라는 것을 직관적으로 파악할 수 있게 된다.

물론 이러한 현상학의 방법적 개념이 그대로 적용되는 것은 아니다. 현상학적 질적 연구는 어디까지 경험과학이며 현상학과 같이 연구자의 내적 자료에 의지해 사고 실험의 형태로 이루어지는 연구가 아닌 다양한 경험 자료의 수집과 분석을 통해 이루어지는 과학적 연구이기 때문이다. Moustakas(1994)는 이러한 형상적 환원이 현상학적 질적 연구에 어떻게 적용될 수 있는지에 대한 시사점을 제공한다 할 수 있는데, 그것은 체험의 본질적 요소를 확인할 수 있는 방법적 개념으로 상상적 변형에 대한 논의이다. 그의 논의에 따르면 현상학적 질적 연구에서의 상상적 변형이란 다양한 상상, 다양한 참고적인 틀, 극단적인 경우와 반전된 경우, 다양한 관점들을 사용함으로써 가능한 의미를 탐색하는 것이다. 이러한 그의 논의에서는 자료를 분석함에 있어서 그 체험을 가능한 한 다양한 관점으로 바라보고, 반전시켜 보고, 다양한 틀을 통해 성찰하는 과정을 통해 체험의 본질적 요소에 다가가는 것이 바로 현상학적 질적 연구의 방법론적 개념이 바로 상상적 변형이라 할 수 있다.

그렇다면 구체적인 연구를 통해 이러한 상상적 변형이 어떻게 이루어질 수 있는지 살펴보도록 하자. 앞서 살펴본 정진홍 외(2010)의 연구에서 분석된 여대생의 흡연 체험에 대한 경험적 자료를 다음의 표와 같은 다양한 시각으로 바라봄으로써 상상적 변형을 확인할 수 있을 것이다.

〈표 11〉 여대생의 흡연 체험에 대한 가능한 상상적 변형의 예

분석 대상으로서의 경험	여대생의 흡연 경험
상상적 변형의 유형	1. 남자 대학생의 경우와 비교해 어떻게 다른가? 2. 여중생, 여고생의 흡연의 경우와 비교해 어떻게 다른가? 3. 여대생의 흡연이 아닌 음주의 경우와 어떻게 다른가? 4. 흡연의 욕구는 다른 욕구와 비교해 어떻게 다른가? 5. 대학생이기 때문에 가지는 특별한 의미가 있는가?

직관

직관은 우리로 하여금 앞서 논의한 다양한 방법론적 개념을 통해 경험을 분석하는 동안 우리로 하여금 본질적인 요소를 파악할 수 있게 해 주는 도구이다. Husserl은 본질을 파악하게끔 해 주는 주요한 인지적 방법으로 직관의 한 종류인 본질직관을 논의하며 그것이 현상의 본질을 획득하는 정당한 도구임을 논의한 바 있다(이남인, 2004).

van Manen(2014)은 현상학적 질적 연구에서 직관은 우리로 하여금 구체적인 사례들을 통해 그것을 호명하는(vocative) 방식으로 어떤 의미를 획득하도록 하는 것임을 논의하며, 이러한 직관을 통해 본질적 통찰과 획득에 이를 수 있음을 논의한 바 있다. 또한 이러한 직관은 직접적이며(immediate) 상상적인 현상학적 포착(imaginative phenomenological grasp)이며 언어가 개념을 넘어설 때 획득하는 어떤 것에 대한 이해라 논의한 바 있다. 이남인(2010) 또한 본질직관이 현상학적 질적 연구의 주요한 방법적 개념임을 논의한 바 있는데, 이 논의에서 그는 현상학적 질적 연구에서의 본질직관이 Husserl 현상학에서의 본질직관과 유사한 개념을 가지고 사용되고 있음을 논의했다.

하지만 이때 현상학적 질적 분석에서의 직관의 의미를 특별한 추론이나 반성과 같은 인지적 사고과정을 단숨에 어떤 대상을 파악하는 유아론적 직관과 유사한 어떤 것으로 보는 것은 곤란하다. 왜냐하면 어떤 대상에 대한 직관은 아무런 매개 없이 어느 순간 갑자기 어떤 의미를 포착하는 과정이 아닌 지속적인 반성과 성찰, 다양한 유형의 추론을 시도한 결과로 도달하게 되기 때문이다. 이러한 직관의 의미를 좀 더 이해하기 위해 주형일(2008)의 직관에 대한 논의를 살펴보도록 하자. 그는 직관의 사전적 의미가 내포하는 무매개의 직관적 지식이란 실재로 가능하지 않음에 대해 논의했는데, 그에 따르면 무매개로서의 직관은 가능하지 않으며 오로지 무매개처럼 보이는 직관만이 가능하다는 것이다. 예를 들어 감각기관을 통한 감각적 직관은 몸이라는 매개가 있기 때문에 가능한 것이나 몸이라는 매개가 우리에게 너무도 자연스러운 것이기에 우리가 의식하지 못하고 이를 무매개의 지식으로 여길 뿐이며 싫고 좋음과 같은 감정적 직관도 그것에 대한 과거의 기억을 바탕으로 한 것이며, 아르키메데스의 일화와 같은 직관적 지식도 그 이전의 고민과 연구들의 축적으로 가능했다는 것이다. 결국 우리가 일상생활에서 구체적으로 만나게 되는 직관을 무매개의 지식으로 느끼게 되는 것은 매개가 너무 익숙하거나 지식이 논리적으로 연결되지 않기 때문이다.

이와 유사한 논의를 이남인(2010)의 논의에서도 확인할 수 있는데, 그의 논의에 따르면 Husserl의 본질직관 역시 아무런 노력 없이 단숨에 본질을 파악하는 유아론적 직관이 아니라 자유변경과 그 자유변경 속에서 나타나는 차이점과 공통점을 파악하는 일종의 추론과 유사한 과정을 포함하고 있다는 것이다.

이러한 논의를 종합해 보면 현상학적 질적 연구에서 본질적 요소를 파악하는 직관은 경험적 자료에 대한 지속적인 성찰과 반성, 해석, 숙고 등을 수반하는 사고과정 속에서 일어나는 본질적 요소의 획득 과정이라 논의할 수 있다. 그리고 이러한 성찰과 반성, 해석, 숙고가 일어나는 과정이 바로 글쓰기이다.

분석 방법으로서 글쓰기

현상학적 질적 연구에 있어서 글쓰기는 크게 두 가지 측면에서 살펴볼 수 있는데, 하나는 체험의 본질적 요소와 구조를 포착하기 위한 분석의 과정으로서 글쓰기와 연구 결과로서 체험에 대한 기술로서의 글쓰기이다(van Menen, 1990, 2011, 2014). 이 글은 현상학적 질적 분석에 대해 논의하는 것을 주 목적으로 하기에 여기서는 전자로서의 글쓰기에 대해서만 살펴보도록 한다.

앞서 살펴보았듯이, 현상학적 질적 분석은 체험(lived experience)과 관련된 자료에 대한 연구자의 반성, 해석, 숙고의 과정 속에서 직관을 통해 그 본질적 요소와 구조를 포착하는 과정을 통해 일어난다. 그리고 이러한 반성, 해석, 숙고는 단순히 연구자의 사고 내에 머물러 있는 것이 아니라 분석 과정에서 글쓰기를 통해 드러난다. 즉, 연구자는 자료를 분석하는 과정에서 지속적으로 그것에 대한 분석적, 반성적, 해석적 글쓰기를 수행함으로써 체험의 본질적 요소와 그 구조를 직관적으로 포착하는 것이다.

van Manen(2011)은 이러한 글쓰기를 탐구의 과정과 분리되어 생각할 수 없는 탐구 그 자체이자 현상학적 질적 연구의 심장(heart)이라 논의하며, 체험에 다가서는 데 있어서의 글쓰기의 중요성을 강조한 바 있는데, 이와 더불어 그는 현상학적 질적 연구의 궁극의 목적은 '세계와의 직접적이고 원초적인 접촉을 다시 성취하는 것'이며 이를 위해서는 텍스트적 실천이 필요함을 논의했다. 그리고 이때의 글쓰기는 반성적 글쓰기이며 이러한 글쓰기 자체가 인간과학 연구임을 논의했다(van Manen, 1990). 이러한 그의 논의는 분석 과정에서의 반성적 글쓰기가 체험의 본질에 다가설 수 있는 핵심적 방법임을 강조하는 것이며, 글쓰기는 철학을 기술하는 것일 뿐만 아니라 철학을 하는 바로 그 방법이라는 그의 논의와 일맥상통한다(van Manen, 2006).

Smith와 Flowers, Larkin(2009)은 현상학적 질적 분석의 과정에서 이루어지는 이와 같은 글쓰기를 초기 메모하기(initial noting)를 통한 탐색적 진술(exploratory comments)이라는 개념으로 접근하고 있는데, 그들은 이러한 탐색적 진술의 세 가지 유형을 다음과 같이 구분하고 논의하고 있다. 그것은 첫째, 기술적 진술(descriptive comments)이다. 기술적 진술은 참여자의 진술을 구성하는 요소들과 전사록 속에 내재한 이야기의 주제를 기술하는 데 초점이 맞추어진다. 둘째, 언어적 진술(linguistic comments)이다. 언어적 진술은 연구 참여자가 사용한 언어에 대한 탐색에 초점이 맞추어진다. 셋째, 개념적 진술(conceptual comments)이다. 개념적 진술은 더 통합되고 개념적 수준으로 떠오르는 것들에 대한 기술에 초점이 맞추어진다. 이러한 진술들의 유형을 표로 다음과 같이 정리할 수 있다.

〈표 12〉 탐색적 진술의 유형과 예(Smith et al., 2009)

진술의 유형	초점	예
기술적 진술	자료 속에 내재한 구성요소	자신에 대한 질문이 핵심적 이슈이다. HIV를 생각하는 것의 압도적임.
언어적 진술	참여자가 사용한 언어	이러한 감정과 복잡함을 설명하는 데 있어서 깔려 있는 어려움이 존재하는가? 어떤 매우 강력하고 혼란스럽고 어려운 감정을 설명하기 위해 애쓰는 분명한 느낌. '단지'라는 단어의 사용은 설명하기 어려움을 강조한다.
개념적 진술	떠오르는 개념	만약 무엇을 상실했는지 발견한다면 그것들 자체를 발견한 사람은 누구인가? 질병은 자신의 상실을 의미하는가?

이러한 분석을 위한 글쓰기는 그 초점에 따라 체험의 기술(description)에 초점이 맞추어질 수도 있고, 그것에 대한 풍부한 해석(interpretation)에 초점이 맞추어질 수도 있다(van Manen, 1990, 2011, 2014; Giorgi, 2009). Giorgi(2009)는 이러한 글쓰기에 있어서 해석보다 기술에 더 큰 초점을 두는 반면, van Manen(1990, 2011, 2014)은 체험에 대한 풍부한 해석에 초점을 두기도 한다. Finlay(2012)는 이러한 선택은 연구자 자신이 자신의 연구 목적과 관련하여 누구의 방법론적 전통을 따를 것인가에 따라 적절히 선택해야 함을 논의하고 있는데, 이러한 관점은 두 초점을 서로 대립하는 두 개의 입장이라고 보기보다는 연구자가 분석을 행함에 있어서 자신의 연구 목적에 적합한 글쓰기를 수행하는 데 있어서 해야 하는 두 가지 선택임을 시사한다고 할 수 있다.

그렇다면 이러한 분석의 과정으로서 글쓰기의 구체적인 예를 살펴보도록 하자. Whitehead, Howie, Lovell(2006)은 노인 운전자의 운전면허 취소의 경험을 현상학적 질적 분석을 통해 접근한 바 있는데, 여기서 그들은 다음과 같은 글쓰기를 통해 체험의 본질로 접근하고 있다.

운전면허 시험에서의 실패는 심각한 충격으로 경험된다. 몇몇 참여자는 극도의 분노를 경험했고 또 다른 참가자는 모욕감과 무기력감을 느꼈다. 그것은 끔찍하고 파괴적인 충격이었다. 참가자들은 그들의 면허가 부당하게 취소되었다고 믿었다. 그들은 자신에게 유리하게 자신을 다른 운전자들과 비교했다. 그들은 자신들이 너무 엄격하게 평가받았다고 생각했고 자신들은 피해자이며 박해받고 있다고 느꼈다. 몇몇은 자신들의 나이나 평가자의 숨겨진 기준 때문에 차별받고 있다고 믿었다.

참여자들은 운전이 일반적이라고 생각했고 삶의 일부분으로 받아들였다. 그리고 항상 그들 자신을 훌륭한 운전자라고 생각했다. 그것은 당연한 것으로 받아들여졌다.

걷기나 샤워처럼 습관이며 일상의 자연스러운 한 부분이었다. 운전면허는 너무 소중하고 가지고자 하는 욕구를 불러일으키는 것이었기에 참여자들은 그것을 다시 얻기 위해서라면 무엇이든 내어줄 수 있었다. 그들은 면허를 회복하는 것과 다시 운전을 할 수 있는 것에 대해 깊이 생각했다. 그들의 마음은 그러한 면허 취소에 대한 도전이나 시험에 다시 응시하는 것에 대한 생각으로 가득 찼다.

면허취소 통지서를 읽는 것은 죽음에 대한 문장을 읽는 것과 같았다. 그것은 가장 가혹한 처벌이었다. 참여자들은 자신들이 알아왔던 삶이 끝나는 것을 느꼈다. 그들은 어느 곳도 갈 수 없고 무엇도 할 수 없는 것으로 느꼈다. 그들은 희망 없음, 쓸모없음, 가치 없음, 품위의 손실, 낙담, 실망, 비통, 병듦 그리고 상처받음을 느꼈다. 참여자들은 자존심, 자신감, 자존감에 상처를 입었다. 면허상실이 깊게 느껴졌다.

참여자들은 운전과 함께하는 삶과 그것이 없는 삶에 대해 성찰했다. 그리고 운전면허의 취소는 독립성의 상실을 의미한다고 간주했다. 운전할 수 있음은 그들에게 자유와 세상과 소통할 수 있는 능력, 그리고 자신들을 즐겁게 할 수 있는 능력을 제공했다. 참여자들에게 운전은 밖으로 나갈 수 있는 이동성을 제공했고 쇼핑과 같은 일상을 가능하게 하거나 자연스러운 것이면서 집 밖으로 나갈 수 있게 하는 것이었다.

마지막은 면허를 발송하는 것이었다. 겉보기에는 단순한 행동, 면허를 봉투에 넣고 면허국으로 돌려보내는 그것이다. 면허는 그들의 지갑이나 가방의 일부분이었다. 그러한 것이 적어도 50년 이상 지속되었다. 그들은 자신이 검증받았다는 의미를 상실했다. 운전면허의 상실은 참여자들의 주의를 그들 삶에 있어서의 다양한 상실에 집중시켰다. 그들은 미래에 다가올 상실과 그것과 관련된 깊은 슬픔에 직면하게 되었다.

얼마동안, 참여자들은 그들의 상황을 인식하는 과정에 몰입했다. 그것은 자기 자신들과 다른 자신의 중요한 사람들을 고려하는 것이었다. 대부분의 참여자는 그들의 운전 실력이 자신들의 처음 생각처럼 그렇게 좋지 못할 수도 있다는 것을 인식하기 시작했다. 그들은 면허취소가 최선이었다는 생각을 가졌고 면허시험 평가자가 다른 운전자들과 마찬가지로 자신들을 보호하기 위해 노력했다고 생각하기 시작했다. 그들은 자신들이 늙었다는 사실에 대해 성찰했고 운전을 대신할 수 있는 것을 생각하기 시작했다. 몇몇은 시험에 다시 응시하지 않기로 했고 이러한 과정은 자신이 면허를 박탈당하기보다는 스스로가 면허를 포기하는 것을 가능하게 했다. 대부분의 참여자는 그들에게는 더 이상 선택권이 없으며 그것을 받아들이고 그 상태에서 삶을 지속해야 하는 것을 인정했다.

위의 글쓰기가 체험의 기술에 초점을 맞추었다면 다음에 제시되는 Kirova(2002)의 분석에서 나타나는 글쓰기는 체험에 대한 해석에 초점이 맞추어진 글쓰기라 할 수 있다. 그는 집에 혼자 남겨지는 체험에 대해 현상학적 분석을 통해 접근했는데, 그 연구에서 다음과 같은 해석적 분석의 글쓰기를 확인할 수 있다.

> 열 살짜리 여자아이는 다음과 같이 말했다. "나는 대문이 닫히는 소리를 들었을 때, 심장이 멎는 것 같았다. 발자국 소리가 멈췄다. 웃음소리와 다른 행복한 소리들은 멈췄다. 고요함. 슬픔의 파도가 내 몸을 관통하는 것처럼 느껴졌다."
>
> 고독은 몸을 통한 경험인가? 우리가 외로움을 느낄 때 우리의 몸이 어떤 느낌을 받을까? "나는 춥다고 느껴요." 5학년짜리 소년 켄은 이렇게 말했다. "나도 춥다고 느낀단다."라고 나도 대답했다. 나는 정확하게 그 아이가 말한 것의 의미를 알고 있다. 그것은 싸늘한 겨울날 동안 학교에서 길을 걸어갈 때 느끼는 추위나 스키를 타기 위해 언덕을 올라가는 리프트에서 기다릴 때와는 다른 종류이다. 고독으로부터 느끼는 추위는 스웨터나 따뜻한 코트를 입고 보호할 수 있는 것이 아니다. 그것은 다른 종류의 차가움이다. 그럼에도 불구하고 내가 이것을 설명하는 것은 더 나은 단어나 좀 더 정확한 말을 찾을 수가 없기 때문이다.
>
> 내가 어렸을 적 엄마를 기다리고 있을 때, 갑자기 내 방이 추워질 때 난로에 가까이 붙어 있는 것이 얼마나 행운이었는지 깨달았다. 나는 또한 몸이 떨렸다. 그러나 방이 정말 추워졌는가? 그것은 나에게 지금 춥다고 느껴지는 것이 방안의 온도와는 상관없는 것처럼 보인다. 그것은 외부로부터 오는 것이 아니라 내부에서 오는 것이다.

4. 현상학적 질적 분석의 절차

앞서 살펴본 논의들을 종합해 보면 결국 현상학적 질적 분석은 경험적 자료들에 대한 지속적인 읽기와 성찰적, 해석적, 기술적 글쓰기를 통해 직관적으로 체험의 본질적 요소와 그것으로 구성된 구조를 포착하는 과정이라 할 수 있다. 따라서 이러한 과정에 특별한 절차를 구성한다는 것은 다소 불필요할 수도 그리고 방법론적 환원을 고려하면 부적절할 수도 있다. 하지만 연구자들, 특히 초보 연구자들의 경우 자신들이 참조할 수 있는 분석의 절차적 과정으로서 분석의 절차에 대한 논의가 분석에 대한 이해를 좀 더 용이하게 할 수 있기에 여기서는 현상학적 질적 분석을 위한 절차적 논의를 진행해 보고자 한다.

이를 위해 우선 몇몇 학자들의 현상학적 질적 분석의 절차에 대해 논의해 보고 그 후 그들의 논의를 종합할 수 있는 현상학적 질적 분석의 절차를 논의해 보고자 한다.

Giorgi의 기술적 현상학적 분석 절차

Giorgi(2009)는 현상학적 질적 분석의 절차에 대해 3단계로 구성된 일련의 절차에 대해 논의한 바 있는데, 이를 그림으로 나타내면 다음과 같다.

[그림 9] Giorgi(2009)의 분석 절차

그렇다면 각각의 절차에서 수행되어야 하는 과업에 대해 좀 더 살펴보자.

전체적인 감각(sense of the whole)을 얻기 위한 읽기

이 단계는 분석의 시작 단계로 자료에 대한 전체적인 감각을 얻기 위해 자료를 전체적으로 읽는 것이다. 일반적으로 자료 속에는 다양한 의미들이 전체적으로 펼쳐져 있다. 따라서 이러한 다양한 의미들을 전체적으로 확인하기 위해 읽는 것은 분석의 시작이라 할 수 있나. 하지만 이때 명심해야 할 것은 연구자가 자료를 읽기 위해 과학적 현상학적 환원의 태도로서 자료에 접근해야 한다는 점이다. 또한 이 단계의 읽기에서 구체적인 의미를 도출하기 위해 자료를 읽기보다는 자료 속의 의미를 전체적으로 살펴본다는 의식으로 자료에 접근하는 것이 필요하다.

의미 단위(meaning units) 결정하기

이 단계에서 연구자는 분석을 위해 자료 속에 있는 각 의미 단위를 확인하고 이것들을 의미 단위별로 분리한다. 이때 각 의미 단위들은 현상학적 심리학적 관점에서 직접적으로 타당해야 할 필요가 있다. 따라서 현상학적 심리학적으로 민감하고 타당한 의미 단위로서 문장을 기반한 분리는 다소 부적절할 수 있다. 왜냐하면, 문장 단위로 의미 단위를 결정하는 것은 문법적 수준의 분리에 그쳐 버릴 가능성이 많기 때문이다. 따라서 유사한 의미 단위를 포함할 수 있는 충분히 큰 단위의 의미 단위 결정이 더 타당할 것이다. 이 단계가 끝나면 연구자는 자료로부터 분리 병합된 일련의 의미 단위들을 획득할 수 있을 것이다.

하지만 이 단계에서 그러한 의미 단위에 대해 통합된 관점을 획득하기 위해 노력하거나 그것들을 결정하기 위한 기준 같은 것을 염두에 둘 필요는 없다. 왜냐하면 이러한 의미 단위의 결정과정은 자연스럽고 발생적으로 일어나는 과정이기 때문이다.

연구 참여자의 중립적인 태도의 표현을 현상학적으로 민감한 표현으로 변형하기

이 단계에서 연구자는 두 번째 단계를 통해 의미 단위별로 정리된 기술로 다시 돌아간다. 그리고 각각의 의미 단위에 대해 질문하고 성찰하고 반성한다. 이때 질문과 성찰의 목적은 각각의 의미 단위가 생활세계 기술(description)의 심리학적 함의를 어떻게 만족스럽게 표현할 수 있는지를 밝히는 데 목적을 둔다.

이러한 과정 속에서 연구자는 상상적 변형을 수행하며 어느 정도 높은 수준(level)의 의미의 불변적 요소들을 획득한다. 하지만 이때의 수준이 보편성(universality)의 수준까지 올라가는 것은 아니다. 다만 그러한 체험의 현상학적 특징을 드러내기에 적합한 수준의 일반성(gernerality)을 추구한다. 그리고 최종적으로 이러한 불변적 요소들로 이루어진 체험의 전체적인 구조를 도출한다.

Smith, Flawers, Larkin의 해석 현상학적 분석 절차

Smith 등(2009)은 해석학적 분석의 일련의 절차에 대해 논의한 바 있는데, 그 절차를 그림으로 정리하면 다음과 같다(그림 10).

이러한 각 절차에서의 주요한 과업에 대해 좀 더 살펴보도록 하자.

읽기와 다시 읽기

이 단계에서 연구자는 자료를 반복적으로 읽으며 자료에 몰두한다. 이러한 반복적 읽기

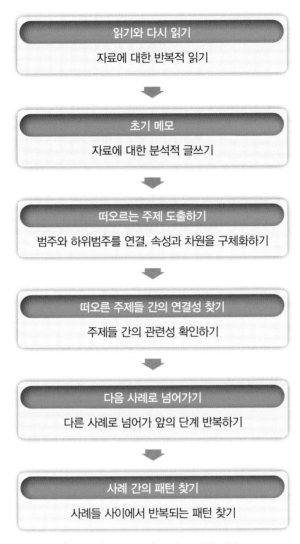

[그림 10] Smith 등(2009)의 분석 절차

는 연구자로 하여금 자료의 전체적인 구조를 이해할 수 있게 하며 자료의 각 부분과 그러한 부분들을 어떻게 병합할 수 있을지에 대한 이해를 제공한다.

초기 메모(initial noting)

이 단계에서는 자료의 각 부분에 대한 반성과 그 반성에 대한 기록 작성이 이루어진다. 이러한 반성에 대한 기록은 자료에 대한 반성적 글쓰기라 할 수 있는데, 앞서 살펴보았던 기술적 진술, 언어적 진술, 개념적 진술이 그것이다. 이러한 진술들은 특별한 형식이 없으며 자료 속의 모든 단위에 대해서 이루어질 수도 있고 일부에서만 이루어질 수도 있다. 이 단계에서 도출된 초기 메모는 다음 단계에서 현상학적 주제를 생성하는 초점이 된다.

떠오르는 주제(emergent themes) 도출하기

앞선 단계에서 생성된 방대한 양의 메모를 기반으로 하여 주제가 도출된다. 이는 앞서 살펴본 반성적 글쓰기를 통한 성찰의 과정 속에서 직관적으로 주제를 도출하는 일련의 분석이 구체화되는 것이라 할 수 있는데, 이 단계에 뒤따라 주제들 간의 관계성을 확인하는 단계가 뒤따라온다.

떠오른 주제들 간의 연결성(connection) 찾기

이 단계에서는 주제들 간의 연결성을 찾고 이를 기반으로 주제들을 연결하여 체험의 전체적인 주제 구조를 구성한다. 이때 주제 구성의 전략으로는 추상화(abstraction), 포섭(subsumption), 양극화(polarization), 맥락화(contextualization), 수량화(numberation), 기능화(function) 등이 사용될 수 있고 이를 통해 주제들이 통합된다. 이러한 전략들의 간략한 개요를 표로 나타내면 다음과 같다.

〈표 13〉 주제 통합 전략(Smith et al., 2009)

전략	내용
추상화	떠오르는 주제들 사이의 패턴을 규명하고 이것들의 상위 주제를 도출
포섭	주제들 중 상위 주제를 중심으로 다른 주제들을 그 하위에 포함시킴
양극화	주제들 간의 차이점을 중심으로 검토
맥락화	주제들의 맥락적인 요소에 대한 검토
수량화	주제의 빈도수와 같은 수량적 측면에 대한 검토
기능화	자료 속에서 주제의 특별한 기능에 대한 검토

이러한 단계는 도출된 체험의 본질적 요소들을 구조화함으로써 체험의 전체적인 구조를 구성하는 단계라 할 수 있다.

다음 사례로 넘어가기와 사례 간의 패턴 찾기

이 분석 절차에서 5단계와 6단계는 서로 다른 사례들을 비교하며 그 속에 내재하는 공통적인 주제와 그 구성을 파악하는 것이라 할 수 있는데, 이는 체험의 일반적이고 불변적 요소를 파악하기 위한 단계로, 상상적 변형이 수행되는 단계라 할 수 있다.

Colaizzi의 현상학적 분석 방법

Colaizzi(1978)의 현상학적 분석 방법은 다음의 그림과 같이 정리할 수 있다.

그렇다면 이러한 각 단계들에 대해 좀 더 살펴보도록 하자.

참여자의 프로토콜 기술 읽기

프로토콜 기술을 읽으며 감각 획득하기

의미 있는 문단이나 문장 도출하기

의미 있는 진술 도출하기

진술의 의미를 문자화하기

진술의 의미를 문자로 표현하기

의미를 주제의 묶음으로 통합하기

이론적 코드를 사용하여 이론으로 통합하기

타당성 확보하기

연구 참여자로부터 타당성 확보하기

[그림 11] Colaizzi(1978)의 현상학적 분석 절차

참여자의 프로토콜(protocols) 기술 읽기

이 단계에서 연구자는 자신이 탐구하고자 하는 현상과 관련된 연구 참여자의 프로토콜 기술을 읽으며 그것과 관련된 감각(feeling)을 획득한다.

의미 있는 문단(phrases)이나 문장(sentences) 도출하기

이 단계에서 연구자는 프로토콜 기술 안에 있는 의미 있는 진술을 도출한다. 이때 반복적으로 나타나는 같거나 유사한 문장은 소거하여 통일해 준다.

의미있는 진술 문자화(spell)하기

이 단계에서는 의미 있는 진술들의 의미를 문자로 기술하는 노력이 이루어진다. 이 노력은 말로 표현할 수 없는(ineffable) 어떤 과정인데, 이러한 과정을 통해서 연구자는 참여자들이 말하는 것에서 참여자들이 의미하는 것으로 도약한다. 하지만 이러한 도약은 완전한 도약이라 할 수 없는데 왜냐하면 프로토콜 속의 의미 있는 문장과 그가 구성한 (fomulate) 의미는 단절되는 것이 아니기 때문이다.

이 단계는 프로토콜 속에 감추어진 의미를 밝혀내고 드러내는 과정이라 할 수 있는데, 이는 앞서 살펴본 자료에 대한 연구자의 성찰과 그러한 성찰의 과정 속에서 현상의 의미를 직관적으로 파악하는 과정이라 할 수 있다.

의미를 주제의 묶음(clusters of themes)으로 통합하기

여기서는 앞 단계에서 도출된 의미들을 주제의 묶음으로 통합하는 과업이 수행된다. 이는 앞서 논의한 체험의 본질적 구조의 구성이 이루어지는 과정이라 할 수 있다.

타당성 확보하기

이 단계에서 연구자는 구성된 주제의 묶음으로서 기술된 연구 결과를 연구 참여자들에게 보내어 그들로부터 그러한 결과의 타당성을 확인받는다.

5. 현상학적 질적 분석의 일반적 절차의 구성

이제까지 우리는 현상학적 질적 분석의 방법론적 개념과 다양한 학자들의 분석 절차들을 살펴보았다. 그렇다면 이제 이러한 논의를 종합하여 현상학적 질적 분석의 일반적 절차를 구성해 보도록 한다. 이를 위해 우선 앞선 논의들로부터 일반적 분석 단계의 시사점을 확인하고 이를 기반한 분석 단계의 구성을 시도해 본다.

분석 단계 구성을 위한 시사점

앞선 논의를 통해 다음과 같은 시사점을 도출할 수 있다. 첫째, 현상학적 질적 분석을 위해 지식, 선이해, 선입견과 같은 선행하는 다양한 유형의 지식에 대한 환원이 수행되어야 하며 이러한 환원을 통해 그러한 지식들이 분석 과정에 영향을 미치지 못하게 해야 하며 탐구하려는 대상에 대한 신선하고 호기심어리고 경이로운 태도를 회복해야 한다. 둘째, 자료에 대한 반복적 읽기가 이루어지고 이러한 과정에서 자료 속에 내재한 의미들을 파악하고 자료를 각각의 의미 단위에 따라 분류, 병합해야 한다. 셋째, 분류, 병합된 의미 단위를 기반으로 분석이 이루어지는데, 이러한 분석의 과정에서 상상적 변형을 수행하여 대상으로서의 체험을 다양한 시각으로 바라봄으로써 체험 속에 내재한 본질적인 요소와 구조를 파악하려 노력해야 한다. 넷째, 분석은 단순한 생각을 통해 이루어지는 것이 아니라 연구자의 기술적, 해석적, 반성적 글쓰기의 지속을 통해 이루어져야 하며 이러한 글쓰기 과정 속에서 직관을 통해 그 본질적 요소에 접근해야 한다. 다섯째, 도출된 본질적 요소들은 주제화되고 그 관계성에 기반하여 하나의 체험의 구조로 통합되어야 한다.

현상학적 질적 분석의 일반적 단계

위와 같은 시사점을 반영하여 현상학적 질적 분석의 일반적 단계를 다음과 같이 구성해 볼 수 있다.

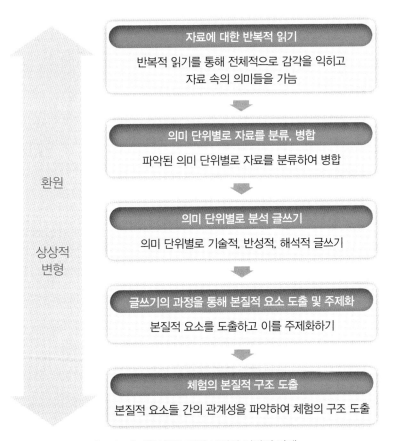

[그림 12] 현상학적 질적 분석의 일반적 단계

그렇다면 이러한 현상학적 질적 분석의 각 단계에 대해 좀 더 살펴보기로 하자. 다만, 방법론적 개념이나 다른 학자들의 절차에 대해 앞에서 충분히 논의했으니, 여기서는 각 단계에서 수행해야 할 구체적인 과업과 예를 중심으로 살펴보도록 한다.

환원

이 단계에서 구체적으로 수행해야 하는 과업은 다음과 같다.

1. 분석의 과정에 영향을 미칠 수 있는 일체의 지식, 선이해 등에 대해 환원을 수행한다.
2. 분석의 과정에 영향을 미칠 수 있는 일체의 지식, 선이해 등에 대해 판단중지를 수행한다.
3. 분석의 과정에 영향을 미칠 수 있는 일체의 지식, 선이해 등에 대해 괄호치기를 수행한다.
4. 분석의 과정에 영향을 미칠 수 있는 일체의 지식, 선이해 등에 대해 에포케를 수행한다.
5. 위의 과업을 통해 대상에 대한 신선하고 호기심어리고 경이로움을 회복하여 대상과의 살아있는 관계를 회복한다.

이러한 환원의 예를 살펴보자. 다음은 Lynecham, Parkinson, Denholm(2008)의 연구에서 살펴볼 수 있는 환원의 예이다. 그들은 응급 간호에 있어서 간호사들이 보여 주는 직관적 앎에 대해 현상학적 분석을 수행한 바 있는데, 이러한 분석 이전에 그 체험과 관련 있는 선행 논의들에 대해 밝힘으로써 현상학적 환원을 수행하고 있음을 보여 준다.

> 의사결정 방식과 관련해서 두 가지의 구별되는 생각의 장이 있다. Blustein과 Phillips는 세 가지의 의사결정 스타일을 구분했다. 이는 이성적인 형태(개별 탐구에 대한 성찰), 직관적인 형태(표현할 수 없음) 그리고 의존적인 형태(다른 이의 가치나 태도를 받아들이는 것은 나타남)이다. Scott과 Bruce는 네 가지 형태의 의사결정 스타일을 밝혔다. 그것은 이성적인 형태(대안에 대한 논리적 평가를 찾는 형태), 직관적인 형태(예감을 믿는 형태), 의존적인 형태(다른 이들의 충고나 방향을 찾는 형태), 회피(의사결정을 피하는 형태)이다.
>
> 이 두 가지 형태의 의사결정 방식 구분은 직관적인 형태의 의사결정 방식에 대해 개괄적인 기술을 하지 못한다. Lynecham은 응급실 간호사들에 의해 사용되는 의사결정 방

식에 대해 논의한 바 있다. 그러나 그녀 연구의 임상 간호사들은 보통 이러한 결정이 환자의 증세나 징후에 기반하지 않는다고 말한다. 이에 대한 일반적인 언급은 "때때로 그냥 알 때가 있어요."이다. 이러한 앎은 간호 수행의 밝혀지지 않은 앎이다. 의사결정에 대한 범주를 다룰 때, 어느 정도의 실수가 있을 수 있다. 하지만 보건에 있어서의 의사결정의 실수는 그렇게 관대하게 다루어지지 않는다. 직관에 따른 의사결정 과정에도 실수가 발생한다. 하지만 그것에 기반해서 이러한 직관에 따른 의사결정 과정을 거부해야 한다는 증거는 없다. 그래도 의사결정 과정에 직관을 포함시킬 경우 이러한 실수는 그러한 직관이 비효율적이고 합당하지 않다는 증거가 된다. 이러한 잠재적인 실수는 직관에 의한 의사결정을 거부해야 한다는 이유가 되곤 한다. 응급 의료인들은 종종 사실에 대한 완전한 지식이 없는 상태 혹은 더 나쁘게도 여러 가지 사실이 충돌하는 상황 속에서 결정을 내리거나 의견을 제시해야 한다. Ward는 인간은 모든 사용가능한 정보를 이용하기 어려우며 우리가 한 번에 고려할 수 있는 정보의 양은 한계가 있다고 말한다. 그러한 정보의 지름길이나 체험적인 것이 사용되는 경우는 바로 정보가 부족한 그러한 상황이다. Ward는 문제의 구조가 불분명하고 불확실성이 존재할 때, 체험적인 것이 그 틈을 메워 주는 데 사용된다고 말한다. Ward는 결론적으로, 전문가란 이러한 체험적인 것에서 실수를 더 줄일 수 있는 사람이라 정의한다.

경험이 의사결정에 미치는 효과에 대한 논의가 증가하고 있다. 의사결정이란 맥락적인 것이며 Klein이 언급했듯이, 실제 생활의 연속 속의 실제 생활 사건이다.

Shirley와 Landon-Fox는 불확실함이 존재하고, 예측하기 힘들고, 사실에 대한 정보가 부족하고, 관련된 실례가 거의 없을 때 의사결정 상황에서의 직관의 사용을 지지했다. Shirley와 Landon-Fox가 기술한 상황은 일반적인 응급 간호사의 임상적 상황이다. 반대로, Scott과 Bruce는 오히려 직관적인 의사결정을 비판했다. 그들은 어떠한 의사결정 이론에서든 직관적 의사결정의 역할을 부정했다. Anderson과 Eppard는 연구 참여자들이 말하는 '절박한 상황'에 대한 느낌과 육감이라는 측면에서 직관적 요소를 규명했다. 이 연구는 간호사들이 몇 가지의 의사결정 방식을 동시에 사용한다는 것을 밝혔다.

상상적 변형

상상적 변형 단계에서 수행되어야 할 구체적인 과업은 다음과 같다.

1. 자료 속의 의미를 다양하게 변화시켜 본다.
2. 자료 속의 의미를 양극단의 이미지로 바라본다.

3. 자료 속의 의미를 다양한 틀을 통해 바라본다.

4. 가능한 한 다양한 방법으로 자료를 변형하고 바라본다.

그렇다면 이러한 것이 어떻게 이루어질 수 있는지 예를 들어 보자. 만약 학교 폭력의 체험에 대한 분석을 수행한다면 다음의 예와 같은 상상적 변형이 가능할 것이다.

〈표 14〉 학교 폭력의 체험에 대해 가능한 상상적 변형

분석의 대상	상상적 변형
학교 폭력	1. 그것은 학교 이외에서의 폭력과 어떻게 다른가? 2. 남녀에 따라 그것은 어떻게 나타나는가? 3. 각 학교에 따라 그것은 어떻게 나타나는가? 4. 그것은 폭력을 동반한 과격한 놀이와 어떻게 다른가?

자료에 대한 반복적 읽기

자료에 대한 반복적 읽기 단계에서의 주요한 과업은 다음과 같다.

1. 자료를 반복적으로 읽는다.

2. 자료에 대한 전체적인 감각을 획득한다.

3. 자료 내의 구별되는 의미 단위들을 확인한다.

의미 단위별로 자료를 분류, 병합하기

의미 단위별로 자료를 분류, 병합하는 단계에서 수행해야 할 과업은 다음과 같다.

1. 의미 단위별로 자료를 분류한다.

2. 각 의미 단위별로 분류된 자료를 병합한다.

의미 단위별로 분석 글쓰기

의미 단위별로 분석 글쓰기 단계에서 수행해야 할 과업은 다음과 같다.

1. 의미 단위별 자료에 대한 기술적 글쓰기를 수행한다.

2. 의미 단위별 자료에 대한 해석적 글쓰기를 수행한다.

3. 의미 단위별 자료에 대한 반성적 글쓰기를 수행한다.

이러한 분석적 글쓰기의 예를 살펴보도록 하자. Tembo, Parker, Higgins(2013)는 중환자실 환자들의 수면 장애 체험에 대한 분석에서 그러한 수면 장애의 원인 중의 하나가 죽음에 대한 공포임을 드러내는 분석적 글쓰기를 다음과 같이 나타내고 있다.

> 몇몇의 참여자들은 잠을 이룰 수가 없었다. 왜냐하며 사람들이 죽어가고 그들이 생각하기에 그들 자신들도 이와 같은 위험에 처해 있다고 생각하기 때문이다. 그들은 죽음이 스며들어 있는 이 장소에서 잠이 들 때마다 깜짝 놀라곤 한다. Ian은 이에 대해 "나는 잠을 잘 수 없어요. 왜냐하면 내 주변 사람들은 기본적으로 죽어가고 있기 때문이지요."라고 말한다. Ian에게 있어 중환자실에서 진정제 치료를 중지한 상태에서의 수면은 "의식을 잃는"다는 것을 상기시켜 주는 것이다. 그리고 이런 "의식을 잃음"은 죽음을 가져올지도 모른다는 생각을 상기시켜 주는 것이다. 다른 사람들이 죽어가는 것을 지켜보는 것은 그에게 그의 죽음에 대한 감각을 절실하게 일깨워 준다. 하지만 그가 죽음을 중환자실에 남겨 두었다고 생각하고 자신의 집과 침대의 편안함 속에 있을 때도 아직도 잠들 수 없는 자신을 발견했다. 살아남기 위한 유일한 방법은 깨어 있는 것이며 밤을 새는 것이다. 그리고 이렇게 함으로써 죽음이 그들의 권리를 주장할 수 없게 한다. 이러한 묘사는 Kate의 묘사에도 나타난다.

글쓰기의 과정을 통해 본질적 요소의 도출 및 주제화

글쓰기의 과정을 통해 본질적 요소의 도출 및 주제화 단계에서 수행해야 하는 과업은 다음과 같다.

1. 계속적인 글쓰기 속에서 직관을 통해 본질적 요소를 도출한다.
2. 이러한 본질적 요소들을 주제화한다.

이러한 과정을 통해 도출된 본질적 요소들의 예를 살펴보도록 하자. 앞서 살펴본 중환자실에서의 환자의 죽음에 대한 간호사의 체험을 다룬 Camargo(2011)의 연구는 분석을 통해 다음과 같은 체험의 본질적 요소를 주제화했다.

〈표 15〉 환자의 죽음을 경험한 중환자실 간호사의 체험의 본질적 의미들(Camargo, 2011)

1. 내 손에서의 간호
   (Nursing on my hands)

2. 환자 살피기
   (Seeing the patient)

3. 그는 누구지요? 혹은 그는 무엇인가요? 간호사로서 환자에 대해 알아보는 것의 의미
   (Who is he? or what is he? The meaning of recognition in nursing)

4. 그의 옆에 있기: 간호에서의 다가섬의 의미
   (Being next to him: The meaning of approach in nursing)

5. 그는 괜찮은 건가요? 간호업무 중 죽음에 대해 말하기
   (Is he OK? Talking about death in nursing)

6. 죽음이란 경험의 고독감
   (Loneliness of experience of death)

7. 마지막 순간의 의미
   (The Meaning of the last moment)

체험의 본질적 구조 도출

체험의 본질적 구조 도출 단계에서 수행해야 할 과업은 다음과 같다.

1. 본질적 요소들에 기반한 주제들 간의 관계를 확인한다.
2. 이러한 관계에 기반하여 주제를 연결하여 전체적인 체험의 구조를 구성한다.

이러한 구조화의 예를 살펴보도록 하자. 이경우, 서연옥(2014)은 경력 간호사의 행복 체험에 대해 현상학적 분석을 통해 접근한 바 있는데, 그들은 그러한 체험에 대한 본질적 요소를 주제화하여 그 관련성에 기반하여 다음과 같은 체험의 구조를 도출했다(표 16).

6. 결론

현상학적 질적 분석은 그 구체적인 기법과 절차에 좌우되는 규범적인 분석 방법이라기보다는 연구자의 성찰, 해석, 기술, 글쓰기를 통해 이루어지는 직관적 앎을 중요시하는 분석 방법이다. 비록 이 글의 후반에 그 절차에 대한 논의를 전개하기는 했지만 이것은 어디까지나 참고사항으로 제시되었을 뿐이다. 따라서 현상학적 질적 분석을 시도하고자 하

〈표 16〉 경력 간호사의 행복 체험의 구조(이경우 · 서연옥, 2014)

주요 의미	주제
전문인으로서의 자부심	선배간호사에게 동료로 인정을 받음
	의사와의 치료협력자 관계에서 경험하는 뿌듯함
	후배들을 교육하고 지도하며 느끼는 흐뭇함
	주변사람들로부터 의료인으로 신뢰와 존중을 받음
자아실현을 향한 열정	간호업무를 통한 보람과 성취감
	자기성장에 대한 기대감
직무수행에서의 만족감	간호기술이 향상되고 자신감이 생김
	간호 상황에 여유가 생기고 능숙하게 대처함
	근무를 마친 후의 편안함
근무환경에 대한 감사함	간호직에 대한 사회적 인식이 향상됨을 느낌
	안정적인 취업기회와 보수로 만족스러움
	근무여건을 수용하는 긍정적인 마음
정서적 친밀함	화목한 병동 분위기
	간호대상자 및 보호자로부터 받는 격려와 감사함
	가족들의 따뜻한 배려
여가생활을 통한 즐거움	가족 및 친구들과 여가시간을 함께하는 기쁨
	취미를 찾고 즐김

는 연구자는 그 단계에 몰입하기보다는 현상학적 질적 연구의 목적과 그 방법론적 개념을 숙지하여 체험의 본질에 다가갈 수 있는 자신만의 분석을 창의적으로 고안하는 것이 바람직한 태도라 할 수 있을 것이다.

참고문헌

김광기(2004). 알프레드 슈츠와 '자연적 태도': 철학과 사회학의 경계를 넘어서. 철학과 현상학 연구, 25, 47-70.

김동규(2010). 후설과 더불어, 후설을 넘어서. 철학논집, 23, 175-201.

김진(2005). 현상학과 해석학. UUP.

박승억(2015). 과학적 방법으로서의 현상학적 질적 연구. 인문과학연구, 24, 49-73.

변광배(2006). 사르트르의 참여문학론. 살림.

변광배(2013). 장 폴 사르트르. 살림.

신승환(2012). M. 하이데거의 존재론적 해석학. 해석학 연구, 29, 29-52.

유혜령(2013). 현상학적 질적 연구에 대한 오해와 이해: 연구 논리와 연구 기법 사이에서 길찾기. 현상해석학적 교육연구, 10(1), 5-31.

이경우·서연옥(2014). 경력간호사가 체험한 행복. 간호행정학회지, 20(5), 492-504.

이근호(2006). 현상학과 교육과정 재개념화 운동. 교육과정연구, 24(2), 1-25.

이남인(2004). 현상학과 해석학. 서울대학교출판문화원.

이남인(2010). 현상학과 질적 연구방법. 철학과 현상학 연구, 24, 91-121.

이남인(2011). 논문: Husserl의 현상학과 Schutz의 현상학적 사회학. 철학사상, 42, 123-149.

이남인(2013). 후설과 메를로-퐁티: 지각의 현상학. 한길사.

이남인(2014). 현상학과 질적 연구: 응용현상학의 한 지평. 한길사.

이순웅(2013). 실존은 본질에 앞선다. - 존재와 무[우리 눈으로 본 서양현대철학사2]-사르트르. http://ephilosophy.kr

임봉우·이종영(2003). 스킨스쿠버 참가자의 수준별 다이빙 체험: Schutz의 현상학적 사회학 접근. 한국스포츠사회학회지, 16(2), 393-414.

정은정·이화도(2014). 메를로 퐁티의 몸의 현상학에 근거한 유아미술표현에 관한 연구. 유아교육연구, 35(5), 325-346.

조광제(2012). 철학 라이더를 위한 개념어 사전. 생각정원.

Bergum, V. (2011). Birth Pain. http://www.phenomenologyonline.com

Bernasconi, R. (2007). How to Read Sartre. Granta Books. 변광배 역(2008). How to Read Sartre. 웅진지식하우스.

Camargo, P. (2011). What is it Like for Nurse to Experience the Death of their Patients?. http://www.phenomenologyonline.com

Colaizzi, P. F. (1978). Psychological Research as the Phenomenologist Views It. In Valle, R. S. & King, M.(Ed) Existential-Phenomenological Alternatives for Psychology. Oxford University Press.

Creswell, J. W. (2007). Qualative Inquiry and Research Design 2E. Sage Publication. 조홍식, 정선욱, 김진수, 권지성 공역(2010). 질적 연구방법론. 학지사.

Crotty, M. (1996). Phenomenology and Nursing Research. Churchill Livinston. 신경림, 공병혜 공역(2001). 현상학적 연구. 현문사.

Dowling, M. (2005). From Husserl to van Manen: A review of different phenomenological approaches. International Journal of Nursing, 44(1), 131-142.

Drinkwater, K., Dagnall, N. & Bate, L. (2013). INTO THE UNKNOWN: USING INTERPRETATIVE PHENOMENOLOGICAL ANALYSIS TO EXPLORE PERSONAL ACCOUNTS OF PARANORMAL EXPERIENCES. The Journal of Parapsychology, 77(2), 281-294.

Finlay, L. (2012). Debating Phenomenological Methods. In Friesen, N. & Henriksson, C. & Saevi, T. (Ed) (2012). Hermeneutic Phenomenology in Education. Sense Publisher.

Giorgi, A. (2009). Descriptive Phenomenological Method in Psychology: A Modified Husserlian Approach. Duquesne University Press.

Heath, P. R. (2000). The PK Zone: A phenomenological study. The Journal of Parapsychology, 64(1), 53-72.

Hermann, R. S. (2013). High school biology teachers' views on teaching evolution: Implications for science teacher educators. Journal of Science Teacher Education, 24(4), 597-616.

Kilova, A. (2002), When a Child Feel Left Alone. In van Manen, M(Ed). Wrting in the dark. The Unversity of Ontario.

Lyneham, J. & Parkinson, C. & Denholm, C. (2008). Intuition in emergency nursing: A phenomenological study. International Journal of Nursing Practice, 14(2), 101-108.

Merleau-Ponty, M. (1967). La Structure du comportement. Presses Universitaires De France. 김웅권 역 (2008). 행동의 구조. 동문선.

Moustakas, C. (1994). Phenomenological Research Methods. Sage Publication.

Ofonedu, M. E., Percy, W. H., Harris-Britt, A., & Belcher, H. M. E. (2013). Depression in inner city african american youth: A phenomenological study. Journal of Child and Family Studies, 22(1), 96-106.

Paley, J. (1997). Husserl, phenomenology and nursing. Journal of Advanced Nursing, 26, 187-193.

Prendergast, G. P., & Hak Wai Maggie, C. (2013). Donors' experience of sustained charitable giving: A phenomenological study. Journal of Consumer Marketing, 30(2), 130-139.

Ritzer, G. (2003). Conntemporary Sociological Theory and Its Classical Roots: The Basic(2nd Ed.). McGraw-Hill. 한국이론사회학회 역(2006). 현대 사회학 이론과 그 고전적 뿌리. 박영사.

Taylor, C. (2013). Receiving group clinical supervision: A phenomenological study. British Journal of Nursing, 22(15), 861-866.

Tembo A. C., Parker, V. & Higgins, I. (2013). The experience of sleep deprivation in intensive care patients: Finding from a larger hermeneutic phenomenological study. Intensive and Critical Care Nursing, 29, p. 310-316.

van Manen, M. (1990). Researching Lived Experience. the Univercity of Western Ontario, Canada. 신경림, 안규남 공역(1994) 체험연구. 동녘.

van Manen, M. (2006). Writing Qualitatively, or Demands of Writing. Qualitative Health Research, 16(5), 713-722.

van Manen, M. (2011). Phenomenolgyonline. http://www.phenomenologyonline.com

van Manen, M. (2014). Phenomenology of Practice. Left Coast Press, Walnut Creek, CA.

Winnig, A. (2011). Homesickness. Phenomelogyonline. http://phenomenologyonline.com

13

생애사
분석

이 장에서는 생애사 텍스트 분석 방법에 대해 알아보도록 한다. 생애사 연구(life history research)는 최근 질적 연구 분야에서 활발히 이루어지고 있는 연구 분야 중 하나이다. 특히 개인의 삶을 시간성을 기초로 하여 사회, 역사적 맥락을 통해 분석하며 의미를 도출할 수 있는 생애사 연구는 여러 사회과학, 인문학 분야에서 그 중요성과 역할이 증대되고 있다. 특히 여성학, 교육학 등 다양한 분야에서 생애사 연구를 활용하여 연구가 이루어지고 있으며, 높은 활용 가치를 가지고 있다.

그러나 생애사에 대한 연구에 있어서 연구 참여자의 삶에 관한 자료를 어떠한 관점 속에서 분석해야 하는지에 대한 체계적이며 총체적인 방법이나 가이드를 제공한 연구들을 찾아보기는 어렵다. 기존의 생애사 연구의 방법론적 연구들은 주로 평가 준거, 분석 방법과 전략 등을 분절적으로 논의하는 수준에 그쳤으며, 다양한 삶의 요소들이 한데 얽혀서 상호작용하는 인간의 삶에 대한 총체적 관점의 분석 전략에 대해서는 논의가 이루어지지 않았다.

이에 생애사 연구에서 가장 중요한 방법적 지식이자 내용 중 하나인 자료 분석에 대해 총체적이면서 서로 연관성을 가진 분석 관점을 제공하고자 한다. 또한 분석 관점을 실현시킬 수 있는 구체적 분석 방법을 논의하며, 구체적으로 분석 관점이 적용된 기존의 우수한 생애사 자료를 예시적으로 제시할 것이다. 이를 통해 현장연구자들이 생애사 관련 자료들을 수집하는 과정 중 어떤 관점으로 자료를 수집해야 하며, 자료 수집 후에는 어떤 방향성과 틀을 통해 자료를 분석해야 하는지에 대한 예비적 지식을 제시하고자 한다. 이러한 방법적 탐구는 '좋은 생애사 연구'를 창출하기 위한 기초적인 작업이라는 점에서 생애사 연구의 이론화에 기여할 것으로 생각한다.

[그림 1] 생애사 분석

1. 생애사 텍스트 분석 관점과 추출 근거

이 연구는 생애사 연구의 분석 관점과 전략들을 도출하고, 그러한 사실들을 확인할 수 있는 생애사 연구 결과물들을 살펴보는 것을 목적으로 한다. 그것을 위해 우선 생애사 연구에 관한 다양한 논의들을 기반으로 다양한 분석 관점과 전략들을 도출했다. 또한 다양한 분야의 생애사 연구의 결과물들을 살펴보고, 이러한 분석 관점과 전략들을 확인할 수 있는 작품들을 찾고 그 속에서 어떻게 구체적으로 적용될 수 있는지를 예시적으로 확인했다. 이것을 위해 생애사 연구와 관련한 주요 학술 도서 및 논문에 대한 문헌 분석을 통해 탐구가 이루어졌다. 문헌 분석은 분석 관점 및 분석 방법, 구체적 적용 사례에 관한 연구들로 분류하여 이루어졌다.

생애사 연구의 분석 관점을 도출하기 위해 우선 좋은 생애사 연구의 준거를 제시한 대표적인 연구물들을 살펴보았다. 이에는 Dollard의 책 「Criteria for the life history: With analysis of six notable document」(1935), Runyan의 책 「Life histories and psychobiography: Explorations in theory and method」(1984), Cole과 Knowles의 「Lives in context: The art of life history research」(2001) 등이 있다. 이러한 연구물들은 생애사 연구 텍스트 분석의 기준과 기본 방향을 정립시켜 주는 역할을 했는데, 대표적으로 Dollard(1935)의 '지속적 경험'의 준거는 연대기적 시간성에 대한 분석 관점

을, Dollard(1935)의 '사회적 상황', Cole과 Knowles(2001)의 '사회적 맥락을 발견하는 창', Runyan(1984)의 '사회적, 역사적 세계 묘사'에 대한 준거는 사회적/역사적 맥락 중심 분석 관점에 대한 기준을 마련하게 해 주었다. 그 외에도 Haglund의 「Conducting life history research with adolescence」(2004), Miller의 「Researching life stories and family histories」(2000), Goodson과 Sikes의 「Life history research in educational settings: Learning form lives」(2001)에서의 논의를 통해 전 생애적인 연대기적 시간성에 대한 분석 개념을, Mandelbaum의 「The study of life history: Ghandi」(1973)의 인간관계를 통한 전환 개념, Dhunpath의 「Life history methodology: 'Narradigm' regained」(2000)의 인간관계의 개인 간 맥락 개념 등을 통해 '인간관계 양상 및 상호작용 방식 중심 분석' 관점에 대한 시사점을 얻을 수 있었다. 또한 이러한 분석 관점은 생태학적 심리학자 Bronfenbrenner(1979)의 미시체계 개념과도 일맥상통하는 것이었다. Spradley의 「Participant observation」(1980)의 성분 분석 개념은 공간 및 소속 집단 중심 분석의 관점에 대해 시사점을 부여할 수 있었다. 특히 이러한 대조 차원을 중심으로 한 성분 분석은 대조적 현상이 나타나는 이유에 대한 분석을 통해 거시적 차원의 맥락과 연결지어 분석할 수 있는 통로를 제공할 수 있다. Runyan의 「Life histories and psychobiography: Explorations in theory and method」(1984)에 수록된 인생 여정 상호작용 모형에서는 '가치관과 비전 중심 분석' 관점에 대한 아이디어를, Mandelbaum(1973)의 적응(adaptation) 개념에서는 '대응 방식의 변화' 관점에 대한 시사점을 추출할 수 있었다. 다음은 이상의 생애사 텍스트 분석 관점의 추출 근거와 분석 관점을 정리한 표이다.

〈표 1〉 생애사 텍스트 분석 관점과 추출 근거

추출 근거	생애사 텍스트 분석 관점
Dollard(1935), Haglund(2004), Miller(2000), Goodson & Sikes(2001)	연대기적 시간 순서
Mandelbaum(1973), Dhunpath(2000), Bronfenbrenner(1979)	인간관계 양상 및 상호작용 방식
Spradley(1980)	공간 및 소속 집단
Runyan(1984)	가치관과 비전
Mandelbaum(1973)	대응 방식의 변화
Dollard(1935), Cole & Knowles(2001), Runyan(1984)	사회적/역사적 맥락

그리고 구체적인 분석 방법에 대한 아이디어들도 다양한 학자들의 연구물들에서 추출

할 수 있었다. Lieblich, Tuval-Mashiach, Zilber의 「Narrative research: Reading, analysis and interpretation」(1998)의 총체적 형태 분석 방법을 통해 '연대기적 시간 중심 분석' 관점의 하위 방법으로 삶의 형태 중심 연대기적 분석에 관한 시사점을 얻을 수 있었다. 또한 Davis, P의 「Poverty, in time: Exploring poverty dynamics from life history interviews in Bangladesh」(2006)에서는 삶의 형태 중심 연대기적 분석시 궤적(trajectory) 사용 가능성을, Miles와 Huberman의 「Qualitative Data Analysis」(1994)에서 매트릭스(matrix)를 분석 도구로 사용할 수 있다는 시사점을 얻을 수 있었다. 그 외에 Axinn과 Pearce(1999)의 「Innovations in life history calendar applications」에서는 삶의 형태 중심 연대기적 분석시 생애사 달력을 통해 분석이 적용될 수 있다는 시사점을 제시해 주었다. 또한 Saldaña의 「The coding manual for qualitatitve reserachers」(2009)에서 종단적 코딩, 기술적 코딩, 가치 코딩, 과정적 코딩 등에 대한 논의를 통해 연대기적 시간 중심 분석, 인간관계 양상 및 상호작용 방식을 위한 분석의 구체적 방법적 시사점을 추출할 수 있었다.

이와 같은 과정을 통해 생애사 분석 관점과 분석 방법에 대한 시사점을 추출한 후 이러한 관점과 전략들이 잘 드러난 생애사 질적 연구의 예들을 분석했다. 이러한 예들은 주로 출판물, 학술지 논문들을 중심으로 추출했는데, 이를 통해 생애사 연구 분석 관점과 전략이 어떻게 적용되고 발전적으로 분석될 수 있는지 제시했다.

Bullough의 「First year teacher」(1989)에서는 신규 교사의 삶이 패턴을 가지며 변화하는 예를 살펴볼 수 있는데, 이는 연대기적 시간 중심 분석에서 삶의 형태 중심 분석의 훌륭한 예시적 자료를 제공했다. Manfred Geier의 「Kants Welt 평전」(2003)을 통해 연대기적 분석과 인간관계 양상에 관한 분석 관점에 대한 적용 사례를, 김영천 외 (2006)의 「미운오리새끼: 한국 초임교사의 일년 생활」에서는 인간관계 양상 및 상호작용 방식에 대한 분석을 통한 연구 참여자의 삶에 대한 이해의 예시를 추출할 수 있었다. 또한 Elbaz-Luwisch의 「Immigrant teachers: Stories of self and place」(2004)의 연구, 이동성의 「두 초등학교 남자 교원의 삶에 관한 생애사 연구」(2014)를 통해 장소와 공간의 변화가 개인에게 미치는 정체성 변화의 과정을 드러낼 수 있었다. 헬렌 켈러의 자서전(1904)을 통해서는 장애를 딛고 삶 전체 전반에 걸쳐 '지식이 힘이자 행복'이라는 가치관을 코딩할 수 있는 예시적 성격의 내용들을 추출할 수 있었다. 또한 유재분의 여성 알코올 중독자의 삶에 대한 연구(2008)에서는 한 사람의 삶에 대한 대응 방식이 어떻게 삶을 변화시킬 수 있는지에 대한 예를 살펴볼 수 있었다.

2. 생애사 자료 분석 방법에 대한 역사적 발달 과정

이 장에서는 생애사 연구 분석 방법에 대한 역사적 발달 과정을 논의해 보고자 한다. 이는 생애사 연구 분석 방법의 학문적 논의를 심화시킨 주요 학자들의 저서나 논문의 주요한 개념들을 요약적으로 제시할 뿐 아니라, 이것의 방법론적 의의에 대해 논의하기 위한 것이다.

우선, Dollard(1935)는 「Criteria for the life history: With analysis of six notable document」에서 Alder, Rank, Freud, Thomas와 Znaniecki, Shaw의 글들에 대한 분석과 자신의 생애사적 글쓰기 경험에 기초하여 좋은 생애사 연구를 평가하기 위한 일곱 가지 준거를 제시했다. 이러한 준거들은 개인의 삶을 체계적인 관점을 통해 조직하고 분석할 수 있으며, 개인의 삶과 개인이 동화된 사회문화적 맥락에 대한 적절한 개념을 제공해 줄 수 있다는 점에서 의의가 크다(Rueter, 1938: 841). 또한 Dollard의 논의는 초기 생애사 연구에 대한 관심을 자극하여 상승시켰으며(Mandelbaum, 1973: 178) 추후 생애사 연구에 있어 분석의 잣대를 제공했기에 그 의의가 크다고 볼 수 있다. Dollard가 제시한 구체적인 준거들을 살펴보면 다음과 같다. 첫째, 생애사 연구의 주제는 문화적 주제와 관련된 하나의 전형 혹은 표본이 되어야 한다. 왜냐하면 개인의 성장은 사회문화적 환경과 밀접하게 관련되어 있기 때문이다. 개인은 홀로 성장하기보다는 타자들과 상호작용을 하며, 특정 집단의 역사적, 전통적 조건에 둘러싸여 있다(이동성, 2015: 55 재인용). 둘째, 개인적 행위의 유기적 동인(organic motors)에 대한 진술은 사회적으로 타당한 것이어야 한다. 인간 행위의 동기(motivation)에 대한 이론화를 위해서는 무엇보다 신체(유기체)가 무엇을 할 수 있고, 무엇을 하는지에 대한 진술을 해야 하지만, 인간 신체의 유기적 활동은 호르몬(내분비선)의 직접적인 작용보다는 사회문화적 영향을 반영하고 충족시킨다(이동성, 2015: 55 재인용). 셋째, 개인의 생애사에서 가족 집단의 고유한 영향력과 역할을 인식할 수 있어야 한다. 개인은 한 가족의 영향력으로부터 벗어나기 힘들며, 사회적 부모로부터도 영향을 받는다. 따라서 생애사 연구는 초창기 삶의 매트릭스로서 부모를 포함한 가족의 강력한 역할과 영향력을 서술해야 한다(이동성, 2015: 55 재인용). 넷째, 개인의 행위와 관련된 자료의 정교화 방법은 사회적 행위로 고려해야 한다. 이미 두 번째 준거에서 밝힌 것처럼, 생애사 연구는 우선적으로 유기체인 개인의 행위와 동기에 그 기초를 두지만, 개인적 삶에 대한 정교화는 특수한 집단의 사회적 삶과 직결되어 있다(이동성, 2015: 56 재인용). 다섯째, 생애사 연구는 아동기부터 성인기에 이르는 지속적인 경험의 특징들을 강조해야 한다. 왜냐하면, 생애사 연구의 참여자는 실제적으로 경험한 일들을 보고하고 보여 줄 뿐, 삶의 이론을 이야기하는 것은 아니기 때문이다(이동성, 2015: 56 재인용). 여섯째, 사회적 상황을 생애사 연구의 한 요소로서 주의깊게, 지속적으로 고려해야 한다. 사회적 상황은 형식적 상황의 압력과 타자들 그리고 개인 혹은 주체의 내부적인 상황 정의에 의해 구성된다(이동성, 2015: 56 재인용). 일곱째, 생애사 연구 자료는 유기적으로 조직되고 개념화되어야 한다. 즉, 화자의 이야기 그 자체는 자명한 이론적 개념이 아니기 때문에 연구자는 화자의 단순한 자료를 과학적 개념으로 전환해야 한다(이동성, 2015: 56 재인용).

Mandelbaum(1973)은 「The study of life history: Gandhi」에서 생애사 연구의 분석 단계에서 실제적으로 활용할 수 있는 세 가지 분석적 개념을 제시했다. 그는 한 개인의 발달을 연구하는 데 있어서 사회적 요건을 강조하여 개인이 사회의 구성원으로 동화되는 과정에 대한 주된 논의인 생애주기(life cycle) 연구와 개인이 어떻게 사회 속에서 대처하는지에 대한 경험을 강조하는 생애사(life history) 연구를 구분했다. 그는 이러한 생애사 연구에서 논리적으로 일관성 있는 참조 체계를 만들기 위한 적절한 개념이 부족하다는 점을 지적했다. 이에 무질서한 다량의 생애사 자료들은 분석적 과정이 진행되기 전에 예비적으로 체계를 잡아야 하며, 생애사 연구가 서술적 차원에서 분석적 차원으로 발전되어야 하며, 분석과 해석의 질을 높이기 위해 개념적 틀이 필요하다고 주장했다(Mandelbaum, 1973: 177-180). 그가 제안한 세 가지 분석적 개념은 차원, 전환, 적응이다. 첫째, 차원(dimension)이란 개인 행동에 영향을 주는 연관성을 가진 국면들이나 경험들을 모아 놓은 개념이다. 즉, 차원은 참여자의 내러티브에서 드러난 시공간적 배경 혹은 특정한 삶의 영역을 통해 참여자의 삶에 영향을 미친 주된 원동력을 이해하기 위한 분석적 개념이다(한경혜, 2005: 15). 그는 차원도 생물학적, 문화적, 사회적, 심리사회적 차원으로 분류했다. 둘째, 전환(turning)이란 새로운 역할을 맡거나, 새로운 사람과 인간관계를 맺거나, 새로운 자아 개념을 필요로 하는 등 삶의 궤적에서의 급작스런 변화를 가져오는 결정적 순간을 의미한다(Mandelbaum, 1973: 181). 전환은 단 하나의 사건을 통해 발생하기도 하고, 지속적인 변화를 통해 일어나기도 한다. 이러한 한 사람의 생애에서의 주요한 전환들에 대해 이해한다는 것은 우리가 그 사람의 중요한 부분들을 아는 것과 같은 의미인 것이다. 전환은 연구 참여자의 삶의 기간을 구획하는 지표로 작용한다(한경혜, 2005: 15). 셋째, 적응(adaptation)은 새로운 환경에 적응하기 위해 기존의 삶의 패턴이나 행동을 변화시키는 것을 말한다(Mandelbaum, 1973: 181). 이러한 개인의 고유한 적응 양식을 이해하는 것은 삶의 과정에서 경험하게 되는 변화와 연속성의 두 측면을 이해하는 데 유용한 개념이다. 이러한 분석적 개념들은 명확하게 분류될 수 있는 것이 아니며, 실체적인 개넘도 아니지만, 생애사 자료의 분석을 위한 가이드라인이 될 수 있다(이동성, 2015: 117 재인용).

Runyan(1984: 152-153) 또한 그의 저서 「Life histories and psychobiography: Explorations in theory and method」에서 좋은 생애사의 일곱 가지 준거를 제시했다. 이들을 요약적으로 제시하면 다음과 같다. 첫째, 생애사 연구는 사람들에게 통찰을 제공하고, 종전에 의미 없거나 이해하기 어려웠던 현상을 명료화하며, 예전에 보이지 않았던 관련성을 제공한다. 둘째, 생애사 연구는 독자들에게 공감을 유발하고, 연구 참여자의 경험을 제공한다. 셋째, 생애사 연구는 참여자의 내부적 혹은 주관적 세계를 이해할 수 있도록 하며, 연구 참여자가 자신의 경험, 상황, 문제, 삶을 어떻게 생각하는지를 이해할 수 있게 한다. 넷째, 생애사 연구는 연구 주제와 연구 대상에 대한 감정 이입을 심화시킨다. 다섯째, 생애사 연구는 연구 참여자가 살고 있는 사회적, 역사적 세계를 효과적으로 묘사시킨다. 여섯째, 생애사 연구는 사건 및 경험과 관련된 조건의 원인과 의미를 조명한다. 일곱째, 생애사 연구는 생동감 있고, 감성적이며, 정서적인 글쓰기를 통해 독자들의 마음을 끌 수 있어야 한다(이동성, 2013: 17-18 재인용).

Lieblich, Tuval-Mashiach, Zilber(1998)는 자신들의 책 「Narrative research: Reading, analysis and interpretation」에서 생애사 텍스트를 위한 네 가지 접근 방식을 제시했다. 이에는 총체적 내용 접근, 범주적 내용 접근, 총체적 형태, 담화 분석이 있다. 총체적 내용 접근법은 개별 생애사를 분석의 초점으로 하여 각 생애사의 주요한 주제를 찾아내는 방법이다. 범주적 내용 접근법은 여러 생애사로부터 공통의 주제를 도출하는 방법이다. 이는 개별 생애사의 전체성을 훼손할 수 있지만, 참여자들의 생애 과정의 유형을 파악하고 다양한 유형과 사회문화적 요소와의 관련성을 탐색하는 데 유용한 분석 방법이다(한경혜, 2005: 15-16). 총체적 형태 분석 방법은 생애사 텍스트의 내용적 측면보다 각 생애사의 전체적 구조를 분석의 초점으로 삼는다(이동성, 2015: 118). 여기에는 생애 과정에서 가장 행복했던 시점과 불행했던 시점을 중심으로 삶의 변화를 표시하는 생애 도표 구성 방식이나 생애 전이를 탐색해 보는 것이 해당된다(한경혜, 2005: 15-16). 담화 분석은 '왜 그러한 방식으로 말하는가?'와 같은 이야기의 조직 원리에 초점을 맞추어 서사구조를 탐색하는 접근 방법이다(한경혜, 2005: 15-16). 즉, 내러티브 분석은 이야기의 순차적이고 구조적인 성질을 반영하여 참여자가 어떠한 순서로 자신의 경험을 배열하는지를 세밀히 파악하고자 한다(Riessman, 1993: 2-3). 이 네 가지 접근 방식은 참여자들이 어떻게 자아의 연속성을 유지하면서, 삶의 의미를 창출해 나가는지 살펴볼 수 있도록 한다(한경혜, 2005: 15-16).

Miller(2000)는 「Researching life stories and family histories」에서 생애사 연구의 분석 단위로서 시간성의 개념을 강조했다. 시간적 개념들(아동기, 학령기, 결혼기 등)은 연구 참여자의 고유한 코호트(cohort)를 확인할 수 있도록 도와주며, 참여자가 경험한 사회문화적 환경 등의 맥락을 개인적 삶과 관련지어 이해할 수 있도록 한다고 했다. 시간과 관련된 이슈는 생애사 연구의 핵심으로 여겨질 수 있는 총체적 관점을 획득하는 데 필수 불가결한 요소라고 강조했다.

김영천·한광웅(2012)은 생애사 연구의 특징을 제시하며 그 중 생애사가 사회적으로 해석한 삶의 이야기이며 연구의 초점이 삶의 이야기의 전경인 시간성임을 밝히고 다양한 자료 분석의 관점들을 환기시켜 준다. 생애사 연구가 개인의 삶의 이야기와 사회적 조건과 맥락과의 관계성에 주목한다는 것을 말한다. 또한 Miller(2000), Goodson과 Sikes(2001) 등의 논의를 통해 시간성을 강조함으로써 생애사 연구가 현재부터 과거까지 연속적 시간을 통해 삶을 관통하는 연구임을 다시금 강조했다. 또한 생애사 연구 방법으로서 구술 면담 시 수집 절차와 기법에 대해 논의하며, 분석 작업에서 범주의 활용이 필수적임을 강조했다. 이는 생애사 연구자는 분석 과정에서 자료들을 '실로 꿰듯' 총체성을 유지하여 범주들을 연결시켜야 하며, 이러한 총체성이 결여된 범주화 작업은 참여자의 삶을 파편화한다고 하며, 분석과 해석에서의 총체성을 강조하는 논의로 심화되었다.

이동성(2014)은 생애사 텍스트의 분석 방법으로 볼 수 있는 시간성의 개념과 특징, Lieblich, Tuval-Mashiach, Zilber(1998)의 세 가지 접근을 발전시켜, 구체적인 분석 방법들을 제시했다. 그는 Miller(2000), Plummer(1983) 등의 논의를 통해 시간적 개념이 연구 참여자의 삶을 총체적으로 이해하는 데 유용함을 밝혔다. 또한 Axinn, Pearce, Ghimire(1999)의 생애사 달력, Adriansen(2012)의 타임라인 구성 등을 통해 실제적인 연대기적 자료 분석 도구를 제시했다. 또한 생애사 텍스트의 분석을 위한 세 가지 접근 방식을 제시했으며, 각각의 구체적인 분석 방법을 제시했다. 이에 총체적 형태 접근으로 Saldaña(2009)의 종단적 코딩을, 담화 분석으로 Riessman(1993: 2-3)의 시적 구조와 의미 분석 방법, 장노현(2010)의 '분절과 결합' 원리, Miller(2000: 130-131)의 담화 분석의 삼각형 구조를 적용할 것을 제안했다.

3. 생애사 텍스트의 분석 관점 및 전략 여섯 가지

앞서 언급한 기존 학자들의 생애사 분석 방법과 접근법에 대한 논의들을 기초로 하여 여섯 가지 생애사 텍스트의 분석 관점 및 전략을 도출했다. 이러한 분석 관점과 전략은 한 사람 또는 한 집단 내의 사람들의 삶을 총체적인 방식으로 이해할 수 있는 도구가 될 수 있을 것이다. 구체적인 연구 결과를 정리하면 다음과 같다.

〈표 2〉 생애사 텍스트의 분석 관점 및 전략

1. 연대기적 시간 순서로 분석하기	4. 가치관과 비전 중심으로 분석하기
2. 인간관계 형식 중심으로 분석하기	5. 삶의 대응 방식 중심으로 분석하기
3. 공간 및 소속 집단 중심으로 분석하기	6. 사회적/역사적 맥락 중심으로 분석하기

앞에서 제시한 여섯 가지 분석 관점은 각각이 독립적이며 분절적으로 적용될 수 있는 성질의 것이 아니라, 유기적이면서 상호 교차하는 방식으로 적용될 수 있을 것이다. 예를 들어, 한 인간의 주변 사람들과의 인간관계 형식에 대한 분석을 통해 가치관과 비전을 분석해 낼 수 있으며, 또한 이것이 어떠한 삶의 대응 방식을 가지게 했는지 등을 분석해 낼 수 있는 것이다. 그럼, 이제부터 생애사 분석 관점들을 구체적으로 적용한 예를 통해 살펴보도록 하자.

연대기적 시간 순서로 분석하기

생애사 분석의 첫 번째 분석 관점은 연대기적 시간 순서로 분석하기이다. 이는 생애사 분석 관점에 있어서 가장 기본적인 분석 관점이기도 하며, 후속하는 다섯 가지의 관점을 관통하는 분석 관점이기도 하다. 생애사 연구자는 참여자의 생애사적 구술자료에서 나타난 시간적 맥락에 따라 특정한 이야기를 배열하고 배치한다(김영천, 한광웅, 2012). 통상적인 질적 연구의 민속학적 방법이 상황과 상호작용에 초점을 맞춰, 역사적 배경과 사회적 조건을 소홀히 여기는데, 이는 개인의 독특성이 무시되는 결과를 초래한다. 이것은 통상적인 질적 연구가 시간의 축을 배제하기 때문에 발생한다(Goodson, 1988: 81-82). 생애사 연구에서 시간은 참여자가 말하는 삶의 이야기에서 경험할 수 있다(Goodson & Sikes, 2001: 46). 삶의 이야기는 과거, 현재, 미래의 시간의 축을 중심으로 상황이란 특이한 장소에서 발생하는 개인과 사회의 관계를 조명한다(김영천, 한광웅, 2012: 22). Dollard(1935)는 좋은 생애사의 조건으로 어린 아동 시절부터 성인 시절까지 관련된 경험의 지속성을 강조했다. 인간의 발달은 외부 맥락과 개인 사이의 상호작용에 의한 전 생애적인 성장과 상실, 변화의 과정이다(Haglund, 2004: 2). 생애사는 사회적 제약, 삶의 기회와 전환점 등 일련의 시간적 사건에 참여자가 어떻게 반응하고, 무슨 선택을 했는지, 그리고 그러한 행동과 상호작용이 현재의 삶에 어떻게 반영되고 있는지에 대한 시간성을 강조한다(한경혜, 2005: 13-14).

연대기적 시간 순서에 의한 분석이란 우선 일련의 사건과 주제들이 시간 순서대로 분석된다는 것을 의미한다. 기본적으로 생애사에서는 어린 시절의 경험을 시작으로, 가장 최근에 이르는 경험들이 분석되고 재현된다. 예를 들어, Knowles(1994)의 「Through preservice teachers' eyes: Exploring field experiences through narrative inquiry」에서는 초임교사가 되기 전 1년 동안 겪게 되는 의식의 변화를 시간의 순서대로 기술했다. Bullough (1989)의 「First year teacher」에서도 실제 초임교사가 된 한 여교사의 일년간 교사 사회화 과정이 연대기적으로 분석되었다. Manfred Geier(2003)의 「Kants Welt 평전」에서도 칸트의 한 일생이 연대기적으로 분석되었다. 이들 내용을 아주 개략적으로 정리하면 다음과 같다.

> 1724년 4월 쾨니히스베르크서 출생, 1730년(6세) 학교 입학, 1740년(16세)에 알베르투스 대학 등록 및 스승 마르틴 크누첸과의 만남, 1749년(25세)에 첫 저서 「살아있는 힘의 올바른 측정에 대한 사유들」 출간, 1762년(38세) 러시아의 점령 종식, 1781년(51세) 「순수이성 비판」 출간, 1804년(80세) 사망

이렇게 칸트의 삶을 연대기적 시간 순서로 분석함으로써, 한 인간의 삶의 흐름을 이해할 수 있게 된다. 이러한 시간 중심 분석을 통해 사건들 간의 원인과 결과 등에 대해서도 효과적으로 분석할 수 있다. 물론 생애사 연구가 참여자의 삶을 과거, 현재, 미래가 하나로 연대기로 이어진 일직선상으로만 파악하는 것은 아니다. 이는 생애사 연구의 구술 면담에서 연구 참여자의 삶이 재구성되기 때문이다(Munro, 1998: 6; Freeman, 2007: 134-138). 생애사 연구에서 과거는 어떤 상황이라도 변화하지 않는 사실이 아니라, 구술 면담 상황, 참여자와 연구자의 관계, 참여자의 관점에 따라 그 의미가 달라진다(김영천·한광웅, 2012: 22). 그렇지만, 기본적으로 물리적인 연대기적 시간 순서성을 중심으로 분석하는 것이 필요하다는 것이다.

연대기적 시간 순서에 의한 분석도 크게 두 가지 관점을 통해 가능하다.

첫째, 연구 주제에 입각한 연대기적 분석 방법이다. 이는 한 개인의 발달을 연구자가 탐구하고자 하는 연구 영역에 맞추어 그 순서를 분석하는 것을 말한다. 김영천·한광웅(2012: 29-30)은 생애사 텍스트에 대한 분석 작업에서 범주의 활용이 필수적이라고 했

다. 생애사 연구자는 분석 과정에서 연구 참여자의 생애담을 '실로 꿰듯' 총체성을 유지하여 범주들을 연결시켜야 한다. 왜냐하면 총체성이 결여된 범주화 작업은 참여자의 삶을 파편화할 수 있기 때문이다.

이러한 연구 주제에 입각한 연대기적 분석을 위해서 Lieblich, Tuval-Mashiach, Zilber(1998)가 제시한 총체적 내용, 범주적 내용 접근을 적용할 수 있다. 이러한 범주적 내용 접근(주제 분석)은 근거이론(ground theory)의 개연적 삼단논법(abduction) 논리를 따른다. 이는 귀납이나 연역이 아니라 두 가지 연구 논리를 결합하여 특정 상황이나 행위의 복합적 원인과 동기를 추론하고, 거기서 예상되는 향후 상황과 결과, 행위를 전망하는 방식으로 가설을 세우고 검증하는 가설과 추론의 순환적 구조이다. 마치 시나리오 플래닝(scenario planning)처럼 변수를 고려해 행위자가 나아갈 수 있는 시나리오를 모두 펼쳐 놓고(가설), 실제로 어떤 길을 겪었는지 확인한다(이희영, 2009: 228).

둘째, 삶의 형태 중심 연대기적 분석이다. 삶의 형태 중심 연대기적 분석이라고 하는 것은 생애사 텍스트 내에서 그 사람의 전체적인 구조, 그 삶을 굴곡지게 하는 요소들을 발견하여 그것을 하나의 형태로 제시하는 분석이다. 각 사람은 저마다의 삶의 굴곡(up and down)을 가지고 있다. 이 세상 그 어느 누구도 항상 똑같은 하루를 반복하지 않는다. 하지만 그들의 삶의 시간이 누적될수록, 그들의 삶에서 하나의 패턴 혹은 구조를 발견할 수 있다. 삶의 형태 중심 연대기적 분석은 시간의 흐름 속에서 그들 삶을 굴곡지게 하는 요소들을 중심으로 하나의 연대기적 패턴을 분석하는 방법이다. 이러한 총체적 형태의 분석 방법은 생애사 텍스트의 내용적 측면보다 전체적 구조를 분석의 초점으로 삼는다(이동성, 2013b: 85). 예를 들어, Davis, P. (2006)의 「Poverty, in time: Exploring poverty dynamics from life history interviews in Bangladesh」에서 Fuljan의 이야기를 살펴보자.

> Fuljian은 1974년 대기근 때 장티푸스로 아버지를 잃은 후, 1981년, 12살의 나이에 결혼을 했다. Fuljian과 그녀의 남편은 둘 다 가난한 집안 출신이다. 1984년, 그녀의 시어머니가 위궤양을 앓으면서 13,000타카(방글라데시 지폐단위)를 지불해야 했다. 이 돈을 마련하기 위해 남편의 형제들은 베틀기를 팔아야 했다. 1987년, Fuljian은 아기를 출산할 때 아기가 죽게 되고, 자신도 아프게 되면서 20,000타카를 병원비로 썼다. 1990년, 그 형제들이 가족 재산을 분할하면서 형편이 좀 나아졌다. 1998년, 그녀의 큰 언니가 결혼을 하면서 14,000타카를 사용했다. 이 돈을 모으기 위해서, 직장으로부터 선불을 받았고, 5,000타카는 친척들에게 빌리고, 염소 한 마리를 팔고, NGO 대출을 받았다. 이제 Fuljian은 33세이고, 그녀의 남편, 3명의 아들, 2명의 딸, 66살의 시어머니

와 함께 살고 있다. 다른 딸은 1998년에 결혼하여, 그녀의 시댁에서 살고 있다. Fuljian 의 남편은 베틀 숙련공이고, 한달에 1,200타카를 벌고, 그녀의 17살 아들도 같은 일로 비슷한 금액을 번다. 그들은 그들이 사는 집이 있는 조그만 땅을 소유하고 있으며, 그 것의 총 가치는 12,800타카 정도이다. 그들의 집은 아주 상태가 안 좋아 수리를 해야 하고, 그들의 집은 지역사회에서 '빈민 지역'으로 무시된다. 하지만, 그녀의 큰 아들과 남편이 일을 하여 가계에 보태고 있어, 내년부터는 살림이 좀 더 나아질 희망을 가지고 있다.

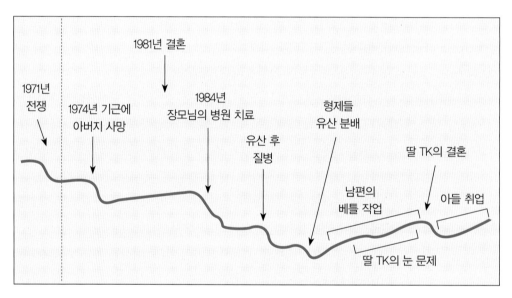

[그림 2] Fuljian의 삶의 궤적(Ojermark, 2007: 27-28 재인용)

이러한 Fuljian의 이야기는 다양한 삶의 굴곡들을 가지고 있다. 이것은 하나의 궤적 (trajectory)으로 표현할 수 있을 정도이다.

삶의 형태 중심 연대기적 분석은 생애 과정에서의 삶의 행복도, 만족도, 삶의 성취, 금 전적 변화, 인간관계적 측면 등의 요소를 중심으로 패턴을 파악할 수 있도록 한다. Lieblich, Tuval-Mashiach, Zilber(1998)는 생애사 텍스트를 분석하기 위해 총체적 형태 분석 방법을 제시한다. 총체적 형태 분석 방법에는 한경혜(2005: 15-16)의 가장 행복했 던 시점과 불행했던 시점을 중심으로 삶의 변화를 표시하는 생애도표 구성 방식 및 생애 전이를 탐색해 보는 방식, Saldaña의 종단적 코딩, 자료 전시를 이용한 분석 등이 활용 가 능하다. 이에 방법을 한 가지씩 살펴보자.

삶의 형태 중심 연대기적 분석의 첫 번째 방법은 Saldaña(2009)가 제시한 종단적 코딩

(longitudinal coding)이다. 이는 삶의 여정을 탐구하는 생애사 연구에 적합한 분석 방법이다(이동성, 2012). Saldaña는 증가와 발생, 누적, 급변/출현/전환점, 감소/정지, 일정/일관성, 특이함, 상실 등의 분석 단위를 활용하여 이야기를 구조화한다(Saldaña, 2009: 173-181). 다음 표는 Bullough(1989)의 신규교사의 삶을 종단적 코딩으로 분석한 것이다.

〈표 3〉 신규교사의 삶에 대한 종단적 코딩 예시(Bullough, 1989)

종단적인 질적 자료 요약 매트릭스						
날짜/시간(장기/단기): 1989년 3월부터 1990년 10월까지(2국면)						
연구명 : 신규교사 케리의 삶에 대한 생애사 연구						
증가/발생	누적	급변/출현/전환점	감소/정지	일정/일관성	특이함	상실
통제를 벗어나는 학생들	내적 갈등	나쁜 교사가 되어야겠다는 결심	통제를 벗어난 학생들	좋은 교사가 되고 싶은 마음	학생들을 강하게 대할수록 가슴이 아픔	교사로서의 존재감 상실

이러한 분석을 통해 살펴볼 때, 신규교사의 삶이 하나의 패턴을 가지게 됨을 알게 된다. Bullough(1989)는 신규교사의 삶에서 학생 관리, 훈육적인 면에 대한 분석을 통해 훌륭하고 좋은 선생님이 되어야겠다는 환상기에서 학생들에 대한 통제와 관리에 대한 부분이 필요함을 깨닫는 생존기로 넘어간다는 교사 삶의 패턴을 발견했다.

삶의 형태 중심 연대기적 분석의 두 번째 방법은 자료 전시(data display)를 활용하는 방법이다. Miles와 Huberman(1994)은 자료 분석(data analysis)이 자료 환원(data reduction), 자료 전시(data display), 결론 도출/확인(conclusion drawing/verification)의 과정으로 이루어졌다고 말한다. 그들은 특히 차트, 표, 그림 등 다양한 시각적 자료 전시를 활용하여 자료 분석을 하게 되면 광범위한 질적 자료를 쉽고 빠르게 파악할 수 있으며 질적 자료들 간의 비교와 대조, 패턴과 주제 분석, 경향 관찰 등을 수행하기에 좋다고 말한다. 생애사 자료에서 전체적인 삶의 경향성과 형태를 파악하는 데 용이한 방법에는 삶의 궤적(trajectory), 타임라인(time line), 매트릭스(matrix), 생애사 달력(LH calendar)을 활용한 방법이 있을 수 있다.

타인라인을 이용한 방법은 독자들이 참여자의 역사적이고 총체적인 삶의 여정을 조망할 수 있도록 한다(Adriansen, 2012: 43-52). 타임라인은 인생에서의 중요한 사건을 중심으로 그 시기에 있었던 일련의 경험과 느낌, 내면의 변화를 담고 있는 시간적 흐름도이다(전영국·배성아·이현주, 2013: 13-18). 연구자는 타임라인을 자료 분석 과정 외에도 수집 과정 중에 연구 참여자와 함께 작성해 가면서 전체적인 삶의 국면들을 파악하는 데 도움을 받을 수 있다.

매트릭스를 이용한 방법도 가능하다. 매트릭스는 행과 열로 이루어진 두 목록들을 교차시킴으로써 자료를 시각화하는 것을 의미한다(Agnes, 2000: 887). 격자(grid)를 이용한 생애사 자료 분석은 연구 참여자가 연구에 관여하고, 연구자가 생애사적 자료의 패턴을 확인하는 데 큰 도움을 준다(Haglund, 2004, pp. 8-9). 다양한 매트릭스 유형 중 생애사와 관련하여 활용할 수 있는 것에는 시간 중심 매트릭스, 주제 중심 매트릭스 등이 있다. 다음은 한 의사의 생애사에 관한 시간 중심 매트릭스를 표현한 것이다.

〈표 4〉 한 의사의 생애사에 관한 시간 중심 매트릭스

	유년기	10대	20대	30대	40대	50대
학업 및 사회적 역할	• 5세 산청 초등학교 입학 (1957년)	• 14세 산청 중학교 입학(1966) • 17세 경남농업고등학교 입학 (1969)	• 29세 브니엘 고등학교 입학 (1980)	• 32세 인제대의과 대학 입학 (1983)	• 42세 병원 개원 (1993)	• 병원장 • 성당 평신도 회장 (2004~ 2011)
가족 관계	• 아버지 죽음 (출생 전, 1951) • 이복동생 3명 출생	• 어머니에 대한 원망		• 32세 결혼(1983) • 33세 득남(1984)	• 46세 득녀(1997)	• 어머니 사망 (2012)
출생 및 사망	• 경남 산청 출생(1952)					• 골수종으로 사망(2012)

생애 달력(calendar)을 이용한 분석 방법도 가능하다. 생애 달력은 그것을 활용하는 개인의 지속적이고 복잡한 사건들에 대한 자료를 수집하는 데 유연한 도구가 된다(Axinn & Pearce, 1999: 243 재인용). 이 생애 달력을 사용할 때 전 생애사를 표현하는 데 어려움을 가질 수 있지만, 부분적으로 분할하거나 새로운 형태로 다시 조정하여 활용할 수 있다(Axinn & Pearce, 1999: 244). 이러한 보조적 자료를 활용하면 연구 참여자가 기억을 회상하는 데 도움을 줄 수 있다(Belli, 1998). 다음의 생애 달력 예시는 결혼과 이혼을 반

복하는 한 여성의 삶을 구조화한 표이다. 이러한 분석을 통해 한 인간 삶의 구조를 파악할 수 있게 된다.

초혼: 3월   M=결혼   S=별거   L=동거   A=떨어져 살기   D=이혼   W=배우자 사망

나이	35	36	37	38	39	40	41	42	43	44	45	46	47	48	49	50	51	52	53	결혼	예	아니오
첫 배우자	M		S																	첫 배우자	X	
두 번째 배우자				M		L			A		L									두 번째 배우자	X	
세 번째 배우자								M												세 번째 배우자	X	
네 번째 배우자																				네 번째 배우자		X

[그림 3] 다양한 배우자들과의 결혼과 이혼에 관한 생애 달력(Axinn & Pearce, 1999: 255)

인간관계 형식 중심으로 분석하기

생애사 분석의 두 번째 분석 관점은 인간관계 형식 중심으로 분석하기이다. 상식적으로 사람의 생애사 연구는 그가 만나는 사람들과 그 사람들과의 인간관계를 이해했을 때 가능하다. 예를 들어, 사이코 패스는 살면서 어린 시절부터 고립된 인간관계를 가진 경우가 많다. 이러한 인간관계는 사이코 패스가 어떠한 삶을 살았는지를 가늠할 수 있는 중요한 척도가 될 수 있는 것이다. 또한 여성의 삶은 결혼과 출산 시 삶이 급격히 변화되는 것을 알 수 있다. 이렇듯 한 사람의 생애에 있어서 인간관계가 하나의 전환점(turning point)으로 작용할 수 있으며, 삶을 추진해 나가는 동력(motor)이 될 수 있다.

Mandelbaum(1973: 181)은 새로운 사람과의 인간관계가 급작스런 변화를 가져올 수 있다고 말한다. 사람은 출생 이후, 가족, 친척, 또래 집단, 선생님, 회사 동료, 동호회 회원 등 무수히 많은 사람들과 관계를 맺고 있다. 생애사를 분석할 때 인간관계의 양상, 상호작용 방식, 원인과 결과를 분석 전략으로 사용할 수 있는 것이다. 이러한 인간관계의 양상 및 상호작용 방식을 분석함으로써 연구 참여자가 살고 있는 사회적, 역사적 세계를 효과적으로 묘사할 수 있게 된다.

생태학적 심리학자 Branfenbrenner(1979)는 인간이 사회라는 큰 틀 속에서 생물학적, 심리적, 사회적으로 적응하고 발달하는 존재이며, 인간이 어떤 범주와 영역과 상호작용하는지에 따라 범주를 네 가지로 나누어 제시했다. 그는 미시체계, 중간체계, 외체계, 거시체계 등을 구분하여, 인간과 환경 변인의 상호작용 관계를 이해하게 된다고 말한다(김영천, 2012: 68). 미시체계(microsystem)는 직접적인 인간관계를 맺게 되는 가정, 학교, 동

료, 교회의 구성원들을 말하고, 중간체계(mesosystem)는 이러한 미시체계들이 상호작용하는 영역이며, 외체계(exosystem)는 인간이 직접적으로 참여하지 않지만 영향을 미치는 대중매체, 지역사회, 가족의 친구 등이다. 거시체계(macrosystem)는 사회, 역사적 맥락, 문화적 가치 등이다. 우선 생애사를 분석하기 위해서는 연구 참여자의 미시체계와 중간체계 수준의 인간관계 분석이 이루어질 필요가 있다. 이는 연구 참여자의 삶을 이해하고, 그 속의 의미를 파악하는 데 인간관계를 분석하는 것이 결정적인 과정이기 때문이다. 인간관계의 개인 간 맥락은 인간의 실천에 대해 강한 부정적, 긍정적 영향을 미친다(Dhunpath, 2000: 546).

생애사에서 인간관계를 이해할 수 있는 전략은 우선 다양한 인간관계의 영역들을 분석하는 것이다. 이러한 인간관계 분석 영역들에는 연구 참여자를 둘러싼 가족, 또래 집단, 친척, 학교 친구, 학원 친구, 선생님, 직장 동료, 직장 상사, 동아리 회원, 종교 모임 등 다양하다. 특히 다양한 인간관계 분석 대상 중 우선 가족과의 관계에 대한 분석은 1차적이다. 가족과의 관계성은 한 사람의 삶을 이해하는 데 필수적이다. 가족은 개인을 보다 큰 사회적 구조에 연결하는 데 중요한 역할을 한다(Miller, 2000: 42). Dollard(1935: 20-24)는 문화를 전수하는 데 있어서 가족 집단의 특별한 역할을 인식할 수 있어야 하며 부모를 포함한 가정의 강력한 역할과 영향력을 생애사에서 서술해야 한다고 했다. 대부분의 생애사와 전기물에서는 가족 관계에 대한 분석이 이루어진다. 가족에 대한 분석은 구성원 자체에 대한 분석(직업, 성격, 삶의 이력 등), 연구 참여자와의 관계, 구성원의 영향력 등에 대한 분석으로 이루어진다. 이러한 가족 관계에 대한 분석과 함께 주변 친구, 학생, 선생님, 직장 동료 등 연구 문제와 관련된 인간관계에 대한 분석이 이루어질 수 있다(표 5).

또한 이러한 인간관계 대상들과의 관계의 방식을 분석할 필요가 있다. 이러한 관계의 방식들에는 긍정과 부정, 협력과 대립, 존중과 무시, 관용과 배려, 착취와 복종 등이 있을 수 있다. 또한 인간관계로 인해 어떤 결과가 생기며 이런 결과가 삶에서 어떻게 연결되는지, 이러한 관계 방식과 결과의 원인에 대해 분석할 필요가 있다.

이러한 인간관계에 대한 영역과 방식에 대한 분석을 통해 연구 참여자의 삶을 이해할 수 있게 되는 예를 살펴보자. 레즈비언의 삶에 대한 Shari Brotman과 Stavroula Kraniou (1999)의 연구에서 레즈비언인 Paula의 생애를 인간관계 형식 및 양식을 중심으로 분석한 것을 볼 수 있다. 캐나다에 거주하고 있는 Paula는 레즈비언이라는 성정체성에 대한 자유의지와 그리스 이민 2세라는 출신 성분에서 오는 공동체 의식 사이에서 고민하고 혼란스러워한다. 이러한 자유와 집단 두 영역 사이에서 고민하고 혼란을 겪으며 자신의 자아 정체성을 확립해 나가는 데 가장 결정적인 역할을 하는 것이 그녀의 부모님이다.

〈표 5〉 인간관계 방식 분석 기준

관계 방식	상호작용 결과	이유
긍정/부정 협력/대립 존중/무시 관용/배려 협력/대립 착취/복종	긍정적 부정적 결정적 무변화	상호작용 방식/ 결과 이유

저는 살아간다는 것이 쉬운 것이 아님을 어렸을 때부터 저녁 식사 자리마다 교육받았어요. 일반적으로 제 또래의 캐나다 아이들은 저녁 식사를 하면서 부모님과 스누피나 찰리브라운 같은 것에 대해 이야기하죠. 하지만, 저희 부모님은 식사 자리에서 저에게 "너는 이렇게 전쟁이 없는 나라에서 살고 있는 것 자체가 얼마나 행운인지 모른다. 우리는 전쟁을 겪으면서 신발도 없을 정도로 찢어지게 가난하게 살았단다. 이웃 사람들은 배가 고파서 죽어갔지."라는 말을 매번 하셨어요. 9살 치고 저만큼 2차 세계대전에 대해 잘 알고 있는 사람은 보지 못했어요. 유대인들에게 대학살이 뼛속깊이 대를 이어 기억되듯이, 저에게도 2차 세계대전은 부모님을 통해 머릿속 깊이 박혔어요.

이러한 부모님과의 식사자리를 통해 Paula는 개인의 자유보다 집단을 우선시하는 그리스인들의 집단 의식을 전수받게 된다. 이러한 경험은 후에 그녀가 그리스를 직접 방문하게 하도록 하고, 그곳에서 그녀는 그리스인으로서의 집단적 정체성과 레즈비언으로서의 개인적 정체성 사이에서 서로 화해하고, 진정한 자유를 경험하게 된다.

완벽하고 완전한 자유 … 나는 그리스에 가서 영어를 한마디도 하지 않았어요. 나의 친척들은 내가 영어를 쓰길 바랬어요. 그들은 나한테 영어를 배우고 싶어했어요. 하지만, 나는 no라는 말조차 그리스어로 했어요. 그것은 정말 좋았어요. 나는 생각했죠. "나는 바로 여기에 있고, 나는 그리스에 있고, 나는 그리스 사람이다. … 그리고 내가 여기에 있을 때 이것이 바로 나이고, 내가 원하던 모든 것이다." 나는 마치 집에 온 것 같았어요. 나는 비록 그리스에서 태어나지 않았지만, 나는 완전히 그리스에 소속된 느낌이었어요. 난 내가 영어를 사용한다면, 그리스 사람이 아니게 된다고 생각했어요. 나는 내 생애 처음으로 다른 누군가가 되고 싶지 않았어요.

물론 레즈비언이 되면서 부모님과의 관계 또한 갈등적 양상을 띠었다. 부모님에게 레즈비언이라고 얘기한 후 Paula는 오랜 기간 부모님과 관계가 단절되었다.

> 부모님에게 레즈비언이라고 밝히자, 엄마는 나를 정신과에 데리고 가서 정신적으로 이상이 없는지 확인하려고 하셨어요. 나는 엄마에게 "이건 너무 바보 같은 짓이야. 어떻게 이런 생각을 할 수 있어? 엄마가 이해 못할 수 있다고는 생각했어. 그런데 이건 너무 심해. 그리고 너무 힘들어 난. 난 너무나 정상이고 건강해. 이건 병이 아니야." 그리고 결국 난 참지 못했어요. 나는 참을 만큼 참았고, 난 그 뒤로 약 8개월 동안 엄마와 이야기를 하지 않았어요.

이러한 커밍아웃을 통한 부모와의 관계의 단절은 소속감에 대한 추구를 가져왔고, 그녀는 레즈비언 모임에 가입하게 되었다. 그녀는 그곳에서 소속감과 인정에 대한 욕구를 충족시키고자 했다. 이렇듯 Paula의 삶을 이해하는 데 있어서, Paula와 부모 간의 관계 방식이 Paula의 삶에 결정적으로 작용하며, 자신의 진정한 정체성을 찾도록 하는 동인이 됨을 알 수 있다.

이번에는 정정훈(2006)의 교사로서의 삶을 학부모와의 관계를 통해 이해할 수 있는 예를 소개한다. 다음은 정정훈 교사의 초임교사 시절 생애담이다.

> 학부모와 식사를 하는 자리에서 술에 취한 학부모로부터 "니 노래 한 곡 해 봐라!"라는 말을 들었을 때, 또는 이쪽으로 와 보라고 손가락질을 받았을 때는 이 사람들이 나를 교사로 생각하지 않는다고 생각하게 되었어요. 그때부터는 학부모와 교사가 술자리를 같이 했을 경우 좋을 것이 없다는 결론에 도달하게 되었고, 이후로 그러한 자리는 피하게 되었어요.

이러한 생애담을 통해 연구자는 인간관계 방식(학부모의 교사에 대한 무시하는 관계)과 결과(학부모와의 회식 자리 회피)를 확인하게 된다. 이러한 내용들을 기초로 하여, 연구 참여자는 이러한 인간관계 양상의 의미를 도출하며, 이것이 정정훈 교사의 삶에 어떤 영향을 미치는지 분석해 나갈 수 있다. 예를 들어, 정정훈 교사가 위의 사건을 계기로 교사의 낮은 사회적 지위에 불만족하게 되고, 결국 이것이 더욱 높은 사회적 지위를 확보하기 위해 석박사 학위를 취득하거나 승진을 준비하게 한다든지, 학생과 학부모에게 자기방어적으로 행동하게 되는 등의 행위에 유인책을 제공한 역할을 하지 않았는지 분석할 수 있는 것이다.

이러한 인간관계 양상 및 상호관계를 분석하기 위해 Saldaña(2009)의 코딩 절차를 적용할 수 있다. 1차 코딩의 단계로서 Saldaña(2009)의 기술적 코딩, 과정적 코딩, 감정 코딩, 가치 코딩, 대조 코딩, 규모적 코딩을, 2차 코딩으로 Saldaña(2009)의 축 코딩을 활용할 수 있다. 「철학자 칸트의 평전」(2003)의 생애담을 통해 그 적용의 예를 살펴보자. 칸트의 생애담을 1차 코딩한 과정은 다음과 같다.

〈표 6〉 칸트의 생애담 1차 코딩 과정

생애담	코딩
나의 아버지인 요한 게오르크 칸트는 수공업자였다. 그는 말이나 수레, 마 등에 쓰이는 가죽끈이나 가죽띠를 생산하고 판매함으로써 돈을 벌었다. 1683년 메멜에서 태어났으며, 젊은 시절 큰 도시인 쾨니히스베르크로 이주했다. 그가 서른 살이 되던 1715년 나의 어머니인 안나 게리나 로이터와 결혼했다. 그때 그녀의 나이는 열여덟살이었다.	• 아버지 수공업자(기술적) • 1715년 결혼
나의 부모는 성실하고, 도덕적으로 예의바르며, 모범적이셨다. 훗날 남긴 재산은 없었지만, 빚도 남기지 않으셨다. 도덕적인 측면에서 더 이상 선할 수 없을 만큼 나에게 교육을 시키셨다. 그것을 기억할 때마다 나는 가장 감사하는 심정으로 감동을 받게 된다.	• 부모님 성실(가치) • 도덕적 예의, 모범(가치) • 감사하는 심정(감정)
존경스러운 아버지의 모범은 어린 심성에 '내 마음의 도덕법칙'을 일깨워 주었으며, 늘 새롭고 점차로 늘어가는 놀라움과 경외심으로 심성이 채워졌다. 또 애정 깊은 어머니는 그를 종종 자유로움으로 이끌었으며, 그는 '머리 위에 별이 반짝이는 하늘'이라는 헤아릴 수 없는 거대한 구조를 위해 마음을 열어 두었다. 그럼으로써 칸트는 나중에 지상의 실존이라는 심화된 의식을 찾게 되었다.	• 아버지 칸트 도덕법칙 일깨워 주기(과정적) • 어머니 칸트 자유로운 사고 일깨우기(과정적)

이러한 1차적 주기 코딩들을 2차 주기 코딩을 하여 핵심 범주를 밝혀내고 이를 중심으로 범주를 연결하는 작업이 필요하다. 위의 범주들을 축 코딩으로 연결하면 다음과 같다.

〈표 7〉 칸트의 생애담 2차 코딩 과정

중심 현상	전후 맥락	인과적 상황	작용/상호작용 전략	결과
부모의 긍정적 영향력	부모의 낮은 사회경제적 지위	부모의 도덕적 모범	아버지 모범으로 도덕법칙 일깨워 주기, 어머니 자유로운 사고 이끎	칸트 심화된 의식 소유

이렇게 범주를 연결하는 과정을 통해 우리는 하나의 주제, 패턴, 개념, 통찰, 이해를 생성해 낼 수 있다(Patton, 2002). 따라서 이러한 1차, 2차 코딩 과정을 통해 칸트와 부모의 관계 방식이 '도덕적 감화의 관계'임을 알 수 있다. 칸트의 삶을 전 생애사적으로 분석

했을 때 이러한 부모와의 지속적인 도덕적 감화의 관계는 칸트의 전 생애에 걸쳐 영향을 주었음을 확인할 수 있다.

물리적/문화적 공간 중심으로 분석하기

생애사 분석의 세 번째 분석 관점은 물리적/문화적 공간 중심으로 분석하기이다. 이는 한 인간이 어떠한 공간이나 집단에 속해 있는지를 중심으로 그 삶을 총체적으로 분석하는 것을 말한다. 인간은 출생부터 죽음까지 지속적으로 한 공간에서 다른 공간으로 이동하며, 이러한 공간의 변화가 다양한 문화적/사회적 경험의 변화를 갖게 한다. 생애사 연구는 개인의 행위와 동기에 기초를 두지만, 개인적 삶에 대한 정교화는 특수한 집단의 사회적 삶과 직결되어 있다(Dollard, 1935: 24-26). 생애사 연구는 특정한 사람이 살고 있는 사회적 및 역사적 세계를 효과적으로 묘사해야 한다(Runyan, 1984: 148-153). 자신이 속한 공간과 문화에서 동떨어진 존재일 수 없는 사람의 삶을 분석하는 데 있어서 공간 및 소속 집단의 문화적 특징을 중심으로 분석할 필요가 있는 것이다.

Kinchloe와 Pinar(1991)가 주장한 생애사 연구의 장소적 의미에 대한 연구 중에 Elbaz-Luwish(2004)의 연구가 있다. 이들은 이스라엘에 이민하여 교사가 된 일곱 명의 여성 교사들을 대상으로 생애사 연구를 했다. 이 연구에서는 이민 전 학교 경험으로 형성된 교사의 정체성이 이민 후 새로운 문화 접촉으로 인해 변화하는 과정을 묘사했다(김영천, 2005: 93). 이 연구는 Kinchloe와 Pinar(1991)가 강조했던 자서전적 방법의 개념인 장소(place)의 강조를 이용한 연구로서, 그 장소적 변화가 정체성에 미친 변화를 보여 주는 연구이며, 이러한 결과 교육에서 고려해야 할 장소적 변화 요인을 지적하고 있다. 그 외에도 Elbaz-Luwisch(2004)의 「이민 교사들: 자신과 장소에 대한 이야기들」, Martusewicz(1997)의 「집을 떠나서: 해석으로서의 교육과정」은 이러한 장소의 의미를 다룬 연구들이다.

그렇다면 물리적/문화적 공간을 중심으로 분석하는 방법에 대해 논의하고자 한다. Mandelbaum(1973)은 생애사를 분석하기 위한 분석적 개념으로 차원(dimension)을 말한다. 이것은 참여자의 내러티브에서 나타난 시공간적 배경 혹은 특정한 삶의 영역으로, 참여자의 삶에 영향을 미친 원동력을 이해하기 위한 분석적 개념이다(한경혜, 2005: 15).

예를 들어, 이동성(2014)의 두 초등학교 남자 교원의 삶에 관한 생애사 연구에서 이재돈 교장과 송인세 교사의 공통적인 차원은 그들이 근무했던 여러 초등학교였다(이재돈 교장: 15개 학교 이동, 송인세 교사: 14개 학교 이동). 두 참여자는 공통적으로 초등학교

교사로서의 삶을 이야기할 때, 14~15차례 정도 변화된 근무 학교의 장(field)을 기준으로 내러티브를 분절했다. 이는 두 연구 참여자가 근무했던 각 학교들을 교직 생애에서의 주요한 차원으로 간주하고 있음을 입증하는 것이다(이동성, 2014).

연구 참여자의 공간 및 소속 집단을 분석하는 방법에는 Spradley(2006)의 성분 분석 방법이 있다. 선별적 참여 관찰 혹은 대조적 질문 전후에 위치한 성분 분석은 각 문화적 영역에서 속성(property)을 찾아내는 것이다(Spradley, 2006: 114-115). 개념의 속성은 현장 사람들의 정의(definition)를 얻음으로써 가능하며, 한 영역 내에서 대조관계에 있는 개념들에 대한 민속 정의를 수집하고, 그 성분을 분석함으로써 대조관계의 의미를 이해할 수 있다(이용숙, 2009: 110-116). 즉, 연구자는 문화적 영역에 대한 성분 분석을 통해 한 집단의 구성원들이 자신들의 문화적 범주에 부여하는 의미 단위를 파악할 수 있다. 성분 분석은 대조점을 찾아 분류하고, 대조의 차원에 따라 묶은 후 패러다임 도식에 입력하는 방식으로 진행된다(Spradley, 2006: 175). 다음은 한 초등학교 학생의 학습 공간에 대한 성분 분석의 예시이다.

〈표 8〉 '학습 기관'에 대한 패러다임(Spradley, 2006: 174 재구성)

영역(범주)	대조의 차원		
	친구와의 관계(대조점 1)	교사와의 관계(대조점 2)	의미(대조점 3)
학교	경쟁적	형식적	의무적으로 가야 하는 곳
학원	협력적	친밀함	삶의 비전을 갖게 해 준 곳

학생의 생애담을 통해 대조의 차원을 친구와의 관계, 교사와의 관계, 의미 등으로 설정하여 각각의 차원에 대한 연구 참여자의 인식을 도출할 수 있었다. 이를 통해 각 공간 및 소속 집단이 연구자의 삶에 어떤 영향을 미쳤는지 분석해 나갈 수 있다. 이러한 성분 분석을 통해 공간 및 소속 집단이 연구 참여자의 삶에 어떤 영향을 미치는지, 그러한 이유가 무엇인지를 점진적으로 분석해 나간다면, 거시적 차원의 맥락성을 분석할 수 있는 통로가 될 수 있다.

가치관과 비전 중심으로 분석하기

생애사 분석의 네 번째 분석 관점은 연구 참여자의 가치관과 비전을 분석의 관점으로 분석하는 것이다. 이는 연구 참여자가 장기간에 걸쳐 인생에서 중요시 여기는 요소나 목표를 중심으로 삶을 전반적으로 분석하는 것을 말한다. Runyan(1984: 84-85)은 인생의 여정(life course)이 여러 요소들의 상호작용 결과로 개념화될 수 있으며, 이 과정에 주로 세 가지 과정이 고려되어야 한다고 했다. (1) 행동-결정 과정: 상황에 대한 사람들의 상호작용 결과, (2) 개인-결정 과정: 개인적 상태, 성격을 만들고, 유지하고, 바꾸는 과정, (3) 상황-결정 과정: 사람들이 만나는 상황을 선택하고, 만들고, 영향을 끼치는 과정이다. 여기서 개인-결정 과정의 개인적 상태에 해당하는 개인적 요소(personal variables)에는 심리적(지능, 자아 의식, 성격, 가치관), 신체적(성, 외모), 사회적(신뢰도), 생태적(재산) 요인 등이 있다.

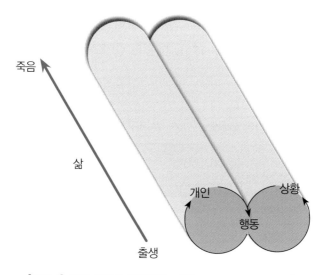

[그림 4] 인생 여정의 상호작용 모델(Runyan, 1984: 84–85)

이 중 개인의 가치관과 비전은 개인의 행동양식을 결정하는 데 큰 영향을 준다. 따라서 이러한 개인의 가치관과 비전의 적용 방식, 변화 양상, 생성 원인, 생성 과정, 생성 결과 등의 관점을 중심으로 생애사를 분석할 수 있는 것이다.

일련의 요소들을 분석하는 데 사용할 수 있는 기법으로 Glaser(1978)의 초점 코딩이 있다. 2차 코딩으로서 패턴 코딩과 초점 코딩은 초기 코딩(단어 코딩, 줄 코딩, 사건 코딩) 혹은 1차 코딩에서 도출된 코드보다 더 지시적이고 선택적이며, 개념적 특징을 나타낸다(Glaser, 1978). 특히, 초점 코딩 혹은 패턴 코딩은 이전의 코드들 가운데 가장 중요하거나 빈번히 출현하는 코드에 주목한다. 또한 연구 참여자의 가치관과 비전에 대한 분석에는 Saldaña(2009)의 1차 코딩 중 가치 코딩을 적용할 수 있다. 가치 코딩은 가치관

(value), 태도(attitude), 신념(belief)을 반영한 코드를 통해 코딩하는 것으로 문화적 가치관과 참여자의 경험과 행동을 연구하는 데 적합하다.

헬렌 켈러의 자서전을 통해 분석의 과정을 살펴보자. 헬렌 켈러의 생애담에서 개인의 가치관을 발견할 수 있는 대목이 있다.

> 교육이란 모든 인상에 대해 마음의 문을 열고 유유히 시골길을 산책하고 있는 것과 같다고 생각해야 한다는 것이다. 이렇게 해서 얻은 지식은 소리없이 밀려드는 깊은 사상의 물결로 화하여 눈에 보이지 않는 영혼을 적셔 준다. 지식은 힘이다. 아니 지식은 행복이다. 왜냐하면 넓고 깊은 지식을 소유한다는 것은 그릇된 목적과 올바른 목적을 구별하고 저급한 것과 고귀한 것을 분별할 수 있는 것을 의미하기 때문이다.

이러한 헬렌 켈러의 가치관을 '지식은 힘이자 행복'이라고 코드화할 수 있다. 그렇다면 이와 관련한 헬렌 켈러의 생애담을 '지식'이란 개념을 중심으로 포괄적으로 분석해 나갈 수 있다. 헬렌 켈러가 개인적 가치관과 비전을 형성하게 한 데에는 설리반 선생과의 만남이 크게 작용했다. 이와 관련된 생애담을 살펴보자.

> 애송이 국화와 금선화가 피는 계절이면 설리반 선생님은 내 손을 이끌고 씨 뿌리는 들이나 테네시 강변에 가서 따뜻한 풀밭에 앉게 했습니다. 나는 처음으로 자연의 혜택에 대한 이야기를 들었습니다. 즉, 태양이나 비가 얼마나 아름답고, 또 그것이 어떻게 대지에서 영양가치 있는 식물의 눈을 뜨게 하는가, 새는 어떻게 둥지를 짓고 번식해 가는가, 다람쥐와 사슴과 사자들은 어떻게 음식물과 휴식처를 찾아내는가 등의 이야기였습니다.

이러한 설리반 선생과의 상호작용을 통해 '지식은 힘이자 행복'이란 가치관이 형성되었고, 이러한 가치관은 헬렌 켈러가 하버드대학을 졸업하고, 반전 운동을 주창하며, 미국을 돌며 순회 강연을 하는 삶을 살게 하는 원동력이 되었다.

가치관과 비전을 중심으로 한 분석의 또 다른 예로 무하트마 간디 평전을 들 수 있다. 간디의 생애담을 분석해 보았을 때 간디가 평생을 두고 고수하고자 한 삶의 가치관 또는 비전은 '비폭력(非暴力) 평화주의'로 코드화할 수 있다. 간디는 자신의 생애담에서 자신의 삶에 있어서의 확고한 가치관에 대해 이야기한다.

진리는 신이다. 신을 발견하는 길은 비폭력이다. 분노와 두려움과 거짓을 버려야 한다. 당신 자신을 버려야 한다. 정신이 정화되면, 당신은 힘을 갖게 된다. 그것은 당신 자신의 힘이 아니다. 그것은 신의 힘이다.

간디의 삶을 가치관과 비전을 중심으로 분석하고자 할 때 간디의 가치관인 비폭력 평화주의가 어떠한 과정을 통해 형성되었는지를 살펴보는 것은 의미 있다. 간디의 비폭력 평화주의는 어린 시절부터 형성된 깊이 있는 독서 경험의 영향을 크게 받았다. 특히 그는 구자라트 글의 영향을 크게 받았다.

나에게 한 가지가 깊이 뿌리 내렸다. 즉 도덕이 사물의 근본이고, 진실이 모든 도덕의 본질이라는 확인이다. 진실만이 나의 유일한 목표가 되었다. 그것은 매일매일 거대하게 자라기 시작했고, 그것에 대한 나의 정의도 점차 커져 갔다. 그 중 구자라트의 교훈시 하나가 나의 마음과 가슴을 사로잡았다. 선으로 악을 갚으라는 그 교훈이 나의 지도 원리가 되었다. 그것이 정열이 되어 가면서 나는 그것에 대한 여러 가지 실험을 시작했다. 다음은 내게 큰 영향을 준 그 놀라운 구절이다. "잔을 훌륭한 식사로 갚고, 정다운 인사를 열렬한 절로 갚고, 동전 한 닢을 황금으로 갚고, 목숨을 건져 주면 목숨을 아끼지 마라. 모든 말과 행동을 그렇게 존중하고, 아무리 작은 봉사도 열 배로 갚으라. 그러나 참된 성자는 모든 사람을 하나로 알아, 악을 선으로 즐겁게 갚는다."

또한 「라마야나」와 「바가바드 기타」, 레프 니콜라예비치 톨스토이의 「천국은 네 마음에 있다」와 존 러스킨의 「이 마지막 사람에게도」 등도 간디의 비폭력주의 사상을 형성하는 데 많은 영감을 주었다. 예를 들면 톨스토이의 책에서 "악은 악으로 갚지 말라"는 예수의 가르침을 보고 비폭력에 대해 깊이 있게 생각할 수 있게 되었고, 「바가바드 기타」에서 "행위의 결과를 보지 말고 오직 의무를 생각하라"는 구절을 통해 실천의 원칙을 배웠다.

이러한 간디의 인도 독립을 위한 비폭력 평화주의는 간디가 죽기까지 헌신한 모든 업적과 활동 속에 고스란히 적용된다. 간디의 비전과 가치관은 말보다 오히려 그의 행동에서 확인할 수 있는 것이었다.

제가 살아가는 모습을 잘 보십시오. 제가 평소에 어떻게 생활하고 먹고, 앉아서 말을 하는지, 그리고 행동하는지, 이 모든 것이 제 신앙입니다.

간디는 1915년 영국과 남아프리카에서의 생활을 마치고 귀국한 뒤, 본격적인 인도 독립 운동을 이끌었다. 총과 칼로 무장한 영국 정부를 상대로 비폭력 운동 본부인 '아시람'을 만들고, 농민 해방 운동과 방직노동자 파업을 지원하며, 영국 직물 불매 운동을 전개했다. 또 2차 세계대전 당시, 영국이 인도의 동의 없이 인도인들을 전쟁에 투입시키자 간디는 대대적인 반영 불복종 운동을 주도했다. 또한 73세의 나이에 2년 여의 옥고를 치르지만, 비폭력 평화주의에 대한 변함없는 열정과 성실함으로 영국인들을 감동시키고 영국으로부터 결국 독립을 얻어냈다.

이처럼 개인의 가치관과 비전이 구체적으로 어떻게 적용되며, 변화되는지, 또한 어떤 원인과 과정을 통해 생성되며, 결과가 무엇인지를 중심으로 분석해 나간다면 한 인간의 삶을 총체적으로 이해하는 데 중요한 틀을 제공받을 수 있을 것이다.

삶의 대응 방식 중심으로 분석하기

생애사 분석의 다섯 번째 분석 관점은 연구 참여자의 삶에 대한 대응 방식을 중심으로 분석하는 것이다. 여기서 대응 방식은 삶에 대한 태도 또는 적응 방식을 말한다. 이는 미국의 철학자인 윌리엄 제임스가 남긴 유명한 명제인 '사고가 바뀌면 행동이 바뀌고, 행동이 바뀌면 습관이 바뀌고, 습관이 바뀌면 성격이 바뀌며, 운명이 바뀐다'에서 행동 또는 습관의 영역과 관계가 깊다. 행동이 일회적, 짧은 기간 내에서의 삶에 대한 대응 방식이라면, 습관은 장기적이면서 반복적인 형태의 삶에 대한 대응 방식이다. 삶의 대응 방식은 이러한 단기적/장기적 삶의 태도를 모두 포괄하는 의미이다.

Mandelbaum(1973: 177)은 생애사 연구의 분석 단계에서 활용할 수 있는 분석적 개념으로 적응(adaptation)을 이야기했다. 그는 적응을 한 인물의 삶에 대한 고유한 적용 양식이라 하며, 이는 삶의 과정에서 경험하게 되는 변화와 연속성의 두 측면을 이해하는 데 유용한 개념이라고 이야기했다. 이는 개인을 둘러싼 사회, 역사적 맥락 속에서 개인이 어떠한 삶의 형태를 유지하고 변화시키는지에 대한 내용이다. Kluckhohn(1962) 또한 개인이 집단에서 생존하기 위해서 '적응적인' 행동을 보인다고 말했다. 우리는 연구 참여자의 삶의 대응 방식이 형성된 원인, 과정, 후속적 영향에 대한 맥락적 분석을 통해 연구 참여자의 삶을 총체적으로 이해할 수 있게 된다.

한 예로 김영천 외(2006)의 책 「미운 오리 새끼: 한국 초임교사의 일 년 생활」에는 초임교사들의 교직 사회 내에서의 적응 방식들에 대한 분석 내용이 있다. 책에 따르면 초임교사들은 모방하기, 동일시하기, 경청과 수용, 기술 향상, 합리화하기, 시행착오, 미소와 최선, 포기하기, 기대수준 낮추기 등의 적응 방식을 가진다고 한다. 다음은 초임교사들의 적응 방식 중 '경청과 수용'으로 코드화한 내용의 일부이다.

다른 사람의 이야기를 경청하고 수용하는 것은 초임교사뿐 아니라 모든 사람들에게 요구되는 것이라 할 수 있다. 우리가 연구한 초임교사들은 자신이 학교에 적응하기 위해서 다른 사람의 이야기를 잘 듣고 그것을 수용하여 행동으로 옮기기 위해 노력한다고 했다. "저는 원래 말이 많은 편이라 이야기하는 것을 매우 좋아하지만, 말을 아꼈습니다. 만약 제가 어떤 사안에 대해서 이야기한다면 선생님들이 그 말만을 가지고 저는 '어떤 사람이다'라고 편견을 가지거나 저를 규정 짓지 않기를 바랐기 때문이다. "쟤는 신규면서 자기 생각을 저렇게 이야기하는 것을 보니 애가 버릇이 없네 혹은 건방지다고 이야기할 수도 있으니까요. 그러니까 눈치를 봤던 것 같아요. 어린아이들이 무서운 어른의 눈치를 보는 것처럼, 저의 모습을 드러내면 미운털이 박힐까 봐 그게 두려웠습니다." 실제로 이 선생님은 이야기하는 것을 좋아한다. 이 선생님과 다른 다섯 명이 모여서 이야기를 한다면 그 이야기들 중 3분의 2는 이 선생님이 할 만큼 이야기하는 것을 좋아하는 사람임에도 자신의 이야기로 인해 다른 선생님들이 자신의 좋지 못한 점을 보고 자신을 좋지 못한 교사로 생각하는 것을 염려하여 의도적으로 말을 하지 않았다.

"또, 초임교사로서 학교에서 왕따를 당하지 않으려면 일단 학교에서 일어나는 일에는 무조건 수용해야 했어요. 상식적으로 이해가 되지 않거나 용납할 수 없는 일이 있다고 하더라도 신규 혼자서 일을 바르게 고쳐 나가려는 의지를 불태우는 것은 다소 무모하다는 생각이 들었어요. 엄연히 그 학교에서 내려오는 불문율이라는 것도 있기 때문이에요." 우리는 초임교사가 학교에서 거의 무조건적으로 수용해야 한다고 대답한 부분을 주목해 볼 만하다. 아무것도 모르는 초임교사이기 때문에 물론 시키는 대로 따라서 하는 것이 우선이 되어야 할 것이나 우리의 초임교사들의 대답에는 그 이상의 무언가가 들어 있었다.

위에서 제시한 예처럼 초임교사의 대응 방식에 대한 분석을 통해 우리는 초임교사들이 학교에 적응하는 일련의 패턴과 그들의 삶을 이해하는 데 중요한 단서를 제공받을 수 있다(김영천 외, 2006: 323). 우리는 이러한 초임교사 삶의 대응 방식에 대한 분석을 통해 추가적으로 이러한 대응 방식이 생겨나게 된 원인, 형성과정 또는 후속하는 교사로서의 삶에 끼친 영향 등에 대해 분석하는 것이 필요할 것이다.

또 다른 예로 여성 알코올 중독자의 삶에 대한 연구(유재분, 2008)를 살펴보자.

한 여성 연구 참여자는 남편의 와이셔츠에 묻은 여성의 립스틱을 발견하고, 알코올 중독에 빠지게 된다. 그뒤 가족들의 냉대와 무관심 속에서 중독 생활을 이어가는 중, 자녀의 "우리 집에는 엄마만 없으면 모든 것이 괜찮아."라는 말을 듣고 더욱 충격에 빠져 술에 빠지게 된다. 하지만 결국 자녀의 가시 돋친 한마디는 마음을 파고들어 단주(斷酒)를 결심하게 된다. 단주를 했다고 모든 것이 회복되지는 않았다. 그녀는 남편과 시부모님과의 관계를 회복하고자 노력했다. 또한 신앙생활과 AA 모임 생활을 통해 회복자로서의 삶을 살고 있다.

여기서 우리는 여성 알코올 중독자인 연구 참여자의 삶을 대응 방식에 초점을 맞추어 분석할 수 있다. 이를 위해 Saldaña(2010)의 종단적 코딩을 활용해 볼 수 있다.

〈표 9〉 여성 알코올 중독자의 삶에 대한 종단적 코딩의 예

증가/발생	누적	급변/출현/전환점	감소/정지	일정/일관성	특이함	상실
알코올 중독 (a)	가족들의 냉대와 무관심	남편의 외도/자녀의 상처 주는 말	알코올 중독 (b)	남편/시부모와의 관계 불화	지속적 관계 회복 노력	삶에 대한 포기

연구 참여자는 남편의 외도를 알고, 이에 대해 알코올 중독(a)이란 대응 방식을 스스로 선택했다. 그리고 가족들의 냉대와 무관심은 증가했다. 그 뒤 자녀의 상처 깊은 말은 더욱 알코올 중독(a)을 심화시켰다. 하지만, 이는 결국 알코올 중독(b)을 끊도록 했다. 그렇지만 여전히 남편/시부모와의 관계는 지속적으로 좋지 못하다. 하지만 이전과 다르게 지속적인 관계 회복을 위해 노력하며, 이는 삶에 대한 포기가 아닌 미래를 향한 지속적인 노력을 연구 참여자가 대응 방식으로 선택했음을 알게 해 준다. 이러한 일련의 종단적인 연구 참여자의 삶의 대응 방식의 전후 맥락과 변화 양상, 그것의 원인을 통해 연구 참여자의 삶을 총체적으로 이해할 수 있다. 우선, 연구 참여자가 남편의 외도를 알고 알코올 중독이란 대응 방식을 선택한 것을 통해 보았을 때, 그녀는 극단적인 성격과 자포자기적인 성향을 가졌음을 알 수 있다. 또한 알코올 중독 후에 가족들이 냉대와 무관심으로 일관했다는 것을 통해, 지속적으로 가족과의 관계가 좋지 않았으며, 이는 더욱 자포자기적인 대응 방식을 심화시키는 계기를 마련할 수 있음을 보여 준다. 또한 자녀의 상처 주는 말로 알코올 중독이 더욱 심화되었지만 단주(斷酒)를 결심하고, 단주 후에 남편과 시부모와의 관계를 회복하기 위해 노력했다는 점 등을 통해 오래 전부터 친밀한 가족 관계에 대

한 연구 참여자의 깊은 욕망과 그녀의 삶에서 가족의 존재가 절대적이며 매우 의존하는 성향을 가지고 있음을 분석해 낼 수 있다. 따라서, 이러한 연구 참여자의 친밀한 가족 관계에 대한 깊은 욕망의 원인과 친밀하지 못한 가족 관계가 지속되었던 이유, 또한 신앙생활과 알코올 자조모임에서의 어떠한 요소들이 연구 참여자의 대응 방식을 변화시켰는지에 대한 추후 분석이 이루어질 수 있을 것이다.

부가적으로, 대응 방식은 앞서 언급한 가치관/비전 중심 분석과 엄격히 구별된다. 가치관의 변화가 대응 방식에 변화를 줄 수 있지만, 대응 방식이 변화했다고 하여 가치관이 변화했다고는 할 수 없기 때문이다. 이는 단순히 생존 및 적응을 위한 일시적인 행동의 변화일 수 있다.

사회적/역사적 맥락 중심으로 분석하기

생애사 분석의 여섯 번째 분석 관점은 사회적/역사적 맥락을 중심으로 생애사를 분석하는 것이다. 앞서 언급한 인간관계 중심의 분석이 Bronfenbrenner가 말하는 미시체계, 중간체계에 대한 분석이라고 한다면, 사회적/역사적 맥락을 중심으로 분석하는 것은 외체계, 거시체계를 중심으로 분석하는 것이다. 생애사 연구는 개인적 삶의 특징뿐만 아니라, 사회적 조건을 이해하는 연구 방법이다(Dollard, 1935: 278). Dollard(1935, 29-33)는 '사회적 상황'을 생애사 연구의 한 요소로서 깊이 있고 지속적으로 고려해야 한다고 했다. Cole과 Knowles(2001: 12)는 또한 생애사를 개인의 삶의 이야기를 통해 그 너머의 넓은 사회적 맥락을 발견할 수 있는 창이라고 했다. Runyan(1984: 148-153) 또한 생애사 연구는 연구 참여자가 살고 있는 사회적, 역사적 세계를 효과적으로 묘사해야 하며, 사건 및 경험과 관련된 조건의 원인과 의미를 조명해야 한다고 했다. 즉, 생애사 연구는 연구 참여자가 살아온 삶의 이야기 혹은 생애담을 통해 사회 현상이 생성되는 맥락을 이해하는 질적 연구 방법인 것이다(김영천·한광웅, 2012).

앞서 언급한 Bronfenbrenner(1979)의 생태학적 이론에서도 한 개인의 삶에 직접적인 영향을 미치는 미시체계, 중간체계 외에 미시체계와 중간체계를 간접적으로 통제하고 영향을 주는 대중매체, 지역사회, 사회·역사적 맥락인 외체계, 거시체계 요소를 언급하고 있다. 즉, 개인의 삶을 이해하기 위해서는 개인이 직접 오감을 통해 경험하고 인지할 수 있는 영역 너머의 사회·역사적 맥락과 함께 분석할 필요가 있는 것이다. 이는 결국 개인의 삶은 사회·역사적 흐름과 분리되어 이해될 수 없다는 것을 의미한다. 한 개인의 개인적 교육 경험에 대한 분석에 있어서도 교육 시스템과 같은 제도적 조직과 역할, 관계는 인간의 실천과 경력 발달에 중요한 영향력을 발휘한다(Huberman, 1993). 이러한 측면에서 학습자의 생애사에서 드러나는 학습 양상은 거시적인 사회적·문화적·역사적·정치경제적 맥락과 더불어 이해되어야 할 것이다(한숭희, 2006; Alheit & Dausien, 2002). Dhunpath(2000: 546) 또한 개인 간 맥락뿐 아니라 교육, 제도, 조직 등은 한 인간의 행동과 발달에 큰 영향력을 끼친다고 했다. 이러한 맥락성은 생애사 연구에서 특정한 경험을 이해하는 데 중요한 역할을 한다(Haglund, 2004: 2).

한편, 중고령자 근로 생애사(장지연 외, 2009)에서는 근로자들의 반복적인 실업 경험의 원인을 사회 구조적인 문제, 특히 기술의 변화, 도시 개발 정책, 비정규직 증가, 외국인 노동자 유입 등을 중심으로 분석했다. 그 분석의 예는 다음과 같다.

> 인쇄 기술자 정명인은 "기술을 가지고 있으면 밥은 굶지 않을 것이라는 생각으로 인쇄 기술을 배웠지만 인쇄 방식이 변함에 따라 여러 차례 일자리를 잃었다. 신문사나 출판사의 인쇄 방식이 활자를 제작하여 조판 방식으로 이루어졌던 것에서 점차 필름 인쇄나 동판 인쇄로 바뀌면서 활자 제작 기술이 필요 없게 된 것이다." 이는 기술 변화에 따른 실업이 구조적으로 되풀이되는 상황이라는 사실을 알고 있기 때문이다. 봉제업의 니트 제품 아이롱 기술자인 윤상철의 생애담에서 나타난 실업의 원인은 도시 개발 정책과 공간적 변화에 있다. 아파트 재개발 지역이 되면서 지역을 중심으로 형성돼 있던 생산 관계망이 해체된 후 일거리를 찾지 못하게 된 것이다. 윤상철은 그가 살고 있는 동네에 아파트가 들어서면서 지역 주민 대다수의 생계 방편이었던 봉제 공장들이 떠나게 되고 일거리를 찾아 멀리 이동해야 했다. "수공업하는 사람들이 많이 줄었어요. SK 아파트가 들어오면서 싹 다 없어졌어요. 막말로 얘기해서 미아 7동에 있는 사람들 70% 이상이 쉐타(스웨터) 때문에 밥 먹고 살았다면 말 돼요? 그 쉐타 경기가 없으면 저기 술장사고 뭐고 장사 다 안돼요. 거기 없는(가난한) 사람들 많으니깐 집에서 그 요꼬 짜고 수동으로 짜는 사람들도 많고 그러니깐 하다 못해 여자들은 재봉이라도 하고 그랬으니까."

또한 연구자들은 이러한 고용 불안정의 결과 또는 영향에 대해 분석했다. 이 연구에서 연구자들은 실업의 영향을 평생 직장 의식 약화, 근로 생산성 약화 등으로 분석했다.

> 일상화된 고용 불안정은 근로자의 생산성을 떨어뜨리는 요인이 된다. 일자리의 안정성이 노동 생산성과 깊은 관계가 있음을 근로자들 역시 체감하고 있기 때문이다. 언제 문 닫을지 모르는 회사에서 열심히 일을 하기란 어렵기 때문이다. "항상 이 회사 얼마 못

가겠다 생각이 들면 불안해가지고 일이 손에 안 잡히니까, 별로, 아이, 뭐 언제 그만둘지도 모르는데, 이 생각이 먼저 드니까 뭐 두 개 할 거도 하나만 들고 막 이런 식이 된다고요. 근데 지금처럼 당장 내일은 모르더라도 현재까지는 안정이다라는 생각이 들면 하나 들 거도 두 개 들고 기분 좋게 일을 할 수 있고, 그게 틀려지더라구요. 그게 상관성이라는 게 높아지는 거죠."

이처럼 연구자들은 연구 참여자의 근로 생애담을 사회·역사적 맥락을 중심으로 분석하면서, 근로 생애에 큰 영향을 끼친 고용 불안의 원인과 결과에 대한 이해를 가능하게 했다. 이는 고용 불안을 경험한 연구 참여자들이 어떠한 대응 방식을 보이는지에 대한 분석도 가능하게 했다. 연구자는 고용 불안을 경험한 이들이 고용 불안에 대한 전략과 대응 방식으로 취업 능력의 확대, 인맥의 동원, 취업과 구직의 병행을 택한다고 분석했다.

대기업 근로자로 퇴직한 오국현은 퇴직후 재취업을 위해 재직시부터 많은 노력을 해 왔다. 그가 기울인 노력 중 대표적인 것이 자격증을 따는 일이다. 전기공학과를 졸업하고 대기업 영업부에 근무했던 그는 불도저, 굴삭기, 페로라, 지게차 등 여러 가지 건설 장비 조작 업무에 필요한 자격증을 따기도 했고, IMF 시기에 퇴직한 후에는 조리사 자격증을 따려고 했다. 그는 자신의 전공이나 업무와는 거의 관계없는 분야에서 자격증을 따는 것에 대해 "자격증이 도움이 크게 안 되는 데 마음에 의지가 많이 되죠. 마음에 의지가 되니, 누가 뭐라 그러면―'아유! 나 이거 말고도 할 수 있어'라는 자신이 있으니까―조금 도움이 되지."

이렇듯 지속적인 고용 불안을 경험한 근로자의 삶에 대한 사회·역사적 맥락 중심 분석을 통해 근로자들의 삶의 태도를 아우르는 총체적 이해가 가능하게 된다.

또 다른 예로, 일본군 성노예 피해자들의 생애사 연구(안신권, 2015)를 통해 사회·역사적 맥락을 중심으로 생애담을 분석한 사례를 살펴보자. 이 연구에서는 일본군 성노예 피해자 17명의 개별적인 생애담 외에 거시적인 맥락인 일본의 시기별 전쟁 국면, 일본 정부의 미성년자 인신매매 금지에 관한 법, 성노예 피해자들의 복지권, 인권, 한국 정부/국제적 입장 등에 대한 분석이 이루어졌다. 다음은 일본 정부의 미성년자 인신매매 금지에 관한 사회적 맥락으로서 관련 제도에 관해 분석한 것이다.

강제 동원 일본군 '성노예' 피해 제도를 만든 것 자체가 범죄적 행위라 할 수 있다. 당시 일본 정부는 미성년자 인신매매 금지를 위한 국제조약에 가입한 상태였다. 미성년 여성들의 국제적 성매매를 방지하기 위한 조약으로, 정부가 나서서 인신매매, 유괴, 협박 등 성매매를 목적으로 한 이송을 금지시킨다는 것을 약속한 것이다. 또 주목할 것은 1930년 전국적으로 광범위한 인신매매에 관한 신문 보도가 있었으나 조선 총독부가 이들을 처벌했다는 내용은 없다. 반면 신문 보도에는 전쟁 상황이나 강제 동원 일본군 성노예 피해자와 연관되는 말을 했다는 이유로 육해군 형법으로 엄하게 처벌받았다는 사실이 드러나 있다.

이러한 성노예 피해자들이 살았던 당시의 사회·역사적 맥락 중 하나인 관련 제도를 분석함으로써, 그 당시 일본이 얼마나 많은 기만적 행위를 했는지, 또한 자국의 이익을 위해 얼마만큼 자신들의 행위를 은폐하려고 했는지 파악할 수 있다. 이는 일본 제국주의라는 큰 사회·역사적 맥락 속에서 성노예 피해자로 살아갈 수밖에 없었던 연구 참여자들의 삶을 이해하며 분석하는 데 하나의 관점을 제공해 줄 수 있는 것이다.

또한 자살을 생각하는 한 고등학교 학생의 생애담을 분석하는 상황을 생각해 보자. 우리는 고등학생이 자살이라는 극단적인 선택을 하기까지는 단순히 한 개인의 성격, 대응 방식, 주변 친구들, 선생님들과의 인간관계만이 영향을 준 것이 아님을 생각할 수 있다. 자살의 원인으로 한국의 학벌주의, 경쟁 중심적 교육 환경, 한국 사회의 높은 교육열 등의 사회·역사적 맥락이 영향을 끼칠 수 있다. 이는 한국의 학생들이 학년이 높아질수록 자살 생각과 시도가 더 많아지며(김현실, 2002), 학년이 올라갈수록 학업 부담이 크고 과도한 스트레스에 더 노출되기 때문인 것으로 해석되는 사실(김보영, 2008)을 통해 짐작해 볼 수 있다. 그리하여, 연구자는 연구 참여자인 고등학교 학생의 삶 속에서 학벌주의의 다양한 모습들이 구체적으로 어떤 식으로 작용하고 있으며, 영향을 끼치고 있는지 분석해 나갈 수 있다. 이러한 연구 참여자의 직접적인 오감을 통해 경험하고 인지할 수 있는 영역 너머의 사회·역사적 맥락인 학벌주의는 결국 자신이 경험하고 인지할 수 있는 다양한 인간관계(선생님, 부모님, 친구, 친척), 대중매체 등을 통해 직·간접적으로 영향을 끼치게 된다. 그리하여, 연구 참여자가 살아가던 시대의 학벌주의, 경쟁 중심의 교육 환경이 어떤 식의 양상을 띠며 이루어지는지에 대한 인식을 통해 연구자의 삶을 바라볼 수 있는 것이다. Alheit와 Dausien(2002) 또한 학습자의 생애사에서 드러나는 학습 양상이 거시적인 사회적·문화적·역사적·정치경제적 맥락과 더불어 이해되어야 한다는 점을 강조했다. 이렇게 거시적인 사회·역사적 맥락에 대한 분석은 학문적 성격으로서의 생애사의 존재론적 가치와 역할에 정당성을 부여할 수 있다.

4. 결론

생애사 연구의 목적은 개인의 삶을 총체적으로 이해함과 동시에 그 너머의 개인이 존재했던 사회적, 역사적 맥락을 이해함에 있다. 하지만 분절적이며 단편적인 분석을 통한 생애사 연구는 한 개인의 삶을 제대로 이해할 수 없게 만들 뿐 아니라, 더 나아가 개인을 둘러싼 사회적, 역사적 맥락 또한 잘못 해석할 수 있는 가능성을 남기게 된다. 이에 우리는 '좋은' 생애사가 무엇인지에 대한 규준들을 통해, 개인의 삶을 총체적으로 이해하며, 이를 토대로 다양한 삶의 맥락들을 시간성의 관점으로 이해할 수 있는 분석 관점들에 대해 살펴보았다. 이들은 '연대기적 시간 순서 중심 분석', '인간관계 양상 및 상호작용 중심 분석', '공간 및 소속 집단 중심 분석', '가치관과 비전 중심 분석', '대응 방식 변화 중심 분석', '사회/역사적 맥락 중심 분석' 등으로 나타낼 수 있다.

이 연구를 통해 다음과 같은 시사점을 얻을 수 있었다. 첫째, 한 개인의 삶에 대한 생애사적 분석 시 다양한 관점들이 총체적이면서 종합적으로 적용되어야 한다. 이는 앞서 제시한 여섯 가지의 분석 관점이 결코 독립적이며 분절적으로 적용되는 것이 아니라, 유기적이면서 총체적으로 적용되어야 하는 것과 의미를 같이한다. 삶의 이야기는 마치 연대기처럼 삶의 경험을 기승전결로 이어가는 것이 아니라, 서로 다른 경험들을 하나의 총체로 재현하는 앙상블이다(Mink, 2001: 218). 예를 들어, '대응 방식의 변화' 관점을 통해 '가치관/비전', '인간관계 양상 및 상호작용 방식'의 변화 양상 및 원인을 파악할 수 있으며, '사회/역사적 맥락' 중심 분석 관점을 통해 '인간관계 양상' 및 '가치관/비전'의 특징에 대해 분석할 수 있다.

둘째, 생애사 연구에서 시간성의 개념에 대한 중요성을 더욱 부각할 필요가 있다. 이미 많은 선행 연구들에서 시간성이 생애사 연구의 기본 단위임을 밝혔다. 하지만 이러한 시간성의 개념이 단순히 연대기적 분석 수준의 삶의 형태, 범주 중심의 분석에서만 제한적으로 활용되었다. 하지만 생애사 연구에 있어 인간관계, 소속 집단, 가치관, 대응 방식, 사회/역사적 맥락 등의 구체적 관점들은 모두 시간의 지배 아래 놓여 있다. 한 사람의 생애에서의 다양한 요소와 맥락들이 어떻게 시간성을 통해 변화되거나, 유지되고, 상호 관계성을 가지며 얽혀 있는지, 또한 왜 그러한 지점에서 얽혀 있는지를 분석하며 한 가닥씩 풀어 나간다면, 하나의 털뭉치로 뭉쳐 있어 알기 어려운 한 사람의 생애를 조금씩 밝혀낼 수 있을 것이다.

생애사 연구물의 개수는 사람의 수만큼이나 다양할 수 있다. 하지만 분명 좋은 생애사는 존재한다. 좋은 생애사를 만드는 첫걸음은 자료 수집 단계에서부터의 체계적이면서 총체적인 분석 관점과 전략의 적용에서 시작될 수 있다. 연구 참여자는 자신이 기억한 과거만을 이야기하며, 자신이 이야기하고 싶은 사실만을 이야기한다. 이러한 연구 참여자 자신의 기억의 간극 속에 숨어 있는 진실의 이면을 분석해 내는 것은 다양하고 총체적인 분석 관점을 씨줄과 날줄로 적용하면서 밝혀낼 수 있다. 연구자가 다양하고, 객관적이면서, 총체적인 방식의 생애사 분석 관점과 전략을 가질수록, 연구물의 질은 더욱 높아질 가능성이 있는 것이다. 또한 여기서 우리가 유념해야 하는 것은 이러한 분석의 관점이 하나의 참고자료로서 활용될 수 있겠으나, 이것이 절대적이고 항구적인 분석의 관점이 될 수는 없다는 것이다. 이러한 분석 관점은 후속 연구자의 오랜 연구 경험과 이론적 민감성, 다양한 연구물의 축적 등을 통해 새롭고 전진된 형태로 개념화될 수 있는 것이다.

질적 연구, 특히 생애사 연구에서 분석 절차에 대한 논의는 양적 연구처럼 명료하게 논의되지 못하고 있다. 일부 질적 연구자들은 근거이론이나 특정한 방법론 도서들 중 한 가지의 분석 방법을 지나치게 의존하고 있는 것이 현실이다. 이렇게 자신의 연구 참여자의 삶에 맞지 않는 분석의 옷을 억지로 입히려고 한다면, 결국 옷은 찢어지며 연구 참여자의 몸은 상처를 입을 것이다. 그렇기에 우리는 좀 더 적극적인 자세로 연구 유형에 적합한 질적 자료 분석 절차를 적용하고 분석하고자 하는 자세를 가질 필요가 있다. 그러한 측면에서 이 글에 제시한 여러 가지 분석의 관점과 전략이 우리의 이러한 고민들에 시사점을 줄 수 있기를 바란다.

참고문헌

김세은(2012). 해직 언론인에 대한 생애사적 접근 연구: 동아자유언론수호투쟁위원회를 중심으로. 한국언론학보, 56(3), 292-319.

김영숙·이근무(2008). 탈성매매 여성들의 생애사 연구: 그 끝없는 탈주에 대해. 한국사회복지학, 60(3), 5-30.

김영천(2005). 별이 빛나는 밤에 1. 서울: 문음사.

김영천(2013). 질적 연구방법론 2. 파주: 아카데미프레스.

김영천·이동성(2011). 자문화기술지의 이론적 관점과 방법론적 특성에 대한 고찰. 열린교육연구, 19(4), 1-27.

김영천·이동성(2013). 질적 연구에서의 대안적 글쓰기 이론화 탐색. 열린교육연구, 21(1), 49-76.

김영천·정정훈·이영민(2006). 미운오리새끼: 한국 초임교사의 일 년 생활. 서울: 문음사.

김영천·한광웅(2012). 질적 연구방법으로 생애사 연구의 성격과 의미. 교육문화연구, 18(3), 5-43.

김영천·허창수(2004). 생애사 텍스트로서의 교육과정 연구. 교육과정연구, 22(4), 49-81.

박성희(2002). 여성학 연구를 위한 생애사 연구법: 내러티브 인터뷰. 여성연구논총, 17, 243-264.

성정숙(2010). 레즈비언 생애사 연구. 중앙대학교 박사학위 논문.

손병우(2006). 대중문화와 생애사 연구의 문제설정. 언론과 사회, 14(2), 41-71.

유재분(2008). 생애사 연구를 통한 여성 알코올 중독자의 삶에 대한 이해. 삼육대학교 대학원.

이동성(2013a). 생애사 연구동향의 방법론적 검토: 세 가지 방법적 이슈를 중심으로. 교육인류학연구, 16(2), 1-34.

이동성(2013b). 생애사 연구방법론의 이론적 배경과 분석 방법에 대한 탐구. 초등교육연구, 26(2), 71-96.

이동성(2014). 한 초등학교 전문교사의 전문성 발달에 대한 예술기반 생애사 연구. 한국교원교육연구, 31(4), 1-27.

이동성(2015). 두 초등학교 남자 교원의 경력 경로 및 경력 발달에 대한 생애사 연구. 부산대학교 과학교육연구소, 교사교육연구, 54(1), 102-119.

이동성·김영천(2014). 질적 자료 분석을 위한 포괄적 분석 절차 탐구: 실용적 절충주의를 중심으로. 교육종합연구, 12(1), 1-26.

이희영(2009). 외침과 속삭임. 북한의 일상생활 세계. 서울: 한울아카데미.

장지연·신동균·신경아·이혜정(2009). 중고령자 근로생애사 연구. 한국노동연구원.

정성호(2006). 중년의 사회학. 살림지식총서 236. 서울: (주)살림출판사.

조용환(1999). 질적기술, 분석, 해석. 교육인류학연구, 2(2), 27-63.

조주희(2013). 경도 뇌성마비인 생애사 연구. 전남대학교 박사학위 논문.

한경혜(2005). 생애사 연구를 통해 본 남성의 삶. 한국가정관리학회 학술발표대회 자료집(pp. 1-3).

Adriansen, H. K. (2012). Timeline interviews: A tool for conducting life history research. Qualitative Studies, 3(1), 40-55.

Agnes, M. (2000). Webster's new world college dictionary. Foster City, CA:IDG Books Worldwide.

Alheit, P. and Dausien, B. (2002). Lifelong learning and biographicity. In A. Bron & M. Schemmann (Eds.).

Social Science Theories in Adult Education Research, 11-241.

Axinn, W. Pearce, L. & Ghimire, D. (1999). Innovations in Life History Calendar Applications. Social Science Research, 28(3), 243-264.

Brotman, S., & Kraniou, S. (1999). Ethnic and lesbian: Understanding identity through the life-history approach, Affilia, 14(4), 417-438.

Bullough, R. V. (1989). First year teacher. New York: Teachers College Press.

Clandinin, D. J., & Connelly, F. M. (2000). Narrative inquiry: Experience and story in qualitative research. San Francisco: Jossey-Bass Publishers.

Cole, A. L. & Knowles, J. G. (2001). Lives in context: The art of life history research. NY: AltaMira Press.

Davis, P. (2006). Poverty, in Time: Exploring poverty dynamics from life history interviews in Bangladesh. CPRC Working paper 69.

Dollard, J. (1935). Criteria for the life history: With analysis of six notable documents. Yale University Press.

Denis Brian(1996). Einstein: A Life. 아인슈타인 평전. 승영조 번역. 대한교과서.

Dhunpath, R. (2000). Life history methodology: 'Narradigm' regained. Qualitative Studies in Education, 13(5), 543-551.

Dhunpath, R. & Samuel, M. (Eds). (2009). Life history research: Epistemology, methodology and representation. Sense Publishers.

Enil Ludwig(2007). Abraham Lincoln. (이용미 역). 서울: 해누리.

Elbaz-Luwisch(2004). Immigrant teachers: Stories of self and place. International Journal of Qualitative Studies in Education, 17(3), 387-414.

Ellis, C. & Bochmer, A. P. (2003). Autoethnography, Personal Narrative, Reflexivity: Researcher as Subject. N. Denzin & Y. Lincoln (eds.). Collecting and Interpreting Qualitative Materials. second edition, Sage, 199-258.

Fernell, H. (1998). Power in the principalship four women's experiences. Journal of Educational Administration, 37(1), 23-49.

Frederick Douglas(2003). Narrative of the Life of Frederick Douglas An American Slave. 노예의 노래. 안유회 옮김. 모비트.

Freeman, M. (2007). Autobiographical Understanding and Narrative Inquiry. J. D. Clandinin (ed.), Handbook of Narrative Inquiry: Mapping a Methodology. Sage, 120-145.

Goodson, I. F. & Sikes, P. (2001). Life History Research in Educational Settings: Learning form Lives. Open University.

Harnett, P. (2010). Life Story and Narrative Research Revisited. A. Bathmaker & P. Harnett(eds.), Exploring Learning Identity and Power through Life History and Narrative Research. Routledge, 159-170.

Haglund, K. (2004). Conducting life history research with adolescence. Qualitative Health Research, 14(9), 1-13.

Hellen Keller(1903). Hellen Keller: The Story of My Life. (윤문자 역). 서울: 예문당. NY: Doubleday, Page & Co.

Kluckhohn, Clyde(1945). A Navaho personal document with a bridef Parentian analysis. Southwestern Journal of Anthropology, 1, 260-283.

Kouritzin, S. G. (2000). Bringing life to research: Life history research and ESL. Test Canada Journal/ Review Tesl Du Canada, 17(2), 1-35.

Knowles, J. G., Cole, A. L., & Presswood. C. S. (1994). Through preservice teachers' eyes: Exploring field experiences through narrative inquiry. NY: Merrill.

Laiore, C. N. (2000). Conceptualizing Irish Rural Youth Migration: A Biographical Approach. International Journal of Population Geography, 6(3), 229-243.

Lewis, D. (2008). Using life histories in social policy research: The case of third sector / public sector boundary crossing. Jnl Soc. Pol., 37(4), 559-578.

Lieblich, A., Truval-Mashiach, R. & Zilber, T. (1998). Narrative research: Reading, analysis and interpretation. Thousand Oaks, CA: Sage Publications.

Mandelbaum, D. G. (1973). The study of life history: Ghandi, Current Anthropology, 14, 177-207.

Manfred Geier(2003). Kants Welt. (김광명 역). 서울: 미다스 북스.

Miles & Huberman(1994). Qualitative Data Analysis. Sage.

Miller, R, L. (2000). Researching life stories and family histories. Sage.

Mink, L. (2001). Narrative Form as a Cognitive Instrument. G. Robers (ed.), The History and Narrative Reader. Routledge.

Munro, P. (1998). Subject to Fiction: Women Teachers' Life History Narratives and the Cultural Politics of Resistance. Open University.

Ojermark, A. (2007). Presenting life histories: A literature review and annotated bibliography. Chronic Poverty Research Center, CPRC working paper 101.

Plummer, K. (1983). Documents of life: An introduction to the problems and literature of a humanistic method. Hemel Hempstead: George Allen & Unwin.

Patton, M. Q. (2002). Qualitative research & evaluation methods (3rd ed.). Thousand Oaks, CA: Sage.

Riessman, C. K. (2008). Narrative methods for the human sciences. LA, CA: Sage.

Roberts, B. (2002). Biographical research Buckingham & Philadelphia: Open University Press.

Rogaly, B., and D. Coppard(2003). They Used to Eat, Now They go to Earn: The Changing Meanings of Seasonal Migration from Puruliya District in West Bengal, India. Journal of Agrarian Change, 3(3), 395-433.

Reuter, E. B. (1938). Criteria for the Life History. By John Dollard Book review. American Journal of Sociology, 43(5), 841-843.

Runyan, W. M. (1984). Life histories and psychobiography: Explorations in theory and method. New York & Oxford: Oxford University Press.

Saldana, J. (2009). The coding manual for qualitatitve reserachers. London: Sage.

Shari Brotman & Stavroula Kraniou(1999). Ethnic and Lesbian: Understanding Identity Through the Life-History Approach.

Sikes, P. (2010). The Ethics of Writing Life Histories and Narratives in Educational Research. A. Bathmaker & Harnett (eds.). Exploring Learning, Identity and Power through Life History and Narrative Research, Routledge, 11-24.

Spradley, J. P. (2006). 참여관찰법[Participant observation]. (신재영 역). 서울: 시그마프레스. (원전은 1980년에 출판).

Stephen J. B., and Goodson, I. (1985). Teachers' lives and careers. London: The Falmer Press.

Thompson, P. R. (1988). The voice of the past: Oral history. Oxford: Oxford University Press.

Vithal, R. (2009). A Quest of Democratic Participatory. validity in Mathematics Education Research. Dhunpath, & Samuel, M. (eds.), Life History Research: Epistemology, Methodology, and Representation, Sense, 67-81.

Witz, K. (2006). The participant as ally and essentialist portraiture. Qualitative Inquiry, 12, 246-268.

Wolcott, H. (1999). Transforming Qualitative Data: Description, Analysis, and Interpretation. London: Sage.

Zeller, N. (1995). Narrative rationality in educational research. In H. McEwan & K. Egan(Eds). Narrative in teaching, learning and research. (pp. 211-226) Teachers College.

14

컴퓨터
소프트웨어 분석

질적 자료 분석에

소프트웨어의 사용은 효과성, 효율성을 더해 준다. 질적 연구자는 연구가 진행되는 전 과정을 유기적인 안목으로 접근함으로써 질적 연구의 맥락을 풍부하게 보여 주고 자료를 체계적으로 관리할 수 있도록 도와준다. 한국형 질적 자료 분석 소프트웨어인 '파랑새'는 질적 연구의 새로운 지평을 열어 줄 것이다.

[그림 1] 컴퓨터 소프트웨어 자료 분석

1. 질적 자료 분석에서의 CAQDAS

최근 한국에서 질적 연구 방법을 활용하여 연구를 수행하는 각 분야의 연구자들이 지속적으로 증가하고 있다. 질적 연구를 수행하는 동안 끊임없이 방대하게 생성되는 자료를 체계적으로 관리하고 이를 분석하는 작업은 결코 쉬운 일이 아니다. 또한 질적 자료를 분석하는 과정에서 이미 읽었던 전사본을 다시 읽는 과정과 연구자의 반성적 성찰은 의미를 새롭게 하는 데 기여한다. 이때 체계적으로 자료 관리가 이루어지지 않는다면 연구자가 원하는 전사본을 찾는 것조차 어려운 일이 될 수 있다. 더불어, 질적 연구 방법에 익숙하지 않은 초보 연구자들은 체계적으로 관리되지 않는 어려움으로 인해 연구를 진행하는 과정에서 많은 혼선을 겪을 우려가 있다. 설령, 질적 연구에 능숙한 연구자라 할지라도 전사, 코딩, 주제 발견으로 이어지는 전 과정을 하나의 분석틀로 조망하면서 유기적 관련성을 체계적으로 접근하는 것에는 많은 시간과 에너지가 요구된다고 할 수 있다. 이처럼 초보 연구자들을 위한 체계적인 자료 관리뿐만 아니라 능숙한 연구자들의 시간 효율성을 부여하기 위해 해외 여러 나라를 중심으로 Nvivo, ATLAS.ti, MAXQDA, The Ethnograph 등과 같은 질적 연구 자료 분석을 위한 소프트웨어(Computer Assisted Qualitative Data Analysis Software; 이하 CAQDAS)들이 개발되었다. 그러나 종래에 개발된 CAQDAS들은 연구자들이 효과적으로 활용하기 위해서는 많은 시간을 할애하여 그 활용 방법을 습득해야 하는 어려움과 함께 다소 복잡한 인터페이스로 인해 연구자 친밀성이 다소 떨어지는 단점을 가지고 있다.

현재에도 많은 질적 연구자들은 수집한 자료를 분석 과정에서 하나하나 기억해 가며 의미를 찾거나 상황에 적절한 사례를 찾아 연구에 기여하는 바를 기술하는 데 의존하고 있다. 즉, 자신의 장기, 단기기억에 의존하여 연구 자료 분석을 진행하고 있다. 이러한 연구자의 기억 활동에 의존한 분석 작업은 두 가지 심각한 문제를 갖고 있다. 첫째, 분석에 활용되는 현장자료는 가장 극적이거나 현 상황에서의 가장 중요한 것에만 초점을 두고 있으며, 둘째, 연구자의 분석에 활용되는 자료는 현장작업의 마지막 과정에 수집한 자료들이 대부분이라 연구 시작 및 중간 과정을 드러내 주는 자료가 부족하여 전체적인 연구 맥락을 이해하는 데 어려움이 따른다. 이는 연구자의 기억 활동이 현장작업의 마지막 부분만 생생하게 기억하고 있기 때문에 이전의 자료를 무시하거나 활용의 필요성을 찾지 못하기 때문이다. 컴퓨터 소프트웨어의 활용은 이러한 문제를 체계적으로 관리하고 분석함으로써 연구자들을 도와준다. 현장작업의 중요한 자료를 입력, 저장하는 과정을 반복하면서 자료를 체계적으로 인지할 수 있는 장점이 있다(Fielding & Lee, 2007; Richerds, 2002).

질적 연구의 선구자로 뽑히는 Patton(2000, p. 444)은 질적 분석 소프트웨어 프로그램 11가지를 소개하면서 어떤 프로그램을 연구에 사용할 것인지 결정하기 전에 각 회사별로 제공하는 무료 시험버전(demo disk)을 통해 연구자가 각 프로그램의 기능의 장단점을 파악할 것을 권하고 있다. 그리고 Weitzman과 Miles(1995)는 24가지의 각종 자료 분석 소프트웨어를 실제적으로 검증하여 어떤 프로그램의 활용이 적절한지 연구자들에게 조언해 주기도 했다.

오영범, 이현철, 정상원 3명의 학자가 공동 집필한 「질적 자료 분석: 파랑새2.0 소프트웨어」에서는 질적 연구에서 소프트웨어 활용의 장점을 다음과 같이 세 가지로 제시하고 있다. 첫째, 질적 연구자들에게 전체 연구 과정을 하나의 분석틀로 조망할 수 있는 편의를 제공한다(김영천·김진희, 2008; Fielding & Lee, 2007). 질적 연구에 능숙한 연구자라 할지라도 전사, 코딩, 주제 발견으로 이어지는 전 과정을 유기적 안목을 가지고 접근하는 것에는 많은 시간과 에너지가 요구된다. 이때 질적 자료 분석 소프트웨어는 지속적으로 축적되는 자료들의 상호 연관성을 고려하여 치밀한 결과 분석의 토대를 제공할 수 있다. 둘째, 질적 연구 수행 과정의 효율성을 높여 준다(Fielding & Lee, 2007; Richards, 2002). 질적 자료 분석 소프트웨어를 사용함으로써 연구 수행 과정에서 양산되는 방대한 자료를 체계적으로 관리함으로써 시간 효율성을 높여 준다. 셋째, 질적 연구 결과의 객관성과 신뢰도를 높이는 데 기여한다(박종원, 2008; Miles & Huberman, 1994). 기존의 전통적인 질적 연구에서는 연구자의 직관과 통찰이 질적 자료와 통합되지 못하여 연구 결과의 신뢰도에 의문이 제기되는 경우가 발생하곤 했다. 질적 자료 분석 소프트웨어를 활용함으로써 연구 과정의 실제 자료 수집과 분석의 장면을 제시함으로써 연구 결과에 신뢰를 부여할 수 있다.

2. 대표적인 CAQDAS

국내의 연구자들이 질적 연구 수행을 위해 가장 많이 사용하고 있는 CAQDAS로는 NVivo가 있다. 그 외에도 MAXQDA, ATLAS.ti, Dedoose, The Ethnograph, QDA MINER 등에 대해 간략하게 살펴보고자 한다(오영범·이현철·정상원, 2016).

NVivo

질적 자료 분석 소프트웨어 시장의 강자이며, 공격적인 마케팅을 수행하고 있는 QSR International의 NVivo는 여러 CAQDAS 프로그램들 중 가장 강력하고 사용자 중심의 인터페이스와 기능을 보유하고 있다. 기존 Nudist의 업그레이드 버전으로 2002년도에 NVivo2를 런칭하여 2016년 현재는 NVivo 11버전까지 출시되었다. QSR International의 NVivo의 공격적인 마케팅과 기술 개발은 그들이 제공하는 다양한 프로그램 트림에서도 확인할 수 있는데, 현재 NVivo 11의 경우만 해도 NVivo 11 Starter for Windows, NVivo 11 Pro for Windows, NVivo 11 Plus for Windows로 구성되며, 각 프로그램의 연구 적용 수준과 역량에도 차이가 존재할 정도이다.

　기본적으로 NVivo는 문서에서부터 오디오, 비디오, 인터넷 자료에 이르기까지 연구자가 연구와 관련하여 수집할 수 있는 대부분의 형식 모두를 호환하여 분석할 수 있으며, 해당 자료들을 바탕으로 코드와 속성들을 지정하여 분석하여 질적 연구의 본질적인 특이성들을 의미 있게 살려 주고 있다. NVivo에서 흥미로운 사항은 바로 노드 만들기와 노드를 중심으로 한 근거이론적인 접근이다. 과거 NVivo 버전의 경우 노드 만들기로 입력된 자료를 유형별로 편집하여 자유(free)노드와 트리(tree)노드로 구성했으며, 자유노드와 트리노드가 분석의 진행에 따라 그 수가 증가하게 되면 자연스럽게 코딩이 진행되고 연구의 주제 관련 심층적 수준과 내용을 파악할 수 있게 했다.

최근의 NVivo 버전에서는 이러한 노드의 사항을 좀 더 간략하게 구성했으며, 좀 더 연구자 중심적인 인터페이스 구성과 기능을 효율적으로 배치하여 작업할 수 있도록 했다. 이를테면 메인 화면에 노드와 함께 Classification, Collections, Queries, Report, Models, Folders 등을 배치하여 연구의 효율성을 극대화하고 있는데, Classification은 속성을 부여하여 연구 참여자의 특성들을 정리하고, Collections는 그룹 통합, 메모, 링크 작업 등을 수행하게 하며, Queries는 부호화와 속성을 지정한 후 원 자료를 지원하는 기능을 수행하여 연구자들을 지원한다.

또한 Report에서 다양한 자료들의 요약본을 확인할 수 있으며, Models에서는 연구자가 수행한 자료들을 그림을 통해 표현하게끔 구성해 주고 있다. 특별히 Models에서는 자료를 근거로 하여 연구자의 해석을 효과적으로 지원할 수 있다. 마지막으로 Folders는 프로그램 내의 모든 폴더를 확인할 수 있게 하여 종합적인 방향성을 파악하게 하고 있다. 이러한 NVivo는 국내에서도 많이 소개되어 다양한 전공 영역에서 활발하게 활용되고 있다. 하지만 한국 연구자들에게 해당 소프트웨어의 기능을 학습함에 있어서 다소 어려움이 존재하는 것은 안타까운 현실이다.

MAXQDA

QSR International의 NVivo와 함께 VERBI GmbH의 CAQDAS 시장을 주도하고 있는 소프트웨어가 MAXQDA이다. MAXQDA는 세련된 그래픽과 다양한 분석 가능성을 효과적으로 제시하고 있어 흥미로우며 질적 연구의 전문적인 소프트웨어이지만 통합연구를 위한 자료 구성을 표방하기까지 하고 있다. 이는 MAXQDA가 질적 연구 영역 속에서 계량적인 자료 구성과 통계연구와의 상호작용을 위한 기능들을 탑재하고 있음도 시사하는 것이다. 2016년 현재 MAXQDA 12버전을 Window와 Mac 체제에서 출시했으며, 1989년에 출시되어 전 세계에서 활용되고 있다. http://www.maxqda.com/에서는 30일 무료 체험판을 제공하고 있다.

MAXQDA를 통해 인터뷰 분석, FGI 분석, 비디오 분석, 오디오 파일 분석, 문서 및 사진 분석, 온라인 설문에 이르기까지 연구자는 자신의 문제의식을 체계적으로 분석하고 발전시킬 수 있는 기능들을 효과적으로 배치하고 있다. NVivo와 마찬가지로 전문적인 수준의 연구를 위한 MAXQDA+(plus)도 제공하고 있다. MAXQDA+는 MAXQDA 보다 양적 자료 분석의 가능성을 좀 더 강화하여 운용되고 있는 특징을 지닌다.

특별히 MAXQDA는 비구조화된 자료들과 특정한 이론들을 조직 및 검증해 나감에 있어 탁월한 위치에 있는데, MAXQDA의 메모 기능을 통해 각각의 자료들, 코드들을 첨부하여 해당 사항에 대한 근거들을 설정할 수 있으며, 자료 전체의 필터를 통해 내용들을 분류할 수 있으며, 질적 자료 자체에서도 연구자의 메모들을 삽입할 수 있는 기능을 탑재하고 있다.

또한 MAXQDA는 양적 연구와의 통합연구를 구체적으로 기술하고 있어 다른 소프트웨어와 차별성을 지닌다. MAXQDA에서는 설문조사와 SPSS와 같은 통계분석 소프트웨어로부터 자료를 가져와서 분석할 수 있으며, 빈도 분석, 교차 분석의 수준을 수행하여 자료에 대한 결과 해석을 풍성하게 창출할 수 있는 기능이 있다. 게다가 질적 결과를 양화시켜 표현하여 기술통계의 정보들을 표로 작성하여 연구 결과로서 제시할 수 있다. 이는 질적 자료와 양적 자료의 연결을 매우 손쉽게 이어 주는 효율적인 기능들로서 질적 연구자들뿐 아니라 양적 연구자들에게도 그 활용 가치가 크다고 할 수 있다.

그 외에도 MAXQDA는 질적 연구에 있어 공동연구의 편리성도 열어 주고 있는데, 각기 독립적으로 수행된 두 개의 프로젝트를 병합할 수 있으며, 특정한 프로젝트에서 수행된 자료와 코드 체계들을 다른 프로젝트로 이양할 수 있도록 하여 공동 연구자들의 자료 관리와 연구 수행에 효율성을 극대화했다.

최근 MAXQDA에서는 스마트폰을 활용한 애플리케이션도 제공하고 있어 질적 연구의 현장성을 극대화해 주고 있다. MAXQDA의 애플리케이션을 통해서는 기본적인 스마트폰의 기능들, 이를테면 워드 작업, 사진 촬영, 녹음을 바탕으로 코드 지정, MAXQDA 체제로의 자료 전송, 이모티코드를 활용한 코드화 등을 탄력적으로 시도하고 있어 주목할 만하다.

다음의 http://www.maxqda.com/products/maxqda-app를 통해 MAXQDA의 애플리케이션을 구체적으로 확인하기 바라며, 이는 구글 플레이(Google Play)와 앱 스토어(App Store)에서 확인할 수 있다.

ATLAS.ti

1992년에 독일에서 개발된 ATLAS.ti는 2016년 현재 ATLAS.ti 7버전까지 출시되었으며, 다양한 형태의 자료들을 종합적으로 활용할 수 있는 장점을 지니고 있다. ATLAS.ti에서는 Text문서, PDF문서, 사진, 오디오 파일, 비디오 파일, 구글의 Geo 자료까지 활용할 수 있다. 영어, 독일어, 스페인어를 통해 운용되며 개인적인 취향과 지정에 따라 색상과 다양한 글자 폰트 및 사이즈를 조정할 수도 있다.

특히 ATLAS.ti의 개발 초기 특성이 학제적인 성격이 강했던 소프트웨어로서 Text문서, PDF문서, 사진, 오디오 파일, 비디오 파일, 구글의 Geo 자료를 통한 다양한 분석 파일의 구성과 실제 연구에서의 적용은 ATLAS.ti의 강점으로 볼 수 있다. 이 과정에서 핵심적인 코드 지정과 코딩 작업이 수행되는데, ATLAS.ti에서는 다른 프로그램들과 유사하게 Free codes, Open coding, In-Vivo coding, Quuik coding, Coding via drag and drop, Merge codes, Autocoding이 수행된다.

한편 ATLAS.ti 7에서 주목할 만한 인터페이스적인 기능은 바로 내비게이터 기능과 시각화 기능이다. 내비게이터 기능은 ATLAS.ti의 주요한 기능들을 신속하게 활용하되 연구자의 작업조건과 맥락에 따라 연구자가 조정하면서 해당 기능들을 수행해 나갈 수 있다는 편리성이 있다. 또한 ATLAS.ti는 효과적인 시각화 자료들을 제공하고 있는데, 대표적으로 'Network Views'의 경우 그래픽을 통해 복잡한 정보들의 맥락적인 관계성과 구조들을 한눈에 파악할 수 있도록 자료를 제공해 주고 있다.

Dedoose

Dedoose는 국내에 잘 알려지지 않은 질적 자료 컴퓨터 분석 소프트웨어로서 1990년대 말에 개발되었다. Dedoose의 가장 큰 특징은 웹 기반의 접속과 활용이다. 이는 질적 자료 분석이 특정한 장소에 상관없이 연구자가 연구를 수행할 수 있는 기기만 있다면 신속하게 작업이 수행될 수 있음을 의미하는 것이다. 그리고 자료 관리에 있어서도 웹 기반으로 수행되기에 안정성이 높으며, 자유롭게 자료를 다운로드하거나 자료를 발전시켜 나갈 수 있는 장점을 지닌다. 이외에도 기본적으로 Dedoose는 CAQDAS들이 수행하고 있는 대표적이며 일반적인 기능을 수행하고 있으며, 코드의 경우 Root codes, Child codes, Grandchild codes로 구성된다. 자료의 분석에 있어서도 다양한 차트와 그래프들을 제시하여 시각화에 신경을 쓰고 있다. 기능적인 측면에서 추가적으로 주목할 만한 사항은 최근 질적 자료 분석의 동향으로 자리 잡고 있는 양적 연구와의 통합 기능을 탑재하고 있다는 것이다.

이는 최근의 CAQDAS들이 관심을 기울이고 있는 대표적인 기능과 영역으로 볼 수 있으며, 과거 CAQDAS 버전들과 달리 양적 연구와의 연결 기능에 대한 연구자들의 요구를 반영하기 위해 노력하고 있음을 확인할 수 있는 대목이다. Dedoose 역시 이러한 변화에 발 빠르게 대처하고 있으며, 이는 Dedoose와 같은 CAQDAS 프로그램이 연구자들에게 제공할 수 있는 핵심적인 기능 중의 하나가 바로 질적 자료의 계량화임을 시사하는 대목이기도 하다.

이외에도 Dedoose는 다른 CAQDAS에 비하여 가격 경쟁력이 매우 높은 편인데 개인 연구자의 경우 한 달 사용료가 $12.95에 불과하며 학생의 경우 $10.95로 책정되어 있고, 그룹별로 함께 활용할 경우 할인을 제공한다. 이는 수백 달러에 이르는 기존의 CAQDAS들에 비해 매우 저렴한 가격이라고 할 수 있다. 좀 더 구체적인 Dedoose에 대한 자료와 정보는 http://www.dedoose.com/를 참고하기 바란다.

The Ethnograph

The Ethnograph는 1984년에 개발되어 2016년 현재 The Ethnograph 6버전까지 출시되었다. The Ethnograph는 프로젝트 매니저, 코드 데이터 파일, 데이터 검색, 노트북, 메모 작업 등을 수행할 수 있도록 기능이 배치되어 있으며, 해당 요소들을 클릭하면 하위 작업 기능들을 수행할 수 있게 된다.

The Ethnograph에 있어 연구 작업 수행에 효과적인 사항은 바로 메모 영역이다. The Ethnograph는 Write Memos 섹션을 통해 연구자가 연구 현장 및 자료 수집 과정에서 특정 자료에 대한 사항들을 의미 있게 정리하고, 발전시킬 수 있는 사항들을 기술하고 체크할 수 있도록 해 주고 있다.

그리고 Memo List를 통해 연구자가 수행한 모든 메모를 한눈에 볼 수 있도록 리스트를 제공하며, 메모의 성격에 따라 그것을 분류할 수도 있는 기능을 탑재하고 있다. 이러한 연구 현장 및 자료에 대한 연구자의 메모 기능의 지원은 실제 질적 연구 작업에서 매우 흥미로운 자료를 구성하게 하며, 연구자의 해석적 의미들을 생생하게 잡아 주어 연구 현장으로부터 수집된 질적 자료의 가치를 증진시켜 주는 기능을 한다. 좀 더 구체적인 The Ethnograph 6버전의 경우, http://www.qualisresearch.com/를 참고하기 바란다.

QDA MINER

Provalis Research의 QDA MINER는 2004년도에 개발되어 현재는 QDA MINER 4버전까지 출시되었으며, 그 기능과 활용 영역은 단순 개인 연구의 차원을 넘는 매우 발전된 소프트웨어이다. 이는 교육영역을 넘어 마케팅 분야, 통계 전문 업체, 정부, 범죄 전문가 영역에 이르는 다양한 분야에서 활발하게 활용되고 있는 소프트웨어이다. 기본적으로 최근의 CAQDAS의 동향과 마찬가지로 기본적인 인터뷰, 사진, 동영상 자료들은 물론 인터넷 자료들과 페이스북 및 트위터와 같은 소셜미디어의 분석에 이르기까지 다양한 분석 범주와 호환될 수 있으며, SPSS와 같은 파일 형식과도 함께 작업을 수행할 수 있어 양적 연구 결과와의 통합 및 연결도 가능하다.

특별히 QDA MINER 코드지정과 코딩에 있어 다양한 기법들이 적용되어 분석의 수준을 심화시키고 있는데, 코드 빈도를 포함한 코드의 발생 영역, 코드가 나타나는 현상에 대한 위치와 정보에 이르기까지 특정 현상에서 나타나는 코드에 대한 종합적인 정보들을 제공하며 이 과정에서 방대한 자료들을 수치화하거나 시각화하여 제시해 주고 있다. 좀 더 구체적인 QDA MINER에 대해서는 http://provalisresearch.com/를 참고하기 바란다.

3. 한국형 CAQDAS '파랑새'

외국에서 개발된 기존의 CAQDAS는 한국의 질적 연구자들에게 연구의 효과성 및 효율성을 제공하고 질적 자료 분석의 편의를 제공하고 있으나, 다음과 같은 문제가 발생하고 있다(오영범, 이현철, 정상원, 2016).

첫째, 국내의 질적 연구자들은 외국에서 개발된 질적 자료 분석 소프트웨어인 NVivo, ATLAS.ti, MAXQDA, The Ethnograph 등과 같은 CAQDAS에 접근하기 어렵다는 점이다. 접근성이 떨어지는 이유로는 친밀도가 떨어지는 인터페이스, 복잡한 구조와 기능, 한글 지원 기능 부재 등이 있다. 이로 인해 질적 연구를 수행하는 데 있어 CAQDAS를 사용하려는 연구자가 처음에는 넘치는 의욕과 연구 열정을 가지고 접근했다가도 위와 같은 어려움으로 인해 CAQDAS를 숙달하는 것이 또 하나의 연구거리로 전락해 버리는 경우가 발생하고 있다. 이것은 연구자들에게 이중의 부담을 가중하는 결과를 초래한다.

둘째, 외국의 CAQDAS를 구입하는 데 고비용이 발생하여 연구자들의 경제적 부담으로 이어지고 있다. 국내 연구자들이 외국 소프트웨어를 사용하기 위해서는 고액의 비용을 지불하면서까지 사용을 위한 라이선스를 획득해야 하기 때문에 연구자의 개인적 차원에서는 많은 비용이 소비될 뿐만 아니라 국가적 차원에서는 외화 낭비로 이어지고 있다.

셋째, 소프트웨어에 대한 이해의 부족과 실행의 어려움 등이 제기되고 있다. 기존의 외국 질적 자료 분석 소프트웨어는 국내의 연구사들에게 다소 어려운 인터페이스와 구조로 인해 접근 용이성이 떨어지는 상황이다. 이로 인해 그 기능을 완전히 습득하는 데 많은 시간이 걸리는 주요 요인이 되고 있다.

이에 우리나라 연구자들을 위해 한국어로 이용되는 질적 자료 분석 소프트웨어를 국내 최초로 만들어 우리나라의 인문/사회과학자들이 실제적으로 자신들의 현장작업과 자료 분석에 도움이 될 수 있는 이론적/방법적/기술적 지식을 제공해 줄 필요가 있다. 국내의 연구자들이 자신들이 수집한 질적 자료를 서구의 연구자들이 NVivo, Ethnograph, MAXdaq 등의 프로그램들을 활용하여 관리하고 분석하고 공유하고 보관하는 것처럼, 테크놀로지를 활용한 질적 자료 관리와 분석의 기술적 방법을 제시해 줄 필요가 있는 것이다. 그리하여 그 동안 외국의 소프트웨어를 수입하여 적용하면서 겪었던 여러 가지 언어적/기술적/경제적 문제들을 감소시키면서 한국인이 보다 쉽게 활용할 수 있는 한국형 질적 자료 분석 소프트웨어를 국내 처음으로 개발했다(www.thebluebird.kr).

'파랑새'의 발자취

2015년 4월 24일에 첫 선을 보인 파랑새1.0은 사용자들의 요구와 연구진의 지속적인 수정, 보완 작업을 통해 1년 만에 파랑새2.0으로 업그레이드할 수 있었다. 파랑새1.0과 파랑새2.0에 걸쳐 유지해 온 기본적인 기능을 중심으로 특징을 살펴보고 파랑새2.0만의 차별적인 장점을 살펴보고자 한다. 먼저, 파랑새2.0이 가진 특징을 살펴보면 다음과 같다.

첫째, 주요 메뉴가 전사, 코딩, 주제생성으로 이어지는 질적 연구 방법을 프로그램에 그대로 구현했다는 점이다. 즉, 파랑새1.0을 활용하여 질적 연구의 주요 방법을 체득할 수 있을 뿐만 아니라 연구 수행 과정에서 생성되는 방대한 자료를 효과적으로 관리할 수 있다.

둘째, 수집된 자료를 불러오거나 직접 입력이 가능하다. 대개의 경우, 질적 연구자들은 수집한 질적 자료를 전사한 후 파일화하여 컴퓨터에 저장하는 경우가 많다. 예를 들어, 연구자가 연구 참여자들을 대상으로 인터뷰를 했다면 모든 내용을 보이스레코딩 기기를 활용하여 음성을 녹음할 것이다. 녹음 후에는 다시 재생하면서 모든 내용을 전사하게 되는데, 이 과정에서 한글 혹은 MS 워드 같은 문서 편집 프로그램을 활용하여 전사 작업을 수행하게 된다. 이렇게 만들어진 전사본 파일을 파랑새2.0으로 불러와 질적 자료를 효과적으로 관리하면서 분석할 수 있다. 또한 파랑새2.0 자체에서 자료를 직접 입력할 수도 있다. 웹과 연결된 노트북이 있다면 연구자는 현장을 직접 참여 관찰하거나 성찰한 내용을 입력할 수도 있다.

셋째, 자체 입력 기능을 활용하여 오디오와 자료의 전사도 가능하다. 파랑새2.0은 자체 텍스트 입력 기능을 제공하기 때문에, 컴퓨터에서 기본적으로 제공하는 오디오를 재생하면서 연구에 필요한 내용을 직접 전사함으로써 시간 효율성을 제공할 수 있다.

넷째, 기존의 질적 자료 분석 소프트웨어를 습득하면서 낭비되었던 시간과 노력을 최소화할 수 있다는 장점이 있다. 기존의 외국에서 개발된 질적 자료 분석 소프트웨어의 가장 큰 단점으로 지적된 사항은 소프트웨어를 활용하는 데 많은 학습 시간과 노력이 소요된다는 점이다. 앞서 언급한 것처럼, 질적 연구의 주요 방법인 전사 - 코딩 - 주제생성을 그대로 파랑새2.0을 통해 메뉴화했기 때문에 파랑새2.0의 사용법을 익히기 위해 별도의 많은 시간과 노력을 투자할 필요가 없다는 것이 큰 장점이라고 할 수 있다.

다섯째, 사용자 편의성을 추구했다. 파랑새2.0은 세계 최초 한글 기반 질적 자료 분석 소프트웨어이다. 그렇기 때문에 한국의 질적 연구자들이 수집된 자료를 체계적으로 관리하면서 질적 분석이 가능하도록 하기 위해 사용자들이 쉽게 접근할 수 있도록 사용자 중심의 인터페이스를 구현했다.

여섯째, 개인 연구뿐만 아니라 팀 기반 공동 연구 수행을 가능하도록 했다. 기존의 외국의 소프트웨어와는 다르게 파랑새2.0은 CD-ROM 방식이 아닌 웹 기반 사이트 형태로 개발했다. 따라서 각 사용자들이 초기 설정 시 공동 연구라는 옵션을 선택함으로써 공동 연구를 수행할 수 있다. 이것은 질적 연구를 수행하는 공동의 연구자들에게 많은 시사점을 제공한다. 먼저, 물리적으로 다른 공간에 분리되어 있는 각 연구자들을 파랑새2.0을 통해 동일한 가상공간에 집결시킨다. 이것은 연구자들의 사회적 실재감(social presence)을 높여 팀 기반 협력을 통한 공동 연구의 효과성을 극대화하는 데 기여할 수 있다. 또한 연구자들은 역할을 분담하여 공동의 연구를 효과적으로 수행할 수 있다. 예를 들어, 두 명의 공동 연구자가 동일한 연구를 수행한다면 한 명은 질적 자료를 수집하여 전사하고 다른 한 명은 코딩과 주제생성 작업을 수행한 후, 최종적으로 공동의 사고를 통해 연구 결론을 도출할 수 있다. 마지막으로 각 연구자들의 관점을 효과적으로 반영할 수 있다. 코딩된 자료 혹은 주제생성된 것에 다른 연구자들의 관점이 결합됨으로써 미처 생각하지 못했던 연구 결과를 발견하도록 함으로써 시너지 효과를 제공할 수 있다.

파랑새2.0의 장점

파랑새2.0이 가진 기능을 중심으로 기본적인 특징들을 살펴보았다. 이번에는 파랑새1.0이 2.0으로 업그레이드되면서 어떠한 기능이 새롭게 추가되었으며 어떤 점에서 1.0과 차별성을 띠고 있는지를 살펴보고자 한다. 먼저, 파랑새2.0에 새롭게 추가된 기능은 다음과 같다.

- 자료 수집 날짜 표시 기능
- 코딩 제목, 색상, 내용의 수정 기능
- 더욱 편리해진 카테고리 기능
- 카테고리 항목에 분석적 메모 기능 추가
- 주제 생성 과정의 체계화
- 즉각적인 논문 작성의 지원 체계 강화

첫째, 자료 수집 날짜 표시 기능을 추가했다. 코딩/ 코딩구조 메뉴 접속 후 프로젝트를 신규 추가하거나 기존 등록된 프로젝트에서 선택한 후 '전사 및 자료 입력 탭'을 클릭하면 기초자료를 입력할 수 있는 게시글 작성 툴이 나타나는데 하단 항목 중 자료정보, 참고 URL, 첨부파일 항목에 대해 자료 수집 일자를 직접 입력하는 기능을 추가했다.

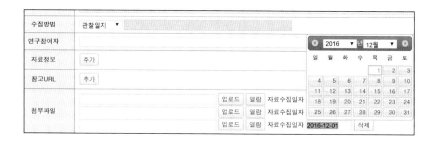

둘째, 코딩 제목, 색상, 내용의 수정이 가능하도록 했다. 파랑새1.0에서는 코드명을 수정할 수 있는 기능이 없었으나, 파랑새2.0에서는 이를 개선하여 코드명뿐만 아니라 색상 및 내용까지도 수정이 가능하도록 했다.

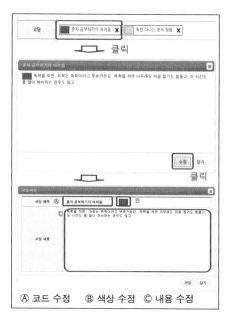

셋째, 더욱 편리해진 카테고리 기능을 추가했다. 카테고리를 생성해 가는 과정에서 사용자 중심의 편의성을 추구했으며 코드들을 카테고리에 포함하는 방법도 더욱 간편하게 개선했다.

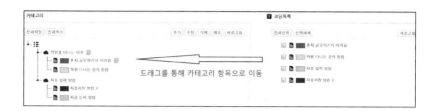

넷째, 카테고리 항목에 분석적 메모 기능을 추가했다. 카테고리 항목에 '분석적 메모' 기능을 추가함으로써 질적 연구 과정에서 연구자의 반성적 성찰 과정에 효과적으로 통합될 수 있도록 개선했다.

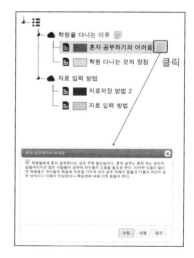

다섯째, 주제생성 과정을 체계화했다. 주제생성의 과정에 보다 체계적으로 접근할 수 있도록 개선했다. 구체적으로 주제생성과 주제 내역으로 분리하여 주제를 생성하는 과정과 실제 주제를 검토해 가면서 보다 섬세한 주제 도출 작업에 몰입할 수 있는 편의를 제공했다.

여섯째, 즉각적인 논문 작성의 지원 체계를 강화했다. 최종적인 글쓰기 작업을 위해 연구를 진행하면서 작업한 결과인 주제목록, 코딩구조, 코딩목록, 자료, 코딩북을 제공함으로써 더욱 효과적인 논문 작성 지원 체계를 강화했다.

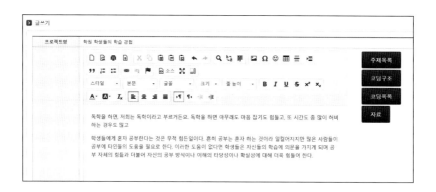

4. 파랑새2.0을 활용한 질적 자료 분석

파랑새 접속 및 회원 가입

파랑새2.0을 활용한 질적 연구 수행을 위해 파랑새 사이트(http://www.thebluebird.kr)에 접속한다.

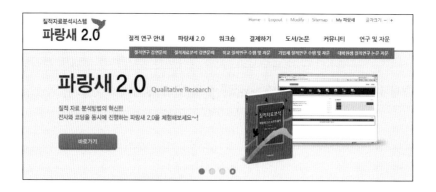

위의 사이트는 파랑새를 활용한 질적 자료 분석을 가능하게 하는 시스템이 아니라 질적 연구 및 파랑새를 소개하는 웹 사이트이다. 전반적인 질적 연구에 대한 안내, 파랑새 2.0의 활용 방법 및 매뉴얼, 파랑새 워크숍 소개, 질적 연구 관련 도서 및 논문 안내, 질적 연구에 대한 연구 및 자문 공간을 둠으로써 사용자들이 이 사이트를 통해 질적 연구에 관

한 다양한 서비스를 받을 수 있도록 했다.

파랑새 시스템에 접속하기 위해 [바로가기] 버튼을 클릭하거나 상단의 파랑새2.0/ 파랑새 2.0 입장을 클릭한다. 파랑새 시스템은 회원가입 후 사용할 수 있기 때문에 반드시 회원 가입을 한다.

[회원가입] 버튼을 클릭하면 회원가입 절차에 따라 파랑새 회원으로 가입할 수 있다. 먼저, 파랑새 회원가입에 관한 약관에 동의하고 안내하는 절차에 따라 가입한다.

파랑새 회원가입 후, 아이디와 비밀번호를 입력하여 접속하면 아래와 같은 파랑새 시스템의 메인 화면을 만날 수 있다.

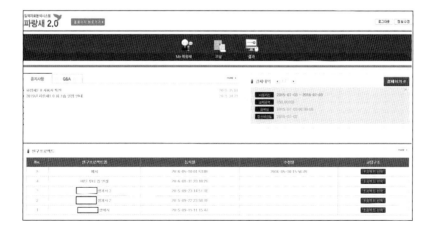

위의 그림에서 보는 것처럼, 파랑새 시스템 메인 메뉴에서는 파랑새 메뉴, 공지사항 및 Q&A, 결재 내역, 그리고 현재 진행 중인 연구 프로젝트를 확인할 수 있다. 각 부분에 대한 간단한 설명을 통해 파랑새 메인 화면의 모습을 파악하도록 한다.

파랑새 메인 화면

파랑새 메뉴 구성

파랑새 메뉴는 My파랑새, 코딩, 결과의 세 개로 이루어져 있다. 이들에 대한 세부 기능과 설명은 구체적인 활용 방법을 다루는 절에서 살펴보고자 한다.

공지사항 및 Q&A

이 부분은 파랑새 사이트(www.thebluebird.kr)와 연동된 것으로, 여기에서는 홈페이지를 통해 제공되는 공지사항과 사용자들이 궁금해하는 사항을 실시간으로 확인할 수 있다. 더불어, 파랑새 시스템을 사용하면서 생기는 의문이나 문제점을 게시함으로써 파랑새 전문가들과의 비실시간 상호작용의 효과성을 구현한 것이다.

결제내역

파랑새 시스템을 사용하기 위해서는 계좌이체를 통한 사용료 결제(1년간 35만원)가 이루어져야 한다. 사용자가 파랑새를 사용하기를 원한다면 우측 상단의 결제하기 버튼을 클릭하여 결제를 진행할 수 있다. 결제가 성공적으로 이루어지면 사용기간, 결제금액, 결제일, 갱신예정일을 중심으로 상세 결제내역을 확인할 수 있다.

연구 프로젝트

메인 화면의 하단에 자리하고 있는 연구 프로젝트는 사용자가 현재 진행 중에 있는 연구 혹은 이미 완료한 연구에 대한 정보를 제공한다. 연구프로젝트명, 생성일, 최종 수정일, 상태, 코딩구조 등에 대한 구체적인 정보를 확인할 수 있다. 만약 현재 진행 중인 연구 작업을 진행하고자 한다면 **프로젝트 선택** 버튼을 클릭하여 자료 수집 및 분석 작업을 수행할 수 있다. 또한 현재 진행 중인 프로젝트를 삭제하고자 한다면 우측 상단에 있는 **MORE ▶** 버튼을 클릭하여 삭제할 수 있다.

코딩

파랑새 시스템의 메인 메뉴 중에서 코딩 메뉴에 대해 살펴보고자 한다. 코딩 메뉴에서는 질적 자료를 수집 및 전사하고 이러한 자료를 읽으면서 코딩하고 범주화하며 주제를 생성하는 일련의 과정을 가능하게 한다. 우선 코딩 메뉴를 클릭하면 아래의 그림과 같이 세 개의 하위 메뉴가 오른쪽으로 펼쳐지는 것을 확인할 수 있다.

코딩구조

코딩구조를 클릭하면 가장 먼저 연구프로젝트명을 입력하거나 기존의 연구 중인 주제를 선택할 수 있다.

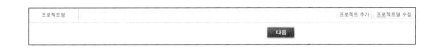

만약, 새로운 연구를 수행하고자 한다면 프로젝트명 입력 공간에 연구 주제를 입력한 후, **프로젝트 추가** 버튼을 클릭하여 새로운 프로젝트를 만들 수 있다. 예를 들어, '한 초

등학교 교사들의 SNS 사용의 특징과 의미에 대한 인터넷 문화기술지'라는 새로운 연구를 진행하고자 할 때 이 연구 주제를 입력하고 **프로젝트 추가**를 클릭하면 아래와 같은 알림 창이 나타난다.

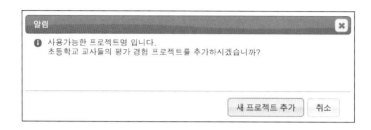

하단의 **새 프로젝트 추가** 버튼을 클릭하면 새로운 연구 주제가 생성됨을 확인할 수 있다.

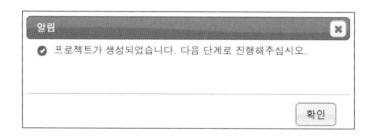

확인 버튼을 클릭하여 연구를 계속 진행할 수 있다. 이미 생성한 프로젝트명을 수정하기를 원할 때는 프로젝트명 입력 공간에서 직접 수정한 후 **프로젝트 수정** 버튼을 클릭하면 수정된 프로젝트명이 반영된다.

기존의 연구를 선택하여 계속 진행하고자 할 때는 **진행중인 프로젝트 선택**을 클릭하면 현재 진행 중인 연구 목록이 나타난다. 이 중에서 하나를 선택하여 연구를 진행할 수 있다.

No.	연구프로젝트명	등록일	수정일	선택
8	가려진 교육과정: 휴식 시간에 대한 연구	2017-01-22 01:25:13		선택
7	교육과정 실행에서 교사의 실천 전략에 대한 연구	2017-01-22 01:21:53		선택
6	초등학교 교사들의 평가 경험	2017-01-22 00:59:40		선택
5	예시	2016-05-10 01:53:09	2016-05-10 15:56:49	선택
4	마딘 루터 킹 연설	2016-01-31 20:18:29		선택
3	샘예시 3	2015-03-23 14:51:18		선택
2	샘예시 2	2015-03-22 23:58:16		선택
1	샘예시	2015-03-15 11:15:47		선택

기존의 진행 중인 프로젝트를 선택하거나 새로운 연구프로젝트명을 만든 후, **다음** 버튼을 클릭하여 본격적인 자료 수집 및 전사 작업을 수행할 수 있다. **다음** 버튼을 클

릭하면 가장 먼저 질적 연구를 위해 수집한 자료를 전사하고 자료를 입력할 수 있는 공간
으로 이동하게 된다.

교육과정 실행에서 교사의 실천 전략에 대한 탐구 프로젝트

| 전사 및 자료입력 | 코딩지정 | 코딩구조 | 주제생성 | 주제목록 | 코딩목록 | 글쓰기 | 코딩빈도 |

전사 및 자료입력

전사 및 자료입력은 수집한 질적 자료를 전사하거나 전사된 자료를 입력할 수 있는 공간
으로, 여기서는 연구자의 효율적인 자료 관리를 위해 다양한 옵션을 제공한다.

전사 및 자료입력은 연구자에게 자료 수집과 관리의 체계성과 효율성을 제공하기 위해
제목, 자료입력, 수집방법, 연구참여자, 자료정보, 참고URL, 첨부파일로 세분화했다.

제목에는 연구자가 수집한 자료와 관련된 제목을 부여할 수 있고, 자료입력에는 실제
로 수집한 자료를 입력하는 공간이다. 수집방법으로는 질적 자료 수집의 유형을 지정할
수 있는데, 구체적인 유형은 관찰일지, 면담, 성찰일지, 자유글쓰기, 기록물, 직접입력의
여섯 가지로 구분되어 있다.

연구참여자에는 자신이 수행한 연구에 참여한 사람이 누구인지 구체적인 참여자 정보를 입력할 수 있고, 자료정보에는 연구자가 자료를 입력하거나 전사한 자료에 대한 부연 설명을 기록할 수 있다. 참고URL은 수집한 자료가 웹 자료인 경우 웹 주소를 입력할 수 있는 공간이다. 첨부파일에는 수집한 자료와 관련된 파일을 저장해 둠으로써 안전하게 백업할 수 있는 장치로서의 기능도 수행한다. 전사 및 자료입력에서 제공하는 구체적인 세부 기능은 아래 표와 같이 정리할 수 있다.

〈표 1〉 전사 및 자료입력의 세부 기능

구분	기능 설명
제목	연구자가 수집한 자료와 관련된 제목 부여
자료입력	연구자가 실제로 수집한 자료 입력
수집방법	질적 자료 수집 유형 선택
연구참여자	연구 참여자에 대한 정보 기록
자료정보	입력하거나 전사한 자료에 대한 부연
참고URL	수집한 자료가 웹 자료인 경우 주소 입력
첨부파일	관련 파일 백업 혹은 저장

코딩지정

코딩지정에서는 연구자가 입력하거나 전사한 자료를 분석적 읽기 과정을 통해 면밀하게 검토하면서 연구 목적과 관련된 코드들을 만들 수 있는 기능을 제공한다. 연구자가 전사 및 자료입력을 통해 수집한 자료는 입력한 시간 순서에 따라 자료 목록이 리스트된다. 여기서 [코딩지정] 버튼을 클릭하여 수집한 자료를 코드화할 수 있다. [코딩지정] 버튼을 클릭하면 연구자가 수집한 자료의 내용들을 바탕으로 코드화할 수 있는 공간이 나타난다. 이때 코드화하고 싶은 내용을 마우스로 블록 지정한 다음, 우측 상단에 있는 [코딩] 버튼을 이용하여 코딩할 수 있다.

위와 같이 연구자는 코드화하고자 하는 내용을 블록 지정한 후, 코딩 버튼을 클릭한다.

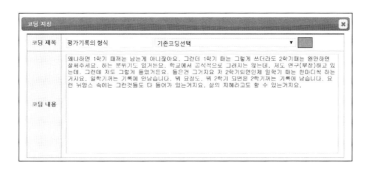

코딩 버튼을 클릭하면 코딩 지정 창이 나타난다. 연구자가 부여하고자 하는 코딩 제목을 입력하고 저장하면 하단에 부여한 코드명이 생성된 것을 확인할 수 있다. 이때 텍스트의 어느 부분이 코드화되었는지를 확인할 수 있도록 하기 위해 텍스트에 색깔을 입힐 수 있다. 이러한 과정을 반복함으로써 연구자는 질적 연구의 기초 단위가 되는 코드들을 만들 수 있다. 만약 연구자가 코드명을 잘못 부여했다면 코드명 옆에 있는 × 표시를 클릭하여 삭제할 수 있다.

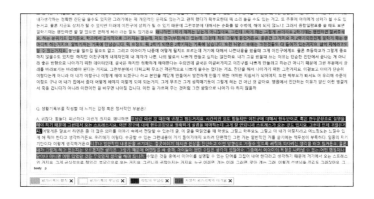

위의 과정을 통해 코드가 지정되면 수집한 자료 목록에 일어난 변화를 확인할 수 있다. 즉, 수집한 자료에 코드가 하나라도 지정되어 있으면 최종 지정일 날짜가 표시되지만, 지정된 코드가 하나도 없으면 최종 지정일 날짜가 비어 있다. 이것을 통해 연구자는 자신이 수집한 자료에 지정된 코드가 있는지 없는지를 확인할 수 있다.

No.	자료	코딩지정	등록일	최종지정일	수집방법
2	5월 10일 인터뷰	코딩지정	2017-01-22 02:05:55		관찰일지
1	4월 21일 인터뷰	코딩지정	2017-01-22 01:44:15	2017-01-22 01:51:50	면담

코딩구조

코딩구조에서는 연구자가 만든 코드들을 바탕으로 범주화할 수 있는 기능을 제공한다. 이때 범주화된 항목에 포함될 수 있는 코드들이 삽입될 수 있는 기능을 제공함으로써 연구 주제 생성의 토대를 부여한다. 코딩구조에서는 먼저 인터페이스에 대한 이해가 필요하다. 좌측에는 '카테고리', 중앙에는 연구자가 생성한 '코드목록', 그리고 우측에는 '지정코딩'이 위치하게 된다. 먼저 가운데에 위치한 '코딩목록'에 대해 설명하고자 한다.

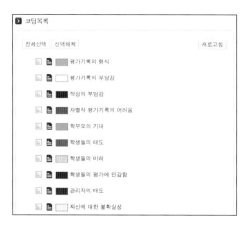

코딩목록은 연구자가 수집한 자료를 바탕으로 생성한 코드들을 말한다. 이러한 코드들은 왼쪽에 위치한 카테고리를 만드는 바탕이 된다. 예를 들어, 사과, 배, 바나나, 귤과 같은 코드들이 있다고 하면 이러한 코드들은 '과일'이라는 이름으로 목록화될 수 있다. 이와 마찬가지로 연구자는 이러한 코드들을 바탕으로 자신이 수행하고 있는 연구 목적과 맥락을 적절하게 표현할 수 있는 용어나 표현을 활용하여 목록화할 수 있다. 이미 생성된 코드들을 바탕으로 목록화하기 위해서는 상단에 있는 기능 버튼을 활용하여 카테고리를 추가하거나 삭제할 수 있다.

새로운 카테고리를 추가하기 위해서는 카테고리를 생성할 위치에 버튼을 클릭한 후 상단에 있는 기능 메뉴 중에서 ➊ 추가 ➋ 버튼을 클릭하여 생성할 수 있다. 예를 들어, 가장 상위 카테고리를 생성하기 위해서는 ☷ 부분을 클릭한 후, ➊ 추가 ➋ 버튼을 클릭하여 카테고리를 만들 수 있다.

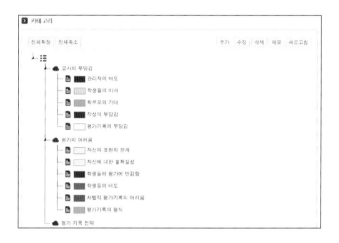

만약 연구자가 생성된 카테고리 이름을 바꾸고자 한다면 상단의 ➊ 수정 ➋ 버튼을 클릭하여 변경할 수 있다. 이때 연구자의 분석적 메모를 기록할 수 있는 공간도 제시되는데, 연구자의 반성적 성찰을 통해 기록할 내용이 있을 경우 이용하면 된다.

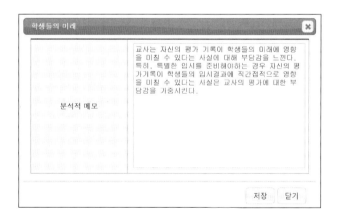

위의 수정 과정을 통해 카테고리명이 바뀐 것을 확인할 수 있다. 또한 분석적 메모란에 내용을 기입했기 때문에 아래 그림에서처럼 노란색 포스트 잇 모양의 아이콘이 생긴 것을 확인할 수 있다.

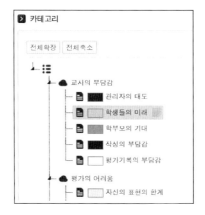

위에서 살펴본 것처럼 질적 코드는 카테고리를 만드는 데 활용된다. 즉, 코드들의 유사성, 위계성 혹은 상호작용성 등과 같은 관계성을 고려하여 연구에 필요한 카테고리를 만들면서 의미 있는 주제를 생성하게 된다. 그런데 이러한 과정은 연구자의 장시간에 걸친 질적 연구 수행 과정을 통해 수정 혹은 정선된다. 이러한 수정 및 정선의 과정으로 특정 코드의 위치가 바뀌는 경우가 생길 수 있다.

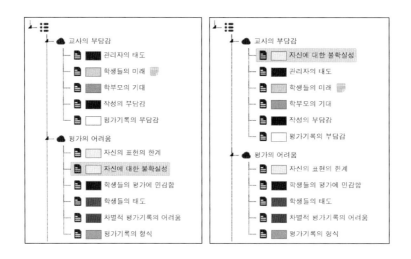

위에서 보는 것처럼, '신뢰 형성'에 위치한 '학생 관찰'이라는 코드가 '학생 이해' 카테고리로 이동할 필요가 있을 경우에는 학생 관찰을 마우스로 드래그하여 옮기고자 하는 위치로 가져다 놓으면 된다.

주제 생성

주제 생성에서는 연구자가 생성한 카테고리들을 바탕으로 연구의 목적과 맥락을 부각시킬 수 있는 주제를 생성하는 기능을 제공한다. 이때 주제 생성은 질적 연구가 이루어진 맥락이 최대한 반영될 수 있도록 비유적이고 상징적인 표현으로 구현될 수 있도록 해야 한다. 그렇기 때문에 최초에 생성된 주제는 연구가 완결될 때까지 지속되기보다 전사, 코딩, 주제 생성의 순환적인 반복과 연구자의 지속적인 이론 탐색 및 반성적 성찰의 과정 속에서 변경, 수정, 정선되는 과정을 거쳐 완성되는 경우가 많다. 그렇기 때문에 질적 연구자는 여기서 소개하고 있는 주제 생성 역시 순차적이고 선형적인 과정에서의 독립적인 활동이라기보다는 전사 및 자료입력, 코딩, 주제 생성이 동시에 이루어지는 활동이며 이 세 가지를 유기적이고 통합적인 관점에서 접근하려는 노력이 필요하다.

주제생성은 카테고리, 코딩내용, 주제생성, 주제목록이라는 네 개의 작업 공간으로 이루어져 있다. 먼저 좌측에 위치한 카테고리는 연구자가 코딩구조에서 생성한 카테고리 목록을 보여 준다. 이때 각 카테고리에 있는 '흰색의 삼각형 모양 화살표'를 클릭하면 '검은색의 삼각형 모양 화살표'로 바뀌면서 그 속에 포함된 코드들을 보여 준다. 이 과정을 반복하면서 카테고리를 열고 닫을 수 있다.

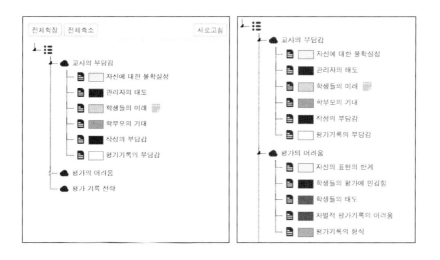

주제생성의 가운데에는 코딩내용이 위치하고 있다. 코딩내용 부분에서는 우측의 카테고리에서 카테고리 안에 포함된 코드를 클릭하면 실제로 어떠한 내용들이 코드화되었는지를 구체적으로 보여 주게 된다. 실제로 구체적인 내용들은 실제 논문에 활용될 인용구에 해당하는 실증적인 자료로서의 역할을 한다.

　　우측에 위치한 주제생성은 가운데 카테고리 코딩내용과 연계한 기능으로 실제 논문을 작성하는 부분이기도 하다. 먼저 연구자가 생성한 카테고리를 바탕으로 주제를 생성하게 된다. 예를 들어, 학생 이해, 신뢰 형성, 배움 중심의 교육이라는 세 개의 카테고리를 활용하여 '학생 이해와 신뢰에 기반한 배움 중심의 교육'이라는 주제를 생성한 것을 확인할 수 있다.

　　위의 예시처럼, 주제생성은 연구자가 생성한 카테고리를 바탕으로 연구 목적 달성에 부합하는 내용으로 부여한다. 이때 특정 주제생성에 기여한 카테고리와 코드들을 바탕으로 전사 자료를 가져올 수 있다. 위에서처럼, 연구자가 '학생 이해와 신뢰에 기반한 배움 중심의 교육'이라는 의미 있는 주제를 도출했다면, 이 주제는 '학생 이해', '신뢰 형성', '배움 중심의 교육'이라는 카테고리와 그 속에 포함된 코드들을 바탕으로 만들어졌다는 것을 알 수 있다. 이때 연구자가 실제 연구 논문을 작성할 경우에는 자신이 규명한 현상과 의미를 밝히기 위해 실제 전사한 내용을 바탕으로 논리적으로 글을 쓰게 된다. 이때 가운데에 위치한 '코딩내용'을 통해 실제 전사본을 확인하면서 이것을 주제생성으로 가져올 수 있다. 즉, 상단의 '복사하기'와 '추가하기' 기능을 이용하여 가져올 수 있다. 이러한 과정을 통해 주제생성에는 연구자가 생성한 주제를 뒷받침할 수 있는 인용문을 가져올 수 있다.

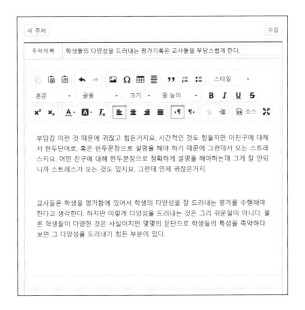

연구자는 위와 같은 과정을 통해 자신이 밝히고자 하는 연구 목적을 달성하는 데 필요한 의미 있는 주제를 도출하고 생성된 주제의 목록들은 상단에 있는 '주제목록'을 통해 제시된다.

질적 연구자는 연구 목적을 드러내 줄 수 있는 주제가 도출되면 카테고리들의 특징이 드러날 수 있도록 타당한 인용문을 제시하면서 기술하고 해석하는 글쓰기를 통해 자신의 논리를 전개해 간다. 위의 예를 통해 제시한 것처럼, '학생 이해와 신뢰에 기반한 배움 중심의 교육'이라는 주제가 생성되었다면 연구자는 '학생 이해', '신뢰 형성', '배움 중심의 교육'이라는 세 개의 카테고리의 특징들이 효과적으로 부각될 수 있도록 인용문을 활용하면서 독자와 공명할 수 있는 글을 쓰게 된다. 이때 코딩내용에서 '추가하기' 버튼을 클릭하면 좌측의 주제생성에 해당 인용구가 삽입된다. 이처럼 연구자는 파랑새 시스템에서 즉각적으로 논문을 작성할 수 있는 장점이 있으며 이를 복사하여 특정 학회 혹은 대학에서 요

구하는 논문의 편집 양식에 붙여 넣기를 하여 편집하고 활용할 수 있다.

주제생성에는 상단에 '임시저장'과 '저장(주제확정)'이라는 두 개의 버튼이 있다. '임시저장'은 표현 그대로 임시적으로 저장하는 것으로 주제가 언제든지 바뀔 수 있다는 질적 연구의 역동성을 반영한 것이다. 이 기능을 활용함으로써 연구자는 변화의 과정을 기록할 수 있으며 이전의 히스토리를 참고함으로써 새로운 통찰을 얻는 데 활용할 수도 있다. 임시저장한 내용은 '임시저장' 탭에서 확인할 수 있다. '저장(주제확정)'은 메인 메뉴 '결과'의 '프로젝트 결과'에서 확정된 주제를 확인할 수 있다.

[그림 1] 질적 자료 분석 과정과 글쓰기 과정

위의 그림에서 보는 것처럼 질적 자료 분석 과정은 수집한 자료를 전사하고 이를 바탕으로 코딩 작업을 수행한다. 코딩 작업을 통해 생성된 다량의 코드들을 바탕으로 카테고리를 만들고 최종적으로 주제를 생성하는 과정을 거친다. 그런데 질적 글쓰기 과정은 이와 반대의 과정이라고 할 수 있다. 연구 목적과 맥락을 반영할 수 있는 주제를 먼저 제시하고 이를 타당화하는 과정으로 카테고리와 코드들의 내용들이 실증적으로 반영될 수 있도록 적절한 인용문을 삽입하면서 기술하고 해석하는 글쓰기를 하게 된다.

주제목록

주제목록에서는 연구자가 생성한 주제의 목록을 보여 준다. 연구자가 생성한 주제의 목록을 일괄적으로 보여 주는 가독성이 있으며, 다시 수정이 필요한 경우에는 수정 버튼을 클릭하여 내용을 수정할 수 있다. 이때 수정 버튼을 클릭하게 되면 주제생성으로 이동하여 연구자가 그 동안에 만든 코드, 카테고리를 참고하여 작업할 수 있도록 해 준다. 만약 삭제하고자 한다면 삭제 버튼을 클릭하여 제거할 수 있다.

No.	프로젝트명	주제제목	작성일	수정일	수정	삭제
3	교육과정 실행에서 교사의 실천 전략에 대한 탐구	교사는 부담감에서 벗어나기 위한 다양한 전략을 사용한다.	2017-01-22 13:21:18		수정	삭제
2	교육과정 실행에서 교사의 실천 전략에 대한 탐구	학생의 미래에 대한 걱정은 교사의 평가기록을 부담스럽게 만든다.	2017-01-22 13:20:42		수정	삭제
1	교육과정 실행에서 교사의 실천 전략에 대한 탐구	학생들의 다양성을 드러내는 평가기록은 교사들을 부담스럽게 한다.	2017-01-22 13:15:58		수정	삭제

코딩목록

코딩목록은 연구자가 연구를 수행하면서 생성한 모든 코드들의 목록을 보여 주는 공간이다. 구체적으로 코딩 지정횟수, 카테고리지정 횟수, 등록일, 최종사용일과 같은 정보 제공과 함께 내용보기와 자료수정의 기능을 제공한다.

No.	프로젝트	자료명	코딩	코딩지정횟수	카테고리지정횟수	등록일	최종사용일	내용보기	자료수정
11	교육과정 실행에서 교사의 실천 전략에 대한 탐구	5월 10일 인터뷰	자신의 표현의 한계	1	1	2017-01-22 02:14:54	2017-01-22 02:18:46	내용보기	자료수정
10	교육과정 실행에서 교사의 실천 전략에 대한 탐구	5월 10일 인터뷰	자신에 대한 불확실성	1	1	2017-01-22 02:14:07	2017-01-22 02:18:43	내용보기	자료수정
9	교육과정 실행에서 교사의 실천 전략에 대한 탐구	5월 10일 인터뷰	관리자의 태도	1	1	2017-01-22 02:13:52	2017-01-22 02:18:40	내용보기	자료수정
8	교육과정 실행에서 교사의 실천 전략에 대한 탐구	5월 10일 인터뷰	학생들의 평가에 민감함	1	1	2017-01-22 02:13:36	2017-01-22 02:18:36	내용보기	자료수정
7	교육과정 실행에서 교사의 실천 전략에 대한 탐구	5월 10일 인터뷰	학생들의 미래	1	1	2017-01-22 02:13:12	2017-01-22 02:18:31	내용보기	자료수정
6	교육과정 실행에서 교사의 실천 전략에 대한 탐구	5월 10일 인터뷰	학생들의 태도	1	1	2017-01-22 02:13:00	2017-01-22 02:18:29	내용보기	자료수정
5	교육과정 실행에서 교사의 실천 전략에 대한 탐구	5월 10일 인터뷰	학부모의 기대	1	1	2017-01-22 02:12:42	2017-01-22 02:18:26	내용보기	자료수정
4	교육과정 실행에서 교사의 실천 전략에 대한 탐구	4월 21일 인터뷰	차별적 평가기록의 어려움	1	1	2017-01-22 01:51:50	2017-01-22 02:18:24	내용보기	자료수정
3	교육과정 실행에서 교사의 실천 전략에 대한 탐구	4월 21일 인터뷰	작성의 부담감	1	1	2017-01-22 01:49:44	2017-01-22 02:17:55	내용보기	자료수정
2	교육과정 실행에서 교사의 실천 전략에 대한 탐구	4월 21일 인터뷰	평가기록의 부담감	1	1	2017-01-22 01:49:13	2017-01-22 02:17:52	내용보기	자료수정
1	교육과정 실행에서 교사의 실천 전략에 대한 탐구	4월 21일 인터뷰	평가기록의 형식	1	1	2017-01-22 01:48:24	2017-01-22 02:18:20	내용보기	자료수정

내용보기를 클릭하면 어떠한 내용이 구체적으로 코드화되었는지를 별도의 창의 생성과 함께 제시해 준다. 이를 통해 연구자는 자신이 코딩한 내용의 적절성을 재검토하고 구체적으로 어떠한 내용이 코드화되었는지를 확인함으로써 질적 연구의 전체 과정을 유기적으로 조망할 수 있다. 이때 코딩 내용보기 창이 활성화되면서 원래의 코딩목록은 비활성

화된다. 코딩 내용보기 창을 닫으면 다시 코딩목록이 활성화된다.

만약 연구자가 재검토의 과정을 통해 수정할 필요가 있는 경우에는 자료수정 버튼을 클릭하여 작업할 수 있다.

글쓰기

글쓰기는 연구자가 실제로 글을 쓰는 공간이다. 즉, 그 동안에 수집한 자료와 생성한 코드, 카테고리, 그리고 주제 등을 바탕으로 기술하고 해석하는 글쓰기를 할 수 있는 공간이다. 이때 그 동안 자신이 수행한 작업 내용을 토대로 글쓰기를 할 수 있도록 좌측에 주제목록, 코딩구조, 코딩목록, 자료 기능을 제시했다.

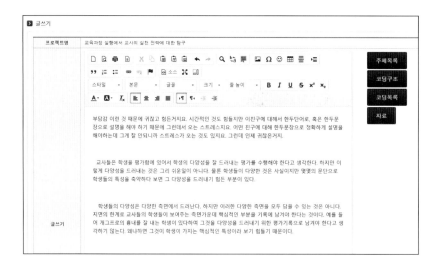

코딩빈도

코딩빈도에서는 코딩 지정횟수, 카테고리 지정비율, 코딩 상세내역을 양적 수량화된 형태인 통계 자료로 제공함으로써 연구자가 질적 연구 수행의 타당하고 신뢰로운 과정을 보완할 수 있는 장치로 활용할 수 있도록 했다.

　코딩 지정횟수는 특정 코드가 얼마나 많이 지정되었는지를 보여 준다. 즉, 각각 다른 자료에서 동일한 코드명으로 지정된 횟수를 말한다.

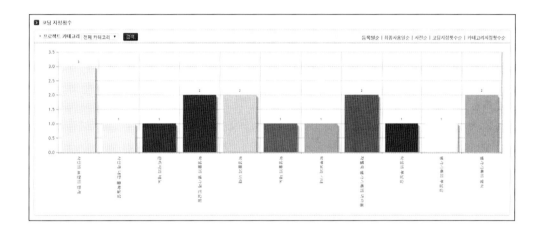

　카테고리 지정비율은 특정 코드가 다른 카테고리에 얼마나 많이 지정되었는지에 대한 비율은 나타내는 것이다.

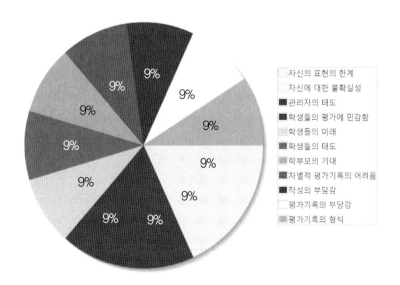

결과

파랑새 시스템의 메인 메뉴 중에서 결과 메뉴에 대해 살펴보고자 한다. 결과 메뉴에서는 코딩 메뉴를 통해 전사, 코딩 작업, 주제생성의 최종 결과를 보여 주  는 프로젝트결과, 그리고 코딩작업에 관한 전반적인 내용을 수량화한 통계 자료로 제시하는 코딩빈도로 구성되어 있다. 우선 결과 메뉴를 클릭하면 아래의 그림과 같이 두 개의 하위 메뉴가 우측으로 펼쳐지는 것을 확인할 수 있다.

프로젝트결과

프로젝트결과에서는 연구자가 수행하고 있거나 완료한 모든 연구의 상태를 보여 주고 출력, 주제수정, 임시저장내역, 프로젝트 삭제와 같은 기능을 제공한다.

No.	프로젝트명	등록일	글쓰기수정일	최종주제생성일	출력	글쓰기	주제목록	프로젝트삭제
8	가려진 교육과정 : 휴식 시간에 대한 연구	2017-01-22 01:25:13			출력	글쓰기	주제목록	프로젝트삭제
7	교육과정 실행에서 교사의 실천 전략에 대한 탐구	2017-01-22 01:21:53		2017-01-22 13:21:18	출력	글쓰기	주제목록	프로젝트삭제
6	초등학교 교사들의 평가 경험	2017-01-22 00:59:40			출력	글쓰기	주제목록	프로젝트삭제
5	예시	2016-05-10 11:53:09	2016-05-10 15:56:49	2016-05-10 15:53:26	출력	글쓰기	주제목록	프로젝트삭제
4	마틴 루터 킹 연설	2016-01-31 20:18:29			출력	글쓰기	주제목록	프로젝트삭제

'출력'은 프로젝트 결과를 인쇄물의 형태로 출력함으로써 가독성을 효과적으로 살리기 위한 것이다. 모니터로만 장시간 작업할 경우 전자파에 노출되어 눈의 피로도가 누적될 우려가 있다. 활자화된 인쇄물로 출력하여 모니터 화면상의 출력 상태에서와는 다른 차원의 검토를 수행할 수 있다. 또한 공동 연구 수행의 경우 파랑새를 통해 작업한 내용을 인쇄함으로써 동료 연구자와 공동 사고를 구현할 수 있다.

'주제수정'은 확정된 주제 검토로 드러나는 문제와 오류를 다시 수정할 수 있는 여지를 제공한다. 연구자는 다시 반복해서 검토하는 과정을 통해 수정하고 보완하여 저장할 수 있다. 검토 결과, 현재의 결과가 주제 확정 수준이 아니라 시간적 여유를 두고 부가적인 연구로 이어져야 한다는 판단이 들면, 하단에 있는 '임시저장 상태로 변경'란에 체크함으로써 '임시저장' 공간으로 이동할 수도 있다.

'임시저장내역'을 클릭하면 메인 메뉴인 '코딩'의 하위 메뉴인 '임시저장'으로 이동하여 그 동안 연구자가 임시적으로 저장한 내용을 확인할 수 있다. '프로젝트삭제'는 연구의 전 과정을 삭제하는 기능이다. 특히, 연구자는 심혈을 기울여 오랜 시간 동안 수집한 질적 자료와 분석한 내용들을 잃을 수 있기 때문에 삭제할 때는 신중한 선택이 요구된다. 이를 위해, 삭제하기 전에 다시 한 번 더 묻는 창을 제공함으로써 섣부른 결정으로 소중한 자료를 손실하는 위험을 방지하고자 했다.

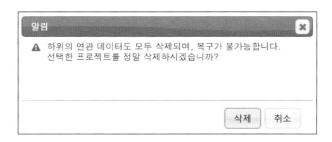

코딩빈도

코딩빈도는 '코딩/코딩구조/코딩빈도'에서와 같은 내용을 보여 준다. 즉, 코딩 지정횟수, 카테고리 지정비율에 대한 통계 그래프와 코딩 및 카테고리별 상세내역을 일목요연하게 제시해 준다.

참고문헌

김영천·김진희(2008). 질적 연구방법론 Ⅱ: Software and qualitative analysis. 서울: 문음사.

김영천·김진희(2008). 질적 연구에서의 자료 분석: 소프트웨어 접근의 이해. 교육인류학연구, 11(1), 1-35.

박종원(2005). 질적 연구자료 분석의 혁명. 서울: 형설출판사.

박종원(2014). 질적 자료 분석: Nvivo 10 응용. 부산: 부경대학교 출판부.

오영범·이현철·정상원(2016). 질적 자료 분석: 파랑새2.0 소프트웨어. 파주: 아카데미프레스.

최희경(2005). 질적 자료 분석 소프트웨어(Nvivo2)의 유용성과 한계: 전통적 분석방법과 Nvivo2 분석방법의 비교. 정책분석평가학회보, 18(1), 123-151.

Fielding, N. & Lee, R. (2007). Honouring the past, scoping the future. plenary paper presented at CAQDAS 07: Advances in Qualitative Computing Conference, University of London. 18-20 April.

Patton, M. Q. (2000). Qualitative research & evaluation methods. (3rd.). London: SAGE Publications.

Richards, L. (2002). Nvivo 2. CA: Sage publications software.

Weitzman, E. & Miles, M. (1995). Computer programs for qualitative data analysis. Thousand Oaks, CA: Sage.

15

자료 분석을 위한
최종 점검사항

자료 분석이 드디어 끝났다. 그러나 엄밀한 의미에서 끝난 것이 아니다. 왜냐하면 코딩 자체가 분석을 의미하지 않으며 이제는 분석을 치장해 줄 수 있는 다양한 방법의 정리방법이 필요하다. 특히 자신의 연구나 연구의 결과가 기존에 나타나지 않은 것, 새로운 것, 의미 있는 것이라면 더욱더 연구의 분석 결과를 더욱 효과적으로 정리하고 참신하게 하고 다듬을 수 있는 능력이 필요하다. 즉, 평가자와 독자들의 관심과 매력을 이끌어 낼 수 있도록 작품을 한 차원 세련되게 만드는 작업이 필요하다. 좋은 소재와 재료를 가지고 음식을 만들었다면 이제 예쁜 그릇과 테이블, 꽃병 그리고 분위기 있는 조명이 필요하다. 아울러 음식을 내놓는 순서와 빛깔, 색깔 이 모든 것을 조화롭게 갖추어야 정찬이 성공적으로 평가받게 된다. 그리고 그러한 모든 순서와 내용, 형식은 그날 초대받은 손님들이 감탄할 수 있도록 인상적이고 효과적으로 준비되어야 한다.

[그림 1] 자료 분석을 위한 최종 점검사항

1. 두괄식 글쓰기

많은 내용들을 모두 읽거나 결과를 기다리는 인내심 많은 연구자들 혹은 독자들은 거의 없다. 우리가 일상생활에서 사용하는 글(또는 말)의 95% 정도가 정보 전달을 목적으로 한다. 정보 전달을 목적으로 하는 글(또는 말)은 두괄식이 미괄식보다 100배 더 좋다. 우리가 평소에 글(또는 말)을 사용할 때, 상대방이 자신의 의도(결론)를 정확히 파악하기를 원한다. 그렇다면 너무도 당연하게 자신의 의도(결론)를 먼저 이야기하는 것이 좋다. 결국 우리가 평소에 사용하는 글(또는 말)의 95%는 두괄식으로 하는 것이 좋다. 학술적인 글은 정보 전달의 비율이 더욱 높아진다. 글쓴이의 의도(결론)가 파악되지 않으면, 읽는 사람은 문장의 뜻을 이해하기 어려운 경우가 많다. 따라서 내용의 진술과 묘사, 그리고 점진적인 결론에 도달하는 글쓰기보다는 미리 연구 결과를 알려 주는 글쓰기가 낫다. 즉, 분석의 내용과 그 결과를 시작에 알려 주고 그 결과가 어떻게 도출되었는지를 설득시키는 표현의 방법이 더 효과적이다. 이를 위해서는 내용의 첫머리에 중요한 내용을 기술하는 것이 중요하다. 내용을 압축적으로 드러내는 그림이나 표 등을 적극적으로 활용하는 것 역시 좋은 방법이다. 다음 예를 보자. 이 예는 〈다문화교육연구〉에 실린 박창민·조재성·김영천(2016)의 「더 나은 미래를 위하여: 우리나라 초등학교 현장에서의 다문화 교육과정의 딜레마들에 관한 질적 사례 연구」에서 발췌한 것이다.

교육내용 영역: 다문화교육과정 개발 및 적용의 부족(박창민 · 조재성 · 김영천, 2016)

두 번째로 제시할 수 있는 문제점은 상당수의 일선 학교에서 다문화교육과정의 개발 및 적용이 제대로 실천되고 있지 못하다는 것이다. → 두괄식으로 이번 절에서는 다문화교육과정 개발 및 적용이 부족하다는 내용을 첫머리에 제시하고 있다. 다문화적 교육과정이란 다문화학생들뿐 아니라 비다문화적 학생들이 자신들의 충만한 잠재력을 계발하도록 고려 및 배려된 교실 환경에서 다양하고 복합적인 시각을 활용한 교수 · 학습과정이 이루어지는 것을 의미한다(Bennett, 2007). 연구자가 3장에 제시한 분석의 기준에 비추어 볼 때에도 정체성 교육, 문화다양성 교육, 반차별 · 반편견 교육, 평등 · 인권 · 사회정의 교육, 세계시민의식 교육(국가평생교육진흥원, 2014) 등의 다양한 다문화 영역들을 아우를 수 있는 교육과정이 개발 및 적용되어야 한다. 하지만, 이러한 기준에 비추어 볼 때, 학교 현장에서의 다문화교육과정은 제대로 실천되고 있지 못했다. 우리나라에서도 다문화교육과정의 필요성은 2007 개정 교육과정 이후 다문화교육 요소들이 교육과정 총론상에 명시되면서부터 분명 강조되기 시작했다. 이에 한국어 교육과정이나 특별 학급의 프로그램들도 교육과정 내에 편성하여 시행할 수 있다는 조항 역시 명시화되었다. 그러나 이들이 교육과정의 의무사항이라기보다는 일선 학교의 재량에 따라 실천할 수 있도록 하는 권고 사항에 그치고 있기에, 대부분의 학교에서 다문화교육과정을 제대로 운영조차 하고 있지 않았다.

2. 분석 결과를 학술적으로 연결시키기

질적 연구의 분석 과정에서는 새로운 발견, 통찰력, 지식 등의 제공, 기존 이론의 문제점 제기, 이론의 확장, 새로운 문제들의 제기 등을 통해 독자와 청중에게 새로운 생각과 통찰적 지식을 제공하도록 표현하는 것이 중요하다. 그런데 이러한 내용이 너무 현장중심적 자료들과 연구자의 일인 분석을 하는 것은 위험하다. 때문에 관련 주제나 결과에 대해 기존의 학자들이나 이론들은 무엇이라고 했는지를 제시함으로써 주장이나 결과를 학술적인 내용으로 느끼게 만드는 것이 중요하다. 즉, 기존 연구나 이론과 새로운 질적 연구 사이의 간격을 메꾸어 주는 작업이 필요한 것이다. 그런데 많은 질적 연구에서 제1장, 2장, 3장은 학술적이지만 제4장에 가서는 너무 비학술적인 경향이 크다. 이러한 불균형을 없애기 위해 제4장 역시 학술적인 특징을 드러내도록 노력해야 한다. 특히 이론적 배경이 주로 기술되는 2장과의 연결이 필수적이다. 예를 들어, 단순히 어떤 결과가 있었다고 분석하고 기술하는 것이 아닌 2장에 활용된 학술적 용어와 개념 등을 적절히 사용해야 하는 것이다. 다음 예를 보자.

> 교재에는 필리핀 학생인 라몬이라든지 키르기스스탄인 올가, 그리고 케냐 사람인 사무엘이 나온다. 자연스럽게 쑤잉은 그들의 나라가 어디에 위치해 있고 어떤 자연 환경에서 살아가고 어떤 생김새를 지니고 있는지를 궁금해했다. 그리고 인터넷을 통해 이들 내용들을 연관 지어 살펴보는 과정에서 쑤잉은 나의 다름은 당연한 것이고 마땅히 인정받아야 할 성격의 것이라는 이야기를 나누어 보았다. 더불어, 비록 아직까지 우리나라가 나아가야 할 길이 멀긴 하지만, 다른 사람들과 어울려 살아가는 것이 결코 부끄러운 것이나 숨어야 할 이유가 되지 않는다는 사실을 나와 함께 나눌 수 있었다. 그리고 이러한 관점은 단순히 다문화교육이라는 조금 협소한 측면을 뛰어넘어서, 최근 새롭게 각광받고 있는 미국의 유명한 다문화교육학자인 Banks의 세계시민교육이라든지 유럽의 시민교육이라는 조금 더 넓은 개념의 관점과도 연계된다. 즉, 단순히 다문화배경 학습자와 같은 인종의 차원뿐 아니라 특수학생, 소외계층, 성 소수자 등의 다양한 존재들을 함께 이끌고 나갈 수 있는 기반이 되는 만큼, 우리나라 多문화교육이 나아가야 할 방향으로 여겨진다. 왜냐하면 이러한 방향에 대한 실제적인 고민들이 다문화가정 학생들 개개인의 배경과 맥락을 충분히 고려하는 현행의 다문화 교육 체제와도 잘 부합한다는 점에서 더욱 그러하다. → 분석 결과를 학술적으로 연계하기

3. 자료 분석에 대한 연구자의 위치성 평가하기

연구자의 정치적 입장이나 신념이 연구 자료의 분석에 얼마나 영향을 끼쳤는지를 확인하는 과정은 매우 중요하다. 이러한 과정은 다음과 같은 항목들을 확인하는 것을 포함한다.

- 의도적으로나 무심히 부정적인 사례를 삭제하지는 않았는가?
- 연구 주제에 대해 긍정적 태도를 가지고 있는가? 아니면 부정적 입장을 가지고 있는가?
- 과연 나는 연구 주제에 대해 중립적 자세를 가지고 분석을 해냈는가?
- 기존의 결과로부터 얼마나 벗어나려고 했는가? 아니면 또 다른 답습인가?

이와 관련하여 Lincoln과 Guba는 연구의 타당도를 높이기 위해서는 negative case를 포함시킬 것을 제안한다. 즉, 연구 결과에 부합하지 않은 사례들을 연구자가 직접 제시하는 것이 오히려 연구 분석의 타당도를 높일 수 있는 전략이 된다는 것이다.

또한 연구 주제와 관련한 연구자의 연구 관심을 제시하는 것도 효과적이다. 예를 들어, 다문화 아동 및 다문화 이주민에 대한 나의 연구 관심의 변화를 말하자면, 미국 가기 전에는 무관심했지만 미국 생활을 하면서 아주 중요하고 필요하다고 생각하게 되었고, 50대 이후에는 연구 주제에 대한 관심이 줄어들고 되려 불편함을 느끼고 있다는 것이다. 이러한 연구자의 위치성을 평가하고 독자에게 드러내는 것은 연구자가 어떤 관점에서 분석을 수행하는지에 대한 통찰을 제공하기에 꼭 필요하다. 이는 독자로 하여금 해당 연구의 한계점을 인지하게끔 하는 효과도 지닌다. 다음 예를 보자.

> 최근 다문화교육 관련한 책자들을 많이 읽고 있다. 사실 그동안 대부분의 수업은 교직 생활을 경험하면서 이리저리 듣거나 체득한 지식이라든지 부진아교육 혹은 학급에서 활용했던 사례들 혹은 교수 경험과 연관한 지식을 기반 삼아 진행한 경우가 많았다. 그렇지만 다문화 배경 학습자와의 더욱 의미 있고 효과적인 수업을 진행하기 위해서는 그만큼 교사인 나의 다문화교육에 대한 이해 및 전문적인 지식을 갖추는 것도 중요하다는 생각이 들었기 때문이다. 그러면서 여러 가지의 다문화교육을 바라보는 관점 중에서 나는 '동화주의적 관점'과 '다문화주의적 관점'의 중간쯤에 위치하고 있었다는 생각이 들었다. 즉, 그러면 안 된다고 계속 생각하면서도 실제로 가르치는 내용은 내가 익숙한 문화, 즉 그들의 표현에 따르면 주류 문화 속으로 소수자인 다문화 배경 학습자들을 적응시키는 것이 그들의 삶에 도움을 주는 것이라 생각하는 부분도 분명 있었던 것이다. 하지만, 그들 역시 그들의 존재 자체로서 마땅히 존중받아야 한다는 관점에서 그들 한명 한명의 배경과 경험을 충분히 고려하고 이들의 입장에서 그들의 인간다운 삶을 최대한 보장해 주는 교육이 필요하다는 생각을 다시 한 번 해 보았다. 그러면서 그와 관련해서 내가 이번 시간에 고민을 해서 진행한 것은 바로 쑤잉에게 쑤잉말고도 세상에는 많은 그리고 다양한 사람들이 함께 어우러져 살아가고 있다는 생각을 할 수 있는 계기를 마련해 주는 것이었다.

4. 자신만의 표현방식을 개발하고 드러내기

질적 연구자들은 자신만의 표현방식을 개발하고 드러내는 과정이 매우 중요하다. 실상 질적 자료의 표현 문제는 그 중요성으로 인해 질적 연구의 새로운 탐구 영역으로 성장했다. 질적 자료의 표현이 중요한 이유는 독자가 그 글을 읽을 때 그러한 사실이 있을 수 있는지에 대한 가능성을 불러일으키는가 또는 독자가 그 글에 대하여 그럴 수 있다고 설득당하는가와 깊은 관계가 있기 때문이다. 때문에 질적 자료와 분석된 자료를 효과적으로 읽히기 쉽게, 이해하기 쉽게, 설득할 수 있도록 표현하려는 노력이 필요하다. 이를 위해 원 자료의 인용, 일화기록 방법, 비네, 그림, 사진, 공간 활용 등의 방식을 활용할 수 있다.

다음은 우리의 일상생활에서 자신의 작품이나 활동 또는 브랜드들을 어떻게 특징화했는지 잘 드러내는 몇 개의 예이다. 그리고 이러한 브랜드의 특징화는 고객들에게 그 브랜드만의 독창적이고 세련된 인상과 이미지를 간직하고 기억하도록 만들어 준다. 아마도 세계적 브랜드들이 대부분 이러한 전략을 쓰지 않는가 생각한다.

남성 청바지: dsquared 2
남성의 청바지와 많은 옷들에 과거에는 쓰지 않았던 분홍색을 써서 전 세계 많은 남성들의 관심을 끌었다. 분홍색이 들어간 셔츠, 청바지, 반바지, 후드티는 이제 디스퀘어드 2 청바지의 상징이 되어 버렸다.

여성 블라우스: Emernuel Servino
여성의 블라우스, 스커트, 여러 가지 옷에 아름다운 자수를 수놓은 방식으로 장식했다. 아름다워지고 우아해지고 싶은 여성의 욕망을 그대로 반영하여 얇은 블라우스에 두껍게 처리된 예쁜 자수들은 전 세계 여성들의 새로운 블라우스 스타일을 탄생시켰다. 자신이 개발하여 찾아낸 수많은 자수들에 대해 모두 특허를 받아 이 디자이너 아니면 쓸 수 없게 되었다고 한다.

실처럼 엮어 놓은 가죽 가방: Bottega Venetta
전 세계 많은 매니아를 보유한 가방 브랜드이다. 가죽을 실처럼 만들어 꼬아서 가방을 만들었다. 모두 수작업을 하는 것은 둘째치고 그 기교가 너무 뛰어나고 새로워서 고가이지만 잘 팔린다고 한다. 한국 여성들이 가장 갖고 싶어하는 가방 브랜드 중의 하나이다.

　　이러한 측면에서 국내의 질적 연구들에서도 과거와는 다른 방식의 글쓰기와 표현을 시도한 연구들이 있다. 그 중에서 특별한 방식의 표현을 개척한 연구를 세 개 소개한다. 각각의 연구들은 그 나름대로의 창의성을 갖고 연구를 설계했으며, 그 결과 독특하면서도 인상 깊은 연구 결과를 도출해 내었다. 이에 대해 살펴보도록 하자.

하일(2010). 글루건의 판타지: 초등학교 6학년 미술 수업에서 추상표현주의를 적용한 입체 표현 지도에 관한 실행연구. 진주교육대학교 석사학위 논문

이 연구는 제목에서도 알 수 있듯이 예술적인 인상이 물씬 풍기는 표현을 활용했다. 특히 논문의 소제목을 색다르게 꾸몄다. 여기에 사용된 표현이 전부 미술 활동에서 사용되는 독창적인 것이면서도 연구의 본질을 훼손하지 않는다는 측면에서 질적연구자의 탁월성을 알 수 있다. 독자들은 논문을 읽으면서 마치 미술 작품을 제작하는 활동을 옆에서 지켜보는 것 같은 기분을 느낄 수 있다. 논문의 목차만 제시하면 다음과 같다.

　Ⅰ. 작품의 구상
　Ⅱ. 작품의 스케치
　Ⅲ. 작품의 제작도구
　Ⅳ. 관람자를 위한 작품의 매뉴얼
　Ⅴ. 어린이 미술가의 작업장 엿보기: 꼬마 액션 페인터
　Ⅵ. 품평회: 연구자의 마지막 이야기

황경숙(2015). 다중지능이론으로 재해석한 모차르트의 오페라 《마술피리》: 한국 초등학교 학생들의 교육적 경험. 한양대학교 박사학위 논문

이 연구는 종합예술의 결정체인 오페라를 초등학생에게 적합하게 변용하여 수업에 적용한 것이다. 이를 통해 다중지능 요소 중에서 음악적 지능을 계발하고 그 외의 교육적 경험에는 무엇이 있는지를 알아보고자 수행되었다. 이 연구에서 주목할 점은 연구의 과정을 어떻게 표현했는지에 있다고 할 수 있다. 다음에 제시한 연구의 각 장 제목이 마치 오페라의 각 챕터를 보는 것같이 비유적이고 예술적으로 제시되어 있음을 알 수 있다. 이러한 표현은 질적연구의 표현이 무엇인지 잘 드러내 주고 있으며, 다른 연구자들에게도 시사점을 제공해 준다.

제1장. 소프라노 교수, 성악교육자를 꿈꾸다

제2장. 다중지능이론으로 오페라를 공부하다

제3장. 오페라 극장(Theater)를 찾아다니다

제4장. 〈마술피리〉 오페라를 계획하다: Program

제5장. 〈마술피리〉 오페라를 부르다: Performance

제6장. 〈마술피리〉 그 황홀한 무대가 끝나다: Evaluation

제7장. 〈마술피리〉 기억하고 떠나며: Hope

조희순(2014). 자성적 글쓰기가 활용된 모래놀이상담에서의 유아교사 개성화 과정에 관한 질적 연구. 한국상담대학원대학교 박사학위 논문

마지막으로 소개할 연구는 상담 분야에서 수행되었던 질적연구이다. 이 연구에서 주목할 부분은 연구 결과에 있는데, 연구자는 연구 참여자들을 꽃에 비유하고, 꽃의 속성에 빗대어 이야기를 풀어 나가고 있다. 또한 각 연구의 소제목들을 모두 동화의 한 장면처럼 제시하여 독자들에게 동화 전집을 읽는 것 같은 편안함을 제공하고 있다. 논문 중에서 연구 결과 부분의 목차만 제시하면 다음과 같다.

1. 모(母)와의 분리·독립을 시도하고 행복을 찾아 떠나다: 자운영 교사의 개성화 과정

   1) 행복한 가정의 따뜻한 저녁

   2) 즐거운 여름휴가

   3) 놀이터에서 혼자 노는 아이

   4) 정글의 법칙

   5) 기찻길 옆 놀이터

   6) 안녕! 세상아

   7) 제야의 종소리–깨어나고 싶지만 두려운 마음

   8) 누가 최고의 악당인가–악당 선발 대회

   9) 무인도에 혼자 있는 아기 비버 구하기

   10) 과수원

2. 자존감을 찾고 새로운 출발을 하다: 수선화 교사의 개성화 과정

   1) 숲속동물들이 달려가는 곳

   2) 사각형 마을

3) 경주

4) 방주, 나를 따라오라

5) 드디어! 도착

6) 새로운 곳을 향해서 떠나는 팬더

7) 천국에 다다른 팬더 선장

8) 기다리기

9) 깊은 숲속에 놓인 꽃다발

10) 해변가의 결혼식

3. 내 안의 나를 찾아가다: 들국화 교사의 개성화 과정

1) 한가로운 주말의 이야기

2) 톰 아저씨네 동물농장

3) 한 여름의 파티

4) 세 친구 이야기

6) 어느 여름날 계곡에서 있었던 일

7) 시골 풍경

8) 첫눈–학교 가는 길

9) 까페에 앉아 창밖을 보다

10) 어느 봄날 오후

5. 이미지를 적절히 활용하기

인간은 시각적 동물이다. 따라서 언어적 자료들을 다이어그램, 표, 차트 등의 시각적 자료들로 바꾸어 활용하는 노력이 요구된다. 인간은 약 70%의 정보를 시각으로 수용한다. 때문에 구구절절한 장문의 문장보다 한 개의 그림이 더 효과적일 때가 있다. 분석의 결과로 인한 기술 및 묘사가 반드시 글로써 전달될 필요는 없기에 글, 그림, 기억 등 다양한 방법들의 효과적 배치가 필요하다는 것이다. 예를 들어 연구자가 쓴「네 학교 이야기」에서 한국 교실 감옥과 같다는 내용을 표현할 때 아래와 같이 한가운데를 공백으로 놓아두고 모든 텍스트들을 바깥쪽으로 배치했다.

[그림 2] 언어적 자료를 이미지로 전환하기

6. 주제어나 표현을 정확히 하기

코드명, 주제명 등이 적절하고 창의적인지 확인해야 한다. 더 알맞은 표현들은 없는지 고심해야 하고 연구자가 쓴 용어, 개념, 표현이 과연 정확한 것인지 다시 한 번 생각해 보는 과정이 필요하다. 또한 우리가 쓰고 있는 많은 단어들의 뜻이 역사적/문화적 산물이므로 어떻게 변질되었고 오용되고 있는지 확인해 볼 필요가 있다. 예를 들어, 연구 방법 중 하나인 참여적 실행연구를 보고 많은 사람들이 그냥 연구자가 실행연구에 참여하는 연구 방법이라고 생각하는 경우가 많다. 하지만 참여적 실행연구는 단순한 참여를 의미하는 것이 아니라 연구자의 해방적·비판적 의식을 추구하는 연구 방법의 일종이다. 이는 초보 연구자들뿐 아니라 경험 있는 연구자들도 잘못 생각하기 쉽다.

7. 글의 문학적 완성도 높이기

내용(분석의 결과)도 중요하지만 외양(글쓰기)도 중요하다. 읽히지 않는 결과는 결과가 아니다. 때문에 유려한 문체, 전문가적 느낌을 주어야 한다. 또한 막히지 않고 편안한 글, 마치 소설이나 에세이를 읽는 것처럼 시간 가는 줄 모르게 읽게 해야 하는 것이다. 읽고 싶게 만들어야 한다. 잘 쓰어야만 독자는 읽기 시작한다. 모든 결과는 설득의 문제이기에 그럴 수 있다고 판단하게 만들기 위해서는 분석이 논리적으로 제시되어야 한다. 기승전결이 있어야 하고 자료와 연구자의 주장 간에 괴리가 없어야 한다. 다음 예를 보자.

'이 기회를 통해서 체계적이고 표준화된 순회 간호가 이루어지길 바랍니다.'

이 말은 포커스 그룹 인터뷰에 참가했던 10년차 경력의 한 간호사의 바람이다. 의도적 순회간호의 어떤 부분이 그에게 이런 생각을 불어넣은 것일까? 사실, 한국의 현재 실정에서 연구자가 실행한 의도적 간호순회를 지속적으로 실천하기에는 여러 가지 제약이 뒤따른다. 철저히 간호사의 입장에서 살펴보자면, 현행의 순회 시스템에서 의도적 순회간호 서비스를 제공하기 위해서는 시간적, 인력적 제한점이 있다. 즉, 정해진 인원으로 훨씬 많은 순회를 해야 하기 때문에 간호사의 물리적 부담이 훨씬 가중되는 측면이 분명히 있기 때문이다. 그렇기 때문에 의도적 간호순회에 참여했던 몇몇 간호사는 이러한 서비스로 인한 업무 부담 가중에 볼멘소리를 내기도 했다. 하지만, 이러한 부담에도 불구하고 왜 조 간호사는 의도적 간호순회를 강력에 지지하게 되었을까?

(양상희, 2016)

연구자: 신규 때와 다르게 어떤 부분이 무뚝뚝하게 변했는지, 그리고 왜 그렇게 변해 갔다고 생각하세요?

간호사: 환자분을 대할 때 아픈 내 얼굴도 같이 어두우면 환자분이 더 어두워질 것 같아서 의식적으로 웃고 더 친절하게 대하려고 노력했는데 10년 넘게 반복적인 간호사 생활을 하다 보니 직업으로 정해진 일을 하고 환자의 마음을 알고 다가가려는 마음을 잊고 살았어요.

연구자: 그렇게 변한 자신을 느꼈을 때 어떤 생각이나 느낌이 들었나요?

간호사: 난 간호사가 아니라 병원에서 일하는 한 직장인이라는 생각이 들었습니다. 감정도 없고 웃음도 없는, 왠지 돈만을 벌려고 하는, 처음에 간호사란 직업을 선택했을 때 의료선교에 대한 마음도 갖고 있었는데 … 씁쓸하고 우울한 마음이 들었습니다. 하지만, 2시간 순회를 통해서 신규 때 가졌던 환자분에 대한 관심과 애정 어린 그런 마음들을 다시금 갖는 계기가 된 것 같아요.

(간호사 참여자 인터뷰 내용)

살펴볼 수 있듯이 의도적 간호순회 서비스는 환자뿐 아니라 간호사 자신도 스스로의 정체성을 점검해 볼 수 있도록 돕는다. 그리고 이러한 점검의 기초는 간호사로서의 역할에 대해서 다시금 정확히 인지하는 것이라고 할 수 있다. 즉, cure가 아닌 care라는 간호사의 핵심적이 역할 및 이에 대한 환자들의 기대를 접하게 되면서 환자들이 모두 제각각의 특성과 needs를 가진 존재라는 사실 역시 각성하게 되는 것이다. 직업적이고 사무적인 간호로는 결코 care가 의미하는 실천 혹은 실행 자체를 수행할 수 없기 때문에 환자에게 더욱 세심하게 다가가게 되는 것이다. 이러한 과정은 필연적으로 환자에 대한 애정으로 연결되기 쉽고, 이는 곧 간호사의 정체성 재인식으로 연계되는 것이다.

8. 분석 결과를 타인들과 공유하면서 비평하기

질적 자료 분석 결과를 타인들과 공유하면서 비평하는 과정은 양적 연구자들에 의해서 제기되는 연구의 타당도를 높일 수 있는 하나의 대안이 된다. 즉, 연구자 일인의 문제점을 극복하기에 효과적인 것이다. 그래서 질적 연구 분석에서는 분석 내용·과정·결과에 대한 연구 참여자, 해당 연구분야의 전문가, 자신과 가까운 동료교수나 연구자들의 의견을 경청하고 비평을 주고받는 과정이 필수적이다. 이를 통해 단일 연구자가 저지를 수 있는 분석의 오류라든지 잘못된 코딩 방식, 예를 들어 이름, 주제어, peer debriefing 등은 그 분야의 전문 연구자들의 의견을 받아서 더 세련되게 하고 정확하게 분석할 수 있게 된다. 때문에 질적 연구자들은 이러한 과정을 부끄러워하지 말고 연구 결과가 더 좋아질 것이라는 믿음을 가장 우선적으로 가져야 한다.

연구자 1: 오늘은 지난 번에 이어 낱자카드를 활용한 끝말잇기 활동을 계속 진행해 보았다. 지난 시간보다 더 많은 어휘의 벽에 부딪힌 느낌이었다. 첫 단어를 제시하기 전, 오늘 은진이에게 어떤 놀이를 하며 놀았느냐 물었는데 '개미 잡기' 놀이를 하고 놀았다고 했다. 그래서 첫 단어는 '개미'로 시작했다. 여기서 복모음을 구성하는 것을 기억하고 있는지 살펴보았는데 막힘 없이 ㅏ와 ㅣ를 조합하여 ㅐ를 만들어 냈다. 학습 내용에 대해 바르게 이해하고 있다는 것을 확인할 수 있었다. 이후 미국-국밥-밥주걱-걱정-정리-리본 순서로 끝말잇기가 진행되었다. 처음 '미술'이라는 단어를 제시했으나 '술'로 시작하는 단어를 생각하는 데 어려움을 보여 '미국'으로 바꾸었다. 이후에 제시할 단어(국자)까지 생각하여 미국으로 선택했으나 은진이 혼자 '국'으로 시작하는 낱말을 생각하는 것이 힘들어 보여 국자를 제시했으나 잘 모르는 듯했다. 어머님께서 국을 끓이실 때 쓰는 국자를 모르느냐고 물었더니 잘 모르겠다는 반응이 돌아왔다. 그래서 학교 급식으로도 제공된 적이 있는 '국밥'은 알겠느냐 하니 안다고 하여 그대로 진행했다. 다음 단어로 '밥주걱'을 제시했으나 은진이가 잘 모르는 눈치였다. 어떻게 해야 할까, 다른 단어를 생각해 볼까 고민하다가 불현듯 낱말 이해를 돕기 위해 컴퓨터를 사용하면 되겠다는 생각이 들었다. 다른 선생님께서 인터넷 검색을 활용하신다던 수업 내용이 생각나서였다. 검색한 후 사진만 보여 주기보다는 자모음의 순서를 이해하면서 직접 검색해 볼 수 있도록 하는 게 좋을 것 같아 스스로 하도록 했다. 한 자씩 생각보다 빠르게 밥주걱을 쳐 나가는 것을 보니 집에서도 컴퓨터를 꽤 다루는 듯했다. 때문에 컴퓨터 활용 능력을 키워 주는 방향으로 멘토링을 하는 것도 좋을 것이라는 생각이 들었다. → 연구자 1의 분석

위 일지는 한 연구자가 자신이 담당하는 다문화가정 학생의 국어교과 멘토링 지도를 하는 과정에서 작성한 일지의 일부이다. 연구자 1은 일련의 과정을 통해 컴퓨터 활용 능력을 길러 주는 것이 멘토링에서 중요하다는 결론을 내렸다. 이에 대한 다른 연구자들의 비평이 이루어진다.

연구자 2: 저도 비슷한 생각을 한 적이 있어요. 다문화 학생들은 가정의 영향을 가장 많이 받고, 간혹 집안에서 어머니께서 인터넷을 제대로 활용 못하는 경우가 많기 때문에 학생 역시 인터넷을 제대로 활용하지 못하는 경우가 있는 것을 보았거든요. 우리나라의 경우를 생각해 보았을 때는 이러한 능력을 또래 친구들과 비슷한 수준으로 맞출 수 있도록 도와주는 것도 의미 있을 것 같아요. 인터넷 활용 능력 역시 학생들의 교육적 경험 및 학습 출발점에 많은 영향을 줄 수 있다는 관점에서 말이죠~ 아무튼 다문화 학생의 상황을 잘 파악하고 이에 따라 교사가 적절한 필요를 채워 줄 수 있다는 점이 바로 멘토링의 가장 큰 장점 중 하나인 것 같아요.

연구자 3: 은진이의 경우 지금 방과후 활동으로 컴퓨터에 다니고 있지요? 단어 학습을 할 때 직접 타자를 치는 활동들이 사실은 한글의 자모 받침의 원리를 알고 있어야 할 수 있는 것들이잖아요? 뿐만 아니라 단어 학습량이 부족한 것을 컴퓨터를 통해서 확인하며 진행하는 수업들이 좋아 보입니다.

이러한 동료들의 비평은 연구자 1이 향후의 멘토링 과정에서 더욱 적극적으로 컴퓨터 활용 능력을 길러 주는 방향으로 나아가게 되는 계기로 작용했다.

참고문헌

조희순(2014). 자성적 글쓰기가 활용된 모래놀이상담에서의 유아교사 개성화 과정에 관한 질적 연구. 한국상담대학원대학교 박사학위 논문.

양상희(2016). 변화를 꿈꾸며: 임상 간호사의 의도적 간호순회에 대한 실행연구. 전남대학교 박사학위 논문.

하일(2010). 글루건의 판타지: 초등학교 6학년 미술 수업에서 추상표현주의를 적용한 입체표현 지도에 관한 실행연구. 진주교육대학교 석사학위 논문.

황경숙(2015). 다중지능이론으로 재해석한 모차르트의 오페라《마술피리》: 한국 초등학교 학생들의 교육적 경험. 한양대학교 박사학위 논문.

저 자 소 개

김영천

한양대학교 교육학과와 대학원 교육학과를 졸업했다. 1995년 미국 The Ohio State University에서 교육과정 이론과 질적연구방법론 전공으로 철학박사학위를 수여했다. 1998년 이래로 진주교육대학교 교육학과 교수로 재직하고 있으며 교육과정과 수업, 교육평가, 질적연구를 가르치고 있다.

지난 20여 년에 걸쳐서 약 40권 이상의 저서와 50편 이상의 논문을 출간했다. 그의 5권의 책이 대한민국 학술원과 문화관광부로부터 우수학술도서로 선정되었다. 또한 그의 글은 Curriculum Inquiry, Journal of Curriculum Theorizing, International Journal of Qualitative Studies in Education, Educational Studies, 그리고 Second International Handbook of Curriculum Research에 수록되었다. Educational Studies에 게재된 논문은 2013년 그해의 최우수 논문으로 선정되었다.

한국의 학생들이 학교교육과 그림자교육(사교육)에 참여하고 있는지를 약 7년간 연구하여 2016년 맥밀란 출판사를 통하여 『Shadow Education and the Curriuclum and Culture of Schooling in South Korea』 제목으로 출간했다. 이 책을 통하여 학원이라는 한국적 용어를 국제화하는 그 첫 번째 노력을 했다. 그리하여 한국의 교육적 경험과 역사 그리고 토착적 지식을 세계화하는 것을 목적으로 연구하고 있다.

pedakim@cue.ac.kr

정상원

진주교육대학교 교육학과와 대학원(교육과정과 수업)을 졸업했다. 아울러 경북대학교 대학원 교육학(교육과정 및 교육방법)을 박사 수료했다. 진주교육대학교에서는 김영천 교수로부터 지도받았고, 경북대학교에서는 강현석 교수에게 지도를 받았다. 현재 초등학교 교사로 근무 중이며 진주교육대학교 교육대학원 강사이다.

연구분야는 질적연구, 현상학적 질적연구 그리고 질적연구에서의 자료분석이며 이와 관련해 많은 발표와 논문을 출간했다. 교육과정과 학교교육과 관련해서는 교사들의 전문성과 교육과정 현장작업에 대한 현상학적 분석을 하고 있다. 대표 저서로는 『질적자료분석: 파랑새 2.0 소프트웨어』가 있으며 『현상학적 질적연구방법』을 준비하고 있다.

jsw0077@hanmail.net

질적연구방법론 V : *Data Analysis*

발행일 2017년 2월 15일 초판 발행
저자 김영천, 정상원
발행인 홍진기 | **발행처** 아카데미프레스
주소 413-756 경기도 파주시 문발동 출판정보산업단지 507-9
전화 031-947-7389 | **팩스** 031-947-7698 | **이메일** info@academypress.co.kr
웹사이트 www.academypress.co.kr | **출판등록** 2003. 6. 18 제406-2011-000131호

ISBN 978-89-97544-96-7 93370

값 30,000원